Franz Hinze
Gründung und Führung einer Buchhandlung

Edition Buchhandel Band 9
Herausgegeben von Klaus-W. Bramann

Franz Hinze

Gründung und Führung einer Buchhandlung

Standortwahl und Geschäftsraum • Formalitäten • Rechtsform • Beschaffung und Lagerhaltung • Verkauf und Kundenservice • Kapitalbedarf und Kapitalquellen • Versicherungen • Mitarbeiter • Buchführung • Betriebsstatistik • Inventur und Lagerbewertung

9., völlig neu bearbeitete Auflage

:Bramann

©	2004 Bramann Verlag, Frankfurt am Main
	Alle Rechte vorbehalten
Einbandgestaltung und Typographie	Hans-Heinrich Ruta nach einer Reihenkonzeption von Stefanie Langner
Herstellung	Verlagsproduktionen Hans-Heinrich Ruta, Stuttgart
Satz	auf Apple Macintosh G4 in QuarkXPress Passport 4.11
Schrift	gesetzt aus der 9,25/12 pt Concorde BE und der GST Polo 11
Papier	Gedruckt auf säurefreiem und chlorfrei gebleichtem Papier
Druck und Bindung	Kösel, Krugzell (www. KoeselBuch.de)
	Printed in Germany, 2004
ISBN	3-934054-18-8

Inhalt

	Vorwort zur 9. Auflage	13
1	**Einführung**	15
1.1	Schrumpfender Unternehmensbestand im Einzelhandel	16
1.2	Förderung des Mittelstandes	18
1.3	Programm zur Existenzgründung im Einzelhandel	22
1.4	Gründung von Buchhandlungen in Vergangenheit, Gegenwart und Zukunft	23
1.5	Hilfestellung bei der Gründung von Buchhandlungen	26
2	**Markt des Buchhandels**	31
2.1	Bucheinzelhandel	34
2.2	Zwischenbuchhandel	38
2.3	Verlage	39
2.4	Verbraucher	41
2.5	Buchhandelsdichte in Bundesländern und Gemeinden	44
2.6	Zeitpunkt der Gründung	50
2.7	Perspektiven	50
3	**Gründungsvoraussetzungen**	57
3.1	Gesetzliche Voraussetzungen	57
3.2	Gründungsmotive	59
3.3	Persönliche Voraussetzungen und wirtschaftliche Aussichten	60
4	**Standortwahl**	63
4.1	Ort, Einzugsgebiet und Bevölkerung	64
4.2	Wirtschaftliche Struktur	66
4.3	Kaufkraft und Verwendung des Einkommens	67
4.4	Verkehrsverhältnisse	67
4.5	Konkurrenzanalyse	68
4.6	Objektbewertung	71
4.7	Schemata für eigene Standortanalysen	72
4.8	Markt- und Standortanalysen durch kompetente Institute	78
4.9	Einkaufszentren	78

5	**Geschäftsraumsuche**	81
5.1	Kauf, Bau eines Ladenlokals	81
5.2	Miete	82
5.3	Information über freie Geschäftsräume	83
5.4	Ladengröße, Nebenräume und Schaufenster	83
5.5	Mietkosten, Sachkosten für Räume	85
5.6	Mietvertrag	87
5.7	Raumleistung	90
6	**Einrichtung und Raumgestaltung**	93
6.1	Aufteilung der Geschäftsräume	94
6.2	Einrichtung des Verkaufsraumes	95
6.3	Außenfront, Schaufenster, Schaukästen und Vitrinen	96
6.4	Verwaltungsräume	98
6.5	Lagerräume	99
6.6	Sozialräume und sanitäre Anlagen	100
6.7	Erfordernisse der Arbeitsstättenverordnung	100
6.8	Angebotseinholung für die Einrichtung	103
6.9	Kontrolle des äußeren Bildes der Buchhandlung	104
7	**Technische Arbeitsmittel**	105
7.1	Formulare, Drucksachen	106
7.2	Karteien/Dateien	108
7.3	Schreibmaschinen, Fotokopiergeräte	108
7.4	Adressiergerät, Frankierung, Rechengeräte	109
7.5	Ablagegut und Aufbewahrungs- und Verjährungsfristen	109
7.6	Innerbetrieblicher Warentransport	110
7.7	Kraftfahrzeug	110
7.8	Registrierkasse	111
7.9	Rationalisierungsinstrument EDV	112
8	**Warensortiment**	119
8.1	Durchführung der Sortimentserrichtung	120
8.2	Gegenstände des Buchhandels	123
8.3	Randsortiment	125
8.4	Proportionalität des Gesamtsortiments	126
9	**Beschaffung und Lagerhaltung**	129
9.1	Inhalt der Beschaffung, Verkehrsordnung	130
9.2	Beschaffungsquellen	142
9.3	Bestellwege	149
	9.3.1 Bestellübermittlung	152
	9.3.2 Bestellung über den Vertreter	156

Inhalt

	9.3.3 Vertreterbörsen	158
	9.3.4 Antiquarische Online-Recherche	160
9.4	Bezugsformen	160
9.5	Lieferwege	161
	9.5.1 Post-Büchersendung u. a. m.	161
	9.5.2 Speditionsdienste	162
	9.5.3 Büchersammelverkehr	163
	9.5.4 Versandkostenminimierung als Führungsaufgabe	168
9.6	Beschaffungsorganisation	169
	9.6.1 Bestellaufnahme	169
	9.6.2 Einkaufskostenminimierung	172
	9.6.3 Technische Ausstattung	173
	9.6.4 Lagerdisposition	173
	9.6.5 Remission	174
9.7	Wareneingangsbearbeitung	176
9.8	Lagerhaltung als verkaufsfördernde Funktion	180
9.9	Lagerordnung	182
9.10	Lagerkontrolle und Lagerergänzung	185
	9.10.1 Lagerkontrolle nach Titeln	186
	9.10.2 Lagerkontrolle per Warenwirtschaft	188
	9.10.3 Lagerkontrolle als Führungsinstrument	189
10	**Verkauf**	**197**
10.1	Barverkauf	197
10.2	Kreditverkauf	198
10.3	Buchausstellungen	201
10.4	Kundenbesuch	207
10.5	Verkaufsbedingungen	207
	10.5.1 Buchpreisbindungsgesetz	207
	10.5.2 Remissionen	217
	10.5.3 Sonderkosten	217
11	**Kundenservice - Dienstleistungspolitik**	**223**
11.1	Besorgungsdienst	224
11.2	Bibliografische Recherche	225
11.3	Kreditierung	225
11.4	Warenzustellung	226
11.5	Ansichtslieferungen	226
11.6	Verpackung	227
11.7	Suche vergriffener Titel	227
11.8	BuchSchenkService	227
11.9	Fachliche Beratung	229
11.10	Internet-Auftritt	229

| 11.11 | Kundenkarten als Instrument der Kundenbindung | 231 |
| 11.12 | Sonstige Leistungen | 231 |

12	**Informationen über Verlagserzeugnisse**	**235**
12.1	Deutsche Nationalbibliografie	236
12.2	Verzeichnis Lieferbarer Bücher (VLB) und Barsortimentsverzeichnisse	237
12.3	Auswahl- und Fachbibliografien	240
12.4	Ausländische Literatur	241
12.5	Adressbücher, Anschriftenverzeichnisse	241
12.6	Verlagsverzeichnisse, Fachliteratur und Informationsmaterialien	242
12.7	Fachzeitschriften	243
12.8	Recherche außer Haus	244

13	**Nachrichtentechnik**	**245**
13.1	Telefon	245
13.2	Telefax	246
13.3	E-Mail	247
13.4	Bestell-Terminals	248
13.5	Briefzustellung oder Postfach	250

14	**Versicherungen**	**251**
	Gebündelte Geschäftsversicherung (GGV)	252
	Betriebsunterbrechungsversicherung (BU)	252
	Betriebs-Haftpflicht-Versicherung (BHV)	253
	Glas-Versicherung (GL)	253
	Elektronik-Versicherung (EL)	253
	Rechtsschutz-Versicherung (RS)	253
	Versicherungsbündelung	254
	Gesetzliche Unfallversicherung	254
	Kraftfahrzeug-Haftpflicht-Versicherung	256
	Sonstige Geschäftsversicherungen	256
	Persönliche Versicherungen	256

15	**Rechtsform**	**257**
15.1	Einzelunternehmen	257
15.2	Personengesellschaften	258
15.3	Kapitalgesellschaften	259
15.4	Vergleich der Rechtsformen unter verschiedenen Aspekten	260
15.5	Eheliches Güterrecht	264
15.6	Grundsätzliche Bestimmungen des Handelsrechts	264

Inhalt 9

16	**Kapitalquellen**	265
16.1	Eigenkapital	266
16.2	Fremdkapital	267
	16.2.1 Privatdarlehen von Verwandten oder Freunden	272
	16.2.2 Hypothek, Grundschuldverschreibung und Beleihung von Versicherungen	272
	16.2.3 Bankkredite	273
	16.2.4 Kapitalbeteiligungsgesellschaften	275
	16.2.5 Kredithilfen des Bundes	276
	16.2.6 Kredithilfen der Bundesländer	281
	16.2.7 Lieferantenkredit	282
16.3	Bürgschaftsbanken	284
	16.3.1 Buchhändlerische Kredit-Garantiegemeinschaft	285
16.4	Kreditantrag	289
16.5	Kreditgutachten	291
17	**Kapitaldienst und Kapitalerhaltung**	293
17.1	Eigenkapitalbildung	293
17.2	Tilgungsformen des Fremdkapitals	293
17.3	Verzinsung des Fremdkapitals	295
17.4	Liquiditätserhaltung	296
17.5	Finanzierung des Anlagevermögens	298
17.6	Finanzierung des Umlaufvermögens	298
17.7	Errechnung der Kapitalrendite	301
18	**Errechnung des Kapitalbedarfs**	303
18.1	Grundstück und Gebäude	306
18.2	Inneneinrichtung	306
18.3	Betriebsausstattung	306
18.4	Warenbestand	307
18.5	Vorbereitungs- und Anlaufkosten	307
18.6	Reserven für Lebensbedarf und Sonderfälle	308
18.7	Skontierung – ja oder nein?	308
18.8	Modellbilanzen	309
19	**Planung des Personalbedarfs**	313
19.1	Männliche und weibliche Arbeitskräfte	314
19.2	Buchhändler	315
19.3	Kaufmännische Kräfte	315
19.4	Sonstige Arbeitskräfte	315
19.5	Auszubildende	316
19.6	Voll- und Teilzeitkräfte	316
19.7	Tarife	317

19.8	Gehaltsnebenkosten	317
19.9	Gehälter für mitarbeitende Familienangehörige	318
20	**Geldverkehr**	**319**
20.1	Kontoeröffnung (Bank, Sparkasse, Postbank)	319
20.2	BAG-Eintritt	320
20.3	Daueraufträge	326
20.4	Lastschriftverfahren, Einzugsermächtigung	326
20.5	Bankschließfach	326
20.6	Nachttresor, Geldbombe	327
20.7	Kassenbotenversicherung	327
20.8	Vergleich der Zinsen und Gebühren im Geldverkehr	327
21	**Gewerbeanmeldung, Formalitäten und gesetzliche Besonderheiten**	**329**
21.1	Gewerbeanmeldung	329
21.2	Anmeldung beim Finanzamt	329
21.3	Anmeldung bei der Berufsgenossenschaft	331
21.4	Industrie- und Handelskammer (IHK)	331
21.5	Handelsregister	333
21.6	Börsenverein des Deutschen Buchhandels, Landesverbände	334
21.7	Einzelhandelsverband	343
21.8	Sonstige Anmeldungen	343
21.9	Preisbindungsrevers, Buchpreisbindungsgesetz	344
21.10	Zu beachtende Spezialgesetze	345
22	**Rechnungswesen und Buchführung**	**351**
22.1	Rechnungswesen	351
22.2	Kaufmännische Buchführung	353
22.3	Buchführung außer Haus über EDV	356
22.4	Mahnverfahren	359
22.5	Kontenrahmen für Buchhandlungen	360
22.6	Abschreibungen auf Anlagegüter	365
23	**Betriebsstatistik**	**367**
23.1	Umsatz und Kundenzahl	367
23.2	Umsatzstatistik nach Warengruppen	371
23.3	Umsatz, Wareneingang, Lagerbewegung	375
23.4	Kostenübersicht	377
23.5	Betriebsergebnis und Eigenkapital-Entwicklung	380
23.6	Kurzfristiger Status	382
23.7	Leistungskennziffern zu Personal, Raum, Lager und Kapital	383
23.8	Betriebsvergleich	384

24	**Planungsrechnung (Controlling)**	395
24.1	Schwierige Planungsrechnung bei Gründungen	396
24.2	Umsatzplanung	397
24.3	Sortiments- und Kalkulationsplanung	398
24.4	Kostenplanung	398
24.5	Rentabilitätsplanung	400
24.6	Finanzplan	401
25	**Steuern**	403
25.1	Umsatzsteuer	403
25.2	Gewerbesteuer	406
25.3	Lohnsteuer	407
25.4	Einkommensteuer und Körperschaftsteuer	407
25.5	Steuertermine	407
25.6	Steuerberater und Steuerbevollmächtigter	409
26	**Personalplanung**	411
26.1	Insertion in der Fachpresse	412
26.2	Insertion in der örtlichen/regionalen Presse	413
26.3	Vermittlung vom Arbeitsamt	413
26.4	Verlagsvertreter und Seminare	413
26.5	Einstellungsgespräch, Eignungstest, Einstellungsbestätigung	413
26.6	Arbeitsvertrag, Arbeitspapiere	421
26.7	Arbeitszeugnis	427
26.8	Halten der Mitarbeiter	431
26.9	Arbeits- und Sozialrecht im buchhändlerischen Betrieb	434
27	**Eröffnungswerbung**	437
27.1	Gesetzliche Bestimmungen zur Werbung	437
27.2	Schaufenster, Außenfront, Bauzaun, Außenwerbung	439
27.3	Drucksachen, Einladungen zur Eröffnung	441
27.4	Anzeigen, Sonderseiten, redaktionelle Beiträge	441
27.5	Eröffnungsveranstaltungen	442
27.6	Sonderangebote und kleine Geschenke zur Eröffnung	443
27.7	Umfrage im Ort vor der Eröffnung	444
27.8	Checkliste Eröffnungswerbung einer Buchhandlung	446
27.9	Öffentlichkeitsarbeit und Corporate Identity	447
28	**Zwischenbetriebliche Kooperationen**	449
28.1	Betriebsvergleich	450
28.2	Erfa-Gruppen	450
28.3	Arbeitsgemeinschaften	452
28.4	Kooperation mit Buchgemeinschaften	453

28.5	Andere Kooperationsformen	454
28.6	Gemeinschaftswerbung im Ort	456
28.7	Ladengemeinschaft mit anderen Branchen	457
28.8	Rack-Jobber	457
28.9	Franchising	458
29	**Schwierigkeiten der Anfangsphase**	**461**
29.1	Mängel der Einrichtung	461
29.2	Hemmnisse im Verkehr mit Lieferanten und Kunden	461
29.3	Verhalten der Konkurrenz	463
29.4	Der erste Ladendiebstahl	463
29.5	Die erste Bilanz	465
	29.5.1 Bewertung des Warenlagers	465
	29.5.2 Terminologie der Bilanzkennzahlen	468
	29.5.3 Lagerleistungskennziffern	469
29.6	Routinekontrollen	477
29.7	Handelsspannenkontrolle	481
30	**Die erste Inventur**	**489**
30.1	Das Merkblatt beachten	490
30.2	Warenbestandsaufnahme vorbereiten	493
30.3	Abgrenzungen vereinfachen	498
30.4	Durchführung der Warenbestandsaufnahme	499
30.5	Problemkreis Inventurdifferenzen	506
30.6	Bewertung der Warenbestände	508
30.7	Bewertung antiquarischer Artikel	513
30.8	Bewertung eigener Verlagswerke	514
30.9	Bewertung der übrigen Waren	515
Verzeichnis weiterführender Literatur		**517**

Vorwort zur 9. Auflage

Die Gründung von Buchhandlungen hat sich in den letzten Jahrzehnten wellenartig vollzogen. Bis 1974 standen in der Bundesrepublik Deutschland Jahr für Jahr den durchschnittlich 30 Gründungen Abgänge in etwa gleicher Höhe gegenüber. Ab 1976 bewirkte eine anschwellende Flut von neuen Betrieben ein kontinuierliches Ansteigen der Anzahl. Seit 1992 halten sich Gründungen und Schließungen wieder die Waage. Ab 2000 ist ein leichter Rückgang zu verzeichnen.

Der Sortimenter-Ausschuss des Börsenvereins reagierte frühzeitig auf das Hoch und suchte nach Wegen zur Hilfestellung für die vielen Gründer. 1978 beauftragte er den branchenerfahrenen Autor mit der Abfassung einer ausführlichen Anleitung zum Selbstständigmachen, da es keine aktuelle spezielle Literatur zu diesem Thema gab. Vom 5. August 1980 bis zum 15. Mai 1981 erschienen daraufhin 29 Beiträge im Börsenblatt für den Deutschen Buchhandel, die bereits wenige Monate später vom Sortimenter-Ausschuss in einer broschierten Ausgabe herausgegeben wurden.

Im Vorwort zur ersten Buchausgabe wurde bereits postuliert, was heute noch Gültigkeit hat: »Hauptziel dieser Arbeit soll es sein, gründungswilligen Buchhändlern den Weg in die Selbstständigkeit zu erleichtern. Es werden vor allem solche Bereiche ausführlich behandelt, die bei der Ausbildung des Buchhändlers für den Fall einer Gründung meist zu kurz gekommen sind, so die Finanzierung mit der Behandlung in drei Abschnitten oder die notwendigen Formalitäten in einem speziellen Kapitel.

Daneben wird aber noch ein anderer Zweck verfolgt, nämlich die realistische Darstellung des schwierigen, oft dornenreichen Weges bis zur Etablierung eines Unternehmens. Wer glaubt, ohne die notwendigen persönlichen und wirtschaftlichen Voraussetzungen eine Buchhandlung eröffnen zu können, kann leicht an dieser Aufgabe scheitern. Teures Lehrgeld bleibt dem erspart, der sich über diesen Schritt in die Selbstständigkeit vorher gründlich informieren kann und seine Entscheidung nach Wägen des Für und Wider trifft.«

Weitere Auflagen, die fast regelmäßig aktualisiert wurden, erschienen in unregelmäßigen Abständen, sodass man Gründung und Führung einer Buchhandlung mit Recht ein Standardwerk der buchhändlerischen Fachliteratur nennen kann. Mit der 8. Auflage wechselte der Titel im Jahr 2001 zu einem Verlag, der sich mit der Edition Buchhandel binnen kurzer Zeit einen Namen gemacht hat.

Die jetzt vorliegende 9. Auflage trägt den sich ändernden Marktverhältnissen

Rechnung. Eine nach betriebswirtschaftlichen Prinzipien ausgerichtete Buchhandlung herkömmlichen Typs wird sich zukünftig immer stärker auf die verschiedenen Zielgruppen und ihre Bedürfnisse ausrichten. Über Erfolg und Misserfolg wird zunehmend das mimetische (sich anpassende) Marketing des Unternehmens entscheiden. Auch die Konkurrenzsituation hat sich entscheidend gewandelt. Denn neben die traditionelle stationäre Konkurrenz in Form anderer Ladengeschäfte ist der Internet-Buchhandel in seinen verschiedenen Ausprägungen als eine Spielart des Versandbuchhandels getreten, der Marktanteile gewinnt und einem gewandelten Einkaufsverhalten Rechnung trägt. Das engmaschiger gewordene Netz des verbreitenden Buchhandels, die zunehmende Konzentration in Form von Filialisierungen sowie die starke ambulante Konkurrenz verlangen demnach besondere Sorgfalt bei Gründern, um sich am Markt zu behaupten.

Herzlich bedanken möchte ich mich bei Herrn Dr. Klaus-W. Bramann, der mit seinem kritischen Lektorat diese neue Auflage begleitet hat und wesentliche Verbesserungen und Ergänzungen einbrachte.

Osnabrück, im Januar 2004
Franz Hinze

1
Einführung

»Selbstständige sind das Rückgrat einer funktionierenden sozialen Markwirtschaft«, so formulierte es Professor Rolf Rodenstock, Präsident der Industrie- und Handelskammer in München, zum Start einer großangelegten Aufklärungsaktion, um vor allem junge Menschen zum »Sprung ins kalte Wasser« der Selbstständigkeit zu ermutigen. – »Die Selbstständigen, die kleinen und mittleren Unternehmen, sind die natürlichen Gegenkräfte zu den Apparaturen der großen Unternehmen und Konzerne. Als belebendes, als aktives Element der Marktwirtschaft haben die kleinen und mittleren Unternehmen in der modernen Industriegesellschaft eine Chance. Die Chance zu nutzen, liegt bei Ihnen; Ihre Chance zu sichern, liegt bei uns.« Mit diesem Zitat des damaligen Bundeswirtschaftsministers Professor Karl Schiller aus dem Jahr 1969 ist das Interesse der Bundesregierung belegt, die im Dezember 1970 Grundsätze einer Strukturpolitik für kleine und mittlere Unternehmen und ein Aktionsprogramm zur Leistungssteigerung dieser Unternehmen beschloss.

Auch in den Jahren danach gab es Förderungsmaßnahmen des Bundes und der Länder, um kleinen und mittleren Unternehmen die Anpassung an den wirtschaftlichen und technischen Strukturwandel zu erleichtern und Wettbewerbsnachteile auszugleichen. Als Hilfe zur Selbsthilfe gedacht, soll mit der Förderung nicht in die Entscheidungsfreiheit der einzelnen Unternehmer eingegriffen werden, denn gerade dieses Element zeichnet sie besonders aus. Jede Bundesregierung hat sich bislang die Förderung junger Unternehmen zum Ziel gesetzt und plädiert für eine »Kultur der Selbstständigkeit« (Bernhard Jagoda, vormals Bundesanstalt für Arbeit). Die 1970 einsetzenden Förderungsmaßnahmen des Bundes und der Länder haben Wirkung gezeigt, der Mut zum Sprung in die Selbstständigkeit hat in der Bundesrepublik Deutschland wieder zugenommen.

1980 gab es 178.000 Existenzgründungen, 1987 schon rund 295.000 neue Unternehmen, denen ca. 245.000 Aufgaben gegenüberstanden. 1994 schließlich wurden in den alten Bundesländern 419.000 und in den neuen Bundesländern 74.000 neue Betriebe registriert. In diesem Jahr strichen in den alten Bundesländern 325.000 Unternehmen die Segel, in den neuen Bundesländern waren es 46.000. Laut Internetauskunft des Statistischen Bundesamt Deutschlands (www.statistik-bund.de) erfolgten im Jahr 2001 728.978 Gewerbeanmeldungen, davon 211.917 im Handel inkl. Instandhaltung und Reparatur von KfZ und Gebrauchsgütern. Im selben Zeitraum wurden 645.161 Betriebe insgesamt abgemeldet, von denen wiederum 213.463

auf den Handel inkl. Instandhaltung und Reparatur von KfZ und Gebrauchsgütern entfielen. Insolvenzen gab es 32.278, davon 6.005 im Handel.

Fast jede zweite Existenzgründung erfolgt in Deutschland derzeit im Dienstleistungssektor, 1975 wurde noch jeder zehnte Betrieb von einer Frau errichtet, 20 Jahre später ist es jedes dritte Unternehmen, Tendenz steigend. Das Bundesministerium für Wirtschaft postuliert in seiner Broschüre zur wirtschaftlichen Förderung im Februar 1995 unter anderem: »Neue Arbeitsplätze, Innovationen und wirtschaftliches Wachstum wären nicht denkbar ohne eine Vielzahl qualifizierter Menschen, die sich für die Selbstständigkeit entscheiden. Dieser Weg bedeutet Chance und Risiko zugleich. Öffentliche Förderung leistet dabei einen anerkannt wichtigen Beitrag, um Hürden zu überwinden. Hinzukommen muss aber auch ein gesellschaftliches Umfeld, das vor allem jungen Menschen die eigene Existenz als eine lohnenswerte berufliche Alternative vor Augen führt. Die Grundlagen des Standortes Deutschland zu stärken heißt deshalb für die Bundesregierung auch, Freiräume für eigenverantwortliches und selbstbestimmtes, unternehmerisches Handeln zu erweitern.«

1.1
Schrumpfender Unternehmensbestand im Einzelhandel

Die für unsere gesamte Wirtschaft geltenden Zuwachsraten in Bezug auf selbstständige Unternehmen in den letzten Jahren treffen für den Einzelhandel teilweise nicht zu. Hier gibt es seit den 60er Jahren einen Schrumpfungsprozess. 1976 hatte die Bundesregierung Deutschland 344.752 Einzelhandelsunternehmungen (Steuerpflichtige über 12 TDM Jahresumsatz), 16,8 % weniger als 1968. Dieser Schrumpfungsprozess vollzog sich am stärksten im Nahrungs- und Genussmitteleinzelhandel mit 31,0 % Verlust in diesem Zeitraum, während der übrige Einzelhandel nur ein Prozent der Unternehmensanzahl einbüßte.

1988 meldete die Umsatzsteuerstatistik wieder 385.556 Einzelhandelsunternehmungen, während es im Jahr 2001 436.011 umsatzsteuerpflichtige Unternehmungen im Einzelhandel gab. Bei Betrachtung der Entwicklung in den einzelnen Einzelhandelsbranchen zeigen sich erhebliche Abweichungen vom allgemeinen Bild. Neben starken »Verlierern« (z. B. im Nahrungs- und Genussmitteleinzelhandel) gibt es auch Gewinner (z. B. im Einzelhandel mit Büchern und Fachzeitschriften, siehe dazu Abschnitt 1.5).

Es ist nach den Gründen zu fragen, warum die Zahl der Selbstständigen in vielen Einzelhandelsbranchen zurückging trotz beachtlicher Förderung durch den Staat und andere öffentliche Einrichtungen. Der Sprung in die Selbstständigkeit ist riskanter als früher, dies belegen steigende Insolvenzquoten im Einzelhandel. Wo liegen die Schwierigkeiten für Existenzgründer? Eine von der Sparkasse vorgenommene Befragung von 723 Firmengründern nach den Hauptschwierigkeiten bei der Existenzgründung ergab:

1.1 Schrumpfender Unternehmensbestand im Einzelhandel

- Finanzprobleme 28,8 %,
- Schwer überschaubare Vielfalt von gesetzlichen Bestimmungen 23,2 %,
- Mangel an Fachberatung 10,9 %.

Speziell auf den Sortimentsbuchhandel bezogen sind die Erfahrungen zu nennen, die die Verleger-Inkasso-Stelle (VIK) in Hamburg bei ihren Inkassoaufträgen gesammelt hat. Hier fallen immer wieder nicht kaufmännisch denkende Buchhändler auf, die keine geordnete Buchhaltung und damit keinen Überblick über ihre eigene finanzielle Situation haben. Allerdings gibt es für die Zahlungsschwäche verschiedene betriebsindividuelle Gründe. Vor allem sind zu nennen:
- Unerfahrenheit bei Neugründungen (unzureichende Kapitaldecke, zu großzügiger Einkauf, überhöhte Entnahmen),
- Alter, Krankheit oder Generationswechsel bei den Inhabern,
- Strukturwandel (Standortverschlechterungen, Baumaßnahmen).

Nach diesen Aussagen zu den hauptsächlichen Schwierigkeiten der Unternehmer nun noch Erklärungen zu den Motiven, die zum Entschluss zur Selbstständigkeit führten. Gemäß einer Analyse, die in Koblenz anhand 984 Jungunternehmer vorgenommen wurde, waren es:
- Wunsch nach eigener Existenz 31,4 %,
- Unabhängigkeit 25,3 %,
- höheres Einkommen 12,7 %.

Eine Untersuchung in Bayern, nach der den Schritt in die Selbstständigkeit nur 7,1 % der Befragten bereut haben, ergab als wesentliche Motivation:
- mehr Unabhängigkeit 41,4 %,
- höheres Einkommen 29,1 %,
- Erkennen und Ausnutzen günstiger Marktchancen 25,7 %,
- Als Schlusslicht: Mehr Freizeit und Urlaub 2,4 % (!).

Aber auch Ursachen für Pleiten seien erwähnt. So hat das Bundesministerium für Wirtschaft folgende Gründe aufgeführt:
- Finanzierungsmängel zu 68,6 % (Unterschätzung des kurzfristigen Kapitalbedarfs, zu hoher Preis bei Firmenübernahme),
- Informationsdefizite zu 61 % (zu geringe Kenntnisse vom Marktgeschehen, Überschätzung der Nachfrage für die eigenen Produkte bzw. Dienstleistungen, Unterschätzung der Konkurrenz),
- Qualifikationsmängel im kaufmännischen und unternehmerischen Bereich zu 48 %,
- Planungsmängel zu 30,1 % (falscher Standort, Marktnische nicht gefunden),
- Familienprobleme zu 29,9 %,
- Überschätzung der Betriebsleistung zu 20,9 %,
- äußere Einflüsse zu 15,4 % (z. B. Änderung des Kaufverhaltens durch Rezession).

1.2
Förderung des Mittelstandes

Zum Mittelstand rechnet man nach der Brockhaus-Enzyklopädie »alle sozialen Gruppen einer industriell bestimmten Gesellschaft, die weder zu den Eigentümern und Leitern größerer Unternehmen, den Großgrundbesitzern und führenden Politikern einerseits noch zu den Lohnarbeitern andererseits gehören. Im ursprünglichen Sinne umfasst der Mittelstand nur die selbstständigen Handwerker und Gewerbetreibenden sowie die kleinen und mittleren Händler und Unternehmer.« Auf den Mittelstand kann in unserer freien Marktwirtschaft nicht verzichtet werden, weil mittelständische Unternehmen den Arbeitnehmern ein Stück Freiheit erhalten. Mit ihrer Vielzahl lassen sie dem Einzelnen am Arbeitsmarkt Wahlmöglichkeiten offen. Die Vorzüge der Klein- und Mittelbetriebe liegen nicht so sehr in ihrer Betriebsgröße als in ihrer Flexibilität.

Die Bundesregierung kommt durch steuer- und strukturpolitische Maßnahmen den Belangen der mittelständischen Wirtschaft entgegen. Schwerpunkt ist die Förderung von Existenzgründungen. Die Zukunftsaussichten mittelständischer Unternehmen können durchaus optimistisch beurteilt werden. Der Wiederanstieg der Zahl der Selbstständigen in der gewerblichen Wirtschaft und bei den freien Berufen in den letzten Jahren belegt diesen Optimismus und die Richtigkeit der finanziellen Maßnahmen der Bundesregierung für kleine und mittlere Unternehmen:
- Unternehmensberatungen,
- Rationalisierungsvorträge und Rationalisierungskurse,
- Forschung und Betriebsvergleiche,
- Ausbau und Neuerrichtung von Fachschulen und sonstigen Schulungsstätten,
- Finanzierungshilfen.

Von großer Bedeutung für Gründungswillige sind die Finanzierungshilfen der Bundesregierung und der einzelnen Landesregierungen. Mehrere Untersuchungen haben bestätigt, dass mit Mitteln des Bundes und der Länder geförderte Unternehmen erfolgreicher waren als nicht geförderte. Eine ausführliche Übersicht wird im Abschnitt 16.2 geboten. An dieser Stelle werden auszugsweise die *Richtlinien über die Förderung von Unternehmensberatungen für kleine und mittlere Unternehmen* vom 11. September 2001, die im *Bundesanzeiger* veröffentlicht worden sind, wiedergegeben.

DER BUNDESMINISTER FÜR WIRTSCHAFT
Richtlinien über die Förderung von Unternehmensberatungen für kleine und mittlere Unternehmen vom 11. September 2001 (BAnz. S. 20313)

1 Zuwendungszweck
1.1 Die Unternehmensberatung ist ein wichtiges Instrument zur Verbesserung der Leistungs- und Wettbewerbsfähigkeit kleiner und mittlerer gewerblicher Unternehmen sowie der Freien Berufe (im folgenden »Unternehmen« genannt) und zur Stärkung der Bereitschaft zur Existenzgründung. Um den Unternehmern einen Anreiz zur Inanspruchnahme von externen Beratungen zu

1.2 Förderung des Mittelstandes

geben, können ihnen auf der Grundlage der Hilfe zur Selbsthilfe Zuwendungen zu den Beratungskosten nach Maßgabe dieser Richtlinien und der Verwaltungsvorschriften zu § 44 der Bundeshaushaltsordnung (BHO) gewährt werden.

1.2 Gefördert werden Beratungen von Existenzgründern sowie kleinen und mittleren Unternehmen der gewerblichen Wirtschaft (Handel, Handwerk, Industrie, Verkehrs-, Gast- und Fremdenverkehrsgewerbe, Handelsvertreter und -makler, sonstiges Dienstleistungsgewerbe) und der Freien Berufe, sofern sie nicht selbst unternehmensberatend tätig sind.

1.3 Auf die Gewährung der Zuwendungen besteht kein Rechtsanspruch. Die Bewilligungsbehörde (Nummer 6.4) entscheidet aufgrund ihres pflichtgemäßen Ermessens im Rahmen der verfügbaren Haushaltsmittel. Die Zuwendungen stehen unter dem Vorbehalt der Verfügbarkeit der veranschlagten Haushaltsmittel.

1.4 Die Zuwendungen werden zudem auf der Grundlage der Verordnung (EG) Nr. 69/2001 der Kommission vom 12. Januar 2001 über die Anwendung der Artikel 87 und 88 EG-Vertrag als »De-minimis«-Beihilfen gewährt. (Erläuterungen hierzu im Kap. 16.2.5)

2 Gegenstand der Förderung
2.1 Förderungsfähig sind
2.1.1 Beratungen über alle wirtschaftlichen, technischen, finanziellen und organisatorischen Probleme der Unternehmensführung und der Anpassung an neue Wettbewerbsbedingungen (allgemeine Beratungen),
2.1.2 Beratungen von natürlichen Personen vor der Gründung oder Übernahme einer selbstständigen gewerblichen oder freiberuflichen Existenz (Existenzgründungsberatungen) (...).
2.2 Zur Beratung zählt auch die Umsetzung in der Beratung erarbeiteter Verbesserungsvorschläge und Handlungsempfehlungen in die betriebliche Praxis (z. B. Verhandlung mit Dritten, Training von Firmenangehörigen).
2.3 Die Beratungen müssen sich auf bestehende oder zu gründende Unternehmen mit Sitz und Geschäftsbetrieb in der Bundesrepublik Deutschland beziehen.
2.4 Von der Förderung ausgeschlossen sind Beratungen,
2.4.1 die überwiegend Rechts-, Versicherungs- und Steuerfragen oder die Erlangung öffentlicher Hilfen zum Inhalt haben,
2.4.2 in deren Rahmen Waren oder Dienstleistungen angeboten oder vertrieben werden,
2.4.3 die die Aufstellung baureifer Neu- und Umbaupläne, die Ausarbeitung von Verträgen, die Aufstellung von Jahresabschlüssen (Bilanz, Gewinn- und Verlustrechnung), Buchführungsarbeiten sowie die Erarbeitung von EDV-Software zum Inhalt haben,
2.4.4 die überwiegend gutachterliche Stellungnahmen, Qualitätsprüfungen sowie technische, chemische und ähnliche Untersuchungen zum Inhalt haben,
2.4.5 mit überwiegenden Akquisitions- und Vermittlungstätigkeiten,
2.4.6 bei denen unterschiedliche Tätigkeiten des Beraters, die je für sich nach den Nummern 2.4.1, 2.4.4 und 2.4.5 nicht überwiegen dürfen, in der Summe überwiegen,
2.4.7 die mit anderen öffentlichen Zuschüssen finanziert werden (Kumulierungsverbot),
2.4.8 die ausschließlich die Umsetzung von Verbesserungsvorschlägen zum Inhalt haben.

3 Zuwendungsempfänger
3.1 Antragsberechtigt sind
3.1.1 bei allgemeinen Beratungen und Umweltschutzberatungen: rechtlich selbstständige Unternehmen aus den Bereichen der gewerblichen Wirtschaft und der Freien Berufe, die in der Bundesrepublik ihren Sitz und Geschäftsbetrieb oder eine Zweigniederlassung haben und im letzten Geschäftsjahr vor Beginn der Beratung die nach Anlage 1 maßgebliche Umsatzgrenze nicht überschritten haben,
3.1.2 bei Existenzgründungsberatungen: nicht selbstständig tätige natürliche Personen, die sich durch Gründung eines neuen Unternehmens, Übernahme eines bestehenden Unternehmens oder tätige Beteiligung an einem Unternehmen mit Sitz und Geschäftsbetrieb in der Bundesrepublik selbstständig machen wollen.
3.2 Nicht antragsberechtigt sind Unternehmen,

3.2.1 die im Mehrheitsbesitz (über 50 %) eines oder mehrere anderer Unternehmen stehen oder an anderen Unternehmen mit Mehrheit beteiligt sind, wenn die Gesamtsumme der Jahresumsätze aller Unternehmen die nach Anlage 1 maßgebliche Umsatzgrenze übersteigt,

3.2.2 deren Inhaber oder mit Mehrheit beteiligte Gesellschafter andere rechtlich selbstständige Unternehmen besitzen oder daran mit Mehrheit beteiligt sind, wenn die Gesamtsumme der Jahresumsätze aller Unternehmen die nach Anlage 1 maßgebliche Umsatzgrenze übersteigt,

3.2.3 an denen Religionsgemeinschaften, juristische Personen des öffentlichen Rechts oder Eigenbetriebe einer solchen mit Mehrheit beteiligt sind

3.2.4 sowie Angehörige der Freien Berufe, die als Unternehmens- oder Wirtschaftsberater, als Wirtschaftsprüfer, als Steuerberater oder als vereidigte Buchprüfer tätig sind oder tätig werden wollen.

4 Bewilligungsvoraussetzungen

4.1 Es können nur Beratungen gefördert werden, die von selbstständigen Beratern oder Beratungsunternehmen (im folgenden Berater genannt) durchgeführt werden, die nachweislich über die für den Beratungsauftrag erforderlichen Fähigkeiten, über ausreichende berufliche Erfahrungen und über die notwendige Zuverlässigkeit verfügen und deren überwiegender Geschäftszweck auf entgeltliche Unternehmensberatung gerichtet ist. Beratungen durch Berater, die im Mehrheitsbesitz (über 50 %) eines oder mehrerer anderer Unternehmen stehen oder an anderen Unternehmen mit Mehrheit beteiligt sind, können nur gefördert werden, wenn über 50 % der Gesamtsumme der Jahresumsätze aller Unternehmen auf die Erbringung entgeltlicher Unternehmensberatung entfällt. Von der Förderung ausgeschlossen sind Beratungen, die von juristischen Personen des öffentlichen Rechts oder von privatrechtlichen Unternehmen, an denen juristische Personen des öffentlichen Rechts mit Mehrheit beteiligt sind, durchgeführt werden. Dasselbe gilt für Beratungen durch Berater, die für ihre Tätigkeit Zuwendungen aus öffentlichen Mitteln erhalten. In begründeten Fällen kann die Bewilligungsbehörde (Nummer 6.4) eine Ausnahmegenehmigung für die Beratung durch einen nicht selbstständigen Berater erteilen.
Im Übrigen wird die Auswahl des Beraters dem Antragsteller überlassen.

4.2 Es sind nur Beratungen nach Nr. 2 förderungsfähig, die sich im Rahmen dieser Richtlinien nach dem Beratungsauftrag richten. Beratungen sollen unternehmerische Entscheidungen vorbereiten, konkrete Verbesserungsvorschläge entwickeln sowie im Zusammenhang damit Anleitungen zu ihrer Umsetzung in die Betriebspraxis geben.
Darüber hinaus sollen:

4.2.1 Existenzgründungsberatungen Entscheidungshilfen für die Vorbereitung und Durchführung des beabsichtigten Gründungsvorhabens geben; insbesondere soll geklärt werden, ob und auf welche Weise das Gründungsvorhaben zu einer tragfähigen Vollexistenz führen kann, (…).

4.3 Inhalt und zeitlicher Ablauf der Beratung sowie deren wesentliche Ergebnisse sind in einem schriftlichen Beratungsbericht wiedergegeben. Der Beratungsbericht ist dem Antragsteller auszuhändigen.

4.3.1 Bei allgemeinen Beratungen und Umweltschutzberatungen muss der Beratungsbericht auf der Grundlage des Beratungsauftrags eines Analyse der Situation des beratenen Unternehmens und der im einzelnen ermittelten Schwachstellen konkrete Verbesserungsvorschläge sowie eine detaillierte Anleitung zur Umsetzung in die betriebliche Praxis enthalten.

4.3.2 Bei Existenzgründungsberatungen muss der Beratungsbericht eine umfassende Prüfung des beabsichtigten Gründungsvorhabens beinhalten, insbesondere ob und auf welche Weise das Vorhaben zu einer tragfähigen Vollexistenz führen kann.

4.4 Der Zuschuss kann nur gewährt werden, wenn das beratene Unternehmen oder der Existenzgründer als Antragsteller die in Rechnung gestellten Beratungskosten (einschließlich Umsatzsteuer) vor Antragstellung in voller Höhe bezahlt hat und dies durch Vorlage eines Kontoauszuges nachgewiesen wird. Bei Barzahlungen wird kein Zuschuss gewährt werden.

4.5 Antrag stellende Unternehmen, die in den letzten drei Jahren bereits »De-minimis«-Beihilfen in einem Gesamtumfang von 100.000 € erhalten haben, sind von der Förderung ausgeschlossen.

4.6 Würde der Gesamtbetrag der »De-minimis«-Beihilfen, die ein Zuwendungsempfänger in den

1.2 Förderung des Mittelstandes

letzten drei Jahren erhalten hat, auf Grund der Förderung 100.000 € überschreiten, wird die Förderung in dem Umfang gekürzt, der erforderlich ist, um ein Überschreiten dieses Gesamtbetrages auszuschließen.

4.7 Als Bewilligungsvoraussetzung gilt auch das unter Punkt 6.7 dargelegte Bescheinigungsverfahren nach »De-minimis«.

5 Art und Umfang, Höhe der Zuwendung

5.1 Die Förderung besteht in der Gewährung eines Zuschusses zu den dem Antragsteller vom Berater in Rechnung gestellten Beratungskosten. Zu den Beratungskosten gehören neben dem Honorar auch die Auslagen und Reisekosten des Beraters, nicht jedoch die Umsatzsteuer.

5.2 Der Zuschuss wird als Projektförderung in Form einer Anteilfinanzierung gewährt.

5.3 Bei Existenzgründungsberatungen beträgt der Zuschuss 50 % der in Rechnung gestellten Beratungskosten, höchstens jedoch 1.500 €.

5.4 Bei allgemeinen Beratungen innerhalb von zwei Jahren nach der Existenzgründung (Existenzaufbauberatungen) beträgt der Zuschuss 50 % der in Rechnung gestellten Beratungskosten, höchstens jedoch 1.500 €. (...)

5.6 Je Antragsteller können innerhalb der Geltungsdauer dieser Richtlinien insgesamt Zuschüsse bis zu folgenden Höchstbeträgen gewährt werden:

5.6.1 für Existenzgründungsberatungen bis zu 1.500 €,

5.6.2 für mehrere zeitlich und thematisch voneinander getrennte und in sich abgeschlossene
- allgemeine Beratungen
- Umweltschutzberatungen (auch im Rahmen des Umwelt-Audit)
jeweils bis zu 3.000 €.

5.7 Vom Berater gewährte Rabatte oder Nachlässe auf die Beratungskosten sind nicht zuschussfähig. Werden Rabatte oder Nachlässe nachträglich gewährt, so ist dies der Leitstelle vom Antragsteller unverzüglich mitzuteilen. Die Zuschussberechnung erfolgt auf der Basis des entsprechend verminderten Rechnungsbetrages. Ergibt sich danach ein geringerer Zuschuss, so ist die Differenz gegenüber dem bereits ausgezahlten Zuschuss vom Antragsteller zurückzuerstatten.

6 Verfahren

6.1 Anträge auf die Gewährung eines Zuschusses zu den Beratungskosten sind nach Abschluss der Beratung und nach Zahlung der Beratungskosten innerhalb der in Nummer 6.2 genannten Frist bei einer in Anlage 2 genannten Leitstelle einzureichen.

6.2 Der Zuschussantrag ist auf einem vollständig ausgefüllten Original-Vordruck zu stellen. Die Leitstellen informieren über den Verlag, bei dem die Antragsformulare zu beziehen sind. Dem Antrag ist eine Durchschrift oder Fotokopie der Rechnung des Beraters, ein Exemplar des Beratungsberichts sowie eine Kopie des Kontoauszuges beizufügen.
Diese Unterlagen müssen der Leitstelle spätestens bis zum 31. Mai des auf den Beginn der Beratung folgenden Jahres vorgelegt werden. Andernfalls wird kein Zuschuss gewährt.

6.3 Die Leitstelle überprüft den Antrag und die eingereichten Unterlagen und leitet sie mit dem Ergebnis der Prüfung an die Bewilligungsbehörde (Nummer 6.4) weiter.

6.4 Bewilligungsbehörde ist das Bundesamt für Wirtschaft und Ausfuhrkontrolle,
Frankfurter Straße 29–35, 65760 Eschborn/Taunus bzw.
Postfach 5160, 65726 Eschborn/Taunus
(Telefon 0 61 96/9 08-570; E-Mail: foerderung@bafa.de).
Sie entscheidet über die Bewilligung des Zuschusses und veranlasst die Auszahlung an den Antragsteller.

6.5 Für die Bewilligung, Auszahlung und Abrechnung der Zuwendung sowie für den Nachweis und die Prüfung der Verwendung und die ggf. erforderliche Aufhebung des Zuwendungsbescheides und die Rückforderung der gewährten Zuwendung gelten die Verwaltungsvorschriften zu § 44 BHO sowie § 48 bis 49 a des Verwaltungsverfahrensgesetzes (VwVfG), soweit nicht in diesen Förderrichtlinien Abweichungen zugelassen worden sind.

6.6 Der Antrag mit den in Nr. 6.2 genannten Unterlagen gilt gleichzeitig als Verwendungsnachweis.

6.7 Die Antrag stellenden Unternehmen erhalten einen Zuwendungsbescheid, dem eine »De-minimis«-Bescheinigung beigefügt ist. Diese Bescheinigung ist zehn Jahre vom Unternehmen aufzubewahren und auf Anforderung der Europäischen Kommission, der Bundesregierung, Landesverwaltung oder bewilligenden Stelle innerhalb von einer Woche oder einer in der Anforderung festgesetzten längeren Frist vorzulegen. Wird die Bescheinigung innerhalb der Frist nicht vorgelegt, entfällt rückwirkend die Bewilligungsvoraussetzung und die Beihilfen zuzüglich Zinsen werden zurückgefordert. Die Bescheinigung ist bei zukünftigen Beantragungen als Nachweis für die vergangenen »De-minimis«-Beihilfen vorzulegen.

7 Subventionserhebliche Tatsachen
Die subventionserheblichen Tatsachen im Sinne des § 264 Strafgesetzbuches sind im Zuschussantrag (Anlage 3) bezeichnet.

8 Inkrafttreten, Übergangsregelung
8.1 Diese Richtlinien treten am 1. Januar 2002 in Kraft. Sie gelten für die ab diesem Zeitpunkt begonnenen Beratungen. (...)
8.3 Diese Richtlinien gelten längstens für Beratungen, die bis zum 31.12.2005 begonnen werden.

Bonn, den 11. September 2001   BUNDESMINISTERIUM FÜR WIRTSCHAFT UND TECHNOLOGIE
II FÖRD – 70 50 61/1   Im Auftrag
   Dr. Groß

Anlage 1: Maßgebliche Umsatzgrenzen für die Förderung von Beratungen
Umsatz
Wirtschaftsbereich bis Mio. Euro
a) Allgemeine Beratungen
Groß-/Außenhandel   7,41
Einzelhandel   2,56
(...)
(Bei Existenzgründungsberatungen keine Umsatzbegrenzung, da vorher nicht bekannt.
Anm. des Autors)
Anlage 2: Verzeichnis der Leitstellen
(...)
Leitstelle für Gewerbeförderungsmittel des Bundes
Gothaer Allee 2, 50969 Köln
Telefon: (02 21) 36 25 17; Telefax: (02 21) 36 25 12
(...)
(Die für ein Förderungsvorhaben notwendigen Anträge für einen Zuschuss zu einer Unternehmensberatung sind bei der Leitstelle und den beauftragten Betriebsberatern erhältlich. Anm. des Autors)

1.3
Programm zur Existenzgründung im Einzelhandel

Der Einzelhandel selbst bemüht sich, dem schrumpfenden Unternehmensbestand und der hohen Fluktuationsquote zu begegnen und hat durch die Hauptgemeinschaft des Deutschen Einzelhandels (HDE) ein Programm für Existenzgründungen vorgelegt, das langfristig zur Sicherung des Unternehmensbestandes beitragen soll. Der umfassende Maßnahmenkatalog der HDE gliedert sich in fünf Aufgabenbereiche:
• Aufbau eines speziellen Informationssystems;

1.4 Gründung von Buchhandlungen in Vergangenheit, Gegenwart und Zukunft

- Motivation von Nachwuchskräften für die wirtschaftliche Selbstständigkeit (Neugründung, Übernahme, Nachfolge);
- Verbesserung der Unternehmerqualifikation im Vorfeld der Existenzgründung und Förderung der Unternehmerleistung in der Gründungs- und Aufbauphase;
- Abbau von Hemmnissen, die den Zugang zur wirtschaftlichen Selbstständigkeit erschweren;
- Abbau der Hemmnisse, die die Finanzierung der Existenzgründungen erschweren.

1.4
Gründung von Buchhandlungen in Vergangenheit, Gegenwart und Zukunft

Im Jahr 1953 existierten 3.688 Buchhandlungen in Westdeutschland, wovon rund zwei Drittel in den Jahren 1901 bis 1953 gegründet worden waren. Die durchschnittliche Gründungszahl pro Jahr korrelierte dabei in der Nachkriegszeit mit der gesamtwirtschaftlichen Entwicklung: Während es in den drei Jahren nach Kriegsende durchschnittlich 140 Buchhandlungen waren, schwächte sich Zahl in Zeiten des deutschen Wirtschaftwunders zwischen 1954 und 1964 auf rund 50 Neugründungen pro Jahr ab.

Einige Jahre schien es, etwa von 1973 ab, als ob die Neigung junger Buchhändler, ein bestehendes Unternehmen zu erwerben, geschweige denn eine Sortimentsbuchhandlung »aus dem Nichts« aufzubauen, wesentlich geringer sei als früher. Das beweisen jedenfalls die in diesem Zeitraum in der Beratungspraxis des Verfassers zum Verkauf angebotenen vielen Buchhandlungen, die nur schwer einen Übernehmer finden konnten, denn das Angebot war wesentlich größer als die Nachfrage. Dieses Bild hat sich in den letzten Jahren gewandelt. Werden Buchhandlungen zum Verkauf angeboten, so melden sich sehr viele Interessenten, die Nachfrage ist jetzt viel stärker als das Angebot. Seit 2002 hat sich die Nachfrage bei angebotenen Buchhandlungen verringert.

Ebenso sind – das haben die Geschäftsführer verschiedener buchhändlerischer Landesverbände bestätigt – weiterhin recht viele Neugründungen von jungen Buchhändlern zu verzeichnen. Besonderes Merkmal ist, dass viele dieser gegründeten Sortimente sich auf bestimmte Marktsegmente konzentrieren und die Überlegungen dazu von den Jungunternehmern sorgfältig geplant sind. So entstanden in den letzen Jahren Spezialbuchhandlungen mit den Angebotsschwerpunkten Modernes Antiquariat, Kinderbuch, Pädagogik, Psychologie, Politik, Wirtschaftswissenschaft, Neue Medien, Esoterik usw. oder auch neue Sortimentskonzepte wie Autorenbuchhandlungen.

Im *Adressbuch für den deutschsprachigen Buchhandel 2002/2003* sind mehr als 24.000 Firmen ausgewiesen, die in Deutschland im weitesten Sinne dem Buchhandel zuzurechnen sind, davon rund 7.500 Firmen bzw. Verkaufsstellen des verbreitenden Buchhandels. Die Zahl derjenigen Unternehmen, die ausschließlich oder überwiegend Bücher und Zeitschriften herausgeben oder damit Handel betreiben, ist wesentlich geringer. Die Mehrzahl dieser Firmen gehört dem Börsenverein des Deutschen Buchhandels e. V. und einem der buchhändlerischen Landesverbände an. Die folgende Übersicht vermittelt einen Eindruck über die letzten Jahre.

Jahr	Firmen des verbreitenden Buchhandels nach Adressbuch	Mitgliedsfirmen des Börsenvereins (alte Bundesländer)	Mitgliedsfirmen des Börsenvereins (neue Bundesländer)	Steuerpflichtige Unternehmen im Einzelhandel mit Bücher und Fachzeitschriften
1996	7.688	3.814	649	5.042
1997	7.623	3.919	751	5.172
1998	7.729	4.020	770	5.266
1999	7.795	4.079	768	5.308
2000	7.625	4.045	765	5.223
2001	7.359	4.008	750	5.173

Die Zahlenwerte sind der jährlich erscheinenden Broschüre *Buch und Buchhandel in Zahlen* entnommen. Die Abweichung der Zahlen hinsichtlich der zweiten und fünften Spalte ist darin begründet, dass die amtliche Umsatzsteuerstatistik nur Unternehmen ab einer bestimmten Umsatzgröße (bis 2001 ab 32.000 DM, seit 2002 ab 16.617 €) erfasst.

Die seit Jahren anhaltende – und gegenwärtig gebremste – Gründungswelle im Sortimentsbuchhandel hat starke Veränderungen in der Mitgliedschaft beim Börsenverein und in den buchhändlerischen Landesverbänden bewirkt. So konstatiert beispielsweise der Hessische Verleger- und Buchhändler-Verband in Frankfurt/M., dass 25 % seiner Mitgliedsbuchhandlungen in den letzten zehn Jahren eingetreten sind. Dieser Trend wird auch durch die Zahlen bestätigt, die dem Verfasser von der Abteilung Marketing, Marktforschung und Statistik des Börsenvereins genannt wurden. Danach hat es von 1986 bis 2002 folgende Anzahl von Buchhandlungsgründungen gegeben (Neuaufnahmen in den Börsenverein), wobei der extrem hohe Zahlenwert von 1991 auf die Wiedervereinigung und den Fusionsvertrag der Börsenvereine von Frankfurt und Leipzig zurückzuführen ist:

1986: **229**	1992: **245**	1998: **293**
1987: **153**	1993: **206**	1999: **225**
1988: **138**	1994: **224**	2000: **152**
1989: **133**	1995: **206**	2001: **118**
1990: **104**	1996: **285**	2002: **122**
1991: **832**	1997: **247**	

Aussagen über die zukünftige Entwicklung des Buchhandels müssen über gewisse Grenzen hinaus Spekulationen bleiben. Eine Prognose der Entwicklung des Buchmarkts lässt aber erkennen, dass sich der Buchabsatz – wie alle Güter im Bereich wachsender Freizeit – künftig weiter erhöhen und das Vertriebsnetz man-

1.4 Gründung von Buchhandlungen in Vergangenheit, Gegenwart und Zukunft

cherorts nicht ausreichen dürfte, um den zu erwartenden Mehrbedarf zu befriedigen. Manch neue Stadtteile und aufstrebende Orte sind heute noch ohne Buchhandlung, und in manchen modernen Ladenzeilen oder kleineren Einkaufszentren fehlt relativ oft ein solcher kultureller Stützpunkt. So sind Orte mit 10.000 Einwohnern (ein Eckwert für die Lebensfähigkeit) nur 75-prozentig mit Buchhandlungen ausgestattet. Auf der anderen Seite wird die Rezession in den Jahren 2001/2002 die Überlebensfähigkeit auch manch gestandener Sortimente auf den Prüfstand gestellt haben. Ganz zu schweigen von neuen EU-Richtlinien (BASEL II), die die Vergabe von Firmenkrediten nach neuen Regeln festlegt.

Der Buchhandel ist natürlich kein Naturschutzpark. Auch im Windschatten des Buchpreisbindungsgesetzes vom 1. Oktober 2002 dürfte sich die Wettbewerbssituation verschärfen, und zwar nicht nur gegenüber konkurrierenden Sortimentsbuchhandlungen, sondern auch zu den bereits bestehenden oder auf uns zukommenden anderen Betriebsformen. In großstädtischen Verdichtungs- und Ballungsräumen dürften die Veränderungen durch Wettbewerb auch weiterhin stärker ausgeprägt sein als in ländlichen Regionen und kleinen Gemeinden. Betroffen vom verschärften Wettbewerb sind vor allem kleine und mittlere Betriebsgrößen – wobei nicht zwangsläufig die Großen die Kleinen, aber auf jeden Fall die Schnellen die Langsamen »fressen« werden.

Obwohl sich in den letzten Jahren die Zunahme von Buchhandlungen als Saldo von Gründungen und Schließungen abgeschwächt hat, gegenwärtig sogar ein Gleichgewicht und damit unveränderte Anzahl konstatiert werden kann, ist in den nächsten zehn Jahren ein neuer Schub zu erwarten. Experten prognostizieren eine weitere Gründerwelle aufgrund der starken demographischen Veränderungen in unserem Land. Nach der jüngsten Bevölkerungsvorausschätzung (nach Erika Schulz, *Zur langfristigen Entwicklung der Bevölkerung in der Bundesrepublik Deutschland*, DIV Wochenbericht 32/88, S. 397–408) bleibt die Wohnbevölkerung in der Bundesrepublik (ohne neue Bundesländer) bis zur Jahrhundertwende mit rund 62 Mio. praktisch konstant, danach sinkt sie jedoch kräftig. Im Jahre 2020 wäre der Bestand um etwa 6 Mio., 20 Jahre später um 10 Mio. zurückgegangen. Nun bewirkt jedoch der Babyboom von der ersten Hälfte der 50er Jahre bis über die Mitte der 60er Jahre hinaus eine andere Besetzung der Altersgruppen. Heute erreicht die Gruppe der 15- bis 30jährigen mit rund 14 Mio. ihre maximale Besetzungszahl. Die Gruppe der wirtschaftlich besonders Aktiven, in die man die 30- bis 35jährigen einschließen muss, sorgt voraussichtlich für eine Gründerwelle bislang nicht erreichten Ausmaßes.

Inwieweit davon auch der Sortimentsbuchhandel tangiert werden wird, lässt sich nur vermuten. Wird der seit einigen Jahren eingetretene Konzentrationsprozess mit zunehmender Anzahl von großflächigen Buchhandlungen, die starke Filialisierung, anhalten und einen Schrumpfungsprozess von kleinen und mittelgroßen Unternehmen auslösen? Diese Frage kann niemand mit Sicherheit beantworten.

1.5
Hilfestellung bei der Gründung von Buchhandlungen

Eine ganze Reihe von Personen und Einrichtungen leistet Hilfestellung bei der Gründung von Buchhandlungen. Neben den Steuerberatern vor Ort, die bei der Einrichtung einer ordnungsgemäßen Buchführung und schwierigen Steuerfragen helfen, sind dies vor allem die im Folgenden aufgeführten.

Betriebsberater für den Buchhandel

Das jährlich erscheinende *Adressbuch für den deutschsprachigen Buchhandel* nennt im Band 1 die speziellen Betriebsberater des Buchhandels unter der Rubrik *Sortimentsrelevante Anschriften*. Im ebenfalls jährlich vorliegenden *Sortimenter-Kalender*, hrsg. vom Sortimenter-Ausschuss des Börsenvereins, und auch im *Planungs-Taschenbuch* (BuchMarkt, Meerbusch) sind diese Adressen enthalten. Darüber hinaus hat der Sortimenter-Ausschuss des Börsenvereins eine Broschüre herausgebracht unter dem Titel *Fit für die Zukunft. Betriebsberatung im Buchhandel*, in der neben genauer Anschrift die Zielgruppen und die Schwerpunkte der Arbeit der einzelnen Betriebsberater ausgeführt sind.

Börsenverein des Deutschen Buchhandels e. V.

Als Dachorganisation des gesamten Buchhandels verfügt der Börsenverein über Einrichtungen, die ein Gründungswilliger nutzen sollte. Neben dem Sortimenter-Ausschuss, der erste Anlaufstelle bei einem Gründungsvorhaben ist, sind die Mitgliedsstelle und die Abteilung Marketing, Marktforschung und Statistik mit ihrem Zahlenmaterial über den Buchhandel (*Buch und Buchhandel in Zahlen*, Konjunkturumfragen usw.) zu nennen.

Börsenverein des Deutschen Buchhandels
60311 Frankfurt/M., Großer Hirschgraben 17–21,
Tel.: 0 69/13 06-0,
E-Mail: info@boersenverein.de.

Buchhändlerische Landesverbände

Im Rahmen des Gesamtverbandes unterstützen die Landesverbände jene Kollegen und Kolleginnen, die sich selbstständig machen wollen durch Gründung oder Übernahme einer Buchhandlung. Die Intensität dieser Hilfestellung ist allerdings recht unterschiedlich. Die Anschriften sind nachstehend aufgeführt:

1.5 Hilfestellung bei der Gründung von Buchhandlungen

BÖRSENVEREIN DES DEUTSCHEN BUCHHANDELS –
Landesverband Baden-Württemberg e. V.,
Paulinenstr. 53, 70178 Stuttgart,
Tel.: 07 11/6 19 41-0, Fax: 07 11/6 19 41 44,
E-Mail:post@buchhandelsverband.de

BÖRSENVEREIN DES DEUTSCHEN BUCHHANDELS –
Landesverband Bayern e. V.,
Salvatorplatz 1, 80333 München,
Tel.: 0 89/29 19 42-0, Fax: 0 89/29 19 42-49
E-Mail: info@buchhandel-bayern.de

BÖRSENVEREIN DES DEUTSCHEN BUCHHANDELS –
Landesverband Berlin-Brandenburg e. V.,
Lützowstr. 33, 10785 Berlin,
Tel.: 0 30/26 39 18-0, Fax: 0 30/26 39 18-18,
E-Mail: verband@berlinerbuchhandel.de

BÖRSENVEREIN DES DEUTSCHEN BUCHHANDELS –
Landesverband Bremen-Unterweser e. V.,
Hinter dem Schütting 8, 28195 Bremen,
Tel.: 04 21/32 69 49, Fax: 04 21/32 87 90
E-Mail: ehvnordseebremen@t-online.de

BÖRSENVEREIN DES DEUTSCHEN BUCHHANDELS –
Landesverband Hessen e. V.,
Frankfurter Str. 1, 65189 Wiesbaden,
Tel.: 06 11/1 66 60-0, Fax: 06 11/1 66 60-59
E-Mail: briefe@hessenbuchhandel.de

BÖRSENVEREIN DES DEUTSCHEN BUCHHANDELS –
Landesverband Niedersachsen e. V.,
Hamburger Allee 55, 30161 Hannover,
Tel.: 05 11/33 65 29-0, Fax: 05 11/33 65 29-29,
E-Mail: lvbuchnds@aol.com

BÖRSENVEREIN DES DEUTSCHEN BUCHHANDELS –
Landesverband Nordrhein-Westfalen e. V.,
Marienstr. 41, 40210 Düsseldorf,
Tel.: 02 11/8 64 45-0, Fax: 02 11/32 44 97,
E-Mail: info@buchnrw.de

BÖRSENVEREIN DES DEUTSCHEN BUCHHANDELS –
Landesverband Region Norddeutschland e. V.,
Schwanenwik 38, 22087 Hamburg,
Tel.: 0 40/22 54 79, Fax: 0 40/2 29 85 14,
E-Mail: nv.bv@t-online.de

BÖRSENVEREIN DES DEUTSCHEN BUCHHANDELS –
Landesverband Rheinland-Pfalz e. V.,
Postanschrift, siehe Geschäftstelle Hessen
E-Mail, siehe Geschäftstelle Landesverband Saarland

BÖRSENVEREIN DES DEUTSCHEN BUCHHANDELS –
Landesverband Saarland e. V.,
Feldmannstr. 26, 66119 Saarbrücken,
Tel.: 06 81/9 27 17-0, Fax: 06 81/9 27 17-10,
E-Mail: lvsaar@buchhandel.de

BÖRSENVEREIN DES DEUTSCHEN BUCHHANDELS –
Landesverband Sachsen, Sachsen-Anhalt und Thüringen e. V.,
Gerichtsweg 26, 04103 Leipzig,
Tel.: 03 41/99 54-220, Fax: 03 41/99 54-223,
E-Mail: lvsasathue@t-online.de

Branchenspezifische Seminare

Bevor der Schritt in die Selbstständigkeit gewagt wird, ist eine Vorbereitung darauf durch Besuch relevanter Seminare und Kurse ratsam, die von den Landesverbänden des Buchhandels veranstaltet werden. Die Schulen des Deutschen Buchhandels als zentrale Ausbildungsstätte für Verleger und Buchhändler im Börsenverein bieten im Seminarbereich SECKBACHER KOLLEG ebenfalls Seminare für Existenzgründer an. Ab Januar 2003 findet man das komplette Angebot aller buchhändlerischen Seminaranbieter unter www.fortbildung-buchhandel.com.

Schulen des Deutschen Buchhandels
Wilhelmshöher Str. 283, 60389 Frankfurt/M.,
Tel.: 0 69/94 74 00-0, Fax: 0 69/94 74 00-50,
info@buchhaendlerschule.de

1.5 Hilfestellung bei der Gründung von Buchhandlungen

Staatliche Hilfen vor und nach der Existenzgründung

Es gibt aber auch andere Anbieter für Existenzgründungsseminare, die je nach Disposition des Veranstalters vier ganze oder acht halbe Tage je Seminar dauern. Bundeszuschuss an den Veranstalter. Ferner: Existenzgründungsberatungen, Bundeszuschuss in Höhe von 50 % der anerkennungsfähigen Beratungshonorare zuzüglich Übernahme der Reisekosten der Berater bis zu einem Höchstbetrag von 1.500 €.

Existenzaufbauseminare dauern 12 ganze oder 24 halbe Tage je Seminar im Ablauf von zwei Jahren nach der Existenzgründung. Gewährt wird ein Bundeszuschuss an den Veranstalter zur Verbilligung der Teilnehmergebühren. Ferner: Existenzaufbauberatungen bis zum Ablauf von zwei Jahren nach der Existenzgründung. Gewährt wird ein Bundeszuschuss in Höhe von 50 % der anerkennungsfähigen Beratungshonorare zuzüglich Übernahme der Reisekosten der Berater bis zu einem Höchstbetrag von 1.500 €.

Erfa-Gruppen (= Erfahrungsaustauschgruppen)

Auskunft über die existierenden Gruppen gibt das *Adressbuch für den deutschsprachigen Buchhandel* Band 1. Erfa-Gruppen nehmen auch junge Unternehmen auf und helfen mit den gesammelten Erfahrungen der Gruppenmitglieder bei der Überwindung der Anfangsschwierigkeiten.

Industrie und Handelskammern sowie Einzelhandelsverbände

Für Auskünfte allgemeiner und nicht branchenspezifischer Art sind die Industrie- und Handelskammern in den einzelnen Städten zu nennen, die ein vitales Interesse daran haben, bei Gründung von Unternehmungen Hilfestellung zu leisten.

Manche buchhändlerische Landesverbände haben Probleme des Arbeits- und Sozialrechts den Einzelhandelsverbänden der Länder übertragen. Auch diese Verbände können Auskünfte geben zu verschiedenen Fragen, so im Sozialbereich, Wettbewerbsrecht, Tarifwesen.

Betriebswirtschaftliche Beratungsstellen für den Einzelhandel (BBE)

Auch die Betriebswirtschaftlichen Beratungsstellen für den Einzelhandel führen Trainingsprogramme für angehende und erfahrene Unternehmer durch, aus denen individuell gewählt werden kann. Besonders für die allgemeinen Fragen und Probleme des Handels (ohne Berücksichtigung branchenindividueller Besonderheiten) werden gute Anregungen gegeben. Auch diese Seminare für Existenzgründer werden – ebenso wie die Individualberatungen – vom Bundesministerium für Wirtschaft gefördert. Die Förderung besteht in der Gewährung eines Zuschusses zu den Veranstaltungskosten (Projektförderung). Antragsberechtigt sind die Veranstalter solcher Seminare. Es gelten hier die *Richtlinien über die Förderung von Informations- und Schulungsveranstaltungen (Fort- und Weiterbildung) für kleine und mittlere Unternehmen und Führungskräfte sowie Existenzgründer* vom 22.6.2001, veröffentlicht im *Bundesanzeiger* 2001, S. 14369.

Banken und Sparkassen

Banken und Sparkassen haben einen Finanzierungs-Beratungs-Service entwickelt, der sich vornehmlich auf Finanzierungsfragen für ihre Kunden konzentriert, aber auch betriebswirtschaftliche Aspekte berücksichtigt. Des weiteren bieten Branchenberichte, die von einem bei der Deutschen Girozentrale eingerichteten speziellen Branchendienst kommen, dem interessierten Kunden Analysen und Prognosen zur Situation und zu den Aussichten einzelner Branchen.

Nach der Fusion der Deutschen Ausgleichsbank (DtA) mit der Kreditanstalt für Wiederaufbau (FfW) gibt es Informationen über Förderprogramme aus den Bereichen Existenzgründung, Unternehmensfinanzierung und Beteiligungsfinanzierung unter www.kfw-mittelstandsbank.de.

Über die Bürgschaftsbanken der Länder werden Auskünfte über die Möglichkeiten der Absicherung von Fremdkapital gegeben, falls nicht genügend eigene Sicherheiten verfügbar sind (Adressübersicht im Kap. 16.3).

Informationshilfen

Das Bundesministerium für Wirtschaft und Arbeit, Referat Öffentlichkeitsarbeit, Villemombler Str. 76, 53107 Bonn, versendet auf Anforderung kostenlos Unterlagen. Jährlich erscheint eine Übersicht der *Finanzierungshilfen des Bundes, der Länder und der internationalen Institutionen für die gewerbliche Wirtschaft* als Sonderausgabe der *Zeitschrift für das gesamte Kreditwesen* (F. Knapp Verlag). Der Katalog *profits* mit rund 2.500 aktuellen Buch- und Softwaretiteln informiert zum Thema Existenzgründung, dazu gibt es als *Arbeitshandbuch* den Titel *44 Schritte in die Selbstständigkeit.* Verfasser: Hans-Lothar Merten.

Kostenlose Informationen erhalten Sie im Internet unter www.bmwi.de. Auf der Homepage steht ein direkter Link auf die Seiten über Existenzgründungen, die über Tipps für den Start, Gründerkontakte, Gründerthemen und Finanzierung informieren. Hier gibt es kostenlose Newsletter und Broschüren zum Downloaden. Zuzüglich der Informationen des Bundesministerium lohnt sich ein Besuch der Website www.selbststaendig.com.

2
Markt des Buchhandels

Der Markt des Buchhandels ist vielgestaltig und in drei Absatzstufen gegliedert:
• der Verlag als Produzent und in seinem Umfeld der Verlagsvertreter;
• der Zwischenbuchhandel in den Erscheinungsformen Verlagsauslieferung, Vertriebsservice, Buchgroßhandel (Barsortiment, Grossobuchhandlung), Bestellanstalt, Büchersammelverkehr;
• der Bucheinzelhandel in den Erscheinungsformen stationärer Buchhandel (Ladenbuchhandel) und Reise- und Versandbuchhandel (einschließlich Internetbuchhandel).

Der einstufige Absatz, also der Direktabsatz der Verlage an Endabnehmer, nimmt kontinuierlich zu und erreichte 2002 einen Anteil von 17,2 %. Beim zweistufigen Weg vertreiben die Verlage ihre Produkte über den Bucheinzelhandel an die Käufer. Hauptabsatzkanal ist hier der Sortimentsbuchhandel mit 57 % Umsatzanteil. Der Reise- und Versandbuchhandel mit 9,1 % und die sonstigen Verkaufsstellen (z. B. Buchverkaufsstellen, Bahnhofsbuchhandel) mit 8,7 % rangieren vor den Warenhäusern (4,6 %) und den Buchgemeinschaften (3,4 %). Beim dreistufigen Absatz, dem Weg der Verlagserzeugnisse vom Verlag über den Zwischenbuchhandel an den Bucheinzelhandel wird jedes dritte Buch über den Buchgroßhandel (insbesondere Barsortimente) abgesetzt, 70 % des Bücherstromes gehen vom Verlag (bzw. seiner Auslieferung) direkt an Einzelhändler oder Endabnehmer. Über den Weg des Buches von der Produktidee des Autors zum Verbraucher, sofern er über das traditionelle Verlagswesen abgewickelt wird, informiert die Übersicht auf Seite 33.

Marktobjekte sind vor allem Bücher, diese gelten als eine von mehreren Waren, die gebündelt den Warenkreis »Gegenstände des Buchhandels« bilden. Nach § 4 der Satzung des Börsenvereins des Deutschen Buchhandels e. V., beschlossen am 14. 6. 1998, sind dies: »[...] alle Werke der Literatur, Tonkunst, Kunst und Fotografie, die durch ein grafisches, fotografisches, fotomechanisches, optisches, magnetisches oder digitalisiertes Verfahren (auch im Wege der Fotokopie, Xerografie, Mikroskopie oder dgl.) vervielfältigt sind, wie z. B. Bücher, Zeitschriften, Musikalien, Tonträger, Bildträger, elektronische Warenträger, Kunstblätter, Kalender, Diapositive, Atlanten, Landkarten, Globen, Schulwandbilder und andere diesen Begriffsbestimmungen entsprechende Lehr- und Lernmittel. Gegenstände des Buchhandels sind auch alle Werke, die elektronisch gespeichert sind und auf dem Wege der Datenfernübertragung (online) verbreitet werden.«

Die inländische Buchproduktion hat 2001 eine Rekordmarke von 85.088 Titeln erreicht. Wahrscheinlich bedingt durch die Euro-Einführung zum 1. Januar 2002 und der damit verbundenen »Teuro-Debatte« und Konsumzurückhaltung im Jahr 2002 fiel der Wert im Jahr 2002 wieder unter die Marke von 80.000 Titeln. Die Quelle *Wöchentliches Verzeichnis der Deutschen Nationalbibliographie* ist insofern von Bedeutung, als alle Verlage, die in Deutschland Bücher verlegen, zwei Exemplare ihrer Produktion aufgrund einer Pflichtstückverordnung an Die Deutsche Bibliothek abführen müssen. Diese Publikationen werden dann für die Nationalbibliographie erschlossen und stehen anschließend in den Standorten Frankfurt (Deutsche Bibliothek) und Leipzig (Deutsche Bücherei) zur Verfügung.

Jahr	Titel insgesamt	Erstauflage	Neuauflage	Erstauflage : Neuauflage
1995	74.174	53.359	20.815	72 : 28
1996	71.515	53.793	17.722	75 : 25
1997	77.889	57.680	20.209	74 : 26
1998	78.042	57.678	20.364	74 : 26
1999	80.779	60.819	19.960	75 : 25
2000	82.936	63.021	19.915	76 : 24
2001	85.088	64.618	20.470	76 : 24
2002	78.896	59.916	18.980	76 : 24

Ab 2001 dient das VLB als zusätzliche Datenquelle.
Quelle: Buch und Buchhandel in Zahlen 2003, S. 62.

Bezogen auf die Erstauflage waren 5.209 Publikationen Taschenbücher, was einer Quote von 8,7 % entspricht. Übrigens war fast jedes zweite verlegte Taschenbuch ein Roman. Im internationalen Vergleich liegt Deutschland nach China und Großbritannien, die beide auf über 100.000 Titel kommen, an dritter Stelle. Der Durchschnittsladenpreis der Neuerscheinungen (Erstauflagen) belief sich im Jahr 2002 auf 26,15 €. Der Durchschnittsladenpreis aller belletristischen Titel (Hardcover und Taschenbuch) lag bei 13,84 €.

Über die Entwicklung des Buchmarkts informiert regelmäßig das im Juli erscheinende Bändchen *Buch und Buchhandel in Zahlen*, das vom Börsenverein des Deutschen Buchhandels herausgegeben wird. Die Ausgabe 2003 wurde von der Abteilung Kommunikation, PR und Marketing betreut und erschien in der MVB Marketing- und Verlagsservice des Buchhandels GmbH, dem »Verlag des Börsenvereins«. Auszüge aus dieser Broschüre erscheinen in etwa zeitgleich im redaktionellen Teil des *Börsenblatts*. Dieses Bändchen, in der buchhändlerischen Umgangssprache kurz *BuBiZ* genannt, fasst alle relevanten Daten der Branche zusammen. Es berichtet über die jeweilige wirtschaftliche Lage, informiert über Freizeit- und Medienverhalten, nennt die Zahl der buchhändlerischen Betriebe, bringt die betriebswirtschaftlichen Kennzahlen des Sortimentsbuchhandels sowie die des Verlagsbuchhandels und stellt die inländische und internationale Buchproduktion vor. Weitere Teile berücksichtigen Übersetzungen, Lizenzen, Preise, Außenhandel, Berufsbildung u. a. m. Auch die Werte der Umsatzsteuerstatistik für Buchverlage und den Einzelhandel mit Büchern und Fachzeitschriften sind enthalten. Wem die

2 Markt des Buchhandels

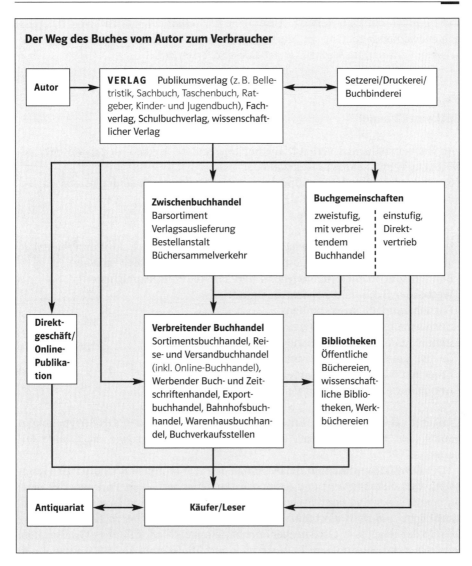

Auszüge aus *BuBiZ* nicht reichen, wird sich um die vielfältigen Daten aus der Umsatzsteuerstatistik bemühen.

Halbjährlich veranstalten die entsprechenden Fachabteilungen des Börsenvereins auch Konjunkturumfragen für Sortimenter und Verleger. Die Ergebnisse werden entweder im *Börsenblatt* veröffentlicht oder in speziellen Publikationen den Vereinsmitgliedern offeriert.

Der Betriebsvergleich *BV 27 Sortimentsbuchhandel* des Instituts für Handelsforschung an der Universität zu Köln bringt Umsätze, Kosten und Erträge in sehr stark gegliederter Unterteilung. Allgemeine wirtschaftliche Daten liefert das jährlich erscheinende Statistische Jahrbuch, das vom Statistischen Bundesamt herausgegeben wird und im Verlag Metzler-Poeschel erscheint.

2.1
Bucheinzelhandel

Der Bucheinzelhandel verkauft Bücher und andere Medien an private oder gewerbliche Endabnehmer. Dazu zählen:
• Sortimentsbuchhandel (mit Spezialisierung wie Fachbuchhandel, wissenschaftliches Sortiment, Universitätsbuchhandlung),
• Buch- und Medienkaufhäuser,
• Reise- und Versandbuchhandel,
• Internet-Buchhandel (überwiegend als Versandbuchhandel, dazu unterhalten über 1.500 stationäre Buchhandlungen eine »virtuelle Filiale« im Netz),
• Bahnhofsbuchhandel (überwiegend Verkauf von Presseerzeugnissen),
• Werbender Buch- und Zeitschriftenhandel,
• Buchabteilungen im Warenhaus,
• Buchgemeinschaften (Ladengeschäfte und Versand),
• Import- und Export-Buchhandel,
• Buchverkaufsstellen (Nebenmärkte),
• Branchenfremder Einzelhandel mit Spezial-Buchabteilung,
• Antiquariate (stationär und Versand, auch Online-Vertrieb).

Zunächst sei auf vier neue Entwicklungen hingewiesen: den Großflächenbuchhandel, den Filialbuchhandel, den Internet-Buchhandel sowie die Online-Antiquariate.

Der **Großflächenbuchhandel** begann in den 70er Jahren in Freiburg i. Br. (Rombach), Düsseldorf (Stern) und München (Hugendubel) – ein Prototyp, der neue Standards setzte und rasch Epigonen fand. Er imponiert mit mehr als 1000 qm Verkaufsfläche und führt ein breites und tiefes Sortiment mit bis zu 120.000 Lagertiteln. In der Regel sind Großflächenbuchhandlungen Marktführer in Großstädten, teilweise in bescheidenerem Rahmen auch in Mittelstädten ab 30.000 Einwohner. Sie sichern ihre Stellung zumeist durch erste Lagen der Innenstadt oder in gut frequentierten Einkaufszentren. Dieses Erfolgsmodell hat die Konzentration im Bucheinzelhandel beschleunigt. Insbesondere mittelständische Sortimentsbuchhandlungen halten dem Konkurrenzdruck aufgrund ihrer ungenügenden Kapitalausstattung und fehlender Investitionsbereitschaft nicht stand.

Die regionale und überregionale **Filialisierung des Bucheinzelhandels** setzte in bescheidenem Maße ab 1976 ein und formierte allmählich eine neue deutsche Buchhandelslandschaft. Explosionsartig setzte sich diese Entwicklung nach der Wende, also ab 1990, fort. Ein im *buchreport.magazin* (November 2001) erstmals

2.1 Bucheinzelhandel

veröffentlichter Filialatlas dokumentierte das mit 605 Filialen in 259 Orten der BRD, betrieben von 22 Firmen. Es sind in dieser Übersicht nur solche Firmen enthalten, die nicht nur im Ort oder im engsten Einzugsgebiet filialisiert haben, sondern im Allgemeinen zumindest regional tätig sind.

Unterschiedliche Strategien und Kriterien haben zu besonderen Ausprägungen geführt, so der Großflächenbuchhandel mit allgemeinem Sortiment (so z. B. Thalia, Hamburg, mit 77 Filialen, vereinigt mit Phönix-Montanus des Handelskonzerns Douglas, sowie Hugendubel in München mit 30 Filialen), Groß- und Mittelflächenbetriebe mit allgemeinem Sortiment (Gondrom, Kaiserslautern, mit 30, Habel, Darmstadt, mit 21, Weiland in Lübeck mit 20 und Buch & Kunst, Dresden mit 40 Filialen), Schweitzer, München (Recht, Steuern, Wirtschaft, 17 Filialen) Sack, Köln (Jura mit 11 Filialen). Diese Fachbuchhandlungsmassierung geschah teilweise durch Ankauf langjährig bestehender Fachbuchhandlungen.

Rapide wuchsen Filialketten mit schnelldrehendem, meist niedrigpreisigem Sortiment, sozusagen als »Buchhandel-Light«, z. B. Weltbild Plus mit 206 Geschäften in Deutschland, zum kleineren Teil als Franchising, Wohltat, Berlin mit 44 Filialen und Schwerpunkt Modernes Antiquariat. Kleinere Einheiten mit religiöser Sortimentsausrichtung betreibt Alpha in Gießen mit 25 Geschäften, teils in Franchising. Es ist zu vermuten, dass der Expansionsdrang der Filialisten im Bucheinzelhandel anhält. (Quelle: *buchreport.magazin*, November 2003)

Der **Internet-Buchhandel** (Internet bezeichnet den weltweiten Verbund aller Computer, die über das Protokoll TCP/IP miteinander kommunizieren), 1997 gestartet, hat die hochgesteckten Erwartungen bislang nicht für alle Einzelhändler erfüllt. 2002 wurde mit 438 Mio. € Umsatz ein Marktanteil von 4,5 % erreicht. Drei Viertel davon erwirtschaftete der reine Internet-Buchhandel (Versandbuchhandel), ein Viertel entfielen auf den Sortimentsbuchhandel, den Warenhausbuchhandel und den Direktvertrieb der Verlage. Über 1.800 Firmen bedienen sich dieser Vertriebsform für Bücher. Die Akzeptanz des Internet-Buchhandels in den kommenden Jahren wird von der Bereitschaft der Konsumenten abhängen, im Netz zu kaufen. Zur Zeit (2003) gehen die Branchenauguren von einem potenziellen Marktanteil von 10 % aus. Das bedeutet, dass diese Vertriebsform zwar weiter wachsen wird, dass sich aber die Wachstumsraten in Zukunft verlangsamen werden. Ein Drittel der deutschen Internet-Benutzer besucht regelmäßig Websites zum Thema Bücher, etwa die Hälfte zählt sich zu den unregelmäßigen Nutzern. Als Vorteile gegenüber anderen Beschaffungswegen werden die Unabhängigkeit von Ladenöffnungszeiten und die Lieferung in Rechnung genannt. Es werden trotzdem sehr viele Computer-Bestellungen im Laden des Anbieters abgeholt, um vor allem das Versandporto zu sparen, das viele Firmen bei geringer Auftragshöhe belasten. Zukünftig dürften immer mehr stationäre Buchhandlungen mit Bestellmöglichkeiten und Bibliografierhilfen im Netz präsent sein. Bei einer Neugründung gehört ein Internet-Auftritt inzwischen als selbstverständlich dazu – in welcher Form auch immer. Mehr hierzu im Kap. 11.10.

Online-Antiquariate mit ihrem Riesenangebot gebrauchter Bücher bedienen sich zur Offerierung der Lagertitel (bis zu 3 Mio.) zunehmend der modernen Form des E-Commerce über verschiedene Dienstleister, die unterschiedlich hohe Gebühren verlangen. Sie vertreten bis zu 800 Antiquariate. Auch der Sortimentsbuchhandel kann sich in diesen Online-Verkauf antiquarischer Bücher einbinden und bei der Anmeldung eigene Gewinnspannen zur Preiskalkulation eingeben.

Der Gesamtumsatz von Büchern und Veröffentlichungen der Fachpresse (Fach- und wissenschaftliche Zeitschriften) ist schwer einzuschätzen. Nach Angaben des Börsenvereins erreichte der deutsche Buchhandel in Jahr 2002 ein Volumen von ca. 9,2 Mrd. € zu Ladenpreisen. Über Jahre hinweg hatte es Zuwachsraten für den Einzelhandel mit Büchern gegeben, die stets über den Mittelwerten des Facheinzelhandels insgesamt lagen. Die wertmäßige (nominelle) Änderung der Umsatzwerte beinhaltet die durch Preiserhöhungen für Verlagserzeugnisse erreichten Zuwächse. Aber auch die realen Werte, also bei Herausrechnung der Preiserhöhungen, waren im Plus. Erst im Jahr 2002 gab es mit −2% erstmalig einen Umsatzrückgang aufgrund der »Einbrüche« im Fachbuchbereich (−2,9%) und bei den gebundenen Publikumsbüchern (−3,1%). Der Anteil des Sortimentsbuchhandels am Gesamtumsatz der Einzelhändler fiel auf 57% zurück, während der Reise- und Versand-

Geschätzte Umsätze buchhändlerischer Betriebe zu Endverbraucherpreisen 1998-2002

	1998		1999		2000		2001		2002		
	Mio. EUR	Anteil in %	Mio. EUR	Anteil in %	Mio. EUR	Anteil in %	Mio. EUR	Anteil in %	Mio. EUR	Anteil in %	Veränd. in %
Vertriebsweg:											
Sortimentsbuchhandel	5.369	59,1	5.428	58,8	5.483	58,2	5.444	57,8	5.259	57,0	−3,4
Sonstige Verkaufsstellen	825	9,1	818	8,9	834	8,9	818	8,7	801	8,7	−2,1
Warenhäuser	422	4,6	423	4,6	433	4,6	429	4,6	422	4,6	−1,6
Reise- und Versandbuchhandel	637	7,0	675	7,3	762	8,1	799	8,5	839	9,1	+5,0
Verlage direkt	1.494	16,4	1.536	16,7	1.565	16,6	1.581	16,8	1.589	17,2	+0,5
Buchgemeinschaften	341	3,7	344	3,7	345	3,7	341	3,6	314	3,4	−7,9
Insgesamt	9.088	100,0	9.225	100,0	9.421	100,0	9.412	100,0	9.224	100,0	−2,0
Warengruppe:											
Fachbuch/Wissenschaft/Schulbuch	3.186	35,1	3.219	34,9	3.273	34,7	3.323	35,3	3.228	35,0	−2,9
Allgemeine Literatur	4.966	54,6	5.061	54,9	5.219	55,4	5.242	55,7	5.133	55,6	−2,1
davon: Taschenbuch	877	9,6	899	9,7	921	9,8	1.102	11,7	1.096	11,9	−0,5
Belletristik/Sachbuch/ Jugendbuch/Lexika/ Kartographie/Sonstiges	3.468	38,2	3.518	38,1	3.636	38,6	3.469	36,9	3.360	36,4	−3,1
Restauflagen	622	6,8	644	7,0	662	7,0	671	7,1	677	7,3	+0,9
Bücher insgesamt*	8.153	89,7	8.279	89,8	8.492	90,1	8.565	91,0	8.361	90,6	−2,4
Vertriebserlöse Fach- und wissenschaftliche Zeitschriften	936	10,3	945	10,2	929	9,9	847	9,0	863	9,4	+1,9
Insgesamt	9.088	100,0	9.225	100,0	9.421	100,0	9.412	100,0	9.224	100,0	−2,0
davon: Audiovisuelle Medien	166	1,8	176	1,9	191	2,0	207	2,2	217	2,4	+4,8

* Einschl. audiovisuelle Medien. Quelle: Börsenverein des Deutschen Buchhandels e.V.

Buch und Buchhandel in Zahlen 2003, Tab. 9. Abdruck mit freundlicher Genehmigung des Börsenvereins des Deutschen Buchhandels

2.1 Bucheinzelhandel

buchhandel (inkl. dem Internet-Buchgeschäft) um 5 % mit einem Anteil von 9,1 % zulegte.

Eine exakte Errechnung der Werte des Einzelhandels ist jedoch kaum möglich. Denn die (wesentlich niedrigeren) Werte der Umsatzsteuerstatistik resultieren aus einer anderen Erhebungsart. So enthält die Umsatzsteuerstatistik des Einzelhandels nicht die Erlöse des Direktvertriebs der Verlage. Und in der Statistik »Großhandel mit Büchern, Fachzeitschriften, Musikalien« sind auch Sortimenter erfasst,

Steuerpflichtige* im Einzelhandel mit Büchern und Fachzeitschriften nach Umsatzgrößenklassen und Bundesländern 2001

Umsatzgrößenklasse** von ... bis unter ... EUR	Baden-Württemberg	Bayern	Berlin	Brandenburg	Bremen	Hamburg	Hessen	Mecklenburg-Vorpommern	Niedersachsen
16.617-50.000	108	101	39	18	.	13	34	12	66
50.000-100.000	104	94	33	16	3	16	42	13	66
100.000-250.000	216	180	78	44	13	48	91	30	125
250.000-500.000	191	185	49	32	7	34	104	25	114
500.000-1 Mio.	119	130	38	21	3	19	46	20	80
1 Mio.-2 Mio.	59	69	11	9	4	10	26	4	35
2 Mio.-5 Mio.	27	22	9	-	3		12		19
5 Mio.-10 Mio.	9	3	3	-	.	17	8	5	6
10 Mio.-25 Mio.		4	4	-	-				
25 Mio.-50 Mio.	8	4	-	-	-		-		
50 Mio.und mehr			-	-	-		-		
Insgesamt	**841**	**792**	**264**	**140**	**37**	**157**	**363**	**109**	**511**

Fortsetzung

Umsatzgrößenklasse** von ... bis unter ... EUR	Nordrhein-Westfalen	Rheinland-Pfalz	Saarland	Sachsen	Sachsen-Anhalt	Schleswig-Holstein	Thüringen	insgesamt
16.617-50.000	124	29	7	45	16	20	16	.
50.000-100.000	104	18	5	32	15	8	19	588
100.000-250.000	237	51	19	66	38	37	36	1.309
250.000-500.000	243	52	13	41	33	42	28	1.196
500.000-1 Mio.	193	37	7	-	17	35	22	806
1 Mio.-2 Mio.	89	16		-	.	14	7	372
2 Mio.-5 Mio.	29		5	-	.		3	157
5 Mio.-10 Mio.	11	9		-	-	10	-	45
10 Mio.-25 Mio.	4		-	-	-		-	28
25 Mio.-50 Mio.		4	-	-	-	-	-	8
50 Mio.und mehr	4		-	-	-	-	-	.
Insgesamt	**1.038**	**212**	**56**	**184**	**119**	**166**	**131**	**5.173**

* Ohne Unternehmen mit Umsätzen unter 16.617 EUR. ** Ohne Mehrwertsteuer.
.(Punkt) Zur Wahrung des Steuergeheimnisses nicht ausgewiesen.
Quelle: Umsatzsteuerstatistik, 2003

Buch und Buchhandel in Zahlen 2003, Tab. 7. Abdruck mit freundlicher Genehmigung des Börsenvereins des Deutschen Buchhandels

Steuerpflichtige* nach Umsatzgrößenklassen 2000 und 2001				
	Buchverlage (inkl. Adreßbücher)		Einzelhandel mit Büchern und Fachzeitschriften	
Umsatzgrößenklasse** von ... bis unter ... EUR	2000	2001	2000	2001
16.617-50.000	844	820	671	.
50.000-100.000	619	.	613	588
100.000-250.000	737	753	1.303	1.309
250.000-500.000	457	439	1.213	1.196
500.000-1 Mio.	341	356	811	806
1 Mio.-2 Mio.	246	241	370	372
2 Mio.-5 Mio.	232	232	157	157
5 Mio.-10 Mio.	95	90	47	45
10 Mio.-25 Mio.	93	87	24	28
25 Mio.-50 Mio.	40	46	6	8
50 Mio.und mehr	37	31	8	.
Insgesamt	**3.741**	**3.708**	**5.223**	**5.173**

* Ohne Unternehmen mit Umsätzen unter 16.517 EUR.
** Ohne Mehrwertsteuer.
.(Punkt) Zur Wahrung des Steuergeheimnisses nicht ausgewiesen.
Quelle: Umsatzsteuerstatistik 2003

Buch und Buchhandel in Zahlen 2003, Tab. 8. Abdruck mit freundlicher Genehmigung des Börsenvereins des Deutschen Buchhandels

deren Umsätze eigentlich dem Einzelhandel zuzurechnen sind, die aber wegen des früheren Großhandelsprivileg (über 50 % Lieferungen an Behörden, Institute und Betriebe) als Großhändler eingegliedert werden. Auf Seite 37 stehen die in *Buch und Buchhandel in Zahlen* veröffentlichten Übersichtungen aus der amtlichen Umsatzsteuerstatistik.

Nach der oben dargestellten Umsatzstatistik, der Werte aus dem Jahr 2001 zugrunde liegen, erreichen 1.897 Einzelhändler (= 36,6 %) einen Umsatz von 50.000 bis zu 250.000 € mit Büchern und Veröffentlichungen der Fachpresse. Auf dem anderen Ende der Skala generieren 238 Einzelhändler (= 4,6 %) einen Umsatz von mehr als 2 Mio. €. Der Marktanteil der 100 größten Unternehmen liegt zur Zeit (Stand 2003) bei ca. 35 % des Gesamtumsatzes der Einzelhandelsbranche.

2.2
Zwischenbuchhandel

Da er keine Bücher verlegt, gehört der Zwischenbuchhandel zum Bereich des verbreitenden Buchhandels. Der Börsenverein zählte 2003 in dieser Sparte 72 Mitglieder, die eine vermittelnde Tätigkeit zwischen Verlagen und dem Bucheinzelhandel ausübt. Die Aufgabenbereiche des Zwischenbuchhandels sind sehr vielschichtig. Sie reichen von klassischen Großhandelsfunktionen bis hin zu reinen Dienstleistungsbereichen. Dabei kann es durchaus sein, dass eine Firma nur eine

Teilfunktion übernimmt, während andere Unternehmen wie KNO/K & V und Libri mehrere Funktionen am Markt anbieten. Wichtig ist auf jeden Fall, die unterschiedlichen Funktionsbereiche rechtlich und wirtschaftlich streng voneinander zu trennen.

Zum Zwischenbuchhandel gehören Barsortimente und Buchgroßhandlungen als klassische Großhandelsunternehmen, die auf eigenen Namen und auf eigene Rechnung Gegenstände des Buchhandels von den Verlagen kaufen, ein eigenes Lager unterhalten und an den Bucheinzelhandel verkaufen sowie für diese Klientel Dienstleistungen verschiedenster Art erbringen. Spezielle Untergruppen sind hier der Import-Großhandel und das Großantiquariat. Letzteres führt das so genannte Moderne Antiquariat, d. h. den Handel mit verlagsneuen Titeln, für die der feste Ladenpreis aufgehoben ist und die günstiger verkauft werden. Allgemeine Barsortimente unterhalten ein breites und tiefes Lager gängiger Bücher von ca. 300.000 Titeln aus dem Gesamtangebot von über einer Million (2002) lieferbaren deutschsprachigen Verlagserzeugnissen. Spezialbarsortimente führen ein tiefes Lager für Spezialgebiete mit geringerer Titelanzahl.

Zum Zwischenbuchhandel gehört aber auch der buchhändlerische Kommissionär, der nach der buchhändlerischen *Verkehrsordnung* im Auftrag und für Rechnung seiner Verlags- und/oder Sortiments-Kommittenten handelt: als Verlags-Kommissionär (oder Verlagsauslieferung) mit der Auslieferung der von ihm verwalteten Lager im Auftrag, für Rechnung und Weisungen der dort vertretenen Verlage (Verlags-Kommittenten). Als Sortimenter-Kommissionär fasst er Dienstleistungen im Rahmen des buchhändlerischen Bestell- und Lieferverkehrs zusammen. Durch den Bücherwagen-Dienst werden von ihm im Auftrag des Sortiments-Kommittenten Buchhandelsprodukte von Verlagen bzw. deren Auslieferungen (Beischlüsse) übernommen und zugestellt, gegebenenfalls unter gleichrangiger Zusammenfassung der Sendungen der Barsortimente. Weitere Aufgaben sind Rücktransport der Remittenden (Rücksendungen) an die Verlage oder Auslieferungen sowie die Weiterleitung von Bestellungen der Sortimenter-Kommittenten.

2.3
Verlage

Das *Adressbuch für den deutschsprachigen Buchhandel 2002/2003* listet rund 24.000 buchhändlerische Betriebe auf, wobei mehr als 2/3 von ihnen (= rund 17.000 Betriebe) auf den herstellenden Buchhandel entfallen. Hierzu werden auch Körperschaften, Lehrstühle an Universitäten, Institutionen und Vereine gezählt, die nur sporadisch Publikationen herausgeben. Die Zahl der Unternehmen, die das Verlegen professionell betreiben, ist weitaus geringer. In diesem Zusammenhang sind die 1882 Mitgliedsfirmen des Börsenvereins (Stand 30.4.2003) ein recht guter Anhaltspunkt. Dabei soll keineswegs die Qualität so mancher Verlagsprodukte geschmälert werden, wie beispielsweise die Bücher eines ›Feierabendverlegers‹, die er neben seinem regulären Brotberuf verlegt, oder die Schriftenreihen einer Institution, mit der Informationen einer größeren Öffentlichkeit zur Verfügung gestellt werden sollen.

Die amtliche Umsatzsteuerstatistik der Bundesrepublik Deutschland erfasst nur die steuerpflichtigen Buchverlage, die einen Mindestumsatz von 16.617 € vorweisen können. *Buch und Buchhandel in Zahlen 2003* zitiert diese Statistik und gibt inklusive der Adressbuchverlage immerhin 3708 Firmen an, von denen allerdings 2368, das sind 64 %, nur einen Umsatz von bis zu 1 Mio. € machen. 78 Unternehmen erreichen mehr als 25 Mio. € Jahresumsatz. Der Marktanteil der 100 größten Buchverlage beläuft sich auf über 80 %. Damit tritt auch hier die Polarisierung zutage, die für die gesamte Medienbranche typisch ist. Das zahlenmäßige Großkontingent der Firmen trägt in Relation zum gesamten Umsatzvolumen viel weniger zum Gesamtumsatz der Branche bei als die wenigen Großunternehmen.

Diese Polarisierungstendenz wird anhalten und sich im Zuge weltweiter Fusionen eher noch verschärfen. An zahlreiche Elefantenhochzeiten musste man sich bereits ab Mitte der 90er Jahre gewöhnen, aber die Mammuthochzeiten der zurückliegenden Jahre verdienen es, erwähnt zu werden. So fusionierten Bertelsmann Fachinformationen und der wissenschaftliche Springer Verlag zu BertelsmannSpringer S+B Media – ein Konzern, der mittlerweile in die Hände einer Investorengruppe übergegangen ist. Da konnte die Konkurrenz Holtzbrinck bei den Publikumsverlagen nicht zurückstehen: spektakulär die 50:50-Beteiligung seines Publikumsverlages Droemer mit der stark expandierenden Weltbild-Gruppe zur Verlagsgruppe Droemer Weltbild. Und Rolf Heyne übergab kurz vor seinem Tod Ende 2000 seine Verlagsproduktion in die Hände von Christian Strasser, der seinerzeit den Axel Springer Buchverlagen vorstand. Die Axel Springer Gruppe ihrerseits wollte sich jedoch 2002 auf ihr Kerngeschäft konzentrieren, sodass die Buchverlagsgruppe zum Verkauf ansteht. Ein Kaufkandidat ist Random House – so der neue Name der Bertelmann Publikumsverlage.

Ein verstärktes Engagement ausländischer Verlagshäuser in der Bundesrepublik ist zu beobachten. So expandiert die schwedische Bonnier-Gruppe, zu der Carlsen, Piper & Co und seit Ende 2000 auch arsEdition gehört, ebenso wie die britische Pearson-Gruppe, die mit den Labels Addison Wesley Longman, Markt & Technik u.a.m. den Weg ins Sortiment gefunden hat. Überhaupt: Das Ranking der 100 größten Verlage, das jährlich von dem Dortmunder Verlag Harenberg ermittelt und in der Fachzeitschrift *buchreport.magazin* veröffentlicht wird (im Netz unter www.harenberg.de abrufbar), liest sich in der Sparte ›Integrierte Verlage/Programme‹ spannender als manch ein Kriminalroman. Firmenzukäufe oder als Sub-Verlage gekennzeichnete Imprints zeigen an, woher so mancher Umsatzsprung kommt: durch den Kauf/Übernahme anderer Verlage oder durch speziell für bestimmte Marktsegmente entwickelte Labels werden absatzstrategisch neue Marken am Markt institutionalisiert. Innerhalb des Harenberg-Rankings der 100 größten Verlage zeichnet sich übrigens eine Tendenz recht deutlich ab: Die großen Verlage wachsen überproportional schneller als die kleinen.

2.4
Verbraucher

Nach älteren Studien lagen die Deutschen beim Buchkauf innerhalb von Europa stets an der Spitze. Im Jahr 2000 ging man von rund 200 DM pro Kopf aus; im Kap. 2.5 wird ein Wert von 116 € errechnet. die für Bücher und Fachpresse ausgegeben worden seien. Um diesen Durchschnittswert gibt es beachtliche Streuungen, die zum beachtlichen Teil auf die unterschiedliche Kaufkraft der Bevölkerung zurückzuführen sind. Als Kaufkraft bezeichnet man die Geldsumme, welche die Bevölkerung über einen bestimmten Zeitraum für Käufe von Produkten bzw. Dienstleistungen zur Verfügung stehen. Daneben vermag man auch für einzelne Produkte oder Produktgruppen – so z. B. für Bücher – Kaufkraftkennzahlen zu bestimmen. Für die Standortstrategie eines Gründers interessiert vor allem die regionale Kaufkraft für möglichst kleine Gebietseinheiten bzw. die Kaufkraftunterschiede zwischen den Regionen. Die auf Seite 43 abgebildete Kaufkraftkarte für Bücher nach dem Stand von 2002, nennt die Indexzahlen nach Kreisen und kreisfreien Städten im Verhältnis zum bundesdeutschen Durchschnitt. Die Buchkaufkraft weist zum Teil deutliche Unterschiede zur allgemeinen Kaufkraft auf. So ist sie in einigen Großstädten, bedingt durch deren hohem Anteil an Bessergebildeten und Studenten, höher als die allgemeine Kaufkraft. Dasselbe gilt auch für viele Universitätsstädte. Auffallend ist ferner ein großes West-Ost-Gefälle.

Der Wirtschaftszweig Buchhandel deckt berufliche und private Bedürfnisse weiter Teile der Bevölkerung ab. Dies verdeutlichen einige Zahlen aus der Broschüre *Buch und Buchhandel in Zahlen 2003*, die der VerbraucherAnalyse 2002 von Springer/Bauer sowie die Allensbacher Markt-Analyse Werbeträger-Analyse 2002 entnommen sind.

Nimmt man die Allensbacher Werte, so stellt sich das Interesse an Büchern wie folgt dar: Für rund 27 % der Bevölkerung bedeutet das Medium Buch gar nichts, 41 % der Bevölkerung geben an »interessiert, aber nicht so sehr«, während die restlichen 32 % sich »ganz besonders« für das Buch interessieren. Natürlich variieren solche statistischen Durchschnittswerte je nach Alter, Schulbildung, Haushaltseinkommen, Berufstätigkeit, Wohnort – auch nach Geschlecht, denn 81 % der Frauen geben Interesse an Büchern an, wohingegen es bei Männern nur rund 65 % sind.

Doch der Buchhandel lebt nicht nur vom Interesse an Büchern – davon leben auch andere kulturelle Institutionen wie Bibliotheken – sondern vorrangig vom Verkauf. Auch hier bietet Allensbach aufschlussreiche Zahlen. Zunächst die deprimierend anmutende »Erkenntnis«: 50 % der Männer und 38 % der Frauen haben in den letzten 12 Monaten kein Buch gekauft. Positiv formuliert hat aber demnach über 50 % der Bevölkerung mindestens 1 Buch käuflich erworben. Ca. 14 % der Bevölkerung kaufen mehr als 10 Bücher und gehören somit zu den sogenannten Vielkäufern. Geschlechtsspezifisch betrachtet zeigt sich auch hier wiederum eine eindeutige Dominanz des Weiblichen: Während 50 % aller Männern zu den Buchkäufern zählen, sind es bei den Frauen glatt 12 % mehr.

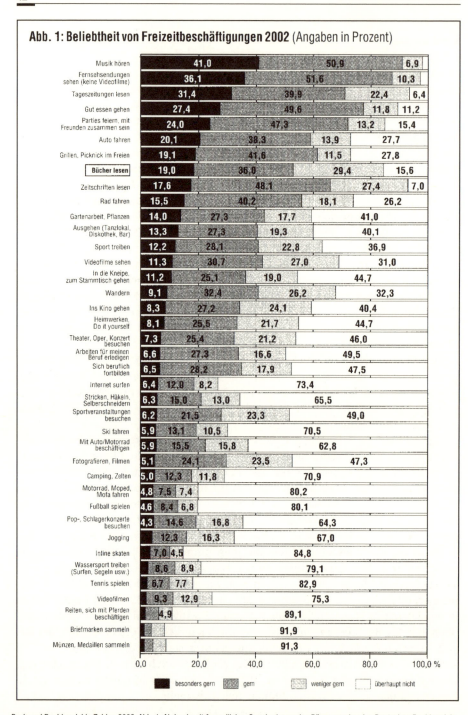

Buch und Buchhandel in Zahlen 2003, Abb. 1. Abdruck mit freundlicher Genehmigung des Börsenvereins des Deutschen Buchhandels

2.4 Verbraucher 43

KAUFKRAFTKARTE 2002 – KREISE

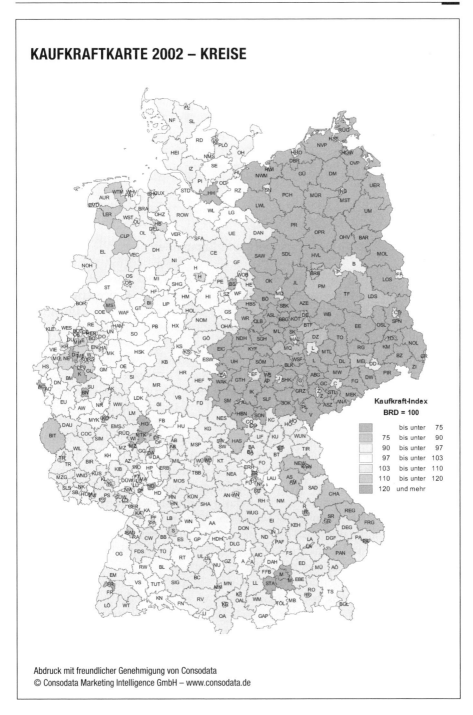

Im Ranking der Beliebtheit von Freizeitbeschäftigungen liegt der Buchhandel seit Jahren auf Position acht. Damit rangiert das Buch zwar hinter den Freizeit-Institutionen Rundfunk/Fernsehen, Feiern und Auto fahren, liegt aber vor Gartenarbeit, Sport u.a.m. Die Abbildung auf Seite 42 gibt nähere Auskünfte.

Die Stiftung Lesen hat in Zusammenarbeit mit dem Börsenverein im März/April 2000 eine repräsentative Befragung durch das Ifak-Institut durchführen lassen, deren Ergebnisse differenzierte Aufschlüsse über das Leseverhalten in Deutschland zulassen. Teile der Studie wurden 2001 im *Börsenblatt* veröffentlicht. Wer sich für das Thema Lesegewohnheiten interessiert, der sollte das Buch zur Studie *Leseverhalten in Deutschland im neuen Jahrtausend* erwerben (364 S., ISBN 3-922659-14-0).

2.5
Buchhandelsdichte in Bundesländern und Gemeinden

Bei rund 81 Mio. Einwohnern in der BRD mit knapp 37 Mio. Erwerbstätigen und einem geschätztem Umsatz mit Büchern und Fachpresse zu Endverbraucherpreisen von 9,2 Mrd. ergibt dies pro Kopf und Jahr durchschnittlich 116 €. Im Modellfall sind also über 5000 Einwohner nötig, um einen Umsatz von 580.000 € zu erzielen. Rechnen wir noch die 43 % heraus, die über andere Vertriebswege erzielt werden, dann ergibt das für 5000 Einwohner einen Sortimentsbuchhandelsumsatz von durchschnittlich 330.600 €. Nach der bereits im Kap. 2.1 vorgestellten Umsatzstatistik des Einzelhandels mit Büchern und Fachzeitschriften gab es im Jahr 2000 5.223 Steuerpflichtige, die insgesamt rund 3,9 Mrd. € Umsatz erzielen, was einem Mittelwert von 745.000 € entspricht.

Marktfähige Mindestbetriebsgrößen sind für das Fachgeschäft Sortimentsbuchhandel von der BBE in Köln errechnet worden, gegliedert nach Zentrumslage, Geschäftslage, Mindestgröße, Verkaufsfläche und Mindestumsatzgröße. Nachstehende Tabelle bringt diese vom Verfasser korrigierten Daten, deren Eckwerte gegenwärtig schneller wachsen als der Buchmarkt selbst. Insbesondere die Verkaufsflächen wachsen überproportional, womit die Flächenleistung je qm geringer wird bzw. stagniert und damit die Mieten prozentual zum Umsatz steigen (Kap. 5.5). Diese Aufstellung kann nur ein Anhaltspunkt sein; bestimmte Umstände des jeweiligen Standortes lassen durchaus Abweichungen zu.

Statistische Unterlagen über die Zahl der Firmen des herstellenden und verbreitenden Buchhandels nach Ortsgrößen und Bundesländer bietet wiederum *Buch und Buchhandel in Zahlen*. Auf der Doppelseite 46/47 stehen die Angaben für das Jahr 2002. Hierzu ist anzumerken, dass die dort verzeichneten ca. 6.365 Firmen bzw. Verkaufsstellen des verbreitenden Buchhandels im Gegensatz zu den Zahlen der Mitglieder des Börsenvereins (4.529 per 30.4.2003) auch Filialen erfassen, sofern diese sich nicht im selben Ort befinden. Außerdem sind Firmen enthalten, die nicht im Verband organisiert sind, so zahlreiche Buchverkaufsstellen

2.5 Buchhandelsdichte in Bundesländern und Gemeinden

MARKTFÄHIGE MINDESTBETRIEBSGRÖSSEN

Betriebstyp	Zentrumslage	Geschäftslage	Mindestgröße in qm Verkaufsfläche	Mindestumsatz Größe in 1.000 €
Allgemeine Sortimentsbuchhandlung	A-Zentrum (City)	Erstrangig Zweitrangig	300 200	1.700 1.100
	B-Zentrum (Stadtteilzentrum 1. Ordnung)	Erstrangig	150	850
	C-Zentrum (Stadtteilzentrum 2. Ordnung)	Erstrangig	100	500
Fachbuchhandlung	A-Zentrum	Erstrangig Zweitrangig	200 200	1.200 1.100
Spezialbuchhandlung	A-Zentrum	Erstrangig Zweitrangig	150 150	900 800
Buchkaufhaus	A-Zentrum	Erstrangig	1.000	6.000

Quelle: Chef-Telegramm

mit einem Sortimentsschwerpunkt, der anderen Branchen zuzuordnen ist. Aus der Übersicht wird beispielsweise ersichtlich, dass im Bundesland Nordrhein-Westfalen von insgesamt 126 Orten in der Größenklasse 10.000–20.000 Einwohner nur 57 mit 91 Buchhandlungen besetzt sind. Mit steigender Größenklassen gibt es verständlicherweise – nicht nur in NRW – eine größere Buchhandelsdichte.

Orte ohne Buchhandlung gibt es nur in den beiden ersten Ortsgrößenklassen bis 20.000 Einwohner. Während in der Ortsgrößenklasse bis 10.000 Einwohner verständlicherweise viele Orte ohne eine Buchhandlung sind – denn man rechnet im Allgemeinen für eine rentable Buchhandlung rund 15.000 Einwohner –, herrschen in der Größenklasse 10.000–20.000 Einwohner große Lücken im Distributionsnetz. Hier gibt es also noch eine beachtliche Anzahl von Orten, in welchen die Gründung einer kleinen Buchhandlung zum Erfolg führen könnte. Die 406 »weißen Flecken« in dieser Kategorie verteilen sich wie folgt auf die Bundesländer:

Bundesland	Orte zwischen 10.000–20.000 Einwohner ohne Buchhandlung
Baden-Württemberg	72
Bayern	74
Brandenburg	21
Hessen	52
Mecklenburg-Vorpommern	0
Niedersachsen	52
Nordrhein-Westfalen	69
Rheinland-Pfalz	5
Saarland	13
Sachsen	23
Sachsen-Anhalt	7
Schleswig-Holstein	15
Thüringen	3

Firmen* des herstellenden** und verbreitenden Buchhandels nach Ortsgrößenklassen und Bundesländern 2002

Ortsgrößenklasse	Baden-Württemberg	Bayern	Berlin	Brandenburg	Bremen	Hamburg	Hessen	Mecklenburg-Vorpommern	Niedersachsen
unter 10.000 Einwohner									
Orte insgesamt	862	1.832	-	1.038	-	-	255	964	823
Orte mit Verlagen	35	50	-	-	-	-	14	5	8
Anzahl der Verlage	37	55	-	-	-	-	14	4	9
Orte mit Buchhandlungen	101	136	-	23	-	-	33	15	65
Anzahl der Buchhandlungen	132	171	-	30	-	-	52	15	78
10.000-20.000 Einwohner									
Orte insgesamt	152	160	-	30	-	-	113	16	115
Orte mit Verlagen	15	40	-	2	-	-	18	-	10
Anzahl der Verlage	20	60	-	3	-	-	26	-	10
Orte mit Buchhandlungen	80	86	-	9	-	-	61	16	63
Anzahl der Buchhandlungen	157	226	-	20	-	-	139	21	113
20.000-50.000 Einwohner									
Orte insgesamt	74	46	-	20	-	-	46	4	69
Orte mit Verlagen	30	16	-	-	-	-	18	-	12
Anzahl der Verlage	58	20	-	-	-	-	29	-	14
Orte mit Buchhandlungen	51	33	-	16	-	-	33	5	50
Anzahl der Buchhandlungen	229	120	-	35	-	-	122	12	152
50.000-100.000 Einwohner									
Orte insgesamt	14	10	-	2	-	-	7	4	11
Orte mit Verlagen	11	5	-	-	-	-	7	1	7
Anzahl der Verlage	61	16	-	-	-	-	28	1	20
Orte mit Buchhandlungen	11	7	-	1	-	-	7	3	10
Anzahl der Buchhandlungen	130	53	-	5	-	-	73	16	54
100.000-200.000 Einwohner									
Orte insgesamt	5	5	-	2	1	-	3	1	6
Orte mit Verlagen	5	3	-	1	1	-	3	1	4
Anzahl der Verlage	27	29	-	1	2	-	40	3	16
Orte mit Buchhandlungen	5	5	-	2	1	-	3	1	6
Anzahl der Buchhandlungen	69	73	-	20	8	-	80	8	76
200.000-500.000 Einwohner									
Orte insgesamt	3	2	-	-	-	-	1	-	1
Orte mit Verlagen	3	2	-	-	-	-	1	1	1
Anzahl der Verlage	38	25	-	-	-	-	36	3	10
Orte mit Buchhandlungen	3	2	-	-	-	-	1	1	1
Anzahl der Buchhandlungen	124	85	-	-	-	-	40	15	30
mehr als 500.000 Einwohner									
Orte insgesamt	1	1	1	-	1	1	1	-	1
Orte mit Verlagen	1	1	1	-	1	1	1	-	1
Anzahl der Verlage	110	234	190	-	16	129	99	-	22
Orte mit Buchhandlungen	1	1	1	-	1	1	1	-	1
Anzahl der Buchhandlungen	126	213	320	-	63	193	139	-	64

Buch und Buchhandel in Zahlen 2003, Tab. 5. Abdruck mit freundlicher Genehmigung des Börsenvereins des Deutschen Buchhandels

2.5 Buchhandelsdichte in Bundesländern und Gemeinden

Fortsetzung

Ortsgrößenklasse	Nordrhein-Westfalen	Rheinland-Pfalz	Saarland	Sachsen	Sachsen-Anhalt	Schleswig-Holstein	Thüringen	insgesamt
unter 10.000 Einwohner								
Orte insgesamt	55	2.260	12	470	1.234	1.078	984	11.867
Orte mit Verlagen	1	10	-	-	2	11	-	136
Anzahl der Verlage	1	14	-	-	2	11	-	147
Orte mit Buchhandlungen	21	84	5	42	23	35	33	616
Anzahl der Buchhandlungen	28	125	6	52	31	51	40	811
10.000-20.000 Einwohner								
Orte insgesamt	126	25	27	43	15	31	13	866
Orte mit Verlagen	12	6	2	1	1	2	2	111
Anzahl der Verlage	13	8	2	2	1	2	2	149
Orte mit Buchhandlungen	57	20	14	20	8	16	10	460
Anzahl der Buchhandlungen	91	52	22	40	10	30	25	946
20.000-50.000 Einwohner								
Orte insgesamt	139	13	11	20	20	16	16	494
Orte mit Verlagen	31	3	1	1	2	3	3	120
Anzahl der Verlage	49	9	2	2	4	6	3	196
Orte mit Buchhandlungen	94	9	8	13	13	12	11	348
Anzahl der Buchhandlungen	278	54	25	40	45	49	37	1.198
50.000-100.000 Einwohner								
Orte insgesamt	46	4	1	2	1	3	1	106
Orte mit Verlagen	19	4	-	-	-	3	1	58
Anzahl der Verlage	34	9	-	-	-	6	3	178
Orte mit Buchhandlungen	30	4	1	2	2	3	1	82
Anzahl der Buchhandlungen	161	45	3	9	12	24	14	599
100.000-200.000 Einwohner								
Orte insgesamt	14	4	1	1	-	-	2	45
Orte mit Verlagen	13	4	1	1	-	-	-	37
Anzahl der Verlage	46	28	8	2	-	-	-	202
Orte mit Buchhandlungen	14	4	1	1	-	-	1	44
Anzahl der Buchhandlungen	135	80	29	9	-	-	6	593
200.000-500.000 Einwohner								
Orte insgesamt	11	-	-	3	2	2	1	26
Orte mit Verlagen	11	-	-	2	-	2	1	24
Anzahl der Verlage	126	-	-	34	-	21	3	296
Orte mit Buchhandlungen	11	-	-	3	2	2	1	27
Anzahl der Buchhandlungen	274	-	-	135	26	53	14	796
mehr als 500.000 Einwohner								
Orte insgesamt	5	-	-	-	-	-	-	12
Orte mit Verlagen	5	-	-	-	-	-	-	12
Anzahl der Verlage	153	-	-	-	-	-	-	953
Orte mit Buchhandlungen	5	-	-	-	-	-	-	12
Anzahl der Buchhandlungen	304	-	-	-	-	-	-	1.422

* Zweigniederlassungen im selben Ort werden nicht erfaßt.
** Verbandsmitglieder mit Verkehrsnummern.

Quelle: Adressbuch für den deutschsprachigen Buchhandel 2002/2003; Berechnungen: Börsenverein des Deutschen Buchhandels e.V.; Gemeindeverzeichnis 2001

Das *Adressbuch für den deutschsprachigen Buchhandel* gibt relativ zuverlässig darüber Auskunft, ob sich eine Vollbuchhandlung an einem Ort befindet. Beim Fehlen einer Gemeinde in dem nach Ortsnamen geordneten Teil ist mit ziemlicher Sicherheit zu vermuten, dass dort keine Sortimentsbuchhandlung ansässig ist. Eine Anfrage beim jeweiligen Landesverband gibt Auskunft darüber, ob sich zwischenzeitlich doch ein buchhändlerischer Betrieb niedergelassen hat. Eine weitere Auskunftsquelle ist das örtliche Telefonbuch mit seinem Branchenteil. Manche Verlagsvertreter wissen durch intensive Reisetätigkeit von Orten, in denen eine Buchhandlung fehlt oder ein zweite oder dritte durchaus ihre Existenzgrundlage finden würde.

Seltener ist der Weg, den manche Gemeinden durch Insertion beschreiten – dann zumeist im *Börsenblatt* –, wenn sie gerne eine Buchhandlung im Ort hätten und diesen Wunsch per Anzeige kundtun. Ähnliches gilt für Insertionen in der Ortspresse von Baugesellschaften, Bauträgern, die im Rahmen ihrer Planung von Geschäftszentren manchmal Wert auf eine Buchhandlung legen, um diese Akkumulation von Einzelhandlungen des gehobenen Bedarfs attraktiv zu gestalten.

Grundsätzlich ist zu sagen, dass die Etablierung von Buchhandlungen in größeren Städten wegen der höheren Mieten und zumeist auch höheren Lebenshaltungskosten mehr Kapital und Umsatz erfordern. Auf keinen Fall bleibt einem Gründungswilligen erspart, sich seinen »weißen« Ort näher anzusehen und die Geschäftsstraßen abzugehen sowie sich durch weitere Recherchen zuverlässig Auskunft über branchenrelevante Einzelhandelsgeschäfte zu verschaffen, auch wenn sie Buch und Zeitschrift nur als Randsortiment führen.

Die Ortsübersicht der Städte mit über 100.000 Einwohnern auf Seite 49 offenbart die mehr oder minder starke Besetzung mit Buchhandlungen. So haben in der Größenordnung 100.000-120.000 Einwohner Witten und Gera je 6, Bottrop 7, Zwickau 9 Buchhandlungen gegenüber Spitzenwerten wie Hildesheim mit 18 und Siegen mit 17.

Die genannten statistischen Daten bedürfen bei der Suche nach einem geeigneten Ort für eine zu gründende Buchhandlung der individuellen Relativierung. Zu bedenken ist, dass über 60% der Bevölkerung in Landkreisen wohnen, davon weniger als 40% in Gemeinden mit unter 2000 Einwohnern. Solche kleineren Orte haben in der Regel keine Buchhandlung. Eine Gründung dort wäre mit einem sehr hohen Risiko verbunden, weil die für eine Rentabilität notwendige Umsatzgröße zumeist nicht erreicht wird – es sei denn, man bietet durch ein passendes Nebenartikelsortiment zusätzliche Kaufanreize (Buch und Wein etc.). Ebenso können besondere Umstände selbst bei kleineren Gemeinden für eine Gründung sprechen, so z. B. bei Kurorten oder aber solchen mit einem starken Sog von Kaufkraft aus dem engeren Einzugsgebiet. Zu beachten ist ferner, dass Landkreise eine um 25% unter dem Durchschnitt liegende Kaufkraft, Stadtkreise dagegen eine um 35% über dem Mittelwert liegende Kaufkraft haben.

2.7 Perspektiven

Firmen* des herstellenden und verbreitenden Buchhandels nach Orten 2002

Ort**	Einwohnerzahl in 1.000***	Verlage****	Buch-**** handlungen	Ort**	Einwohnerzahl in 1.000***	Verlage****	Buch-**** handlungen
Aachen	244,4	15	34	Köln	962,9	84	156
Augsburg	255,0	12	31	Krefeld	240,0	5	17
Bergisch Gladbach	105,7	22	12	Leipzig	493,2	32	67
Berlin	3.382,2	190	320	Leverkusen	161,0	1	9
Bielefeld	321,8	19	34	Ludwigshafen	162,2	1	12
Bochum	391,1	13	31	Lübeck	213,4	7	17
Bonn	302,2	44	75	Magdeburg	232,7		24
Bottrop	120,6	2	7	Mainz	182,9	24	44
Braunschweig	245,8	10	30	Mannheim	306,7	10	41
Bremen	539,4	16	63	Mönchengladbach	263,0	4	13
Bremerhaven	120,8	2	8	Moers	107,1	2	7
Chemnitz	259,2		15	Mülheim an der Ruhr	172,9	3	15
Cottbus	108,5		12	München	1.210,2	234	213
Darmstadt	138,2	23	35	Münster	265,6	20	40
Dortmund	589,0	6	35	Neuss	150,0	2	14
Dresden	477,8	2	54	Nürnberg	488,4	13	54
Düsseldorf	569,4	51	76	Oberhausen	222,2	1	18
Duisburg	514,9	3	26	Offenbach am Main	117,5	6	12
Erfurt	200,6	3	14	Oldenburg	154,8	5	24
Erlangen	100,8	5	16	Osnabrück	164,1	3	21
Essen	595,2	29	44	Paderborn	139,1	5	14
Frankfurt am Main	646,6	99	139	Pforzheim	117,2	2	10
Freiburg im Breisgau	205,1	18	47	Potsdam	129,3	1	11
Fürth	110,5		10	Recklinghausen	124,8	6	10
Gelsenkirchen	278,7	3	17	Regensburg	125,7	10	26
Gera	112,8		6	Remscheid	119,3	1	10
Göttingen	124,1	6	19	Reutlingen	110,7	6	14
Hagen	203,2	1	15	Rostock	200,5	3	15
Halle an der Saale	247,7	2	16	Saarbrücken	183,3	8	29
Hamburg	1.715,4	129	193	Salzgitter	112,3		8
Hamm	182,4	6	17	Schwerin	101,3	3	8
Hannover	515,0	22	64	Siegen	108,5		17
Heidelberg	140,3	14	40	Solingen	165,0	1	14
Heilbronn	119,3	2	15	Stuttgart	583,9	110	123
Herne	174,5	2	7	Ulm	117,2	3	15
Hildesheim	103,9	5	18	Wiesbaden	270,1	36	40
Ingolstadt	115,7		8	Witten	103,2	2	6
Kaiserslautern	99,8	1	12	Wolfsburg	121,8		5
Karlsruhe	278,6	10	37	Würzburg	128,0	14	27
Kassel	194,8	11	33	Wuppertal	366,4	12	35
Kiel	232,6	14	36	Zwickau	103,0	2	9
Koblenz	108,0	2	12				

* Zweigniederlassungen im selben Ort werden nicht erfaßt.
** Orte mit mehr als 100.000 Einwohnern.
*** Bevölkerungsstand: 2001.
**** Verbandsmitglieder mit Verkehrsnummern.

Quelle: Adressbuch für den deutschsprachigen Buchhandel 2002/2003;
Berechnungen: Börsenverein des Deutschen Buchhandels e.V.;
Gemeindeverzeichnis 2001

Buch und Buchhandel in Zahlen 2003, Tab. 4. Abdruck mit freundlicher Genehmigung des Börsenvereins des Deutschen Buchhandels

2.6
Zeitpunkt der Gründung

Die Wahl des Zeitpunktes der Gründung einer Buchhandlung ist in erster Linie davon abhängig, wann ein Ladenlokal angemietet werden kann. Wer aber dieses Datum zu steuern vermag, wird die Überlegung anstellen, die Eröffnung in die für das Buch kaufgünstigsten Monate zu legen. Dazu eine Aufteilung des Jahresumsatzes, wie ihn der Kölner Betriebsvergleich für das Jahr 2001 ermittelt hat.

Umsatzanteile der Monate in % des Jahresumsatzes

Monat	%
Januar	8,9
Februar	7,1
März	8,0
April	7,5
Mai	6,8
Juni	6,9
Juli	7,4
August	8,1
September	7,3
Oktober	8,5
November	9,3
Dezember	14,3

Nach dieser Übersicht bietet sich der Oktober als der günstigste Eröffnungstermin an, besonders für den Typ allgemeine Sortimentsbuchhandlung. Fachbuchhandlungen haben einen gleichmäßigeren Umsatzverlauf der einzelnen Monate. Eine Eröffnung zum 1. Oktober bedeutet in der Regel eine Anmietung des Ladenlokals schon einige Tage oder Wochen vorher, um Reparaturen, Einbau der Inneneinrichtung, Umbauten rechtzeitig erledigt zu haben. Auch die Beschaffung des Warensortiments geht nicht von heute auf morgen vonstatten. Man wird wohl einen Monat mehr an Miete aufwänden müssen, ehe am Eröffnungstag die Einnahmen fließen können. War der Buchhändler vorher Angestellter, so ist sein Kündigungstermin im bisherigen Unternehmen fristgerecht wahrzunehmen. Mitbestimmt wird der Zeitpunkt der Gründung auch vom Vorlauf, der Zeitplanung für ein solches Vorhaben. Je nach den Verhältnissen ist mit einer Gesamtdauer der Gründungsphase von 6–12 Monaten zu rechnen.

2.7
Perspektiven

Zu den wichtigsten Vorüberlegungen zur Gründung gehört, dass nicht nur kurzfristig, sondern auch langfristig Chancen im Markt bestehen müssen, die diesen Schritt rechtfertigen. Dabei hängt die Zukunft des Einzelhandels und damit auch des Sortimentsbuchhandels weitgehend davon ab, wie sich der private Verbrauch entwickelt. In Bezug auf die Bevölkerungsentwicklung in der BRD zeigt sich folgender Trend (nach Prognos Institut, Basel aus dem Jahr 1998):
• Bevölkerungsrückgang von 2000 bis 2040 von 83 auf 73 Millionen;
• Anhebung des Altersdurchschnitts, 2040 werden 50 % der Bevölkerung über 65 Jahre alt sein;
• die Erwerbsquote, also der Anteil der Erwerbstätigen an der Bevölkerung, wird von 1995 mit 74,5 % bis 2020 auf 76,7 % leicht ansteigen;
• die absolute Zahl der Erwerbstätigen wird jedoch wegen des allgemeinen Bevölkerungsrückganges von 55,85 Mio. auf 42,54 Mio. in diesen 25 Jahren sinken;

2.7 Perspektiven

- bis 2040 steigt der Ausländeranteil auf 15 bis 20 %, in Großstädten auf 40 %;
- der Anteil der Single-Haushalte wächst auf 40 %, in Großstädten auf 50 %;
- immer mehr Ehen werden geschieden;
- die Berufstätigkeit der Frauen nimmt zu;
- der vererbte Vermögen wird größer;
- ein wachsender Anteil des Einkommens wird zur Alterssicherung verwendet.

Nur langsam vollzieht sich das Wirtschaftswachstum in den nächsten Jahrzehnten. Das Bruttoinlandsprodukt wird sich nach dem positiven Szenario dieser Prognose voraussichtlich im Jahresdurchschnitt bis 2010 um 2,1 %, danach bis 2040 um 1,4 % pro Jahr vermehren, die Produktivität bis 2010 um jährlich 2,0 %, danach bis 2040 um 1,9 % pro Jahr steigen. Das negative Szenario geht von einer Steigerung des Bruttoinlandsproduktes bis 2010 von 1,4 %, danach von 0,5 % aus, die Produktivität wächst bis 2010 um jährlich 1,8 %, dann um 1,2 %.

Die verfügbaren Einkommen werden sich real nicht erhöhen. Die Einkommensbezieher haben dann folgende Zusammensetzung:
- 15 % Erben und Großverdiener,
- 50 % gute Verdiener,
- 35 % Transferabhängige.

Immer differenzierter wird zukünftig die Einzelhandelslandschaft mit Verschärfung der Wettbewerbssituation:
- Die Verkaufsflächen mehren sich bis 2005 oder 2010, gehen dann aber wegen des Überangebots zurück;
- wachsende Konzentration, 2010 werden in Europa fünf Handelskonzerne die Hälfte des Umsatzes auf sich vereinigen;
- nach 2005 geht der Trend zurück vom Stadtrand in die City;
- auf der grünen Wiese kommt die Bereinigung; es bleiben Discounter, Abholmärkte und Freizeitaktivitäten;
- E-Commerce schafft einen internationalen Wettbewerb.

Im Kampf der Handelsformen um Marktanteile rechnet diese Voraussage mit Zuwachs beim
- Systemhandel (Filialisten, Franchising);
- Industriekontrollierter Handel (Factory Outlet, Direktvertrieb);
- Kleinformen wie Nachbarschaftsläden Kioske, Tankstellen, Service, Multimedia-Center;
- zentrale Versorgungszentren wie Bahnhöfe, Banken, Postämter mit integrierten Läden.

Generell geht der Trend zur Abwendung vom herkömmlichen Ladengeschäft zugunsten von E-Shopping, Spezialversendern und zur Renaissance der Verkaufsautomaten. Dieses Szenario der prognostizierten Entwicklung des Einzelhandels ins-

gesamt ist zu ergänzen um die Perspektiven des Bucheinzelhandels bei schrumpfender Bevölkerungszahl und den zuvor markierten Veränderungen in den Konsumentenstrukturen:
- Weiterhin wachsen wird der Großflächenhandel mit mehreren tausend Quadratmetern Verkaufsfläche und einem Angebot von bis zu 100.000 Titeln, mitunter auch mehr;
- überregionale Filialsysteme besetzen immer mehr Standorte, nach den Großstädten werden lukrative Mittelstädte ins Auge gefasst;
- regionale Filialisten etablieren sich, initiert von örtlichen Marktführern zur Abwehr der Großen, das trifft auch für Filialisierung im Ort zu;
- Polarisierung der Märkte in Erlebniseinkauf und Preiskauf, letzteres forciert durch Ketten mit beschränktem, niedrigpreisigem Sortiment, auch für Modernes Antiquariat;
- bisherige Nebenmärkte mutieren zu Buchabteilungen in SB-Warenhäusern;
- Franchising dürfte auch in dieser Branche stärker Fuß fassen;
- Internet-Buchhandlungen erkämpfen weitere Marktanteile, verbinden sich zunehmend mit Ladengeschäften als Abholstationen;
- Rack-Jobber behaupten ihr Feld in Nebenmärkten.

Insgesamt gesehen dürfte in den nächsten zehn Jahren die Zahl der Buchhandlungen kaum größer werden, aber durch die Konzentration ändern sich die Strukturen. Die Großflächenbuchhandlungen und die Filialisten gewinnen beachtliche Marktanteile, die Schicht der inhabergeführten mittelgroßen Buchhandlungen wird dünner und droht stark zu schrumpfen, wenn sie sich nicht zur zwischenbetrieblichen Kooperation aufrafft.

Kleine Buchhandlungen mit dem richtigen Konzept können auch im verschärften Wettbewerb bestehen. Großunternehmen im Bucheinzelhandel haben ihre Stärken, so im Hinblick auf Kapital und Investitionen, bei der Marktforschung, der Aus- und Weiterbildung, in Bezug auf die Nachfragemacht gegenüber den Lieferanten. Als Schwächen unterstellt man:
- Langsame Entscheidungsprozesse in den einzelnen Gremien,
- unpersönliches Image,
- Bürokratie, Wasserköpfe,
- verfestigte Strukturen.

Als Stärken der Kleinen sind anzusehen:
- Schnelle Entscheidungen, durch einzelne Persönlichkeiten geprägt,
- schlanke Organisation,
- Flexibilität, besonders bei der Anpassung des Sortiments an die Bedürfnisse.

Für kleine, engagierte Buchhandlungen ist ein wirksames Bearbeitungsfeld das Suchen und Finden von Nischen in der direkten Kommunikation mit ihren Kunden und der engen Vernetzung in ihrem Umfeld. Im Rahmen der vier Lese- und Me-

2.7 Perspektiven

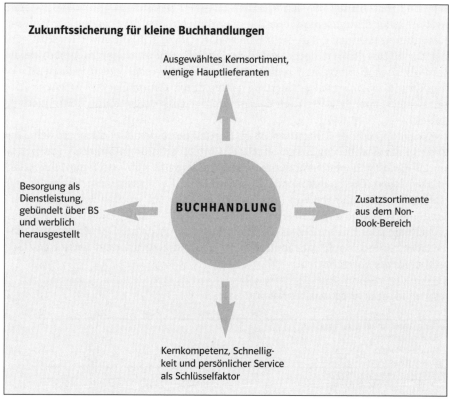

Quelle: W. E. Heinold im Börsenblatt 55/2001, S. 15

dienbenutzungsbedürfnisse in den Grundmärkten allgemeiner Publikumsmarkt, spezieller privater Interessenmarkt, Fach- und Berufsmarkt, (Aus-) Bildungsmarkt gilt auch für kleine Buchhandlungen das immer gleiche Modell:
- Ein überschaubares, individuell für die Zielgruppe ausgewähltes Kernsortiment und enge Zusammenarbeit mit einigen wenigen Hauptlieferanten,
- Zusatzsortimente aus dem Non-Book-Bereich da, wo es im örtlichen Handel entsprechende Lücken gibt,
- Besorgung als Dienstleistung für Titel aus allen vier Märkten – gebündelt vom Barsortiment und im Marketing herausgestellt,
- Kernkompetenz, Schnelligkeit, persönlicher Service als Image aufbauen beziehungsweise pflegen.

Die horizontale Konzentration im deutschsprachigen Buchhandel hat gravierende Veränderungen in der Größenstruktur gebracht. Die Eckwerte für die rentablen Mindestflächen wachsen schneller als der Markt. Der überproportionale Umsatzaufschwung der Großflächenbetriebe, das Wachstum der verschiedenen Filialsysteme und Kettenläden hat sich in einem atemberaubenden Tempo vollzogen. Am meisten leidet darunter die große Zahl der mittelgroßen Betriebe mit der zumeist persönlichen Führung durch die Inhaber. Man spricht seit Jahren von diesem „Verlust der Mitte«, diesen überwiegend persönlich geführten Unternehmen, deren Zahl als auch Umsatzanteil rückläufig ist. Die Menge der vielen kleinen Buchhandlungen wächst zwar geringfügig weiter durch Gründung von Nischenbuchhandlungen, aber gemessen am Gesamtumsatz geht deren Anteil kontinuierlich zurück.

Die galoppierende Konzentration im Sortimentsbuchhandel offenbart sich zum einen in der Etablierung immer größerer Einheiten, in umsatzstarken, prosperierenden Großflächenbuchhandlungen, zum anderen in sich rasant ausdehnenden Filialsystemen. Die nachstehende Übersicht über die Umsatzentwicklung der 100 größten Buchhandlungen von 1998 bis 2002 im Vergleich zu allen deutschen Buchhandlungen belegt einen überproportionalen Zuwachs. In allen 5 Jahren entwickelte sich der Umsatz besser als im Branchendurchschnitt. Der Marktanteil dieser 100 Größten nimmt kontinuierlich zu und hat 2002 über ein Drittel des Gesamtumsatzes überschritten.

UMSATZENTWICKLUNG DES BUCHHANDELS 1998–2002 (in Prozent)

	1998	1999	2000	2001	2002
Die 100 größten Buchhandlungen insgesamt	+ 6,7	+ 5,9	+ 12,2	+ 4,4	+ 3,8
davon in Deutschland	+ 6,4	+ 5,7	+ 11,8	+ 5,4	+ 5,8
davon in Österreich	+ 4,0	+ 8,3	+ 13,6	- 8,4	- 28,0
davon in der Schweiz	+ 11,9	+ 4,7	+ 11,1	+ 7,6	+ 13,3
Deutsche Buchhandlungen insgesamt	+ 1,4	+ 1,1	+ 0,8	- 1,7	- 3,8
Marktanteil der 100 größten Buchhandlungen	30	30,5	32,5	35	36,5

Quelle: buchreport.magazin, März 2003

Zum zweiten Symptom der Veränderung ist die Ausbreitung der Filialsysteme anzuführen. Zehn Filialisten innerhalb der 100 größten Buchhandlungen betrieben anno 2002 bereits 1.141 Filialen im deutschsprachigen Raum, davon 268 Verkaufsstellen des Bahnhofsbuchhandels. Allein Weltbild PLUS hat 206 und Thalia 77 Filialen *(buchreport.magazin 11/2003)*. Dabei sind drei verschiedenartige Ausprägungen im Hinblick auf das Marktfeld zu unterscheiden:
• überregional operierende Filialisten (Großregionen, Bundesländer, Deutschland, Österreich, Schweiz);
• regionale Filialisten (Kreise, Bundesländer);
• örtliche Filialisten.

Zur prognostizierten Gesamtkonjunktur unsere Wirtschaft gesellt sich voraussichtlich eine insgesamt angemessen verlaufende Branchenkonjunktur. Bei der Firmenkonjunktur dürfte es zunehmend unterschiedliche Entwicklungen geben. Neben Buchhandlungen, die nur durch Selbstausbeutung der Inhaber über die Runden kommen, wird es immer wieder Unternehmen – vor allem größere – geben, die

2.7 Perspektiven

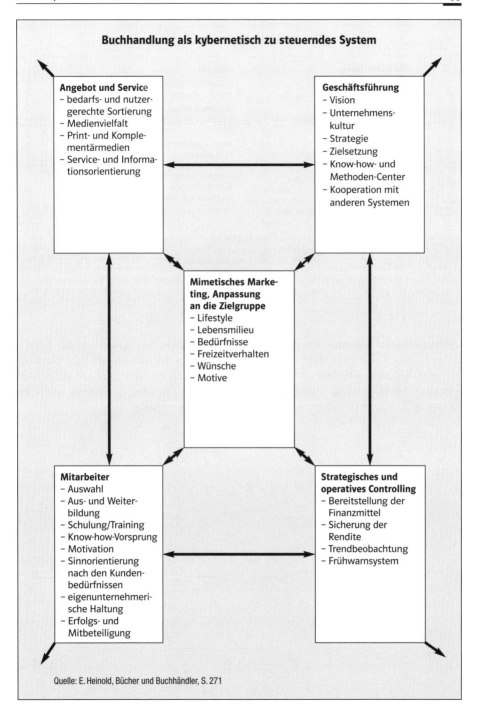

Geschäftsführung

Verwaltung Rechnungswesen: Buchführung, Kostenrechnung, Statistik, Planungsrechnung	**Beschaffung**	**Absatz**	**Verwaltung** Schriftverkehr, Dokumentation, Ablage
	Personalbereich Inhaber, Mitarbeiter	**Absatzvorbereitung** Marktforschung, Marketing, Absatzplanung	
	Wissensbereich Know-how, Erfahrungen, Informationen	**Absatzanbahnung** Werbung, Verkaufsförderung, Öffentlichkeitsarbeit	
	Warenbereich Einkauf, Bestellwesen, Sortimentszusammensetzung, Lagerhaltung, Lagerpflege	**Absatzdurchführung** Ladenverkauf Versandverkauf Verkauf außerhalb der Buchhandlung Dienstleistungen Zustellung, Fuhrpark	
	Raum, Einrichtung, Arbeitsmittel Laden, Schaufenster – Lager-, Verwaltungs-, Sozialräume – Organisations- und verwaltungstechnische Hilfsmittel – Fachbücherei		

Finanzierung
Aktiva: Anlagevermögen, Umlaufvermögen
Passiva: Eigenkapital, Fremdkapital

Quellen: Hinze, Franz: Rationalisierung im Sortimentsbuchhandel durch zwischenbetriebliche Kooperation (Buchhandlung als Haus). In: Bertelsmann Briefe 74/1971, S. 16; Ribaux, Louis: Betriebslehre des Sortimentsbuchhandels. Frauenfeld: Huber (1975), S. 25

einen positiven Umsatz- und Ertragsverlauf aufweisen. Aber nicht nur die Größe ist ein Garant der Rentabilität, vielmehr kommt es auf ein schlüssiges Gesamtkonzept an, das alle Marketingaktivitäten aufeinander abstimmt. Hierzu zwei Übersichten: ›Die Buchhandlung als kybernetisch zu steuerndes System‹ auf Seite 55 sowie die ›Buchhandlung als Haus‹ oben auf dieser Seite.

3
Gründungsvoraussetzungen

Zu den Gründungsvoraussetzungen einer Buchhandlung gehört mehr als das Erfüllen gesetzlicher Auflagen. Es geht auch um Voraussetzungen persönlicher Art, die vorliegen sollten, um ein Unternehmen erfolgreich führen zu können. Um diese Aspekte geht es in den folgenden Ausführungen.

3.1
Gesetzliche Voraussetzungen

Die gesetzlichen Voraussetzungen zur Gründung einer Buchhandlung sind in der Bundesrepublik Deutschland recht einfach gehalten. Wer ein Gewerbe selbstständig ausüben möchte, für den hat die Gewerbeordnung mit ihren Nebengesetzen Bedeutung. Es besteht die Vorschrift, den Beginn eines Gewerbes bei der für den Ort der Tätigkeit zuständigen Stadt- bzw. Verbandsgemeindeverwaltung anzuzeigen. Nach § 14 der Gewerbeordnung (GewO) gilt das für folgende Tatbestände:
- Errichtung eines selbstständigen Betriebes (stehendes Gewerbe), einer Zweigniederlassung oder einer unselbstständigen Zweigstelle;
- Verlegung des Betriebes;
- Wechsel im Gegenstand der Gewerbetätigkeit oder Ausdehnung auf andere Waren oder Leistungen.

Mit dieser Anzeige sind in der Regel gleich zwei weitere gesetzliche Vorschriften erfüllt:
- die Anmeldung beim Finanzamt nach der Abgabenordnung;
- die Anmeldung der mit Gewerbebeginn entstehenden Zugehörigkeit zur Industrie- und Handelskammer.

Unsere freie Markwirtschaft lässt es zu, dass jeder ein Gewerbe betreiben kann. Auch der Handel gehört dazu, wobei der Einzelhandel mit Waren aller Art und Lebensmitteln erlaubnisfrei ist – eine besondere Sachkunde braucht nicht nachgewiesen zu werden. Also kann auch ein Nicht-Buchhändler jederzeit eine Buchhandlung gründen. Erlaubnispflichtig ist nur der Handel mit bestimmten Waren (ärztliche Hilfsmittel, Arzneimittel, Milch, Waffen, unedle Metalle), die aber alle nicht für eine Sortimentsbuchhandlung relevant sind.

Kaufmann im Sinne des Handelsgesetzbuches (HGB) ist, wer ein Handelsgewerbe betreibt. Handelsgewerbe ist grundsätzlich jeder Gewerbebetrieb, es sei denn, dass das Unternehmen nach Art oder Umfang einen in kaufmännischer Weise eingerichteten Geschäftsbetrieb nicht erfordert (HGB § 1). Ein Eintrag in das bei den Amtsgerichten geführte Handelsregister ist nur in Bezug auf Unternehmen obligatorisch, die mit entsprechenden Größenverhältnissen in Bezug auf Umsatz, Mitarbeiteranzahl, Größe der Räumlichkeiten etc. am Markt agieren. Kleingewerbetreibender ohne Eintrag kann für Gründer geeignet sein bei geringem Umsatz und wenigen Lieferanten.

Bei einer Gründung ist eine Rechtsform zu wählen, mit der die Firmierung, die Haftung gegenüber den Gläubigern sowie die Geschäftsführung und Vertretung geregelt wird. Das nachstehende Schaubild, entnommen aus der 10. Auflage des *ABC des Buchhandels*, gibt eine grobe Übersicht:

	Firma	Haftung	Geschäftsführung und Vertretung
Einzelunternehmung	Personenfirma mit mindestens einem ausgeschriebenen Vornamen; Geschäftsbezeichnungen erlaubt	Unbeschränkte Haftung des Inhabers (auch mit Privatvermögen); stiller Teilhaber bis zur Höhe seiner Einlage	durch Inhaber
OHG	Familiennamen aller Gesellschafter oder Familienname eines Gesellschafters und Zusatz, der das Gesellschaftsverhältnis andeutet	alle Gesellschafter haften unbeschränkt, unmittelbar und solidarisch	durch jeden Gesellschafter
KG	Familienname eines Vollhafters mit Zusatz	Komplementär (Vollhafter) haftet unbeschränkt, Kommanditisten (Teilhaber) haften mit der Einlage	nur durch Komplementär
GmbH	Personen- oder Sachfirma: Familienname oder Sachbezeichnung mit Zusatz GmbH	Gesellschafter haften beschränkt mit der Einlage	durch einen Geschäftsführer

Quelle: ABC des Buchhandels, 10. Auflage

Das Gros der Sortimentsbuchhandlungen wird als Einzelunternehmen betrieben, wenige sind Personengesellschaften in Form einer Offenen Handelsgemeinschaft (OHG) oder Kommanditgesellschaft (KG). Als Kapitalgesellschaften gibt es in der Branche die Gesellschaft mit beschränkter Haftung (GmbH). Seltener ist die Mischform GmbH & Co KG, für die aus folgendem Grund handelsrechtliche und steuerliche Gründe sprechen können. Der persönlich haftende Gesellschafter ist eine GmbH, also eine juristische Person. Probleme aus dem plötzlichen Ausfall des Komplementärs können damit nicht auftreten. Es fließt der wesentliche Teil des Gewinns, den die Gesellschaft ausschütten möchte, sofort an den Kommanditisten, sodass er nicht doppelt versteuert wird. Diese Rechtsform ist juristisch recht aufwändig und kommt deshalb nur für Betriebsgrößen zum Tragen, die von Sortimentsbuchhandlungen selten erreicht werden.

Für eine auf Antrag des Inhabers ins Handelsregister eingetragene Firma bietet sich die Möglichkeit, einen Namen zu wählen, der nicht mit dem Inhabernamen identisch sein muss. Allerdings muss bei Firmierungen von Einzelunternehmen der Name des Inhabers immer enthalten sein. Es könnte also beispielsweise heißen:
- Franz Hinze Buchhandlung
- Kurbuchhandlung Franz Hinze
- Badebuchhandlung Westerland Franz Hinze
- Buchhandlung an der Universität Franz Hinze
- Justus-Perthes-Buchhandlung Franz Hinze

Bei Gründung einer Gesellschaft liegt der Sachverhalt etwas anders. Die Offene Handelsgesellschaft (OHG) muss den Namen von wenigstens einem der Gesellschafter in der Firma enthalten mit einem das Vorhandensein einer Gesellschaft andeutenden Zusatz, bzw. die Namen aller Gesellschafter aufführen wie im Falle von:
- Buchhandlung Franz Hinze OHG
- Buchhandlung Franz Hinze und Klaus Bramann
- Franz Hinze und Klaus Bramann, Bücherstube

In der Firmierung einer Kommanditgesellschaft (KG) muss der Name von wenigstens einem der persönlich haftenden Gesellschafter (Komplementär) auftauchen mit einem Zusatz, der das Vorhandensein einer Gesellschaft aussagt, beispielsweise:
- Buchhandlung Franz Hinze KG

Bei einer Gesellschaft mit beschränkter Haftung (GmbH) dagegen kann die Firma entweder vom Gegenstand des Unternehmens ausgehen oder die Namen der Gesellschafter oder einen von ihnen enthalten – aber immer mit dem Zusatz des Gesellschaftsverhältnisses. Beispiele:
- Bücherwurm GmbH
- Bücherwurm Franz Hinze und Klaus Bramann GmbH
- Bücherwurm Franz Hinze GmbH.
- Die zusätzliche Bezeichnung »mit beschränkter Haftung« ist hier unerlässlich.

3.2 Gründungsmotive

Als eine Maxime der Gründungsentscheidungen wird gewöhnlich die Erwartung gelten, mit der gegründeten Buchhandlung eine Rentabilität des eingesetzten Kapitals zu erzielen, die besser ist als eine Verzinsung bei andersartiger Anlage mit geringerem Risiko. Eine zweite Maxime besteht darin, sich schon bei den Gründungsentscheidungen am Markt zu orientieren. Denn als neuer Anbieter auf dem Buchmarkt erbringt das junge Unternehmen Sach- und Dienstleistungen der verschiedensten Art, die dort ihre Bewertung durch die Nachfrage erfahren.

Ein weiteres Motiv mag für den Unternehmer die Erfüllung einer kulturellen Aufgabe sein, die aber der Leitmaxime Gewinnmaximierung untergeordnet sein muss, denn materielle Ertragskraft macht erst Tätigkeiten dieser Art für eine Buchhandlung möglich. Gewinnmaximierung setzt aber aufeinander abgestimmte, marktgerechte Entscheidungen schon im Gründungsstadium voraus. So ergibt sich aus der Wahl des Standortes die Größe und Ausgestaltung des Ladenlokals, die Zahl der Mitarbeiter und die Planung des zu führenden Sortiments. Das Rahmensortiment wiederum entscheidet über Betriebsgröße, Zahl und Qualifikation der Mitarbeiter, Einrichtung und Größe der Verkaufs-, Lager- und Verwaltungsräume, den Standort. Die gewählte Rechtsform beeinflusst die Finanzierung, umgekehrt vermag sich aus der Entscheidung über die Finanzierung die Rechtsform zu ergeben. Die hier nun kurz dargestellten Interdependenzen beweisen die Notwendigkeit marktorientierter Gründungsentscheidungen.

Gerade beim Buchhändler spiegelt sich die Trinität wirtschaftlicher, sozialer und kultureller Aufgaben vielfach in einem Verhalten wider, das den ökonomischen Faktoren nicht immer erste Priorität einräumt. Als Beispiel sei – besonders in den Anfangsjahren typisch – ein wenig bedarfsorientiertes, vom kulturellen Wunschdenken her bestimmtes und zu umfangreiches Buchlager genannt, in das ein Teil des Gewinns einfließt oder besser eingelagert wird, während das Einkommen bescheiden bleibt und mehr und mehr Lagerverluste durch Verramschung oder gar Makulierung einer Verbesserung entgegenstehen.

Wie für viele mittelständische Unternehmer typisch, betrachtet auch der Buchhändler seine Buchhandlung als »freie, unabhängige Arbeitsgelegenheit, Stätte der Ausübung seines Berufes, der ihm neben der Freude am Geschaffenen die materielle Grundlage zur Erhaltung seiner Familie gewähren soll«. Gerade diese Motivation – ein Stück Selbstverwirklichung – hat in den letzten Jahren verstärkt Buchhändler zur Gründung eines Unternehmens bewogen.

3.3
Persönliche Voraussetzungen und wirtschaftliche Aussichten

Der Erfolg eines Unternehmens ist in erster Linie von der Unternehmerqualifikation im weitesten Sinne abhängig. Das belegen nicht nur verschiedene wissenschaftliche Untersuchungen, sondern auch Ergebnisse aus der Praxis. Andere Einflussfaktoren wie Kapital, Sortiment, Standort, Einzugsgebiet, Betriebsgröße oder Mitarbeiterstamm treten dahinter zurück. Am Anfang aller Überlegungen zur Gründung oder zur Übernahme einer Buchhandlung muss deshalb die selbstkritische Prüfung stehen, ob man sich für die Einführung eines Unternehmens geeignet fühlt und neben den notwendigen Fachkenntnissen auch über genügend Selbstvertrauen, Durchsetzungsvermögen, Hartnäckigkeit und Risikobereitschaft verfügt. Drei Viertel der in Deutschland geförderten Existenzgründer gehen diesen Weg allein, bei den Akademikern ist es nur jeder zweite. Nach einer Untersuchung der Deutschen Ausgleichsbank erfolgt der Start in die Selbstständigkeit normalerweise mit 32 Jahren. Gründer mit Hochschulabschluss sind im Schnitt fünf Jahre älter. Sie sammeln erst ausreichend Berufserfahrung im zehnjährigen Zeitraum zwischen Studienabschluss und Existenzgründung.

Vom *Arbeitskreis Mittel- und Kleinbetriebe* im *Bundesausschuss Betriebswirtschaft* des RKW (Rationalisierungskuratorium der Deutschen Wirtschaft) ist eine *Prüfliste der persönlichen Voraussetzungen* erarbeitet worden, die der Autor für die Gründung von Buchhandlungen modifiziert hat.

Prüfliste der persönlichen Voraussetzungen
1. Ihre künftige Arbeit als Unternehmer verlangt wahrscheinlich einen viel höheren Einsatz als Ihre bisherige Arbeit als Nicht-Selbstständiger. Selbstständigkeit stellt heute hohe Anforderungen und verlangt körperliche Gesundheit, Ausgeglichenheit sowie menschliches Einfühlungsvermögen. Sind Sie dazu bereit und nach Ihrer körperlichen und seelischen Verfassung auch dazu imstande?
2. Als Nicht-Selbstständiger hatten Sie bisher ein sicheres und regelmäßiges Einkommen; als Unternehmer tragen Sie das Risiko eines unsicheren und unregelmäßigen Einkommens. Schätzen Sie die Selbstständigkeit und die künftigen Gewinne nach gründlicher Überlegung so hoch ein, dass dieser Nachteil mehr als aufgewogen wird?
3. Soll Ihr Lebenspartner als Buchhändler/in oder in der Verwaltung mitarbeiten?
4. Was sagt Ihre Familie zu den Punkten eins bis drei?
5. Haben Sie zum Beispiel eine abgeschlossene buchhändlerische oder kaufmännische Lehre? Sind Sie zur Ausbildung berechtigt?
6. Als selbstständiger Buchhändler müssen Sie sich nicht nur um den Ein- und Verkauf von Waren kümmern, sondern auch um alles andere wie Personalwesen, Finanzen, Buchhaltung, Steuern, Organisation, Planung, Kontrolle usw. Verstehen Sie auch von jenen Bereichen genug, in denen Sie bisher noch nicht gearbeitet haben?
7. Haben Sie Grundkenntnisse im Arbeits- und Sozialrecht, im Wettbewerbsrecht, im Steuerwesen?
8. Sind Sie zur Weiterbildung (Literaturstudium, Seminare, Kurse) in den Ihnen noch fremden Gebieten bereit?
9. Sind Sie nicht nur ein guter Fachmann, sondern auch befähigt, Mitarbeiter zu führen und mit Kunden umzugehen?
10. Die Vielseitigkeit der Unternehmeraufgabe lässt sich erleichtern, indem man sie auf zwei oder mehrere Personen verteilt. Erwägen Sie zu diesem Zweck, mit anderen (einem anderen) eine Gesellschaft zu gründen und kennen Sie Personen, die dafür in Betracht kommen, die Ihre Initiativen ergänzen können?

11. Wenn ja, ergänzen die Fähigkeiten der künftigen Gesellschafter (des künftigen Gesellschafters) die Ihren?
12. Sind Sie und die anderen (der andere) Gesellschafter bereit, die »Herrschaft« zu teilen, und werden sich die Gesellschafter miteinander vertragen?
13. Sie wissen, dass es verschiedene Gesellschaftsformen mit rechtlich und steuerlich sehr unterschiedlichen Auswirkungen gibt und dass sich jede dieser Gesellschaftsformen auch noch vertraglich recht unterschiedlich gestalten lässt. Haben Sie auch alle damit zusammenhängenden Fragen mit einem tüchtigen, in Rechts- und Steuerfragen bewanderten Berater eingehend erörtert und nicht etwa am falschen Platz Beratungsausgaben gespart, was später leicht zu viel höheren Ausgaben durch überflüssigen Streit und vermeidbare Steuern führt? (Siehe dazu Kap. 15)
14. Haben Sie als Verheirateter bedacht, dass für den Unternehmer im Allgemeinen der Güterstand der Gütertrennung der einzig geeignete ist und Sie vor der Gründung des Unternehmens mit Ihrem Ehegatten darüber sprechen und eine Entscheidung treffen müssen? Sofern aber eine nachträgliche Vereinbarung von Gütertrennung die Ehe belastet und der gesetzliche Güterstand der Zugewinngemeinschaft besteht, ist eine modifizierte Gewinngemeinschaft vorzusehen, mit der für den Zugewinnausgleich Ratenzahlung durch einen notariellen Ehevertrag vereinbart wird.
15. Haben Sie sich vergewissert, dass es gleichartigen Buchhandlungen ähnlicher Größe und an vergleichbaren Standorten so gut geht, dass danach Ihre künftige Buchhandlung als aussichtsreich gelten kann?
16. Haben Sie zu diesem Zweck einmal einige betriebswirtschaftliche Rechnungen angestellt?
17. Kann an dem von Ihnen geplanten Ort mit einer steigenden Nachfrage nach Verlagserzeugnissen gerechnet werden?
18. Wenn auch mit einer günstigen Entwicklung der Nachfrage in Ihrem künftigen Geschäftszweig gerechnet werden kann, ist damit noch nicht gesagt, dass Ihr Unternehmen imstande ist, einen genügenden Anteil der Nachfrage auf sich zu ziehen. Besteht begründete Aussicht, dass Sie im Wettbewerb um den Kunden mit anderen Unternehmen – auch größeren – bestehen können?
19. Haben Sie mit den Augen Ihrer Kunden geprüft, ob Sie im Vergleich mit Ihren Wettbewerbern gut, mittelmäßig oder schlecht abschneiden werden, insbesondere in Bezug auf Ihr Warensortiment, die Warendarbietung, die Geschäftsausstattung, die sachverständige und freundliche Bedienung sowie den Standort Ihres Betriebes?
20. Haben Sie ausreichend erkundet, ob Sie nicht zum Beispiel mit Personalknappheit und anderen Schwierigkeiten zu rechnen haben?
21. Sind die Größe der Räume und deren Zuschnitt so, dass sie eine günstige Geschäftsentwicklung ermöglichen?
22. Wie muss das Sortiment nach Art-, Breiten- und Tiefenstaffelung ausgerichtet sein, damit Sie unter Berücksichtigung der Kunden- und Konkurrenzstruktur erfolgreich bestehen können?
23. Ist die Dekorationsfläche (Schaufenster) im Verhältnis zur Raumgröße und zum Umfang des Warenangebotes ausreichend?

4
Standortwahl

Mit der Standortwahl ist praktisch der erste Schritt zur Verwirklichung der unternehmerischen Idee vollzogen. Der Standort steht bei den einzelnen Gründungsentscheidungen ganz oben, wie es das nachstehende Schaubild zur Interdependenz der Gründungsentscheidungen belegt. Die Zusammenhänge mit den anderen Bestimmungsfaktoren werden offenkundig.

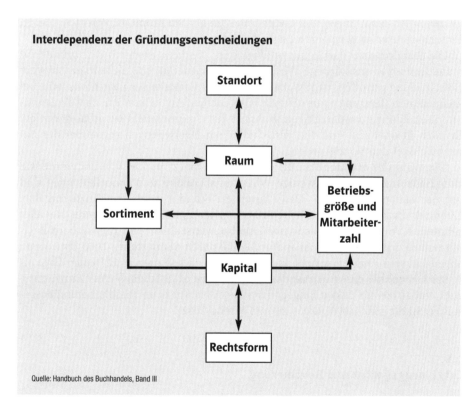

Quelle: Handbuch des Buchhandels, Band III

Durch die Festlegung des Standortes für eine Buchhandlung hat der Unternehmer die Entscheidung über das künftig zu bearbeitende Absatzgebiet getroffen. Dabei ist zu fragen, ob die räumliche Bevölkerungsverteilung eine wirtschaftlich solide

Grundlage für die mögliche Nachfrage erwarten lässt. Die Frage der Konsumdichte spielt dabei eine große Rolle, also die Frage, auf wie viele Einwohner normalerweise eine Buchhandlung fällt. Zum zweiten ist die Konsumhäufigkeit wichtig, also wie oft mit der Deckung eines bestimmten Bedarfs zu rechnen ist, drittens die Konsumfreudigkeit als Ausdruck der Kaufkraftstärke der frei verfügbaren Einkommen und viertens schließlich die Konsumtradition, die Frage nämlich, in wie weit der Kunde seinen bisherigen Einkaufsstätten treu bleibt und nur schwer auf neue Unternehmen umzugewöhnen ist. Es muss vermutet werden, dass in den großstädtischen Verdichtungs- und Ballungsräumen die Wettbewerbsänderungen weiterhin stärker ausgeprägt sein werden als in ländlichen Regionen.

Betroffen von der zunehmenden Orientierung des Verbrauchers auf zentrale Einkaufsgelegenheiten werden verstärkt die kleinen Gemeinden sein. Aber die Buchhandel gehört nun einmal dahin, wo es eine Akkumulation von Fachgeschäften gibt. Die Nähe zu Apotheken, Bildungseinrichtungen und Lebensmittelgeschäften ist nötig: egal, ob sich diese Anhäufung von Geschäften im Stadtkern, in kleineren Ansammlungen von Ladeneinheiten am Stadtrand, in Vororten oder in Einkaufszentren in peripheren Lagen befindet.

Die Standortwahl darf keine zufällige sein; vielmehr ist durch eine gründliche Standortanalyse das künftige Wirkungsfeld zu eruieren, ehe diese folgenschwere Entscheidung getroffen wird. Wer sich selbst nicht dazu in der Lage fühlt, sollte bei kompetenten Beratungsunternehmen Hilfe suchen. Auf keinen Fall darf die Standortentscheidung vom derzeitigen Wohnort des Unternehmers beeinflusst werden. Er muss flexibel sein und den wirtschaftlichen Überlegungen gegenüber der Bequemlichkeit den Vorzug geben.

Die Wahl des Standorts ist für den Sortimentsbuchhandel von außerordentlicher Bedeutung, weil nur wenige Wirtschaftsbereiche so standortabhängig sind wie der Ladeneinzelhandel. Denn durch die Standortwahl sind Einzugsbereich, Kundenkreis und damit letztlich Umsatz, Kosten und Gewinn bestimmt. Bei aller gebotenen Vorsicht mit statistischen Durchschnittszahlen: Der Einzugsbereich einer neu zu gründenden Buchhandlung sollte durch mindestens 10.000 Einwohner abgedeckt sein. Dies entspricht auch dem Wert, dass in nur ca. 5,2 % aller Orte bis 10.000 Einwohner eine Buchhandlung anzutreffen ist. Städte mit einer Einwohnerzahl von 10.000 bis 20.000 hingegen sind zu 53 % mit einer Buchhandlung ausgestattet, Städte mit 20.000–50.000 zu 77 % (Stand 2002).

4.1
Ort, Einzugsgebiet und Bevölkerung

Die Standortbeurteilung beginnt mit einer Analyse des Ortes, seiner räumlichen Größe, seiner Einordnung in das Land. Für welche Region ist die Stadt als Zentrum anzusehen, wie weit reicht die zentralörtliche Bedeutung? Welche Einrichtungen fördern diese Zentralität?

4.1 Ort, Einzugsgebiet und Bevölkerung

- Überregionale Verwaltungen;
- Gerichte;
- Kommunale Behörden;
- Internationale Körperschaften.

(Auskunftsquellen: Adressbuch der Stadt oder der Kommune, Telefonbuch)

Wie ist es um das Schulwesen bestellt? Gibt es Schuleinrichtungen und wie viele? Wie viele Schüler besuchen diese Bildungsstätten? Wie viele Erwachsene besuchen Weiterbildungsveranstaltungen? Woher kommen sie?
- Grundschulen, Hauptschulen, Sonderschulen, Kindergärten;
- Mittel- und Oberschulen;
- Fach- und Berufsschulen;
- Hochschulen, Universitäten;
- Volkshochschulen;
- Private Schulungszentren.

(Auskunftsquellen: Stadtschulamt, Hochschulverwaltung, Telefonbuch)

Welche kulturellen Anziehungspunkte gibt es oder befinden sich in der Planungsphase?
- Theater und deren Besucherkreis;
- Bibliotheken und deren Benutzer;
- Museen und deren Ausstellungen;
- Kongresshäuser und deren Veranstaltungen;
- Bauliche Sehenswürdigkeiten;
- Zahl und durchschnittliche Übernachtungsdauer der in- und ausländischen Gäste.

(Auskunftsquellen: Kulturamt, Stadtverwaltung, Fremdenverkehrsamt, Stadtführer, Stadtplan)

Es genügt aber nicht, über den Ist-Zustand Bescheid zu wissen, man sollte sich auch über die zukünftige Entwicklung und langfristige Planungen informieren, die dem Ort stärkere Bedeutung als Zentralpunkt verleihen oder aber diese Stellung abschwächen. Neben den oben genannten allgemeinen zentralitätsfördernden Faktoren ist durch Beobachtung der Pendlerbewegungen, der Einzelhandelszentralität und der Entfernungszonen das Streufeld, der Radius der Ausstrahlung, zu erkennen. In Bezug auf Bevölkerungsstruktur und Bevölkerungsentwicklung des Ortes und seines Einzugsgebietes sind zu ermitteln:
- Gesamteinwohnerzahl, Zahl der Einwohner und Haushalte nach Entfernungszonen und anderen Unterteilungen wie Stadtteile, Vororte, Satellitenstädte;
- Bevölkerungsschichtung nach Kindern, Schulpflichtigen, Erwerbstätigen, Rentnern;
- Gliederung der Erwerbstätigen nach Wirtschaftsbereichen, Berufsgruppen, Arbeitslosenquote, Anteil der ausländischen Arbeitnehmer;

- Bevölkerungsentwicklung in der Vergangenheit und in der Zukunft (Prognose).

(Auskunftsquellen: Statistische Ämter oder deren Publikationen)

Was ist vom Wohnungsbau in der Region zu erwarten?
- Stand und Entwicklung des Wohnungsbaus und Einfluss auf die Bevölkerungszahl;
- Verteilung auf Stadtteile, Vororte, ländliche Außenbezirke;
- Durchschnittliche Wohnungsgröße;
- Wohnungsfehlbestand, Baulandreserven, Planungen.

(Auskunftsquellen: Statistische Ämter, Stadtplanungsamt)

4.2
Wirtschaftliche Struktur

Welches Volumen hat die Industrie im Ort und im Einzugsgebiet?
- Umsatz der verschiedenen Industriezweige und Zahl der dort Beschäftigten;
- Landreserven zur Ansiedlung neuer Industriebetriebe oder Industriezweige;
- Bruttoinlandsprodukt nach Wirtschaftsbereichen und Teilräumen, pro Kopf der Wohnbevölkerung, Abweichungen vom Durchschnitt;
- Steuerkraftzahlen wie z. B. Gewerbesteuer je Einwohner.

(Auskunftsquellen: Statistische Ämter, Stadtplanungsamt)

Noch intensiver ist die Struktur des Einzelhandels zu untersuchen:
- Zahl und Größe der Warenhäuser, der Kaufhäuser, der Verbrauchermärkte;
- Zahl und Größe der Kleinpreisgeschäfte, der Filialunternehmen;
- Bedeutung des Facheinzelhandels, dominierende und unterbesetzte Branchen;
- Einzelhandelsdichte, Umsatz des Einzelhandels insgesamt und nach Bereichen;
- Umsatz und Anzahl folgender Betriebe: Einzelhandel mit Büchern und Fachzeitschriften, Einzelhandel mit sonstigen Zeitschriften und Zeitungen, Großhandel mit Büchern und Fachzeitschriften, Großhandel mit sonstigen Zeitschriften und Zeitungen – alles pro Ort und Kreis.

(Auskunftsquellen: Statistische Ämter. Dort speziell die Umsatzsteuerstatistik)

Durch Augenschein wird der Gründungswillige alle Geschäftszentren des Ortes analysieren und bei den Planungsämtern Auskunft über geplante Ladenzeilen oder Einkaufszentren einholen.

4.3
Kaufkraft und Verwendung des Einkommens

Zum Kaufkraftniveau für Bücher sei noch einmal auf Kaufkraftkarten hingewiesen, wie sie von Consodata (Seite 43) oder der GfK Gesellschaft für Konsum-, Markt- und Absatzforschung in Nürnberg jährlich publiziert werden.

Im *Statistischen Jahrbuch für die Bundesrepublik Deutschland*, jährlich neu im Verlag W. Kohlhammer, und in der Gemeindestatistik sind abzulesen, über welches Einkommen durchschnittlich ein Bewohner oder ein Haushalt in der Region verfügt und wie er es verwendet (Haushaltsausgaben, Ausgabenstruktur). Die Sparquote (Sparkassen) und andere Wohlstandsindizien wie durchschnittliche Wohnungsgröße (Statistisches Amt), Pkw-Dichte (Kraftfahrzeugamt), Telefonanschlüsse (Telekom), Arbeitslosenquote (Arbeitsamt) usw. geben weiteren Aufschluss über die wirtschaftlichen Verhältnisse im Einkaufsbereich. Von besonderem Interesse ist die Aufsplittung des frei verfügbaren Einkommens für Freizeitgüter.

4.4
Verkehrsverhältnisse

Die Geschäfts- bzw. Verkehrslage wird in der Publikation *Buch und Buchhandel in Zahlen* nach dem Kölner Betriebsvergleich mit folgender Differenzierung wiedergegeben:

Betriebe in Geschäftslagen in der Innenstadt bzw. im Ortszentrum
- Hauptverkehrslage;
- Nebenverkehrslage mit hoher Kundenfrequenz;
- Nebenverkehrslage mit niedriger Kundenfrequenz;
- Lage ohne feststellbare Kundenfrequenzunterschiede.

Betriebe in Geschäftslagen in einem Stadtteil bzw. Vorort
- Hauptverkehrslage;
- Nebenverkehrslage mit hoher Kundenfrequenz;
- Nebenverkehrslage mit niedriger Kundenfrequenz.

Auch Sonderlagen wie Flughafen, Bahnhöfe oder Ähnliches sind verstärkt zu beachten, weil sich der Bahnhofsbuchhandel zunehmend in Richtung qualitatives Sortiment entwickelt.

Der Verkehrsstrom einer Straße wird in erster Linie an der Anzahl der Fußgänger zu messen sein, die sie passieren. Durch Passantenzählungen, auch im Stichprobenverfahren, lässt sich die Zahl der männlichen und weiblichen Personen innerhalb eines bestimmten Zeitabschnittes erfahren, die Gliederung nach Altersgruppen (Schätzung), die bevorzugte Laufrichtung und die bessere Straßenseite. Bei länger andauernden Zählungen ist die Verteilung der Passantenzahl auf die Hauptverkehrsstunden und auf die Wochentage zu eruieren.

In zweiter Linie ist der Fließverkehr in der Straße durch Kraftfahrzeuge und Fahrräder von Interesse. Wie sich der Ort oder Ortsteil verkehrsmäßig erschließt, verdeutlicht eine Betrachtung der öffentlichen Verkehrseinrichtungen wie
• Lage und Größe des Bahnhofs (Stadtplan, Augenschein);
• Zugfolgen und Zahl der Benutzer im Nah- und Fernverkehr (Fahrpläne, Berichte der Verkehrsträger);
• Lage und Frequenz des Busbahnhofs (Fahrplan);
• Allgemeine Verkehrsentwicklung, Bedeutung des Individualverkehrs, Pkw-Dichte (Generalverkehrspläne der Gemeinde).

Mit welchen öffentlichen Verkehrsmitteln der Standort der Buchhandlung erreichbar ist, wird durch die Lage der Haltestellen von Straßenbahn, S-, U-Bahn und Bussen offenbar. Die Zahl der dort haltenden Verkehrslinien, eine Umsteigestelle, Normalhaltestelle oder Bedarfshaltestelle informieren über die Verkehrsfrequenz. In welcher Entfernung vom Ladenlokal befinden sich die Haltestellen? Gibt es ober- oder unterirdische Straßenübergänge, Zebrastreifen, Ampeln?

Ob und wann sich die vorgefundenen Verkehrsverhältnisse durch Planungsmaßnahmen verändern, das erfährt der Gründungswillige durch Erkundigungen bei der örtlichen Industrie- und Handelskammer, den Stadtplanungsämtern, den Landesplanungsämtern, den regionalen Planungsverbänden und Planungsgemeinschaften sowie bei einschlägigen Planungsinstituten wie z. B. beim Ingesta-Institut für Gebietsplanung und Stadtentwicklung.

4.5
Konkurrenzanalyse

Direkte Konkurrenten einer zu gründenden Buchhandlung sind alle buchhändlerischen Betriebe im Ort und im Einzugsbereich: Sortimentsbuchhandlungen, Reise- und Versandbuchhandlungen, Bahnhofsbuchhandlungen, Flughafenbuchhandlungen, Hotelbuchhandlungen, Antiquariate, Modernes Antiquariat, Buchabteilungen in Warenhäusern, Kioske mit Presseerzeugnissen und Taschenbüchern, Buchverkaufsstellen sowie Einzelhandelsgeschäfte mit kleinen speziellen Buchabteilungen. Wenn man den Buchkauf aber unter dem Aspekt des Geschenke-Kaufs sieht (fast jedes zweite Buch wird immerhin zum Verschenken gekauft), dann ist die Konkurrenz natürlich auch in Blumen-, Parfümerie-, Spirituosenfachgeschäften und vergleichbaren Verkaufsstätten sowie in Medienmärkten zu sehen.

Für die buchhändlerischen Betriebe gibt das jährlich erscheinende *Adressbuch für den deutschsprachigen Buchhandel* (MVB, Frankfurt) im ortsalphabetisch geordneten Band 2 (=Buchhandel) aktuelle Auskünfte. Eine zusätzliche Anfrage

4.5 Konkurrenzanalyse

beim jeweiligen buchhändlerischen Landesverband kann klären, ob inzwischen weitere buchhändlerische Betriebe hinzugekommen sind (Mitgliederliste). Weitere Hilfen zur Konkurrenzfeststellung sind das örtliche Telefonbuch und das Branchen-Telefonbuch. Damit werden wahrscheinlich alle Firmen des verbreitenden Buchhandels erfasst sein. Nun muss versucht werden, jene Firmen zu ermitteln, die Bücher als Nebenartikel führen, am besten durch intensives Begehen der relevanten Geschäfte im engeren Einzugsbereich. Ein Stadtplan mit Markierungen der Konkurrenz zeigt die Verteilung und Streuung um den für die eigene Buchhandlung vorgesehenen Standort.

Im zweiten Schritt sind alle weiteren Merkmale der buchhändlerischen Konkurrenz durch Auswertung des *Adressbuchs* (Seite 70) tabellarisch festzuhalten:
- Alter der Firma (Gründungsjahr);
- Rechtsform, Inhaber;
- Hauptgeschäft, Filiale(n);
- Distributionsform (Sort = Sortimentsbuchhandlung, Ant = Antiquariat, Bbh = Bahnhofsbuchhandlung usw.);
- BAG-Mitgliedschaft;
- Teilnahme am BuchschenkService;
- Telefon(e), E-Mail-Anschriften, Fax-Nummern;
- Bankverbindung(en);
- Kommissionärstätigkeit(en);
- Eintragung im Handelsregister.

Durch Augenschein, Beobachtung der Regionalpresse und Begehen sind je buchhändlerischem Betrieb zu ermitteln:
- Zeitungswerbung der Buchhandlung (Inserate und Beilagen in der örtlichen Presse);
- Besondere Dienstleistungen der einzelnen Buchhandlung neben dem branchenüblichen Service, beispielsweise Kartenvorverkauf für kulturelle Veranstaltungen (Plakataushang), Signierstunden, Dichterlesungen (Inserate, PR-Artikel), Fotokopierdienst usw.;
- Zahl und Größe der Schaufenster, Schaukästen, Vitrinen;
- Größe der Verkaufsräume in Quadratmetern;
- Laufende Regalmeter (auch Regalhöhe schätzen), Zahl der Drehsäulen, Drehständer;
- Einschätzung der Geschäftsräume insgesamt in Quadratmetern;
- Anwesendes Verkaufspersonal;
- Einschätzung der Mitarbeiterzahl insgesamt;
- Zahl der Kassen;
- Zahl der Kassenvorgänge je Tag (Kassenbon, Kauf kurz vor Ladenschluss);
- Sortimentsschwerpunkte: Literaturgruppen, Nebenartikel und deren Niederschlag im Schaufenster;
- Einschätzung der Anteile der Literaturgruppen (Regalmeter).

Alsdorf Sieg (RhPf)
+ PVS Spiel + Freizeitbedarf GmbH, Industriestr. 10 (PLZ 57518)
× · ☎ (02741) 937-0 - Bgrh.
V.-NR: 24101 TPr.

Alsfeld (Hess)
+ Buch 2000 Buchladen GmbH, Markt 2 (PLZ 36304), Postf
× 1151 (PLZ 36291) · ☎ (06631) 2319, 919313 - Fax 919314
· Kh, Ldkh, Lmh, Mh, Sort · Geschf: Helmar Bünnecke · Gegr.
22.10.1974 - Sparkasse Vogelsbergkreis BLZ 53051130 Kto
4000179 - PGiro Frankfurt (M) Kto 218061-601 BLZ
50010060 - USt-IdNr: DE112599964.
V.-NR: 20369 BAG; TPr ILN: 4330931203697.

+ Heinz, Reinhold, Obergasse 12 (PLZ 36304), Postf 309
(PLZ 36293) · ☎ (06631) 3527 - Kh, Ldkh, Lmh, Mh, Sch, Sort,
Zh - Inh: Reinhold Heinz - Gegr. 01.08.1931 - PGiro Frankfurt
86918-600 - Bei Lieferverhinderung stets sofort direkte
Nachricht erbeten.
V.-NR: 20372 BAG; TPr.

Altdorf b. Nürnberg (Bay)
+ Müller, Helga, Missionsbuchhandlung, Judenbühl 1
(PLZ 90518), Postf 1048 (PLZ 90514) · ☎ (09187) 5342 -
Fax 6275 - Sort - Inh: Helga Müller - Gegr. 01.09.1994.
V.-NR: 22686 TPr ILN: 4330931226863.

+ Pranz, Hermann, Rathausgasse 2 (PLZ 90518), Postf 1018
× (PLZ 90514) · ☎ (09187) 2910 - Fax 2859 - Sort - Inh:
Hermann Pranz - Gegr. 1886.
V.-NR: 20392 BAG; TPr ILN: 4330931203925.

+ Schüsselbauer, Brigitte, u. Thomas Lorenz, Lilliput, Obere
Wehd 7 (PLZ 90518) · ☎ (09187) 902760 - Fax 902761 -
e-mail: lilliput.altdorf@t-online.de - Sort - Inh: Brigitte
Schüsselbauer, Thomas Lorenz - Gegr. 01.01.1983.
V.-NR: 20393 BAG; TPr ILN: 4330931203932.

Altena Westf (NrhW)
+ Katerlöh, Friedrich, Inh. Dorothea Renfordt, Kirchstr. 10
× (PLZ 58762), Postf 1365 (PLZ 58743) · ☎ (02352) 22282 -
Fax 331755 - Kh, Sort, Zh - Inh: Dorothea Renfordt - Gegr.
01.04.1880 - Städt. Sparkasse Altena Kto 80001431 BLZ
45851020, Volksbank Altena, BLZ 45660029, Kto
3202341800.
V.-NR: 20400 BAG; TPr ILN: 4330931204007.

+ Trippe, Wilhelm, Lennestr. 83 (PLZ 58762), Postf 1616
× (PLZ 58746) · ☎ (02352) 22082 - Fax 23150 - Sort, Zh - Inh:
Herbert Trippe - Gegr. 10.11.1892.
V.-NR: 20412 BAG; TPr ILN: 4330931204120.

Altenahr (RhPf)
▽ Jeckstadt, Manfred, Brückenstr. 20 (PLZ 53505) · ☎ (02643)
1521 - Bvk.
V.-NR: 20420 TPr ILN: 4330931204205.

Altenbeken (NrhW)
▽ Wichert-Pollmann, Ursula, Dr., Haus Durbeke (PLZ 33184) ·
☎ (05255) 999140 - Fax 999142 - e-mail: awp@wel.de,
http://www.haus-durbeke.de/ - Bvk - Volksbank, Paderborn
6200166601 - Fachgebiete: Orts- u. Landesgeschichte
Westfalen-Hessen-Rhld., Vor- u. Frühgeschichte, Genealogie,
Militaria, Kunstgeschichte, Theologie, Nachschlagewerke u. a.
Zeitgeschichte - Angebote erwünscht, Antiqu.-Angebote
kostenlos - USt-IdNr: DE126312424.
V.-NR: 28132 BAG; TPr ILN: 4330931281329.

Altenberg Erzgeb (Sach)
▽ Klöpsch, Erika, Rathausstr. 16 (PLZ 01773) · ☎ (035056)
31845 - Fax 31845 - Bvk.
V.-NR: 22613 TPr ILN: 4330931226139.

Altenberge Westf (NrhW)
+ Janning, Beate, Kirchstr. 18 (PLZ 48341) · ☎ (02505)
991717 - Fax 991718, http://www.buecher-janning
Hauptgesch: Baumgertstr. 2, 48329 Havixbeck - So
Beate Janning - Gegr. 01.06.1984.
V.-NR: 25107 BAG; TPr ILN: 4330931251070.

Altenburg (...
+ Gnäupel-Herold, Ina, Johannisstr. 35/36 (PLZ 04600) ·
☎ (03447) 504152 - Sort - Inh: Ina Gnäupel-Herold - Gegr.
01.01.1995.
V.-NR: 22978 BAG; TPr ILN: 4330931229789.

+ Schnuphase'sche Buchhandlung, Kronengasse 5 (PLZ 04600) ·
× ☎ (03447) 311351, 311353 - Fax 311453 - Zweiggesch:
Burgstr. 2, 04600 Altenburg - Moritzstr. 21, 04600 Altenburg -
Inh: Albrecht Reinhold - Gegr. 12.10.1800.
V.-NR: 56477 BAG; TPr ILN: 4330931564774
V.-NR: 58033 TPr Burgstr.
V.-NR: 58034 Moritzstr.

Altenkirchen (Westerwald) (RhPf)
▽ Hören, Christina von, Ludwig-Jahn-Str. 1-3 (PLZ 57610) ·
☎ (02681) 9829692 - Fax 9829691 - Bvk.
V.-NR: 27315 ILN: 4330931273157.

+ Liebmann, Klaus, Buchhandlung, e.K., Wiedstr. 7a
× (PLZ 57610) · ☎ (02681) 2751 - Fax 984164 - e-mail:
info@buchhandlung-liebmann.de - Sort - Inh: Klaus Liebmann.
V.-NR: 26184 ILN: 4330931261840.

+ Schmitt, Hedwig, Wilhelmstr. 28 (PLZ 57610) · ☎ (02681)
BS 70171 - Fax 70240 - Sort - Inh: Hedwig Schmitt - Gegr.
01.03.1991.
V.-NR: 21246 TPr ILN: 4330931212460.

Altenstadt, Hess (Hess)
▽ Grasmück, Karin, Lindenweg 9 (PLZ 63674) - Bvk.
V.-NR: 36134 TPr ILN: 4330931361342.

+ Kunst- und Buchhandlung der Benediktinerinnen-Abtei Kloster
Engelthal(Großkdn-PLZ 63674) · ☎ (06047) 9636-73 -
Fax 977215 - Bvk - USt-IdNr: DE113465112.
V.-NR: 20469 BAG; TPr ILN: 4330931204694.

Altensteig Württ (BaWü)
+ BuchHammer, Reinhold Hammer, Poststr. 14 (PLZ 72213) ·
☎ (07453) 930828 - Sort - Inh: Reinhold Hammer.
V.-NR: 25699 BAG; TPr ILN: 4330931256990.

+ Glank, Kurt, Poststr. 57 (PLZ 72213) · ☎ (07071) 23066 -
Fax 26353 - Sort, Zh - Inh: Kurt Glank.
V.-NR: 20471 TPr ILN: 4330931204717.

Altlußheim (BaWü)
▽ Rittlinger, Julsma, Hexenhäuschen, Hauptstr. 110
(PLZ 68804) · Bvk.
V.-NR: 26543 TPr ILN: 4330931265435.

21

Adressbuch für den deutschsprachigen Buchhandel (MVB, Frankfurt), Band 2 Buchhandel

Die Bonität und Zahl der Verlegerkonten als Indiz für Finanzkraft und Betriebsgröße ist leider nur aus einer ausschließlich den Verlagen zugänglichen »Kreditliste« zu ersehen.

Als Drittes gilt es, Größe und Art der Einzelhandelsgeschäfte in der Straße und der näheren Umgebung zu betrachten. Inwieweit werden Konsumgüter des kurzfristigen Bedarfs (z. B. Lebensmittel, Zeitungen, Tabakwaren), des mittelfristigen Bedarfs (neben Büchern z. B. Textilien, Haushaltswaren, Schreibwaren, Fotoartikel, Fernseh- und Rundfunkgeräte) und des langfristigen Bedarfs (z. B. Möbel) angeboten? Ist das Angebot der verschiedenen dort versammelten Einzelhandelsgeschäfte konsumorientiert (z. B. Lebensmittel) oder verkehrsorientiert (z. B. Tabakwaren, Zeitungen)? Ziehen die Geschäfte der Umgebung auch ein an Büchern interessiertes Publikum an oder stoßen sie derartige Interessenten ab? Stimuliert die Akkumulation von Fachgeschäften das Kaufinteresse von Verlagserzeugnissen oder schöpft die Konkurrenz mit Substitutionsgütern Kaufkraft ab? Gibt es unter diesen Einzelhandelsgeschäften einen besonderen »Passanten-Magneten«?

In einem vierten Schritt ist aus den vielen, von den buchhändlerischen Betrieben gewonnenen Einzeldaten eine Umsatzeinschätzung individuell und für den Ort (Ortsteil) insgesamt vorzunehmen unter Verwendung der spezifizierten, neuesten Branchenkennziffern (nach Beschäftigten-Größenklasse, nach Ortsgröße, nach Geschäftslage):
- Zahl der beschäftigten Personen (Pro-Kopf-Umsatz);
- Verkaufsfläche in Quadratmetern (Umsatz je Quadratmeter Verkaufsfläche);
- Geschäftsfläche in Quadratmetern (Umsatz je Quadratmeter Geschäftsfläche);
- Lagergröße (Regalmeter, Lagerumschlag);
- Barumsatz je Tag (Kundenzahl mal durchschnittlicher Barkaufbetrag).

4.6 Objektbewertung

Das Ladenlokal ist unter verschiedenen Aspekten zu bewerten. Zuerst im Hinblick auf seine Lage in der Straße:
- Normalstraße, Einbahnstraße, Sackgasse, Fußgängerzone (Anfahrtsmöglichkeiten);
- Laufseite, Sonnenseite, Schattenseite;
- Gebäude voll einsichtig, verdeckt;
- Straßenecke, in einer Ladenzeile, allein zwischen Wohn- und Verwaltungsgebäuden.

Beim Ladenlokal selbst wird man achten auf:
- Größe der Geschäftsräume;
- Aufteilung auf Verkaufs- und Nebenräume;
- Entfernung der Nebenräume zum Ladenlokal;

- Ausbaumöglichkeiten, Erweiterungen;
- Baulicher Zustand des Hauses und der Räume;
- Heizungsart;
- Beleuchtung im Laden und in den Nebenräumen;
- Gestaltung der Außenfront, vorhandene zusätzliche Werbemöglichkeiten;
- Zahl und Zustand sowie Beleuchtung der Schaufenster, Schaukästen, Vitrinen;
- Ladeneingang, Büroeingang (vorn, hinten, seitlich);
- Warenanfuhr, Fördermittel (Fahrstuhl, Laufbänder, Rutschen);
- Mietpreis absolut und pro Quadratmeter für Verkaufs-, Büro-, Lager-, Abstellräume (nachmessen);
- Sonderbedingungen (Mietvorauszahlung, Übernahme von fremden Ladeneinrichtungen und Einbauten, Übernahme der Kosten für Reparaturen und bauliche Veränderungen, Maklerprovision, Nebenkosten für Heizung, Reinigung, Versicherung);
- Dauer des Mietvertrages, Indexklausel, Option, Kündigungsfrist.

Ferne sind folgende Fragen zu beantworten
- Wie lange steht der Laden leer?
- Gründe für die Aufgabe des Ladens durch den (die) Vorgänger?
- Welche Branchen waren bisher und wie lange in diesem Laden?
- Sind Parkplätze vor dem Haus (Parkuhr), auf eigenem Grundstück (Kundenparkplatz) oder in der Nähe (Parkhäuser, Großparkplätze) vorhanden?

4.7
Schemata für eigene Standortanalysen

Für eigene Standortuntersuchungen ist eine Entscheidungshilfe zu empfehlen, die als verlässliches und preiswertes Hilfsmittel entwickelt wurde: *Wegweiser zum richtigen Standort. 20 Fragen an den Einzelhandelskaufmann* von Rudolf Rindermann. Herausgeber: Deutscher Industrie- und Handelstag. Mit Genehmigung des DIHT drucken wir auf der Seite 74 die *Prüfliste 7* ab. Sie ist für Einzelhandelsgeschäfte mit Gütern des überwiegend mittelfristigen Bedarfs in einer Hauptgeschäftslage einer kleinen oder mittelgroßen Stadt oder eines Großstadt-Vorortes konzipiert. Subsumiert sind hier Feinkostgeschäfte, Reformhäuser, Parfümerien, Tabakwarengeschäfte, Papier-, Büro-, Schreibwaren, Leuchten und Elektroartikel, Rundfunk-, Phono- und Fernsehgeräte, Fotoapparate und Fotoartikel, Hausrat, Porzellan- und Glaswaren, Bücher, Zeitschriften usw. (Bücher zählen bekanntlich zu den Konsumgütern des mittelfristigen Bedarfs, in einigen wenigen Fällen zum längerfristigen Bedarf wie z. B. Lexika. Zeitungen und Zeitschriften dagegen sind Güter kurzfristigen Bedarfs). Die Fragen der Prüfliste 7 wurden vom Verfasser zum Teil auf die besonderen Verhältnisse im Sortimentsbuchhandel modifiziert, ändern aber nichts am Grundschema mit einer Punktebewertung, die wissenschaftliche

4.7 Schemata für eigene Standortanalysen

Erkenntnisse der Standorttheorie des Handels sowie praktische Erfahrungen der Unternehmer selbst verarbeitet hat.

Die Fragen sind mit vorgegebenen Plus- oder Minus-Punkten zu beantworten, am Ende der Fragenskala dann die beiden Spalten der Plus- und Minus-Punkte zu addieren und zu saldieren. Die Wertung der erreichten Punktzahl reicht von plus 40 (Standort empfehlenswert) bis minus 40 (Standort nicht empfehlenswert). Je nach Höhe der erreichten Punktzahl wird diese Entscheidungshilfe den Entschluss der Standortwahl beeinflussen. Bei Minus-Punkten sollte die Entscheidung auf jeden Fall noch einmal überdacht oder durch Spezial-Berater überprüft werden.

Alle gestellten Fragen sind nur mit **Ja** oder **Nein** zu beantworten, ohne dass erst statistische Nachschlagewerke gewälzt oder schwierige Haushalts- oder Passantenbefragungen vorgenommen werden müssen. Diese einfachen Prüflisten haben ihre Brauchbarkeit in der Praxis bewiesen und können deshalb als Hilfsinstrumente zur Standortbeurteilung in fast jedem Fall eingesetzt werden.

Als zweites Schema übernehmen wir auf den Seiten 75/76 die vom Verfasser erstellte praxisorientierte *Checkliste zur Überprüfung der Standortfaktoren*, die von Diplom-Kaufmann Franz-Joachim Klock nach dem Modell der Prüfliste des RKW überarbeitet wurde. Diese Checkliste ist in erster Linie zur regelmäßigen Überprüfung der Standortfaktoren einer bereits bestehenden Buchhandlung gedacht, kann aber auch mit den meisten Fragen bei der Gründung genutzt werden. Es empfiehlt sich, einen Stadtplan zu Hilfe zu nehmen, das gedachte Einzugsgebiet zu umgrenzen, den Standort der geplanten Buchhandlung sowie die Plätze der Konkurrenz im engeren und weiteren Sinne einzutragen. So entsteht auch optisch ein klares Bild der Situation.

Zur Handhabung der Checkliste: Zunächst sollte jede Frage der Checkliste genau durchgelesen und dann unter der Rubrik Ergebnis die den tatsächlichen Verhältnissen entsprechende Punktzahl der Bewertungsskala angegeben werden. Gegebenenfalls kann man auch Zwischenwerte wählen, wenn beispielsweise die Meinung besteht, das Absatzgebiet sei nicht groß (2 Punkte), aber auch nicht durchschnittlich (8 Punkte), liege also dazwischen (5 Punkte). Trifft eine Frage nicht auf die Verhältnisse zu, so wird eine Null eingesetzt.

PRÜFLISTE FÜR DEN EINZELHANDEL MIT BÜCHERN UND ZEITSCHRIFTEN (Standort)
Prüfen Sie den möglichen Einzugsbereich

Antworten
Plus- oder
Minus-Punkte
eintragen

Fragen

Liegt Ihr Standort weiter als 100 Meter von einem Warenhaus, einem regional bekannten Kaufhaus oder Oberbekleidungshaus entfernt? (ja: – 3, nein: + 3)

Liegt Ihr Standort an einer Hauptgeschäftsstraße zwischen zwei Großbetrieben (Warenhäuser oder Kaufhäuser)? (ja: + 2, nein: – 2)

Gibt es im Umkreis von 50 Metern ein Spezialgeschäft mit dem Angebotsschwerpunkt Ihrer Branche und erkennbaren Angebotslücken? (ja: + 2, nein: – 1)

Gibt es in Ihrer Nachbarschaft Anbieter einer anderen Branche mit niedriger Kalkulation, niedrigen Preisen und regem Kundenzulauf? (ja: + 2, nein: – 1)

Findet in unmittelbarer Nähe Ihres Standortes ein Wochenmarkt statt? (ja: + 2, nein: – 1)

Gibt es in Ihrer Nähe eine Buchhandlung mit vergleichbarem Sortiment und eindeutig besserer Standortlage? (ja: – 1, nein: + 2)

Gibt es in einer Entfernung von mehr als 150 Metern eine Zusammenballung von mindestens drei Betrieben Ihrer Branche? (ja: – 2, nein: + 3)

Gibt es eine andere Geschäftsstraße in Ihrer Umgebung, die eine eindeutig bessere Standortqualität aufweist? (ja: – 3, nein: + 3)

Ist in Ihrem Umkreis von 15 Autofahrt-Minuten der Bau eines großen Einkaufszentrums (Shopping Center) mit mehreren Waren- und Kaufhäusern sowie 30 bis 50 Fachhandelsgeschäften geplant? (ja: – 3, nein: + 1)

Ist in Ihrem Umkreis von 10 Autofahrt-Minuten der Bau eines oder mehrerer Verbrauchermärkte oder Selbstbedienungswarenhäuser mit mehr als 3000 qm Verkaufsfläche geplant? (ja: – 2, nein: + 1)

Liegt Ihr Standort auf der besseren, d. h. stärker von Fußgängern benutzten, Straßenseite?
(Bei zwei gleich guten Seiten: + 2 Punkte) (ja: + 2, nein: – 3)

Gibt es im Umkreis von 200 Metern ausreichende Parkplätze (Tiefgarage, Parkhaus, Parkplätze)?
(ja: + 3, nein: – 1)

Ist Ihr Standort für die Kunden mit öffentlichen Verkehrsmitteln bequem erreichbar? (ja: + 2, nein: – 2)

Liegt Ihr Standort innerhalb einer im Erdgeschoss nicht (durch Banken, Wäschereien, Wohnhäuser, Verwaltungen) unterbrochenen Ladenzeile von Einzelhandelsbetrieben? (ja: + 2, nein: – 1)

Sofern eine Fußgänger-Zone vorhanden: Liegt Ihr Standort darin? (ja: + 3, nein: – 2)

Falls keine Fußgänger-Zone vorhanden: Ist in einer anderen Geschäftsstraße die Einrichtung einer Fußgänger-Zone geplant? (ja: – 2, nein: + 1)

Liegt Ihr Standort in einem zukünftigen Sanierungsgebiet oder in dessen unmittelbarer Nachbarschaft?
(ja: – 2, nein: + 1)

Liegt Ihr Standort in unmittelbarer Nachbarschaft einer Schule oder Universität oder ähnlicher Institutionen?
(ja: + 3, nein: – 3)

Prüfen Sie den Geschäftsraum

Sind die Geschäftsräume auf den ersten Blick geräumig genug im Vergleich zu den unmittelbar konkurrierenden Fachhandelsbetrieben Ihrer Branche? (ja: + 1, nein: – 2)

Sind Ladenfront und Schaufensterfläche ausreichend und sind gute Möglichkeiten für eine wirksame Außenwerbung vorhanden? (ja: + 1, nein: – 2)

Sind Sie mit der Laufzeit des angebotenen Mietvertrages und den festgelegten Kündigungsfristen voll einverstanden? (ja: 0, nein: – 2)

Liegen außergewöhnliche Umstände vor, die bisher unberücksichtigt geblieben sind, aber Ihre Standortentscheidung besonders positiv (+ 5 Punkte) oder negativ (– 5 Punkte) beeinflussen?

Zählen Sie bitte getrennt die Plus-Punkte und Minus-Punkte zusammen!
Ziehen Sie die Summe der Minus-Punkte von den Plus-Punkten ab: ergibt _____ Punkte!

4.7 Schemata für eigene Standortanalysen

CHECKLISTE ZUR ÜBERPRÜFUNG DER STANDORTFAKTOREN | Bewertung (Punkte) | Ergebnis (Punkte)

1. Absatzgebiet
Ist der Einzugsbereich Ihrer Buchhandlung – gemessen an den örtlichen Begebenheiten – Ihrer Meinung nach
- groß 2
- durchschnittlich 8
- klein 15

2. Einkaufslage
Befindet sich Ihr Laden
- im Einkaufsgebiet der City...................................... 1
- im Einkaufsmittelpunkt eines Stadtteils.................... 3
- in einer Einkaufsrandlage 7

Sind in nächster Nähe Ihres Geschäftes Parkmöglichkeiten vorhanden?
- ja 2
- nein 12

3. Werbemöglichkeiten
Inwieweit deckt sich das Gebiet, in dem Sie Anzeigen, Brief-, Prospektwerbung durchführen, mit dem Einzugsbereich Ihres Sortiments?
- stimmt weitgehend überein.................................... 2
- stimmt mehr als zur Hälfte überein 6
- stimmt weniger als zur Hälfte überein 10
- stimmt weniger als zu einem Viertel überein 15

Haben Sie für Ihre Brief- und Prospektwerbung im Absatzgebiet geeignete und zuverlässige Adressen zur Verfügung (Kunden und potenzielle Kunden), oder können Sie dieses Adressenmaterial beschaffen?
- Adressenmaterial ist vorhanden oder kann beschafft werden 3
- Adressenmaterial kann nicht beschafft werden 15

Wie viel Prozent der Einwohner Ihres Einzugsgebietes bekommen Ihre Schaufensterdekoration wenigstens einmal in der Woche zu Gesicht?
- über 75 % 1
- 50–75 % 5
- 25–50 % 10
- unter 25 % 15

4. Konkurrenz
Wie viele konkurrierende Buchhandlungen und Warenhäuser mit Buchabteilungen befinden sich in Ihrem Einzugsgebiet?
- Sortiment mit einem weniger umfassenden Angebot .... je 3
- Sortiment mit etwa gleichem Angebot......................... je 7
- Sortiment mit noch umfassenderen Angebot.................. je 11
- Warenhäuser mit nur mangelhaft ausgebauter Buchabteilung ..... je 4
- Warenhäuser mit gut ausgebauter Buchabteilung und ähnlichem Angebot ..... je 13

Wo liegen die betreffenden Konkurrenzläden in Ihrem Einzugsbereich?
- Konkurrenzläden in entfernter liegenden Straßen........... je 3
- Konkurrenzläden in der näheren Umgebung, aber nicht in derselben Straße wie Ihr Geschäft .... je 6
- Konkurrenzläden in Ihrer Straße .... je 12

5. Verkehrslage
Befindet sich Ihre Buchhandlung
- auf der Laufseite Ihrer Straße 1
- auf der weniger begangenen Straßenseite.................... 8

	Bewertung (Punkte)	Ergebnis (Punkte)
Gibt es in unmittelbarer Nähe Ihres Geschäftes auch gut dekorierte Schaufenster anderer Branchen?		
Nein		1
ja, _____ Schaufenster	je	3
Sind die Schaufenster benachbarter Geschäfte nach Eintritt der Dunkelheit im Vergleich zu Ihren Schaufenstern		
weniger hell erleuchtet	je	2
etwas ebenso hell erleuchtet	je	4
heller erleuchtet	je	8

6. Kundschaft

	Bewertung (Punkte)	Ergebnis (Punkte)
Ist Ihr Kundenstamm – gemessen an den örtlichen Verhältnissen – relativ		
groß		2
durchschnittlich		7
klein		13
Welche Einkommensschicht überwiegt bei Ihrer Kundschaft:		
über 2.500 € mtl. Einkommen		2
über 1.800 € mtl. Einkommen		4
über 1.000 € mtl. Einkommen		8
unter 1.000 € mtl. Einkommen		12
Zahlen Ihre Kunden vorwiegend		
bar		2
auf Rechnung innerhalb 30 Tagen		6
auf Rechnung nach mehr als 30 Tagen		14
Erfährt Ihr Umsatz – evtl. in Randsortimenten – durch Laufkundschaft eine nennenswerte Steigerung?		
ja		2
nein		8
Besteht innerhalb Ihres Einzugsbereiches die Möglichkeit – z. B. durch intensive Werbung oder zusätzliche Verkaufsförderungsmaßnahmen –, den Kundenstamm noch wesentlich zu vergrößern?		
ja		2
nein		12
Summe der erreichten Punkte:		

Zur Auswertung der Checkliste: Die in der Spalte Ergebnisse eingesetzten Punkte sind zu addieren. Je niedriger die Punktzahl, desto besser wird der Standort beurteilt. Als Anhalt für die Bewertung nachstehend eine nach Punkte-Gruppen geordnete Tabelle:

50 Punkte und weniger Wenn das Resultat stimmt, dann sind Sie als Sortimenter in einer ungewöhnlich beneidenswerten Situation. Seien Sie ständig darum bemüht, dass die günstigen Voraussetzungen, unter denen Sie arbeiten, Ihnen auch zukünftig erhalten bleiben.

51 bis 100 Punkte Ihre Geschäftslage ist sehr gut. Falls es möglich erscheint, auf einige jener Standortfaktoren Einfluss zu nehmen, die Sie mit höherer Punktzahl bewerten mussten, dann tun Sie das. Sonst genügt es durchaus, darauf zu achten, dass sich alle anderen Standortfaktoren möglichst nicht verändern.

101 bis 150 Punkte Sie dürfen mit der Geschäftslage einigermaßen zufrieden sein. Dennoch sollten Sie sich Gedanken darüber machen, wie Sie beispielsweise durch zusätzliche Verkaufsförderungsmaßnahmen Ihren Umsatz steigern können.

151 bis 200 Punkte Ihre Geschäftslage zwingt Sie, sich im Wettbewerb hart durchzusetzen. Prüfen Sie deshalb, wie sich eventuell für die weniger günstigen Standortfaktoren ein Ausgleich finden lässt. Wenn Sie dazu keine ausreichenden Möglichkeiten sehen, dann ist es zweckmäßiger, nach einem anderen Standort Ausschau zu halten.

201 Punkte und mehr Diese Standortbedingungen sind miserabel; es bedarf einer Überprüfung und Veränderung. Gegenüber der Konkurrenz wären Sie hier in vieler Hinsicht im Nachteil.

Die hier angebotenen Bewertungen der Punktzahlen, hauptsächlich auf eine bereits bestehende Buchhandlung bezogen, sollen nur Anhaltspunkte geben, wie die Geschäftslage generell einzuschätzen ist. Für eine eingehende Beurteilung gilt es zu prüfen, wie die endgültige Punktzahl zustande kam, d.h. welche Standortfaktoren positiv und welche negativ zu beurteilen waren. Es ist in Zweifelsfällen besser, bei dieser so wichtigen Entscheidung über den Standort der künftigen Buchhandlung einen branchenerfahrenen Berater hinzuzuziehen.

Die vorgestellten Checklisten sind Entscheidungshilfen. Sie können weder die gründliche Analyse vor Ort noch eine branchenspezifische Fachberatung ersetzen. Für den Erfolg des geplanten Unternehmens ist die Bedeutung des Standortes und der Standortwertigkeit in einem immer härter umkämpften Markt unumstritten sehr hoch zu veranschlagen. Je besser hier die Vorarbeit, desto größer sind die Chancen, sich durchsetzen zu können. Derartige Checklisten findet man in der Literatur in unterschiedlichen Zusammenstellungen und mit unterschiedlichen Fragestellungen sowie Akzentuierungen. In der folgenden Auflistung sollen nur noch die Punkte aufgeführt werden, die in den vorangegangenen Checklisten dieses Kapitels nicht berücksichtigt worden sind.

Weitere Punkte, die hinsichtlich der Standortwahl zu berücksichtigen sind

- Bebauung bzw. Baulücken in der Geschäftsumgebung;
- Zustand der Geschäftsumgebung;
- Standortattraktivität durch Atmosphäre-Faktoren wie umliegende Cafés, Begrünung;
- Sichtbarkeit des Geschäftes von wichtigen Stellen;
- Breite des Bürgersteiges;
- Positive Bevölkerungsentwicklung im Einzugsbereich;
- Größere geplante Verkehrsvorhaben mit negativen/positiven Auswirkungen auf Kundenfrequenz;

- Attraktivität der Fußgänger-Zone;
- Wetterschutz (Vordächer, Arkaden);
- Anlieferungszeiten für Waren und Abtransport von Entsorgungsmaterialien;
- Berufspendler.

4.8
Markt- und Standortanalysen durch kompetente Institute

Bei größeren Vorhaben ist es ratsam, eine Markt- und Standortanalyse bei einem renommierten Institut in Auftrag zu geben, eventuell gemeinsam mit interessierten Einzelhändlern anderer Branchen. Jede dieser Analysen beginnt gewöhnlich mit einer Untersuchung der demografischen und sozioökonomischen Situation des Ortes und Einzugsgebietes als Ausgangsbasis. Es gilt, das Nachfragepotenzial zu errechnen – in diesem Falle für Verlagserzeugnisse als Konsumgut mittelfristigen Bedarfs –, seine Aufteilung auf die verschiedenen Anbieter zu eruieren und vor allem die Kaufkraftabflüsse nach außerhalb festzustellen. Durch eine Konsumentenbefragung werden dann zusätzliche wichtige Informationen aus der Sicht des Verbrauchers gesammelt und aufbereitet. Die Gegenüberstellung des Kaufkraftpotenzials mit der Umsatztätigkeit lässt erkennen, ob und in welcher Höhe ein positiver Kaufkraftsaldo vorhanden ist, der die Gründung einer neuen Buchhandlung wirtschaftlich tragfähig erscheinen lässt. Solche groß angelegten Markt- und Standortanalysen haben ihren Preis; mit einem Aufwand von 3.000 € bis 10.000 € je nach Aufgabenstellung muss gerechnet werden, wobei die möglichen Zuschüsse des Bundeswirtschaftsministeriums zur Förderung von Existenzgründungsvorhaben bereits abgerechnet sind.

4.9
Einkaufszentren

Die Veränderungen im Einzelhandel durch riesige Gewerbeparks »auf der grünen Wiese« haben bewirkt, dass in den alten Bundesländern ca. 30 % des Umsatzes dort getätigt werden, in den neuen Bundesländern sind es annähernd 60 %. Die Betreiber von Einkaufszentren sind in der Regel bemüht, auch Buchhandlungen in das Branchen-Mix zu integrieren. Ist im geplanten Einkaufszentrum auch eine Buchhandlung vorgesehen, so wird man sich die Untersuchung vorlegen lassen, die den Bauträgern frühzeitig zur Verfügung steht, und die gesammelten Daten studieren. Voraussetzungen für den Erfolg eines Einkaufszentrums sind:
- Dynamik der dort zukünftig agierenden Kaufleute;
- kundengerechtes Mix von Fachgeschäften;
- Einbindung eines besonderen Kundenmagneten;
- ausgezeichnete Verkehrsverhältnisse.

4.9 Einkaufszentren

Einkaufszentren sollen mehr als Verkaufsstätten sein; sie sollen auch – multifunktional konzipiert – als eine Art kultureller Gemeinde-(Vorort-)Mittelpunkt fungieren. Einrichtungen für Freizeit- und Dienstleistungsbetriebe gehören unbedingt dazu. Typisches Merkmal funktionierender Einkaufscenter ist fernerhin, dass diese als Einheit geplant, errichtet, verwaltet werden. Bei der Planung sollte der Gründer Antworten auf folgende Fragen verlangen:

- Ist mindestens eine Marktanalyse mit Rentabilitätsprüfung durchgeführt worden?
- Stehen vor Baubeginn die wichtigsten Mieter fest und welche sind es?
- Sind folgende Punkte den Kundenerfordernissen angepasst: Verkehrsanbindung, Standort, Parkplätze?
- Stimmen Branchen-Mix und Branchenanordnung innerhalb des Centers?
- Ist die Center-Architektur angemessen (zu modern oder zu anspruchslos)?
- Hat das Center Atmosphäre (Licht, Farbe)?
- Ist die Mall ansprechend und attraktiv?
- Wie denkt und plant das Management? Kann man von „Fördern im gemeinschaftlichen Sinne" sprechen?
- Existiert eine Werbegemeinschaft, die zu nutzen ist und die auch zur Profilierung des Centers und meiner Buchhandlung beitragen will?
- Ist mein Fachgeschäft von Lieferanten gut und schnell zu erreichen?
- Ist ein Exklusiv-Mietvertrag für die Ware Verlagserzeugnisse möglich? Wenn nein, wer wird meine Konkurrenz sein und auf welchen Sachgebieten?
- Ist die anzumietende Ladenfläche groß genug, um späteren Expandierungswünschen standzuhalten und reicht der Lagerraum aus?

Als Folge der sich immer weiter entwickelnden Einkaufskultur in großen Einkaufszentren an der Peripherie von Ballungsräumen verkümmern viele klassischen Fachgeschäfte in den Innenstadtlagen. Zunehmend versuchen deshalb die Städte, ihre City attraktiver zu gestalten, um jenen Einkaufszentren Paroli zu bieten. Neben kleineren Shopping-Center sind in den letzten Jahren viele Galerien und Einkaufs-Passagen im Zentrum entstanden. Auch die Bahnhöfe geben sich das Image gepflegter Einkaufskultur und versuchen, den Center-Gedanken weiter zu entwickeln. Wegen der hohen Pachten findet man dort relativ selten selbstständig geführte Buchhandlungen.

5
Geschäftsraumsuche

Durch die Standortanalyse sind die Stadt, der Ortsteil, eventuell sogar die Straße vorgegeben, in der ein Geschäftslokal gesucht und gefunden werden soll. Bei der Wahl des Raumes sind verschiedene Aspekte zu berücksichtigen, denn diese frühzeitige Gründungsentscheidung bestimmt mit über Leistung und Erfolg einer Sortimentsbuchhandlung.

Der werbliche Aspekt zeigt sich in der Verkehrslage, den Schaufenstern und Schaukästen, der Hausfassade, der verkaufsfördernd gestalteten Inneneinrichtung, dem äußeren Gesicht der Buchhandlung.

Als organisatorischer Gesichtspunkt ist die Zusammenfassung aller Funktionen in den Verkaufs- und Nebenräumen (Büro, Lager, Archiv) im Sinne eines reibungslosen Arbeitsablaufs vom Wareneingang bis zum Absatz zu nennen. Aus dem Blickwinkel sozialer Fürsorge muss beachtet werden, was die Arbeitsstättenverordnung vorschreibt in Bezug auf Lichtverhältnisse, Luftversorgung, Raumhöhe, Quadratmeter und Arbeitsplätze je Mitarbeiter, sanitäre Anlagen, Sozialraum.

Die Betonung des Raumes als Stätte der Leistungsbereitschaft, als Instrument zur attraktiven Präsentation der zu führenden Verlagserzeugnisse, darf jedoch auf keinen Fall die wirtschaftlichen Tatbestände außer Acht lassen. Dabei wird die Rentabilität einer Buchhandlung weitgehend durch ein angemessenes Verhältnis des zweitgrößten Kostenblocks mit den Positionen Miete, Heizung, Licht, Reinigung, Reparaturen und Abschreibungen auf Anlagen bestimmt.

5.1
Kauf, Bau eines Ladenlokals

Das vorhandene Eigenkapital lässt es in der Regel nicht zu, bei der Gründung einer Buchhandlung Grund und Boden zu erwerben und darauf ein Gebäude zu errichten. Ebenso selten dürfte der Kauf eines leeren Ladens als Teileigentum oder gar der Erwerb eines ganzen Geschäftshauses sein.

Einen Bau kann der gründungswillige Buchhändler nur mit einem Architekten planen, der einschlägige Erfahrungen bei der Errichtung von Geschäftshäusern hat. Wird der Baukörper von einem Bauträger errichtet, dann muss auf jeden Fall vor Kaufvertragsabschluß überprüft werden, ob Erfahrungen im Bau von Einzelhandelsgeschäften vorhanden sind. Gegebenenfalls ist ein Experte als eigener Beauftragter in die Planungs-, Ausschreibungs- und Genehmigungsverfahren einzuschalten, damit die notwendige Vorklärung bei den Behörden vor dem Planungsabschluss und vor dem Baubeginn erfolgt ist. Die besonderen Sicherheitsbestimmungen der Geschäftshausverordnung müssen eingehalten werden, denn sonst erzwingen die Baubehörden hinterher kostspielige Auflagen.

Ob es günstiger ist, einen Laden zu mieten oder zu kaufen, das hängt von den eigenen Mitteln und der jeweiligen Kapitalmarktsituation ab. Bei einer Niedrigzinsphase, genügend Eigenkapital und Hilfestellung des Staates durch zinsgünstige Kreditprogramme kann es durchaus sein, dass die Finanzierungskosten der Grundstückserrichtung erschwinglich sind, sofern der zu gründende Betrieb nach Überwinden der Durststrecke die geplanten Umsätze und Gewinne erreicht.

Steuerexperten raten vielfach zu einer Betriebsaufspaltung bei eigenem Grundbesitz und Handelsbetrieb, was sich beim Bau oder Kauf eines Geschäftshauses von vornherein steuern lässt. Diese Trennung nach risikoarmem Vermögen (Grundstück) und risikoreichem Vermögen (Buchhandlung) hat Bedeutung für die Haftung (Vermögenssicherung), z. B. im Falle eines Konkurses des Betriebes, und vermag Vorteile im Hinblick auf Gewerbesteuerbelastung zu bieten. Bei diesen Problemen geht es nicht ohne Hilfe eines Experten, der beispielsweise vorschlagen kann, das Grundstück dem Ehepartner zu übertragen, der darauf ein Geschäftshaus errichtet und mit dem Betrieb einen Mietvertrag abschließt.

5.2
Miete

Die Anmietung eines Geschäftslokals ist der übliche Weg bei der Gründung einer Buchhandlung. Je nach Standort und Marktsituation wird der Vermieter einen mehr oder weniger angemessenen Mietzins fordern, möglicherweise eine Mietvorauszahlung verlangen oder aber besondere Mieterleistungen wünschen wie Reparaturen, Umbauten, die eine Bewertung im Mietzins finden sollten.

Steht ein Ladenlokal schon längere Zeit leer oder hat es in den letzten Jahren häufiger einen Wechsel gegeben (beim Ladennachbarn erkundigen), so ist besondere Vorsicht geboten. Eventuell entspricht die Miethöhe nicht den örtlichen Gegebenheiten; dann muss durch Verhandlungen eine Reduzierung versucht werden, sofern der Laden ansonsten die zu stellenden Voraussetzungen erfüllt.

Manche Vermieter, z. B. Banken, machen in der Miethöhe Konzessionen, wenn in das Ladenlokal ein angenehmer, ruhiger Mieter einzieht, dessen Branche auch das Ansehen eines Hauses und den Umsatzwert der Nachbarschaft hebt. Hier können Buchhändler Glück haben und gegenüber anderen Mitbewerbern aus weniger soliden oder nicht so angesehenen Branchen den Vorzug erhalten. Voraussetzung ist jedoch, dass der Bewerber einen solventen Eindruck macht und ein Mietverhältnis auf Dauer erwartet werden kann.

5.3
Information über freie Geschäftsräume

Die Presse des Ortes bringt in ihrem Anzeigenteil Informationen über freie oder frei werdende Ladenlokale. Andererseits kann auch der Gründungswillige selbst inserieren und seine Wünsche wie Stadtteil, Ladengröße, Schaufenster, Nebenräume artikulieren. Bei der Industrie- und Handelskammer kann man sich erkundigen, ob, wo und von wem neue Ladenzentren im zukünftigen Wirkungsfeld eingerichtet werden.

Viele Anzeigen werden durch Makler aufgegeben, deren Feld die Vermietung von Geschäftsräumen ist. Solche Spezialisten können und sollten auch vom Suchenden beauftragt werden, weil eine Vormerkung schneller zum Erfolg führen kann. Für die Vermittlung des Maklers sind Gebühren fällig, die in der Regel der Suchende zu tragen hat und die sich an der Miethöhe des zu vergebenden Objekts orientieren. In der Kostenplanung ist das als einmalige Aufwendung vor der Gründung zu berücksichtigen.

5.4
Ladengröße, Nebenräume und Schaufenster

Der Raumbedarf hängt von der erwarteten Betriebsgröße mit der dafür erforderlichen Mitarbeiterzahl und der Größe des zu führenden Lagers (Lagerumschlag) ab. Ebenso ist der gewählte Standort mit seinem mehr oder minder großen potenziellen Kundenkreis für die Quantität bestimmend. Je größer der Raum, desto mehr Umsatz ist notwendig, damit die wirtschaftlichen Maßstäbe der Relation »Raumleistung zu Raumkosten« erfüllt sind.

Das Verhältnis zwischen Verkaufsraum einschließlich Schaufenster und Schaukästen einerseits und Nebenräumen (Büro, Lager, Sozialräume, sanitäre Anlagen) andererseits hat sich im Sortimentsbuchhandel in den letzten Jahrzehnten verändert. Waren früher Verhältniswerte von 60 : 40 durchaus gängig, so gehen die Durchschnittswerte aus *Buch und Buchhandel in Zahlen* mittlerweile von mehr als 70 % Anteil Verkaufsfläche aus.

Um diesen Mittelwert gibt es aber erhebliche Streuungen; so ist in kleinen Buchhandlungen der Verkaufsraumanteil größer. Ebenso gibt es Unterschiede nach Ortsgröße und Standort: In kleineren Orten mit zumeist auch kleineren Buchhandlungen und in besserer Verkaufslage zeigt sich eine Hinwendung zu sparsamer gehaltenen Nebenräumen. Dazu auf der nachfolgenden Seite eine Übersicht aus dem Kölner Betriebsvergleich 2001 für den Sortimentsbuchhandel.

RAUMAUFTEILUNG IM SORTIMENTSBUCHHANDEL (nach dem Kölner Betriebsvergleich 2001)

Betriebe mit beschäftigten Personen	Anteil Verkaufsraum in Prozent	Sonstiger Geschäftsraum in Prozent	Durchschnittliche Verkaufsfläche in qm	Genutzte sonstige Geschäftsfläche in qm
2– 3	77	23	94	28
4– 5	70	30	144	62
6–10	71	29	221	90
11–20	70	30	384	165
21–50	76	24	1.064	336
51 und mehr	68	32	2.858	1.345

Je vollbeschäftigter Person (einschließlich mitarbeitender Unternehmer) sind durchschnittlich 44 qm Gesamtfläche für Buchhandlungen ausgewiesen, in der Klasse 2–3 beschäftigte Personen sind es 45,2 qm (Betriebsvergleich 2001).

Neben den quantitativen Merkmalen sind auch qualitative Gesichtspunkte bei der Wahl des Ladens und seiner Mieträume zu berücksichtigen. So wird man Geschäftslage, Raumstruktur, Raumgestaltung und Raumorganisation zu beachten haben. Von einer guten Raumstruktur wird erwartet, dass sich alle Verkaufsräume auf der besten Ebene befinden (Erdgeschoss) und die betriebsnotwendigen Nebenräume auf gleicher Höhe sofort anschließen. Andersgeartete Raumverhältnisse verursachen höheren Aufwand im innerbetrieblichen Arbeitsablauf und spiegeln sich in höheren Personalaufwendungen und Mehrkosten für die notwendige Nachrichtentechnik.

Außerdem gibt es bei mehreren Verkaufsebenen und stockwerkmäßig getrennten Lagerräumen zusätzliche Schwierigkeiten beim Warentransport. Auch eine Etablierung der Verwaltung in Räumen einer anderen Etage oder gar außerhalb des Geschäftshauses lässt Hemmnisse im Informationsfluss und bei der Geschäftsführung erwarten. Noch stärker sind jedoch die Einflüsse zu bewerten, die bei ungeschickter Treppenanlage die Kunden abhalten, vom Parterre nach oben oder ins Souterrain zu gehen. Andererseits kann es sinnvoll sein, jeden Quadratmeter auf bester Ebene dem Verkaufsraum zuzuschlagen und die Raumkapazität verkaufsaktiver zu nutzen. Dazu einige Beispiele:

- Nebenräume im Erdgeschoss in den Verkaufsraum integrieren, die bisherigen Funktionen dort, z. B. Verwaltung, Bestellbuch, an weniger wertvoller Stelle in anderen Stockwerken unterbringen;
- Große Fensterflächen verkleinern und damit Stellfläche für zusätzliche Regale, Auslagetische gewinnen;
- Zusätzlichen Verkaufsraum durch Zwischenetagen schaffen, falls eine Deckenhöhe von mindestens 500 cm gegeben ist. (Bis 50 qm Fläche muss die Decke im Erdgeschoss mehr als 250 cm, im Zwischengeschoss mehr als 210 cm hoch sein. Nur ein Drittel der Grundfläche darf mit einer Zwischenetage versehen werden.);
- Kellerräume in Verkaufsräume ummünzen, falls bauliche Voraussetzungen gegeben sind wie Mindestdeckenhöhe, Be- und Entlüftungsanlage;

- Vorhandene Passagen verkleinern, um Verkaufs- und Schaufensterfläche zu gewinnen;
- Vorn liegende Hauseingänge zur Rückfront des Hauses verlegen, um im wertvollen Frontalbereich an der Straße Raum für den Verkauf oder für Schaufenster zu erhalten;
- Einfache Fenster, z. B. im Büro, die zur Straße oder Seitenstraße liegen, zu Schaufenstern oder Schaukästen umgestalten;
- Haustüren mit Schaukästen werbewirksam verkleiden;
- Stufen zum Eingang entschärfen.

Die Zusammenhänge von geeigneter Raumstruktur und reibungsloser Raumorganisation sind offensichtlich, ebenso die daraus resultierende ökonomische Raumgestaltung. Je besser der Standort, je idealer die Raumverhältnisse, desto höher werden in der Regel die Mieten sein, was nur durch bessere Kundenfrequenz mit voller Nutzung des Raumes durch eine entsprechende Raumgestaltung und Warendarbietung auszugleichen ist.

5.5
Mietkosten, Sachkosten für Räume

Die Miete ist ein beachtlicher Kostenfaktor und bedarf gründlicher Überlegung vor Anmietung eines geeigneten Ladenlokals. Der Block der Aufwendungen für die Geschäftsräume mit den Positionen Miete, Sachkosten für Räume (Heizung, Licht, Wasser, Instandhaltung, Reinigung usw.), Abschreibungen auf das Inventar hatte 2002 mit durchschnittlich 6,7 % des Umsatzes einen Anteil von 20,2 % an den Gesamtkosten einer Buchhandlung.

Die Miete mit 4,2 % des Umsatzes schlägt bei diesem Kostenblock am stärksten durch; in den letzten 30 Jahren stieg sie von früher 2,2 % auf diesen Satz. Nach Beschäftigten-Größenklassen gegliedert ist eine geringe Streubreite der Werte festzustellen. Nach Orts-Größenklassen unterteilt sind keine nennenswerten Unterschiede im Mietkostenprozentsatz festzustellen. Während nämlich in kleinen Orten die Miete im Betrag je Quadratmeter niedriger liegt, sind die Raumleistungswerte ebenfalls unter dem Durchschnitt, was einen gleich hohen Prozentwert ergibt gegenüber den Buchhandlungen in Großstädten mit höherer Quadratmetermiete, aber auch höherem Umsatz je Quadratmeter Geschäfts- und Verkaufsfläche. Geringe Abweichungen ergeben aber die nach den verschiedenen Geschäftslagen getrennt errechneten Werte: Buchhandlungen in Hauptverkehrslage der City haben im Mittel einen um 1,0 % des Umsatzes höheren Mietkostensatz als solche in Nebenlagen.

Diese Durchschnittswerte sind als Anhalt für die Berechnung der tragbaren Miethöhe durchaus brauchbar, wenn man von der Umsatzerwartung nach Überwinden der Durststrecke ausgeht, ehe die Raumleistungskennziffern nach einiger

Zeit das Normalmaß erreichen. In den ersten Jahren liegt der Mietprozentsatz einer gerade gegründeten Buchhandlung sicher über den genannten Zahlen aus dem Kölner Betriebsvergleich, vielleicht sogar doppelt so hoch.

In den letzten Jahren sind die Mieten für Geschäftsräume und Läden in den meisten Städten stabil geblieben, teilweise sind durch Überangebote sogar Senkungen zu verzeichnen. Hier einige Mietwerte ausgewählter Städte aus dem Jahr 2000.

LADENMIETWERTE AUSGEWÄHLTER STÄDTE IN DEUTSCHLAND

Stadt	Einwohner 1.1.2000	Prisma-Kaufkraft-Index 2000	EH-relevantes Nachfrage-Volumen 2000 in Mio. €	EH-Umsatz 1999 in Mio. €	Mietpreise 2001 in €/qm 60–120 qm	Mietpreise 2001 in €/qm 120–160 qm
Bayreuth	73.967	108,3	364	600	20– 35	15– 20
Berlin	3.386.667	100,2	15.432	15.450	110–180	50–110
Bonn	301.048	118,1	1.617	1.775	75–110	40– 75
Düsseldorf	568.855	122,1	3.159	3.775	120–175	65–120
Essen	599.515	107,3	2.925	3.350	115–155	90–160
Frankfurt a. M.	643.821	112,4	3.291	3.700	140–160	90–140
Görlitz	62.871	76,0	217	305	15– 25	10– 15
Hamburg	1.704.735	109,6	8.497	9.600	110–160	80–110
Köln	962.507	113,7	4.977	5.850	110–165	75–110
Leipzig	493.872	85,1	1.911	2.115	40– 65	25– 40
Lüneburg	66.721	104,6	317	445	40– 55	25– 40
München	1.194.560	127,3	6.915	8.750	135–180	105–140
Wiesbaden	268.716	117,6	1.437	1.620	80–110	50– 80

Quelle: GfK Prisma Institut für Handels-, Stadt- und Regionalforschung.
(Die DM-Beträge sind auf Euro mit dem Divisor 2 vereinfacht gerundet)

Weitere Informationen über Miethöhen gibt der Preisspiegel des Rings Deutscher Makler (RDM), der regelmäßig erscheint und für etwa 50 Groß- und Mittelstädte die dort gezahlten Mieten nennt, zusammengestellt als Mittelwert nach den Vertragsabschlüssen der Mitglieder dieses Verbandes von Haus- und Grundstücksmaklern. Bei Vermietungen von Läden zu ebener Erde wird im Preisspiegel unterschieden nach
• 1a-Lage im Geschäftskern;
• 1b-Lage im Geschäftskern;
• 1a-Lage im Nebenkern;
• 1b-Lage im Nebenkern.

Außerdem sind diese vier Standortgruppen noch jeweils gegliedert nach kleinen Läden (bis 50 qm Verkaufsfläche) und großen Läden (über 50 qm Verkaufsfläche). In den einzelnen Städten sind teilweise erheblich streuende Werte genannt. Die in diesem Preisspiegel aufgeführten Mietpreise beziehen sich auf die jeweils in den einzelnen Städten kurzzeitig gemakelten Geschäftsräume, die höher sind als beispielsweise für solche mit bereits länger laufendem Mietvertrag. Der RDM-Preisspiegel nennt auch die Mietpreise für Büroräume, neben der Ortsgruppierung differenziert nach Räumen mit einfachem, mittlerem und gutem Nutzungswert. Zu beziehen ist er über den Bundesverband RDM, Littenstr. 10, 10179 Berlin. Die Werte und aktuelle Objekte sind auch im Internet unter dem Verbandsportal www.rdm.de recherchierbar.

Eingangs wurde schon auf die Sachkosten für Geschäftsräume (Heizung, Strom, Instandhaltung, Reinigung ohne Personalkosten) hingewiesen, die – ohne Abschreibungen – bei Normalverhältnissen in Buchhandlungen etwa ein Viertel der Miete ausmachen. Einsparungen sind aber auch hier denkbar, so bei den Lichtkosten, wenn anstelle vieler teurer Strahler die günstigeren Leuchtstoffröhren verwendet werden. Manchem mit der Branche wenig vertrauten Architekten ist auch nicht bekannt, dass Bücher aufheizen und gegenüber anderen Einzelhandelsgeschäften die Heizung weniger stark ausgelegt sein muss.

Eine Beteiligung von Verlagen an den Mietkosten einer Sortimentsbuchhandlung durch Bereitstellung von Fläche für die zusätzliche Frontalpräsentation von Titeln dieser Häuser durch Shop-Module ist bislang nur in Einzelfällen bei Großflächen-Buchhandlungen festzustellen. Für Gründer kommt diese Kostenkompensation in der Regel nicht in Frage.

Grundsätzlich ist festzustellen, dass mittelständische Buchhandlungen in fremden Räumen selten die Mietkosten in bester 1a-Lage erwirtschaften können und deshalb nach dem Zweiten Weltkrieg weitgehend aus den besten Geschäftsstraßen verdrängt worden sind – wie so viele andere Einzelhandelsfachgeschäfte. Es gibt nun einmal eine »kritische Mietgrenze« für eine Branche, der aufgrund der Preisbindung für Verlagserzeugnisse eine Preiskalkulation verwehrt bleibt, um beispielsweise durch eine höhere Marge überdurchschnittlich hohe Mietkosten in 1a-Lage zu kompensieren, wie in anderen Einzelhandelsbranchen realisierbar. Für Großflächen-Buchhandlungen und Filialisten gilt diese Aussage nicht; sie nehmen auch hohe Mieten in ersten Lagen in Kauf.

Natürlich ist bei der Beurteilung unterschiedlicher Mietkosten der Komplementärcharakter der Werbungskosten zu sehen. So wird eine Buchhandlung in abseitiger Lage mit geringerer Mietkostenbelastung diesen Standortnachteil durch höheren Werbeaufwand ausgleichen müssen und umgekehrt.

5.6
Mietvertrag

Ist ein passendes freies Ladenlokal gefunden, so muss mit dem Hausbesitzer oder seinem Beauftragten ein Mietvertrag abgeschlossen werden. Zumeist sind dafür Einheitsmietverträge in Gebrauch, die der Verband der Haus- und Grundstücksbesitzer für seine Mitglieder parat hält. Dieser Normvertrag sollte aber nicht ohne Änderungen übernommen werden, die den individuellen Verhältnissen besser angepasst sind. Eventuell sind auch Klauseln hinzuzufügen.

Erster Schritt bei der Verhandlung über die variablen Vertragspunkte wird die

Mietdauer sein, also beispielsweise fünf oder zehn Jahre. Eine kürzere Vertragsdauer ist wegen der zu tätigenden Investitionen nicht zu empfehlen. Zur Verlängerung des Mietvertrages kann eine Optionsklausel eingesetzt werden, z. B bei einem zehnjährigen Vertrag Option auf weitere fünf oder gar zweimal fünf Jahre. Es kann aber auch sein, dass der Vermieter nach Ende des ersten langen Mietabschnitts nur Verlängerungen um jeweils ein Jahr zustimmt. Auf jeden Fall sollte aber die Kündigungsfrist für beide Seiten lang bemessen sein, beispielsweise ein volles Jahr.

Punkt zwei ist das Aushandeln der Miethöhe für die anzumietenden Geschäftsräume. Sonderregelungen können hier in der Form getroffen werden, dass der neue Mieter die Kosten für bauliche Verbesserungen übernimmt und als Gegenleistung Konzessionen in Bezug auf Mietdauer, Miethöhe oder Konstanz der Miete für einen längeren Zeitraum zum Tragen kommen.

Das Angebot an gutem Gewerberaum ist in den meisten Orten weiterhin knapp, so dass mancher Vermieter eine Vorauszahlung in Höhe von ein bis drei Monaten durchzusetzen vermag. Diese Vorauszahlung wird erst nach Beendigung des Mietverhältnisses zurückgezahlt und ist vom Hausbesitzer zu verzinsen mit einem festen (zumeist niedrigen) oder variablen, an den Diskontsatz der Deutschen Bundesbank gekoppelten Zinsfuß. In der Praxis dient diese Vorauszahlung auch dazu, vom Mieter hinterlassene Schäden am Mietobjekt reparieren zu lassen und die Rückzahlung um diesen Betrag zu kürzen. (Nach dem Mietvertrag ist der Mieter gehalten, das Mietobjekt nach Mietende in dem Zustand zurückzugeben, in dem es bei Mietbeginn vorgefunden wurde.)

Nächster Punkt wird das Einfügen einer Wertsicherungsklausel sein, um die Miete den steigenden Lebenshaltungskosten anzupassen. Eine automatische Anhebung des Mietzinses aufgrund einer vertraglichen Regelung ist nur möglich, wenn die Landeszentralbank diese Klausel genehmigt hat (§ 3 Währungsgesetz) und der Mietvertrag mindestens zehn Jahre läuft. Zumeist wird die Miete an einen bestimmten Lebenshaltungskosten-Index gekoppelt, z. B:

- Lebenshaltungskosten-Index aller privaten Haushalte;
- Lebenshaltungskosten-Index der Vier-Personen-Arbeitnehmer-Haushalte mit mittlerem Einkommen (gebräuchlichster Index);
- Lebenshaltungskosten-Index der Vier-Personen-Haushalte von Angestellten und Beamten mit höherem Einkommen.

Diese Lebenshaltungskosten-Indizes werden vom Statistischen Bundesamt in Wiesbaden monatlich ermittelt und mit geringer Verzögerung bekannt gegeben. Sie basieren gegenwärtig zumeist auf der Grundlage des Jahres 1991 (100 Punkte). Eine Anpassung der Miete nach oben oder unten aufgrund des Index der Lebenshaltungskosten erfolgt aus praktischen Gründen nicht jeden Monat, sondern in Sprüngen beim Überschreiten eines bestimmten Wertes, der sowohl in Punkten (nach dem Index) als auch in Prozent (im Verhältnis zum Index) ausgedrückt werden kann. Dazu ein Beispiel: Mietvertrag per 24.10.1995, Preisindex für die Le-

5.6 Mietvertrag

benshaltung aller privaten Haushaushalte in Deutschland, Basis 1991 (100). Index im September 1995 ist 112,8 (1991 = 100). Anpassung laut Vertrag bei Änderung (meist Erhöhung) um zehn Punkte kommt beim Index von 122,8 zum Tragen, bei Änderung um 10% erst beim Index 124,1. Eine Anpassung nach Prozent wird also später wirksam als eine nach Punkten, selbstverständlich unter der Prämisse gleicher Größen.

Es gibt verschiedene Formulierungen zur korrekten Festlegung der Wertsicherungsklausel. Ein Muster sei hier gebracht: »Sollte sich der Preisindex für die Lebenshaltung eines Vier-Personen-Arbeitnehmer-Haushaltes mit mittlerem Einkommen – Basisjahr 1991 (100 Punkte) – nach den Feststellungen des Statistischen Bundesamtes in Wiesbaden nach Vertragsabschluß oder nach einer zwischenzeitlich erfolgten Anpassung bzw. Neufestsetzung des Mietzinses um mehr als zehn Prozent geändert haben, so sind die Vertragsparteien berechtigt, eine Anpassung bzw. Neufestsetzung des Mietzinses zu verlangen. Die Anpassung bzw. Neufestsetzung des Mietzinses hat an die Vergleichsmiete zu erfolgen, die zum Zeitpunkt des Anpassungs- bzw. Neufestsetzungsbegehrens für Mieträume vergleichbarer Lage, Art, Größe, Ausstattung und Beschaffenheit im üblichen Geschäftsverkehr gezahlt wird.

Erzielen die Parteien über die Voraussetzung und über die Höhe des Anpassungs- bzw. Neufestsetzungsanspruches keine Einigung, so soll bereits auf Antrag einer Partei ein von der Industrie- und Handelskammer zu benennender Sachverständiger als Schiedsgutachter für beide Seiten verbindlich klären, ob ein Anpassungs- bzw. Neufestsetzungsanspruch entstanden ist und gegebenenfalls in welcher Höhe. Die Kosten des Schiedsgutachtenverfahrens trägt jede Partei zur Hälfte.«

Fehlt in einem Mietvertrag die Genehmigung der Preisindexklausel durch die Landeszentralbank, so bedeutet das Erreichen von zehn Prozent (bzw. zehn Punkten) lediglich, dass damit der Zeitpunkt für neue Mietverhandlungen fixiert ist, siehe dazu den Mustertext oben. Es kann durchaus sein, dass auch einmal eine Anpassung nach unten vorgenommen wird, falls in einer Stadt in einer bestimmten Gegend das Mietniveau aus bestimmten Gründen fällt, obwohl der Index der Lebenshaltungskosten wie gewohnt nach oben gegangen ist.

Laufen die Mietverhandlungen über einen Makler, so wird dieser beim Mieter eine Provision in Höhe von mindestens einer Monatsmiete kassieren. Das muss bei der Planung der Kosten vor der Eröffnung berücksichtigt werden, ebenso – im Hinblick auf Finanzierung – eine eventuelle Mietvorauszahlung. Weitere Punkte der Mietvertragsverhandlungen können sein:
- Gestatten einer Außenwerbung an der Fassade des Geschäftslokals (Leuchtreklame, Transparent, Schaukästen);
- Nutzen eines oder mehrerer Parkplätze auf dem Grundstück für den Mieter und seine Kunden;
- Versicherungen durch den Hausbesitzer;
- Pflicht zur Reinigung des Bürgersteigs;

- Anfahrtmöglichkeit hinter dem Haus und Transport von Ware durch das Haus;
- Hofbenutzung;
- Mögliche Gestellung eines Nachmieters.

Die Miete ist mit Vertragsbeginn im Voraus zu zahlen, auch wenn das Ladenlokal wegen Um- und Einbauten erst später geöffnet werden kann. Erweist sich nach der Eröffnung, dass der angemietete Laden doch nicht der richtige ist, dann wird ein Wechsel durch den langfristigen Mietvertrag erschwert. Es sei denn, man kann einen dem Hausbesitzer genehmen Nachmieter bringen, der bereit ist, in den abgeschlossenen Vertrag einzusteigen.

Interessant ist in diesem Zusammenhang ein Urteil des Oberlandesgerichts in Celle (Urteil vom 17.3.1978 – ZU 1966/77) im Fall der Anmietung eines Ladenlokals in einem neuen Wohn- und Einkaufszentrum. Hier gingen Vermieter und Mieter bei Vertragabschluss davon aus, dass in diesem Zentrum die Voraussetzungen für ein im kaufmännischen Sinn betreibbares, d.h. wirtschaftlich sinnvoll nutzbares Ladengeschäft gegeben seien. Der wirtschaftliche Erfolg stellte sich jedoch nicht ein. Das Gericht entschied, dass der Mieter aus dem Vertrag aussteigen könne, weil die Weiterführung nur noch Verlust einbringen würde. Dieser Sonderfall, bezogen auf ein neues Einkaufszentrum, kann nicht auf angemietete Läden in gewachsenen Stadtvierteln angewendet werden. Dort handelt der Mieter voll auf eigenes Risiko; der langfristige Mietvertrag ist zu erfüllen, selbst wenn sich die Umsatzerwartung nicht bestätigt und Mietkosten in unverantwortbarer Höhe anfallen.

Bei einem guten Mietobjekt wird die notwendige Sicherheit durch einen langfristigen Mietvertrag mit Verlängerungsmöglichkeit erreicht, die Schriftform ist vorgeschrieben. Eine weitergehende Absicherung wäre die Einräumung eines Vorkaufsrechtes oder die Vereinbarung eines Ankaufsrechtes, gegebenenfalls die Begründung von Teileigentum. Bei einem Geschäftshaus mit mehreren Ladenlokalen ist im Mietvertrag unbedingt ein Branchenschutz zu vereinbaren.

5.7
Raumleistung

Als Maßstab zur Bestimmung der Raumgröße einer zu gründenden Buchhandlung dienen die vom Kölner Institut für Handelsforschung erhobenen Raumleistungskennziffern des Betriebsvergleichs für den Sortimentsbuchhandel. In der diesen Abschnitt abschließenden Übersicht sind die Werte der Jahre 2000 und 2001 zusammengefasst. Diese Kennziffern zur Raumleistung liegen zumeist im Oktober/November für das vorausgegangene Kalenderjahr vor. Nach den differenzierten Werten lässt sich unter Berücksichtigung von Betriebsgröße, Ortsgröße und Verkehrslage der benötigte Raum bei der Vorstellung einer bestimmten Umsatzerwartung planen. Ständig gingen die Raumleistungszahlen in ihren Werten nach oben, vor allem durch die Preisentwicklung der Verlagserzeugnisse bestimmt; die »ech-

5.7 Raumleistung

ten« preisbereinigten Verbesserungen waren in den letzten Jahren im Sortimentsbuchhandel rückläufig, weil der Leistungsfaktor Raum durch viele Umbauten im vergangenen Dezennium vor allem im Bereich der Betriebsvergleichsteilnehmer ziemlich voll ausgeschöpft worden ist. Durch erhebliche Ausdehnung ihrer Verkaufsflächen weisen relativ viele Buchhandlungen auch nominell rückläufige Raumleistungskennziffern aus, was sich in prozentual höheren Mietkosten spiegelt. Andererseits vermag eine größere Geschäftsfläche die Arbeitsproduktivität (Personalleistung) günstig zu beeinflussen.

Die folgenden Tabellen der gegliederten Raumleistungskennzahlen zeigen dem Gründungswilligen die durchschnittlich besseren Werte in größeren Betrieben, in größeren Orten und in besseren Geschäftslagen sehr deutlich. Nur solche differenzierten Werte und nicht die für die Gesamtmasse der Betriebsvergleichsteilnehmer sind bei der Gründungsvorbereitung heran zu ziehen.

RAUMLEISTUNG DES SORTIMENTSBUCHHANDELS
im Durchschnitt aller Betriebvergleichsteilnehmer für 2000 (233 Betriebe) und 2001 (214 Betriebe)

	Umsatz je qm Geschäftsfläche in €		Umsatz je qm Verkaufsfläche in €	
	2000	2001	2000	2001
ALLE BETRIEBE	4.299	3.947	6.145	5.498
Beschäftigten-Größenklassen				
2– 3 Personen	3.964	3.947	5.177	5.182
4– 5 Personen	4.083	3.416	6.059	5.059
6–10 Personen	4.259	3.914	6.262	5.730
11–20 Personen	4.703	4.773	6.777	6.345
21–50 Personen	4.631	3.850	6.313	5.054
über 50 Personen	4.941	4.139	7.391	5.543
Betriebe mit qm Geschäftsraum				
bis 75	5.530	6.333	6.393	7.390
76– 150	4.496	4.030	6.099	5.286
151– 300	4.475	4.169	6.521	6.061
301– 600	3.851	3.363	5.836	5.057
601–1500	3.992	3.413	5.727	4.590
1501–3000	4.156	3.730	6.538	5.718
über 3000	4.938	3.848	–	4.347
Betriebe nach Ortgrößenklassen				
bis 10.000	3.218	2.913	4.573	4.254
10.000– 20.000	3.642	3.342	5.241	4.802
20.001– 50.000	3.947	3.587	5.566	4.993
50.001–100.000	4.363	4.014	6.028	5.335
100.001–300.000	4.854	4.438	7.045	6.141
über 300.000	4.874	4.543	7.150	6.502

	Umsatz je qm Geschäftsfläche in €		Umsatz je qm Verkaufsfläche in €	
	2000	2001	2000	2001
Betriebe nach Geschäftslagen				
Innenstadt/Ortszentrum – Hauptverkehrslage	4.135	3.566	5.862	5.103
Innenstadt/Ortszentrum – Nebenverkehrs-Lage mit hoher Kundenfrequenz	4.448	4.168	6.075	5.446
Innenstadt/Ortszentrum – Nebenverkehrslage mit niedriger Kundenfrequenz	3.925	4.172	5.777	5.983
Stadtteil/Vorort – Hauptverkehrslage	4.803	4.049	7.108	5.643
Stadtteil/Vorort – Nebenverkehrs-Lage mit hoher Kundenfrequenz	6.288	4.965	7.283	6.201
Stadtteil/Vorort – Nebenverkehrs-Lage mit niedriger Kundenfrequenz	5.219	3.999	8.913	6.789

Quelle: Kölner Betriebsvergleich 2001 und 2002

6
Einrichtung und Raumgestaltung

Für eine Buchhandlung ist das kundenorientierte Sortiment wichtig, aber ebenso wichtig seine Inszenierung. Die notwendige Optimierung des Verkaufsraums kann sich an folgenden Eckpunkten orientieren:
- Ladengestaltung – global die Kunst der Verführung;
- Raumstruktur und Wegeführung;
- Möblierung und Warenträger;
- Sortiment mit Leitsystem;
- Warenpräsentation (Frontalsicht, Flachauslage, Rückeneinstellung);
- Beleuchtung (Raum, Decke, Kassenzone, Lichtpunkte);
- Schaufenster, Hausfassade, Außenauslage;
- Kundenbequemlichkeit (Lesetische, Sitzgelegenheiten, Info-Center, Mitarbeitererkennung, Toilettenbenutzung, kundengerechte Öffnungszeiten).

Ein ganzheitlicher Ansatz bei der Gründung erfordert auch bei der Gestaltung der Geschäftsräume eine gründliche Planung, das Heranziehen von Experten wo nötig, genügend Zeit für die Durchführung und letztlich eine Kostenkontrolle. Im Rahmen der vorgefundenen räumlichen Gegebenheiten hat es der Buchhändler dann in der Hand, seine Räumlichkeiten nach seinen Wünschen und den Vorstellungen des beratenden Architekten oder Ladenbauers zu gestalten. Ein für alle Räume verbindliches Patentrezept gibt es nicht, sodass die Einrichtung dem individuellen Firmenkonzept angepasst werden muss. Selbstverständlich ist ein Terminplan für die Einrichtung von Laden und Nebenräumen notwendig, um den vorgesehenen Zeitpunkt der Eröffnung auch einzuhalten.

Der Kampf um die Kunden ist härter geworden. In unserer Überflussgesellschaft geht es nicht nur um Bedarfsdeckung, sondern ebenso auch um Weckung der Bedürfnisse. Je höher die Bedarfssättigung, und je höher die Zahl der Einkaufsalternativen sind, umso bedeutender wird auch die Einkaufsatmosphäre. Kein Wunder, dass eine Untersuchung aus dem Jahr 1995 zu dem Schluss kam, 60 % aller Kaufentscheidungen fallen am Point-of-Sale. Die Atmosphäre des Raumes muss also kundengerecht und emotional angelegt sein. Entspannungsmöglichkeiten (Sitzecken, Café), Wareninszenierungen, stimmige Bildmotive, Informationen durch Beschriftungen, vom Kunden nachvollziehbare Warenplatzierungen, Spezialwände, um Besonderes hervorzuheben, sind dabei genau so wichtig wie die Elemente, die das Raumerlebnis maßgeblich beeinflussen:

- Licht;
- Materialien;
- Farben;
- Formen.

Ein kundengerechter offener Verkaufsraum mit einem hohen Anteil an Selbstwahl-Möglichkeiten kommt übrigens auch der betrieblichen Rendite zugute, denn die Arbeitsproduktivität wird durch eine höhere Umsatzleistung je Verkaufskraft gesteigert. Dies schließt nicht aus, dass man weiterhin den Wünschen jener Verbraucher Rechnung trägt, die weiterhin im Fachgeschäft einen besseren Service erwarten als in einem reinen Selbstbedienungsgeschäft.

6.1
Aufteilung der Geschäftsräume

In Kapitel 5.4 ist schon dargestellt worden, wie sich Verkaufsräume und Nebenräume nach den Erhebungen des Kölner Instituts für Handelsforschung durchschnittlich verteilen. Grundsätzlich benötigen große Buchhandlungen einen höheren Anteil an Nebenraum (Büro, Lager, Sozialraum) als kleine Firmen. Ebenso müssen Spezialbuchhandlungen mit starkem Versand, wissenschaftliche Buchhandlungen mit großen Beschaffungsaufträgen der Verwaltung mehr Raum zubilligen. Der Typ der Boulevard-Buchhandlung mit hohem Barverkaufsanteil wird dagegen den größten Teil der Fläche für den Verkauf nutzen.

Genau 52,3 % aller Geschäfte des Einzelhandels mit Büchern, wissenschaftlichen und Fachzeitschriften hatten nach der Umsatzsteuerstatistik 2000 einen Umsatz bis zu 250.000 €, bleiben also nach den üblichen Ziffern zur Raumleistung in einer Größe von 40–70 qm Geschäftsfläche. Innerhalb dieser Raumgröße werden sich auch viele gegründete Buchhandlungen bewegen müssen, sofern nicht besonders günstige Voraussetzungen für das schnelle Erreichen eines Umsatzes über die Schwelle 250.000 € hinaus gegeben sind. Bleiben wir jedoch beim Modell einer kleineren Ladeneinheit in den ersten Jahren nach der Gründung und berücksichtigen wir dabei einige Erfahrungen der Kollegen, die diesen Schritt schon vollzogen haben:

- Möglichst keinen gesonderten Lagerraum einrichten, sondern die Reserven in zweckmäßigen Regalen im Verkaufsraum unterbringen.
- Ein Büro für Expedition, Wareneingang, eventuell Bestellbuch sowie Buchhaltung, falls diese Arbeit nicht über EDV außer Haus abgewickelt oder vom Ehepartner in der Wohnung erledigt wird.
- Eventuell ein zweites kleineres Zimmer für den Inhaber, das zur ruhigen Aufarbeitung, für den Schriftverkehr und für Besprechungen, Vertreterbesuche dient.
- Das Verhältnis von Verkaufsfläche zu Nebenfläche (ohne sanitäre Anlagen) auf 75 : 25 oder 80 : 20 anlegen.

- Bei ganz kleinen Läden wird es ohne Büro gehen müssen. Durch vorgezogene Regale kann dann ein Raum abgeteilt werden, in dem vor allem der Wareneingang den Blicken der Kunden entzogen wird.
- Arbeitsplätze im Verkaufsraum mit Organisationsschreibtischen ausrüsten und diese gegenüber den Kunden durch Frontalsichtauslage von Büchern leicht abdecken, damit dort relativ ungestört die schriftlichen Tätigkeiten vollzogen werden können (Bestellungen, Expedition, Buchhaltung).

6.2 Einrichtung des Verkaufsraumes

Prof. W. Kreft, einer der ersten »Ladenbauer« im Buchhandel und Verfasser eines voluminösen Werkes über Ladenplanung, hat einmal formuliert, dass Raumgestaltung in der modernen Buchhandelsarchitektur nicht Selbstzweck ist und sein darf.

Erster Grundsatz einer verkaufsfördernd gestalteten Ladeneinrichtung sollte sein, das geführte Sortiment so gut wie möglich zu präsentieren, was durch entsprechend gestaltete Regale, Sägezahnelemente (zur Schräg-Frontalstellung) und Auslagetische mit viel Frontalausstellung gewährleistet wird.

Zweitens muss dem Kunden eine ausführliche Information, ein gutes Zurechtfinden geboten werden, damit seine Interessen und Wünsche auf leichte Art zu befriedigen sind. Hilfsmittel dazu ist ein fachgerecht gegliedertes Lager mit einem detaillierten Beschriftungssystem.

Zum dritten hat die Einrichtung und Raumgestaltung den Kunden unmerklich zu führen und zu leiten. Raum und Sortiment sind zusammenzubringen in logischem Ablauf. Altbewährter Grundsatz ist es z. B., die so genannte Muss-Literatur wie Fach- und wissenschaftliche Literatur im hinteren Teil der Verkaufsräume zu platzieren, damit der dorthin strebende Kunde auf dem Wege durch die präsentierte Kann-Literatur zusätzliche Verkaufsimpulse empfängt. (Die Auslage von kleinen Mitbringseln am Kassentisch zielt in dieselbe Richtung der Stimulation von Zusatzverkäufen.)

Als viertes Erfordernis gilt es, die Schwellenangst vor dem Betreten einer Buchhandlung abzubauen, wobei neben dem offenen Verkaufsraum und dem Einblick in den Laden vor allem die Eingangslösung als hineinziehende Schleuse gründlicher Überlegung bedarf. Auch die Außenausstellung von preiswerter Literatur in mobilen Verkaufsmöbeln ist ein Mittel zum gedachten Zweck.

Fünftens vermag eine moderne Ladenkonzeption für die Buchhandlungen notwendige Organisationstechnik in werbender Weise sichtbar zu machen, so eine Bibliografierstation für die Buchrecherche und letztlich der Kassenpool mit seiner technischen Ausrüstung und Info-Funktion.

Schließlich ist aber bei der Raumgestaltung auch auf die Verweilatmosphäre zu achten; der Kunde muss sich vom Raumklima her wohl fühlen und einen ruhigen Platz zum Sitzen und zur ungestörten Beschäftigung mit Büchern vorfinden. Denn auch dies ist unumstritten: Je höher die Verweildauer der Kunden, umso mehr Geld gibt er in diesem Laden aus. In dieser Publikation können aus Platzgründen nur allgemeine Hinweise gegeben werden. Wer sich ausführlicher informieren will, sei auf die umfangreiche Publikation von W. Kreft *Ladenplanung. Merchandising-Architektur. Strategie für Verkaufsräume: Gestaltungs-Grundlagen, Erlebnis-Inszenierungen, Kundenleitweg-Planungen* 856 Seiten, 2. Aufl. 2002 aus der Verlagsanstalt Alexander Koch verwiesen. Informationen über aktuelle Trends im Ladenbau bietet auch das jährlich zur Frankfurter Buchmesse erscheinende Sonderheft zur Rationalisierungsausstellung *forum management für Sortiment und Verlag*.

6.3
Außenfront, Schaufenster, Schaukästen und Vitrinen

Die Fassade einer Buchhandlung wird oft vernachlässigt. Teilweise liegt es daran, dass der Vermieter bei gemieteten Räumen eine Veränderung der Außenfront nicht zulässt oder aber Behörden gegen Vorschläge der Architekten Einspruch erheben. Nun werden in der Anfangszeit die Mittel recht knapp sein, um hierfür noch größere Beträge aufzubringen, die ein langfristiges Mietverhältnis voraussetzen. Aber die Werbewirkung einer gutgestalteten Fassade, die Schaufenster, Schaukästen, Eingang, Leuchtschrift und Freiflächen an der Hauswand als dekorative Einheit präsentiert, ist nicht zu unterschätzen. Nur wenn sich die Außenfront vorteilhaft von der anderer Geschäfte in der Umgebung abhebt, wird schon von außen ein guter Eindruck erweckt.

Je breiter die Fensterfront, desto leichter lässt sich die Größe der Buchhandlung und die damit verbundene Breite und Tiefe des Angebots demonstrieren. Schwieriger ist die Fassadengestaltung bei schmalem Baukörper. Hier wird man versuchen, eine optische Vergrößerung nach oben zu erreichen, etwa durch Beschriftung der Fenster im ersten und zweiten Stock oder einen das ganze Gebäude einbeziehenden Farbanstrich.

Zur Außenfront gehört die Beschriftung, die in Kurzform dem Passanten als Signal zwei Dinge offerieren soll: das geführte Angebot und den Namen der Firma. Diese intensive Außenwerbung ist besonders in der ersten Zeit unumgänglich, denn es fehlt noch an Stammkundschaft, die sowieso ihre Buchhandlung aufsucht. Die Leuchtschrift *Bücher Hinze* prägt sich besser ein als *Buchhandlung Franz Hinze* oder die noch längere Bezeichnung *Buchhandlung am Steintor Franz Hinze OHG*.

Der Firmenname muss also an der Außenfront des Geschäftes gut sichtbar sein und in gleicher Form (Schriftart, Farbe) in Zeitungsanzeigen, Prospekten und Werbebriefen wiederkehren als wichtiges Hilfsmittel zum Schaffen und Erweitern des Bekanntheitsgrades, aber auch als Orientierungsmittel für die Passanten. Zahlreiche Image-Untersuchungen haben belegt, dass Nachlässigkeit in der Firmierung dem Bekanntheitsgrad wenig förderlich ist.

6.3 Außenfront, Schaufenster, Schaukästen und Vitrinen

Es empfiehlt sich, in den Mietvertrag vorsorglich eine Vereinbarung über die Außenfrontbenutzung für Werbezwecke aufzunehmen, besonders dann, wenn auch die Fassade außerhalb des angemieteten Stockwerks einbezogen werden soll. Im Allgemeinen ist durch das Anmieten eines Geschäftes die Außenfront bis zur Decke bzw. bis zur Fensterunterkante des nächsten Stockwerks mitgemietet, um sie für Firmenschilder, Werbung (evtl. Verkaufsautomaten) im Rahmen der baulichen Bestimmungen selbst nutzbar zu machen. Der Hauswirt oder ein Nachbargeschäft sollten nicht darüber verfügen.

Bestes Werbemittel des Sortimenters ist und bleibt das Schaufenster, besonders bei gepflegter und attraktiver Gestaltung. Hier gilt es genügend Mittel zu investieren, um eine gute Optik für den Passanten und eine technisch einwandfreie Lösung für die leichte Dekoration durch den Buchhändler zu erreichen.

Von der Bausubstanz hängt es ab, inwieweit die vorgefundenen Schaufenster verändert werden können und dürfen. Die Fenster einer Buchhandlung sollten in der Breite nicht über 220 cm hinausgehen, ideal sind 180 cm. Breitere Schaufenster lassen sich durch Zwischenwände auf diese Maße bringen. In der Höhe der Auslage sollte man nicht unter 50 cm gehen, gemessen vom Fußweg außen; am besten ist die Tischhöhe von 70 cm. Ganz geschlossene Rückwände findet man kaum noch, die »inszenierte Buchhandlung« wirbt durch den Einblick in die Verkaufsräume. Schon von außen muss der potenzielle Kunde sehen, was ihn im Innern der Buchhandlung an Größe des Angebotes, an Information erwartet. Ganz wird man jedoch breitere Fenster nicht offen lassen. In den letzten Jahren hat sich die vertikale Teilung mit beweglichen Elementen durchgesetzt, was in buntem Wechsel totalen Einblick, teilweises oder vollständiges Schließen des Schaufensters ermöglicht. Sind Schaufenster und Schaukästen sowie Vitrinen baulich gut gestaltet, fällt die Dekoration umso leichter, deren Rhythmus und Inhalt aufgrund eines Schaufensterplanes festzulegen sind.

Das Devise »Licht lockt Leute« hat sowohl für den Innenraum als auch für die Schaufenster seine volle Berechtigung. Die Grundbeleuchtung muss der Standortsituation angepasst sein und der dekorierten Ware entsprechen. Die Leuchtstärke für Verkaufsräume soll nach DIN 5035 mindestens 300 Lux betragen, für Kassen und alle weiteren Bereiche mit hohen Sehanforderungen 500 Lux. Leider sind ein Großteil der Buchhandlungen schlecht ausgeleuchtet. Ein Gründer kann diese Fehler vermeiden und mittels einer gut konzipierten Anlage optimales Licht und Wirtschaftlichkeit in Bezug auf Investition und Stromkosten erreichen. Gegenwärtig rechnet man 70 €/qm, besser noch mit 100 €/qm an Kosten für eine Lichtanlage. Bei der Buch-Inszenierung gilt zu beachten:
- Variation von kalten und warmen Lichtfarben;
- Zusammenwirken von Flächenbeleuchtung und Spots;
- Wechsel von weniger und stärker ausgeleuchteten Flächen.

Für den Einsatz neuer Lichttechnik sind Spezialisten notwendig, die über einschlägige Erfahrungen verfügen. Sofern die beauftragte Ladenbaufirma einen solchen nicht stellen kann, sind bei größeren Objekten Experten hinzuzuziehen. Sie können eine Wirtschaftlichkeitsberechnung erstellen. So reduziert ein hoher Beleuchtungswirkungsgrad die Energiekosten, die optimale Wahl der Lichtquellen und Leuchten garantiert niedrige Lampenersatz- und Wartungskosten bei hohem Sehkomfort. Auch für bereits eingerichtete Verkaufsräume ist die Überprüfung der Beleuchtung durch einen Fachmann notwendig. Anlagen, welche vor mehr als sieben Jahren installiert wurden, sind zumeist überholt und wenig wirtschaftlich. So hat sich beispielsweise bei den sparsamen Leuchtstoffröhren durch die Spiegelrastertechnik die Lichtausbeute erhöht.

Die Sonne bringt das beste Licht, hat aber den Nachteil, dass die im Schaufenster dekorierten Waren durch ultraviolette Strahlen beschädigt werden. Bester Schutz dagegen ist immer noch ein Vordach, das je nach Materialart und Objektgröße 300 bis 400€/qm kostet, oder eine Markise. Als Zusatzeffekt bei beiden Lösungen muss der Regenschutz für Schaufensterbetrachter gesehen werden und die Möglichkeit, durch wirkungsvolle Beschriftung weitere Werbeträger gewonnen zu haben. Es ist aber aufgrund baubehördlicher Vorschriften nicht immer möglich, vorgehängte Fassaden oder Markisen anzubringen, z. B. in engen Straßen. Dann empfiehlt sich ein chemischer Sonnenschutzfilm, farblos oder getönt, der inwendig aufgegossen wird. Er absorbiert die UV-Strahlen zu 90% und reduziert die Blendwirkung um 15%, die Wärmeentwicklung sogar um 58%. An Kosten je Quadratmeter Fensterfläche fallen ca. 50€ an. Nachteil ist, dass der Schutzfilm nach einigen Jahren erneuert und gegen mechanische Beschädigungen geschützt werden muss. Selbst ein innen angeklebter Tesa-Film-Streifen zeigt zerstörende Wirkung.

Als wirkungsvolles Mittel, um Passanten zum Stehenbleiben zu bewegen und zu Zusatzeinkäufen zu stimulieren, wird seit Jahren verstärkt die Außenausstellung von Büchern vor dem Ladenlokal vorgenommen. Dazu gibt es bewegliche Bücherwagen, in denen Sonderangebote oder Modernes Antiquariat zur Selbstbedienung offeriert werden. In einigen Städten ist diese Ausstellung der stummen Verkäufer nicht gestattet, andere dagegen fördern diese Belebung vor allem in Fußgängerzonen und erheben zuweilen Gebühren für die Nutzung des Bürgersteigs. Ergänzend zu den Ausführungen dieses Abschnitts sei auf das Kapitel 27.1 verwiesen.

6.4
Verwaltungsräume

Leistungsfähige Organisations- und Systemeinrichtungen im Verwaltungs- und Bürobereich können auch kleinen und mittelgroßen Einzelhandelsbetrieben helfen, unproduktiven Leerläufen zu begegnen. Dazu gibt es nicht nur zweckmäßige Arbeitsgeräte, zweckgerechte Formulare, benutzerfreundliche EDV-Programme und eine gute Nachrichtentechnik, sondern ebenso wichtig sind dem Arbeitsablauf zugeordnete und mit richtigem Büromobiliar ausgestattete Verwaltungsräume. Zur Verwaltung im weiteren Sinne zählen im Sortimentsbuchhandel die Buchhaltung, die Expedition, die Abo-Abteilung der Zeitschriften und Fortsetzungen, das Sekretariat, das Chef-Büro, die Werbeabteilung und die Bestellabteilung (sofern sie nicht bei kleinerem Umfang in den Verkaufsräumen untergebracht ist).

Das Idealbüro liegt direkt hinter dem Verkaufsraum, bei starkem Kundenverkehr kann dann in wenigen Schritten Verstärkung herangeholt werden. Vielfach ist das Büro noch Stiefkind im Arbeits- und Organisationsablauf einer Buchhandlung, obwohl dort mit einfachen Mitteln manches von vornherein besser gestaltet werden kann. Nicht nur die Gestaltung der Verkaufsräume ist wichtig, hinter den Kulissen gilt es, jene bürotechnischen Hilfsmittel anzuschaffen, mit denen die Arbeit erleichtert wird. Das Wohlbefinden der Mitarbeiter dort hebt sich, wenn freundliche, helle, ruhige Räume mit guten Licht- und Luftverhältnissen zur Verfügung stehen.

Nicht zu vergessen sind die Sicherheitsregeln der Berufsgenossenschaften. Dazu einige Punkte zur Selbstüberprüfung nach Bezug der Büroräume, entnommen aus der Broschüre *Sicherheitsregeln für Büro-Arbeitsplätze*, C. Heymanns Verlag:
- Bei Schreib- und Arbeitstischen überprüfen: Freiraum für Füße, Standsicherheit. Schubladen und Auszüge dürfen nicht herausfallen können. Die Oberfläche der Arbeitsplatte darf nicht blenden. Empfehlenswert ist Höhenverstellbarkeit der Arbeitstische.
- Bei Bürostühlen und Bürosesseln überprüfen: Sicherheit gegen Umkippen, nur noch Verwendung von Drehstühlen mit fünf Rollen. Büroschränke und Büroregale müssen ebenfalls standsicher ausgebildet sein.
- Bei Regalen und Schränken mit einer Ablagehöhe von mehr als 1,80 Meter überprüfen: Vorhandensein von Aufstieg, rutschsicheren Leitern, Stellagen.
- Notwendige Fläche je Arbeitsplatz in Büroräumen: nicht weniger als acht bis zehn Quadratmeter. Wichtig: rutschhemmende Fußböden, keine Höhenunterschiede von mehr als vier Millimetern, beispielsweise an Teppichnähten, Übergängen.
- Notwendige Beleuchtungsstärke in Büros mindestens 600 Lux, dabei keine Blendwirkung der Beleuchtungskörper. Temperatur, relative Feuchtigkeit und Luftgeschwindigkeit sollen in einem angemessenen Verhältnis zueinander stehen.

6.5 Lagerräume

Zeitgemäß gestaltete Buchhandlungen verzichten weitgehend auf gesonderte Lagerräume und versuchen, das Ersatzlager im Verkaufsraum in Form von Zweit- oder Drittexemplaren unter zu bringen oder unten im Regal in Schubkästen oder Fächern. Diese Integration erspart Wege und Kosten und eröffnet in einzelnen Fällen sogar die Möglichkeit, einen ebenerdigen Lagerraum bzw. Lagerkeller dem Verkaufsraum zuzuschlagen. Nur ältere Buchhandlungen oder Buchhandlungen, die dies unbedingt so wollen, benutzen ein Reservelager über der Beschriftungsblende der Buchregale mit Hilfe von Sicherheitsleitern oder stabilen Trittlösungen.

Ein anderer Weg zum Aufbewahren des Handlagers ist ein schmaler Lagergang hinter den Verkaufsregalen mit mehreren Durchlässen. Ist aber aus Platzgründen das Nutzen besonderer Lagerräume für die Reserven unumgänglich, so muss auf Trockenheit, leichte Zugänglichkeit und möglichst einfachen Transportweg geachtet werden. Hier sind dann stabile Serienregale aus Metall oder Holz angebracht, die man selbst aufstellt. Zu höheren Regalen gehören – wie im Verkaufsraum – stand- und rutschsichere Leitern oder Tritte.

6.6
Sozialräume und sanitäre Anlagen

Durch die Arbeitsstättenverordnung sind Auflagen gemacht, die vom verantwortlichen Unternehmer erfüllt werden müssen. So ist in Bezug auf die Nebenräume notwendig:
- Pausenraum in vorgegebener Mindestgröße, sofern mehr als zehn Arbeitnehmer beschäftigt werden. Dort muss bestimmtes Mobiliar aufgestellt und Gelegenheit zum Wärmen oder Kühlen von Getränken bzw. Essen gegeben sein.
- Liegeraum für werdende oder stillende Mütter.
- Umkleideräume unter bestimmten Umständen (für Sortimentsbuchhandlungen zumeist nicht, da keine besondere Arbeitskleidung zu tragen ist); auf jeden Fall notwendig sind aber Kleiderablage und abschließbare Fächer zur Aufbewahrung persönlicher Wertgegenstände durch die einzelnen Mitarbeiter.

6.7
Erfordernisse der Arbeitsstättenverordnung

Die am 1. Mai 1976 in Kraft getretene Arbeitsstättenverordnung (ArbStättV) vom 20. 3. 1975 (BGBl. I, S. 729) setzt nicht nur Baunormen bei der Errichtung neuer Geweberäume, sondern gilt in gleichem Maße für die Unterhaltung von Arbeitsstätten, also auch für Einzelhandelsbetriebe, in denen Arbeitnehmer beschäftigt werden. Als Arbeitnehmer sind auch Kinder oder Ehegatten anzusehen, für die Arbeitsverträge vorliegen. Unter den Begriff »Arbeitsstätte« fallen für Buchhandlungen: Verkaufsraum, Büroraum, Lagerraum, Verkaufsstände im Freien sowie Pausen-, Toiletten-, Wasch- und Liegeräume. Aus den vielen Bestimmungen hier einige wichtige Punkte, die bei der Wahl der Geschäftsräume und deren Ausgestaltung beachtet werden sollten, um Ärger bei einer Inspektion zu vermeiden.

6.7 Erfordernisse der Arbeitsstättenverordnung

AUS DER ARBEITSSTÄTTENVERORDNUNG

Allgemeine Anforderungen Der Arbeitgeber hat die Arbeitsstätte nach den Richtlinien dieser Verordnung zu betreiben und seinen dort beschäftigten Arbeitnehmern Räume und Einrichtungen zur Verfügung zu stellen, wie sie darin vorgeschrieben sind.

Lüftung In Arbeitsräumen muss ausreichend gesundheitlich zuträgliche Atemluft vorhanden sein.

Raumtemperatur In Arbeitsräumen muss eine gesundheitlich zuträgliche Raumtemperatur vorhanden sein. In Pausen-, Liegeräumen muss eine Temperatur von 21 Grad erreichbar sein.

Beleuchtung Arbeits-, Pausen-, Liegeräume sollen Sichtverbindung nach außen haben. Ausnahmen: Arbeitsräume, bei denen betriebstechnische Gründe eine Sichtverbindung nicht zulassen, Verkaufsräume und zugehörige andere Räume unter Erdgleiche. Beleuchtungsstärke nach Art der Sehaufgabe, was keine Unfall- oder Gesundheitsgefahren für Arbeitnehmer mit sich bringen kann. Nach den Arbeitsstättenrichtlinien 7/3 und nach der DIN 5035 werden für Verkaufsräume 300 Lux und an den Kassen 500 Lux im Mittel vorgeschrieben. Die Stärke der Allgemeinbeleuchtung muss mindestens 15 Lux betragen.

Fußböden, Wände, Decken und Dächer Fußboden ohne Stolperstellen, rutschhemmend ausgeführt und leicht zu reinigen. Standfläche (am Außenstand z. B.) mit ausreichender Wärmedämmung. Fußbodenbelastung in Lagerräumen muss an den Zugängen erkennbar sein. Oberfläche der Wände und Decken in Räumen müssen leicht zu reinigen oder zu erneuern sein. Lichtdurchlässige Wände (z. B. Ganzglaswände) im Bereich von Arbeitsplätzen und Verkehrswegen aus bruchsicherem Werkstoff oder abgesichert.

Fenster und Oberlichter Geöffnete Fensterflügel dürfen Arbeitnehmer am Arbeitsplatz in Bewegungsfreiheit nicht einengen, Verkehrswege nicht behindern (Abhilfe: Kippbeschläge). Räume müssen gegen unmittelbare Sonneneinstrahlung abgeschirmt werden können.

Türen und Tore Pendeltüren durchsichtig oder mit Sichtfenster, Schiebetüren gegen Herausfallen gesichert.

Schutz gegen Entstehungsbrände Feuerlöscheinrichtungen müssen vorhanden und leicht zugänglich und leicht zu handhaben sein.

Lärmschutz Schallpegel bei überwiegend geistigen Tätigkeiten und in Pausenräumen nicht über 55 dB (A), bei einfachen Bürotätigkeiten 70 dB (A),, bei sonstigen Tätigkeiten bis 85 dB (A),.

Sonstiger Schutz Elektrostatische Aufladungen in Räumen vermeiden, keine unzuträglichen Gerüche (von WC, Küche), keine Zugluft.

Verkehrswege Müssen sicher begangen werden können, damit Arbeitnehmer nicht gefährdet werden.

Raumabmessung, Luftraum Arbeitsräume müssen mindestens 8 qm Grundfläche haben. Lichte Höhe bis 50 qm mindestens 2,50 m, bis 100 qm mindestens 2,75 m, über 100 qm mindestens 3,00 m.

Bei Räumen mit Schrägdecken darf lichte Höhe an keiner Stelle 2,50 m unterschreiten. Diese Maße der lichten Höhen können unterschritten werden in Verkaufsräumen, Büroräumen um 25 cm, die Höhe muss aber mindestens 2,50 m betragen. Für ständig anwesende Arbeitnehmer sind als Mindestluftraum 12 Kubikmeter bei überwiegend sitzender Tätigkeit, 15 Kubikmeter bei überwiegend nicht sitzender Tätigkeit vorgeschrieben.

Bewegungsfläche am Arbeitsplatz Jeder Arbeitnehmer muss an seinem Arbeitsplatz mindestens eine freie Bewegungsfläche von 1,50 qm zur Verfügung haben.

Ausstattung Kann die Arbeit ganz oder teilweise sitzend verrichtet werden, sind Arbeitnehmern Sitzgelegenheiten zur Verfügung zu stellen.

Pausenräume Bei mehr als zehn Arbeitnehmern ist ein Pausenraum erforderlich, lichte Höhe entsprechend Punkt »Raumabmessung«. Grundfläche mindestens sechs Quadratmeter bzw. ein Quadratmeter je Arbeitnehmer, der den Raum nutzen soll.

Pausenräume mit leicht zu reinigenden Tischen, Sitze mit Rückenlehne, Kleiderhaken, Abfallbehälter, evtl. Anwärmvorrichtung, Kühlschrank, Trinkwasser oder ein anderes alkoholfreies Getränk muss den Arbeitnehmern zur Verfügung stehen. (Bürokräfte braucht man bei der Zahl oben nicht einzubeziehen.)

Nichtraucherschutz In Pausen-, Bereitschafts- und Liegeräumen Schutz der Nichtraucher vor Belästigungen durch Tabakgeruch.

Umkleideräume und Kleiderablagen Umkleideräume dann, wenn Arbeitnehmer besondere Arbeitskleidung tragen müssen, Frau und Mann getrennt.

Falls Umkleideräume nicht notwendig, dann für jeden Arbeitnehmer eine Kleiderablage und ein abschließbares Fach zur Aufbewahrung persönlicher Wertgegenstände.

Waschräume und Waschgelegenheiten Im Einzelhandel keine besonders schmutzigen Arbeiten, deshalb genügt Waschgelegenheit mit fließendem Wasser in der Nähe der Arbeitsplätze. Mittel zum Reinigen und Abtrocknen der Hände dazu wie Einmalhandtuch, Seifencremespender.

Toilettenräume In der Nähe der Arbeitsplätze ausreichende Zahl von Toiletten und Handwaschbecken. Bei mehr als fünf Arbeitnehmern verschiedenen Geschlechts getrennte Toilettenräume. Bei mehr als fünf Arbeitnehmern müssen Toilettenräume ausschließlich den Betriebsangehörigen zur Verfügung stehen.

Erste Hilfe Zur ersten Hilfe erforderliche Mittel müssen vorhanden sein (Verbandskasten als Mindestforderung).

Anforderungen an Verkaufsstände im Freien Verkaufsstände im Freien, die im Zusammenhang mit Ladengeschäften stehen, dürfen vom 15.10. bis 30.4. nur dann Arbeitnehmer beschäftigen, wenn die Außentemperatur am Verkaufsstand mehr als +16°C beträgt. Gegen Witterungseinflüsse geschützt. Freie Bodenfläche von mindestens 1,50 Quadratmeter, Sitzgelegenheit. Kein unzuträglicher Lärm, keine unzuträglichen Abgase durch z. B. Autos.

Instandhaltung, Prüfungen und Reinhaltung Im Sinne der Verordnung Instandhaltung und Prüfung durch den Arbeitgeber. Reinigung entsprechend den hygienischen Erfordernissen.

6.8
Angebotseinholung für die Einrichtung

Bei der Einrichtung der Verkaufsräume hat der Gründungswillige die Wahl zwischen Eigeneinbau, z. B. von Normregalen oder selbst gezimmertem Mobiliar, Vergabe an einen örtlichen Handwerker oder Einschalten eines auf die Branche Sortimentsbuchhandel spezialisierten Unternehmens. Gegebenenfalls kann auch ein im Buchhandel erfahrener Innenarchitekt eingeschaltet werden, der die Aufträge durch Ausschreibung vergibt. Zumeist handelt es sich um größere Aufwendungen, und deshalb sind auf jeden Fall Kostenvoranschläge einzuholen, am besten zwei oder drei, und diese miteinander zu vergleichen. Kostenvoranschläge dürfen dem Kunden nicht in Rechnung gestellt werden, auch wenn es nicht zu einem Abschluss kommt (AZ: BGH VII ZR 154/78). Der Auftraggeber hat nur dann die erheblichen Kosten für einen gründlichen Voranschlag mit Grundriss, Zeichnungen, Aufstellungen usw. zu bezahlen, wenn vorher ausdrücklich eine Berechnung vereinbart wurde.

Von Vorteil ist bei Spezial-Einrichtern das Kennen der Branchenerfordernisse. Maße und Belastung der Regale müssen stimmen, den verschiedenen unterschiedlich unterzubringenden Warengruppen (Bücher, Taschenbücher, Landkarten, Bilderbücher, Zeitschriften, Schreibwaren, CDs, Neue Medien, Spiele) wird Rechnung getragen. Wird ein Tischler des Ortes betraut, so ist viel Mithilfe nötig, um später nicht Enttäuschungen ob falscher Maße zu erleben. Die Kosten für Inneneinrichtungen sind recht unterschiedlich, je nachdem, was für Material gewünscht wird oder welche besonderen Einbauten (z. B. Teleskop-Schubladen) oder Regalhöhen vorgesehen sind. Bei einem Vergleich der eingeholten Kostenvoranschläge ist deshalb nicht nur auf unterschiedliche Preise, sondern auch auf möglicherweise unterschiedliche Ausstattung zu achten. Eine neue Einrichtung inkl. Möblierung, Licht, Fußboden und sonstigem Zubehör kann zwischen 500 und 2.000 €/qm liegen.

Regelmäßig zur Frankfurter Buchmesse erscheint die Broschüre *forum management für Sortiment und Verlag*, herausgegeben vom Sortimenter-Ausschuss des Börsenvereins des Deutschen Buchhandels. Diese instruktive, gegen eine Schutzgebühr erhältliche (nur für Mitglieder des Börsenvereins kostenlose) Unterlage sollte sich jeder Gründer besorgen. Sie enthält eine umfassende Übersicht der organisatorischen Hilfsmittel für die Branche mit Bezugsquellennachweis sowie fundierte Fachbeiträge. Die wichtigsten Ladenbau-Firmen der Branche sind darin aufgeführt.

6.9
Kontrolle des äußeren Bildes der Buchhandlung

In der Gründungsphase und auch später empfiehlt sich die Kontrolle des äußeren Bildes der Buchhandlung, denn die Kunden schließen vom Erscheinungsbild der Firma auf ihre Leistungsfähigkeit. Als Hilfsmittel dazu kann ein Polaritätenprofil zum äußeren Gesicht der Buchhandlung Verwendung finden, das sich in der Praxis der Erfa-Gruppen-Arbeit des Verfassers bei den regelmäßigen Betriebsbegehungen bewährt hat. Neben den Kollegen der Erfa-Gruppe können für diese Fremdkontrolle auch Mitarbeiter, Bekannte und Freunde herangezogen werden.

POLARITÄTENPROFIL – DAS ÄUSSERE GESICHT DER BUCHHANDLUNG

Bewerten Sie kritisch die Gestaltung von Fassade, Schaufenster, Eingangszone im Notensystem nach Art eines Polaritätenprofils. Note eins ist die beste Bewertung, Note sieben die schlechteste Bewertung. Note vier der Durchschnittswert. Setzen Sie ein Kreuz in das nach Ihrer Meinung zutreffende Notenfeld:

		1	2	3	4	5	6	7	
Außenbild insgesamt	sympathisch								unsympathisch
Hausfassade insgesamt	sehenswürdig								langweilig
Firmen-Außenwerbung insgesamt	originell								alltäglich
Farbgestaltung	freundlich								unfreundlich
Firmierung	einprägend								unauffällig
Abheben von Nachbarläden	markant								zurücktretend
Gesamtbeleuchtung	hell								dunkel
Schaufensteranlage	modern								altmodisch
Schaufenstergestaltung	attraktiv								trist
Buchauswahl im Fenster	interessant								einfallslos
Türlösung	hineinziehend								hinderlich

Nachdem Sie alle Noten eingesetzt haben, ziehen Sie bitte von oben nach unten eine Linie von Notenfeld zu Notenfeld, damit das Polaritätenprofil der Buchhandlung aus Ihrer Sicht deutlich wird.

7
Technische Arbeitsmittel

Nicht zu unterschätzen für den optimalen Arbeitsablauf in einer Sortimentsbuchhandlung sind die organisations- und verwaltungstechnischen Hilfsmittel. Natürlich wird eine Buchhandlung nicht direkt zur Eröffnung alle hier vorgestellten Arbeitsmittel benötigen, und selbstverständlich kommen manche erst ab einer bestimmten Geschäftsraum- und Betriebsgröße zum Einsatz – trotzdem ist ein gewisser Grundstock unerlässlich, der in diesem Abschnitt vorgestellt wird. Dabei wird auf die Nachrichtentechnik wegen ihrer besonderen Bedeutung im Kapitel 13 näher eingegangen. Eine erste umfassende Übersicht dazu bietet die folgende Auflistung, wobei der Gesichtspunkt außer Acht gelassen wird, dass manche Unternehmen via PC-Technik sich in Richtung »papierloses Büro« organisieren und für bestimmte Vorgänge (z. B. Werbeaussendungen, Buchhaltung) externe Dienstleistungsunternehmen einsetzen.

ORGANISATIONS- UND VERWALTUNGSTECHNISCHE HILFSMITTEL

Nachrichtentechnik
Telefon-Hauptstelle (ISDN-Anschluss)
Telefon-Nebenstellen (voll- oder halbamtsberechtigt)
Fax
Datenfernübertragungsstation (DFÜ-Anschluss)
Zugang zum Internet (Mail-Verkehr) über Schnittstellen im Computer
EDV-Server
Ruf- oder Signalanlagen
Sprechanlage
Sprechstelle
Tisch-Mikrofon
Ton-Verstärker

Schreiben und Vervielfältigen
PC
Diktiergerät
Kopiergerät
Adressverwaltungsprogramm

Etikettierapparat
Frankiermaschine
Kleinfalzmaschine
Zusammentragegerät
Papierschneidevorrichtung
Kuvertiermaschine
Verschnürmaschine

Rechnen und Buchen
Saldiermaschine
Taschenrechner
Kontierstempel
Buchhaltungsprogramme

Aktentransport und Ablage
Aktenförderer (mit Stationen in …)
Rohrpost
Kleinaufzug
Aktenkörbe
Sortiermappen
Sortiergerät
Hängemappen
Ordner
Registratur-Markierungshilfsmittel
Locher
Aktenvernichter (Schredder)

Büromöbel
Schreibtische
PC-Arbeitsplätze
Bürostühle
Rollständer (für Akten, Maschinen)
Beistelltische
Karteikästen (bei Bedarf)

7.1
Formulare, Drucksachen

Auch für den Einsatz der Formulare gilt das einleitend Gesagte. Vor allem die PC-Technik, mit deren Hilfe man vorgefertigte Standardformulare in bestimmten Ordnern ablegt, auf die man bei Bedarf zugreift, hat diesen Bereich stark verändert.

7.1 Formulare Drucksachen

Trotzdem sei hier auf die Tabelle 20 aus dem *Handbuch des Buchhandels, Band III, Sortimentsbuchhandel* verwiesen, die eine vollständige, nach Arbeitsgebieten gegliederte Übersicht bietet. Als unbedingt notwendig werden für den Anfang genannt:

- **WERBUNG** Kunden-Werbe-Kartei, Bestellkarten als Beilage zum Werbemittel;
- **BESTELLWESEN** Aufnahmezettel für Kundenbestellungen, Bücherzettel, Barsortiments-Bestellzettel, Standard-Buchlaufkarte, Benachrichtigung der Kunden, Reklamationszettel an Lieferanten (auch Postkarten), Konditionenkartei, Titel- und Bezieherkarte für Zeitschriften/Fortsetzungen;
- **VERTRIEB** Rechnungsformulare, Lieferschein, Remissionsschein, Aufkleber, Paketkarten, Versandtaschen;
- **BUCHHALTUNG** Kontenblätter, Journale, Buchungsbelege (bei manueller Buchführung), Kontierungslisten, Kontierungsstempel (bei EDV außer Haus), OPB-Beleg für Rechnungsausgang, Kontoauszug und Mahnungen an Kunden, Gehaltskonten, Reisekostenabrechnung, Inventurlisten, Anlagenkartei;
- **KASSE/GELDVERKEHR** Kassenzettel, Kassenbon, Kassenbuch (Kassenbericht), Quittungen, Zahlkarten, Postbank- und Bank-Formulare, BAG-Rücklastzettel, BAG-Selbstbelastung;
- **ALLGEMEINE VERWALTUNG** Personalstammkarte, Urlaubsliste, Briefbogen DIN A4 und DIN A5, selbstklebende Postkarten, Briefumschläge mit und ohne Fenster, Firmenstempel, Visitenkarten.

Als unentbehrlicher Grundstock einer gegründeten Buchhandlung ist das *Formularbuch für den Sortimentsbuchhandel*, 3. korrigierte Auflage 1992 (Hrsg.: Börsenverein des Deutschen Buchhandels e.V., Bearbeitung: Franz Hinze, Johannes Immken, Dr. Karl Ruf, Dieter Schlender, Britta Schwarzner, Sortimenter-Ausschuss, Verlag: MVB, Frankfurt/M., 53 €) zu empfehlen. Es enthält in Loseblatt-Form über 80 Standardformulare mit ausführlicher Anleitung zur Nutzung für fünf Betriebsbereiche: Beschaffung, Werbung und Verkauf, Fakturierung und Buchhaltung, Statistik, Verwaltung. Auch wenn man in seinem eigenen Unternehmen direkt mit der PC-Technik einsteigt, so bietet das *Formularbuch* einen sehr guten Einblick in die buchhändlerischen Aufgabenbereiche, die es zu organisieren gilt. Wichtigster Lieferant buchhändlerischer Formulare ist der Formularverlag Otto Kolb, Inhaber H. Schmidt, Medlerstr. 13, 95032 Hof i. B. Ansonsten sind Formulare, die für die allgemeine Büroorganisation gebraucht werden (Quittungsbelege, Reisekostenabrechung etc.) im (Fach-)Handel erhältlich.

Dem Styling einer Buchhandlung dient das Schaffen eines Firmensignets und/oder Schriftzuges, Verwendung einer Hausfarbe usw. als ständig wiederkehrendes »Markenzeichen« auf allen Formularen und Drucksachen. Ein Grafiker wird dazu verschiedene Entwürfe liefern, aus denen die Wahl zu treffen ist. Selbstverständlich erscheint dieses Logo inkl. Schriftzug auch in der Außenwerbung (Transparent, Leuchtkasten, Schriftzug über und auf dem Schaufenster, in Verbindung mit dem Signet des Börsenvereins).

7.2
Karteien/Dateien

Die wichtigsten Karteien einer Sortimentsbuchhandlung, die im Rahmen der PC-Technik durch entsprechende Programme dateimäßig angelegt sind, seien im Folgenden mit ihren Ordnungskriterien bzw. Zugriffsmöglichkeiten aufgeführt:

- **BESTELL-KARTEI/DATEI**   Zugriff auf Kundennamen, Lieferant, Bestelldatum
- **KONDITIONEN-KARTEI/DATEI**   Zugriff auf Verlagsnamen, evtl. auch Vertreter
- **WERBE-KARTEI/DATEI**   Zugriff auf Kundennamen, evtl. auch nach Ortsnamen/Postleitzahlen
- **OFFENE-POSTEN-BELEGE**   Zugriff auf Kundennamen, evtl. nach Ortsnamen und Kundennamen
- **KONTENBLÄTTER**   Zugriff auf Kontennummern
- **ZEITSCHRIFTEN- UND FORTSETZUNGSKARTEI/-DATEI**   Zugriff auf Objekt-Titel (Titel-Stammdaten), Bezieher.

Falls man mit Karteien arbeitet, bedarf es einer guten, optisch klaren Untergliederung durch Register, um eine einzelne Karteikarte schnell aufzufinden. Zumeist sind Steil-(Block-)Karteien in Gebrauch, manchmal auch Staffel-(Schrägsicht-)Karteien, z. B. bei Zeitschriften und Fortsetzungen. Zur Kartei gehören auch Signalisierungsmittel, z. B. Reiter für Mahnungen bei den Offenen Posten. Untergebracht werden sollen alle Karteien in dem Format entsprechenden und feuersicheren Behältern, wo notwendig (Offene Posten, Zeitschriften/Fortsetzungen, Werbeadressen). Diesbezüglich ist absolute Datensicherung für EDV-Lösungen angesagt.

7.3
Schreibmaschinen, Fotokopiergeräte

PCs, die im modernen Arbeitsleben u.a. als »Schreibgeräte mit Speicherungsfunktionen« eingesetzt werden, haben (elektronische) Schreibmaschinen nahezu vollständig ersetzt. Ein Diktiergerät kann bei genügend Schriftgut und Vorhandensein einer Schreibkraft vorgeschaltet sein.

Fotokopiergeräte oder Faxgeräte mit Kopiermöglichkeit sind vielfach verwendbar, so für Bestellvorgänge, Briefantworten oder Sicherungskopien wichtiger Unterlagen. Andere teure Vervielfältigungsapparate sind vorerst nicht opportun; die hohen Kosten dafür stehen nicht im Verhältnis zur Inanspruchnahme.

7.4
Adressiergerät, Frankierung, Rechengeräte

Zur schnellen Umsetzung der gesammelten Adressen geht es nicht ohne eigenes Adressiergerät. Wer allerdings mit EDV arbeitet (im eigenen Hause oder mit externen Dienstleistern), braucht keine eigene Adressieranlage. Je nach Art, Umfang und Nutzung des eigenen Adressenmaterials ist ein höherwertiges Modell mit Selektionsmöglichkeiten (z. B. Interessengebiete) oder gar eine automatische Zuführung angebracht. Eine einfache Frankiermaschine genügt. Gegen eine Monatsgebühr kann sie auch geleast werden.

Additionsmaschinen (Saldiermaschinen) einfacher Art mit Additionsstreifen gehören zur Mindestausstattung, bei den immer niedrigeren Preisen elektronischer Tischrechner (mit Rechenstreifen) sind diese vorzuziehen. Taschenrechner gehören auf jeden Arbeitsplatz, an dem gerechnet wird.

7.5
Ablagegut und Aufbewahrungs- und Verjährungsfristen

Vom ersten Tage an fällt Ablagegut an, das nach den handelsrechtlichen Bestimmungen bis zu zehn Jahre aufbewahrt werden muss. So müssen folgende Unterlagen für sechs oder zehn Jahre in der Ablage stehen bleiben (im Zweifelsfall fragen Sie Ihren Steuerberater), wobei der Zeitpunkt der Berechnung der Fristen erst mit dem Ende des Geschäftsjahres beginnt.
• Handelsbücher, Inventuren, Bilanzen, Offene Posten **zehn** Jahre;
• empfangene und die Kopien abgesandter Geschäftsbriefe **sechs** Jahre;
• Buchungsbelege **sechs** Jahre.

Mappen oder Vorsortierer erleichtern die Vorordnung. Bei der Zwischenablage, also jenem Ablagegut mit dauernder Ergänzung innerhalb eines Jahres (Schriftverkehr, Lieferantenrechnungen, Offene-Posten-Belege) zeigen sich die immensen Vorteile der lochlosen Ablage, also z. B. Hängemappen, Hängetaschen. Ansonsten oder bei der Endablage werden Hefter und Hebelordner (mit Lochung) die Regel sein.

Der »Registraturplan« legt fest, wie lange und in welcher Ordnung (Namensalphabet, Ortsalphabet, Rechnungsnummer, Chronologie) abzulegen ist. Im Laufe der Jahre wächst durch die Aufbewahrungsfristen ein beachtlicher Ablageberg an. Deshalb muss dafür billiger Raum vorhanden sein (Boden, trockener Keller). Im Geschäft genügt dann das Halten des Ablagegutes der letzten zwei bis drei Jahre.

Die generelle Verjährungsfrist für alle Ansprüche beträgt 30 Jahre. Abweichend davon ist die Verjährung für einen Großteil der Geschäfte des täglichen Lebens auf zwei bzw. vier Jahre verkürzt. Die Verjährung beginnt mit der Entstehung des Anspruchs. Sie beginnt immer erst mit dem Ende des Jahres, in dem der Anspruch entstanden ist. So laufen alljährlich zum Jahresende (31. Dezember) besonders viele Verjährungsfristen für Geschäfte des täglichen Lebens ab.

	Verjährung bei Leistungen für den Gewerbebetrieb des Schuldners in Jahren	Leistungen an Privatpersonen (regelmäßige Verjährung) in Jahren
Anspruch auf Lohn und Gehalt	–	2
Anwaltshonorar	2	2
Forderungen von Handwerkern, Kaufleuten und Fabrikanten für Lieferungen und Leistungen	4	2
Frachtkosten	2	2
Kaufpreisforderung	4	2
Kaufvertrag	4	2
Leasing	2	2
Miete/Pacht	4	4
Renten	–	4
Rückständige Zinsen	4	4
Steuerberaterhonorar	2	2
Werkslohnforderung	4	2

7.6
Innerbetrieblicher Warentransport

Bei mehreren Verkaufsebenen oder einem Ersatzlager, das über oder unter dem Laden liegt, ist ein Personenfahrstuhl mit Lastenbeförderung oder aber ein kleiner Lastenaufzug von Segen, wenn das Transportieren der schweren Bücher über Stockwerke hinweg vermieden werden soll. Das Tragen der Verlagserzeugnisse in größeren Mengen, auch auf einer Ebene, ist ebenso beschwerlich. Hier helfen Tafelwagen (z. B. von der Einkaufszentrale für öffentliche Büchereien in Reutlingen oder der Firma Wanzl in Leipheim erhältlich), die nicht nur für das Hin und Her vom Wareneingang zum Bestellbuch, zum Verkaufs- und Ersatzlager dienen können, sondern auch für die Platzierung von Stapelware (Sonderangebote) im Laden nutzbar sind.

7.7
Kraftfahrzeug

Sofern der junge Selbstständige privat über ein Kraftfahrzeug verfügt, wird er dies allein schon aus steuerlichen Gründen zum Verkehrswert in den Betrieb einbringen, um die anfallenden Zustellungen und Abholungen bewältigen zu können. Soll jedoch ein neues Kraftfahrzeug angeschafft werden, so ist über Kauf oder Leasing zu entscheiden. Ein neu gegründetes Unternehmen verfügt im Allgemeinen über wenig Eigenkapital und möchte nur das zur Beschaffung von Anlagegütern und Warenlager notwendige Fremdkapital aufnehmen. Leasing kann ein Ausweg sein, denn bei einer Gegenüberstellung zum Kauf ist bei hoher Jahreskilometerleistung (ab 30.000 Kilometer) diese Mietform kostengünstiger, d. h. die Belastung je Kilometer um knapp 5 % niedriger.

Nützlich sind auf jeden Fall Autos mit Lademöglichkeit (Kombi). Die deutliche Firmierung als Werbeträger sollte nicht vergessen werden. Für bestimmte Fahrzeugmarken hat die Buchhandels-Service-Gesellschaft (BSG) des Börsenvereins Rahmenverträge über verbilligte Kaufpreise abgeschlossen. Diese gelten sowohl für die Firma als auch für die dort beschäftigten Mitarbeiter.

Für die private Nutzung des Firmenwagens wird der Steuerberater einen Teil der Kosten (Abschreibung, Kraftstoff, Versicherung, Steuern, Reparaturen) auf das Privatkonto umbuchen, zumeist 30 %. Dieser so genannte »Selbstverbrauch« unterliegt dann auch der Umsatzsteuer (voller Satz).

7.8
Registrierkasse

Eine einfache Schublade mit Geldfächern mag zum Anfang ausreichen. Sobald aber mehrere Personen kassieren, ist die Anschaffung einer Registrierkasse unumgänglich. Mechanische Modelle mit mehreren Zählwerken (auf jeden Fall Trennung nach Verkäufen zum ermäßigten und vollen Umsatzsteuersatz) gibt es gebraucht sehr preiswert, weil auf elektronische Kassen umgerüstet wird, die bei höherer Leistung weniger als die herkömmlichen Modelle kosten. Auch hier kann wie beim Kraftfahrzeug Leasing erwogen werden, aber nur bei hochwertigen, teuren Modellen. Einfachere elektronische Registrierkassen mit bis zu zehn Speicherwerken haben gegenwärtig einen Preis von ca. 1.000 €, und da ist ein Kauf günstiger.

Es würde den Rahmen dieser Serie sprengen, intensiv auf Einteilung der Speicherwerke und Nutzung des gebotenen statistischen Zahlenmaterials einer elektronischen Kasse einzugehen. Auf jeden Fall sollte die Kasse dem Kunden einen Beleg liefern, entweder der Aufdruck auf dem ausgeschriebenen Kassenzettel oder Kassenbon mit Mehrwertsteuernachweis. Für endsummendruckende Kassen gilt, dass in diesem Falle die Kassenstreifen und Kassenzettel nicht aufbewahrt zu werden brauchen, sofern ein Tagesendsummenbon vorliegt, der neben der Firma die Endsumme, das Tagesdatum und das Schlusszeichen der Kasse enthalten muss. Folgende Funktionen sollte eine elektronische Kasse auf jeden Fall erfüllen:

> **PFLICHTFUNKTIONEN EINER ELEKTRONISCHEN KASSE**
>
> - Getrennte Erfassung von Lager- und Besorgungsverkäufen
> - Prozentanteile von Lager- und Besorgungsverkäufen
> - Anzahl Kunden
> - Anzahl Posten
> - durchschnittlicher Umsatz pro Kunde
> - durchschnittlicher Umsatz pro Posten
> - kumulierte Ergebnisse pro Warengruppe und vom Gesamtumsatz

Erste Anlaufstellen für Kassensysteme sind die Firmen Noris in Nürnberg (Kontakt unter: Noris_Kassen@compuserve.com) und Kassen Esser in Köln (www.kassen-esser.de). Mit letztgenannter Firma wird z. Z. (Stand 2003) über ein Rahmenabkommen mit der Buchhandels-Service-Gesellschaft (BSG) verhandelt.

Buchhandlungen mit geschlossenen Warenwirtschaftssystemen arbeiten mit so genannten Scanner-Kassen, die den 13stelligen Balkencode erfassen und so für das »Ausbuchen« aus dem System sorgen und diese Veränderung des Datenbestands automatisch systemimmanent weiter verarbeiten.

7.9
Rationalisierungsinstrument EDV

Zur Bewältigung des vielgestaltigen und ständig wechselnden Angebotes einer Buchhandlung, bezogen von sehr vielen Verlagen und einigen Barsortimenten, bedarf es zwingend der Rationalisierung der dazu notwendigen Verwaltungsvorgänge. Neben der Verdichtung der Abrechnung mit den Lieferanten durch das überbetriebliche Rationalisierungsinstrument BAG ist eine EDV-Ausrüstung für die interne Verarbeitung unumgänglich.

Als ersten Schritt zur Entscheidung für ein EDV-System empfiehlt sich die Aufnahme des Ist-Zustandes im relevanten Betrieb. Zur geplanten Einführung einer spezifischen Branchensoftwarelösung sollten zunächst Art und Umfang der im Unternehmen anfallenden Daten ermittelt werden. Diese Ist-Analyse lässt sich durch die nachstehend abgebildete Checkliste *Bestandsaufnahme Buchhandels-EDV* wesentlich erleichtern. Dieser von Manfred Queisser erstellte und geringfügig modifizierte Fragenkatalog dient zur Vorbereitung darüber, auf welchen Gebieten und in welchem Ausmaß eine EDV-Lösung in der jeweiligen Buchhandlung sinnvoll erscheint. Je größer der Datenanfall, desto wirtschaftlicher ist im Allgemeinen ihr Einsatz. Auch eine zu gründende Buchhandlung muss in eine innovative EDV-Technik investieren und dazu das notwendige Kapital für Ausrüstung und branchenbewährte Programme zur Verfügung stellen.

7.9 Rationalisierungsinstrument EDV

BESTANDSAUFNAHME BUCHHANDELS-EDV

ORGANISATION
Dieser Fragenkomplex beschäftigt sich mit der allgemeinen Organisationsstruktur der Buchhandlung.
- Größe der Buchhandlung in qm
- Anzahl der Mitarbeiter
- Verteilung der Mitarbeiter
  - Bestellbuch
  - Rechnungsschreibung
  - Zeitschriften/Fortsetzung
  - Buchhaltung
  - Verkauf
  - Versand
  - Warenausgang
  - Kasse
- Mitarbeiter mit EDV-Erfahrung
- Umsatz/Jahr
- Rechnungsumsatz (in % vom Gesamtumsatz)
- Barumsatz (in % vom Gesamtumsatz)
- Großkundenumsatz (in % vom Gesamtumsatz)
- Filialen
- Gemeinsamer Verlagsbezug der Filialen
- Gemeinsamer Barsortimentsbezug
- Gemeinsames Rechnungswesen
- Anteil der Filialen am Gesamtumsatz

ADRESSEN
Wohl jede Buchhandlung hat eine Kunden- und Verlagskartei in der einen oder anderen Form. Umfang und Organisation sollten bei der Auswahl einer EDV-Lösung berücksichtigt werden.
- Besteht bereits eine Kundenkartei?
- Ist die Kartei nach Interessengruppen/Beruf/anderen Kriterien geordnet?
- Wie viele Kunden stehen in der Kundenkartei?
- Liegt diese Kundenkartei in EDV-lesbarer Form vor?
- Falls ja, in welcher Form?
- Ist in nächster Zeit eine Erweiterung der Kartei geplant?
- Existiert eine Verlagskartei?
- Liegt die Verlagskartei in EDV-gerechter Form vor?
- Wie viele Verlage stehen in dieser Kartei?
- Sind die Verlage mit Jahreskonditionen, Mindestbestellwert, Rabattstaffeln erfasst?
- Umfasst diese Kartei auch die Bankverbindungen und Zahlungskonditionen?

FORTSETZUNGEN
Die Verwaltung von Zeitschriften und Fortsetzungen ist bei geringer Gewinnspanne relativ arbeitsaufwendig. Hier lohnt es sich, über einen EDV-Einsatz nachzudenken.
- Werden bereits Zeitschriftenabos/Fortsetzungen verwaltet?
- Ist die Fortsetzungskartei traditionell?
- Anzahl der Fortsetzungswerke/Zeitschriften
- Anzahl der laufenden Abos
- Anzahl der Kunden
- Ist eine Ausweitung der Abteilung Zeitschriften/Fortsetzung geplant?

REMISSIONEN
- Anteil des RR-Bezuges am Gesamteinkauf
- Durchschnittliche Remissionsquote
- Anteil des Bezuges à condition

BESTELLBUCH/KUNDENBESTELLUNGEN
- Anteil der Kundenbestellungen am Gesamtumsatz
- Anteil der Barsortimentsbestellungen am Bestellvolumen
- Mit welchen Barsortimenten arbeitet man zusammen (+ Anteil des jeweiligen Barsortiments am Bestellvolumen)?

LAGERBESTELLUNG
- Wie viele Lagerbestellungen werden im Durchschnitt pro Jahr bearbeitet?
- Werden die Lagerbestellungen überwiegend über die Barsortimente abgewickelt?
- Anteil der Reiseaufträge
- Anteil der Messebestellungen
- Anteil der Partiebestellungen
- Anteil der Partieergänzung
- Anteil wissenschaftliche Partie

LAGERVERWALTUNG
- Wie viele Titel befinden sich auf Lager?
- Besteht bereits eine Einordnung nach Warengruppen?
- Werden die Einkäufe auf der Buchlaufkarte festgehalten?
- Werden die Verkäufe auf der Buchlaufkarte festgehalten?

RECHNUNGSSCHREIBUNG
- Gibt es eigens eine Abteilung Rechnungsschreibung?
- Wie viele Rechnungen werden durchschnittlich im Monat geschrieben?
- Anteil der Großkundenfakturen
- Vorfakturen
- Monatsrechnungen
- Lieferscheine
- Gutschriften

BUCHHALTUNG
Welche der folgenden Buchhaltungsarbeiten werden im Hause erledigt:
- Offene Posten/Debitoren
- Offene Posten/Kreditoren
- Finanzbuchhaltung
- Umsatzsteuervoranmeldungen
- Jahresabschlüsse
- Betriebswirtschaftliche Auswertungen

KREDITOREN
- Nehmen sie an der BAG teil?
- Menge der Kreditorenrechnungen
- Anteil der BAG-Fakturen an der Gesamtheit der Kreditorenrechnungen
- Wie werden die übrigen Fakturen bezahlt (Anteil in %)?
- Anzahl Einzelüberweisungen
- Anzahl Sammelüberweisungen
- Sammelüberweisungen/Datenträgeraustausch
- Scheck
- Bankeinzug

DEBITOREN

- Anzahl der Debitorenkonten
- Anzahl der Debitorenrechnungen pro Monat
- Anzahl der Zahlungseingänge pro Monat
- Anzahl der Mahnungen pro Monat

Beginnen wird ein Gründer in der Regel sofort mit Bestell-Software, so für das Bibliografieren und Bestellen mit VLB und CD-Rom und/oder den CDs der Barsortimente. Es kann auch die Entscheidung für IBU, das unabhängige Bestellsystem der BAG, fallen. Seltener wird man mit einer Komplettsoftware beginnen und die modular aufgebauten Softwarepakete nach und nach einsetzen. Als Rangfolge ist dann zu empfehlen:

- Bibliographieren und Bestellen
- Rechnungsverkehr mit Kunden
- Abo- Verwaltung
- Rechnungsabwicklung mit Lieferanten
- Werbung
- Finanzbuchhaltung; Lohnbuchhaltung.

Letzter Schritt kann die nicht so einfache Errichtung eines geschlossenen Warenwirtschaftssystems sein. Zumeist begnügt man sich in den Anfangsjahren mit einer dem Unternehmen angepassten Warengruppenstatistik, die zu der Registrierkasse auch den Rechnungsverkehr an Kunden erfasst. Zudem wird der gegliederte Wareneingang ebenfalls monatlich erfasst und kumuliert.

Die gesamte Organisation der Buchhandlung ist von der Wahl des EDV-Systems betroffen und bindet sie auf Jahre. Deshalb muss der Einstieg sorgfältig geplant werden. Zumeist geht es nicht ohne die Hilfe eines Fachmanns mit Bestandsaufnahme und Erstellung eines Pflichtenheftes. Hierzu dient die von Hans Moser entwickelte Zusammenstellung *Checkliste Buchhandels-EDV*, die die Punkte der ersten Übersicht ergänzt und Vorüberlegungen zu dem Einsatz von Warenwirtschaftssystemen berücksichtigt.

CHECKLISTE BUCHHANDELS-EDV

ALLGEMEINES

- Stammdaten Adressen
- Übernahme von Verlagsadressen vom VLB
- Verlagsadressstamm im Lieferumfang
- Zahlungskonditionen/Bankverbindung hinterlegt
- Umsatzinformation hinterlegt
- Titel/Bestellungen hinterlegt
- Verknüpfung zu Vertreter/Verlagsauslieferung
- Möglichkeit der Vergabe von Werbe-Kennzeichen
- Korrespondenz hinterlegt
- Notizzettel hinterlegt
- Unterscheidung Verlag/Vertreter/Lieferant
- Unterscheidung Privatkunde/Geschäftskunde

STAMMDATEN TITEL
- Titelstamm im Lieferumfang
- Titelstamm kann vom VLB übernommen werden
- Barsortimentskatalog im Lieferumfang
- Preisänderungsdienst vorgesehen
- Lieferbarkeitsänderungsdienst vorgesehen

ZEITSCHRIFTEN/FORTSETZUNGEN
- Verwaltung verschiedener Preisarten
- Verwaltung von Direktbezügen
- Verwaltung des Wareneingangs
- Automatische Rechnungsschreibung
- Lieferscheine
- Monatsrechnungen
- Quartalsweise Abrechnung
- Verwaltung verschiedener Bezugszeiträume
- Behandlung von Auslandsabos
- Wechselkurstabelle
- Portotabelle
- Automatische Reklamation von fehlerhaften Wareneingängen
- Automatische Reklamation von nicht gelieferten Zeitschriften

BUCHHALTUNG
- Kontenrahmen frei wählbar
- Kontenbezeichnungen frei wählbar
- Selbstrechnende Konten
- Abschlusserstellung
- Bilanzerstellung
- Betriebswirtschaftliche Auswertungen
- Graphische Darstellung der BWA
- Offene Posten/Debitoren
- Offene Posten/Kreditoren
- Lohnbuchhaltung
- Bankeinzug vorgesehen
- Scheckdruck/Zahlungsavis
- Zahlungen mit Datenträgeraustausch/per DFÜ
- Schnittstelle zu anderen Finanzbuchhaltungs-Programmen/BAG Fibu
- Auswahl und Druck von Verkehrs- und Saldenlisten

RECHNUNGSSCHREIBUNG
- Zugriff auf Inhouse-Titelstamm
- Zugriff auf vorhandenen Kundenstamm
- Unterschiedliche Mehrwertsteuersätze auf einer Rechnung
- Unterschiedliche Währungen (€/$)
- Positionsbezogene Rabattsätze
- Portotabelle
- Frei gestaltbare Rechnungsformulare
- Ausdruck mehrerer Kopien (für Tintenstrahl/Laserdrucker)
- Druck von Versandaufklebern
- Monatsrechnungen
- Lieferscheine
- Festbelastung von Lieferscheinen
- Unterscheidung Rechnungsadresse/Lieferadresse
- Rechnungsausgangsjournal
- Schnittstelle zu internen Finanzbuchhaltungs-Programmen
- Schnittstelle zu externen Finanzbuchhaltungs-Programmen

7.9 Rationalisierungsinstrument EDV

BESTELLBUCH
- Übernahme von Bestellungen aus dem VLB/KNO/Libri
- Barsortimentsbestellung mit mehreren Kundennummern
- Bestellübermittlung via IBU
- Bestellübermittlung via Fax
- Wareneingang mit Barcodeleser

- Meldenummern nach genormtem Schlüssel
- Kundenbenachrichtigung bei Lieferhindernissen
- Reklamation falsch gelieferter Sendungen
- Kundenbestellung von Lagerbestellung reservieren

WARENWIRTSCHAFT
- Wareneingang über Barcode
- Wareneingang über elektronischen Lieferschein (ELS)
- Meldenummern nach genormtem Schlüssel
- Meldenummern individuell vergebbar
- Automatische Reklamation falsch gelieferter Sendungen
- Warengruppen frei wählbar
- Unterstützung mehrerer Filialen
- Disposition nach Warengruppen, Verlagen, Vertreter, Verlagsauslieferung
- Disposition nach Mindestbestand
- Disposition nach Drehzahl auf einer Rechnung

- Beachtung eines Mindestbestellwertes
- Aufgabe von Vertreteraufträgen
- Einlesen von Vertreteraufträgen
- Warenausgang über Barcode
- Automatischer Warenausgang bei Fakturierung
- Bestellvorschlag bei Unterschreiten des Mindestbestandes
- Möglichkeit, bestimmte Titel von Nachbestellung auszuschließen
- Statistik nach Warengruppen, Verlagen, Titeln, Verkaufshäufigkeit
- Nachräumliste
- Lagerumschlaggeschwindigkeit nach Verlag

REMISSIONEN
- Verwaltung von RR-Lieferungen nach Stichtag
- Freie Remission

- Druck von Remissionsavisen
- Nachführen des Bestandes und des Umsatzes

FILIALEN
- Titelstamm nach Filialen einteilbar
- Kundenstamm nach Filialen einteilbar
- Disposition nach Filialen getrennt

- Einfacher Titeltausch zwischen Filialen
- Statistiken auch nach Filialen abrufbar
- Filialfähige Buchhandlung

KASSENEINBINDUNG
- Online-Zugriff der Kasse auf interne Datenbank
- Verbuchung der Warenausgänge über die Kasse

- Kassenbuchung über Barcodeleser
- Integrierte Kreditkarten-/EC-Abrechnung
- EC-Cash/ELV

TEXTVERARBEITUNG
- Textverarbeitung integriert/ extern
- Unterstützung von Grafik im Text
- Serienbriefe aus eigener Adressdatenbank
- Serienbriefe aus externer Adressdatenbank
- Sortierung der Serienbriefe nach Postleitzahlen

VERNETZUNG
- Netzwerk
- Terminals
- Modemanschluss vorgesehen
- IBU vorgesehen
- Verbindung mit Barsortimenten
- CD-ROM vernetzt
- CD-ROM Einzelplatz

WARTUNG/SCHULUNG/UPDATES
- Fernwartung über DFÜ
- Telefonische Hotline
- Hardware-Wartung inbegriffen
- Entfernung zum nächsten Ansprechpartner
- Schulung im Preis inbegriffen
- Updates geplant
- Benutzergruppen/Treffen von Benutzergruppen
- Individualprogrammierung

Ferner ist auf das regelmäßig zur Frankfurter Buchmesse im Herbst erscheinende Heft *Das Softwareangebot für den Buchhandel*, Sortimenter-Ausschuss des Börsenvereins, als Beilage zur Broschüre *forum management für Sortiment und Verlag* hinzuweisen. Aufnahmekriterium für diese Aufstellung ist die Qualifizierung eines Programms als spezifische Branchensoftware für den Buchhandel. Viele der darin vorgestellten Programme können während der Buchmesse in Frankfurt am Main in einer Ausstellung direkt beim ausstellenden Anbieter angesehen und geprüft werden. Solche Programme sind in der Übersicht besonders gekennzeichnet.

Aus dieser umfassenden und klar gegliederten Aufstellung lassen sich z. B. die Anbieter für Warenwirtschaftssysteme fürs Sortiment (Zielgruppe 4 markiert) herausfiltern mit allen Einzelheiten des Programms wie Zahl der getätigten Installationen, Preise, Schulung, Hotline, Leistungsumfang, Hardware-Basis, Betriebssystem, um nur die wichtigsten Rubriken zu nennen.

Eine etwas ausführlichere Darstellung für die EDV-gestütze Warenwirtschaft ist sinnvoll, weil diese Technik noch nicht in dem Maße im Sortimentsbuchhandel verbreitet ist, wie sie als Rationalisierungsmittel bei der Bewältigung der ständig wechselnden Titelmassen nötig wäre. Seit Jahren schon steht auf der Prioritätenliste der Handelsmanager der Einsatz computergestützter Warenwirtschaftssysteme ganz oben. Nur allmählich setzen sie sich auch im Sortimentsbuchhandel durch, obwohl durch immer preisgünstigere Hard- und Software selbst für kleinere Einheiten wirtschaftlich vertretbare Lösungen parat stehen.

8
Warensortiment

Jedes Warenlager einer Buchhandlung hat sich an den Wünschen und Bedürfnissen seiner potenziellen Kunden zu orientieren. Bei der Sortimentserrichtung wird man das Warenangebot so gestalten, dass es den Zielen des jungen Unternehmens, den Wünschen der angesprochenen Käufer und den wirtschaftlichen Möglichkeiten der Buchhandlung entspricht. Eine Sortimentsbildung ist zwar auf einen bestimmten Zeitpunkt bezogen, aber im Allgemeinen auf einen längeren Zeitraum ausgerichtet. Die Zusammensetzung eines Sortiments ändert sich ständig.

Unter Sortimentspolitik ist sowohl die Sortimentswahl als auch die laufende Anpassung des Warenkreises an die sich ständig wandelnden Absatzverhältnisse zu verstehen. Sortimentswahl heißt Sortimentserrichtung als einmalige Entscheidung, die Gestaltung des Rahmensortiments im Sinne der Grundkonzeption. Als konstitutive Gründungsentscheidung ist sie jedoch nicht als unantastbar anzusehen, denn marktorientiertes Absatzdenken erfordert eine fortwährende Modifikation. Breite und Tiefe des Absatzprogramms bestimmen die Sortimentsdimension, wobei man unter Sortimentsbreite die Zahl der geführten Literaturgruppen bzw. Warengruppen versteht, während Sortimentstiefe die Auswahl nach Zahl der Autoren, Titel und Ausgaben innerhalb einer Gruppe kennzeichnet.

Zwischen der Zielvorstellung des Buchhändlers, seinen vielleicht missionarischen Idealen und den tatsächlichen Bedürfnissen mag es in den ersten Jahren erhebliche Diskrepanzen geben, die sich eines Tages in schwer oder nicht mehr verkäuflichen Lagerbeständen mit ihrer finanziellen Belastung spiegeln. Das beweisen die Erfahrungen bei der Überprüfung der Bestände am Ende der Gründungsphase. Andererseits kann bei Einklang der Vorstellungen des Sortimenters mit denen der prospektiven Käuferschaft in Bezug auf die Sortimentszusammensetzung ein anderes Hemmnis bestehen, so etwa fehlende Mittel für die Beschaffung eines bedarfsgerechten Lagers oder aber zu beschränkter Raum für die Präsentation der notwendigen Bücher.

Die Sortimentsbildung ist Kern der absatzwirtschaftlichen Tätigkeit. Eine Buchhandlung steht zwischen den Produktionsbetrieben (Verlagen) und den Verbrauchern von Verlagserzeugnissen. Es ist für sie unmöglich, alle produzierten Bücher für das Lager anzuschaffen und anzubieten; der Sortimenter wird eine Auswahl treffen, die sein Warensortiment darstellt. Diese strategische Hauptaufgabe der Selektion des reichen Bücherangebotes muss mit zahlreichen Zusatzleistungen verschmolzen werden, um als buchhändlerische Leistung am Markt verwertet werden zu können (vgl. Kap. 11 und 12). Es genügt jedoch nicht, die einmal getroffene Sortimentswahl, das Rahmensortiment, unverändert fortzuführen; vielmehr ist das Angebot den sich wandelnden Absatz- und Kostenverhältnissen anzupassen. Märkte verändern sich rasch; kurz-, mittel- und langfristige Trends gilt es zu erkennen und diese in ein entsprechendes Buchangebot umzumünzen.

Bestimmt wird das Warensortiment einer Buchhandlung von dem gewählten Betriebstyp und dem ins Auge gefassten Standort. Eine Boulevard-Buchhandlung in bester Lage erheischt die Haltung eines breiten allgemeinen Sortiments, die Fachbuchhandlung dagegen in der Nähe einer Technischen Hochschule wird die voraussichtlich gefragte Spezialliteratur als tiefes Angebot präsentieren. Neben den herkömmlichen Betriebstypen sind in den letzten Jahren buchhändlerische Unternehmungen eines anderen Typs entstanden, z. B. solche für Comics und Fantasy, für Krimis, für Rock- und Gegenkultur, für New Age, für Esoterik, für Modernes Antiquariat, für Kunstkataloge, als Autorenbuchhandlung oder als Frauenbuchhandlung.

Wirtschaftliche Lagerhaltung bedeutet, das Angebot auf Verkäuflichkeit auszurichten. Welche Titel sind den Longsellern (z. B. Bibeln, Klassiker, Nachschlagewerke vom Typ Duden, eingeführte Lehr- und Fachbücher, bewährte Reiseführer und Atlanten), welche den Steadysellern (Lexika, regelmäßige und unregelmäßige Fortsetzungen), welche den Bestsellern von oft nur kurzer Lebensdauer (Titel der Bestsellerlisten für Belletristik und Sachbuch als Hardcover oder Taschenbuch) und welche den problematischen Verlagserzeugnissen (Novitäten unbekannter Autoren, nicht mehr aktuelle Titel, Sachgebiete mit abnehmendem Interesse) zuzurechnen? Welche Mengen je Titel werden in den zuvor genannten Buchgruppen benötigt? Es sind eben nur solche Verlagserzeugnisse in Qualität und Quantität einzukaufen, deren Absatz in angemessener Zeit gesichert erscheint. An diese Stelle ist auf das zweibändige Werk des Verfassers mit dem Titel *Beschaffung und Lagerhaltung im Sortimentsbuchhandel* hinzuweisen, erschienen in der Edition BuchMarkt im Verlag Hardt & Wörner (Band 1 Beschaffung und Bd. 2 Lagerhaltung). Im Kap. 1 des ersten Bandes, auf den Seiten 20–76, wird sehr ausführlich das Sortiment der Waren behandelt.

8.1
Durchführung der Sortimentserrichtung

Sortimentserrichtung heißt Gestaltung eines kundenadäquaten Angebotes und Verwirklichung der sich selbst gesetzten Unternehmensziele. Ob nur bestimmte Zielgruppen oder die Allgemeinheit der möglichen Buchkäufer angesprochen werden sollen, ist erste Richtschnur. Ein Kinderbuchladen z. B. mit sehr tiefem Angebot von Kinder- und Jugendbüchern sieht als Zielgruppe Kinder, Eltern und Großeltern. Die wissenschaftliche Buchhandlung präferiert Studenten, Dozenten und Freiberufler der jeweils gewählten Disziplin. Aufgrund der Bestimmung des Rah-

8.1 Durchführung der Sortimentserrichtung

mensortiments muss der Gründer über die in Frage kommenden Lieferanten (Verlage, Auslieferungen, (Spezial-)Barsortimente) informiert sein und seine Titelwahl treffen.

Geplant werden sollte auch die Größe des Angebotes, differenziert nach den verschiedenen Literaturgruppen, um eine unwirtschaftliche Lagerhaltung zu vermeiden. Die Struktur des Lagers einer neuen Buchhandlung richtig festzulegen, ist eines der schwierigsten Probleme überhaupt. Vorausgegangene Erfahrungen als Mitarbeiter in anderen Betrieben vermögen Anhalte zu geben. Sie sind aber nicht voll übertragbar, denn jeder Standort hat seine Besonderheiten. Auch die durch den Kölner Betriebsvergleich vorliegende Absatzstatistik mit ihren Durchschnittswerten aus rund 250 Sortimentsbuchhandlungen kann nicht für den individuellen Fall das allgemeingültige Muster sein, obwohl es Trends widerspiegelt:

UMSATZGLIEDERUNG DES SORTIMENTSBUCHHANDELS 1998–2001 (Kölner Betriebvergleich)

	1998	1999	2000	2001
Belletristik	10	10	11	10
Kinder- und Jugendbücher	9	8	10	9
Fachbücher Naturwissenschaft	5	5	4	4
Fachbücher Geisteswissenschaft	9	9	10	10
Schulbücher	9	8	8	8
Taschenbücher	14	15	14	14
Zeitschriften, Presseerzeugnisse, Fortsetzungen	8	7	7	7
Hobby-, Freizeit-, Reiseliteratur	11	11	10	9
Sachbücher	11	11	12	12
Antiquariat, Modernes Antiquariat	3	4	3	3
Audiovisuelle Medien	–	–	3	3
Alle übrigen Waren	10	10	9	11

Von den aufgeführten Durchschnittswerten für die Gesamtheit der Teilnehmer gibt es Abweichungen bei Aufgliederung nach anderen Merkmalen:
- **BESCHÄFTIGTENGRÖSSENKLASSEN** In kleinen Buchhandlungen ist der Anteil der Gruppen Belletristik, Kinder- und Jugendbücher sowie Taschenbücher erheblich höher, bei Fachbüchern beachtlich geringer. In großen Unternehmen zeigt sich ein umgekehrtes Bild.
- **ORTSGRÖSSENKLASSEN** Parallel zur Absatzstruktur nach Personengrößenklassen haben Buchhandlungen in kleinen Orten bis zu 10.000 Einwohnern bei Belletristik, Kinder- und Jugendbüchern einen höheren Anteil; in Städten mit über 300.000 Einwohnern ist es umgekehrt.
- **GESCHÄFTSLAGEN** Taschenbücher dominieren in Hauptverkehrslagen der Vororte und Stadtteile, auch übrige Waren. Fachliteratur ist am stärksten in Nebenlagen der Innenstädte vertreten.

Die deutschen Buchverlage haben im Jahr 2002 rund 700 Mio. Bücher im Wert von etwa 4,25 Mrd. € produziert. Wie sich die mengenmäßige Buchproduktion nach Warengruppen verteilt, verdeutlicht die folgende Grafik:

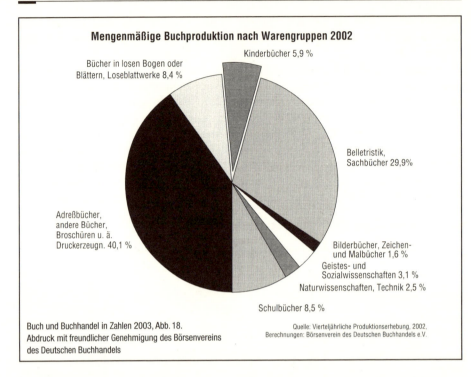

Buch und Buchhandel in Zahlen 2003, Abb. 18.
Abdruck mit freundlicher Genehmigung des Börsenvereins des Deutschen Buchhandels

Quelle: Vierteljährliche Produktionserhebung, 2002, Berechnungen: Börsenverein des Deutschen Buchhandels e.V.

Aufschluss über Trends verschiedener Programmbereiche gibt das G + J Haushaltspanel. Danach ist für den Gesamtbuchmarkt mit einer positiven Entwicklung zu rechnen. Die stärksten Zuwächse weisen die Bereiche Ratgeber, Bild- und Kunstbände, Kinder- und Jugendbücher, Klassiker und etwas weniger ausgeprägt Unterhaltungsliteratur auf. Die seit längerer Zeit rückläufige Tendenz für das Fachbuch hat sich fortgesetzt. Andere Programmbereiche haben ihren Anteil am Gesamtumsatz bewahrt. Nach Buchtypen gesehen ist für das Taschenbuch im Vergleich zum Hardcover ein leichter Anstieg zu verzeichnen. Als Trend in der Kombination ›Alter zu Programmbereich‹ wurde ermittelt:
- Bei den jungen Jahrgängen verliert Unterhaltungsliteratur an Boden. Ratgeber und Fachbücher gewinnen leicht.
- Die Gruppe der 30- bis 49jährigen zieht es stärker zur Unterhaltungsliteratur als andere Altersstufen.
- Bild- und Kunstbände haben ihre stärksten Käuferschichten bei den über 60jährigen mit leicht steigender Tendenz.
- Der »Boom« bei Ratgebern wird hauptsächlich durch die 30- bis 39jährigen ausgelöst. Ähnliches gilt für den Bereich der Sachbücher.
- Bei den Kinder- und Jugendbüchern ist der Markt – nach Altersstrukturen betrachtet – konstant.

In Bezug auf bedarfsgerechte Lagergröße ist an den unterschiedlichen Absatzrhythmus in den einzelnen Monaten des Jahres zu denken. Kap. 2.6 belegt die recht unregelmäßig verlaufende Umsatzkurve mit ihrer Umsatzspitze im Dezember. Abweichungen von diesen Mittelwerten aus 100 Buchhandlungen ergeben sich aus der individuellen Absatzstruktur. So verändert ein hoher oder aber ganz fehlender Schulbuchumsatz den Umsatzrhythmus beträchtlich.

Der Einkaufsrhythmus für Lagerbestellungen hat einen Vorlauf von einem bis zu sechs Monaten gegenüber dem Absatz, je nach Einkaufsverhalten und Verhältnissen. Sünden hier rächen sich in einer überlangen Bindung von Mitteln im Warenlager. Grenzen im Hinblick auf die Lagerhöhe setzt der vom Gründer für die Erstausstattung eingeplante Betrag (Betriebsmittel). Hier ist eine dem voraussichtlichen Absatzanteil entsprechende Einkaufseinteilung nach Literatur- und Warengruppen sowie den dafür relevanten Verlagen opportun.

Leider wird aus der Übersicht *Umsatzgliederung des Sortimentsbuchhandels* nicht ersichtlich, wie viel vom Lager und was auf Besorgung verkauft wurde bzw. als Durchlaufgeschäft anzusehen ist. Unsere Lagergröße bei der Sortimentserrichtung hat sich nicht am erwarteten Gesamtumsatz, sondern am voraussichtlichen Lagerumsatz zu orientieren. Dieser kann in der Gründungsphase je nach Gestaltung des Rahmensortiments die Hälfte ausmachen. Erfahrungsgemäß entspricht der Anfangsbestand einer gerade gegründeten Buchhandlung den vielfältigen Wünschen der Kunden noch nicht so gut, wie es in einem langjährig funktionierenden Betrieb der Fall ist. Deshalb liegt der Besorgungsanteil vielfach höher. Nach den Anlaufjahren pendelt sich das Verhältnis von Lagerverkauf und Durchlaufgeschäft (besorgte Bücher, durchlaufende Abonnements von Zeitschriften und unregelmäßigen Fortsetzungen, Sammelaufträge der Kommunen im Schulbuchgeschäft u. a. m.) auf das durchschnittliche Verhältnis von 70 : 30 ein.

8.2
Gegenstände des Buchhandels

Die Definition in der *Verkehrsordnung* (Text in Kap. 9.1) verdeutlicht, dass Bücher als eine von mehreren Warenarten gelten, die gebündelt den Warenkreis *Gegenstände des Buchhandels* bilden. Es sind dies nach § 4 der Satzung des Börsenvereins »[...] alle Werke der Literatur, Tonkunst, Kunst und Fotografie, die durch ein grafisches, fotografisches, fotomechanisches, optisches, magnetisches oder digitalisiertes Verfahren (auch im Wege der Fotokopie, Xerografie, Mikropkopie oder dergl.) vervielfältigt sind, wie z. B. Bücher, Zeitschriften, Musikalien, Tonträger, elektronische Datenträger, Kunstblätter, Kalender, Diapositive, Atlanten, Landkarten, Globen, Schulwandbilder und andere diesen Begriffsbestimmungen entsprechende Lehr- und Lernmittel«. Gegenstände des Buchhandels sind demnach auch solche Werke, die elektronisch gespeichert sind und auf dem Wege der Datenfernübertragung online verbreitet werden.

Bei der Errichtung des Buchsortiments wird der Gründer entsprechend seiner Sortimentspolitik Schwerpunkte im Hinblick auf bestimmte Literaturgruppen setzen. In einer allgemeinen Buchhandlung hat das Lager der Belletristik, die schöngeistige Literatur (besser fassbar mit dem angelsächsischen Ausdruck fiction), den weitaus größten Anteil. Darunter subsumiert der Sortimenter gewöhnlich Romane, Erzählungen, Lyrik, Dramen, auch ein Großteil der Kinder- und Jugendbücher ist diesem Sektor zuzuordnen. Als so genannte ›Kann-Literatur‹ besteht beim Verbraucher nicht unbedingt ein Bedürfnis des Erwerbs. Es muss geweckt werden durch entsprechende Werbemaßnahmen, die sich bis zur Beratung über einzelne Autoren und deren Werke erstrecken. Als erklärungsbedürftiger Teil des Gesamtsortiments sind hier Kenntnisse der Buchinhalte vonnöten. Im Bereich der ›Fiction-Literatur‹ gibt es sehr wenige Titel als Steadyseller oder Longseller; das Risiko der Lagerhaltung ist deshalb besonders groß. Ebenfalls der ›Kann-Literatur‹ zuzuordnen ist das Sortiment der Sachbücher, angelsächsisch non-fiction. Sachbuch wie der Belletristik kommt im Normalfall ein recht hoher Umsatzanteil zu. Die Errichtung und Pflege dieses Sortimentsteiles bedarf der Belesenheit der im Verkauf stehenden Personen, die Kunden erwarten eine Hilfestellung vor dem Erwerb.

Unter ›Muss-Literatur‹ verstehen wir Schulbücher, Fachbücher und wissenschaftliche Literatur. Beim Schulbuch kann der Bedarf im Einzelverkauf ab Lager sehr gering oder hoch sein, je nachdem, ob im Bundesland der Ansiedlung volle bzw. teilweise Lernmittelfreiheit herrscht oder nicht. Eigenart des Schulbuchgeschäftes ist die stoßartige Belastung an wenigen Wochen um den Beginn des Schuljahres herum. Der Vorlauf des Einkaufs für eine Lagerhaltung ist sehr kurz, weil die für die einzelnen Schulformen benötigten Titel dem Buchhändler zumeist spät zur Kenntnis gelangen. Bei Lernmittelfreiheit kann sich die neue Buchhandlung um Sammelaufträge bei den Schulen und Kommunen bemühen. Eine Lagerhaltung ist nicht notwendig, die Abwicklung solcher Aufträge gilt als reines Durchlaufgeschäft. Wenn Schulbücher geführt werden, dann gehört zum Rahmensortiment auch das Angebot von Schullektüre und Lernhilfen. Positiv entwickelt sich auch der Markt mit fremdsprachiger Literatur (meist englischsprachig). Die Errichtung eines Sortiments von Fachbüchern (für berufsspezifische Aus- und Weiterbildung) und wissenschaftlicher Literatur ist davon abhängig, ob für diese »Muss-Literatur« ein Bedarf am Ort besteht oder nicht, ob dieser Teilmarkt eventuell voll oder teilweise durch eine Spezialbuchhandlung im Ort abgedeckt wird oder nicht oder aber ob sich der Gründer in weiser Selbsterkenntnis nicht in der Lage fühlt, diese Literatur in richtiger Zusammensetzung zu beschaffen und zu pflegen.

Eine Lagerhaltung von Presseerzeugnissen, die oft die wichtige Türöffnerfunktion zur Erhöhung der Besucherfrequenz haben, ist aufgrund der vollen Remissionsmöglichkeit beim Presse-Grossisten ohne Risiko. Hier muss der Gründer darauf achten, dass ihm nicht unverlangt schlecht rabattierte Taschenbücher oder zum Sortiment wenig passende Zeitschriften aufoktroyiert werden. Anfangs wird man wohl nur in Ausnahmefällen Fachzeitschriften für den Einzelverkauf anbieten.

Ähnliches gilt für unregelmäßige Fortsetzungen, ausgenommen Lexika und vielleicht Grundwerke wichtiger Gesetzessammlungen.

Gegenstände des Buchhandels sind überwiegend Güter, die nicht unbedingt als lebensnotwendig erachtet werden. Der Bedarf nach ihnen ist mittel- und langfristig, sehr selten kurzfristiger Art. Die Lebensdauer eines Buches am Markt dürfte in der Mehrzahl der Fälle nur kurz sein. Novitäten in ungeheurer Anzahl verdrängen die alten Titel. Ein Buch wird in der Regel nur einmal von einem Kunden dem Markt entnommen. Damit ist noch einmal das Risiko der Lagerhaltung charakterisiert. Bei der Errichtung eines Rahmensortiments einer zu gründenden Buchhandlung hat deshalb besondere Vorsicht zu walten.

8.3 Randsortiment

Es gibt nur wenige Buchhandlungen, die ausschließlich Bücher vertreiben. Bei den erweiternden und ergänzenden Sortimenten ist zu unterscheiden zwischen buchhandelsnahen und buchhandelsfremden Artikeln. Zu den Verlagserzeugnissen global zählen Zeitungen und Zeitschriften, die sowohl im Abonnement als auch im Einzelverkauf bezogen werden können und eine besondere Auslage erfordern aufgrund des anderen Formats.

Modernes Antiquariat – und seien es nur wenige Titel – gehört heute schon fast zum Standard-Sortiment; das ›richtige‹ Antiquariat jedoch ist ein Spezialgebiet, welches besondere Kenntnisse voraussetzt. Musikalien als Sonderzweig erheischen ebenso spezielles Wissen, einrichtungsmäßig sind Kästen und Schuber mit Beschriftung für die Flachlage der Noten einzubauen.

Auch Kassetten oder CDs bedürfen andersartiger Lagerung. Bei solchen Abteilungen ist in erster Linie die Wahl zu treffen zwischen E-Musik (ernster Musik) und U-Musik (Schlager, Pop, Jazz). Der Kreis der potenziellen Hörbuchkäufer erweitert sich von Jahr zu Jahr. Sehr oft ist die Kombination Buch und Kunst anzutreffen, wobei es mit Kunstdrucken beginnen kann und schließlich in eine Grafik-Abteilung mit erheblichem Raumbedarf mündet. Hier können wir auch die religiöse Kunst (Devotionalien) ansiedeln. Etwas weiter entfernt liegt schon eine Abteilung mit Kunstgewerbe. Zunehmend Eingang finden die Neuen Medien in Form von CD-ROMs und DVDs.

Vor allem in Kleinstädten oder in Randlagen der Groß- und Mittelstädte ist als Randsortiment PBS (Papier-, Büro-, Schreibbedarf) ein willkommener Umsatzträger. Als weitere Zusatzartikel sind als so genannte Non-Books denkbar: Spiele, pädagogisches Spielzeug, Lehr- und Lernprogramme, Puzzles, Experimentierkästen, Audiovisionsprodukte, Reiseandenken, Briefmarken, Software und Hardware in Verbindung zum Sortiment der Computer-Literatur und anderes mehr.

Ein junger Unternehmer wird selbst entscheiden müssen, auf welche Bedürfnisse er gleich oder später sein Randsortiment ausdehnen will, für das Nachfrage vorhanden sein muss, von dem er und seine Mitarbeiter etwas verstehen, für das Mittel zur Finanzierung bereitstehen sollen und das schließlich auch räumlich in der Buchhandlung unterzubringen ist. Doch er kann auf Hilfe der Zwischenbuchhändler bauen: Bei der Einführung buchnaher und wirtschaftlich lukrativer Medien stehen die Barsortimente durch kompetente Verkaufsförderung zur Verfügung.

8.4
Proportionalität des Gesamtsortiments

Die Proportionalität des Gesamtsortiments muss mit den Gründungsentscheidungen abgestimmt sein: Standort, Raum, Betriebsgröße, Mitarbeiterzahl sowie Kapital bestimmen Inhalt und Umfang des Rahmensortiments. Neben den vielfältigen Gegenständen des Buchhandels sind es oft Nebenartikel, die zur Sicherung eines genügend hohen Umsatzes dienen.

Wichtigster Aspekt bei der Gestaltung des Sortiments ist der Inhalt der anzubietenden Verlagserzeugnisse, mit dem auf bestimmte Käuferschichten (Zielgruppen) im Wirkungsbereich des Unternehmens abgehoben wird. Welche Literaturgruppen müssen in besonderer Tiefe vorrätig sein, welche Sachgebiete können fehlen? Reichen die Fachkenntnisse des Inhabers und seiner Mitarbeiter aus, um spezielle Buchgruppen oder das Nebenartikelsortiment kundengerecht zusammenzustellen und gewünschte Beratung leisten zu können? Je größer das Angebot, desto vielfältiger die Anforderungen an die im Verkauf stehenden Personen.

Wirtschaftlicher Teilaspekt ist die Frage, inwieweit die Monats-Umsatzkurve mit der typischen Spitze im November und Dezember abgeflacht werden kann durch besondere Angebote oder zusätzliche Dienstleistungen in umsatzschwachen Zeiten. Beispiele sind Veranstaltungen aller Provenienz, Außenarbeit, Buchausstellungen, Aktionen.

Von besonderer Wichtigkeit ist der Preis der ins Gesamtsortiment aufzunehmenden Verlagserzeugnisse und Nebenartikel. Einkommensstruktur und Wirtschaftskraft in der umworbenen Region üben hier Einfluss aus. Typisch für viele Gründer erscheint dem Verfasser die Angst vor der Lagerhaltung teurer Bücher, was sich beispielsweise in einem übergewichtigen Taschenbuchangebot in den ersten Jahren spiegelt. Sind von gängigen Titeln gebundene Ausgaben und Pockets auf dem Markt, steht zumeist nur das niedrigpreisige Taschenbuch am Lager. Werden beide Ausgaben geführt, so legt man beim Kundenwunsch nach einem solchen Bestseller oft nicht beide Ausgaben vor. Es ergibt sich daraus und auch aus der übrigen Zusammensetzung des Sortiments in jungen Unternehmen fast regelmäßig ein durchschnittlich niedrigerer Barkaufbetrag als in etablierten Firmen. Dem muss sowohl vom Rahmensortiment als auch von der Präsentation her gegengesteuert werden.

Zusammenhänge zwischen Buchpreis und Lebensalter des Gründers, seiner Mitarbeiter und der Kunden sind unverkennbar: junge Käufer und junge Verkäu-

8.4 Proportionalität des Gesamtsortiments

fer tendieren zu einem niedrigen Preisniveau. Es bedarf einiger Erfahrung, um das richtige Verhältnis von hoch- und niedrigpreisigen Titeln im Gesamtsortiment zu finden, das den Gegebenheiten des Standortes und den Gegebenheiten des Betriebes gerecht wird.

Nicht zu unterschätzender Aspekt bei der Proportionalität des Rahmensortiments ist der so unterschiedliche Rabatt für Bücher in den einzelnen Literaturgruppen mit seiner Auswirkung auf die Höhe der Betriebshandelsspanne. Will der Gründer den gut rabattierten Anteil der ›Kann-Literatur‹ (Belletristik, Kinder- und Jugendbücher, Sachbücher, Taschenbuch) forcieren oder aber nimmt er geringere Spannen bei der ›Muss-Literatur‹ (Schulbuch, Fachbuch, wissenschaftliche Literatur) in Kauf? Oder forciert er die betriebswirtschaftliche These eines geringeren Waren-Rohgewinns aber schnelleren Lagerumschlags durch ein entsprechendes Einkaufsverhalten?

Welche Sortimentspolitik ein Gründer auch immer verfolgt, letztlich gilt es, einen optimalen Kompromiss zwischen Kosten und Risiken zu finden. Als Hilfsmittel zur eigenen Beurteilung des Sortiments folgt eine Checkliste, die von der BBE-Unternehmensberatung in Köln zusammengestellt worden ist. Sie ist nicht nur in der Gründungsphase, sondern auch später als Kontrollinstrument nützlich.

SORTIMENTS-CHECKLISTE FÜR DEN BUCHHANDEL

Kriterien	Beurteilung							Bemerkungen, Ursachen
	positiv	1	2	3	4	5	negativ	
Da Sortiment ist an klar umrissenen Zielgruppen orientiert.								
Die angestrebten Zielgruppen leben im Einzugsgebiet des Standortes.								
Das Sortiment bietet im Genre (z. B. literarische Spezialbuchhandlung) ein einheitliches Bild.								
Das Genre ist nicht zu hoch angesiedelt (kleiner werdende Zielgruppe).								
Die Sortimentsidee ist klar zu erkennen.								
Die Sortimentsidee wird von Zeit zu Zeit verschiedenen Trends (z. B. Gesundheit) angepasst.								
Das Sortiment ist optisch gut gegliedert.								
Das Sortimentsniveau ist der Warenpräsentation, der Einkaufsatmosphäre und der Ladengestaltung angepasst.								
Es werden nur Sortimentsbereiche geführt, in denen das Unternehmen wirklich leistungsfähig ist.								

8 Warensortiment

Kriterien	Beurteilung positiv 1 2 3 4 5 negativ	Bemerkungen, Ursachen
Es wird eine quantitative Sortimentskontrolle durchgeführt (Renner-/Pennerlisten, Deckungsbeitragsrechnung).		
Vor Aufnahme neuer Sortimentsbereiche wird eine Marktanalyse durchgeführt.		
Neu in das Sortiment aufgenommene Bücher, Medien oder Zusatzartikel werden statistisch genau beobachtet.		
Es wird regelmäßig überprüft, ob Randsortimente aus Imagegründen notwendig sind.		
Auf unrentable Randsortimente wird weitgehend verzichtet.		
Es wird laufend geprüft, ob auf Verlage, deren Konditionen sich verschlechtern, verzichtet werden kann.		
Der Sortimentsumfang wird nicht nur zugunsten eines höheren Lagerumschlags reduziert.		
Das Sortiment ist in den geführten Schwerpunkt-Warengruppen tief gegliedert.		
Die Auswahl in den geführten Warengruppen ist vielfältig.		
Das Sortiment weist keine Lücken auf.		
Die Präsenz der Titel wird täglich kontrolliert. Abteilungsleiter und erste Verkaufskräfte werden hierzu verpflichtet.		
Die Bestände alter Titel im Sortiment sind gering, da regelmäßig remittiert wird.		
Ladenhüter werden aus dem Sortiment entfernt.		
Die Möglichkeit einer Profilierung über Spezialsortimente (z. B. Papeterie) wird von Zeit zu Zeit geprüft.		

Quelle: BBE-Unternehmensberatung GmbH, Köln

9
Beschaffung und Lagerhaltung

Als eine der wichtigsten buchhändlerischen Leistungen ist die marktgerechte, also die absatzorientierte Leistung anzusehen. Wenn wir den Betriebsprozess einer Buchhandlung auf die beiden Begriffe Beschaffung (Einkauf) und Absatz (Verkauf) reduzieren, dann sind die damit bezeichneten betriebsmittelorientierten und marktorientierten Funktionen aber nicht isoliert zu betrachten, denn erst in einer optimalen Verbindung wird das vor Augen stehende Unternehmensziel erreicht. Dieses Ziel kann man mit der naiven Sentenz beschreiben: »Das gewünschte Buch zur richtigen Zeit in bedarfsgerechter Menge vorrätig halten.«

Wissenschaftlich präzise formuliert heißt es im *Handbuch des Buchhandels, Bd. III Sortimentsbuchhandel* (1974): »Im Sinne der Marketing-Konzeption sind alle betrieblichen Teilbereiche einschließlich der Beschaffung auf die Belange des Absatzmarktes auszurichten. Dazu bedarf es gründlicher Marktkenntnis, die den Händler befähigt, die Nachfrage zu antizipieren und die voraussichtlich gewünschten Titel in der richtigen Menge und zum richtigen Zeitpunkt bereitzustellen. Ist dieses Ziel erreicht, hat die Beschaffung ihre absatzfördernde Funktion voll und ganz erfüllt.«

Beschaffungspolitik bedeutet damit stets Unterstützung der Absatzpolitik. Die Beschaffung ragt über den betrieblichen Bereich hinaus; bekanntlich dient sie im Handel dem Leistungsaustausch mit vorgelagerten Wirtschaftsstufen, in unserem Falle mit den vielen Verlagen und dem Zwischenbuchhandel in seinen verschiedenen Formen. Das Attribut ›absatzorientiert‹ macht den notwendigen Zusammenhang von Beschaffung und Absatz deutlich, insbesondere bei der Beschaffungsvorbereitung, der Planung des Einkaufs. Logischerweise plant man nach dem betrieblichen Bedarf, soweit das z. B. bei Novitäten überhaupt möglich ist. Es sind also nur Verlagserzeugnisse in Qualität und Menge einzukaufen, deren Absatz gesichert erscheint.

Über Absatzmenge und Absatzdauer informiert die Übersicht auf der folgenden Seite mit der Darstellung verschiedener Arten der Printmedien im Hinblick auf ihre Verkäuflichkeit. Das Risiko des einkaufenden Buchhändlers liegt im Bestseller- und Problemkinder-Bereich. Mit Steadysellern und Longsellern wird es ausgeglichen.

ABSATZMENGE UND ABSATZDAUER IM BUCHHANDEL

	Bestseller • Novitäten mit aktuellen Themen und/oder von bekannten Autoren • Medienthemen/-autoren	**Longseller** • Bibel • Klassische Kinderbücher • Klassiker • Nachschlagewerke (z. B. Duden) • Klassiker der Moderne • Lehrbücher
	Problemkinder • Novitäten unbekannter Autoren • Erklärungs- und überzeugungsbedürftige Titel	**Steadyseller** • Mehrbändige Nachschlagewerke • Loseblattwerke • Wissenschaftliche Periodika • Jahrbücher

ABSATZMENGE: groß ↔ klein; ABSATZDAUER: kurz → lang

Quelle: Der Buch- und Pressemarkt, Bonn, Stollfuß, 1995

9.1
Inhalt der Beschaffung, Verkehrsordnung

Gegenstände der Beschaffung im Sortimentsbuchhandel sind die im Kap. 8.2 aufgeführten Verlagserzeugnisse, die ohne weitere Be- und Umarbeitung als Handelsware von den Verlagen oder Firmen des Zwischenbuchhandels bezogen und für den Absatzprozess bereitgestellt werden. Nach dem Beschaffungsrhythmus ist zu unterscheiden nach:
• Laufend zu beschaffenden Verlagserzeugnissen wie so genannte Brotartikel (Longseller), Steadyseller, Bestseller, ständig gefragte Titel, also praktisch der größere Teil der ins Lager einzustellenden Titel;
• Periodisch zu beschaffenden Verlagserzeugnissen wie z. B. Zeitschriften, Lieferungswerke, Kalender, evtl. Schulbücher und wissenschaftliche Werke für das Semestergeschäft;
• Einmalig zu beschaffenden Verlagserzeugnissen wie Kundenbestellungen, ausgefallenen Neuerscheinungen.

Mit dieser Unterteilung nach dem Beschaffungsrhythmus wird schon angedeutet, dass in einer Branche mit 952.000 lieferbaren deutschsprachigen Titeln (2003) kein

9.1 Inhalt der Beschaffung, Verkehrsordnung

vollständiges Lager unterhalten werden kann. Von 1992 bis 2002 betrug die Buchproduktion in der Bundesrepublik Deutschland 839.343 Titel (nach dem *Wöchentlichen Verzeichnis* der *Deutschen Nationalbibliographie*), davon durchschnittlich 76 % Erstauflagen und 24 % Neuauflagen. Jährlich erscheinen seit 1999 über 80.000 Titel, hinzu kommen noch die deutschsprachigen Bücher aus Österreich und der Schweiz.

Eine Zweiteilung nach dem Verwendungszweck gliedert die Beschaffung in:
- Lagerbestellungen und
- Kundenbestellungen (Einzel- und Abonnement-Bestellungen).

Gegenüber anderen Branchen des Facheinzelhandels setzt sich das Lager einer Sortimentsbuchhandlung durchschnittlich aus wesentlich mehr Titeln (Artikeln) zusammen, die aus einem großen, sich ständig erneuernden Angebot selektiert und von sehr vielen Lieferanten bezogen werden können bzw. müssen. Schon kleine Buchhandlungen halten im Mittel über 10.000 Titel für ihre Kunden bereit, Neugründer in einer 1-Mann/Frau-Buchhandlung mindestens 2.000. Großflächen-Buchhandlungen kommen auf bis zu 120.000 Titel, selten darüber. Eine sehr gute Marktübersicht des Buchhändlers ist erforderlich oder muss von einem Gründer allmählich erarbeitet werden, um den vielschichtigen Bedarf der potenziellen Käuferschaft zur richtigen Zeit decken zu können.

Optimale Einkaufsentscheidungen setzen aber nicht nur die Kenntnisse des Absatzmarktes und seiner Entwicklung voraus; es müssen auch die Verhältnisse auf dem Beschaffungsmarkt bekannt sein. Die geforderte Marktübersicht bringt den Buchhändler in die Lage zu kennen und zu nutzen…
- die günstigste Beschaffungsquelle (Verlag, Barsortiment, Gemeinschaftseinkauf);
- den kosten- und zeitgünstigsten Bestellweg (Post, Telefon, Fax, Datenfernübertragung (DFÜ), Bestellanstalt, E-Mail);
- den optimalen Lieferweg (Büchersammelverkehr, Post, Spedition, Selbstabholung);
- die besten Konditionen (Staffelrabatte, Partien, Skonti, Boni, Ziel, Valuta, Rückgabe- und Umtauschrecht).

Die Übersicht auf Seite 132 vervollständigt die Zusammenhänge. Die einzelnen Punkte werden im Laufe der Ausführungen detailliert erklärt.

Aufgrund der Preisbindung ist eine aktive Preispolitik auf dem Absatzmarkt nur im Non-Book-Bereich möglich, es fehlt damit auch das Ventil der Lagerräumung durch Ausverkäufe zu herabgesetzten Preisen. Nach innen kann aber eine Einkaufskostenminimierung durch gute Rabatte (ohne Lagerverluste), volle Skontierung aufgrund richtiger Finanzierung, die Wahl kostengünstiger Lieferwege durchschlagen und zu einer verbesserten Handelsspanne beitragen.

Der Druck auf die Nettopreise der Verlage unter Ausnutzung einer besonderen Marktstellung ist beim Gros der vielen isoliert arbeitenden Buchhandlungen sehr

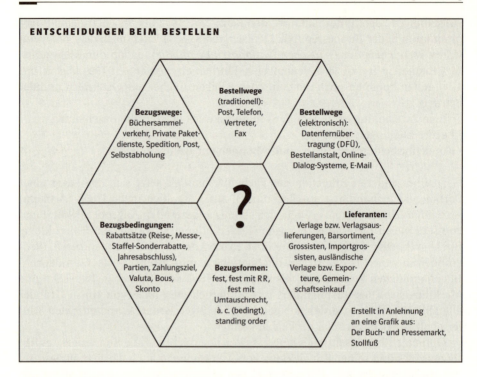

gering; im Allgemeinen ist die pro Unternehmen bestellte Menge Maßstab für die gewährten Konditionen. So erreichen große Buchhandlungen aufgrund der besseren Rabatte und eines höheren Lagerumschlags durchschnittlich auch höhere Betriebshandelsspannen. Der Gründer ist in der Regel in der untersten Rabattkategorie angesiedelt.

Zum Wissen im Bereich Beschaffung gehört auch die Kenntnis der speziellen handelsrechtlichen Bräuche. Die Geschäftsbedingungen zwischen herstellendem und verbreitendem Buchhandel sind in der Verkehrsordnung vom 31.8.1989 niedergelegt, die wegen ihrer Wichtigkeit nachstehend abgedruckt ist. Rechtlich gesehen ist die Verkehrsordnung eine unverbindliche Konditionenempfehlung. In diesem Sinne sind die 20 Paragrafen der buchhändlerischen Verkehrsordnung unverbindlich, weil nach § 305 BGB in der Bundesrepublik Deutschland das Prinzip der Vertragsfreiheit besteht, wonach einzelne Geschäftsfälle auch abweichend vom Handelsbrauch gehandhabt werden können. Sie sind jedoch Empfehlungen des Verbandes, dessen Mitgliedsfirmen die Bestimmungen de facto häufig ihren eigenen Geschäftsbedingungen zugrunde legen. Trotzdem ist es in Anbetracht der Vielfalt der verlagsindividuellen Lieferungs- und Zahlungsbedingungen sinnvoll, eine Konditionen- oder Verlagskartei (-datei) zu führen, in der alle allgemeinen und individuell ausgehandelten Konditionen vermerkt sind und verglichen werden können.

VERKEHRSORDNUNG FÜR DEN BUCHHANDEL

Präambel Der Börsenverein des Deutschen Buchhandels e.V. empfiehlt seinen Mitgliedern unverbindlich, ihren Geschäftsbeziehungen die nachstehende Verkehrsordnung zu Grunde zu legen. Es bleibt daher den Vereinsmitgliedern und ihren Vertragspartnern unbenommen, im Einzelfall abweichende Geschäftsbedingungen zu verwenden.
Soweit eigene Geschäftsbedingungen oder im Einzelfall festgelegte Bedingungen bestimmte Geschäftsvorfälle nicht regeln, gehen die Mitglieder des Börsenvereins davon aus, dass die Regelungen dieser Verkehrsordnung in Verbindung mit den Bestimmungen der Preisbindung, den Wettbewerbsregeln und den Verhaltensgrundsätzen (Spartenpapier) als Handelsbräuche im Buchhandel anzusehen sind.

§ 1 [Begriffsbestimmungen]
(1) Die Begriffsbestimmungen für den herstellenden Buchhandel, im folgenden kurz *Verlag* genannt, den verbreitenden Buchhandel, im folgenden kurz *Sortiment* genannt, sowie den Zwischenbuchhandel ergeben sich aus der Satzung des Börsenvereins. *Abnehmer* sind Buchhandlungen und Buchgroßhandlungen.
(2) Für den Zwischenbuchhandel finden folgende Begriffsbestimmungen Anwendung:
(2a) Barsortimente und andere Buchgroßhandlungen sind Unternehmen, die im eigenen Namen und auf eigene Rechnung Gegenstände des Buchhandels von den Verlagen kaufen, ein eigenes Lager unterhalten und an Sortimente verkaufen sowie Dienstleistungen erbringen.
(2b) Der buchhändlerische Kommissionär handelt im Auftrag, im Namen und für Rechnung des Verlages, des Sortiments oder beider. Buchhändlerischer Kommissionär einer Firma ist der im Buchhandels-Adressbuch oder im *Börsenblatt* bekanntgegebene Kommissionär, solange ein Kommissionswechsel oder die Kommissionsaufgabe nicht gem. § 2 angezeigt worden ist. Die Festlegung eines Kommissionsverhältnisses kann auch im Auftrag des Verlages oder des Sortiments über den Kommissionär durch gesonderte Mitteilung erfolgen.
(2c) Der Sortiments-Kommissionär fasst Dienstleistungen im Rahmen des buchhändlerischen Bestell- und Lieferverkehrs zusammen. Als Bücherwagen-Dienst übernimmt der Sortiments-Kommissionär im Auftrag des Sortiments-Kommittenten die Übernahme und die Zustellung von Gegenständen des Buchhandels von Verlagen bzw. deren Auslieferungen (Beischlüsse) und fasst sie ggf. mit Sendungen der Barsortimente gleichrangig zusammen. Er übernimmt die Abholung von Remittenden bei den Sortiments-Kommittenten und deren Zustellung an die Verlage bzw. deren Auslieferungen entsprechend der Versandanweisung des Sortiments-Kommittenten. Ein buchhändlerisches Kommissionsverhältnis wird allein durch die Übernahme von Beförderungsaufträgen als Frachtführer oder Spediteur nicht begründet.
Als Bestellanstalt leitet er im Auftrag des Sortiments-Kommittenten dessen Bestellungen an die Verlage bzw. deren Auslieferungen weiter.

(2d) Der Verlags-Kommissionär liefert aus dem von ihm verwalteten Auslieferungslager im Auftrag, für Rechnung und nach Weisungen der Verlags-Kommittenten aus (Verlagsauslieferung).

(2e) Barsortimente und andere Buchgroßhandlungen, Sortiments-Kommissionäre und Verlags-Kommissionäre erfüllen, ungeachtet der Zusammenfassung von Dienstleistungen, in sich selbständige und voneinander klar abgegrenzte Funktionen.

(3) *Werke* sind alle Gegenstände des Buchhandels sowie des Zeitschriften- und Kunsthandels, die der Verlag herstellt oder verbreitet. *Gegenstände des Buchhandels* sind alle Werke der Literatur, Tonkunst, Kunst und Fotografie, die durch ein grafisches, phonografisches, fotografisches, fotomechanisches oder magnetisches Verfahren (auch im Wege der Fotokopie, Xerografie, Mikrokopie oder dgl.) vervielfältigt sind, wie z. B. Bücher, Zeitschriften, Musikalien, Tonträger, Datenträger, Bildträger, Kunstblätter, Kalender, Diapositive, Atlanten, Landkarten, Globen, Schulwandbilder und andere diesen Begriffsbestimmungen entsprechende Lehr- und Lernmittel.

(4) *Ladenpreis* ist der vom Verlag für den Verkauf an den Endabnehmer festgesetzte Verkaufspreis, *unverbindlich empfohlener Preis* ist der Preis, den der Verlag für den Verkauf an Endabnehmer empfiehlt, *Nettopreis* ist der dem Abnehmer berechnete Preis. Alle diese Preise enthalten die gesetzliche Mehrwertsteuer. Rabatte und Skonti beziehen sich auf Preisangaben einschließlich der gesetzlichen Mehrwertsteuer.

(5) Als *Erscheinungstermin* eines Werkes gilt der Tag, an dem der Verlag mit der Auslieferung beginnt.

(6) Als *Erstverkaufstag* gilt der vom Verlag festgesetzte Tag, an dem ein Werk erstmals ausgestellt und/oder an Endabnehmer verkauft werden darf.

§ 2 [Bekanntmachungen]

Die in dieser Verkehrsordnung aufgeführten buchhändlerischen Anzeigen und Mitteilungen über geschäftliche Vorgänge, Veränderungen und dergleichen gelten als ordnungsgemäß erfolgt, wenn sie im *Börsenblatt für den Deutschen Buchhandel* veröffentlicht worden sind. Solange eine anzuzeigende Tatsache nicht in dieser Weise bekanntgemacht ist, kann sie vom Anzeigepflichtigen einem Dritten nicht entgegengehalten werden, es sei denn, dass sie diesem nachweislich bekannt ist.

§ 3 [Bezugsbedingungen]

(1) Der Verlag setzt die Bezugsbedingungen fest. Sofern der Verlag nicht allgemein oder im Einzelfall besondere Bedingungen vorgeschrieben hat, gelten die in den nachstehenden Bestimmungen enthaltenen Regeln als Bezugsbedingungen. Änderungen seiner Bezugsbedingungen muss der Verlag den Abnehmern so frühzeitig mitteilen, dass die Abnehmer darauf reagieren können. Einzelvertragliche Bezugsbedingungen bleiben hiervon unberührt.

(2) Bindet der Verlag die Ladenpreise, gelten die Bestimmungen des Sammelrever-

ses. Änderungen, auch der Sonderpreise und der Sonderbedingungen, hat er mit der festgelegten Vorlauffrist im *Börsenblatt* oder seinen Abnehmern direkt anzuzeigen.

(3) Die Vergünstigungen bei Partiebezügen gelten nur, wenn die dafür vorgesehene Stückzahl auf einmal bestellt wird. Gestattet der Verlag eine Partieergänzung, so ist diese nur innerhalb eines Zeitraumes bis zu sechs Monaten zulässig. Der Erstbezug ist bei Bestellung anzugeben.

(4) Sofern ein Verlag den gebundenen Ladenpreis eindruckt, auf Buchlaufkarte vermerkt oder etikettiert, ist er verpflichtet, jeweils nur Exemplare mit Angabe des gültigen Ladenpreises auszuliefern.

(5) Erhöht der Verlag die Preise, sind alle bis zum Stichtag aufgegebenen Bestellungen zum alten Preis auszuführen. Bei Preissenkungen sind die Bestellungen ab Stichtag zum neuen Preis auszuführen.

(6) Hebt der Verlag gebundene Ladenpreise auf oder setzt er Ladenpreise herab oder trifft er Maßnahmen, die einer Aufhebung des Ladenpreises gleichkommen, so ist er verpflichtet, innerhalb der letzten zwölf Monate vom Abnehmer bezogene und dort vorrätige Exemplare zurückzunehmen. Bei Lieferungen über Buchgroßhandlungen erfolgt die Remission über diese. Maßgebend für die Frist ist der Zeitpunkt der ordnungsgemäßen Bekanntgabe der Preisherabsetzung.

(7) Bei Preisherabsetzungen kann der Verlag statt der Rücknahme dem Abnehmer auch den Unterschied der Nettopreise vergüten, wobei diese nach dem ursprünglich gewährten Rabattsatz zu berechnen sind.

(8) Der Anspruch des Abnehmers auf Rücknahme muss beim Verlag innerhalb von sechs Wochen ab Bekanntgabe der Preisaufhebung oder -herabsetzung geltend gemacht werden. Für Buchgroßhandlungen gilt eine Frist von drei Monaten. Auf Verlangen des Verlages muss der Abnehmer die Voraussetzungen für die Remission gem. Abs. 6 durch Angabe der Bezugsdaten nachweisen.

(9) Der Übergang von Verlagsrechten an Werken von einem Verlag auf einen anderen sowie die damit etwa vorgenommenen Änderungen der gebundenen Preise sind vom erwerbenden Verlag unverzüglich im *Börsenblatt* zu veröffentlichen oder seinen Abnehmern direkt mitzuteilen. Der erwerbende Verlag ist gehalten, die zwischen dem veräußernden Verlag und dem Abnehmer vereinbarten Bezugsbedingungen zu übernehmen, soweit es sich um Rechtsfolgen aus bereits geschlossenen Verträgen handelt.

(10) Subskriptionspreise gelten für den Abnehmer bis zu sieben Werktage nach Ablauf der für den Endabnehmer verbindlichen Subskriptionsfrist.

§ 4 [Änderungen der Bezugsbedingungen]
(1) Eine Bestellung kann zu veränderten Bezugsbedingungen nur ausgeführt werden, wenn diese rechtzeitig im *Börsenblatt* oder dem Abnehmer direkt mitgeteilt worden sind. Aufhebung oder Einschränkung der offenen Rechung gilt in diesem Fall nicht als Änderung der Bezugsbedingungen.

(2) Bei Lieferung von Fortsetzungswerken ist der Verlag gegenüber dem Abnehmer

der früheren Teile des Werkes zur Änderung seiner Bezugsbedingungen für das Werk nicht berechtigt. Das gleiche gilt auch für in Subskription bestellte Werke ohne Rücksicht darauf, ob es sich um Fortsetzungswerke handelt. Der neue Jahrgang, Band usw. eines periodisch erscheinenden Werkes gilt nicht als Fortsetzung im Sinne vorstehender Bestimmung.

(3) Bei Zeitschriften ist eine Änderung der Bezugsbedingungen nur zum Ablauf des Bezugszeitraums mit mindestens zweimonatiger Vorankündigung möglich.

(4) Der Verlag ist jedoch berechtigt, die Bezugsbedingungen jederzeit zu ändern, wenn der Abnehmer die ihm gegenüber eingegangenen Verpflichtungen aus Lieferungsverträgen im allgemeinen geschäftlichen Verkehr nicht erfüllt hat.

§ 5 [Bestellungen]

(1) Für die Rechtsgültigkeit einer Bestellung genügt die Verwendung von Bestellformularen (Bestellzettel), welche die Firma des Abnehmers aufgedruckt oder aufgestempelt tragen. Entsprechendes gilt für elektronische Absenderangaben.

(2) Kann eine Bestellung nicht in einer dem Charakter der Bestellung angemessenen Frist ausgeführt werden, so hat der Verlag dem Abnehmer die Lieferungszeit unverzüglich mitzuteilen. Ist er dazu außerstande, so hat er vor Ausführung der Bestellung beim Abnehmer unmittelbar anzufragen, ob die Bestellung noch ausgeführt werden soll. Nichtbeantwortung dieser Anfrage innerhalb von zwei Wochen gilt als Zustimmung. Hat der Verlag eine wesentliche Lieferungsverzögerung nicht mitgeteilt, so hat er die verspätete Lieferung auf Verlangen und eigene Kosten zurückzunehmen.

(3) Angemahnte Bestellungen müssen den deutlich erkennbaren Zusatz *wiederholt* enthalten sowie das Datum, den Inhalt und den Bestellweg der ersten Bestellung.

(4) Der Bezug des ersten Teiles eines Werkes (Band, Lieferung, Nummer) verpflichtet zur Abnahme der später erscheinenden Teile, falls der Verlag dies in seinen Ankündigungen unmissverständlich zum Ausdruck gebracht hat und diese Verpflichtung auf den beigefügten Rechnungen oder Lieferscheinen auffällig und zweifelsfrei ausgedruckt oder sonst auf andere Weise vermerkt ist (Ausnahme: §§ 7 und 8).

(5) Der Verlag hat das Bestelldatum und das Bestellzeichen auf Lieferschein und Rechnung anzugeben. Bei Unklarheiten hat der Verlag unverzüglich den Nachweis der ordnungsgemäßen Bestellung zu führen.

(6) Bestellungen gelten grundsätzlich als fest, wenn sie nicht zweifelsfrei anders bezeichnet sind.

(7) Fest gelieferte Werke bleiben bis zur vollständigen Bezahlung Eigentum des liefernden Verlages. Solange der Eigentumsvorbehalt besteht, darf der Abnehmer die Werke nur im ordnungsgemäßen Geschäftsbetrieb veräußern und ohne Zustimmung des Verlages weder verpfänden noch zur Sicherheit übereignen.

(8) Beim Verlag direkt eingehende Bestellungen von Endabnehmern, die einem Abnehmer durch Lieferung zur Ausführung überwiesen werden, gelten als Bestellung dieses Abnehmers, falls er dieser Regelung grundsätzlich zugestimmt hat.

9.1 Inhalt der Beschaffung, Verkehrsordnung

(9) Die Kosten der traditionellen Bestellübermittlung trägt der Abnehmer. [Zusatz: Die Kostenregelung bei Datenfernübertragung bleibt einem späteren Zeitpunkt vorbehalten.]
(10) Ist ein Werk in verschiedenen Einbandarten (Ausstattungen) lieferbar, ist bei Fehlen detaillierter Bestellangaben, z. B. ISBN, grundsätzlich die preisniedrigste gebundene Ausgabe zu liefern.

§ 6 [Remission]
(1) Liefert der Verlag entsprechend einer Bestellung Werke mit Remissionsrecht (RR), so hat er auf der Rechnung den Termin anzugeben, bis zu welchem er die Rücksendung gestattet; diese Frist soll in der Regel nicht weniger als zwei Monate betragen. Der vereinbarte Termin ist einzuhalten. Entscheidend ist das Absendedatum. Mit Umtauschrecht anstelle von RR darf der Verlag nur nach vorheriger Zustimmung des Abnehmers liefern. Die Gutschrift für die Rücksendung ist in voller Höhe zu erteilen.
(2) Bei Rücksendung aus Festbezügen gilt folgendes:
(2a) Rücksendungen aus Festbezügen sind nur nach vorheriger Genehmigung oder im Rahmen von Sondervereinbarungen zulässig.
(2b) Genehmigte Remittenden sind im verlagsneuen Zustand innerhalb von vier Wochen abzusenden. Gefahr und Transportkosten gehen zu Lasten des Abnehmers. Bearbeitungsgebühren oder Rabattkürzungen seitens des Verlages sind nur nach ausdrücklicher vorheriger Vereinbarung zulässig.
(2c) Beanstandungen müssen unverzüglich, spätestens jedoch innerhalb von vier Wochen, gegenüber dem Abnehmer geltend gemacht werden.
(3) Das Fehlen der Originalverpackung berechtigt den Verlag nicht, Rücksendungen zurückzuweisen, wenn ihr sonstiger Zustand einwandfrei ist. Er kann aber in solchem Fall die Selbstkosten für die fehlende Originalverpackung fordern.
(4) Der Verlag ist zur Rücknahme fest bestellter Werke nur in den in diesem Paragraphen und in den §§ 5, 8, 9, 11, 12 und 13 aufgeführten Fällen verpflichtet. Bei genehmigter Rücknahme oder genehmigtem Umtausch infolge irrtümlicher Bestellung trägt der Abnehmer die Kosten für Hin- und Rücksendung. Der Verlag ist berechtigt, zum Ausgleich seiner innerbetrieblichen Kosten eine angemessene Bearbeitungsgebühr zu verlangen.
(5) Der Verlag ist verpflichtet, das Gelieferte innerhalb von zwei Monaten vom Tag der Lieferung an zurückzunehmen und die Kosten für Hin- und Rücksendung zu tragen, wenn er entweder:
(5a) irrtümlich fest ein anderes als das bestellte Werk geliefert hat oder
(5b) die Absendung schuldhaft verzögert hat oder
(5c) eine ausdrücklich gestellte Lieferfrist nicht eingehalten oder sonstige Vorbehalte, z. B. Preisgrenzen, nicht berücksichtigt hat oder
(5d) zu einem neuen, wesentlich erhöhten Ladenpreis geliefert und die Preiserhöhung nicht ordnungsgemäß zuvor bekanntgegeben hat.
In den Fällen a)–d) kann der Abnehmer binnen vier Wochen nach Eingang der Sen-

dung Rücknahme verlangen. Er hat nur Anspruch auf Aufhebung der Bestellung und Rücknahme der Lieferung, kann jedoch zum Ausgleich seiner innerbetrieblichen Kosten eine angemessene Bearbeitungsgebühr verlangen.

§ 7 [Zeitschriften]
(1) Zeitschriften sind periodisch erscheinende Druckwerke mit mindestens zwei Ausgaben jährlich in gleicher Form und Aufmachung. Das Redaktionskonzept mit einer kontinuierlichen und universellen Stoffdarbietung ist auf bestimmte Zielgruppen ausgerichtet, vom breiten Publikum bis hin zu Spezialisten. Zeitschriften enthalten Beiträge mehrerer Autoren, sind für eine unbegrenzte Erscheinungsdauer konzipiert und können im voraus für einen längeren Zeitraum abonniert werden. Sie haben üblicherweise sowohl einen Einzelbezugspreis als auch einen Abonnementpreis.
(2) Bei der Lieferung von Zeitschriften an den Abnehmer darf der Verlag diesen gegenüber den direkten Beziehern zeitlich nicht benachteiligen.
(3) Zur Fortsetzung ohne bestimmte Zeitangabe bestellte Zeitschriften werden bis zur Abbestellung geliefert. Verlage, die zu jedem Berechnungsabschnitt Neubestellungen wünschen, haben rechtzeitig hierzu aufzufordern.
(4) Bei Zeitschriften sind grundsätzlich der Bezugszeitraum und die vom Verlag im Impressum oder auf andere Weise mitgeteilten Kündigungsfristen bindend. Abonnentenaufträge, die ohne zeitliche Begrenzung erteilt werden, verlängern sich automatisch um den jeweils nächsten Bezugszeitraum. Soweit Kunden des Abnehmers erst in den letzten 14 Tagen vor dem festgelegten Kündigungstermin das Abonnement bei diesem kündigen, so verlängern sich die Kündigungsfristen bis zu sieben Werktagen.
(5) Der Abnehmer kann das Abonnement aus wichtigem Grund kündigen, wenn der Kunde verstorben ist, Zahlungsunfähigkeit vorliegt oder eine Zustellung nachweisbar nicht erfolgen kann. Für die bis zum Zugang einer solchen Kündigung beim Verlag bereits durchgeführten Lieferungen erfolgen keine Gutschriften oder Rückerstattungen, wohl aber für später erscheinende, vorausbezahlte Exemplare.

§ 8 [Fortsetzungswerke]
(1) Fortsetzungswerke im Sinne dieser Bestimmung sind Publikationen, die in mehreren Teilen, in mehr oder weniger regelmäßigen Abständen und nicht mit auf einen Zeitraum festgelegten Laden- oder Subskriptionspreis erscheinen. Dabei ist es unerheblich, ob Teile des Fortsetzungswerkes auch einzeln erhältlich sind.
(2) Ist dem Abnehmer der weitere Absatz eines zur Fortsetzung auch in Subskription erhaltenen Werkes an den bisherigen Kunden infolge höherer Gewalt oder deshalb unmöglich geworden, weil dieser gestorben, zahlungsunfähig geworden oder unbekannten Aufenthaltes ist, so muss der Verlag den nicht mehr absetzbaren Teil zurücknehmen, wenn ihm die Unmöglichkeit des Absatzes innerhalb von 3 Monaten nach Eingang der letzten Lieferung mitgeteilt und auf Verlangen die letzte Anschrift des Kunden bekanntgegeben worden ist. Die vom Kunden nicht abgenom-

mene Lieferung ist innerhalb der gleichen Frist an den Verlag zurückzusenden.
(3) Die Abnahmepflicht erlischt, falls der Kunde die weitere Abnahme verweigert, weil das Fortsetzungswerk in angemessener Frist nicht abgeschlossen und/oder der in Aussicht gestellte Umfang der weiteren Lieferungen so erheblich überschritten wird, dass dem Kunden die Abnahme billigerweise nicht zugemutet werden kann.

§ 9 [Neuerscheinungen und unverlangte Sendungen]
(1) Als Neuerscheinungen gelten Werke, die zum ersten Mal oder in neuer Auflage (§ 13) veröffentlicht werden.
(2) Neuerscheinungen dürfen unverlangt nur an Abnehmer versandt werden, die solche Sendungen grundsätzlich erbeten haben.
(3) Verlagswerke, die keine Neuerscheinungen sind, dürfen unverlangt nicht zugesandt werden.
(4) Für unverlangte Sendungen trägt der Verlag Gefahr und Kosten der Hin- und Rücksendung sowie weitere angemessene, beim Abnehmer entstandene Kosten.

§ 10 [Inhalt und Gewicht der Sendung]
(1) Der Inhalt einer Sendung gilt als mit der Rechnung übereinstimmend, falls der Abnehmer dem Absender nicht spätestens innerhalb von 14 Tagen nach Eingang der Sendung die Abweichung anzeigt.
(2) Die einzelnen Packstücke sollen ein Gewicht von 15 kg nicht überschreiten.

§ 11 [Beschädigte und fehlerhafte Werke]
(1) Ist ein Werk offensichtlich vor der Versendung durch den Verlag schadhaft geworden (z. B. angestoßene Einbände, Flecken und dgl.), so hat der Verlag dieses Mängelexemplar auf seine Kosten umzutauschen oder zurückzunehmen, sofern der Abnehmer dem Verlag die Beschädigung unverzüglich nach Eingang des Werkes anzeigt.
(2) Defekte Exemplare (Exemplare mit Herstellungsfehlern) sind auf Verlangen kostenlos zurückzunehmen, umzutauschen oder bei vom Kunden gewünschter Minderung anteilig gutzuschreiben, ggf. nach den Vorschriften der *Vereinfachten Remission*. Ist der Verlag zum Umtausch oder zur Ersatzlieferung außerstande, so hat er das Werk auf seine Kosten zurückzunehmen, auch wenn es bereits gebraucht oder vom Käufer individuell bearbeitet wurde.
(3) Die ausdrückliche und deutlich hervorgehobene Bemerkung *Vor Absendung verglichen* auf der Rechnung für eine Sendung, die Seltenheiten des Antiquariats, Luxusdrucke, Tafeldrucke u. a. enthält, verpflichtet den Abnehmer zur unverzüglichen Prüfung des Inhalts der Sendung auf offensichtliche und heimliche Mängel. Unterlässt er die Mängelanzeige, so verliert er das Recht, das gelieferte Werk wegen später entdeckter Mängel zu beanstanden.

§ 12 [Sendungen unter Vorbehalt]
(1) Werden bestellte Werke unter einem Vorbehalt (z. B. Abnahmeverpflichtung für noch nicht erschienene Bände) geliefert und ist dies auf der Rechnung auffällig und unzweideutig vermerkt, so gilt die Sendung als angenommen und der Vorbehalt als genehmigt, wenn der Abnehmer nicht unverzüglich nach Empfang der Sendung widerspricht. Im Falle des Widerspruchs hat der Verlag die Sendung zurückzunehmen; der Abnehmer hat sie dem Verlag nach Aufforderung unverzüglich zuzustellen. Der Verlag trägt Gefahr und Kosten der Hin- und Rücksendung.
(2) Die Bemerkung auf der Rechnung, dass das Werk nur in Originalverpackung zurückgenommen wird, gilt nicht als Vorbehalt im Sinne dieser Bestimmung, vielmehr ist in einem solchen Fall § 6 Ziffer 3 sinngemäß anzuwenden.

§ 13 [Lieferung neuester Auflagen]
(1) Bestellte Werke sind in neuester Auflage und in vollständigen und unbeschädigten Exemplaren zu liefern.
(2) Steht das Erscheinen einer in Inhalt oder Ausstattung wesentlich veränderten neuen Auflage binnen 8 Wochen ab Eingang der Bestellung bevor, so ist der Abnehmer hierauf hinzuweisen und die Bestellung nur bei ausdrücklicher Aufrechterhaltung auszuführen. Wird ohne vorherige Ankündigung geliefert, so ist der Abnehmer zur Rückgabe binnen 14 Tagen nach Erscheinen der veränderten Auflage berechtigt.

§ 14 [Versandwege]
(1) Der Abnehmer schreibt Art und Wege der Versendung generell oder für den Einzelfall vor. Fehlt eine Vorschrift hierüber, muss der Verlag eingehende Bestellungen auf Kosten des Abnehmers auf dem nach seinem Wissen günstigsten Wege ausführen. Berechnet werden die reinen Porto- bzw. Frachtkosten. Verpackung wird grundsätzlich nicht berechnet. Lieferrückstände einzelner Exemplare sind frei nachzuliefern.
(2) Wenn nicht anderes vereinbart ist, werden Sendungen über den Sortiments-Kommissionär geliefert. Nach Vereinbarungen zwischen Verlag und Sortiments-Kommissionär können die Sendungen den Sortiments-Kommissionären kostenfrei zugestellt oder von diesen an einem Auslieferungsplatz des Verlages gegen Entgelt abgeholt werden.
(3) Will oder kann der Verlag den vorgeschriebenen Versandweg nicht einhalten, ist der Abnehmer sofort zu verständigen, um eine Vereinbarung zu erzielen.
(4) Erfolgt die Sendung ausnahmsweise als Postnachnahme, sind Bestellnummer, Bestelldaten und Inhalt der Sendung außen anzugeben. Auf der Faktur ist deutlich zu vermerken: *Durch Nachnahme erhoben.*

§ 15 [Versandkosten]
(1) Die Kosten für Zusendung und Rücksendung trägt der Abnehmer, wenn der Versand nach seiner Vorschrift erfolgt ist; andernfalls hat der Verlag nachweisbare Mehrkosten zu tragen.
(2) Für Rücksendungen infolge irrtümlicher oder vorschriftswidriger Versendung trägt der schuldige Teil die Kosten einschließlich angemessener Bearbeitungskosten gem. § 6 Ziffer 4.

§ 16 [Haftung für Sendungen]
(1) Für Sendungen oder Rücksendungen, die auf Verlangen des Empfängers erfolgen, haftet dieser vom Augenblick der Übergabe an den Transportführer.
(2) Wird entgegen dem ausdrücklichen Auftrag ohne wichtigen Grund anders versandt, haftet der Absender für den dadurch entstandenen Schaden.

§ 17 [Haftung des Sortiments-Kommissionärs]
(1) Die Haftung des Sortiments für zugehende Sendungen beginnt mit der Übergabe an seinen Kommissionär und endet für Rücksendungen mit der Übergabe an den Kommissionär des Verlages oder an den Verlag selbst.
(2a) Der Kommissionär haftet für die nachweislich durch sein Verschulden in Verlust geratenen oder beschädigten Sendungen.
(2b) Ist eine Schuld nicht festzustellen (insbesondere bei Abgabe der Pakete ohne Quittung des Bücherwagendienstes oder zum Zeitpunkt der Übergabe erstellter Avise), so haben der Abnehmer (als Absender oder Empfänger) und die beteiligten Kommissionäre dem Verlag die Hälfte des Rechnungsbetrages der in Verlust geratenen oder beschädigten Sendung in gleichen Teilen zu ersetzen.
(3) Die Haftung erlischt in allen Fällen und für alle Beteiligten nach Ablauf von drei Monaten nach Sendungsübergabe.
(4) Der Abnehmer haftet nicht, wenn der Verlag den von ihm bestimmten Versandweg nicht eingehalten hat.

§ 18 [Beschlagnahme von Werken]
(1) Werden gelieferte Werke des Inhalts oder der Ausstattung wegen beim Abnehmer beschlagnahmt, so fällt der Schaden dem Verlag zur Last.
(2) Die Tatsache der Beschlagnahme hat der Abnehmer, der Schadensersatzsprüche geltend machen will, dem Verlag unverzüglich unter Bekanntgabe der Gründe und der Beschlagnahmeverfügung mitzuteilen.
(3) Die Schadensersatzleistung des Verlages erstreckt sich auf die Erstattung des bei der Lieferung berechneten Nettopreises und der entstandenen Versandkosten, nicht dagegen auf die Vergütung eines entgangenen Gewinnes.

§ 19 [Rechnungsstellung]
(1) Der Verlag liefert fest verlangte Werke je nach Vereinbarung mit dem Abnehmer:
(1a) in Rechnung mit periodischem Zahlungsziel (z. B. Monatskonto),

(1b) mit im einzelnen bestimmtem Zahlungsziel,
(1c) zahlbar nach Empfang,
(1d) zahlbar durch BAG.
Das Rechnungsdatum darf nicht vor dem Versanddatum liegen. In begründeten Ausnahmefällen liefert er durch Nachnahme oder gegen Vorfaktur.
(2) Bei Lieferung in Rechnung versendet der Verlag in der Regel Kontoauszüge über die in der Rechnungsperiode bewirkten Lieferungen, welche bis zum 20. Tag nach Ablauf der betreffenden Rechnungsperiode zu begleichen sind. Bei Unstimmigkeiten, die unverzüglich mitzuteilen sind, hat der Abnehmer zunächst den nach seinen Buchungen fälligen unstrittigen Teil des Gesamtbetrages zu zahlen. Der strittige Differenzbetrag darf vom Verlag bis zur Klärung nicht eingezogen werden. Der Verkehr in offener Rechnung begründet keinen Anspruch auf unbeschränkten Kredit.
(3) Einzellieferungen mit bestimmten Zahlungszielen hat der Abnehmer zum Fälligkeitstermin auch ohne besondere Erinnerung durch den Verlag zu begleichen.
(4) Zahlbar nach Empfang bedeutet Zahlung innerhalb von 30 Tagen nach Rechnungsdatum. Bei Zahlung innerhalb von acht Tagen kann Skonto gewährt werden.

§ 20 [Verrechnung von Hörerscheinen]*
Hörerscheine werden auf Veranlassung von Verlagen ausgegeben. Der Nachlass wird je zur Hälfte vom Verlag und vom Sortiment getragen. Dies gilt auch für die über die Buchgroßhandlungen bezogenen und mit Hörerschein verkauften Exemplare. Soweit der Verlag Hörerscheine zulässt, sind diese, gesammelt, mindestens halbjährlich, zur Gutschrift einzureichen. Eine Nachbezugspflicht besteht nicht, deshalb kann der Verlag eine Verrechnung auch nicht von einer Neubestellung abhängig machen.

9.2
Beschaffungsquellen

Für einen Gründer ist es von elementarer Bedeutung, sich und sein Unternehmen bei den Verlagen und dem Zwischenbuchhandel vorzustellen, um von vornherein einen reibungslosen Bestell- und Lieferverkehr zu gewährleisten. Diese Lieferanteninformation kann durch Börsenblatt-Anzeige für die buchhändlerische Allgemeinheit und durch Rundschreiben an die voraussichtlichen Hauptlieferer erfolgen. Als gutes Musterbeispiel dazu eine im Original auf Firmenpapier im Format DIN A4 versandte Eröffnungsanzeige eines Hamburgers Buchhändlers. Bestimmte Angaben auf dieser Information wurden für die Veröffentlichung mit Phantasienamen ersetzt.

---

* § 20 ist durch das neue Buchpreisbindungsgesetz, das keine Hörerscheine mehr vorsieht, hinfällig geworden. Bis zu einer Neufassung der Verkehrsordnung gehört dieser Paragraf jedoch zum Text.

9.2 Beschaffungsquellen

ERÖFFNUNG EINER BUCHHANDLUNG

Wann	31. Januar 2004
Von wem	Franz Kluge
	Goethestraße 17
	22444 Fortschrittshausen
	Telefon (040) 80 21 05 (privat)
E-Mail	franz.kluge@t-online.de
	35 Jahre alt, verheiratet, zwei Kinder
	Buchhändlerlehre in der Buchhandlung X in Y. Dann vier Jahre als Sortimenter in der Buchhandlung Z in W. Seit acht Jahren erster Sortimenter in der Buchhandlung A in H. Besuch mehrerer Seminare zum Thema Marketing und Management.
Wo	Schillerstraße 25, PF 2345
	2869 Fortschrittshausen
	Telefon 040/88 77 66
	Der Ort hat 19.000 Einwohner, 3 Hauptschulen, 1 Realschule, 1 Gymnasium, 1 Volkshochschule, 3 Büchereien, 2 Kindergärten, 582 Firmen. – Wohngebiet für Hamburg. Gelegen zwischen Hamburg, Wedel und Pinneberg. – Keine Buchhandlung bisher im Ort.
Womit	Allgemeines Sortiment mit Schwerpunkt Kinder- und Jugendbuch, Vorschulbereich, Taschenbuch, Modernes Antiquariat. – Randsortiment: Kunstblätter, Tonträger, Hörbücher.
Laden	Verkaufsfläche 100 qm: gelegen in einer Ladenzeile mit 6 weiteren Einzelhandelsgeschäften (Lebensmittelmarkt, Drogerie, Reisebüro, Reinigung, Spielwaren, Schlachterei). – Parkplätze reichlich vorhanden. – Schräg gegenüber Omnibusbahnhof (Umsteigen von S-Bahn auf Busse), Fußgängerüberweg mit Ampel endet vor der Ladenzeile. – Moderne, verkaufsfördernde Ladeneinrichtung von der Firma XY.
Geld	Finanzierung mit Eigenmitteln sowie langfristigen Existenzgründungsdarlehen des Bundes durch die Kreissparkasse in ...
Verband	Mitglied im Börsenverein, Landesverband Nord – Verkehrs-Nummer: 50000.
BAG	Mitglied der BAG. Einzugshöhe 100 , bei Skonto in voller Höhe.
ERFA	Mitgliedschaft in der ERFA-Gruppe ... ist vorgesehen. Leiter: Franz Hinze, 22549 Hamburg, Düsternwiete 55, gleichzeitig Betriebsberater bei der Vorbereitung der Gründung.
Referenzen	Herr Heinz Schubert, Inhaber der Buchhandlung ... in ...; Herr Direktor Dr. August Möller, Leiter der Kreissparkasse ... in ...; Herr Wilhelm Elm, Prokurist des Barsortiments ... in ...; Herr Franz Hinze, Betriebsberater für den Buchhandel, in ...

Ein weiterer Weg, um sich den späteren Lieferanten vorzustellen, ist ein persönlicher Besuch. Unbedingt aufzusuchen ist das gewählte Barsortiment als künftiger Hauptlieferant, um den Erstbezug sowie die Bestell- und die Zustellmöglichkeiten zu besprechen. Die Kundenbetreuer in den Barsortimenten haben durch die vielen von ihnen unterstützten Neugründungen einiges an Erfahrung aufzuweisen und können Hilfen individueller Art anbieten. Weniger sinnvoll sind Besuche bei den Verlagen. Einfacher kann es der Gründer haben, wenn er zur Buchmesse in Frankfurt die für sein künftiges Unternehmen wichtigsten Verlage an ihren Ständen beehrt, die Wünsche nach Sonderkonditionen zur Eröffnung und besondere Werbemittel vorträgt und dieses alles auf Merkzetteln festhält. Empfehlenswert ist die Unterrichtung der Verlagsvertreter, die den gewählten Standort bereisen. Deren Adressen geben die Verlage auf Anfrage bekannt oder stehen im Adressbuch für den deutschsprachigen Buchhandel. Band 1, Abschnitt 10, sowie im Nachschlagewerk Verlagsvertretungen. Deutschland, Österreich, Schweiz im Verlag der Schillerbuchhandlung Hans Banger, Köln. Das folgende Schaubild auf Seite 145 informiert über den buchhändlerischen Markt und die verschiedenen Bezugswege im Rahmen der Warenbeschaffung.

Hauptbeschaffungsquelle ist, ausgenommen in einigen sehr kleinen Buchhandlungen mit überwiegendem Barsortimentsanteil, der Verlag bzw. die von ihm beauftragte Verlagsauslieferung (Direktbezug). Die Verlage sind bemüht, den Anteil der Direktlieferungen an den Sortimentsbuchhandel zu erhöhen, der im Jahr 2002 bei 70 % der Gesamtbeschaffung von Verlagserzeugnissen lag. Überwiegend rekrutiert sich der Direktbezug aus Lagerbestellungen, zum kleinen Teil sind es Kundenaufträge für die nicht im Barsortiment geführten Titel oder aber in jenen besonderen Fällen, in denen der Verlagsbezug auch für Einzelexemplare günstiger erscheint und die Lieferzeit nicht die primäre Rolle spielt. Nach dem Kölner Betriebsvergleich 2002 stellt sich die Proportionalität der Beschaffungsquellen im Sortimentsbuchhandel wie folgt dar:

- Bezug vom Verlag bzw. Verlagsauslieferung   70 %
- Bezug vom Barsortiment   27 %
- Bezug vom Grossisten (Presseerzeugnisse, andere Artikel)   3 %

Die Barsortimente haben derzeit mit ihrem Angebot von bis zu 340.000 gängigen Titeln einen Marktanteil von 27 %. Zum Zwischenbuchhandel zählen auch die verschiedenen Grossisten mit einem speziellen Sortiment wie Landkarten/Reiseführer/Atlanten/Globen, Musikalien, Gesundheitswesen/Naturheilverfahren, Pädagogik, Computerliteratur, Modernes Antiquariat (Großantiquariate), Esoterik und vieles andere mehr. Beim Barsortiment werden in erster Linie die zu besorgenden Titel geordert, als Superservice quasi über Nacht ins Sortiment gebracht. Andererseits kann auch für kleine Lagereinkäufe je nach Konditionenunterschied zur Verlagsbestellung das Barsortiment die optimale Beschaffungsquelle sein.

Durch besondere Angebote suchen die Barsortimente Kunden an sich zu ziehen, so z. B. durch die Aufnahme fremdsprachiger Titel sowie die Zusammenarbeit

9.2 Beschaffungsquellen

WARENBESCHAFFUNG IM SORTIMENTSBUCHHANDEL

1. Direktbezug vom Verlag (V) – Sortimentsbuchhandel (S)
- 16.262 Verlage in etwa 650 Orten (2003)
- ca. 7.600 Unternehmen des verbreitenden Buchhandels in etwa 2.260 Orten
- Angebot: ca. 952.000 Titel des Verzeichnisses Lieferbarer Bücher (VLB) (2003)

2. Verlagsbezug über die Verlagsauslieferung (VA)
- ca. 70 Verlagsauslieferungen in Deutschland, Österreich und der Schweiz liefern rund 1.500 Verlage ganz oder teilweise aus.

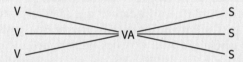

3. Bezug vom Großhandel (G) in den Formen:
Barsortiment,
Großantiquariat,
Importgrossist
- Angebot: bis ca. 340.000 gängige Titel

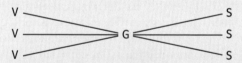

4. Ankauf vom Verbraucher/Publikum (P) im Bereich Antiquariat

mit ausländischen Großhändlern, durch Kooperationen mit führenden Großhändlern und Dienstleistern im Bereich Tonträger (Besorgung von 300.000 Musiktiteln auf CD und Kassette), Zentrallagerhaltung gängiger Titel für große Buchhandlungen, Kalenderausstellungen mit Sonderkonditionen, Transporte von Schulbuchbestellungen im Auftrag der Buchhandlung direkt an die Schulen, Hilfe bei der Installation von EDV-Anlagen.

Der Gründer kann sein Grundsortiment zur Eröffnung durch das Barsortiment zusammenstellen lassen, welches aufgrund seiner Erfahrung und der hauseigenen Bestsellerlisten mit hohem Wahrheitsgehalt (Warenwirtschaft mit korrekter Titelstatistik) die wirklich gängigsten Titel auswählt und damit das Lagerrisiko verringert. Es lassen sich für einen solchen umfangreichen Erstauftrag besondere Konditionen herausholen wie kostenfreie Zustellung, verlängertes Zahlungsziel (Monatsübersprung), begrenztes Umtauschrecht. Dafür liegen die gewährten Rabatte unter denen für größere Lageraufträge an die Verlage direkt.

Zwischen den konkurrierenden Barsortimenten gibt es nur geringe graduelle Unterschiede bei den Konditionen und Dienstleistungen. Zwar wird der Gründer diese bei der Wahl seines Barsortiments berücksichtigen, falls zwei oder gar drei Firmen seinen Ort anfahren, aber in erster Linie dürfte die Leistungsfähigkeit (Gesamttitelzahl), die Zusammensetzung des Titelangebots, die Lieferfähigkeit (Fehlquote) der für seinen Kundenkreis gewünschten Bücher sowie Aspekte des Kundendienstes (z. B. EDV-Hotline, Verfügbarkeit des Außendienstes) bei einem Vergleich Richtschnur seiner Entscheidung sein. Die beiden großen Barsortimente KNO/KV und Libri vereinigen zwar 83% des Barsortimentsvolumens auf sich (lt. *BuchMarkt*, Juli 2002), müssen dadurch aber nicht zwangsläufig die Barsortimente für Gründer sein. In diesem Zusammenhang sei auf die ausführliche *Checkliste Wahl des Barsortiments* (Abb. 37 im bereits genannten Titel *Beschaffung und Lagerhaltung im Sortimentsbuchhandel*, Bd. 1) hingewiesen mit den Positionen Lagerhaltung, Besorgung, Rabatte, Zahlungsbedingungen, Zustellung der Lieferungen, Bestellaufgabe/Auskünfte, technische Hilfen, Kataloge/Verzeichnisse, Werbemittel, organisatorische Hilfen sowie Artikel für den Bedarf der Buchhandlung.

Eine Variante des Direktbezuges ist der Gemeinschaftseinkauf selbstständig bleibender Unternehmen, der bei guter Organisation Konditionenvorteile (Mengenrabatt vor allem) verspricht und vom Gründer anfangs nicht genutzt werden kann, aber später von ihm praktizierbar ist in einer der verschiedenen im Buchhandel möglichen Formen:

- Einkauf mit der Konkurrenz im Ort für Long- und Steadyseller mit Staffelrabatten (schnelle und kostengünstige Umverteilung);
- Einkauf mit Kollegen der Erfa-Gruppe, sofern die Umverteilungskosten nicht den erzielten Mehrrabatt auffressen und zeitliche Verzögerungen, insbesondere bei Novitäten, minimiert werden können;
- Einkauf im Rahmen eines größeren Verbundes, einer Gemeinschaft oder Genossenschaft. Hier gibt es gegenwärtig (2002) »Lesen actuell«, die Buchhandelsgruppe der Overather BRANION GmbH (ein Joint Venture der Genossenschaften Büro actuell e. G. und Soennecken e. G., seit 1999 umsatzstärkste Fachhandelsorganisation der PBS Branche mit 70 Fachgeschäften, darunter 27 reine Buchhandlungen), Leistungsgemeinschaft Buch e. G. (LG Buch) mit über 200 Buchhandlungen in Mannheim (hauptsächlich regionale Firmen in kleine-

ren Gemeinden) sowie eBuch e. G. in Schwabach mit ca. 160 Mitgliedern. Siehe hierzu auch die Ausführungen im Kap. 28.5.

Hilfestellung für die Wahl zwischen den beiden Beschaffungsquellen Verlag und Barsortiment gibt die folgende vergleichende Übersicht für verschiedene Positionen. Hier werden die wesentlichen Unterschiede der Bedingungen für den Direktbezug und den Barsortimentsbezug ersichtlich und damit Vergleiche möglich. Die Überlegenheit des Barsortiments in Bezug auf Liefergeschwindigkeit ist so gravierend, dass für Kundenbestellungen fast ausschließlich dieses gewählt wird, gegebenenfalls selbst auf Kosten der Wirtschaftlichkeit durch den geringeren Rabatt.

GEGENÜBERSTELLUNG: DIREKTBEZUG ODER BARSORTIMENTSBEZUG?

Position	Verlag	Barsortiment
Grundrabatt	in der Regel wie beim BS	in der Regel wie beim Verlag
Rabattstaffeln	ja	Bei einer Vielzahl von geführten Verlagen mit Zustimmung dieser, in der Höhe begrenzt. Bei Taschenbüchern Einheitsrabatt, für wichtige Reihen gemischt; Mengenstaffeln gemischt.
Naturalrabatt (Partien)	ja	selten
Reiserabatt	ja	in der Regel nein
Skonto	nicht immer	ja, immer
Bonus	selten	in der Regel ja bei großen Jahresumsätzen
Valuta	ja (Lageraufträge)	Nein (Ausnahmen bei Grundausstattung)
Warenbezugskosten	Zwischen 0 % bei Portofreiheit (sehr selten) und 10 % je nach Standort, Gewicht und Lieferweg, im Mittel zwischen 3 bis 6 % des Nettowertes	Abhängig vom Barsortimentsumsatz pro Jahr, im Mittel etwa 1 % des Nettowertes
Verwaltungsaufwand	Höher durch Einzelrechnungen (z. T. Bündelung durch große Auslieferungen), Einzelzahlung, falls nicht BAG oder Zusammenfassung durch Auslieferung	Niedriger durch Sammelrechnung, zwei oder drei Zahlungen je Monat
Bestellkosten je Titel	durchschnittlich höher	niedriger, minimal für elektronische Bestellübermittlung
Zins- und Lagerkosten	zumeist höher wegen größerer Lagerhaltung und längerer Lieferzeit	in der Regel durch Liefergeschwindigkeit und geringere Lagerhaltung je Titel niedriger
Auszeichnungs- und Lagerergänzungshilfen (Buchlaufkarten, Selbstklebeetiketten)	selten	zumeist erhältlich ohne Gebührenbelastung
Remissionswünsche (Kulanzremission)	nicht immer erfüllbar	pauschal, Beschränkungen in der Höhe (in % vom Umsatz)
Bündelung	selten, z. B. bei verlagsübergreifenden Auslieferungen sowie bei Parkmodellen	ja
Entsorgung	selten	ja, durch Bücherwannen
Arbeitsprozesskosten	höher	niedriger

Verhältnismäßig wenige Buchhandlungen, durchweg auch neu gegründete, kommen in den Genuss von Sonderkonditionen als Vorzugskunden, so z. B. bei wissenschaftlichen Verlagen oder bei Taschenbuchverlagen durch die Rabattstaffelung. (Ausnahmen bilden für Gründer möglicherweise Sonderbedingungen für die großen Erstaufträge zur Errichtung des Grundsortiments.) Eine genaue Prüfung der Rabattsituation, der Skontierungsmöglichkeiten, der anders gelagerten Warenbezugskosten, der unterschiedlich hohen Verwaltungsaufwendungen (Sammelrechnung statt Einzelfaktur), der geringeren Zinsbelastung für Lagertitel (schnellerer Nachbezug in kleineren Mengen) kann für manchen kleinen oder mittelgroßen Betrieb zu dem Entschluss führen, Lagerergänzungen bestimmter Größenordnung beim Barsortiment zu tätigen. (Lohnende Vertreteraufträge gehen natürlich weiterhin direkt zum Verlag.) Der beim Barsortimentsbezug mögliche Rationalisierungsvorteil durch »schrankfertige Lieferung« mit den Erleichterungen beim Wareneingang spricht vielfach für diesen Weg.

Eine grobe Entscheidungshilfe, eine nicht immer stimmende Faustregel, ergibt sich aus Auftragshöhe im Vergleich zum Rabattunterschied:
- Liegt der Rabatt beim Barsortiment gleich hoch, so ist unabhängig von der Auftragsgröße das Barsortiment die wesentlich günstigere Beschaffungsquelle.
- Liegt der Rabatt beim Barsortiment um 5 % niedriger, dürfte der Kulminationspunkt bei 150 bis 200 € netto liegen, falls nicht Sonderabmachungen mit dem Verlag (z. B. Portofreiheit) bestehen.
- Bei 10 % Mehrrabatt beim Verlag liegt die Auftragshöhe für einen kostengünstigeren Direktbezug wesentlich niedriger (etwa ab 80 € netto).

Andererseits ist es auch für den Gründer richtig, sich bei den allmählich erkennbaren Hauptlieferanten auf gebündelte Direktbestellungen zu konzentrieren zur Verbesserung der Konditionen und damit der Betriebshandelsspanne. Bekanntlich sind es in fast jeder Buchhandlung nur 40 bis 50 Verlage, die 70 bis 80 % des Lagereinkaufskontingentes stellen. Hier gilt es, die Beziehungen zu verstärken, bei substituierbaren Titeln auf Verlage mit den günstigeren Konditionen umzustellen. Letztlich bleibt für einen späteren Zeitpunkt die Aufgabe, solche Verlage auf die besonderen Leistungen der Buchhandlung im Hinblick auf den Absatz ihrer Produkte hinzuweisen und gegebenenfalls die Einkaufsbedingungen noch zu verbessern.

Als organisatorisches Hilfsmittel zur Festhaltung (und späterer Kontrolle) der Einkaufsbedingungen ist die Anlage von Konditionen-Karteikarten (Muster auf Seite 149) für die wichtigen Verlage unabdingbar, sofern nicht durch die EDV eine verlagsweise Kontrolle vorliegt.

Verlag						Verk.-Nr.			
Adresse					Tel.	BAG		Ja ①	Nein ⓝ
Vertreter					Tel.	Preisbindung		①	ⓝ
Leitung		Verlag	Auslieferung	Kunden-Buchhaltung	Werbung				
Tel.									
Auslieferung					Tel.	Telex			
Lieferweg				Remission		über:			
		%	Rabatt	%	Porto-Freiheit ① ⓝ				%
Grundrabatt			bei Vertreterbesuch		Porto-Ersatz durch Freist. ① ⓝ	Skonto		Tage	
Rabatt für Teilgebiete			bei Nachsendungen ① ⓝ		Porto für Nachlieferungen ① ⓝ	Ziel		Tage	
Rabatt für Teilgebiete			bei Aufträgen ab DM		Rem.-Bearb.-Gebühr ① ⓝ	Valuta		Tage	
Staffel-Rabatt			bei innerhalb ... Wochen		Vereinfachte Remission ① ⓝ	Monats-Konto			
Staffel-Rabatt			bei innerhalb ... Monaten			BAG bis DM			
Partie			RR ① ⓝ			BAG bei Skonto DM			
Partie-Ergänz. in ... Lief			Standing Order ① ⓝ			Abschluß DM			
Partie innerhalb ... Mon.			AC ① ⓝ			Abschluß Bonus DM			
Sondervereinbarungen ▼				Konditionen bei Zeitschriften und Fortsetzungen ▼		Jahresumsätze ▼			
Sondervereinbarungen				Konditionen bei Zeitschriften und Fortsetzungen		Jahres-Umsatz			
						Jahr	DM (1000)		

9.3 Bestellwege

Der ungeheure Arbeitsaufwand, der notwendig ist, um Kundenwünsche zu erfüllen, die sich aus dem Angebot von 952.000 lieferbaren deutschsprachigen Titeln (2003) ergeben, hat die Branche frühzeitig veranlasst, sich Instrumente zur Erleichterung des Bestellverkehrs zu schaffen.

Rationalisierungsinstrument ISBN

Die Internationale Standard-Buchnummer, kurz ISBN (DIN 1462; engl. international standard book number), soll weltweit als kurzes und eindeutiges Identifikationsmerkmal jedes Buch unverwechselbar bezeichnen. Seit 1969 Richtlinien für eine internationale Anwendung erarbeitet wurden, hat sich diese Kennzeichnung der Bücher international durchgesetzt. Um nicht die Buchproduktion der Welt zentral mit Nummern versehen zu müssen und um Doppelnummern zu vermeiden, wurde die zehnstellige Nummer in vier Teile aufgegliedert:

Teil 1 = Gruppennummer   für nationale, geographische, Sprach- oder ähnliche Gruppen
Teil 2 = Verlagsnummer   für den einzelnen Verlag innerhalb einer Gruppe
Teil 3 = Titelnummer   für das einzelne Buch des in Teil 2 bezeichneten Verlags
Teil 4 = Prüfziffer

Die Stellenzahl der Teile 1, 2 und 3 ist variabel, bei der Gruppen- und Verlagsnummer richtet sie sich nach dem Umfang der Verlagsproduktion der Gruppe bzw. des Verlags. Je höher die Titelproduktion, desto weniger Stellen hat die Gruppen- bzw. die Verlagsnummer. Innerhalb des ISBN-Systems bildet die Bundesrepublik Deutschland zusammen mit Österreich und der Schweiz die Gruppe 3. Die Titelnummer bezeichnet innerhalb des durch die Verlagsnummer identifizierten Verlags den einzelnen Titel und wird von diesem selbst festgelegt. Die vier Teile werden in der Regel durch einen Bindestrich getrennt (z. B. ISBN 3-87318-644-6). Die Bezeichnung ISBN ist voranzustellen.

Vierter Teil der ISBN ist die immer einstellige Prüfziffer. Sie wird in einem arithmetischen Prozess ermittelt und übt eine Kontrollfunktion im Hinblick auf die Richtigkeit der Zahlenfolge einer ISBN aus (Basis des Modulus 11 mit der Gewichtung 10-2, d. h. die erste Ziffer der ISBN wird mit 10 multipliziert (»gewichtet«), die zweite mit 9, die dritte mit 8 usw.). Die sich ergebenden Produkte werden addiert und durch die Prüfziffer auf die nächste Zahl ergänzt, die sich durch 11 (daher Modulus 11) teilen lässt.

Beispiel:

ISBN	3 -	8	7	3	1	8 -	6	4	4
Gewichte	10	9	8	7	6	5	4	3	2
Produkte	30 +	72 +	56 +	21 +	6 +	40 +	24 +	12 +	8 = 269

Die nächste durch 11 teilbare Zahl nach dem Produkt ist 275, das ergibt die Zahl 6 als Prüfziffer. Die Prüfziffer X ist keine Variable, sondern steht für die Zahl 10. Sie wird für den Fall vergeben, wenn bis zur nächsten durch 11 teilbaren Zahl eine einstellige Ziffer nicht ausreicht (z. B. 265 auf 275).

Die Gruppennummer ist durch die internationale ISBN-Agentur mit Sitz in der Staatsbibliothek Preußischer Kulturbesitz weltweit gegeben, die Verlagsnummern vergeben die nationalen Standard-Buchnummern-Agenturen; sie führen ein Gruppenregister und übernehmen die damit verbundenen Beratungs- und Informationsaufgaben. In der Bundesrepublik Deutschland übernimmt die Funktion der Gruppenagentur im Rahmen der ISBN-Gruppe 3 (deutschsprachige Länder) die MVB Marketing und Verlagsservice des Buchhandels in Frankfurt/M. Die ISBN wird heute praktisch in jedes Buch eingedruckt und im Bestellwesen des Buchhandels, in der Bibliotheksarbeit, in den Bibliographien verwandt – ein weltweit funktionierendes Rationalisierungshilfsmittel. Ab 2007 wird die ISBN 13-stellig,

9.3 Bestellwege

ausgehend von dem 13-stelligen EAN-Code, der bereits im Rahmen der Warenwirtschaftsysteme für die Titelidentifizierung sorgt.

Rationalisierungsinstrument ISSN

Internationale Standard Serien Number, kurz ISSN (engl. international standard serial number), identifiziert Zeitschriften, zeitschriftenartige Reihen, Serien, Schriftenreihen und Zeitungen. Sie ist achtstellig und enthält keine Schlüsselzahl für Verlage und nationale bzw. sprachliche Herkunft. Verwaltung und Zuteilung der ISSN erfolgt in der Bundesrepublik Deutschland durch die Deutsche Bibliothek, Frankfurt/M. Aufgedruckt wird die ISSN im Allgemeinen auf den Umschlag oder die Titelseite von Zeitschriften und Zeitungen bzw. im Impressum von Serienwerken. Wie bei der ISBN muss auch hier die Bezeichnung ISSN vorangesetzt werden.

Da die ISSN für den Titel eines Serienwerkes und nicht für einzelne Ausgaben vergeben wird, hat sie im Bestellverkehr nur eine eingeschränkte Bedeutung. Bei der Bestellung muss immer angegeben werden, ab wann im Abonnement bzw. welches Einzelheft oder welche Nummer bestellt wird.

Rationalisierungsinstrument ISMN

Seit 1995 hinzugekommen ist die ISMN (Internationale Standard Musik Nummer), die als Verzeichnis lieferbarer Musikalien aus über 100 Verlagen in Deutschland, Österreich, der Schweiz und Luxemburg eine Datenbank bildet ähnlich dem im Buchverlagswesen bewährten ISBN-System und der VLB-Datenbank.

Rationalisierungsinstrument Verkehrsnummer

Für den Buchhandel ist eine fünfstellige einheitliche Verkehrsnummer entwickelt worden, die von der Mitgliedstelle des Börsenvereins verwaltet wird. Ein Gründer muss bedacht sein, schon frühzeitig seine Verkehrsnummer bei der Anmeldung in den buchhändlerischen Verbänden (Börsenverein, Landesverbände) zu erhalten und damit in das Adressbuch für den deutschsprachigen Buchhandel aufgenommen zu werden. Eine Verkehrsnummer ist unabdingbar – auch für die rationelle Abwicklung des Bestellverkehrs. Innerbetrieblich wird sie besonders in der Buchhaltung und der Registratur verwendet, für den Geschäftsverkehr wird sie auf Briefbögen, Bestell-, Rechnungs- und Zahlungsformularen eingedruckt. Die Verkehrsnummern gliedern sich in zwei Bereiche:
- 10.000-17.499 – Kreditorennummer der Verlage und Zwischenbuchhandlungen für ihre Leistungen

- 20.000-59.999 – Debitorennummern, die für den Verkehr des verbreitenden Buchhandels mit Verlagen, Kommissionären und Barsortimentern bestimmt sind.

Im *Merkblatt zur einheitlichen Verkehrsnummer im Buchhandel* wird hierzu näher ausgeführt: Für den Lieferverkehr der Verlage und Zwischenbuchhandlungen wird eine Kreditorennummer vergeben, die auf Rechnungen, Mahnungen und allen weiteren Unterlagen für diesen Geschäftsverkehr rechts oben aufgenommen ist (1. Stelle = 1). Firmen, die als Besteller auftreten, wird eine Debitorennummer erteilt, die auf Bestellzetteln, Postbankabschnitten, Banküberweisungen und allen Unterlagen, die den Bestell- und Zahlungsverkehr betreffen, steht (1. Stelle = 2, 3, 4 und 5). Firmen, die sowohl als Lieferanten als auch als Besteller auftreten, erhalten je eine Kreditoren- und eine Debitorennummer. Das trifft auf Kommissionäre und Barsortimenter zu.

Führt ein Verlag als unselbstständige Abteilung oder Filiale eine Buchhandlung mit eigenem Rechnungs- und Bestellverkehr, so kann er neben seiner Kreditorennummer eine Debitorennummer beantragen. Diese Regelung gilt auch für den umgekehrten Fall. Wenn eine Buchhandlung als unselbstständige Abteilung einen Verlag angliedert, kann sie eine Kreditorennummer beantragen. Bei Inhaberwechsel bleibt nur dann die alte Verkehrsnummer bestehen, wenn Aktiva und Passiva vom neuen Inhaber übernommen werden oder der bisherige Inhaber der weiteren Verwendung der Verkehrsnummer ausdrücklich zustimmt.

Rationalisierungsinstrument ILN

Den neuen Anforderungen für den elektronischen Austausch von Geschäftsdokumenten aller Art mit Partnern innerhalb und außerhalb der Branche wird die Verkehrsnummer nicht mehr gerecht. Neben der Verkehrsnummer verfügen deshalb die Buchhändler auch über eine ILN (International Location Number), die die Verkehrsnummer in Zukunft ablösen wird. Die ILN kann nicht nur für ein Unternehmen vergeben werden, sondern zum Beispiel auch für ein Regal innerhalb einer Buchhandlung oder eine Abteilung. Sie ist dann die Lieferadresse für regalfertige Lieferungen an einen bestimmten Platz innerhalb der Buchhandlung.

9.3.1
Bestellübermittlung

Die Bestellwege im Buchhandel haben in den letzten 20 Jahren aufgrund neuer Datenübertragungstechniken und der zuvor dargestellten Hilfsmittel ISBN sowie Verkehrsnummer eine Wandlung erfahren. Gab es früher noch die portogünstige postalische Form »Bücherzettel«, so dominiert heute die Weitergabe digitaler Daten. Nach der Umfrage der Abteilung Marketing, Marktforschung und Statistik des

9.3 Bestellwege

Börsenvereins beträgt die Quote der elektrisch übermittelten Bestellungen an die Verlagsauslieferungen 47,3 % (2001) einschließlich der per Laptop erfassten Reiseaufträge. Als Bücherzettel gingen 8,6 % ein, als Fax 16,6 %, per Telefon 4,4 %. Bei den Barsortimenten beträgt der Bestelleingang per Datenfernübertragung über 90 %.

Der Bücherzettel ist als besondere Versendungsform aus dem Tarifgefüge der Post gestrichen worden und muss als normaler Brief bzw. als Postkarte frankiert werden. Soweit Bestellungen nicht per DFÜ abgesetzt werden, ist seine Verwendung jedoch weiterhin sinnvoll, da er die notwendigen Angaben für die Bearbeitung in der Buchhandlung und im Verlag übersichtlich anordnet.

Standardbücherzettel an den Verlag aus dem *Formularbuch für den Sortiments-Buchhandel*

Etwa 1.300 Buchhandlungen nutzten 2002 den Informationsverbund Buchhandel (IBU) – ein Bestellclearing, das der Branche eine vom jeweiligen Lieferanten unabhängige Bestellabwicklung ermöglicht (neutrale Bestellanstalt). Dieses vielseitige Informations- und Kommunikationssystem für den Buchhandel wird hauptsächlich für die Bestellabwicklung genutzt. Dabei bietet IBU weitaus mehr. Denn es ermöglicht auch E-Mail-Kommunikation mit allen Lieferanten. Damit übermittelt IBU nicht nur Bestell- und Lieferdaten, sondern auch Anfragen nach einzelnen Titeln zu Erscheinungsterminen, Preisen, etc. sowie die Antworten der Verlage und Auslieferungen. Auch elektronische Lieferscheine/Rechnungen können über IBU genauso zugestellt werden wie die BAG-Abrechnungsunterlagen. Der Gründer sollte sich über dieses von der BAG in Frankfurt a. M. eingerichtete System durch Studium der von der BAG erhältlichen Unterlagen informieren.

Über die Bibliographier- und Warenwirtschaftssysteme des Buchhandels können sowohl Barsortimentsaufträge als auch Bestellungen zur Weiterleitung über die Bestellanstalten der Barsortimente an die Verlage aufgegeben werden. Die folgende Abbildung bringt eine schematische Darstellung dieser modernen Bestellwege am Beispiel KNO/KV. Auch andere Barsortimente wie LIBRI in Hamburg/Bad Hersfeld, Umbreit in Bietigheim-Bissingen und Könemann in Hagen stellen für ihre Kunden den schnellen DFÜ-Bestellweg bereit. Vorteil für das Sortiment: Rechner-Rechner-Verbindungen per DFÜ sind für den Buchhändler gebührenfrei, da sie den Verlagen von den Bestellanstalten in Rechnung gestellt werden.

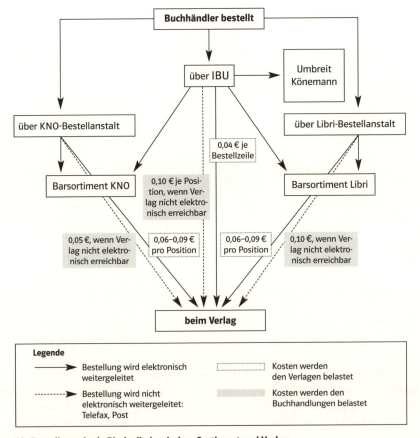

Die Bestellanstalt als Bindeglied zwischen Sortiment und Verlag
Quelle: Das Taschenbuch Lexikon, S. 49. Gebühren im Januar 2004 neu recherchiert.

9.3 Bestellwege

Über die Bestellanstalten des Zwischenbuchhandels können nicht nur Bestellungen an alle im VLB vertretenen Verlage aufgegeben werden, sondern auch an kooperierende Barsortimente in den USA, Großbritannien, Frankreich, Spanien und Italien, sowie alle Importeure ausländischer Bücher in Deutschland. Darüber hinaus können Verlage die Barsortimente beauftragen, Kleinbestellungen bis zu einer vom Verlag festgesetzten Größe nicht an den Verlag sondern an das Barsortiment weiterzuleiten, um dem Verlag wie auch dem Sortiment Kleinsendungen zu ersparen.

Die Gebühren für diesen Service der Barsortimente sind unterschiedlich hoch. Die Bestellfunktion ist üblicherweise in der Bibliographie-Software der Barsortiments CD-ROM enthalten. Für die Bestellungen an das eigene Barsortiment erheben die Bestellanstalten keine Gebühren, für die Weiterleitung an die Verlage und Auslieferungen nur im Falle der Weiterleitung per Post oder Fax. Die Übertragung der Bestellungen vom Sortiment an die Barsortimente erfolgt in zunehmenden Maße über das Internet. Für das Sortiment fallen dabei lediglich die Gebühren für die Nutzung des Internetzugangs an.

Elektronische Verbindungen bestehen von den Bestellanstalten des Zwischenbuchhandels zu den Verlagsauslieferungen und vielen selbstausliefernden Verlagen. Aufträge vom Sortiment an Verlage, die nicht elektronisch an die Bestellanstalten angeschlossen sind, werden per Fax an die Verlage weitergeleitet oder sogar ausgedruckt und per Post geschickt. Über die Kosten dieser Weiterleitungen informiert Kap. 13.3.

Zur Verwaltung der Internet-Aufträge wird als spezielle Dienstleistung das Bestellbuch fürs Online-Geschäft geboten. So kann die Buchhandlung – z.B. bei KNO/KV unter www.buchkatalog.de/bestellbuch – jederzeit alle Bestellungen der Internet-Kunden einsehen und bearbeiten. Dazu gehört auch das Setzen von Auftragslimits oder das Sperren von unerwünschten Kunden. Das Auftragsvolumen von Internet-Kunden hat in Buchhandlungen bislang noch keinen großen Umfang, erfordert jedoch eine besondere Form des Bestellbuches.

In der Schweiz hat sich als buchhändlerisches Bestellsystem moderner Prägung *Comelivres* (Telebox) durchgesetzt; dort gibt es keinen Dualismus. Ebenso verfährt der Buchhandel in Österreich mit einer ähnlichen Version unter dem Namen *Köbu-Data* (Telebox).

Für Gründer stellt sich die Aufgabe, die verschiedenen technischen Möglichkeiten im Bestellverkehr im Hinblick auf die anfallenden Kosten zu vergleichen und dann die Wahl zu treffen. Dies betrifft sowohl die Gebühren der Telekom für ISDN, Internetzugang (Provider) über z.B. t-online etc. als auch die der Bestellanstalten des Buchhandels. Je nach Bestellvolumen und Servicebereitschaft wird die Entscheidung für dieses oder jenes System mit den unterschiedlichen Gesamtkosten ausfallen (vgl. Kap. 13.4).

9.3.2
Bestellung über den Vertreter

Persönliche Aufgabe von Bestellungen, das vollzieht sich beim Besuch des Verlagsvertreters (im Allgemeinen zweimal jährlich). Was bei einem Vertreterauftrag zu tun ist, fasst die praxiserprobte *Checkliste Vertreterauftrag* zusammen:

CHECKLISTE VERTRETERAUFTRAG

1. Vorbereiten des Besuches
- Bestellungen zur Lagerergänzung für den Vertreter sammeln.
- Dringend benötigte Titel des betreffenden Verlages vorab zum Reiseauftrag zu Reisebedingungen bestellen (auf Vertreterkartei nachsehen, ob möglich).
- Leseexemplare an Mitarbeiter verteilen mit der Bitte um Lektüre und kurze Beurteilung. Notieren, wer wann welches Leseexemplar mit nach Hause genommen hat.
- Wenn die Unterlagen des Vertreters eintreffen, angegebenen Besuchstermin eintragen bzw. mit evtl. bereits im Kalender notiertem Termin vergleichen.
- Vorankündigungen ansehen, evtl. schon vorläufige Bestellzahlen darin notieren.
- Lageraufnahme machen anhand der Aufnahmezettel bzw. Lagerkartei. Anzahl der noch vorhandenen Exemplare notieren und wenn möglich Verkaufszahlen aufgrund von Titellaufkarte, Lagerkartei. Folgende Punkte bei der Lageraufnahme beachten:
  – Gleich notieren, für welche Exemplare Schutzumschläge benötigt werden;
  – Preise vergleichen; wenn notwendig, gleich umzeichnen;
  – Exemplare, die zurückgegeben werden sollen, herausziehen;
  – alte, beschädigte Exemplare herausziehen, im Preis reduzieren und antiquarisch verkaufen;
  – zur Kontrolle der Lageraufnahme letzte Auftragskopie heranziehen;
  – àc-Rechnungen durchsehen;
  – RR-Rechnungen durchsehen.
- Überprüfen, ob bei Abschlüssen und Fortsetzungen Anzahl und/oder Höhe des Bezugs noch richtig sind.
- Lagerergänzungen auf dem Aufnahmezettel notieren.

2. Unterlagen für den Vertreterauftrag
- Lageraufnahme sowie Bücher bzw. Notierung der Titel, die zurückgegeben werden sollen.
- Notizen über Abschlüsse und Fortsetzungen, Umsatzzahlen.
- Vorankündigungen mit den Notizen.
- Alte Auftragskopien, um zu klären, ob noch etwas aussteht.

3. Der Vertreterauftrag
- Ordern der Novitäten (fest, fest mit RR, fest mit Umtauschrecht, àc).

9.3 Bestellwege

- Ordern der Lagerergänzungen (fest, fest mit RR, fest mit Umtauschrecht, àc).
- Bereits verkaufte àc-Exemplare fest nachbeziehen wegen des höheren Rabatts.
- Konditionen aushandeln:
  - Partien;
  - Reizpartien;
  - gemischte Partien;
  - Partieergänzungsrecht vorbehalten;
  - Rabatte, Bonus, Vorzugsrabatt;
  - evtl. Abschlüsse erhöhen oder verringern;
  - Zahlungsbedingungen (Valuta, BAG, Skonto, Ziel, Bar, Vorauskasse, Nachnahme);
  - Portoersatz (volle Übernahme, Teilgutschrift, in Form von Freiexemplaren).
- Für defekte Schutzumschläge Ersatz bestellen.
- Werbemittel bestellen (Prospekte, Dekomaterial, Tüten mit/ohne Firmeneindruck, Flyer/Gesamtverzeichnisse des Verlags).
- Beteiligung der Verlage an Werbemaßnahmen des Sortiments (z. B. Anzeigen in der Lokalpresse) besprechen.
- Sonderaktionen besprechen wie Lesungen, Sonderfenster, Schaufensterwettbewerbe.
- Liefertermin besprechen (sofort, auf Abruf, terminieren, Restlieferungen einzeln oder mit Novitäten zusammen).
- Lieferweg besprechen in Bezug auf Schnelligkeit und Kosten (BSV, Fracht, Post, Boten).
- Änderungen der Konditionen für Nachbezüge über Vertreter, Adressenänderungen usw. gleich in die Vertreterkartei eintragen.
- Auftragshöhe brutto/netto errechnen.
- Etwaige Beschwerden über lange Lieferzeiten besprechen.
- Echo von Kunden, Anregungen, Kundenwünsche, Werbeerfolge/-misserfolge besprechen.

4. Nacharbeiten zum Vertreterauftrag

- Auftragskopien abheften/ablegen.
- Bücher mit Rücksendeerlaubnis zum Remittieren bereitlegen.
- Vorankündigungen sowie alle Unterlagen ablegen bzw. vernichten.
- Wenn Ware eingetroffen ist, überprüfen, ob die gestellten und vereinbarten Konditionen eingehalten wurden und mit der Rechnung und der Belastung übereinstimmen.
- Besondere Leistungen der Buchhandlung herausstellen, um ein Entgegenkommen der Verlage zu erreichen.
- Rabattstaffeln, Partien, Partie-Ergänzungen, Skonti, Boni, Porto-Modelle usw. nutzen durch Verstärkung der Direktbezüge bei jenen 40–50 Verlagen, die erfahrungsgemäß 70–80 % des Einkaufsvolumens stellen.

9.3.3
Vertreterbörsen

Als Variante der persönlichen Auftragserteilung haben sich so genannte Bücherbörsen etabliert. Es gibt zur Zeit mehr als zehn dieser Veranstaltungen, regional begrenzt, auf denen Verlagsvertreter die eingeladenen Sortimenter zur Aufgabe ihrer Bestellungen erwarten (Dauer zwei bis drei Tage). Die Meinungen über die Effizienz dieses Bestellweges gehen ziemlich auseinander. Als Vorteile werden hervorgehoben:
- Zeitersparnis (zeitraubende Besuche des Vertreters in der Buchhandlung fallen weg. Kundenstörungen gibt es nicht);
- Übersicht des Novitätenangebotes der wichtigen Verlage in ein bis zwei Tagen;
- Frühzeitigere Auslieferung der Frühjahrs- und Herbstaufträge;
- Nutzung der Sonderkonditionen von kleinen Buchhandlungen, die nicht vom Vertreter direkt besucht werden;
- Kontakt zu anderen Kollegen mit Meinungsaustausch über die einzelnen Verlagsprogramme.

Die im Folgenden wiedergegebene *Checkliste Bücherbörse für Sortimenter* unterrichtet über Vorbereitung, Durchführung und Nacharbeit bei diesem Bestellweg, wobei der Punkt Konditionenverhandlung bereits auf der *Checkliste Vertreterauftrag* ausführlich ausgeführt ist.

CHECKLISTE BÜCHERBÖRSE FÜR SORTIMENTER

1. Vorbereiten
- Einkaufsplanung global für Lagereinkäufe (Limitrechnung) anhand der Daten der Vergangenheit (Lagerumsatz, Lagereinkauf, Lagerumschlag, Altersstruktur).
- Einkaufsplanung detailliert nach Literatur-/Warengruppen anhand der Vorjahresdaten (je Gruppe Lagerumsatz, Lagereinkauf, Lagerumschlag, Altersstruktur).
- Einkaufsstrategie nach Literaturgruppen festlegen (Lageraufstockung, Aufnahme neuer Gruppen, Reduzierung, Auslauf).
- Einkaufsstrategie nach Verlagen festlegen (Einkaufsvolumen, Limitrechnung für Lagereinkäufe, sortimenterfreundliches Verhalten bewerten).
- Rechtzeitige Anmeldung beim Veranstalter (Verlagsvertreter, Landesverband, Kollegen).
- Liste der dort vertretenen Verlage anfordern.
- Hotel am Veranstaltungsort buchen, falls Übernachtung nötig.
- Hin und Rückreise regeln (Bahn, Auto, Mitnahme von Kollegen).
- Bestellformulare für Novitäten und Backlist anfordern, falls nicht zugesandt. Mindestens drei Wochen Vorlauf.

- Festlegung, welcher Verlag durch seinen Vertreter auf der Börse kontaktiert wird.
- Verlagsweise Durcharbeiten der Vorankündigungen, Bestellvorschläge.
- Beurteilung der als Leseexemplare erhaltenen Titel, Bestellvorschläge.
- Lageraufnahme je Verlag anhand der Formulare im Verkaufs- und Lagerraum (körperliche Aufnahme bzw. Ausdruck je Verlag über das hauseigene Warenwirtschaftssystem).
- Gegebenenfalls Kontrolle der Lageraufnahme durch Inhaber, 1. Sortimenter oder Abteilungsleiter. Bei manueller Aufnahme drei bis zehn Tage Vorlauf.
- Bestellmenge je Titel der Backlist besprechen und festlegen aufgrund der Titelstatistik (Warenwirtschaft, Buchlaufkarte, Vorjahresauftrag, Titelkartei).
- Kontrollzettel für die Lageraufnahme in den einzelnen Filialen eines Unternehmens anlegen. Rechtzeitigen Durchlauf sichern (Daten von Eingang, Aufnahme, Weitergabe, Rückgabe zur Zentrale). Drei Wochen Vorlauf.
- Remissionswünsche je Verlag auflisten, auf Aufnahmeformular notieren oder gleich Rücksendungs-Lieferschein ausfüllen, später durch Vertreter abzeichnen lassen.
- Höhe der Fortsetzungen je Verlag bei Reihen überprüfen.
- Höhe des bisherigen Bezugs je Verlag feststellen (Jahresabschluss, Bonus). Volumen des Frühjahrs- und Herbsteinkaufs anhand der Unterlagen ermitteln.
- Tag und Uhrzeit für wichtige Verlage vorher mit Vertreter vereinbaren.
- Verlagskonditionen zurechtlegen.
- Vorbereitende Unterlagen nach Tag, Uhrzeit und Vertreter (Verlage) bündeln.
- Arbeitsplanung, falls mehrere Personen auf der Bücherbörse bestellen sollen (tageweise getrennt oder zusammen an einem oder mehreren Tagen).

2. Durchführen
- Vorbereitete, geordnete Bestellunterlagen mitnehmen.
- Arbeitsmittel mitnehmen (Firmenstempel, Stempelkissen, Schreibgeräte, Schreibblock, Taschenrechner, Büroklammern, Hefter, Verlagskonditionen).
- Bestellung der Novitäten (nach Vorstellung) und der Lagerergänzungen.
- Nachbestellung von Kommissionstiteln.
- Über Konditionen verhandeln (siehe *Checkliste Vertreterauftrag*).
- Remissionswünsche vortragen (Kulanz-Remission) und genehmigen lassen.
- Auftraghöhe je Verlag überschlägig errechnen und aufrechnen lassen.
- Schutzumschläge bestellen.
- Angebotene Werbemittel ordern.
- Sonderaktionen vereinbaren (Lesungen, Signierstunden, Ausstellungen, Sonderfenster, Schaufensterwettbewerbe).
- Unerledigte Reklamationen besprechen, Beschwerden vortragen.
- Lob erteilen für Programm, prompte Lieferung, Erledigung von Sonderwünschen, Werbemaßnahmen.

3. Nacharbeiten
- Ablage der Auftragsunterlagen.

- Einsortieren und nachtragen der mitgenommenen Unterlagen (z. B. Konditionenkartei).
- Erledigen der genehmigten Remissionen.
- Besprechung mit Mitarbeitern über besondere Titel, Einkäufe, Trends.
- Besprechung mit Buchhaltung über Finanzierung des Einkaufs, über besondere Zahlungsvereinbarungen.
- Besprechung mit Werbesachbearbeiter über georderte Werbemittel, geplante Aktionen in Zusammenarbeit mit den Verlagen.
- Nach Eingang der Lieferungen Kontrolle auf richtige Stückzahl und Einhaltung der vereinbarten Konditionen.

9.3.4
Antiquarische Online-Recherche

Ein seit wenigen Jahren installierter Bestellweg ist der über Online-Antiquariate, die ihre Bestände alter Bücher durch Datenbanken verfügbar machen. Hier kann sich ein Gründer einklinken, der diese Absatzform pflegen will. Es gibt mehrere Anbieter, so im deutschsprachigen Raum das ZVAB – Zentrales Verzeichnis antiquarischer Bücher (www.zvab.com), Zeusmann, der sein Angebot unter www.zeusmann.de als zentrale europäische Suchmaschine für Bücher und Grafiken von 1450 bis heute charakterisiert, sowie www.abebooks.de, der lt. Selbstauskunft »größte Marktplatz für antiquarische, vergriffene und gebrauchte Bücher weltweit«. Abebooks bietet (Stand 2003) 45 Mio. Bücher von mehr als 11.000 Buchhändlern aus der ganzen Welt an.

9.4
Bezugsformen

Die Bezugsformen gehören zu den Bezugsbedingungen, die für den Buchhandel in der Bundesrepublik Deutschland in der *Verkehrsordnung* (vgl. Kap. 9.1) niedergelegt sind. Diese Verkehrsordnung gilt als Handelsbrauch, sofern nicht in eigenen Geschäftsbedingungen oder durch im Einzelfall vereinbarte Sonderbedingungen etwas anderes vorgeschrieben ist.

Festbezug bedeutet, dass bis zur vollständigen Bezahlung die Bücher Eigentum des liefernden Verlags bleiben (§ 5,7 VeO). Eine Rückgabe fest bestellter Werke ist nur in bestimmten Fällen erlaubt, nachzulesen in § 6,1–5.

Buchhändlerische Besonderheit ist der Partiebezug, ein Naturalrabatt, bei dem von Seiten des Verlages ein unberechnetes Partiestück oder mehrere (Reizpartie) der Sendung beigelegt werden. Häufigste Partie ist wohl 11/10: Zehn Exemplare sind berechnet, aber 11 Stück geliefert. Beträgt für einen solchen Partiebezug der

Rabatt 40%, so erhöht er sich in praxi durch das Freistück auf 45,45%. Partieergänzungen werden teilweise gestattet, im Allgemeinen nur innerhalb eines Zeitraumes bis zu sechs Monaten.

Verdrängt wird der Partiebezug in bestimmten Sachgebieten vom Staffelrabatt, ein mit größerer Abnahmemenge sich erhöhender Rabattsatz. Setzt sich eine Buchhandlung für die Gesamtproduktion oder Spezialgebiete eines Verlages besonders ein, dann kann ein Vorzugsrabatt zum Tragen kommen, der für alle Bezüge gilt.«Jahresabschluss« war hier das Stichwort der letzten Zeit für Direktaufträge ab einem bestimmten Volumen, z. B. ab 100 €.

Was bei Lieferungen mit Remissionsrecht (RR) zu beachten ist, regelt § 6.1 der VeO. Weitere Bezugsformen sind Lieferungen mit Umtauschrecht und solche in Kommission (àc-Bezüge). Letztere haben in ihrer Bedeutung stark abgenommen; sie wurden durch langfristiges Rückgaberecht oder im wissenschaftlichen Sektor teilweise durch standing order ersetzt.

Risikolose Bezugsformen erlauben eine Lagerhaltung ohne Risiko und zum Teil (Kommissionsware) ohne finanzielle Anspannung, im Allgemeinen erkauft mit einem geringeren Rabatt gegenüber dem Festbezug. Bei Festlieferungen sind in den letzten Jahren gewisse Abweichungen ob der Überproduktion festzustellen; bei guten Beziehungen zu den Verlagen und angemessener Nachfragemacht nimmt der Verlag oder sein Verlagsvertreter Titel aus Festaufträgen in gewissen Grenzen zurück. Allerdings sind zunehmend Bearbeitungsgebühren oder Gutschrift eines reduzierten Nettopreises bei solchen Rückgabewünschen Usance geworden.

Weitere Bezugsbedingungen, so auch für Zeitschriften und Fortsetzungswerke, sind den entsprechenden Paragraphen der Verkehrsordnung zu entnehmen.

9.5
Lieferwege

Innerhalb der Beschaffung von Verlagserzeugnissen ist das Bestimmen und Vorschreiben des Lieferweges ein nur mit Fachkenntnissen zu lösendes Problem.

9.5.1
Post – Büchersendung u. a. m.

Beim Postweg hat die Branche das Privileg der Büchersendung mit günstigen Gebühren. Diese Versandart gilt für Bücher, Broschüren, Notenblätter, Landkarten. Den Büchersendungen dürfen nur die Rechnung, ein entsprechender Zahlscheinvordruck, ein Rückantwortumschlag sowie eine Leih- und/oder Buchlaufkarte beigelegt werden. Briefliche Mitteilungen sind nicht zugelassen. Grundsätzlich sind offener Versand sowie die Bezeichnung »Büchersendung« oberhalb der Anschrift erforderlich. Die Büchersendung hat nicht nur für den Wareneingang (Lieferantenlieferungen), sondern auch für den Versand an Kunden Relevanz. Die Gebühren für Büchersendungen stellen sich wie folgt dar (2003):

Büchersendungen	Mindestmaße in cm	Höchstmaße in cm	max. Gewicht	Entgelt in €
Standard	14 x 9	23,5 x 12,5 x 0,5	20 g	0,41
Kompakt	10 x 7	60 x 30 x 15	50 g	0,56
Groß	10 x 7	60 x 30 x 15	500 g	0,77
Maxi	10 x 7	60 x 30 x 15	1.000 g	1,28

Für die Formate Kompakt, Groß und Maxi dürfen Länge, Breite und Höhe zusammen nur 90 cm betragen; in keiner Ausdehnung aber mehr als 60 cm. Für die Formate Standard und Kompakt ist das Rechteckformat verbindlich; Maxi-Sendungen können auch quadratisch sein, falls die Breite mehr als 12,5 cm beträgt.

Für den Postverkehr mit dem Ausland gibt es als Vergünstigung »Presse und Buch International«. Notenblätter, Landkarten, Fernkursunterlagen, Zeitungen und Zeitschriften können als Einzelversand bis 2.000 g versandt werden, Bücher und Broschüren bis 5.000 g. Die ›Beilagen‹ entsprechen weitestgehend denen der Büchersendung. Gebühren und weitere Besonderheiten erläutert die Broschüre *Service-Informationen*, die kostenlos in jeder Poststelle erhältlich ist. Dort finden sich auch Angaben zum Päckchen (bis 2.000 g) sowie die Arten, Gewichtsklassen und Porti für die verschiedenen Postpakete.

9.5.2
Speditionsdienste

Von den Bahnwegen ist Expressgut der schnelle und teure, Frachtgut der langsamere und billigere Weg im Güterverkehr der Deutschen Bahn. Nach Ankunft einer solchen Sendung auf dem nächstgelegenen Güterbahnhof muss diese entweder selbst abgeholt (Zahlung einer Benachrichtigungsgebühr) oder vom örtlichen Spediteur (beachtliches Rollgeld) zugefahren werden. Der Bahnweg wird im Buchhandel verhältnismäßig selten eingeschlagen, deshalb unterbleibt ein Gebührenbeispiel.

Verschiedene Großverlage und einige Verlagsauslieferungen haben Vertragsspediteure engagiert, die mit ihren Lastkraftwagen über das Spediteursnetz ins Haus zustellen zu Gebühren, die denen für Frachtgut ähneln. Bezugskostenmodelle einzelner Verlage sehen eine dem Sortimenter zu belastende Kilogebühr (z. B. 0,30 €) vor, unabhängig davon, was der Hausspediteur an Gebühren beim Auftraggeber erhebt. Angeboten werden diese Gebühren häufig im Zusammenhang mit so genannten Schnellschienen, z. B. kurz vor Weihnachten, um wirtschaftlich vertretbare Verlagsbestellungen zu günstigen Bezugskosten zu ermöglichen.

9.5.3
Büchersammelverkehr

Das größte Volumen wird über buchhändlerische Zustelldienste direkt in die Räume der Buchhandlung gebracht, vielfach schon am Morgen vor der Ladenöffnungszeit. Raumschlüssel sind in der Regel den Fahrern der Touren anvertraut. Zum einen kommen damit die Lieferungen der einzelnen Barsortimente, die diesen schnellen, zuverlässigen und sehr kostengünstigen Lieferweg eingerichtet haben. Die Gebühren dafür sind gestaffelt und liegen mit 0,5 bis 2,0 % des Nettowertes der Barsortimentsbezüge beachtlich unter denen für andere Zustellungen. Zum zweiten holen die Zustelldienste in ihrer Funktion als buchhändlerischer Kommissionär im Büchersammelverkehr Sendungen von den angefahrenen Verlagen und Auslieferungen ein und sortieren sie um zur Beförderung an die Buchhandlungen. Diese Zustellart ist identisch mit dem Barsortiments-Fuhrpark. Für diese Dienstleistung berechnet der Kommissionär nach befördertem Gewicht und Monatsvolumen in Staffelung. Bei einem Normalvolumen einer mittelgroßen Buchhandlung muss mit einem Kilopreis von etwa 0,45 € und weniger gerechnet werden. »Kleinbeischlüsse« unter 5 kg allerdings sind von dieser Berechnungsart ausgenommen; für sie gilt ein höher angesetzter Stückpreis ohne Berücksichtigung des Individualgewichtes. Um sich einen ersten Einblick in die Transportgebühren der Bücherwagendienste zu verschaffen, folgen an dieser Stelle die LIBRI- und KNO/KV-Transportgebühren.

LIBRI-PAKET-SERVICE
[Gebühren für Verlagssendungen und -remittenden (April 2003)]

Gewicht	Gebühr (je Paket in €)
Bis 1 kg	1,35
bis 5 kg	2,45
bis 10 kg	2,70
bis 15 kg	3,20
bis 20 kg	3,50
bis 30 kg	4,50
bis 50 kg	8.00

Für Sperrgut (größer als 70 x 50 cm, Rollen, Globen) 100 % Aufschlag.
Der Palettentransport kostet je kg 0,21 €.
Palettensendungen unter 150 kg sollten als Pakete versandt werden.
Alle Preise zuzüglich Mehrwertsteuer.

KNO/K&V
[Gebühren für Verlagssendungen und -remittenden (April 2003)]

Packstücke bis 5 kg	Gebühr in € (pro Stück)
Bis 1 kg	1,35
2–3 kg	2,20
4–5 kg	2,45

Packstücke bis 5 kg Gesamtgewicht/Monat	Gebühr in € (pro kg)
bis 499 kg	0,465
500–999 kg	0,335
1.000–1.999 kg	0,290
2.000–2.999 kg	0,260
3.000–3.999 kg	0,250
4.000–4.999 kg	0,240
5.000–5.999 kg	0,215
6.000–7.999 kg	0,195
8.000–9.999 kg	0,185
ab 10.000 kg	0,175

Für Sperrgut [größer als 60 cm (Länge), 50 cm Breite und 45 cm Höhe] sowie für alle Rollen 100 % Aufschlag. Palettenlieferung 0,160/kg.
Alle Preise zuzüglich Mehrwertsteuer. Auf die Gebührenabrechnung wird kein Skonto gewährt.

KNO/K&V
[Transport-Gebühren Barsortimentsware (April 2003)]

Jahresumsatz in € (Vorjahr)	€/kg
bis 20.000	1,026
bis 30.000	0,605
bis 40.000	0,432
bis 50.000	0,346
bis 75.000	0,307
bis 100.000	0,272
bis 150.000	0,242
bis 200.000	0,216
bis 250.000	0,194
bis 300.000	0,177
bis 350.000	0,162
bis 400.000	0,147
bis 450.000	0,134
bis 500.000	0,121
ab 500.000	0,108
Postbelieferung	1,500

Mit dem vom Gründer gewählten Sortimenter-Kommissionär ist ein Kommittenten-Vertrag abzuschließen. Dazu als Muster den Vertrag des Hauses Lingenbrink.

KOMMITTENTENVERTRAG

GEORG LINGENBRINK (GmbH & Co.), Stresemannstr. 300, 22761 Hamburg (Libri)

Zwischen GEORG LINGENBRINK (GmbH & Co.) Hamburg/Frankfurt
– nachfolgend »Kommissionär« genannt – und

_____

– nachfolgend »Kommittent« genannt – wird nachfolgender Kommittentenvertrag geschlossen:

1 Leistungen des Kommissionärs

1.1 Der Kommissionär übernimmt im Auftrag des Kommittenten die Übernahme und die Zustellung der für den Kommittenten bestimmten Verlegerbeischlüsse bei den Verlagen, die der Kommissionär mit seinem Bücherwagen bedient.

1.2 Der Kommissionär übernimmt des Weiteren die Abholung und den Transport der Remittenden des Kommittenten an die vom Kommissionär bedienten Verlage.

1.3 Der Kommissionär übernimmt die unter 1.1 und 1.2 genannten Leistungen nur im Hinblick auf die Verlage, die in der aktuellen Verlegerliste ausgewiesen sind.

1.4 Jedes Paket wird einzeln erfasst und avisiert, auch wenn Sendungen aus mehreren Packstücken bestehen. Der Kommissionär ist nicht verpflichtet, Sendungen zusammenzuführen bzw. sie geschlossen zu übergeben. Verlegerbeischlüsse können nur be-

9.5 Lieferwege

fördert werden, wenn sie in geeigneten Gebindegrößen übernommen und zugestellt werden können. Der Kommissionär ist nicht verpflichtet, für den Transport bzw. die Zustellung beim Kommittenten Großgebinde wie Paletten zu vereinzeln.

1.5 Bücherzettel/Bestellpositionen an Verlage in Deutschland – soweit diese im Adressbuch des deutschsprachigen Buchhandels aufgeführt sind – können dem Barsortiment (Kommissionär) gegen Gebühr zur Weiterleitung an die Verlage übergeben werden. Die entsprechenden postalischen Bedingungen sind vom Kommittenten zu beachten.

1.6 Nachnahmen oder Inkassotätigkeiten werden vom Kommissionär nicht ausgeführt.

2 Pflichten des Kommittenten

2.1 Die Parteien sind sich darüber einig, dass bei Verlegerbeischlüssen die Pflicht zur ordnungsgemäßen Verpackung und Beschriftung der Sendungen mit eindeutigen und einwandfrei identifizierbaren Absenderangaben dem jeweiligen Verlag obliegt. Hierzu gehört bei einer Verlagsauslieferung auch die Angabe des Verlags. Der Kommissionär hat diesbezüglich keine besondere Pflicht zur Nachbesserung bereits bei Übernahme beschädigter Verpackungen.

2.2 Der Kommittent ist verpflichtet, die dem Kommissionär übergebene Sendung in branchenüblicher Weise für den Transport geeignet zu verpacken und mit eindeutigen und einwandfrei identifizierbaren Absender- und Empfängerangaben zu versehen (hierzu gehört auch die Angabe/Anschrift einer Verlagsauslieferung).

3 Lieferung

3.1 Der Kommissionär hat die ihm übergebenen Sendungen ohne schuldhafte Verzögerung auszuliefern. An die Einhaltung bestimmter Fristen oder Termine ist der Kommissionär nur gebunden, wenn diese im Einzelfall ausdrücklich schriftlich vom Kommissionär bestätigt werden.

3.2 Die in der Verantwortung des Kommissionärs liegenden Transportzeiten beginnen erst mit der Übernahme der Verlegerbeischlüsse bei den Verlagen bzw. der Remittenden beim Sortimentsbuchhändler (Kommittenten). Das Übergabedatum ist in aller Regel nicht das Rechnungsdatum. Auf die Bearbeitungszeit und den Arbeitsablauf beim Absender hat der Kommissionär keinen Einfluss.

4 Vergütung/Zahlungsbedingungen

4.1 Die Leistungen des Kommissionärs werden nach der vom Kommissionär ausgefertigten Gebührenstaffel berechnet. Die jeweils gültige Gebührenstaffel ist Vertragsbestandteil.

4.2 Der Kommissionär behält sich die Änderung der Gebührenstaffel vor. Der Kommittent wird von einer Änderung der Gebühren im Voraus schriftlich benachrichtigt.

4.3 In aller Regel werden Verlegerbeischlüsse unfrei und Remittenden frei transportiert. Hiervon abweichende Transportmodalitäten müssen rechtzeitig vor der Übernahme durch den Kommissionär mit diesem abgestimmt werden. Diese Sendungen sind entsprechend den gegebenenfalls zu treffenden Absprachen zu kennzeichnen.

4.4 Die Berechnung der Leistung einschließlich der vereinbarten Kommissionsgebühr erfolgt zu Beginn eines jeden Monats für den vorangegangenen Monat. Zahlungen sind innerhalb von 10 Tagen ohne Abzug zu leisten.

5 Höhere Gewalt

Ist der Kommissionär an der Ausführung seiner Leistungen durch höhere Gewalt und/oder sonstige Umstände außerhalb seiner Kontroll- und Einflussmöglichkeiten gehindert, so ruht während des entsprechenden Zeitraums die Leistungsverpflichtung des Kommissionärs und können insbesondere keine Ersatzansprüche geltend gemacht werden.

6 Haftung

6.1 Die Haftung des Kommissionärs für ihm übergebenes Transportgut erstreckt sich ausschließlich auf Sendungen, deren Inhalt Bücher sind. Sie gilt, solange sich eine Sendung in seinem Gewahrsam befindet.

6.2 Der Kommissionär haftet dem Kommittenten, gleich aus welchem Rechtsgrund, für unmittelbare Sach- oder Personenschäden nur, wenn dieser durch Vorsatz oder grobe Fahrlässigkeit von dem Kommissionär, dessen Erfüllungsgehilfen oder Vertreter verursacht wurde oder aus sonstigem Grund gesetzlich zwingend gehaftet wird. Jegliche weitere Haftung des Kommissionärs, gleich aus welchem Rechtsgrund, insbesondere für entgangenen Gewinn und Nutzungsausfall, ist ausgeschlossen.

6.3 Die Haftung des Kommissionärs, gleich aus welchem Rechtsgrund, für durch sein Verschulden verloren gegangene oder beschädigte Sendungen ist begrenzt auf den jeweiligen Rechnungsbetrag der betreffenden Sendung.

6.4 Im Fall des Verlusts oder der Beschädigung von Sendungen erstattet der Kommissionär gemäß Verkehrsordnung dem Kommittenten 25 % des Wertes der betroffenen Bücher. Dies gilt dann, wenn eine Schuld nicht festzustellen ist (insbesondere bei Abgabe der Pakete ohne Quittung des Bücherwagendienstes oder der zum Zeitpunkt dieser Übergabe erstellten Avise).

6.5 Die Haftung erlischt in allen Fällen und für alle Beteiligten nach Ablauf von 3 Monaten nach Sendungsübergabe.

7 Laufzeit des Vertrags

7.1 Dieser Vertrag beginnt mit der Unterzeichnung durch beide Parteien; er wird auf unbestimmte Zeit geschlossen.

7.2 Dieser Vertrag ist mit einer Frist von einem Monat zum Monatsende für beide Parteien kündbar.

7.3 Das Recht zur fristlosen Kündigung bleibt unberührt. Der Kommissionär kann den Vertrag ohne Einhaltung einer Frist insbesondere dann kündigen, wenn der Kommittent sich trotz Abmahnung in einem Zahlungsverzug von mehr als 30 Tagen befindet.

7.4. Kündigungen bedürfen der Schriftform.

8 Datenspeicherung
Der Kommittent ist damit einverstanden, dass Paketdaten (wie Absender, Empfänger, Gewicht) auf elektronischem Weg erfasst und zur Berechnung der Leistung des Kommissionärs gespeichert und weiterverarbeitet werden. Weiterhin kann der Kommissionär organisatorische Hilfsmittel, wie Avise, Etiketten, Barcode oder Paketaufkleber usw. zur Verbesserung der Abwicklung einführen.

9 Schlussbestimmungen
9.1 Nebenabreden, Ergänzungen oder Änderungen dieses Vertrages bedürfen der Schriftform.
9.2 Sollte eine Bestimmung oder ein Teil einer Bestimmung dieses Vertrages unwirksam werden, so wird die Gültigkeit des Vertrages im Übrigen nicht berührt. Die Vertragsschließenden verpflichten sich, die unwirksame Regelung durch eine solche zu ersetzen, die dem Vertragszweck wirtschaftlich entspricht.
9.3 Der Erfüllungsort ist für alle Beteiligten der Ort derjenigen Niederlassung des Kommissionärs, in deren Einzugsgebiet der Kommittent seinen Sitz hat.
9.4 Gerichtsstand für alle Rechtsstreitigkeiten, die aus dem Vertrag oder im Zusammenhang damit entstehen, ist für alle Beteiligten, soweit sie Vollkaufleute sind, der Ort derjenigen Niederlassung des Kommissionärs, in deren Einzugsgebiet der Kommittent seinen Sitz hat.

GEORG LINGENBRINK (GmbH & Co.)   Kommittent
Barsortiment
Hamburg/Frankfurt

_____   _____
Ort, Datum, Stempel und Unterschrift   Ort, Datum, Stempel und Unterschrift

Die mit monatlichen 42 € (KNO) bzw. 50 € (Libri) belasteten Leistungen (Stand 2003) sind aus dem Vertrag ersichtlich. Zu beachten ist, dass der Transport von Beischlüssen ohne Kommittenten-Vertrag z. B. bei Libri mit einem 100%igem Aufschlag berechnet wird.

Die Bücherwagen der beiden großen Kommissionsfirmen Libri, Hamburg/Bad Hersfeld, sowie KNO-K&V, Stuttgart und Köln, aber auch Umbreit-Fuhrpark fahren die meisten Orte in der Bundesrepublik mit Vollbuchhandlungen an. Andere Barsortimente oder buchhandelsinterne Zustelldienste beschränken sich auf einen regional begrenzten Bezirk.

9.5.4
Versandkostenminimierung als Führungsaufgabe

Als Führungsaufgabe ist die Bestimmung des optimalen Lieferweges anzusehen. Eine solche Bestimmung entfällt bei portofreier Lieferung oder kostengünstigen Porto-Modellen, die verschiedene Verlage und Auslieferungen gewähren oder die vom kostenbewussten Sortimenter ausgehandelt worden sind.

Spezifische Versandkostentabellen und daraus resultierende einheitliche Versandanweisungen haben nur wenige Buchhandlungen in Gebrauch, um auf einen Blick je nach Gewicht den preiswertesten Weg zu wissen und beim schriftlichen Auftrag (Bücherzettel, Bestellung per Datenfernübertragung, Reiseauftrag) vorzuschreiben. Eine Versandkostentabelle muss individuell auf jeden Ort und die Buchhandlung abgestimmt sein, denn Gebühren für den Post- und Bahnweg sind nach Entfernung gestaffelt, die Kosten im »Büchersammelverkehr« einschließlich der Barsortimentsbezüge abhängig vom Volumen oder Umsatz.

Sehr pauschal lässt sich die Aussage treffen, dass für Kleingewichte bis 1000 g die Büchersendung der billigste Weg ist, sofern Verlage nicht (unerlaubt nach § 14.1 VeO) Kleinmengenzuschläge, höhere Versandkosten oder zusätzlich Verpackung belasten. Berechnet werden dürfen nach der Verkehrsordnung nur die reinen Porto- bzw. Frachtkosten. Für Gewichte über 1 kg, ausgenommen Großgewichte ab 100 kg, wird in den meisten Fällen der Büchersammelverkehr am kostengünstigsten und bequemsten (eine Zustellung am Morgen ins Haus, wenig Beschädigungen der Sendungen) sein.

Riesensendungen laufen zweckmäßig als Frachtgut oder über Autospediteur, auch die buchhändlerischen Kommissionäre transportieren auf Anfrage Großgewichte (z. B. im Schulbuchgeschäft) zu besonders günstigen, auszuhandelnden Tarifen.

Bei der Wahl des optimalen Lieferweges ist neben den Kosten und der bequemen Zustellung auch die Schnelligkeit der einzelnen Versandarten ins Kalkül zu ziehen. So wird Expressgut schneller als der Postweg sein, es folgen die buchhändlerischen Dienste und das oft recht langsame Frachtgut.

Das Verständnis für die Festlegung des optimalen Lieferweges wächst vielleicht durch den Hinweis, dass für Direktlieferungen die Warenbezugskosten je nach Standort 2 bis 5 % des Wareneingangsbetrages ausmachen können und dass diese um 0,5 % und mehr zu senken sind beim Ausnutzen aller gegebenen Möglichkeiten. Deshalb:
- Hart um Portofreiheit oder Porto-Modelle verhandeln;
- Den optimalen Lieferweg bestimmen und für die Buchhandlung eine einheitliche Versandanweisung aufstellen;
- Kontrolle der eingehenden Lieferungen auf Einhalten der Versandvorschrift;
- Rückbelastung der Versandmehrkosten bei ungefragter Veränderung des vorgeschriebenen Lieferweges.

9.6 Beschaffungsorganisation

Große Buchhandlungen und Filialunternehmen bestimmen durch im *Börsenblatt* veröffentlichte Versandanweisungen den Weg der für ihre Häuser bestimmten Lieferungen und behalten sich vor, Mehrkosten für Nichteinhaltung dieser Versandvorschrift zu belasten.

Zur Bündelung der vielen Kleinsendungen bieten verschiedene Verlage/Verlagsgruppen bzw. Auslieferungen Parkmodelle zur Steuerung der Bücherströme an. Dem Vorteil der Portosenkung steht der Nachteil der Zeitverzögerung gegenüber.

9.6 Beschaffungsorganisation

Die Beschaffungsorganisation einer Buchhandlung ist von den Gegebenheiten des Buchmarktes abhängig. 2.500 »regulären« Verlagen und rund 14.000 weiteren »Auch-Verlagen« auf der Beschaffungsseite stehen die vielfältigen Wünsche der Kunden des Einzugsgebietes aus einem über 950.000 deutschsprachige Titel umfassenden Angebot auf der Absatzseite gegenüber.

Unendliche Kleinarbeit beim Einkauf durch kleine, meist eilige Kundenbestellungen für nicht vorrätige Titel, permanent sich veränderndes Sortiment mit vielen Lagerergänzungsbestellungen – das prägt das Bild der servicebereiten Sortimentsbuchhandlung. Breite und Tiefe des Lagers und das umfangreiche Besorgungsgeschäft machen ein gut funktionierendes Bestellwesen notwendig, dort soll und muss es klappen im so wichtigen Waren- und Informationsfluss. Sowohl bei manueller Technik als auch bei elektronischer Verarbeitung der Daten charakterisiert sich die Bestellabteilung als Herzstück der Sortimentsbuchhandlung. Der frühere Bundeskanzler Helmut Schmidt formulierte einmal: »Um unseren Buchhandel, auch um die Schnelligkeit, mit der bei uns Bücher beschafft werden können, werden wir von vielen Ausländern beneidet. Dieses gutverzweigte Netz geistiger Tankstellen – wenn ich mich so salopp ausdrücken darf – wollen wir uns erhalten – sonst stiege die Gefahr eines neuen Analphabetismus.« Ein reibungslos zu organisierender Arbeitsablauf ist ohne zweckgerechte Arbeitsmittel nicht denkbar; wichtige Hilfen in diesem Bereich buchhändlerischer Arbeit sind nachfolgend dargestellt wobei Bibliografien (elektronische Titeldatenbanken), Verlagsinformationen, Anschriftenverzeichnisse, Fachzeitschriften im Kap. 12 vorgestellt werden.

9.6.1 Bestellaufnahme

Sofern man die Bestellaufnahme nicht elektronisch mit Hilfe entsprechender Eingabemasken vornimmt, erleichtern Vordrucke zur Aufnahme der Kundenbestellungen die Bestellaufnahme und die weitere interne Bearbeitung. Muster gibt es

reichlich bei den Branchen-Formularverlagen, eines ist hier als Muster abgedruckt. Immer stärker setzt sich die Mitgabe eines Auftragsdoppels (Durchschrift) an den im Laden bestellenden Kunden durch mit besonderem Effekt:
- Verbesserung der Abholquote (reduziert die Zahl der zu schreibenden Abholbenachrichtigungen);
- Deutlichere Handschrift des Bestellannehmers, der mit diesem Doppel seine persönliche Visitenkarte abgibt (erleichtert die Auftragsabwicklung);
- Nutzung des Mitgabeformulars für werbliche Zwecke (Firmenanschrift mit Telefonnummer, Signet als Corporate Design, auf der Rückseite kleine Straßenskizze mit Angabe der nächstgelegenen Parkplätze, geführte Abteilungen und Sachgebiete, wechselnde Titelwerbung mit Verlagsunterstützung).

Aufnahmezettel für Kunden-Bestellungen aus dem *Formularbuch für den Sortimentsbuchhandel*

Auch für Barsortimentsbestellungen kann diese Mitgabe praktiziert werden. Formulare halten diese Zwischenbuchhändler zu kulanten Preisen bereit. Das uralte und doch »immergrüne« Organisationsprinzip »Durchschreiben anstelle von Abschreiben« hat seinen Sinn für manuell zu bearbeitende Kunden- und Lagerbestellungen. Wesentlich vereinfacht wird die Schreibarbeit in der oder für die Bestellabteilung bei Anwendung eines der verschiedenen Bestellsysteme, selbstverständlich unter Verwendung von Standard-Bücherzetteln (mehr hierzu im *Formularbuch für den Sortimentsbuchhandel*). Die Anzahl der Durchschläge richtet sich

9.6 Beschaffungsorganisation

nach dem gewählten Organisationsprinzip für die Bestellkartei. Beispiel dafür ist ein Formularsatz mit dem Bücherzettel für den Verlag (ohne Kundenangaben), dem Original für die Mitgabe an den Kunden, den weiteren Durchschlägen für die interne Kundennamenablage und auch Verlagsnamenablage. Laufen die Bestellungen über das Bestell-Terminal, so entfällt natürlich der Bücherzettel an den Verlag. Große Buchhandlungen mit umfangreichem Bestellverkehr bringen vielfach noch einen zusätzlichen Durchschlag für die interne Ablage nach der fortlaufenden Bestellnummer ein, was eine Chronologie der unterwegs befindlichen Aufträge ergibt.

Gang und gäbe ist mittlerweile die Praxis, Bestellungen am PC aufzunehmen bzw. im Anschluss an den Bibliografiervorgang die Titeldaten in ein elektronisches Bestellprogramm zu importieren, um dort nur noch die zusätzliche Kundendaten hinzu zu fügen. Die Wirtschaftlichkeit einer solchen Vorgehensweise im Hause ist unbestritten. Hinzu kommt, dass die Bestellbuch-Programme auch andere Funktionen wie Abonnementsverwaltung, Adressverwaltung, Fakturierung und andere mehr übernehmen können. Ob der Gründer gleich eine solche technische Lösung wählen kann, hängt von den dafür zur Verfügung stehenden Mitteln, der erwarteten Unternehmensgröße und seinen speziellen Kenntnissen auf diesem Sektor ab.

Praxisgerechte Nummernsysteme dienen der Verdeutlichung und Verkürzung innerbetrieblicher Organisationsabläufe. So können beispielsweise einstellige Ziffern im Bestellverkehr die Abteilungen (Hauptsachgebiete) bedeuten, hier für La-

01 Aaa-Aiz		42 Kaa-Kas	63 O	83 Schua-Schvz
02 Aka-Aqz	22 Faa-Fhz	43 Kat-Khz		84 Schwa-Schzz
03 Ara-Azz	23 Fia-Fqz	44 Kia-Kkz	64 Paa-Pez	
	24 Fra-Fris	45 Kla-Kmz	65 Pfa-Phz	85 Sta-Stei
04 Baa-Baq	25 Frit-Fzz	46 Kna-Kod	66 Pia-Pqz	86 Stek-Stq
05 Bar-Bdz		47 Koe-Kok	67 Pra-Q	87 Str-Stz
06 Bea-Beq	26 Gaa-Gdz	48 Kol-Krd		
07 Ber-Bhz	27 Gea-Gkz	49 Kre-Ktz	68 Raa-Rdz	88 Taa-Tnz
08 Bia-Bkz	28 Gla-Gqz	50 Kua-Kzz	69 Rea-Rgz	89 Toa-Tzz
09 Bla-Boem	29 Gra-Grt		70 Rha-Rnz	
10 Boen-Bqz	30 Gru-Gzz	51 Laa-Lat	71 Roa-Rtz	90 Ua-Vhz
11 Bra-Brh		52 Lau-Len	72 Rua-Rzz	91 Via-Vzz
12 Bri-Bud	31 Haa-Hae	53 Leo-Lnz		
13 Bue-Bzz	32 Haf-Haq	54 Loa-Lzz	73 Saa-See	92 Waa-Wals
	33 Har-Hdz		74 Sef-Sie	93 Walt-Weh
14 C	34 Hea-Hek	55 Maa-Maq	75 Sif-Soz (ohne Sch)	94 Wei
	35 Hel-Herq	56 Mar-Mdz	76 Spa-Szz (ohne St)	95 Wek-Whz
15 Daa-Dem	36 Herr-Hil	57 Mea-Mex		96 Wia-Wim
16 Den-Dig	37 Him-Hoe	58 Mey-Mog	77 Schaa-Schdz	97 Win-Wnz
17 Dih-Dqz	38 Hof-Hoq	59 Moh-Mzz	78 Schea-Schkz	98 Woa-Wtz
18 Dra-Dzz	39 Hor-Hzz	60 Müller	79 Schla-Schmz	99 Wua-Zzz
			80 Schmid, Schmidt, Schmied, Schmitt	
19 Eaa-Ehz	40 Ia-Jag	61 Naa-Nhz	81 Schna-Schoe	
20 Eia-Emz	41 Jah-Jzz	62 Nia-Nzz	82 Schof-Schtz	
21 Ena-Ezz				

gerbestellungen. Zweistellige Zahlen nach der Leitz-Register-System gelten dann für Kundenbestellungen, so nach der *Nummern-Reihe für die alphabetische Unterteilung deutscher Namen zur Verwendung im Bestellwesen*, dem die Namenshäufigkeit zugrunde liegt. Herr Schneider bekäme nach dieser Systematik eine 81, Frau Meister eine 57 etc., siehe Seite 171.

Gegenüber der feinalphabetischen Einordnung ist die schnelle Ein- und Aussortierarbeit hervorzuheben. So kann auch das Abholfach durch Stellschilder getrennt mit rascher Einfügung des abzuholenden Buches nach diesem Alpha-Numerik-System eingerichtet werden. Selbstverständlich muss auf allen Unterlagen mit den Nummern gearbeitet werden. Per EDV kann die Zuordnung der Namen auf Nummern automatisch erfolgen.

Dreistellige Zahlen könnten als feststehende Kundennummern für Großkunden genommen werden, die auch bei der Fakturierung wiederkehren zur Leitung auf das ebenso nummerierte Kundenkonto. Vierstellige Ziffern schließlich würden die Kontennummern des Kontenplanes oder aber die Rechnungsnummern für Kreditlieferungen bedeuten, während die fünfstelligen Zahlen den Verkehrsnummern (auch BAG-Nummern) der liefernden Verlage für die rationelle Ablagetechnik zur Verfügung stehen.

9.6.2
Einkaufskostenminimierung

Das Bestreben des Unternehmers und seiner für die Beschaffung verantwortlichen Mitarbeiter muss dahin gehen, die Einstandspreise der zu beziehenden Bücher möglichst niedrig zu halten, um den Waren-Rohgewinn und damit die Betriebshandelsspanne zu verbessern. Als Arbeitsmittel zur Einkaufskostenminimierung, die selbstverständlich auch digitalisiert vorliegen können, sind in Gebrauch:
- Konditionen-Karteikarten (Kap. 9.2) für die wichtigsten Verlage, auszufüllen beim Vertreterbesuch oder auf der Bücherbörse, ständig zu überprüfen und zu korrigieren;
- Skontoliste der Verlage in eigener Ausfertigung (eventuell auch Negativ-Liste der Häuser, die grundsätzlich Skonto verweigern und doch vorgenommene Abzüge nachfordern), sofern nicht auf den Konditionen-Karteikarten erfasst;
- Liste der portofrei, mit Porto-Ersatz oder mit Porto-Modell liefernden Verlage, sofern nicht auf den Konditionen-Karteikarten erfasst;
- Liste der Verlage mit konstanten Jahreskonditionen, sofern nicht auf den Konditionen-Karteikarten erfasst;
- Staffel-Rabattlisten, Lieferungs- und Zahlungsbedingungen der Barsortimente;
- Versandkostentabelle in eigener Anfertigung zur Minimierung der Warenbezugskosten.
- Checkliste *Vertreterauftrag* (Kap. 9.3.2);
- Checkliste *Bücherbörse für Sortimenter* (Kap. 9.3.3);

- Standard-Buchlaufkarten und Titel-Karteikarten (Festlegung vernünftiger Bestellmengen, Ausnutzung von Partien und Partieergänzungen);
- Durchschläge der Reiseaufträge, Doppel der anderen Lagerergänzungsbestellungen (Nachprüfung auf Einhalten der vereinbarten Konditionen).

Verhandeln um bessere Konditionen, darauf muss der Gründer das Schwergewicht seiner Bemühungen um Einkaufskostenminimierung legen. Vielleicht reicht es eines Tages zur Aufnahme in den illustren Kreis der Vorzugs-, Vertrauens- oder Depotbuchhandlungen, wenn die für einen Verlag erbrachten besonderen Leistungen ihre Würdigung finden.

9.6.3
Technische Ausstattung

Zur technischen Ausrüstung einer Bestellabteilung, die auch den Wareneingang integriert, gehören:
- Telefonanschluss (ISDN), vollamtsberechtigt, mit diversen Funktionen wie automatische Nummernwahl etc.
- Eigene Haussprechanlage;
- Faxgerät;
- Bestell-Terminal für Datenfernübertragung;
- PC bei Warenbewirtschaftungssystem und integrierter Bestelltechnik;
- Elektronische Kleinrechengeräte;
- Preisetikettierer;
- Etikettendrucker;
- Fotokopiergerät;
- Einschweißgerät für Schrumpf- oder Dehnfolie;
- Zweckmäßiges Büromobiliar;
- Durchdachte Formulare bzw. Formularvorlagen im PC.

9.6.4
Lagerdisposition

Von besonderer Bedeutung bei der Bestelltechnik ist das dispositive Element. Bei den Kundenbestellungen muss regelmäßig überprüft werden, welche Titel gefragt und deshalb auf Lager zu nehmen sind – eine Aufgabe, bei deren Erfüllung eine Warenwirtschaft die Daten per Knopfdruck zur Verfügung stellt. Aber es gibt auch noch die Papierlösung in Form von Buchlaufkarten oder Titelkarteien. Für welches Verfahren sich der Gründer auch entscheiden mag, es geht um die Klärung der Frage, ob die einzelnen Titel nach Prüfung der Absatzdaten wieder auf Lager zu nehmen sind und in welcher Stückzahl zur Überbrückung des zeitlichen Abstandes zwischen Bestell-, Lieferdauer und dem Eingang. Notwendig bei der Disposition bleibt das Anpassen von Einkaufs- und Verkaufsrhythmus, wozu eine differenzierte monatliche Umsatzstatistik und gegebenenfalls eine gegliederte Erfassung des monatlichen Wareneingangs Orientierungshilfen liefern (Kap. 23.2 und 23.3). Die einzelnen Sachgebiete zeigen zumeist eine Absatzkurve, die von der für den Gesamtumsatz im Laufe des Geschäftsjahres mehr oder minder abweicht. Der Einkauf ist analog dazu mit einem bestimmten Vorlauf dem Verkauf anzupassen. Sind Titel substituierbar, so sollten jene mit den besten Konditionen für die Lagerhaltung gewählt werden.

Die hohe Kunst der bedarfsgerechten Disposition fußt aber nicht allein auf den zuvor genannten Arbeitsmitteln, sondern ist in erster Linie Leistung der für diese Aufgabe tätigen Personen, deren Erfahrung und buchhändlerisches Fingerspitzengefühl die anfallenden globalen und individuellen Verkaufszahlen sachgerecht verarbeiten lässt.

9.6.5
Remission

Die vielfältigen Bezugsformen, zum Teil mit risikolosem Warenbezug, erheischen auch organisatorische Maßnahmen zum Warenrückfluss. Die Remissionsquoten liegen bei Verlagsauslieferungen bei rund 9 %. In welchen Fällen nach Festlieferungen remittiert werden kann, ergibt sich aus den Bestimmungen der Verkehrsordnung. Ansonsten ist man auf die Kulanz der Verlage angewiesen. Als Formular bietet sich die Standard-Rücksendungs-Rechnung (Seite 175) an, die für alle Remissionsgründe (auch Falschlieferungen etc) konzipiert ist.

Barsortimente, die grundsätzlich nur fest liefern, räumen in der Regel Remissionsquoten in der Größenordnung von 3 % ein. Höhere Quoten bedürfen einer Absprache. Hier reicht es, wenn die Bücher mit den Auszeichnungsetiketten zurückgesandt werden, denn hierauf stehen die erforderlichen Lieferscheindaten. Bücher bis zu einem Wert von 10 € nimmt das Barsortiment nicht zurück. Ferner stellt das Barsortiment hauseigene Rücksendungsformulare zur Verfügung, mit denen gearbeitet werden muss. Remissionen aufgrund von Fehllieferungen fließen selbstverständlich nicht in die Remissionsquote ein.

Eine branchenspezifische Besonderheit ist die Teil-Remission, auch körperlose Remission oder vereinfachte Remission genannt, die bei Defektexemplaren oder bei der Rücksendung älterer Auflagen (z. B. bei der dtv-Beck-Reihe) zur Anwendung kommt. Hier wird nicht das komplette Buch, sondern nur Teile davon (Titelei, erste Seiten, Defektbogen o. Ä.) zurückgesandt, um den Ersatzanspruch seitens der Verlage zu prüfen. Hierzu gibt es eine Liste der Verlage, die sich an diesem Verfahren beteiligen – ein unverzichtbares Arbeitsmittel, das kostenlos beim Börsenverein erhältlich ist. Darin wird auch in neun Schritten erklärt, wie die *Vereinfachte*

9.6 Beschaffungsorganisation 175

Verkehrs-Nr.
Ablege-Wort

Firmen-Angaben der Sortimentsbuchhaltung

Kurzanschrift (Firma, Postfach bzw. Straße und Haus-Nr.) Postleitzahl, Ort

(Straße und Haus-Nr.)
Telefon-Nr.
Ortsnetz-Kennzahl
Telegrammadresse
Fernschreiber-Nr.

Rücksendungs-Rechnung/-Lieferschein

für allgemeine Remission . . . . ◯
für vereinfachte Remission (VR) . . . . ◯

Sie erhalten durch:	Komm. / BSV	Post frei	Post unfrei	Fracht frei	Fracht unfrei	Selbst-Anlief.	Ihre Verkehrs-Nr.	Rücksendungs-Rechn.-Nr	Datum

A. Schlüssel-Nummern für allgemeine Remission (nicht VR, siehe B.)

01 Remissions-Recht
02 Rückruf durch Verlag
03 Remissions-Genehmigung durch Verlag (Datum angeben)
09 aus Kommissions-Lieferung

11 nicht verlangt
12 falsch geliefert, bestellt war . . . . (Titel unten angeben)
16 Lieferung zu spät eingetroffen
17 Ersatz bereits bestellt am . . . . (Datum unten angeben)
18 Ersatz war bereits geliefert (Datum unten angeben)
19 sonstige Gründe (bitte unten angeben)

wenn Umtausch
21 Mängel bei Druck, Papier, Heftung (bitte kennzeichnen)
22 Einbandmängel
23 beschädigt, da ungenügend verpackt
wenn kein Umtausch (aus Termingründen)
91 Mängel bei Druck, Papier, Heftung (bitte kennzeichnen)
92 Einbandmängel
93 beschädigt, da ungenügend verpackt

B. Schlüssel-Nummern für vereinfachte Remission (VR) von Defekt-Exemplaren (siehe Merkblatt)

31 verschmierter oder fehlerhafter Druck
32 zerknitterte, zerrissene, fehlerhafte, doppelte Seiten
33 fehlerhafter Beschnitt, mangelhafte Bindung

Rechn.-Datum Rechn.-Nr.	An-zahl	Autor/Kurztitel/Auflage/Reihenkurzel/Band-Nr. ISBN/Titel-Nr Warengruppe	Schlüssel-Nr.	Ladenpreis DM	Rabatt %	Nettopreis DM	Betrag DM

◯ in Rechnung gestellte Porto- und Versandkosten (evtl. auch Bearbeitungskosten) . . . .

Porto-Ersatz in Briefmarken: DM	◯ **Rückbelastung BAG** (Rücklastzettel anbei)	Ladenpreis insgesamt	Steuerl. Entgelt DM	MwSt. %	MwSt. DM	Endbetrag DM
◯ erbeten für uns	◯ bitte Konto-Gutschrift		Änderungen			
◯ anbei für Sie	bitte Rücküberweisung auf ◯ Postscheckkonto . . . Bankkonto . . .		Bearbeitungsvermerke			

© Börsenverein 3.07
ndärc-Rücksendungs-Rechnung

Remission (VR) zu praktizieren ist. Verrechnen lassen sich Forderungen an die Verlage aus genehmigten, einwandfreien Rücksendungen auf einfache Art über die BAG-Rücklast (Kap. 20.2).

9.7
Wareneingangsbearbeitung

Mit der Bestellabteilung verbunden ist zumeist die Bearbeitung der eingehenden Sendungen. Nach dem Auspacken setzt unverzüglich die Kontrolle auf Richtigkeit der Lieferung ein. Als Organisationsmittel hat sich in vielen Buchhandlungen ein Stempel mit mehreren Feldern zum Ausfüllen bewährt. Dieser Wareneingangsstempel wird sofort beim Wareneingang auf einer fest fixierten Stelle der Lieferanten-Rechnung angebracht. Er kann beispielsweise so aussehen:

Eingangsdatum: 15. 6. 2004	
Stückzahl	Konditionen
Anweisung	Verbuchung

Das vorgestellte Muster bringt im oberen Feld den Tag des Wareneingangs mittels des einmal am Morgen eingestellten Datums (verstellbarer Datumsstempel integriert). In das Feld »Stückzahl« kommt das Handzeichen der Person, welche die Anzahl der fakturierten Titel mit den gelieferten verglichen hat. Das Feld »Konditionen« ist die nächste Arbeitsstation mit Prüfung (und Abzeichnung) in Bezug auf Rabatt, Partie, Warenbezugskosten usw. aufgrund der vereinbarten Lieferungsbedingungen. Im nächsten Feld »Anweisung« schließlich zeichnet die beauftragte Person (Inhaber, Abteilungsleiter, erste Sortimenterin, Leitung Bestellbuch/Wareneingang) diese Faktur als ordnungsgemäß nach Durchsicht ab. Nur wenn die drei vorgenannten Bearbeitungsfelder ausgefüllt sind, darf im letzen Teil »Verbuchung« die Abteilung Rechnungswesen die Verbuchung und Bezahlung vornehmen. Diese strenge Wareneingangskontrolle soll auch Doppelzahlungen an Lieferanten vermeiden, z. B. aufgrund späterer Mahnungen. Je nach Betriebsgröße und -abläufen können die Felder um weitere Gesichtspunkte (Buchlaufkarte bzw. Titelstamm angelegt, Bezahlung) erweitert werden. Für die Reklamation von Fehlern bei der Lieferung empfiehlt sich die Erstellung eines Formulars Rechnungsbeanstandung, das festhält:
• Falscher Versandweg;
• Differenz zwischen tatsächlichem und zu viel berechnetem Porto;
• Rechenfehler;

9.7 Wareneingangsbearbeitung

- Rabattfehler;
- vorzeitiger BAG-Einzug;
- Ziel/Valuta;
- beschädigte Bücher;
- fehlende Titel.

Etwaige Rechnungskorrekturen sowie Bearbeitungsgebühren werden festgehalten, auf der Rechnung unmittelbar gekürzt aber per BAG-Rückbelastung reklamiert. Es versteht sich von selbst, dass ein Durchschlag zur Beobachtung der Erledigung beim Absender verbleibt.

An dieser Stelle sei auf die handelsrechtliche Bedeutung von Valuta und Kreditziel in einer Interpretation der Handelskammer Hamburg vom 22. 1. 1982 hingewiesen. Sie vermag die manchmal vorherrschende Unkenntnis dieser beiden Zahlungsziel-Vereinbarungen bei Verlagen, Verlagsvertretern, Auslieferungsfirmen und auch Sortimentern zu korrigieren:

- Valuta ist nicht gleichbedeutend mit Ziel (Kreditziel).
- Durch Valuta wird das Rechnungsdatum um die jeweils vorgegebene Zeitspanne nachverlegt.
- Das übliche und vereinbarte Kreditziel beginnt erst vom Zeitpunkt des Endes der Valutafrist zu laufen.
- Das durch Valuta hinausgeschobene Kreditziel verschiebt auch die eventuelle Skontofrist.
- Valuta ist ausdrücklich als solche zu vereinbaren und zu kennzeichnen.

Die Auszeichnung der eingegangenen Bücher (per Hand oder mit Etikettiermaschine) bzw. das Anbringen der Auszeichnungsetiketten ist der letzte Arbeitsgang vor Einstellung der Titel ins Verkaufslager, ins Abholfach (Kundenbestellungen) oder ins Ersatzlager bzw. vor der Weitergabe an die Expedition zur Rechnungsschreibung. Gleich welche Auszeichnungsart ein Gründer wählt, zwei Daten sind bei der Auszeichnung unabdingbar: Ladenpreis (mit Zusatz EUR, falls noch andere Zahlen zur Auszeichnung aufgetragen werden) und Beschaffungsjahr, was für die jahrgangsweise Bewertung des Lagers zur Inventur unabdingbar ist. Viele Sortimenter setzen noch den Eingangsmonat hinzu. Solche Auszeichnung würde dann so aussehen: 19,80 € 43 (= Ladenpreis, Bezugsjahr 2004, Bezugsmonat März).

Barsortimente und manche Verlagsauslieferungen liefern automatisch oder auf Wunsch Klebeetiketten, die der Vereinfachung der Wareneingangskontrolle und der Lagerzuordnung dienen. Mitgelieferte Etiketten beschleunigen den Durchlauf im Wareneingang. Dabei geht es um folgende Rationalisierungsaspekte:

- Ersparnis der Preisauszeichnung;
- Formatsabstimmung auf genormte Buchlaufkarten zum Aufkleben darauf;
- Kundenname/Bestellzeichen ablesbar zur Einordnung;
- Ablesbarkeit des Balkencodes (EAN-ADD-ON) mit ISBN und Preis für Lesegeräte und Scannerkassen.

Als Musterbeispiel ein Warenwirtschaftsetikett eines Barsortiments, das folgende Daten enthält: bestellende Buchhandlung mit Verkehrsnummer, Verfasser und Kurztitel, Lagernummer, BS-Bestellnummer, ISBN, Warengruppennummer, Kundenname, Lieferscheinnummer, Lieferscheindatum und Bestellzeichen der Buchhandlung. Zusätzlich Strichcodes für die Artikelkennzeichnung (13stelliger EAN-Code).

Die Vorteile der vom Barsortiment gelieferten und auf den Büchern angebrachten Etiketten (die so genannte »schrankfertige Lieferung«) schätzen große Buchhandlungen so hoch ein, dass sie bei Verlagen mit geringerem Auftragsvolumen verstärkt auf Barsortimentsbezug für das Lager umstellen.

Sofern der Preis nicht aufgedruckt ist oder der Lieferant kein Preisetikett zum Aufkleben bzw. Einlegen mitliefert, muss jedes Buch lt. Preisauszeichnungsverordnung ausgezeichnet werden – am besten mit einem Preis-Etikettier-Gerät. Dieses leicht lösliche Haftetikett sollte den Firmennamen sowie das Firmenlogo oberhalb der individuellen Auszeichnungen (Ladenpreis, Wareneingangsdatum und evtl. eine Warengruppennummer) tragen. Standort der Preisauszeichnung ist zweckmäßigerweise immer die gleiche Stelle im Buch, beispielsweise die Innenseite des hinteren Buchdeckels oben links. Buchhändlerische Besonderheiten bei der Auszeichnung sind:
- Kennzeichnung des Sachgebietes, des Lagerstandortes (Lagerordnungsnummer);
- Wareneingangsnummer, das Jahr hindurch fortlaufend als Hilfsmittel für eine vereinfachte Warenbestandsaufnahme (vgl. Kap. 30);
- Zusatz RR für Lieferungen mit Rückgaberecht;
- Zusatz àc oder »bed.« für Kommissionsware;
- Zusatz bei Subskriptionspreisen, z. B. »48,- € Subskr. bis 31. 12. 2004, dann 54,- €«;
- Zusätze für mehrbändige Werke, die nur geschlossen verkäuflich sind, z. B. »Bd. 1–5«;
- Zusätze bei Fortsetzungswerken, z. B. »Forts.«.

Eine Anmerkung zur Preisauszeichnung (Kalkulation) nicht ladenpreisgebundener Bücher, z. B. für Titel, deren Ladenpreis aufgehoben worden ist. Hier ist es unter verkaufspsychologischen Gesichtspunkten angebracht, nicht auf volle Eurobeträge zu gehen: Statt »15,- €« etwa »14,90 €«, statt »25,- €« etwa »24,80 €«. Bei höherpreisigen Titeln nicht auf Null enden lassen, z. B. statt »30,- €« besser »29,50 €«. Eine Preisgegenüberstellung in der Auszeichnung im Buch (oder auf dem

9.7 Wareneingangsbearbeitung

KURZ-MITTEILUNG (Zutreffendes ist angekreuzt) – Ihre Bestellung vom _____

über _____ Ihr Zeichen _____

_____

_____

○ Ihre Abholnummer _____
○ liegt zum Abholen bereit
○ der Preis beträgt € _____
○ Lieferung in ca. _____
○ beim Verlag vergriffen
○ erscheint in ca. _____
○ Neuauflage unbestimmt
○ Ihre Bestellung ist vorgemerkt
○ Bestellung nicht vorgemerkt
○ sollen wir antiquarisch suchen?
○ Bestellangaben reichen nicht aus, nähere Angaben erbeten

Mit freundlichen Grüßen

Buch) bei Titeln mit herabgesetzten Ladenpreisen ist erlaubt, also z. B. »Früher 19,80 €, jetzt 9,90 €«. Selbstverständlich muss in diesem Fall früher auch wirklich zu dem angegebenen höheren Ladenpreis verkauft worden sein, was durch alte Bibliografien und Kataloge belegt werden kann.

Beim oder gleich nach dem Auszeichnungsvorgang können werbende Einlagen in die Exemplare gelangen, wenn die Firma Wert darauf legt. Es mögen kleine Prospekte mit dem Angebot von Titeln vergleichbarer Richtung sein oder für allgemein interessierende Werke wie Lexika. Lesezeichen in ansprechender Gestaltung (Firmenlogo, Hinweis auf Service-Leistungen oder Sachgebiete, Aussprüche berühmter Persönlichkeiten) gehören ebenfalls dazu. Seltener ist das Einkleben eines Firmenetiketts als Mittel der Erinnerungswerbung.

Für abzuholende Bücher kann der Service von »Abhol-Benachrichtigungskarten« geboten werden; auch als Erinnerung bei lange im Abholfach stehenden Titeln. Diesen Service werden edv-ausgestattete Buchhandlungen via E-Mails organisieren. Auch wenn ein vom Kunden gewünschter Titel überhaupt nicht oder erst später lieferbar ist, muss eine Information erfolgen, entweder telefonisch, per Mail oder ebenfalls mittels einer Kunden-Benachrichtigungskarte, deren hier abgebildete Rückseite dem *Formularbuch* entnommen ist.

Mit zu den Tätigkeiten im Wareneingang gehört häufig auch die Remission (vgl. Kap. 9.6.5).

9.8
Lagerhaltung als verkaufsfördernde Funktion

Klassische Aufgabe der Lagerhaltung im Handel ist der Ausgleich der zeitlichen Differenz von Produktion und Verwendung bzw. Verbrauch. Während der Produktionsprozess mehrere Stufen wie Rohstoffe (z. B. Papier) und Halbfabrikate (z. B. Rohbogen) erfordert, ehe das fertige Produkt Buch entstanden ist, werden im Handel die verschiedenen Lagerstufen im Prinzip auf eine einzige reduziert, nämlich auf die Lagerung zwischen Beschaffung und Absatz.

Zu wiederholen ist an dieser Stelle die naive Sentenz zur Funktion der Lagerhaltung im Sortimentsbuchhandel, »die gewünschten Bücher zur richtigen Zeit in bedarfsgerechter Menge vorrätig zu halten«. In dieser Aussage sind alle wirtschaftlichen und werblichen Aspekte der Lagerhaltung enthalten. Das Attribut »gewünschte« zielt auf die ständige Lieferbereitschaft, die der Verbraucher erwartet und die der Sortimenter nur durch eigene Lagervorräte gewährleisten kann. Eine Ausnahme bildet im Sortimentsbuchhandel klassischer Prägung das Besorgungsgeschäft wegen der riesigen Anzahl von derzeit 950.000 lieferbaren deutschsprachigen Titeln gegenüber einer wirtschaftlich vertretbaren Lagerhaltung von 5.000 bis 120.000 Titeln je nach Betriebsgröße und Sortimentsstruktur.

Lagerhaltung »zur richtigen Zeit« hat die zeitlichen Verzögerungen beim Transport der Verlagserzeugnisse vom Barsortiment und von anderen Grossisten in ein bis zwei Tagen, vom Verlag oder von einer Verlagsauslieferung in drei bis vier Tagen oder gar ein bis drei Wochen zu berücksichtigen und muss darüber hinaus die zeitliche Spanne aufgrund ausgeprägter Nachfrageschwankungen im Auge behalten. Der Bestellweg dagegen ist aufgrund der Datenfernübertragung, also Anwendung moderner Technik, für recht viele Vorgänge auf Sekunden reduziert. Das gilt sowohl für Aufträge an das Barsortiment als auch für Großteile der Direktbestellungen.

»Bedarfsgerechte« Menge ist ein ausgesprochen wirtschaftlicher Aspekt, die Diskrepanz von Qualität und Quantität. Der Verleger ist aus ökonomischen Gründen bestrebt, möglichst große Partien an den vertreibenden Buchhandel abzusetzen, wo sich zwangsläufig Läger zur Überbrückung des Unterschiedes zwischen bezogenen und abzusetzenden Stückzahlen bilden. Bücher werden gewöhnlich in Massenauflagen von 1.000 bis 20.000 Exemplaren hergestellt, vom Verbraucher aber in der Regel nur in einem Stück dem Markt entnommen.

Zunehmend werden Zentrallager unterhalten, vor allem von Filialisten, aber auch in Form zwischenbetrieblicher Kooperationen von selbstständigen kleinen Unternehmen. Bei den Filialisten ist zu unterscheiden nach einem Zentrallager in Eigenregie an einem fürs Distributionsnetz zentral gelegenen Lagerort mit Verteilung durch den betrieblichen Fuhrpark, oder einem Zentrallager gängiger Titel bei einem Barsortiment, das dann im Auftrag des Filialisten von heute auf morgen zu Verlagskonditionen zustellt. Zentrallager nach einem Gemeinschaftseinkauf sind als Rationalisierungsmittel bei einigen Kooperationen anzutreffen, so bei der Al-

9.8 Lagerhaltung als verkaufsfördernde Funktion

pha-Buchhandlung in Gießen oder bei der LG Buch mit Lagerstandort beim Barsortiment Umbreit in Bietigheim-Bissingen. Hier bieten sich auch für Gründer Chancen für eine Beteiligung (vgl. Kap. 28.5).

Ein qualitativer Gesichtspunkt ist die Warenumgruppierung, denn sich vollziehende Geschmackswandlungen der Leser sind zu berücksichtigen. Permanente Warenumgruppierung bedeutet ständig andere Lagerzusammensetzung, denn Muster, Proben, Prospekte, Kataloge, Warenbeschreibungen können die Warenpräsentation nicht ersetzen. In Bezug auf das akquisitorische Potential einer Buchhandlung – nämlich ihr Vermögen, Kunden anzuziehen und an sich zu binden – wird Erfolg oder Misserfolg der Sortimentspolitik zugeschrieben werden (Kap. 8.1). Aber erst im Verein mit einer entsprechenden Warenpräsentation kann das Warenlager seine werbende Wirkung voll entfalten. In den Vordergrund zu stellen ist das fundamentale Prinzip einer verkaufsfördernden Lagerordnung mit seinen Kriterien für eine bedarfsorientierte Sortimentsdarbietung (Kap. 9.9) sowie Anpassung an die Einkaufsgewohnheiten der prospektiven Kunden, die sich in den letzten Jahrzehnten erheblich gewandelt haben.

In der Bilanz schließlich spiegelt sich die Wirtschaftlichkeit der Lagerhaltung. Bei der Lagergröße, dem Verhältnis zwischen Titelanzahl und Exemplaranzahl je Titel, beißen sich zwei widersprüchliche Maximen:
- Die eine sieht in der Vielzahl von Titeln eine möglichst große Basis zur Erstellung der Absatzleistung;
- Die andere erblickt in einer Sortiments- und Lagerbeschränkung einen kostenmindernden bzw. rentabilitätserhöhenden Effekt.

Letztlich darf es kein Glaubenskrieg sein, ob das buchhändlerische Unternehmen ein traditionelles Vollsortiment oder eine Buchhandel-Light-Version am Markt anbietet. Hauptsache, es generiert genug Kunden für das eigene Konzept. Dieses muss allerdings in sich schlüssig sein. Hat der Sortimenter über Breite und Tiefe seines Sortiments entschieden, nimmt das Lager über seine Umschlagshäufigkeit Einfluss auf Liquidität und Ertragslage.

Rationalisierung in diesem Bereich ist durch eine branchengerechte Lagerkontrolle gegeben, die nicht nur Lagerergänzung meint, also die Bereitstellung der gewünschten Bücher zur richtigen Zeit in bedarfsgerechter Menge, sondern auch Kennzahlen zur Steuerung der Sortiments- und Lagerpolitik nach wirtschaftlichen Kriterien liefert. Auch ein Gründer sollte von Anfang an bemüht sein, einen optimalen Kompromiss zwischen absatz- und kostenorientierter Lagerhaltung zu finden.

9.9
Lagerordnung

Der Sortimentsbuchhandel unterscheidet sich von den meisten anderen buchhändlerischen Vertriebsformen dadurch, dass er ein allgemein zugängliches Lager in einer den Bedürfnissen seines Kundenkreises adäquaten Vielfalt unterhält. Dieses Lager ist sein stärkstes und schlagkräftigstes Argument im Wettbewerb. Seiner Ausgestaltung, Ordnung und Darbietung ist deshalb besondere Bedeutung zu schenken. Selbstwahl und Bedienung und Beratung auf Wunsch ist Faktum auch im Sortimentsbuchhandel. Dementsprechend muss der Kunde geleitet und informiert werden. Bücher sollen soweit wie möglich »vorverkauft« werden. Als Mittel dazu dienen die übersichtliche Ordnung des Verkaufslagers, die deutliche Beschriftung der Abteilungen, Literaturgruppen und Untergruppen sowie die optisch geschickte Präsentation des Angebotes im Verein mit einem zu schaffenden Kundenrundgang.

Als wichtigstes Ordnungsprinzip ist das der Verkaufsförderung zu nennen, die Aufstellung des Sortiments vom Kundenwunsch her und nicht nach Bequemlichkeitskriterien im Hinblick auf Lageraufnahme und Lagerergänzung. Mit einer Lagerordnung nach Interessengebieten, also beispielsweise nicht nach Reihen und Nummern, ist dem Buchhändler ein schnelles Vorlegen ohne Umwege über bibliografische Hilfsmittel möglich, und der Kunde selbst findet sich aufgrund der Beschriftung verhältnismäßig mühelos zurecht. Bestes Beispiel ist das Taschenbuchlager, in den Anfangsjahren der Pockets nach Reihen und Nummern präsentiert. Heute überwiegt wie beim gebundenen Buch die Gliederung nach Sachgebieten und Autoren ohne Rücksicht auf Reihenzugehörigkeit. Nur wenige Ausnahmen bestätigen diese Regel. Zunehmend festzustellen ist die Auflösung bislang gesonderter Taschenbuchabteilungen. So stehen Non-Fiction-Titel im jeweiligen Sachgebiet zusammen mit den gebundenen Büchern. Auch bei der Belletristik findet man schon die Mischung von Pockets und Hardcover in einem Autorenalphabet. Insgesamt unterscheidet man sieben Möglichkeiten der Lagerordnung:
- Autorenalphabet;
- Aufstellung nach Reihen und Nummern (z. B. Taschenbücher, Reclams Universal-Bibliothek);
- Aufstellung nach Verlagen bzw. Verlagsreihen, innerhalb dieser evtl. nach Autorenalphabet (z. B. Manesse);
- Aufstellung systematisch nach Sachgebieten, innerhalb dieser zumeist nach Autorennamen (z. B. Fachbücher, wissenschaftliche Literatur, Titel zu Hobby, Freizeit);
- Aufstellung nach Länderalphabet (z. B. Reiseführer, Landkarten; aber auch belletristische Reisebeschreibungen);
- Aufstellen nach Preisgruppen (z. B. Sonderausgaben, Modernes Antiquariat);
- Aufstellen nach Größe der Bücher bzw. Produktgattung, zumeist innerhalb einer Gruppe (z. B. Bilderbücher, Kunst- und Bildbände).

9.9 Lagerordnung

Übersicht über die zweistellige Warengruppen-Systematik (in Auswahl)

1 Belletristik
11 Romane/Erzählungen/Anthologie/Gesamtausgaben
12 Kriminalromane
13 Science Fiction/Fantasy
14 Märchen/Sagen/Legenden/Fabeln
15 Lyrik/Dramatik/Essays
16 Briefe/Tagebücher/literarische Biografien
17 Fremdsprachige Literatur
18 Humor/Cartoons/Comics/Satire
19 Geschenkbücher

2 Kinder- und Jugendbuch
21 Bilderbücher
22 Sachbilderbücher
23 Geschichten/Reime/Lieder
24 Erstlesealter/Vorschulalter
25 Kinder- und Jugendromane
26 Märchen/Sagen
27 Tierbücher (Romane, Erzählungen)
28 Sachbücher
29 Kinderbeschäftigung/Sonstiges

3 Reise
31 Reiseführer/Kunstreiseführer
32 Reiseführer Sport
33 Hotel-, Restaurant- und Campingführer
34 Karten/Stadtpläne
35 Bildbände
36 Reiseberichte/Reiseerzählungen
37 Atlanten
38 Globen
39 Sonstiges/Kartenzubehör

4 Sachbuch/Ratgeber
41 Nachschlagewerke
42 Hobby/Freizeit/Natur
43 Fahrzeuge/Flugzeuge/Schiffe
44 Sport
45 Essen und Trinken
46 Gesundheit/Körperpflege
47 Esoterik/Anthroposophie
48 Ratgeber
49 Sonstiges

5 Geisteswissenschaften/Kunst/Musik

6 Mathematik/Naturwissenschaften/Technik/Medizin
61 Naturwissenschaften allgemein
62 Mathematik
63 Informatik/EDV
64 Physik/Astronomie
65 Chemie
66 Geowissenschaften
67 Biologie
68 Technik
69 Medizin/Pharmazie

7 Sozialwissenschaften

8 Schule und Lernen

9 Freibereich

Übersicht über den Warengruppen-Index (Editionsform)
1 Hardcover/Softcover/Karte
2 Taschenbuch
3 Loseblatt, Zeitschrift
4 Video, DVD-Video
5 Audio CD/Cassette (Literatur/Musik/Sprache)
6 CD-ROM/DVD-ROM/Diskette
7 Kalender
8 Nonbook/PBS
9 Modernes Antiquariat

Beispiel
16920   Pschyrembel, Klinisches Wörterbuch, de Gruyter
1   Index Hardcover
6   Hauptwarengruppe Mathematik/Naturwissenschaften/Technik/Medizin
69   Warengruppe Medizin/Pharmazie
2   Warenuntergruppe Allgemeines/Lexika
0   zur freien Belegung

Dreistellige Warengruppen-Systematik für den Buchhandel (in Auswahl)

44	**SPORT**	454	**Länderküchen** (auch Regionalküche, Internationale Küche)
441	**Allgemeines & Lexika** (Handbücher, Jahrbücher, Olympische Spiele, Sportgeschichte, Sportlerernährung, Sportwissenschaft, Seniorensport, Behindertensport)	455	**Themenkochbücher** (Fleisch, Fisch, Gemüse, Suppen, Desserts etc. auch Babyernährung, Kochen mit Kindern, Großmutters Rezepte; *Kochbücher für Kinder >> 289*)
442	**Auto-, Motorrad-, Rad-, Flugsport** (auch Ballonfahren, Drachenfliegen, Fallschirm, Gleitschirm, Segelfliegen)	456	**Gesunde & Schlanke Küche** (Ayurveda, Diätküche, Makrobiotische Küche, Naturkost, Reformkost, Vegetarisch, Vollwert)
443	**Wassersport & Segeln** (Bootsführerschein, Motorboote, Rafting, Rettungsschwimmen, Tauchen)	457	**Backen** (auch Vollwertbacken)
444	**Wintersport** (auch Biathlon, Skigymnastik)	458	**Getränke**
445	**Ballsport** (Badminton, Baseball, Basketball, Football, Fußball, Golf, Handball, Squash, Tennis, Tischtennis, Volleyball)	459	**Sonstiges** (Blankokochbücher, Küchenposter, Serviettenfalten, Tischdekoration, Tisch-Knigge, Tabak, Rauchen)
446	**Leichtathletik & Turnen** (Berglauf, Duathlon, Fünfkampf, Gewichtheben, Sportgymnastik, Joggen, Marathon, Triathlon, Zehnkampf)	**46**	**GESUNDHEIT & KÖRPERPFLEGE**
		461	**Allgemeines & Lexika** (z. B. Gesundheitsbrockhaus)
447	**Kampfsport & Selbstverteidigung** (Catchen, Fechten, Judo, Karate, Ringen, Sumo, Wrestling)	462	**Ratgeber Gesundheit** (z. B. Augentraining, Ayurveda, Bach-Blüten, Gesunde Lebensweise, Nichtrauchen, Sauna, Wellness, Ratgeber für Schwangerschaft & Geburt; *Ratgeber bei spezifischen Krankheiten >> 691*)
448	**Pferdesport** (auch Rennpferde)
449	**Sonstige Sportarten** (Alpinismus, Artistik, Bogenschießen, Sportschießen, Inlineskaten, Tanzen, Zirkus; *Bauchtanz >> 464; Berg- und Kletterführer >> 32*)	463	**Gesunde Ernährung** (Diät- und Ernährungsratgeber, Heilfasten, Makrobiotik, Nährwerttabellen, Abnehmen; *Rezeptsammlungen >> 456; Diätratgeber bei spezifischen Krankheiten >> 691*)
45	**ESSEN & TRINKEN**	464	**Fitness, Aerobic, Bodybuilding, Gymnastik** (Bodystyling, Rückenschule, Stretching)
451	**Allgemeines & Lexika** (Einkaufsführer, Warenkunde, Konservierung, Küchentipps, Lebensmittelkunde)	465	**Entspannung & Meditation** (Autogenes Training, Massage, Meditationsmusik, Reiki, Yoga)
452	**Ernährungswissenschaft, Gastronomie, Hotellerie** (Haushaltswissenschaft; auch Fachbuch Bäckerei und Konditorei; *Berufsschulbücher Bäcker|Konditor >> 830*)	466	**Schönheit & Kosmetik** (Branding, Piercing, Tattoos, Parfum)
		469	**Sonstiges**
453	**Allgemeine Kochbücher, Grundkochbücher** (Kochvergnügen, Menükochbücher, Schulkochbücher)		

Nicht jede dieser sieben Ordnungsmöglichkeiten wird in einer Buchhandlung durchgängig verwirklicht. Der Sortimenter muss entscheiden, welche davon für ein Sachgebiet am günstigsten erscheint, damit die Lagerordnung verkaufsfördernd, d. h. für den Kunden einleuchtend und transparent ist. Welche Lagerordnungssystematik ein Gründer anwendet, hängt natürlich von dem selbst gewählten Rahmensortiment ab.

Es gab in der Vergangenheit viele Versuche, eine einheitliche Warengruppensystematik zu etablieren – und fast genauso viele gescheiterte. So z. B. die Idee, die im Jahr 1982 neu konzipierten Hauptsachgruppen der Deutschen Bibliothek mit den Hauptwarengruppen des Buchhandels gleichzusetzen, was zwar nach einem großen Wurf aussah, aber nicht den Bedürfnissen der buchhändlerischen Praxis entsprach.

Anregungen großer Sortimentsbuchhandlungen folgend, haben alle Barsortimente gemeinsam eine auf die Praxis zugeschnittene Warengruppensystematik erarbeitet. Sie wurde vom Betriebswirtschaftlichen Ausschuss des Börsenvereins zustimmend zu Kenntnis genommen. Da alle Barsortimente mit ihr arbeiten, scheint sie sich im Sortiment de facto durchzusetzen. Nun sind die Verlage aufgefordert, an dieser Rationalisierungsmaßnahme mitzuwirken und die dort vorgeschlagenen Warengruppen-Nummern für ihre Titel zu verwenden, so z. B. bereits bei der Meldung ihrer Titelstämme für das VLB. Durch derartig standardisierte Warengruppen sind zwischenbetriebliche und gesamtmarktbezogene Vergleiche mit besserer Genauigkeit als bislang möglich.

Ihren Erfolg verdankt diese neue Warengruppensystematik nicht nur ihrer Orientierung an den Bedürfnissen des Buchhandels, sondern auch dem Faktum, dass die Warengruppen-Zuordnung zu einem Titel in der Warenwirtschaft via Barsortiments-CD-ROM per Knopfdruck erfolgen kann. Innerbetrieblich ergibt sich daraus als Nutzen ein transparenter Absatz und damit eine bedarfsgerechte Disposition, eine rationelle Steuerung der Warenströme sowie eine Erleichterung des Wareneingangs. Einem Gründer ist deshalb zu empfehlen, sich von Anfang an dieser Systematik zu bedienen. Hier ist kein Raum, die Warengruppensystematik sowie die hinzugekommene Warengruppensystematik für Software differenziert wiederzugeben (eine umfangreiche Broschüre ist über die Barsortimente zu beziehen). Aber auf den Seiten 183/184 stehen nähere Informationen:
- Übersicht über die zweistellige Warengruppensystematik in der Fassung von 2002;
- Informationen über den Warengruppen-Index (Editionsform);
- ein Beispiel (Pschyrembel);
- dreistellige Warengruppensystematik (auszugsweise Warengruppe 44, 45 und 46).

9.10
Lagerkontrolle und Lagerergänzung

Das Warenlager stellt im Sortimentsbuchhandel – genauso wie durchschnittlich im gesamten Einzelhandel – die weitaus größte Position der Aktivaseite der Bilanz dar, obwohl die Bewertungsvorschriften im *Merkblatt für die körperliche Aufnahme der Lagerbestände im Sortimentsbuchhandel* und ihre Bewertung in den Steuerbilanzen bei voller Ausschöpfung das Bilden beachtlicher stiller Reserven gestatten (Kap. 30). Die meisten Mittel einer Buchhandlung sind normalerweise im

Lager investiert. Eine permanente Lagerkontrolle globaler Art ist unerlässlich, denn es sollte ein betriebswirtschaftlich richtiges Verhältnis von Lagerbestand zu Umsatzgröße gegeben sein. Mit »betriebswirtschaftlich richtig« meinen wir, dass sich zum einen das Lager den Anforderungen gewachsen zeigt, die der Kunde an dieses stellt, zum anderen aber auch genügend umschlägt, um einen überhöhten Wareneinsatz mit Bindung zu vieler Mittel und einer damit zumeist verbundenen Veralterung der Bestände entgegenzuwirken, also Lagerverluste zu vermeiden.

9.10.1
Lagerkontrolle nach Titeln

Eine Lagerkontrolle nach Titeln ist das beste, aber auch zeitaufwändigste Kontrollmittel einer Buchhandlung. Lagerkarteien manueller Art oder vollständige Titelerfassung über EDV, gesteuert im Rahmen des Warenwirtschaftssystem – das sind zur Zeit die anzutreffenden Alternativen, wobei sich die Warenwirtschaft über kurz oder lang durchsetzen wird. Doch betrachten wir zunächst die traditionelle Lagerkontrolle manueller Art.

Die Buchlaufkarte gilt seit Anfang der 80er Jahre als geeignetes Mittel, mit dem sich Einkauf und Lagerhaltung auf den zurückliegenden und den erwarteten Absatz am unmittelbarsten und besten abstimmen lassen. Sie bietet ein Mengen- und Zeitbild vom Einkauf bis zum Verkauf eines Titels und vermittelt mehr an Infor-

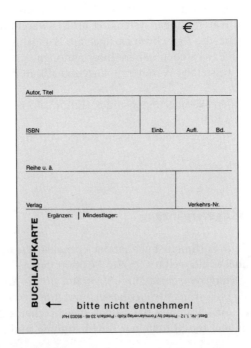

9.10 Lagerkontrolle und Lagerergänzung

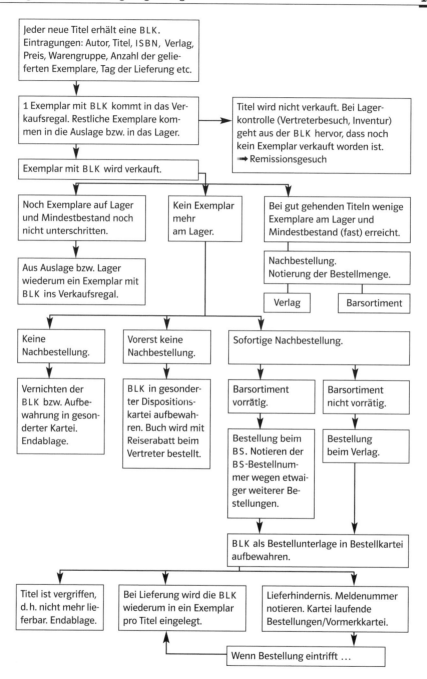

So arbeitet man mit einer Buchlaufkarte.

mationen zur Lagerergänzung, als es ein oft unleserlich ausgefüllter Kassenzetteldurchschlag, ein Fehlbuch oder ein Rechnungsdurchschlag vermag. Von den verschiedenen mit Buchlaufkarten zu praktizierenden Systemen wird überwiegend die Form der »Titelwanderkarte« genutzt. Das heißt, es wird nur eine Buchlaufkarte ausgeschrieben, die alle Exemplare eines Lagertitels durchläuft und nur dann an die Stelle »Lagerergänzung« zurückkommt, wenn das letzte Stück verkauft oder die für die Nachbestellung vorgegebene Mindestmenge unterschritten ist. Als Nachteil bei diesem System muss in Kauf genommen werden, dass beim Verlust einer Wanderbuchlaufkarte die Informationen über einen Titel verloren gehen. Wie man im Detail mit dieser Buchlaufkarte arbeitet, ist in der ganzseitigen Übersicht auf Seite 187 erklärt.

9.10.2
Lagerkontrolle per Warenwirtschaft

Immer stärker, auch in kleineren Buchhandlungen, setzt sich die Warenwirtschaft durch. Der Gründer muss entscheiden, ob er sofort oder erst später dieses rechnergestützte Informationssystem einsetzt, bei dem alle Bewegungen des Waren- und Finanzflusses lückenlos verwaltet und dokumentiert werden. Gesteuert wird dieses Hilfsmittel durch standardisierte Programme. Hilfestellung dazu gibt die 2002 im Verlag Hardt & Wörner erschienene Studie von Ingrid Werle *Warenwirtschaft im Sortiment. Funktionsbeschreibungen, Marktüberblick und Auswahl für kleine und mittlere Buchhandlungen.*

Eine umfassende Warenwirtschaft bietet die titelgenaue Erfassung des Wareneingangs und des Warenausgangs (Bar- und Kreditverkauf, Remissionen), dazu die Verwaltung der Bestände (pro Titel, je Warengruppe, insgesamt). Darüber hinaus können Warenwirtschaftssysteme (WWS) das dispositive Bestellwesen und die Verwaltung der regelmäßigen und unregelmäßigen Fortsetzungen umfassen sowie das dem Warenfluss zuzuordnende Rechnungswesen. Unterstützung finden Warenwirtschaftssysteme durch Normen, wie sie in den letzten Abschnitten vorgestellt worden sind: ISBN, Verkehrsnummer, ILN, EAN-Codes etc. Durch die nunmehr gegebene lückenlose Datentransparenz und die vielfältigen Möglichkeiten der Datenverknüpfung ergeben sich Rationalisierungseffekte, von denen die wichtigsten aufzuführen sind:
- Verbesserung der Lagerumschlagshäufigkeit;
- Verringerung des fürs Lager eingesetzten Kapitals;
- Liquiditätsverbesserung durch geringeren Wareneinsatz, Zinskostenersparnis;
- Umstrukturierung des Sortiments hin zur bedarfsgerechten Lagerhaltung;
- weniger Remissionen und Wertminderungen durch eine verbesserte Altersstruktur;
- permanente Inventur durch tägliche Warenbestandsfortschreibung;
- Ausdruck von Bestandslisten zur Vorbereitung des Lagereinkaufs;

9.10 Lagerkontrolle und Lagerergänzung

- Verringerung von Verwaltungsarbeiten und damit letztlich Verbesserung der Rentabilität.

Die angesprochenen betriebswirtschaftlichen Aspekte wie Lagerumschlagshäufigkeit, Liquiditätsverbesserung, Wertminderungen werden im Kapitel 30 näher ausgeführt. Während noch vor Jahren die Etablierung einer Warenwirtschaft ob der Kosten den großen Buchhandlungen vorbehalten war, ist inzwischen durch Kostensenkungen für Hard- und Software auch kleinen Firmen der Einsatz möglich. Bereits ab 500.000 € Jahresumsatz kann eine Kosten-Nutzen-Rechnung aufgehen – ganz zu schweigen von der Möglichkeit, sich WWS-Systeme der Barsortimente zu leasen.

Die Umstellung der relevanten Funktionen auf ein WWS-System ist ein schwieriger Prozess, der guter Vorbereitung und Planung bedarf. Die zahlreichen Investitionen in WWS-Systeme haben inzwischen sogar zu virtuellen Einkaufsgemeinschaften geführt, zum firmenübergreifenden Gemeinschaftseinkauf aufgrund der viele Buchhandlungen umfassenden aktuellen Absatzstatistik.

9.10.3 Lagerkontrolle als Führungsinstrument

Neben der täglichen Lagerkontrolle als das beste Mittel zur Lagerbestandsüberwachung gehört auch eine Gesamtübersicht der Lagerbewegungen zu den Führungsmitteln. Dies ist zumeist erst nach der Warenbestandsaufnahme am Ende des Geschäftsjahres möglich. Im Kap. 30 sind die verschiedenen Methoden der Lagerkontrolle durch Auswertung der Warenbestandaufnahme ausführlich mit Formeln, Beispielen und repräsentativen Vergleichswerten dargestellt:
- Lagerumschlagshäufigkeit nach der Brutto- und Netto-Methode;
- echter (bereinigter) Lagerumschlag aufgrund der Verkäufe ab Lager;
- Lagerdauer in Tagen;
- Lagerumschlag nach Gruppen;
- Altersstruktur des Gesamtlagerbestandes;
- Altersstruktur der Warengruppen (Teilläger);
- Verhältnis Stückzahl zu Titel der Warenbestandaufnahme insgesamt und nach Warengruppen.

Dennoch sollen an dieser Stelle bereits einige wichtige Messzahlen vorgestellt werden, da häufig im Lager der Knackpunkt für fehlende Rentabilität zu sehen ist.

Lagerumschlagsgeschwindigkeit

Als Messziffer globaler Art stellt die Lagerumschlagsgeschwindigkeit, auch Lagerumschlagshäufigkeit genannt, Lagerbestand und Umsatz gegenüber, in unserer Branche aufgrund der Preisbindung mit der Brutto-Methode errechnet, also Jahresumsatz zu Verkaufspreisen geteilt durch durchschnittlichen Lagerbestand zu Verkaufspreisen (= Anfangslagerbestand des jeweiligen Geschäftsjahres plus Endlagerbestand, beides zu Verkaufspreisen, geteilt durch zwei).

BEISPIEL

$$\frac{\text{Gesamtumsatz } 500.000\,€}{\varnothing \text{ Lagerbestand } 125.000\,€} = 4 \text{ mal}$$

Die Lagerdrehzahl im Sortimentsbuchhandel liegt im Jahr 2002 nach dem Kölner Betriebsvergleich durchschnittlich bei 4,6 mal, wobei größere Betriebe durchaus Werte von an die 6,0 mal erreichen können. Nun ist aber Lagerumschlag nicht gleich Lagerumschlag, wenn wir das gegebene große Besorgungsgeschäft und andere durchlaufende Posten in die Betrachtung einbeziehen. Als gleichrangige Messziffer sollte zusätzlich die Lagerumschlagsgeschwindigkeit der Vorratsverkäufe, der Verkäufe ab Lager, ermittelt werden. Vom Gesamtumsatz einer Buchhandlung ist der Teil abzuziehen, der nicht vom Lager erfolgte, also das Besorgungsgeschäft, der Umsatz mit Abonnements von Zeitschriften und unregelmäßigen Fortsetzungen, eventuell auch ein Streckengeschäft wie z.B. die Beorderung direkt vom Verlag zum Kunden. Eine Errechnung des Lagerumsatzes ist nur durch eine betriebswirtschaftlich gekonnte Gliederung des Umsatzes zu erreichen. Diese Formel für den *bereinigten Lagerumschlag* heißt dann: Umsatz vom Lager, geteilt durch durchschnittlichen Lagerbestand zu Verkaufspreisen.

BEISPIEL

$$\frac{\text{Umsatz vom Lager } 300.000\,€}{\varnothing \text{ Lagerbestand } 125.000\,€} = 2,4 \text{ mal}$$

Monatliche Beobachtung der Lagerbestandshöhe

Durch die jährliche Beobachtung des Gesamtlagerbestandes (im Verhältnis zum Umsatz) haben wir ein Kontrollmittel mit relativ großem zeitlichen Abstand. Für die monatliche Beobachtung der Lagerbestandshöhe empfiehlt sich die Führung des Statistikblattes 4.02 *Umsatz, Wareneingang, Lagerbewegung* aus dem *Formularbuch für den Sortiments-Buchhandel*. Die für die Ausfüllung des Bogens notwendigen Werte sind in jeder Buchhandlung vorhanden:

9.10 Lagerkontrolle und Lagerergänzung

- Monatsumsatz (ohne Umsatzsteuer),
- Monatswareneingang (ohne Umsatzsteuer),
- Lagerbestand zum Einstandswert zu Beginn des Geschäftsjahres,
- Durchschnittliche Handelsspanne (Rohertrag) der letzten drei Jahre.

Eine ausschnittsweise Darstellung dieses Statistikblattes in Tabellenform bietet folgende Übersicht, in der Zahlen für die Monate Januar bis März eingesetzt sind für eine Buchhandlung mit durchschnittlich 30 % Rohertrag, bezogen auf den Umsatz ohne Umsatzsteuer.

UMSATZ, WARENEINGANG UND LAGERBEWEGUNG

	Umsatz	Rohertrag 30 %	Zahlen 1–2 Waren-einsatz	Waren-eingang	Zahlen 4–3 Lager-bestand	Ø Werte aus 5 Ø Lager-bestand	Zahlen 3:6 Lager-umschlag	Lager-umschlag (Vorjahr)
	1	2	3	4	5	6	7	8
Vortrag 1.1.				67.200	67.200			
Januar	30.000	9.000	21.000	22.000	68.200	67.700	0,31	0,30
Februar	28.000	8.400	19.600	20.000				
Januar–Februar	58.000	17.400	40.600	109.200	68.600	68.000	0,60	0,61
März	32.000	9.600	22.400	24.000				
Januar–März	90.000	27.000	63.000	133.200	70.200	68.550	0,92	0,91

Eine feinere Umsatzbeobachtung ist dann gegeben, wenn der Gesamtumsatz (Barumsatz und Kreditumsatz) nach Warengruppen getrennt wird. Für eine solche Umsatzgliederung finden verschiedene Kriterien Anwendung:
1. Erfordernisse in Bezug auf die Umsatzsteuer, also Trennung der Erlöse zum ermäßigten und vollen Umsatzsteuersatz, eventuell auch nach Verkäufen ohne Umsatzsteuer (z. B. Export);
2. Erfordernisse der Betriebsstatistik, also Trennung der Erlöse nach individuell festzusetzenden Literatur-/Warengruppen;
3. Erfordernisse betriebswirtschaftlicher Art, also Trennung nach Verkäufen vom Lager, nach Besorgungsgeschäft und anderen Durchlaufpositionen (z. B. regelmäßige und unregelmäßige Fortsetzungen).

Eine Trennung des Gesamtumsatzes nach Gruppen führt logischerweise zur Errechnung fraktionierter Lagerumschlagshäufigkeiten für alle gebildeten Unterteilungen. Es liegen nunmehr alle Daten dazu vor:
- Umsatz je Literatur-/Warengruppe;
- Durchschnittlicher Lagerbestand je Literatur-/Warengruppe (durch eine entspre-

chende Zusammenstellung der Warenbestandsaufnahme am Schluss jedes Geschäftsjahres).

Als Beispiel zeigt folgende Tabelle echte Werte aus einer Buchhandlung mit Aufteilung des Umsatzes nach Warengruppen, diese gesplittet nach Umsatz vom Lager und Durchlaufgeschäft, und den beiden Kennzahlen zum partiellen Lagerumschlag, sowohl die Drehzahlen auf den Gesamtumsatz als auch auf den Lagerumsatz berechnet (siehe hierzu auch den *Lagerkontrollbogen* im Kap. 30).

GRUPPENUMSATZ UND GRUPPEN-LAGERDREHZAHLEN

Warengruppe	Umsatz in €	davon Durchaufgeschäft in €	Umsatz vom Lager in €	Ø Lagerbestand in €	LUG Gesamtumsatz	LUG Lagerumsatz
Belletristik	162.000	28.000	134.000	32.000	5,06	4,19
Kinder- und Jugendbuch	75.000	12.000	63.000	13.500	5,55	4,67
Geisteswissenschaften	120.000	38.000	82.000	36.000	3.33	2.28
Naturwissenschaften	62.000	34.000	28.000	20.000	3,91	1,40
Schulbücher	150.000	104.000	46.000	11.000	13,64	4,18
Taschenbücher	175.000	44.000	131.000	48.000	3,64	2,73
Zeitschriften-Abonnement, Fortsetzungen	100.000	100.000	0	0	entfällt	entfällt
Gesamtumsatz	1.250.000	390.000	860.000	312.500	4.00	2,75

Wesentlich weiter geht das globale Lagerkontrollsystem, wenn neben der Trennung des Umsatzes auch der Wareneingang in der gleichen Gliederung aufgesplittet wird, eine mit beachtlichem Mehraufwand verbundene Statistik, die der EDV bedarf. Nicht zu vergessen ist hier die Hilfestellung, die Barsortimente als im Allgemeinen größte Lieferanten geben können: die Trennung der Lieferung, auch auf der Sammelrechnung, nach vom Sortiment vorgegebenen Kriterien (z. B. durch Kunden-Unternummern) wie Kundenbestellungen/Lagerbestellungen, Abteilungen/Literaturgruppen.

Liegen Umsatz, Wareneingang und Warenbestand je Gruppe vor, so ist die zuvor dargestellte theoretische monatliche Lagerbestandsermittlung getrennt für jede Literatur-/Warengruppe der Unterteilung durchzuführen. Durch Einbeziehung der Anfangs- und Endbestände zu Bilanzwerten kann dann zusätzlich der Rohgewinn (die Handelsspanne) je Gruppe (je Abteilung) ausgerechnet werden – ein erster Schritt zur Deckungsbeitragsrechnung.

Noch weiter gehen jene wenigen Buchhandlungen, die neben der Umsatztrennung den Wareneingang je Gruppe nicht nur zu Einstandswerten, sondern auch zu

9.10 Lagerkontrolle und Lagerergänzung

Verkaufspreisen erfassen. Dann ergibt sich eine Kontrollrechnung im Bruttowertverfahren (für Filialen, für Abteilungen, für Warengruppen) mit exakter Feststellung der Lagerverluste, ein vorzügliches Überwachungsinstrument vor allem dann, wenn der Einkauf an verschiedene Mitarbeiter delegiert wird.

Differenzierte Warengruppenstatistiken

Die querformatige Übersicht zeigt die Warengruppenstatistik einer großen Buchhandlung, die sowohl den Wareneingang als auch den Umsatz nach 30 Literaturgruppen trennt, das Besorgungsgeschäft berücksichtigt, den Wareneingang auch zum Verkaufswert erfasst, den Lagerbestand im Verkaufswertverfahren je Gruppe monatlich und jährlich kumuliert errechnet und den Rohertrag je Unterteilung ermittelt. Die Warenbezugskosten sind bei dieser Statistik nicht in die Gruppenwerte des Wareneingangs eingeflossen, eine Aufteilung wäre mit zu hohem Aufwand verbunden (Seite 194).

Eine gerade gegründete Buchhandlung kann viele der vorgestellten Lagerkontrollmittel erst nach Vorliegen der ersten Warenbestandsaufnahme anwenden. Als Maß für den Anfangslagerbestand ist ein »echter« Umschlag von 2,5 bis 3 mal anzulegen. Plant der Gründer im ersten vollen Geschäftsjahr einen Umsatz von 500.000 € (inklusive Umsatzsteuer), dürfte der Verkauf ab Lager um 300.000 bis 350.000 € liegen, also das Durchlaufgeschäft 40–30 % Anteil haben. Auf diesen Lagerumsatz bezogen errechnet sich ein Verkaufswert der Grundausstattung von rund 110.000–130.000 € zu Ladenpreisen, im Nettowert zwischen 66.000 und 78.000 € bei Nutzung aller günstigen Einkaufskonditionen für das Anfangslager.

Nach der ersten und den folgenden Inventuren können weitere Lagerkontrollmittel greifen, z. B. die Beobachtung der Altersstruktur des Gesamtbestandes und der Teilläger, im Kap. 30 ausführlich dargestellt werden.

Lagerlimit

Neben den globalen und differenzierten Lagerbestandskontrollen nach Literaturgruppen, Warengruppen und Abteilungen – wie bereits vorgestellt –, können die den Verlagen zufließenden Lagerbestellungen ebenfalls einer Kontrolle unterliegen. In vielen buchhändlerischen Betrieben bilden die Aufträge an Verlagsvertreter das Schwergewicht des Einkaufsvolumens. Eine summenmäßige Aufrechnung dieser Bezüge bei den meist zweimaligen Besuchen im Jahr gibt beim Vergleich mit früheren Werten pro Verlag Anhalte darüber, ob und in welcher Höhe die Aufträge verringert oder vergrößert werden müssen im Rahmen des für den Lagereinkauf gesetzten Limits.

WARENGRUPPENSTATISTIK EINER GROSSEN BUCHHANDLUNG

(Trennung des Wareneingangs, des Umsatzes nach 30 Warengruppen, Berücksichtigung des Besorgungsgeschäftes, Errechnung des Lagerbestandes in Verkaufwerten je Gruppe monatlich und jährlich kumuliert und Ermittlung des Rohertrages)

	Waren-eingang Einkaufs-Wert in T€	Waren-eingang Verkaufs-Wert in €	Waren-ausgang vom Lager in T€	Waren-ausgang Besorg-ung in T€	Umsatz anteil Besorg-ung in %	Gesamt-umsatz in T€	Anteil am Gesamt-umsatz in %	Lager-bestand Ø Bestand Verkaufs-wert in T€	Lager-bestand Anteil in %	LUG Gesamt ...mal	»echte« LUG ...mal	Roh-ertrag in T€	Roh-ertrag Anteil in %	Rabatt in %
Kinder- und Jugendbuch	778	1.350	1.261	154	10,9	1.415	5,80	574	5,76	2,47	2,20	600	6,43	42,38
Reise	968	1.628	1.584	138	8,0	1.722	7,06	884	8,87	1,95	1,79	698	7,49	40,55
Kunst	282	449	411	123	23,0	533	2,19	493	4,94	1,08	0,83	199	2,13	37,22
Belletristik	874	1.493	1.485	167	10,1	1.652	6,77	745	7,48	2,22	1,99	685	7,35	41,49
Taschenbuch	1.892	3.354	2.940	400	12,0	3.340	13,69	1.351	13,56	2,47	2,18	1.456	15,63	43,60
Modernes Antiquariat	800	1.516	1.643	13	0,8	1.656	6,79	691	6,93	2,40	2,38	782	8,40	47,25
Wirtschaft	430	647	445	197	30,7	642	2,63	255	2,56	2,52	1,75	215	2,31	33,55
Lexika	26	48	107	7	6,1	114	0,47	134	1,34	0,85	0,80	54	0,58	47,21
Regionalia	294	493	519	7	1,4	526	2,16	161	1,61	3,27	3,23	213	2,28	40,42
Zeitschriften	1.043	1.473	1.424	8	0,5	1.431	5,87	32	0,32	45,3	45,1	418	4,49	29,21
usw.														
Gesamtwerte					15,2					2,45	2,08			38,20

9.10 Lagerkontrolle und Lagerergänzung

Rentabilitätszahlen

Um die Rentabilität einzelner Literatur- und/oder Warengruppen annähernd richtig und eine wirtschaftliche Bestellgröße für Lagertitel zu bestimmen, gibt es verschiedene Methoden. Ist eine Rentabilität noch gegeben beim Bezug größerer Mengen und einem dadurch bedingten verringerten Lagerumschlag? Eindeutig ist diese Frage zu beantworten in Bezug auf das für das Lager einzusetzende Kapital. Dazu folgende vergleichende Übersicht für drei Gruppen, ermittelt durch Multiplikation von Kalkulationsaufschlag und Lagerumschlag. Die Rentabilitätsziffer 172 im Beispiel bedeutet, dass für 100 € in das Lager investiertes Kapital im Jahr 172 € Rohgewinn erwirtschaftet werden (Gesamtlager), davon abweichend zwei Gruppen mit höherer und niedrigerer Rentabilitätsziffer.

RENTABILITÄTSZAHL (Finanzierung des Lagers)

	1	2	3	4
	Handelsspanne in %	Kalkulationsaufschlag in %	Lagerumschlag …mal	Rentabilitätszahl (= 2 x 3)
Gesamtlager	30	43	4,0	172
Schulbuchlager	23	30	9,0	270
Taschenbuchlager	40	67	1,6	107

Pro Titel lässt sich ein Wirtschaftlichkeitsvergleich anstellen durch Gegenüberstellung von verschieden hohen Bestellmengen mit unterschiedlichem Rabatt. Wenn ein Modell z. B. unterstellt, dass eine doppelt hohe Bestellanzahl mehr an Rabatt einbringt, sich aber dadurch der Lagerumschlag halbiert, sind die Lagerkosten mit etwa 15 % des Einstandswertes pro Jahr ins Kalkül einzubeziehen. Erfahrene Sortimenter kalkulieren bei der Bestellung eines Longsellers auf einen Halbjahresbedarf, wenn diese voraussichtlich abzusetzende Menge mit wenigstens 2 % höherem Rabatt einzukaufen ist gegenüber der halben Anzahl für einen Vierteljahresbedarf. Die Problematik von Rentabilitätsberechnungen für das Lager einer Sortimentsbuchhandlung liegt darin, dass nur für einen geringen Teil der Lagertitel der Bedarf in etwa abzuschätzen ist. Für Novitäten bleiben Voraussagen über ihren Absatz sehr vage. Jahrelange Erfahrungen der bestellenden Personen sind unentbehrlich für die Disposition.

10
Verkauf

Mit dem Verkauf, der Durchführung des Absatzes, ist der letzte und zugleich entscheidende Prozess des betrieblichen Geschehens erreicht. Alle vorausgegangenen Handlungen mussten zwangsläufig auf den Verkauf ausgerichtet sein, denn eine Buchhandlung kann nur dann überleben, wenn sie die angebotenen Verlagserzeugnisse mit Gewinn verkauft.

Die Notwendigkeiten, Voraussetzungen und Besonderheiten des Bücherverkaufs sollen hier nicht näher behandelt werden. Nachfolgend ist nur auf einige technische Einzelheiten einzugehen, sind Praxishilfen dort anzubieten, wo ein gerade selbstständig gewordener Buchhändler bisher keine eigenen Erfahrungen sammeln konnte.

10.1
Barverkauf

Eine Kasse an zentraler Stelle wird für die gegründete Buchhandlung vorerst genügen. Da sich hier der Barverkauf letztlich technisch abwickelt, sind im Kassenbereich alle wichtigen Materialien und Utensilien unterzubringen: Geschenk- und gegebenenfalls Packpapier, Schmuck-Klebeetiketten mit Name/Signet der Buchhandlung, Tüten, Taschen, Gummi, Tesafilm etc. Das Kassenmöbel ist jedoch häufig zugleich auch ein Informationszentrum. Deshalb hat in unmittelbarer Nachbarschaft eine Bibliografierstation sowie das Abholfach zu stehen. Ferner muss eine Zugriffsmöglichkeit auf Bestellunterlagen gegeben sein.

Gut gestaltete Kassenbelege vernetzen Nutzwert und Botschaft. So vermag als Idealmuster folgender Inhalt des Kassenbeleges gelten:
- Name der Buchhandlung, Adresse, Telefon, Fax, E-Mail;
- Autor, Titel, ISBN;
- Einzelpreise in Euro, Umsatzsteuer, Gesamtpreis;
- Gezahlter Betrag, Wechselgeld;
- Dank für Einkauf;
- Hinweis auf eigene Website;
- Uhrzeit, Datum;
- Umtausch/Quittung.

Nicht jede Registrierkasse wird alle diese Informationen ausdrucken können, so ist für Autor, Titel und ISBN als automatischem Ausdruck die Vernetzung mit einem Warenwirtschaftssystem nötig. Unabdingbar sind aber für die meisten Kunden Name der Buchhandlung, Autor, Titel sowie der Preis mit ausgewiesener Umsatzsteuer. Im Kapitel 7.8 wurden bereits entsprechende Hinweise gegeben. Handgeschriebene Kassenzettel (Firmenaufdruck) mit Durchschlag sind kaum noch anzutreffen.

Der Barverkauf vollzieht sich immer stärker auch als Kartenverkauf, also ohne das Nehmen von Münzen und Scheinen. So sind im Jahr 2001 68,8 % aller Käufe im Einzelhandel mit Bargeld abgewickelt worden, 27 % bereits mit Karten. In den letzten 7 Jahren ist der Bargeldanteil um 10 % gesunken. Anno 2001 verteilten sich die Kartenverkäufe im Einzelhandel wie folgt:
- 16,0 % EC-Lastschriftverfahren (EC-Karte mit Unterschrift);
- 5,4 % EC-Cash (EC-Karte mit Geheimzahl);
- 4,5 % Kreditkarte;
- 1,4 % Handelseigene Kundenkarte mit Zahlungsfunktion.

Quelle: Euro-Handelsinstitut, Köln. In: Börsenblatt 48/2002

Für den Sortimentsbuchhandel liegen keine eigenen Zahlen vor, aber auch in dieser Branche gewinnt der Verkauf über Karten an Boden. Der Gründer muss dieser Entwicklung folgen und an der Kasse maschinelle Vorrichtungen zur Entgegennahme von Plastikgeld installieren. Intern zu entscheiden ist, ob und welche Kreditkarten der Kunden als unbares Zahlungsmittel angenommen werden, zumal die von der Buchhandlung zu tragende Verrechnungsprovision in unterschiedlicher Höhe anfällt. Nach dem Kölner Betriebsvergleich hat der Sortimentsbuchhandel im Jahr 2001 69,3 % seines Umsatzes bar verkauft (15,40 € je Barkunde) und 30,7 % auf Kredit (119,30 € je Kreditverkauf).

Geregelt sein müssen ferner Ausgabe, Annahme und Bearbeitung von Branchen-Bücherschecks (vgl. Kap. 11.8) und firmeneigenen Büchgutscheinen. Gewarnt werden muss davor, dem Kunden eine Quittung über einen anderslautenden Titel auszustellen, also anstelle eines Romans einen Fachbuchtitel aufzuschreiben. In einem solchen Falle würde nach der Abgabenordnung (AO) § 379 eine Steuergefährdung vorliegen, die mit einer erheblichen Geldbuße geahndet wird.

10.2
Kreditverkauf

Nur der Inhaber der Buchhandlung kann anfangs entscheiden, an wen auf Kredit verkauft werden darf, denn die Kunden sind vorerst noch unbekannte Wesen – ausgenommen Betriebe, Behörden, Bibliotheken und andere öffentlich bekannte Einrichtungen. Zweckmäßig ist die sofortige Ausstellung einer Rechnung anstelle einer Vorschaltung von Lieferscheinen. Bei fortlaufender Nummerierung muss auf

Verwendung in der Reihenfolge geachtet werden. Zahlscheine sollten stets beigelegt werden. Falls unbekannte Kunden von außerhalb bestellen, so ist die Lieferung per Nachnahme eine Absicherung gegen finanzielle Überraschungen.

In den Bereich der Kreditverkäufe gehören auch die Ansichtslieferungen an Kunden. Diese müssen auf jeden Fall befristet sein und sollten auf einem Formular festgehalten werden, das dem Kunden bei Festübernahme die Bezahlung ohne Umwege ermöglicht (deshalb stets Eindruck von Bank- und Postbankkonten, eventuell eigener Nummernkreis).

Je schneller die Forderungen an Kunden beglichen werden, desto weniger Kapital ist dort gebunden. Die Technik des Kreditverkaufs hat sich auf einen möglichst raschen Geldrückfluss einzustellen durch:
- Sofortige Fakturierung der Lieferung;
- Zahlungsziel auf der Rechnung, also z. B. »Zahlbar nach Erhalt ohne jeden Abzug« (das Mittel Skontogewährung zur Beschleunigung des Zahlungseingangs ist laut Buchpreisbindungsgesetz bei preisgebundenen Verlagserzeugnissen nicht erlaubt);
- Bank-, Sparkassen-, Postbank-Konto in deutlich lesbarer Schriftgröße;
- Vorherige Bonitätsprüfung (Liste der ›faulen‹ Kunden);
- Nachnahme bzw. Vorkasse bei unsicheren Kantonisten;
- Funktionierendes Mahnwesen in der Debitoren-Buchhaltung.

Eine besondere Form des Kreditverkaufs ist die so genannte Direkteinweisung, auch Direktbelieferung genannt. Sie wird vor allem für Zeitschriften-Abonnements angewandt. In diesem Fall gibt die Buchhandlung die spezielle Versandanweisung an den Verlag weiter, der dann die einzelnen Nummern des Abonnements (als D-Stück) direkt oder über die Pressepost direkt an den Kunden liefert. Die Buchhandlung stellt jedoch die Rechnung an den Kunden aus.

Seit dem 1.1.2004 müssen Rechnungen laut Umsatzsteuergesetz (UStG) folgende Angaben enthalten.
- Name und Anschrift der Buchhandlung;
- Name und Anschrift des Kunden;
- Menge und handelsübliche Bezeichnung der verkauften Gegenstände;
- Ausstellungsdatum und Tag der Lieferung oder Leistung;
- Nettoentgelt, d. h. Verkaufspreis ohne Umsatzsteuer;
- Umsatzsteuer-Ausweis in EURO unter Angabe des Steuersatzes;
- Angabe der Steuer- oder Umsatzsteueridentitätsnummer;
- fortlaufende Rechnungsnummer.

Fehlen einzelne Angaben, darf kein Vorsteuerabzug vorgenommen werden. Nur für Rechnungen, deren Brutto-Gesamtbetrag 100 € nicht übersteigen, gibt es Erleichterungen. Hier kann auf die Nennung des Kunden als Leistungsempfänger verzichtet werden, und ein pauschaler Hinweis auf den Steuersatz reicht aus. Ferner kann die Steuer- und fortlaufende Rechnungsnummer entfallen.

Manche Buchhandlungen gewähren den Service eines Monatskontos. Dies ist gewiss angebracht bei Firmenkunden, deren häufiger Bezug ein solches Verfahren rechtfertigt. Aber auch einzelne Privatkunden erhalten im Rahmen der Kundenbindung Monatskonten angeboten. Hier stuft man den werblichen Effekt höher ein als die Kreditierungskosten.

Beim Verkauf von Büchern mit Wohnsitz außerhalb der Europäischen Union besteht die Möglichkeit der Umsatzsteuerbefreiung. Dieser »Export über den Ladentisch« im nichtkommerziellen Reiseverkehr wird nur unter den Voraussetzungen gewährt, dass der Kunde in einem Drittlandsgebiet, also außerhalb der Euro-Staaten, ansässig ist und die Waren dorthin innerhalb von drei Monaten nach Kauf gelangen. Zum Nachweis für das Vorliegen einer Auslandslieferung gehören:

- Ausfuhrnachweis (Name und Anschrift des liefernden Unternehmens, handelsübliche Bezeichnung der Waren, Ort und Tag der Ausfuhr, Ausfuhrbestätigung der Grenzzollstelle des EU-Mitgliedstaates auf Vordruck.)
- Abnehmernachweis (Name und Anschrift des Drittlandskunden, Bestätigung der Grenzzollstelle auf Übereinstimmung der Kundenanschrift mit dem vorgelegten Pass.)
- Buchnachweis (Der Buchhändler hat zusätzlich einen Buchnachweis neben den beiden genannten Belegnachweisen für die Ausfuhrlieferung zu führen mit Menge, Verfasser, Titel, Preis abz. USt., Name und Anschrift des Kunden und Tag der Lieferung.)

Angesichts dieser Formalitäten mit dem Risiko des Buchhändlers, die erforderlichen Nachweise nicht zu erhalten, wird in der Praxis häufig die Lieferung als voll steuerpflichtige (Inlands-)Lieferung ausgeführt und der ausländische Kunde an das entsprechende Service-Unternehmen an den Grenzübergängen (insbesondere Flughäfen) verwiesen. Diese Service-Unternehmen zahlen dann gegen Aushändigung der zollamtlich bestätigten Ausfuhrbelege den Steuerbetrag unter Abzug eines Bearbeitungsentgeltes in bar aus und lassen sich die Steuerbeträge von den Sortimentern erstatten. Wenn der Buchhändler den Ausfuhr- und Abnehmernachweis erhalten hat, kann er den Verkauf dann nachträglich als steuerfrei behandeln.

Nach dem Fernabsatzgesetz vom 1. Juli 2000 müssen Verträge über die Lieferung von Waren, die unter Verwendung von Fernkommunikationsmitteln (E-Mail, Warenkorb auf Websites, aber auch Kataloge etc.) abgeschlossen wurden, auf dem Angebot zusätzlich über das Bestehen eines Widerrufs- oder Rückgaberechtes binnen 14 Tagen und auf die Gültigkeitsdauer befristeter Angebote hingewiesen werden. Das Widerrufsrecht gilt ohne Angabe von Gründen. Sendet der Verbraucher Waren zurück, so muss der Unternehmer die Kosten für die Rücksendung ab einem Warenwert von 40 € tragen. Kein Widerrufs- und damit auch Rücksendungsrecht besteht für vom Verbraucher entsiegelte Waren (DVDs, CD-ROMs, Kombi-Produkte wie Buch und CD). Auch Leistungen, die online übermittelt wurden, fallen unter diese Klausel, da diese virtuell nicht rückstandslos zurückgegeben werden können. Nähere Informationen unter www.fernabsatzgesetz.de.

10.3 Buchausstellungen

Auch außerhalb des Ladens kann die neue Buchhandlung durch das Mittel »Buchausstellung« in Erscheinung treten. Dafür bieten sich nicht nur Messen, Tagungen und Kongresse im Ort an, sondern auch Veranstaltungen kultureller Institutionen. Manche Schulen sind dem Buch gegenüber aufgeschlossen, in Behörden oder Betrieben dagegen lassen sich nur selten Buchausstellungen durchführen. Als Anhaltspunkte für die Vorbereitung und Organisation derartiger Ausstellungen sei eine *Checkliste Thematische Ausstellungen* abgedruckt, die Rudolf Hörmandinger zusammengestellt hat.

**CHECKLISTE
THEMATISCHE AUSSTELLUNGEN**

1. Was soll mit der Ausstellung erreicht werden?
- Zusatzumsätze;
- Verbesserung der Öffentlichkeitsarbeit;
- allgemeine Selbstdarstellung des Unternehmens;
- Erhöhung des Bekanntheitsgrades (z. B. der Firma, einer Verlagsproduktion, eines Produktionsbereiches);
- Abgrenzung gegenüber Konkurrenz;
- kultureller Beitrag.

2. Objekt- bzw. Themenbestimmung
- Was soll ausgestellt werden (z. B. Neuerscheinungen, Fachbücher, Jugendbücher, Grafiken usw.)?
- Zu welchem Thema soll ausgestellt werden (z. B. regionaler Anlass, aktuelles Thema mit überregionaler Bedeutung o. Ä.)?
- Kann mit Kollegen oder anderen Ausstellern kooperiert werden?

3. Zielgruppen- und Standortbestimmung
Wer soll mit der Ausstellung angesprochen werden?
- Öffentlichkeit allgemein (z. B. Presse, Tages- und/oder Fachzeitungen usw.);
- Institutionen (z. B. Schulen, Vereine, Bibliotheken);
- Personenkreis (z. B. Berufsgruppen, Kunstliebhaber, allgemeines Publikum usw.);
- Geschäftspartner (z. B. Kunden, potenzielle Kunden, besondere Kundengruppen).
Wo soll/kann die Ausstellung stattfinden?
- In den eigenen, in gemieteten Räumen;
- »Vor Ort« (z. B. Bibliothek, Kunstverein, Schule, Uni, Werksbücherei, Fachmesse).

4. Vorbereitende Maßnahmen
- Etaterstellung (Miete, Personalkosten, Werbung, Honorare, Bewirtung usw.);
- Zeitpunkt/Zeitraum festlegen und abklären (regionale/überregionale Veranstaltungskalender beachten!);
- Ausstellungsräume besichtigen und eventuell anmieten;
- Ausstellungspersonal festlegen, Aufgaben verteilen, motivieren;
- Verfügbarkeit des Ausstellungsgutes sicherstellen (eigene Bestände prüfen, eventuell nachbestellen, Konditionen klären);
- Bereitstellung bzw. Anforderung von zusätzlichem Material (Präsentationsmöglichkeiten wie Büchertische, Regale, Ständer, Schaukästen usw. sowie sonstiges Material oder Hilfsmittel wie Kugelschreiber, Kassenblöcke, Wechselgeld usw.);
- Ausstellungswerbung konzipieren;
- Plakate;
- Werbebriefe;
- Handzettel;
- eigene oder Fremdprospekte;
- flankierende Maßnahmen (z. B. Pressekonferenz, Eröffnungsempfang, begleitende Aktionen, Schaufensterdekoration o. Ä.).

5. Abschlussarbeiten
Kurz vor der Ausstellung:
- Ausstellungsgut und zusätzliches Material auf Vollständigkeit überprüfen;
- Berichterstatter und eventuelle Eröffnungsredner erinnern;
- Räumlichkeiten und technische Punkte nochmals überprüfen;
- Mitarbeiterbesprechung (z. B. Einsatzschwerpunkte, Abbaufragen, Rücktransport usw.).

Kurz nach der Ausstellung:
- Dank an Kooperationspartner, Berichterstatter, wichtige Besucher und Mitarbeiter;
- Anfragen, Aufträge usw., die während der Ausstellung erfolgten, möglichst umgehend erledigen;
- Ausstellungsergebnisse für Nachfasswerbung nutzen;
- Aufstellung der Kosten: Einnahmen bzw. Darstellung, ob Ziel erreicht;
- Manöverkritik.

Während Signierstunden fast immer in der Buchhandlung selbst ablaufen können, müssen Autorenlesungen oder Diskussionsrunden zu Büchern gewöhnlich wegen Platzmangel oder fehlender Bestuhlung in einem größeren Raum außerhalb des Ladenlokals stattfinden. Dazu als Praxishilfe eine *Checkliste für Lesungen/Signierstunden/Diskussionsrunden* von Ernst Wilhelm Bork:

10.3 Buchausstellungen

CHECKLISTE
LESUNGEN/SIGNIERSTUNDEN/DISKUSSIONSRUNDEN

Termin
- Uhrzeit;
- Ort;
- Festgelegt und besprochen mit ...

Ankunft des Autors/der übrigen Teilnehmer
- Wann;
- Wie;
- Abholung durch ...

Unterkunft/Übernachtung
- (Art d. Zimmer/Frühstück, etc.)
- vorbestellt bei ...
  ❏ schriftlich ❏ telefonisch ❏ persönlich ❏ E-Mail
- Gesprächspartner ...

Honorar (inklusive oder zuzüglich Umsatzsteuer)
- Sonstige Kosten (Anreise/Hotel/Pauschale etc.);
- Erinnerungsgeschenk;
- Blumen.

Vereinbarungen nach der Veranstaltung
- mit Autor;
- mit anderen Teilnehmern;
- mit Presse (Interview/Bildbericht/Rundfunk/Fernsehen);
- mit Mitarbeitern.

Abendessen/Abfahrt   wann _____   mit _____
- Fahrt durch ...
- Tischreservierung/Menüwahl.

Kartenvorverkauf
- Eintritt frei;
- Abendkasse;
- Plakataushang angefragt bei ...

Büchertisch
(vgl. Checkliste *Thematische Ausstellungen*)
- Tisch für Abendkasse;

- Hausmeister/zuständige Person;
- Telefon/Handy.

Tisch
- Beleuchtung;
- Podium;
- Sitzgelegenheit;
- Sprudel/Glas/Flaschenöffner/andere Getränke;
- Rauchgarnitur/Zigaretten/Zigarren/Feuer;
- Mikrofon/Lautsprecheranlage (Soundcheck);
- Blumenschmuck.

Begrüßung
- am Eingang/Kontrolle der Einladungen bzw. Einrittskarten;
- Platzanweiser;
- Ehrengäste;
- Reserviert-Plätze.

Gästebuch
Garderobe/Schirmständer/Aschenbecher
Allgemeiner Ordnungsdienst

Organisation
- Aufbau/Anlieferung/wann;
- Abbau/nach Veranstaltung/wann.

Begrüßung/Einleitung/Einführung
- Dauer ca.;
- Hinweis auf Signiermöglichkeit/Kauf signierter Bücher;
- Dankesworte/Verabschiedung/Vorschau auf andere Veranstaltungen.

Einteilung der Mitarbeiter
Vorverkauf
Kassentisch am Abend
Kartenkontrolle
Eingangsbereich/Ehrengäste

Büchertisch
- vorher;
- nachher.

Plakate
- wie viele bestellt?

10.3 Buchausstellungen

- wann bestellt?
- von wem bestellt?
- bei wem bestellt?

Prospekte (dto)

Einladungskarten/-briefe
- wann?
- an wen?

Antwortkarten
- Vormerkungen für Nichtbesucher zum Abholen signierter Exemplare

Bücher
- mit RR und Ziel (60 oder 90 Tage) bestellen;
- Titelkontingent festlegen;
- Gesprächspartner beim Verlag;
- wann bestellt?
- auf welchem Lieferweg bestellt?
- zu welchen Konditionen (Aktionsrabatt 50 %)?

Sonderfenster/Dekomaterial
- wann dekoriert?
- durch wen dekoriert?

Presse
- Vorausmaterial (andere Artikel/Besprechungen/Bücher/Fotos/Einladung/Biografie etc.);
- Gesprächspartner
- Nochmalige, kurze Erinnerung kurz vorher
  - ❏ am
  - ❏ durch ...
- Redaktioneller Beitrag vorher;
- nachher;
- Fotografen ...

Rundfunk
- Einladung;
- Erinnerung.

Fernsehen
- Einladung;
- Erinnerung.

Anzeigen (Größe, Platzierung/Text/digitale Daten für Bilder etc.);
Vorankündigungen (Veranstaltungskalender/Presse allgemein).

An dieser Stelle sei noch ein wertvoller Literaturtipp gegeben: das *Handbuch Lesungen und Literaturveranstaltungen* von Peter Reifsteck – ein umfangreicher Ordner mit zahlreichen Praxistipps.

Übrigens darf auf öffentlich angekündigten Veranstaltungen nur im Rahmen der gesetzlich vorgeschriebenen Ladenöffnungszeiten verkauft werden – es sei denn, es liegen Sondergenehmigungen vor. Eine Autorenlesung in den Geschäftsräumen einer Buchhandlung darf auch nach Ladenschluss stattfinden, wenn zur Organisation der Veranstaltung Geschäftsinhaber und/oder Verkaufspersonal anwesend sind. Bei dieser Gelegenheit dürfen auch Exemplare desjenigen Buches, aus dem vorgelesen wurde, verkauft werden. (Quelle: *Wettbewerb in Recht und Praxis* 5/96, S. 408). Sicherheitshalber wird empfohlen, den kommerziellen Aspekt nicht in den Vordergrund treten zu lassen. Konflikte mit dem Ladenschluss lassen sich umgehen, wenn man das Ladenlokal nur für einen begrenzten und ausgewählten Kreis offen hält, dann verbietet sich aber jegliche Form der Werbung. Vorbestellungen signierter Exemplare dürfen selbstverständlich entgegengenommen werden.

Im konfessionellen Bereich sind Büchertische Usance, die von anderen Personen betreut werden. Für deren Arbeit ist das Ausschütten einer Provision von bis zu 10 % üblich, bezogen auf den Verkaufserlös. Um das Einhalten der Preisbindung zu gewährleisten, empfiehlt es sich, folgendes Formular vom Büchertischbetreuer und vom Buchhändler als Lieferant der Bücher unterschreiben zu lassen.

Musterformular für Büchertischverkäufe
(mit Vertragsstrafeversprechen)

An:
Buchhandlung xy

Sie beliefern mich mit preisgebundenen Verlagserzeugnissen für den Vertrieb über Büchertische und gewähren mir hierfür eine Aufwandsentschädigung.
Mir ist bekannt, dass Bücher nach dem Buchpreisbindungsgesetz einer Preisbindung unterliegen. Danach müssen Händler beim Verkauf von Büchern an Endabnehmer exakt die von den Verlagen festgesetzten Ladenpreise berechnen.
Dementsprechend verpflichte ich mich, die von den Verlagen festgesetzten Ladenpreise beim Weiterverkauf an Endkunden einzuhalten und die gewährleistete Aufwandsentschädigung nicht weiter zu geben.
Für den Fall einer Zuwiderhandlung gegen diese Vereinbarung verpflichte ich mich zur Zahlung einer Vertragsstrafe. Sie hat die Höhe des Rechnungsbetrages der Lieferung, mit der ich gegen diese Verpflichtung verstoße, mindestens beträgt

sie Euro 250 für den Einzelfall. Die Vertragsstrafe ist an das Sozialwerk des Deutschen Buchhandels in Frankfurt am Main zu zahlen.

Ort/Datum	Ort/Datum
Unterschrift des Büchertischbetreibers	Unterschrift der Buchhandlung

10.4 Kundenbesuch

In der ersten Zeit ist es besonders notwendig, nicht nur in der Buchhandlung auf Kunden zu warten, sondern durch persönliche Besuche für sich und das neue Unternehmen zu werben. Solche Besuche bedürfen der Planung und Vorbereitung, vielleicht sind sogar persönliche Hemmungen gegenüber dieser nicht einfachen Kontaktaufnahme erst abzubauen. Aufsuchen wird der Buchhändler in erster Linie solche Stellen (Bibliotheken, Behörden, Schulen, Betriebe), bei denen ein bestimmter Literaturbedarf erwartet werden kann, der bislang außerhalb oder bei der Konkurrenz gedeckt wurde. Von Nutzen ist eine telefonische oder schriftliche Voranmeldung, um nicht zu ungelegener Zeit dort aufzukreuzen.

10.5 Verkaufsbedingungen

Die Verkaufsbedingungen sind im Sortimentsbuchhandel durch die allgemeingültigen rechtlichen Bestimmungen des HGB (Handelsgesetzbuches) gegeben. Hinzu kommen die speziellen Bedingungen des Buchhandels, die im Verkehr zwischen Buchhandlung und Endverbrauchern als Handelsbrauch gelten.

10.5.1 Buchpreisbindungsgesetz

Seit dem 1.10.2002 ist das Buchpreisbindungsgesetz (BuchPrG) in Kraft und löst damit das privatrechtlich organisierte Sammelreverssystem in Deutschland ab. Das Buchpreisbindungsgesetz erfasst in erster Linie Bücher, Musiknoten, kartografische Produkte, Loseblattausgaben. Bücher im Sinne des Buchpreisbindungsgesetzes sind nur solche Werke, die als verlags- oder buchhandelstypisch anzusehen sind, also von Verlagen hergestellt und typischerweise über den Buchhandel vertrieben werden. Der Preisbindung unterliegen auch elektronische Erzeugnisse, die preisbindungsfähige Produkte reproduzieren oder substituieren. Allerdings müssen diese Erzeugnisse in erster Linie lesbare Texte enthalten und überwiegend über den verbreitenden Buchhandel angeboten werden. Hingegen fallen elektronische Erzeugnisse, die in nennenswertem Umfang multimediale Elemente enthalten oder sonstige interaktive Nutzungsformen bereitstellen, nicht unter das Buchpreisbindungsgesetz, ebenso wenig Online-Publikationen. Auch Hörbücher sind nicht preisbindungsfähig, da hier die Inhalte ausschließlich akustisch wahrnehmbar sind – auch wenn sie die Textversionen authentisch wiedergeben. Um die Liste der nicht bindungsfähigen Produkte abzuschließen: auch Kalender unterliegen nicht der Preisbindung. Unter das Gesetz fallen aber so genannte Kombi-Produkte, d. h. ein Lehrbuch mit CD oder ein Sprachkurs mit Kassette, sofern das preisbindungsfähige Produkt ausschlaggebend ist.

Für fremdsprachige Bücher gilt das Buchpreisbindungsgesetz nur, wenn diese überwiegend für den Absatz in Deutschland bestimmt sind, ansonsten nicht. Um ein konkretes Beispiel zu geben: Agiert die Importfirma Petersen als Verlag und verlegt spezielle Taschenbücher und Schulausgaben für den deutschen Markt, so unterliegen diese Publikationen mit der ISBN 3-388-... der Preisbindung. Agiert Petersen hingegen als reiner Importeur, so unterliegen diese Titel ebenso wenig der Preisbindung wie englischsprachige Ausgaben deutscher Verlage, die für einen europa- bzw. weltweiten Absatzmarkt hergestellt worden sind. (Die Ausführungen der beiden letzten Absätze basieren auf den Ausführungen aus *Das neue Buchpreisbindungsgesetz. Leitfaden für Verlage und den verbreitenden Buchhandel* – einer Broschüre, die Birgit Menche aus der Rechtsabteilung des Börsenvereins erstellt hat.)

Das Buchpreisbindungsgesetz regelt in 11 Paragraphen alle wesentlichen Aspekte der Preisbindung. Wegen seiner Bedeutung für den Buchhandel bringen wir nachstehend den Text dieses Gesetzes. Doch zuvor sei auf den § 7 hingewiesen, in dem die Ausnahmen von der Preisbindung festgelegt sind. Dies betrifft die Lieferung zum Eigenbedarf an selbstständige oder angestellte Buchhändler, den Erwerb von Prüfstücken durch Lehrer für Publikationen, die im Unterricht verwendet werden können, sowie Mängelexemplare, die verschmutzt oder beschädigt sind oder einen sonstigen Fehler aufweisen. Um eine Irreführung zu vermeiden, sind Mängelexemplare in Katalogen etc. ausdrücklich als solche zu kennzeichnen – so wollen es UWG § 3 sowie die Wettbewerbsregeln § 5.

Nachlässe bis zu 5% bei wissenschaftlichen Bibliotheken, die jedem auf ihrem Gebiet wissenschaftlich Arbeitenden zugänglich sind, können gewährt werden. Ebenso bis zu 10% für öffentliche Büchereien, Landesbüchereien, Schülerbücherein sowie konfessionelle Büchereien und Truppenbüchereien der Bundeswehr und des Bundesgrenzschutzes. Nachlässe trägt allein der Buchhandel, d. h. sie schmälern seine betriebliche Rendite. Dies gilt natürlich auch für Schulbuch-Sammelbestellungen, die überwiegend von der öffentlichen Hand finanziert werden. § 7 (3) des Buchpreisbindungsgesetzes gibt hierüber detaillierte Auskunft, unter Umständen müssen Nachlässe bis zu 15% Prozent des Auftragswertes gewährt werden.

Sonstige Nachlässe wie Skonto etc. sind für preisgebundene Verlagserzeugnisse verboten. Auch einer Teilnahme von Buchhandlungen an Kundenbindungssystemen sind enge Grenzen gesetzt. Denn der feste Ladenpreis darf weder direkt noch indirekt umgangen werden. Kundenbindungssysteme dürfen jedoch in Form von geringwertigen Sachwerten angeboten werden, die – bezogen auf den getätigten Umsatz – wirtschaftlich nicht ins Gewicht fallen (max. 2 % des Umsatzes). Erlaubt ist folgendes Szenario: Eine Buchhandlung bietet ihren Kunden im vornherein Prämien an, die bei einer erreichten Umsatzgröße eingelöst werden können und 2 % des getätigten Umsatzes nicht übersteigen. Ob sich dahinter ein Gutschein für ein Essen oder sonstige Sachprämien (auch in Form von Büchern) verbergen, ist der Buchhandlung überlassen. Auf keinen Fall dürfen die den Kunden gewährten Prämien den Charakter eines Naturalrabattes haben. Es ist also nicht zulässig, dass ein Kunde am Ende eines Jahres den letzten Weihnachtseinkauf mit seinem ›Guthaben‹ verrechnet. Unzulässig ist auch, dass der Kunde die Prämie selbst bestimmt. Denn dies würde zur Folge haben, dass er Bücher, die er normalerweise bezahlen müsste, gratis erhält, was eine indirekte Verletzung der Preisbindung darstellt.

GESETZ ÜBER DIE PREISBINDUNG FÜR BÜCHER
(Buchpreisbindungsgesetz – BuchPrG)

§ 1 Zweck des Gesetzes
Das Gesetz dient dem Schutz des Kulturgutes Buch. Die Festsetzung verbindlicher Preise beim Verkauf an Letztabnehmer sichert den Erhalt eines breiten Buchangebots. Das Gesetz gewährleistet zugleich, dass dieses Angebot für eine breite Öffentlichkeit zugänglich ist, indem es die Existenz einer großen Zahl von Verkaufsstellen fördert.

§ 2 Anwendungsbereich
(1) Bücher im Sinne dieses Gesetzes sind auch
1. Musiknoten,
2. kartografische Produkte,
3. Produkte, die Bücher, Musiknoten oder kartografische Produkte reproduzieren oder substituieren und bei Würdigung der Gesamtumstände als überwiegend verlags- oder buchhandelstypisch anzusehen sind sowie
4. kombinierte Objekte, bei denen eines der genannten Erzeugnisse die Hauptsache bildet.

(2) Fremdsprachige Bücher fallen nur dann unter dieses Gesetz, wenn sie überwiegend für den Absatz in Deutschland bestimmt sind.
(3) Letztabnehmer im Sinne dieses Gesetzes ist, wer Bücher zu anderen Zwecken als dem Weiterverkauf erwirbt.

§ 3 Preisbindung
Wer gewerbs- oder geschäftsmäßig Bücher an Letztabnehmer verkauft, muss den nach § 5 festgesetzten Preis einhalten. Dies gilt nicht für den Verkauf gebrauchter Bücher.

§ 4 Grenzüberschreitende Verkäufe

(1) Die Preisbindung gilt nicht für grenzüberschreitende Verkäufe innerhalb des Europäischen Wirtschaftsraumes.

(2) Der nach § 5 festgesetzte Endpreis ist auf grenzüberschreitende Verkäufe von Büchern innerhalb des Europäischen Wirtschaftsraumes anzuwenden, wenn sich aus objektiven Umständen ergibt, dass die betreffenden Bücher allein zum Zwecke ihrer Wiedereinfuhr ausgeführt worden sind, um dieses Gesetz zu umgehen.

§ 5 Preisfestsetzung

(1) Wer Bücher verlegt oder importiert, ist verpflichtet, einen Preis einschließlich Umsatzsteuer (Endpreis) für die Ausgabe eines Buches für den Verkauf an Letztabnehmer festzusetzen und in geeigneter Weise zu veröffentlichen. Entsprechendes gilt für Änderungen des Endpreises.

(2) Wer Bücher importiert, darf zur Festsetzung des Endpreises den vom Verleger des Verlagsstaates für Deutschland empfohlenen Letztabnehmerpreis einschließlich der in Deutschland jeweils geltenden Mehrwertsteuer nicht unterschreiten. Hat der Verleger keinen Preis für Deutschland empfohlen, so darf der Importeur zur Festsetzung des Endpreises den für den Verlagsstaat festgesetzten oder empfohlenen Nettopreis des Verlegers für Endabnehmer zuzüglich der in Deutschland jeweils geltenden Mehrwertsteuer nicht unterschreiten.

(3) Wer als Importeur Bücher in einem Vertragsstaat des Abkommens über den Europäischen Wirtschaftsraum zu einem von den üblichen Einkaufspreisen im Einkaufsstaat abweichenden niedrigeren Einkaufspreis kauft, kann den gemäß Absatz 2 festzulegenden Endpreis in dem Verhältnis herabsetzen, wie es dem Verhältnis des erzielten Handelsvorteils zu den üblichen Einkaufspreisen im Einkaufsstaat entspricht; dabei gelten branchentypische Mengennachlässe und entsprechende Verkaufskonditionen als Bestandteile der üblichen Einkaufspreise.

(4) Verleger oder Importeure können folgende Endpreise festsetzen:
1. Serienpreise,
2. Mengenpreise,
3. Subskriptionspreise,
4. Sonderpreise für Institutionen, die bei der Herausgabe einzelner bestimmter Verlagswerke vertraglich in einer für das Zustandekommen des Werkes ausschlaggebenden Weise mitgewirkt haben,
5. Sonderpreise für Abonnenten einer Zeitschrift beim Bezug eines Buches, das die Redaktion dieser Zeitschrift verfasst oder herausgegeben hat und
6. Teilzahlungszuschläge.

(5) Die Festsetzung unterschiedlicher Endpreise für einen bestimmten Titel durch einen Verleger oder Importeur oder deren Lizenznehmer ist zulässig, wenn dies sachlich gerechtfertigt ist.

§ 6 Vertrieb

(1) Verlage müssen bei der Festsetzung ihrer Verkaufspreise und sonstigen Verkaufskon-

ditionen gegenüber Händlern den von kleineren Buchhandlungen erbrachten Beitrag zur flächendeckenden Versorgung mit Büchern sowie ihren buchhändlerischen Service angemessen berücksichtigen. Sie dürfen ihre Rabatte nicht allein an dem mit einem Händler erzielten Umsatz ausrichten.

(2) Verlage dürfen branchenfremde Händler nicht zu niedrigeren Preisen oder günstigeren Konditionen beliefern als den Buchhandel.

(3) Verlage dürfen für Zwischenbuchhändler keine höheren Preise oder schlechteren Konditionen festsetzen als für Letztverkäufer, die sie direkt beliefern.

§ 7 Ausnahmen

(1) § 3 gilt nicht beim Verkauf von Büchern:
1. an Verleger oder Importeure von Büchern, Buchhändler oder deren Angestellte und feste Mitarbeiter für deren Eigenbedarf,
2. an Autoren selbstständiger Publikationen eines Verlages für deren Eigenbedarf,
3. an Lehrer zum Zwecke der Prüfung und Verwendung im Unterricht,
4. als Mängelexemplare, die verschmutzt oder beschädigt sind oder einen sonstigen Fehler aufweisen.

(2) Beim Verkauf von Büchern können wissenschaftlichen Bibliotheken, die jedem auf ihrem Gebiet wissenschaftlich Arbeitenden zugänglich sind, bis zu 5 Prozent, jedermann zugänglichen kommunalen Büchereien, Landesbüchereien und Schülerbüchereien sowie konfessionellen Büchereien und Truppenbüchereien der Bundeswehr und des Bundesgrenzschutzes bis zu 10 Prozent Nachlass gewährt werden.

(3) Sammelbestellungen von Büchern für den Schulunterricht, die überwiegend von der öffentlichen Hand finanziert werden, gewähren die Verkäufer folgende Nachlässe:
1. bei einem Auftrag im Gesamtwert bis zu 25.000 Euro für Titel mit

mehr als 10 Stück	8 Prozent Nachlass
mehr als 25 Stück	10 Prozent Nachlass
mehr als 100 Stück	12 Prozent Nachlass
mehr als 500 Stück	13 Prozent Nachlass

2. bei einem Auftrag im Gesamtwert von mehr als

25.000 Euro	13 Prozent Nachlass
38.000 Euro	14 Prozent Nachlass
50.000 Euro	15 Prozent Nachlass

Soweit Schulbücher von den Schulen im Rahmen eigener Budgets angeschafft werden, ist stattdessen ein genereller Nachlass von 12 Prozent für alle Sammelbestellungen zu gewähren.

(4) Der Letztverkäufer verletzt seine Pflicht nach § 3 nicht, wenn er anlässlich des Verkaufs eines Buches
1. Waren von geringem Wert oder Waren, die im Hinblick auf den Wert des gekauften Buches wirtschaftlich nicht ins Gewicht fallen, abgibt,
2. geringwertige Kosten der Letztabnehmer für den Besuch der Verkaufsstelle übernimmt,

3. Versand- oder besondere Beschaffungskosten übernimmt oder
4. handelsübliche Nebenleistungen erbringt.

§ 8 Dauer der Preisbindung

(1) Verleger und Importeure sind berechtigt, durch Veröffentlichung in geeigneter Weise die Preisbindung für Bücher zu beenden, die zu einer vor mindestens achtzehn Monaten hergestellten Druckauflage gehören.

(2) Bei Büchern, die in einem Abstand von weniger als achtzehn Monaten wiederkehrend erscheinen oder deren Inhalt mit dem Erreichen eines bestimmten Datums oder Ereignisses erheblich an Wert verlieren, ist eine Beendigung der Preisbindung durch den Verleger oder Importeur ohne Beachtung der Frist gemäß Absatz 1 nach Ablauf eines angemessenen Zeitraums seit Erscheinen möglich.

§ 9 Schadensersatz- und Unterlassungsansprüche

(1) Wer den Vorschriften dieses Gesetzes zuwiderhandelt, kann auf Unterlassung in Anspruch genommen werden. Wer vorsätzlich oder fahrlässig handelt, ist zum Ersatz des durch die Zuwiderhandlung entstandenen Schadens verpflichtet.

(2) Der Anspruch auf Unterlassung kann nur geltend gemacht werden

1. von Gewerbetreibenden, die Bücher vertreiben,
2. von rechtsfähigen Verbänden zur Förderung gewerblicher Interessen, soweit ihnen eine erhebliche Zahl von Gewerbetreibenden angehört, die Waren oder gewerbliche Leistungen gleicher oder verwandter Art auf demselben Markt vertreiben, soweit sie insbesondere nach ihrer personellen, sachlichen und finanziellen Ausstattung imstande sind, ihre satzungsgemäßen Aufgaben der Verfolgung gewerblicher Interessen tatsächlich wahrnehmen, und die Handlung geeignet ist, den Wettbewerb auf dem relevanten Markt wesentlich zu beeinträchtigen,
3. von einem Rechtsanwalt, der von Verlegern, Importeuren oder Unternehmen, die Verkäufe an Letztabnehmer tätigen, gemeinsam als Treuhänder damit beauftragt worden ist, ihre Preisbindung zu betreuen (Preisbindungstreuhänder),
4. von qualifizierten Einrichtungen, die nachweisen, dass sie in die Liste qualifizierter Einrichtungen nach § 4 des Unterlassungsklagengesetzes oder in dem Verzeichnis der Kommission der Europäischen Gemeinschaften nach Artikel 4 der Richtlinie 98/27/EG des Europäischen Parlaments und des Rates vom 19. Mai 1998 über Unterlassungsklagen zum Schutz der Verbraucherinteressen (ABl. EG Nr. L 166 S. 51) in der jeweils geltenden Fassung eingetragen sind.

Die Einrichtungen nach Satz 1 Nr. 4 können den Anspruch auf Unterlassung nur geltend machen, soweit der Anspruch eine Handlung betrifft, durch die wesentliche Belange der Letztabnehmer berührt werden.

(3) Für das Verfahren gelten bei den Anspruchsberechtigten nach Absatz 2 Nr. 1 bis 3 die Vorschriften des Gesetzes gegen den unlauteren Wettbewerb und bei Einrichtungen nach Absatz 2 Nr. 4 die Vorschriften des Unterlassungsklagengesetzes.

§ 10 Bucheinsicht

(1) Sofern der begründete Verdacht vorliegt, dass ein Unternehmen gegen § 3 verstoßen hat, kann ein Gewerbetreibender, der ebenfalls Bücher vertreibt, verlangen, dass dieses Unternehmen einem von Berufs wegen zur Verschwiegenheit verpflichteten Angehörigen der wirtschafts- oder steuerberatenden Berufe Einblick in seine Bücher und Geschäftsunterlagen gewährt. Der Bericht des Buchprüfers darf sich ausschließlich auf die ihm bekannt gewordenen Verstöße gegen die Vorschriften dieses Gesetzes beziehen.

(2) Liegt eine Zuwiderhandlung vor, kann der Gewerbetreibende von dem zuwiderhandelnden Unternehmen die Erstattung der notwendigen Kosten der Buchprüfung verlangen.

§ 11 Übergangsvorschrift

Von Verlegern oder Importeuren vertraglich festgesetzte Endpreise für Bücher, die zum 1. Oktober 2002 in Verkehr gebracht waren, gelten als Preise im Sinne von § 5 Abs. 1.

Obwohl es das privatrechtlich organisierte Sammelreverssystem in Deutschland für Objekte, die unter das Buchpreisbindungsgesetz fallen, nicht mehr gibt, hat der Sammelrevers dennoch weiterhin Bedeutung. Dies gilt in zweierlei Hinsicht.

Das Buchpreisbindungsgesetz gilt nicht für Zeitungen und Zeitschriften. Für diese Erzeugnisse bleibt es bei der alten Regelung, wonach die Preisbindung gemäß GWB § 15 nur über den Abschluss bestimmter Verträge geregelt werden kann. Praktischerweise ist dies nur über einen Sammelrevers möglich. Deshalb beteiligen sich Verlage, die Fachzeitschriften herstellen und diese im Preis binden wollen, sowie Buchhandlungen, die mit gebundenen Fachzeitschriften handeln, auch weiterhin am Sammelreversverfahren.

Das Buchpreisbindungsgesetz sieht keine Strafen bei Nicht-Einhaltung der gesetzlichen Bestimmungen vor. Deshalb würde der Rechtsweg in einem langwierigen und teuren Gerichtsverfahren bestehen. Im Sammelrevers hingegen verpflichteten sich Verlage und Buchhändler wechselseitig zur Zahlung von Vertragsstrafen im Falle von Preisbindungsverstößen. Dies soll auch weiterhin so sein, denn nur so kann die Vertragstrafe schnell und in einem brancheninternen Verfahren durchgesetzt werden. In diesem Zusammenhang verlieren auch die Preisbindungstreuhänder der Verlage und der Sortimenter nicht an Bedeutung. Sie organisieren weiterhin die Durchführung des Sammelrevers und damit die Preisbindung für Fachzeitschriften sowie das brancheninterne Vertragsstrafensystem.

Der Buchhändler, der einen begründeten Verdacht auf Preisbindungsverstöße hat, sollte entsprechende Unterlagen, in der Regel den Kassenbeleg eines Testkaufs, entweder seinem Landesverband vorlegen oder den Preisbindungstreuhändern zusenden. Zur Zeit verfolgt RA Dieter Wallenfels – sofern Verlage ihn als Treuhänder beauftragen – Preisbindungsverstöße von Buchhandlungen, während der RA Dr. Giessen als Preisbindungsbeauftragter des Sortiments die Preisbindungsverstöße der Verlage verfolgt. Der Abschnitt schließt mit dem Abdruck des des Sammelrevers 2002 und § 15 GWB auf den folgenden Seiten.

Vertragsstrafenvereinbarung und Fachzeitschriften-Sammelrevers („Sammelrevers 2002")

Allgemeiner Teil

1. Mir ist bekannt, dass ab 1. Oktober 2002 die Preisbindung des Buchhandels in Deutschland durch das Preisbindungsgesetz vom 02.09.2002 geregelt ist. Die bislang vertraglichen Verpflichtungen zur Einhaltung der Preisbindung werden durch die gesetzliche Verpflichtung gemäß § 3 des Buchpreisbindungs-Gesetzes ersetzt. Diese Verpflichtung erstreckt sich auf alle in § 2 des Gesetzes aufgeführten Verlagserzeugnisse, mithin

   - Bücher,
   - Musiknoten,
   - kartographische Produkte,
   - Produkte, die Bücher, Musiknoten oder kartographische Produkte reproduzieren oder substituieren und bei Würdigung der Gesamtumstände als überwiegend verlags- oder buchhandelstypisch anzusehen sind sowie
   - kombinierte Produkte, bei denen eines der genannten Erzeugnisse die Hauptsache bildet.

   Fremdsprachige Bücher fallen nur dann unter das Preisbindungsgesetz, wenn sie überwiegend für den Absatz in Deutschland bestimmt sind.

   Die nachfolgende Vereinbarung bezweckt zweierlei:

   Zum einen enthält Teil A. die Vereinbarung einer Vertragsstrafe, um eine schnelle und effektive Verfolgung von Preisbindungsverstößen zu gewährleisten.

   Zum anderen lässt § 15 Abs. 1 GWB den Verlegern von Fachzeitschriften die Wahl, ob sie diese Zeitschriften im Preis binden wollen oder nicht. Diejenigen Verlage, die in der Verleger-Liste genannt sind, haben von der Möglichkeit zur Preisbindung ihrer Fachzeitschriften Gebrauch gemacht. Die hierzu erforderlichen vertraglichen Regelungen finden sich unter B. (Fachzeitschriften-Sammelrevers).

   Die in der Verlegerliste aufgeführten Verlage haben Rechtsanwalt Dieter Wallenfels, Wiesbaden, gem. § 9 Abs. 2 Ziff. 3 Preisbindungs-Gesetz beauftragt, ihre Preisbindung zu betreuen.

2. Dieser Vertrag tritt mit Unterzeichnung in Kraft. Er wird auf unbestimmte Zeit abgeschlossen. Der Vertrag kann von beiden Seiten mit einer Frist von vier Wochen jeweils zum Monatsende durch eingeschriebenen Brief, der an den Preisbindungstreuhänder zu richten ist, gekündigt werden. Für die bei Wirksamwerden der Kündigung bereits gelieferten Bücher bleibt er bestehen.

3. Für alle aus diesem Preisbindungsvertrag sich ergebende Streitigkeiten werden wahlweise als Gerichtsstände vereinbart: Wiesbaden oder die Hauptstadt des Bundeslandes, in dem der Verlag seine Niederlassung hat, oder die Hauptstadt des Bundeslandes, in dem der gebundene Händler seine Niederlassung hat, oder der Ort der Niederlassung des Verlages.

4. Weitere, insbesondere neue Verlage werden Buchhändler ebenfalls zur Einhaltung einer Vertragsstrafe verpflichten oder ihre Fachzeitschriften im Preis binden wollen. Die Einholung neuer Reverse (von ihren Kunden und denen des Zwischenbuchhandels) würde für sie allein einen untragbaren Kostenaufwand verursachen. Um zu ermöglichen, dass sie dieser Vertragsstrafenvereinbarung und dem Fachzeitschriften-Sammelrevers beitreten, erteile ich Herrn Rechtsanwalt Dr. Giessen, Kassel, Vollmacht, für mich dabei zu unterzeichnen. Außerdem bevollmächtige ich ihn, in meinem Namen mitzuwirken, wenn Sie in Vollmacht der an dieser Vereinbarung beteiligten Verlage den Sammelrevers veränderten tatsächlichen und rechtlichen Verhältnissen anpassen müssen. Herr Dr. Giessen kann die Vollmacht, insbesondere auch für den Fall seines Ablebens, weiter erteilen.

5. Erklärungen des Bevollmächtigten in meinem Namen – gleich welcher Art – werden erst wirksam, wenn sie der Bevollmächtigte in zwei aufeinanderfolgenden Nummern des Börsenblattes an auffälliger Stelle bekannt gemacht hat und ich die Vollmacht nicht inzwischen allgemein oder aber für den Einzelfall binnen Monatsfrist nach der zweiten Bekanntmachung schriftlich widerrufen habe.

   Neu hinzukommende Verlage müssen in ihren Preislisten, Preismitteilungen und Geschäftsbedingungen deutlich auf den Beitritt zu diesem Vertrag hinweisen.

A. Vertragsstrafenverpflichtung

Ich verpflichte mich durch die Unterzeichnung dieser Vereinbarung gegenüber den in der Verlegerliste aufgeführten Verlagen zur Zahlung einer Konventionalstrafe für jeden Fall des vorsätzlichen oder fahrlässigen Anbietens oder Gewährens unzulässiger Nachlässe. Die Vertragsstrafe hat die Höhe des Rechnungsbetrages des angestrebten oder vollzogenen Geschäftes. Sie beträgt bei Verstößen von durchschnittlicher Schwere mindestens € 1.500,00 für den ersten Verstoß, € 2.500,00 für jeden weiteren Verstoß und € 5.000,00 für unzulässige Nachlassangebote an eine Mehrzahl von Abnehmern. Gleiches gilt bei Überschreitung des Ladenpreises. Die Vertragsstrafe ist unter Berücksichtigung der Umstände des jeweiligen Falles unter Wahrung des Grundsatzes der Verhältnismäßigkeit in Absprache mit den betroffenen Verlagen geltend zu machen. Der Betrag ist, sofern die Verlage nicht ausnahmsweise Zahlung an sich wünschen, an das Sozialwerk des Deutschen Buchhandels oder eine andere von Ihnen (dem Preisbindungstreuhänder) zu bestimmende soziale gemeinnützige Einrichtung des deutschen Buchhandels zu zahlen.

10.5 Verkaufsbedingungen

Der Verlag ist berechtigt, neben oder anstelle der Vertragsstrafe seine sonstigen Rechte geltend zu machen (Schadensersatzansprüche alternativ zur Vertragsstrafe).

Der Verlag verpflichtet sich, die Preisbindung zu überwachen. Er verpflichtet sich ferner mir gegenüber zur Zahlung einer Konventionalstrafe für den Fall, daß er seine gebundenen Preise (einschließlich der Sonderpreise) selbst unterbietet oder schuldhaft die Unterbietung durch Dritte veranlaßt. Absatz 1 gilt entsprechend. Die Konventionalstrafe kann für alle Betroffenen als Gesamtgläubiger (§ 428 BGB) nur einmal und nur von dem Preisbindungsbevollmächtigten des Sortiments, Herrn Rechtsanwalt Dr. Giessen, Kassel, zur Zahlung an das Sozialwerk des Deutschen Buchhandels geltend gemacht werden.

B. Preisbindung für Fachzeitschriften

Mir ist bekannt, dass die Preisbindung für Fachzeitschriften nicht vom Buchpreisbindungs-Gesetz geregelt ist, sondern weiterhin gemäß § 15 GWB durch Preisbindungsverträge zu regeln ist. Zur Gewährleistung einer lückenlosen und effektiven Preisbindung der in der Verleger-Liste genannten Verlage verpflichte ich mich gegenüber den Verlagen wie folgt:

1. Ich werde die Endabnehmerpreise allen Kunden in Deutschland in Euro berechnen. Sie werden von den einzelnen Verlagen durch ihre jeweils gültigen (gegenwärtigen und künftigen) Preislisten oder Preismitteilungen für ihre Zeitschriften festgesetzt. Sie enthalten die Mehrwertsteuer.

   Ich werde die Preisbindung auch nicht indirekt verletzen, etwa durch Zugaben, Freiexemplare und Boni, auch nicht durch sonstige Umgehungsformen, wie z.B. Umsatzprämien oder Gewinnbeteiligungen, soweit diese von den von mir mit den Kunden getätigten Umsätzen für preisgebundene Zeitschriften abhängen. Dies gilt auch im Rahmen gesellschaftsrechtlicher Vertragsverhältnisse, von denen Zweck darauf gerichtet ist, Endabnehmern preisgebundene Zeitschriften im Ergebnis billiger zukommen zu lassen. Auch werde ich Abzüge seitens der Käufer nicht dulden.

   Ich werde die Preise auch nicht überschreiten, darf aber außergewöhnliche Auslagen, z.B. bei Eilbestellungen oder Versand an den Kunden, berechnen.

2. Sofern der Verlag „Sonderpreise" festsetzt, bin ich auch an diese gebunden. Ihre Auftraggeber werden insbesondere die folgenden herkömmlichen Begriffe verwenden:

   a) Ermäßigte Preise für Zeitschriften, die zur Ausbildung oder zur Ausübung der beruflichen oder gewerblichen Tätigkeit benötigt werden, und zwar, wenn der Bezieher sich in der Ausbildung befindet oder noch kein volles Gehalt bezieht oder Mitglied eines Fachvereins ist. Der Nachlass und der Kreis der Berechtigten werden in der Zeitschrift bekannt gegeben.

   b) Vorzugspreise für ausdrücklich so bezeichnete „Sonderveröffentlichungen" einer Zeitschrift (Sonderhefte, Ergänzungshefte) für deren Abonnenten.

   c) Sonderpreise für Körperschaften (Behörden, Organisationen oder Unternehmungen anderer Art), die bei der Herausgabe der betreffenden Fachzeitschrift in ausschlaggebender Weise mitgewirkt haben.

3. Von der Preisbindung ausgenommen ist die Lieferung zum Eigenbedarf an:

   a) Selbständige herstellende und verbreitende Buchhändler.

   b) Angestellte und feste Mitarbeiter von buchhändlerischen Betrieben.

   c) Angestellte von buchhändlerischen Abteilungen gemischter Betriebe.

   Zu a), sofern sie reversgebunden sind, zu b) bis c), sofern der Abnehmer schriftlich oder durch Betriebsordnung verpflichtet wird, diese Verlagserzeugnisse nicht (auch nicht gefälligkeitshalber) weiterzuveräußern.

4. Die Verpflichtungen dieses Vertrages gelten auch dann, wenn ich die Zeitschriften von dritter Seite, z.B. vom Zwischenbuchhandel, oder von einem anderen Händler beziehe. Davon ausgenommen sind Lieferungen aus Mitgliedsstaaten der EU. Aus einem Mitgliedsstaat der EU reimportierte deutsche Fachzeitschriften sind von der Preisbindung nur dann erfasst, wenn sich aus objektiven Umständen ergibt, dass diese Fachzeitschriften allein zum Zweck ihrer Wiederausfuhr ausgeführt worden sind, um die Preisbindung nach diesem Sammelrevers zu umgehen. Sinn dieser Regelung ist es, eine Beeinträchtigung des Handels zwischen Mitgliedsstaaten i.S.d. Art. 81 EGV durch den Sammelrevers auszuschließen. Sie ist entsprechend diesem Zweck auszulegen.

Sofern ich meinerseits, z.B. als Zwischenbuchhändler, preisgebundene Fachzeitschriften an inländische Wiederverkäufer veräußere, bin ich verpflichtet, zuvor zu prüfen, ob der betreffende Händler bereits gebunden ist. Ist er nicht gebunden, muss ich ihn meinerseits entsprechend diesem Vertrag durch Revers binden.

Wiederverkäufer, die ich außerhalb von Deutschland beliefere, habe ich entsprechend den vorstehenden Absätzen 1 und 2 zur Verhinderung der Umgehung einer lückenlosen Preisbindung schriftlich für den Fall zu binden, dass sie nach Deutschland reimportieren (ich habe sie außerdem zu verpflichten, beim Weiterverkauf an Händler diese ebenfalls zu binden).

Grenzüberschreitende Verkäufe von Fachzeitschriften an Endabnehmer in anderen Mitgliedsstaaten der EU unterliegen nicht der Preisbindung nach diesem Sammelrevers.

Bei Gewährung von Vermittlungsprovisionen werde ich sicherstellen, dass diese nicht, auch nicht teilweise, an Endabnehmer weitergegeben werden. Nicht gewerbsmäßige Vermittler dürfen keine Vermittlungsprovision erhalten.

Bei einer Veräußerung meines Betriebes werde ich den Rechtsnachfolger schriftlich verpflichten, die von mir übernommenen Verpflichtungen aus diesem Revers ebenfalls einzuhalten.

5. Ich verpflichte mich durch die Unterzeichnung dieser Vereinbarung gegenüber den in der Verlegerliste aufgeführten Verlagen zur Zahlung einer Konventionalstrafe für jeden Fall des vorsätzlichen oder fahrlässigen Anbietens oder Gewährens unzulässiger Nachlässe. Die Vertragsstrafe hat die Höhe des Rechnungsbetrages des angestrebten oder vollzogenen Geschäftes. Sie beträgt bei Verstößen von durchschnittlicher Schwere mindestens € 1.500,00 für den ersten Verstoß, € 2.500,00 für jeden weiteren Verstoß und € 5.000,00 für unzulässige Nachlassangebote an eine Mehrzahl von Abnehmern. Gleiches gilt bei Überschreitung des Ladenpreises. Die Vertragsstrafe ist unter Berücksichtigung der Umstände des jeweiligen Falles unter Wahrung des Grundsatzes der Verhältnismäßigkeit in Absprache mit den betroffenen Verlagen geltend zu machen. Der Betrag ist, sofern die Verlage nicht ausnahmsweise Zahlung an sich wünschen, an das Sozialwerk des Deutschen Buchhandels oder eine andere von Ihnen (dem Preisbindungstreuhänder) zu bestimmende soziale gemeinnützige Einrichtung des deutschen Buchhandels zu zahlen.

Der Verlag ist berechtigt, neben der anstelle der Vertragsstrafe seine sonstigen Rechte geltend zu machen (Schadensersatzansprüche alternativ zur Vertragsstrafe), insbesondere Lieferungen – auch aus laufenden Bestellungen – einzustellen; dies auch dann, wenn ich meine Verpflichtungen gemäß Ziff. 6 verletze.

Der Verlag verpflichtet sich, die Preisbindung zu überwachen. Er verpflichtet sich ferner mir gegenüber zur Zahlung einer Konventionalstrafe für den Fall, dass er seine gebundenen Preise (einschließlich der Sonderpreise) selbst unterbietet oder schuldhaft die Unterbietung durch Dritte veranlasst. Absatz 1 gilt entsprechend. Die Konventionalstrafe kann für alle Betroffenen als Gesamtgläubiger (§ 428 BGB) nur einmal und nur von dem Preisbindungsbevollmächtigten des Sortiments, Herrn Rechtsanwalt Dr. Giessen, Kassel, zur Zahlung an das Sozialwerk des Deutschen Buchhandels geltend gemacht werden.

6. Ich verpflichte mich, einem von Ihnen zu bestimmenden vereidigten Buchprüfer Einblick in meine Bücher einschließlich Geschäftsunterlagen zu geben, wenn die begründete Vermutung besteht, dass ich gegen die Preisbindung verstoße. Als Zwischenbuchhändler bin ich auch ohne Anlass bereit, einem Buchprüfer offenzulegen, dass ich nur reversgebundene Firmen mit Händlerrabatt beliefere. Der Buchprüfer hat sich mir in diesem Fall bei Beginn der Prüfung zu verpflichten, über alle ihm durch die Prüfung bekannt werdenden Vorgänge, die nicht Preisbindungsverstöße betreffen, Stillschweigen zu bewahren.

Ich trage die Kosten einer Bucheinsicht, wenn die Zweifel an meiner Preisbindungstreue von mir verschuldet oder schuldhaft nicht ausgeräumt worden sind oder wenn Verstöße festgestellt werden.

Habe ich die Prüfung von Preisbindungsverstößen (etwa durch nicht ordnungsgemäße Buchführung) ganz oder teilweise vereitelt, verpflichte ich mich, über die Verpflichtung gem. B.5 Abs. 1 hinaus zur Zahlung einer Vertragsstrafe in Höhe von € 5.000,00.

§ 15 GWB (Preisbindung bei Zeitungen und Zeitschriften)

(1) § 14 gilt nicht, soweit ein Unternehmen, das Zeitungen oder Zeitschriften herstellt, die Abnehmer dieser Erzeugnisse rechtlich oder wirtschaftlich bindet, bei der Weiterveräußerung bestimmte Preise zu vereinbaren oder ihren Abnehmern die gleiche Bindung bis zur Weiterveräußerung an den letzten Verbraucher aufzuerlegen. Zu Zeitungen und Zeitschriften zählen auch Produkte, die Zeitungen oder Zeitschriften reproduzieren oder substituieren und bei Würdigung der Gesamtumstände als überwiegend verlagstypisch anzusehen sind, sowie kombinierte Produkte, bei denen eine Zeitung oder Zeitschrift im Vordergrund steht.

(2) Vereinbarungen der in Absatz 1 bezeichneten Art sind, soweit sie Preise und Preisbestandteile betreffen, schriftlich abzufassen. Es genügt, wenn die Beteiligten Urkunden unterzeichnen, die auf eine Preisliste oder auf Preismitteilungen Bezug nehmen. § 126 Abs. 2 des Bürgerlichen Gesetzbuches findet keine Anwendung.

(3) Das Bundeskartellamt kann von Amts wegen oder auf Antrag eines gebundenen Abnehmers die Preisbindung für unwirksam erklären und die Anwendung einer neuen gleichartigen Preisbindung verbieten wenn 1. die Preisbindung missbräuchlich gehandhabt wird oder 2. die Preisbindung oder ihre Verbindung mit anderen Wettbewerbsbeschränkungen geeignet ist, die gebundenen Waren zu verteuern oder ein Sinken ihrer Preise zu verhindern oder ihre Erzeugung oder ihren Absatz zu beschränken.

10.5.2
Remissionen

Der Kunde erwartet beim Kauf einwandfreie Exemplare und bei der Besorgung den richtigen, von ihm gewünschten Titel. Zeigen sich später versteckte Mängel, so muss das Buch umgetauscht werden. Solche Defektexemplare brauchen an bestimmte Verlage nicht ganz remittiert zu werden, es genügt dazu die Übersendung des Titelblattes (körperlose Remission) mit der Rücksendungsrechnung. Siehe dazu das entsprechende *Merkblatt Vereinfachte Remission von Defektexemplaren* sowie eine Seite aus der gleichnamigen Broschüre auf den Seiten 218/219.

Wenn fest bestellte Bücher nicht abgenommen oder bereits bezahlte Exemplare vom Kunden zurückgegeben werden sollen, ist die Entscheidung schwer. Soll man auf dem rechtlich richtigen Standpunkt des Abnehmens bzw. Behaltens verharren und damit vielleicht einen Kunden vergrämen oder in großzügiger Weise dem Wunsch nachgeben – mit der Schwierigkeit, nun einen wenig gängigen Titel im Lager zu horten bzw. die aufwändige Prozedur der Remission an den Verlag zu vollziehen?

Die Ausstellung eines Gutscheins bei Rücknahmen wird in Buchhandlungen noch vorgezogen, während Warenhäuser fast ausnahmslos den Betrag zurückzahlen als Anreiz für leichteres Kaufen und wegen des dann geringeren Verwaltungsaufwandes. Bei berechtigten Reklamationen, so Überschreiten der gesetzten Lieferfrist, starken Preisänderungen, Beschädigungen und anderen Mängelrügen wird man sowieso im Nachteil sein und nachgeben müssen.

10.5.3
Sonderkosten

Preisbindung bedeutet auch Schutz der Verkaufspreise gegenüber Erhöhungen. Selbst wenn die Warenbezugskosten bei direkt bezogenen billigen Büchern oder Broschüren den Händlerrabatt fast aufzehren, ist ein Preisaufschlag verwehrt. Der »angemessene Rabatt«, der im BuchPrG § 6 Abs. 1 vorgesehen bzw. proklamiert wird, ist brancheninternn noch nicht in allen Einzelheiten geklärt. Was an Sonderkosten ohne Gefährdung der Preisbindung auf den Kunden abgewälzt werden kann (aber nicht muss), ist beispielhaft der folgenden *Sonderkosten-Tabelle* auf den Seiten 220/221 zu entnehmen.

Die Gebührenhöhe für die einzelnen Sonderleistungen ist je nach Verhältnissen individuell festzulegen, bei so genannten guten Kunden verzichtet man in der Praxis zumeist auf eine Erhebung. Aber auch neue Kunden – und damit auch potenzielle künftige gute Kunden erwarten in unserer Dienstleistungsgesellschaft zunehmend kostenlosen Service und können durch übermäßig empfundene Gebühren von weiteren Käufen in der Buchhandlung abgehalten werden.

Merkblatt

Vereinfachte Remission von Defektexemplaren

1. Was ist „Vereinfachte Remission (VR)?"

Defektexemplare müsen nicht komplett an den Verlag zurückgeschickt werden; es genügen Teile dieser Bücher, die der Verlag benötigt, um den Ersatzanspruch zu prüfen. Dadurch werden Kosten und Zeit gespart.

Der Verlag ersetzt remittierte Defektexemplare durch Umtausch oder Gutschrift.

2. Was sind „Defektexemplare"?

Defektexemplare sind Bücher mit Fehlern, die eindeutig erkennbar während der Herstellung entstanden sind:

– verschmierter oder fehlerhafter Druck,
– zerknitterte, zerrissene, fehlende, doppelte Seiten,
– fehlerhafter Beschnitt, mangelhafte Bindung.

Nicht ersatzpflichtig ist der Verlag für Schäden, die erst auf dem Transportweg oder nach dem Eintreffen in der Buchhandlung entstehen; ggf. ist der Schaden von der Buchhandlung bei dem zuständigen Transportführer oder der Versicherung zu melden.

3. Checkliste „Vereinfachte Remission (VR)"

10 Schritte – leicht verständlich – leicht getan

① Handelt es sich **wirklich um ein Defektexemplar?**
   Siehe oben.
   Falls klarer Fall:

② Nachsehen, ob der **Verlag in „VR-Liste" aufgeführt ist.**
   Falls nicht: Kein Fall für VR: (Normale Erledigung gemäß „Verkehrsordnung" § 11).

③ **Ladenpreis** des Defektexemplares innerhalb der **Betragsgrenze?**
   Siehe VR-Liste, Spalte 5.
   Falls nicht: Kein Fall für VR.

④ Welche **Teile des Defektexemplares** sind dem Verlag einzusenden?
   Siehe VR-Liste, Spalte 6a, 6b, 6c.
   Heraustrennen. Oberste Seite mit Firmenstempel der Buchhandlung abstempeln; Verkehrsnummer eintragen.

⑤ **VR-Beleg schreiben** wie bei normaler Remission. Deutlich vermerken:
   „Defektexemplar/Vereinfachte Remission."

⑥ **Richtig adressieren.** Anschrift des Verlages, der Verlagsauslieferung:
   Siehe VR-Liste.

⑦ **Verpacken, Beleg beifügen.** Außerdem deutlich vermerken:
   „Achtung – Vereinfachte Remission, bitte sofort bearbeiten."

⑧ Versand als **„Warensendung"**; richtig frankieren.

⑨ **Kontrolle der Vergütung.** Ersatzlieferung oder Gutschrift:
   Siehe VR-Liste, Spalte 7a, 7b, 7c.
   Ggf. Reklamation mit Wiederholung (mögl. Kopie) der Angaben des VR-Belegs.

Empfehlung des Betriebswirtschaftlichen Ausschusses des Börsenvereins des Deutschen Buchhandels Frankfurt/M., März 1992

10.5 Verkaufsbedingungen

Vereinfachte Remission von Defektexemplaren			Remissions-anschrift falls abweichend von 3 (z. B. Kürzel der VA)	Betrags-grenze bis Ladenpreis (DM/€)	Belegteile aus Defektexemplar			Vergütungsart		
					Titelblatt und/oder Defektbogen		bei TB: Umschlag u. Titelseite	Grundsätzl. Ersatzlieferung (Umtausch)	Grundsätzlich Gutschrift	Gutschrift nur, wenn vergriffen
Verkehrs-Nr.	Firma/Verlag ILN	Anschrift			und	oder				
1	2	3	4	5	6a	6b	6c	7a	7b	7c
17056	Waldthausen Verlag	Stendorfer Str. 3 27718 Ritterhude	VSB Georg-Westermnan-Allee 56 38104 Braunschweig	50 /		x	x	x		x
17007	Walhalla u. Praetoria Verlag GmbH & Co. KG	Haus an der Eisernen Brücke 93059 Regensburg	Walhalla-Service Dolomitenstr. 1 93057 Regensburg	100 /	x			x		x
11878	wbv WeymannBauerVerlag	August-Bebel-Str. 1 c 18055 Rostock	LKG-Verlagsauslieferung Plötzschauer Weg 04579 Espenhain	35 /	x		x	x		x
17040	A. Weichert Verlag	Tiestestr. 14 30171 Hannover		50 / 25		x	x	x		x
10091	Weidler Buchverlag Berlin	Lübecker Str. 8 10559 Berlin		30 /	x			x		x
17063	Wolfgang Weinmann Sportbücher	Beckerstr. 7 12157 Berlin		20 / 10	x			x		
16430	Weitbrecht Verlag im K. Thienemanns Verlag	Blumenstr. 36 70182 Stuttgart	KNO VA Schockenriedstr. 37 70565 Stuttgart		x			x		x
12162	WEKA Handels-GmbH	Morellstr. 33 86159 Augsburg	WEKA Handels-GmbH Industriestr. 21 86438 Kissingen	150 /	x		x	x		x
10066	Georg Wenderoth Verlag GmbH	Schillerstr. 36 34117 Kassel		80 / 40	x			x		x
17142	Westdeutscher Verlag GmbH	Abraham-Lincoln-Str. 46 65189 Wiesbaden	VVA Bertelsmann Distribution An der Autobahn 33310 Gütersloh	100 / 50	x		x	x		x
13046	Westfälisches Dampfboot Verlag	Dorotheenstr. 26 a 48145 Münster	Prolit Verlagsauslieferung Siemensstr. 16 35463 Fernwald	100 /	x			x	x	x
17161	Westholsteinische Verlagsanstalt Boyens GmbH & Co.KG	Wulf-Isebrand-Platz 25746 Heide	Hans-Heinrich Petersen GmbH Elbgaustr. 248 b 22547 Hamburg	40 /	x		x	x		
17182	Wichern Verlag GmbH	Bachstr. 1-2 10555 Berlin		50 / 30	x		x	x		x
16713	WILEY-VCH Verlag GmbH	Pappelallee 3 69469 Weinheim	VSW Verlagsservice Südwest Boschstr. 2 68753 Waghäusel-Kirrlach	150 / 100	x		x	x		x
17227	Windmühle Verlag und Vertrieb von Medien GmbH	Goßlerstr. 24 22587 Hamburg	SFG Service Center Holzwiesenstr. 2 72127 Küsterdingen	80 / 40		x	x	x		x

SONDERKOSTEN-TABELLE

Gebühren für Telefon; je Einheit   0,25 €

Benachrichtigung eingetroffener Bücher
- per Post   0,60 €
- per Telefon   0,30 €

Versand von Büchern per Post
Auf Wunsch des Kunden an angegebene Anschrift
- bei Barzahlung ohne Rechnung   1,00 € + Porto
- mit Rechnung bis 30,00 €   2,00 € + Porto
- über 30 €   nur Porto
- Nachnahme bzw. Einschreibgebühren   werden jeweils gesondert berechnet
- Zustellung von Büchern per Bote   pauschal 3,00 €

Bestellungen
Besorgungsgebühren sind bei preisgebundenen Büchern grundsätzlich nicht erlaubt.
- Anzahlung   mindestens 3,00 €
- Ansichtssendungen; generell pro Titel   1,00 € + Versandkosten
  (gleichgültig, ob vom Lager, Barsortiment oder Verlag)
  Bei Festübernahme wird dieser Betrag angerechnet.

Ausländische Bücher, Zeitschriften, Landkarten
(Die Währungsumrechnung erfolgt nach Umrechnungstabelle der Buchhandlung zum Tageskurs). Ausländische Bücher usw. sind bei der Aufgabe der Bestellung zahlbar oder Anzahlung entsprechend dem voraussichtlichen Warenwert.
Einzelbestellungen
- bis 30,00 € Warenwert zusätzlich   3,00 €
- über 30,00 € Warenwert zusätzlich   2,00 €

Antiquariat
Suchgebühr:
- Im voraus bezahlte Titel   5,00 €
- Jeder weitere Titel   2,00 €

Zeitschriften, Zeitungen
- Einzelbestellung von Zeitschriften oder Zeitungen   3,00 €
  (evtl. für Abholer wegen des Aufwandes ein Zuschlag von 2,00 €)

Literaturzusammenstellungen
und bibliografische Auskünfte pro Titel 0,50 €

Artikel, die nicht zum Buchhandel gehören
und ohne Rabatte geliefert werden:
• Aufschlag 30–50 % mindestens 2,00 €

Eilbestellungen
Bei telefonischer Bestellung und Lieferung
• mit Eilboten an Buchhandlung 7, 00 €
• direkt an den Kunden 10, 00 €

Im Hinblick auf die Versandkosten für zu versendende Bücher steht eine Sortimentsbuchhandlung im Wettbewerb mit E-Commerce. So liefert der Marktführer amazon.de bis 20,00 € Warenwert portofrei (Stand 2003). Bei der Gruppe der stationären Buchhandlungen mit Website liegen die Versandkosten bei 3,00 € pauschal oder 3,00 € bei einem Bestellwert unter 15,00 €. Selten wird portofrei geliefert – wenn doch, dann in Verbindung mit Lastschriftverfahren oder Kreditkartenzahlung. Bei der Gruppe der so genannten Internet-Plattformen entscheidet die Partner-Buchhandlung in der Regel selbst über die Belastung von Versandkosten (Quelle: *Börsenblatt* 50/2002).

11
Kundenservice – Dienstleistungspolitik

Ein Fachgeschäft muss Service bieten. Dieser Slogan trifft im verbreitenden Buchhandel besonders auf den Sortimentsbuchhandel zu, der Service als Profilierungsmittel einsetzt, um sich im Wettbewerb mit anderen Vertriebsformen vorteilhaft abzuheben. Unter Service versteht man Nebenleistungen, die den Kunden geboten werden, um den Absatz der Hauptleistung, den Verkauf von Verlagserzeugnissen, zu fördern. Dabei ist es unerheblich, ob diese beiden Leistungen eines Handelsbetriebes gleichzeitig oder unabhängig voneinander angeboten werden.

Traditionelle Dienstleistungen gibt es viele in unserer Branche, so z. B. die Besorgung nicht vorrätiger Titel, die bibliografische Recherche, Ansichtslieferungen und anderes mehr. Nun kann das Dienstleistungsbündel einer Buchhandlung nicht auf Dauer unverändert geboten werden, denn es gehört zu einer unternehmensindividuellen Zielsetzung, die Geschäftspolitik in immer kürzer werdenden Zeitintervallen dahingehend zu überprüfen, ob sie noch den Wertvorstellungen und Lebensstilen der potenziellen Kunden entspricht. So hat sich beispielsweise das Internet in kürzester Zeit einen beachtlichen Rang im Dienstleistungsangebot gesichert, und moderne Zahlungssysteme haben sich etabliert.

Der Kunde wird sich letztlich für das Leistungsangebot entscheiden, das ihm den größten Nutzen verspricht. Das in dem „Fachgeschäft Buchhandlung« gebotene reichhaltige Lager und der dort gebotene Service müssen dem Kunden sichtbar offeriert werden, damit er das Angebot in Anspruch nimmt und seine Kaufentscheidung positiv beeinflusst wird. Es ist aber nur der Service zu bieten, den die Kunden wünschen und der sich als verkaufsfähige Leistung erweist. Die LG-Buch beispielsweise, eine Kooperative kleiner und mittelgroßer Buchhandlungen, zielt besonders auf Kundenorientierung und will diese vom Service begeistern. Beim Kampf um jeden Kunden gilt es Kompetenz zu beweisen, Engagement zu zeigen, ein unverwechselbares Profil zu erarbeiten und durch persönliche Kundenansprache den Wettbewerb im Ort erfolgreich zu bestehen.

Als äußerst wichtig stufen die Buchkäufer ein umfassendes Angebot und eine gute Beratung ein. (Quelle: *Focus Communication Networks 4.0,* 2000) Eine Untersuchung der Universität St. Gallen stellt die Dienstleistungskompetenz im eidgenössischen Buchhandel als wichtig für die Kaufentscheidung heraus, und zwar Freundlichkeit, Übersichtlichkeit, Bestellservice, Auswahl, fachliche Kompetenz. Die letzte großangelegte repräsentative Marktforschungsstudie des Börsenvereins (Abteilung Marktforschung), deren Ergebnisse 1995 unter dem Titel *Erfolgsfaktor*

»*Zufriedene Kunden*« veröffentlicht worden sind, stellt aus der Sicht der Kunden folgenden acht Servicefaktoren in den Vordergrund (mit Prozentangabe, Mehrfachnennungen waren möglich): übersichtliche Buchanordnung (69%), fachkundige Beratung (65%), große Auswahl/breites Sortiment (63%), schnelle/zuverlässige Buchbeschaffung (61%), angenehme Einkaufsatmosphäre (58%), gute Lage/Erreichbarkeit der Buchhandlung (53%), Großzügigkeit beim Umtausch (52%) und aufmerksame Bedienung (69%).

Jedes noch so gute Dienstleistungsangebot einer Buchhandlung bedarf der ständigen Überprüfung in Bezug auf Qualität, Lücken oder überflüssigen Service. Ziel der Servicepolitik ist und bleibt aber:
• neue Kunden gewinnen;
• Beziehungen zu den Stammkunden festigen;
• Kundenfrequenz erhöhen (häufigere Besuche, höhere Beträge je Verkaufsakt);
• Umsatz stabilisieren.

11.1
Besorgungsdienst

Es zählt weiterhin zum selbstverständlichen Service einer Buchhandlung, gewünschte und nicht vorrätige Bücher zu besorgen. Im Durchschnitt werden 25 bis 30% des Umsatzes mit dem Besorgungsgeschäft erzielt, meist mit einem Exemplar eines Titels pro Kunde. In kleinen und wissenschaftlichen Buchhandlungen kann der Besorgungsanteil auch weit über dem genannten Mittel liegen, in Großflächenbuchhandlungen aber auch weit darunter. Bei neu gegründeten Buchhandlungen ist ein überdurchschnittlich hoher Anteil des Besorgungsgeschäfts zu erwarten, ehe das Lager den anfangs noch wenig bekannten Bedürfnissen der potenziellen Käuferschaft angepasst werden kann. Als kostengünstigste und schnellste Beschaffungsquelle wird für die Besorgung von Einzeltiteln fast immer das Barsortiment in Anspruch genommen, sofern der Titel dort geführt wird. Es ist das erklärte Ziel der Barsortimente, zwischen 90 und 95% des täglichen Bestellbedarfs zu befriedigen.

Die Warenbezugs- und Handlungskosten einzelner, beim Verlag direkt besorgter Titel sind höher als die für größere Lagerbestellungen, die in der Regel in größeren Stückzahlen zu besseren Konditionen eingehen. Manchmal reicht der Rabatt für besorgte Bücher nicht zur Deckung der Warenbezugs- und Handlungskosten aus. Deshalb muss eine innerbetriebliche Kompensation durch die Verkäufe ab Lager erfolgen. Recht günstig dagegen ist der rasche Durchlauf der besorgten Bücher, die schon vor Begleichung der Lieferantenrechnung vom Kunden bezahlt sein können und damit weder Finanzen noch das Lager belasten. Betriebswirtschaftlich gesehen sollte deshalb der Kundenservice der Besorgung durch bedarfsgerechte Lagerhaltung so niedrig wie möglich gehalten werden – unter werblichem Aspekt kann der Sortimenter aber auf keinen Fall darauf verzichten. Das Abholfach für bestellte Bücher lässt auf die Qualität des Sortiments und den gebotenen Service schließen. Als Steuerungsinstrument vermittelt es klare Aussagen über die Effizienz der Lagerhaltung und die Nachfragestruktur der Kundschaft.

11.2
Bibliografische Recherche

Das Fachgeschäft Sortimentsbuchhandlung ist ohne elektronische Titeldatenbanken – die Print-Bibliografien sind nahezu ausnahmslos aus den Verkaufsräumen verschwunden – nicht denkbar. Mit Hilfe verschiedener Suchkriterien (Verfasser, Stichwort, Schlagwort, Titel, Preis, Erscheinungsjahr etc.) kann parallel in verschiedenen Datenbanken recherchiert werden. Gesucht wird, um die gewonnenen Daten in eine Bestellung münden zu lassen, oder um zunächst weitergehende Auskünfte der Kunden über Lieferfähigkeit und Titelangebote zu bestimmten Themen oder bestimmter Autoren zu befriedigen , was letztlich auch einen Auftrag nach sich ziehen soll. Im Extremfall wünscht der Kunde eine umfassende Literaturzusammenstellung. Hier ist darauf zu achten, dass dieser Service nicht unvergoltener Dienst ehrenhalber bleibt, sondern durch seinen werblichen Effekt gleich oder später Umsätze stimuliert. Kapitel 12 informiert eingehender über die bibliografischen Hilfsmittel des Sortiments.

11.3
Kreditierung

Der Sortimentsbuchhandel gehört zu den Einzelhandelsbranchen, die relativ stark kreditieren. Etwa 30% des Umsatzes werden von etablierten Buchhandlungen auf Rechnung verkauft mit Beträgen von durchschnittlich 117,00 € und einer Kundenkreditdauer von 30 bis 40 Tagen. Neugegründete Buchhandlungen haben selbstredend einen wesentlich geringeren Rechnungsumsatz. Erst mit dem Gewinnen einer Stammkundschaft wächst die Kreditquote.

Es ist klar, dass Großabnehmer wie Bibliotheken, Schulen, Betriebe, Behörden, Institute nur selten bar einkaufen und einen hohen Kreditverkaufsanteil bewirken können – mit dem Nachteil der Finanzierung für einen bestimmten Zeitraum. Ähnliches gilt für viele freiberuflich Tätige wie Rechtsanwälte, Steuerberater und Ärzte. Die Einrichtung eines Monatskontos als Mittel zur Bindung guter Kunden verursacht zwar Finanzierungskosten, denen aber der Werbeeffekt gegenüberzustellen ist. Aber wann soll der anfangende Sortimenter das Risiko eines Kreditverkaufs eingehen, wenn er den Kunden und seine Bonität noch nicht kennt? Diese Sorgen nimmt ihm niemand ab, eine Verweigerung des »Anschreibens« kann einen guten Kunden kosten, wenn dieser zur kreditwilligen Konkurrenz wechselt.

Firmeneigene Kreditkarten für Kunden sind im Kommen, sie eröffnen neue Wege im Marketing und minimieren Streuverluste bei der Werbung. Lohnend sind sie bei einer großen Anzahl von Konsumenten, die jedoch bei einer gerade gegründeten Buchhandlung zumeist nicht gegeben ist. Der Missbrauch mit Kreditkarten und im EC-Lastschrift-Verfahren durch Kunden liegt im niedrigen Promille-Bereich. Gründer sollten von vornherein die Annahme von Plastikgeld gestatten (vgl. Kap. 10.1).

11.4
Warenzustellung

Bei größeren Lieferungen und Stammkunden mit regelmäßigen Bezügen erfolgt im Ort zumeist eine kostenlose Warenzustellung als besonderes Dienstleistungsangebot. Ein Postversand ins In- oder Ausland im Auftrag von Kunden gehört zum Service. Eine spezifische Besonderheit ist die Direkteinweisung vom Verlag an die Kunden für Zeitschriften-Abonnements im Auftrag der Buchhandlung (vgl. Kap. 10.2). Bei Einmal-Kunden entscheidet die Höhe der Lieferung darüber, ob Porto oder Botengebühr belastet wird. Die *Sonderkosten-Tabelle* (vgl. Kap. 10.5.3) gibt innerbetrieblich und per Aushang auch Kunden gegenüber darüber Auskunft, in welchem Falle und mit welchem Betrag besondere Dienstleistungen, u. a. die Warenzustellung, zu berechnen sind. Man sollte nicht warten, bis der Kunde eine Lösung der Zustellung der von ihm georderten Bücher fordert, sondern offensiv selbst den Service offerieren.

11.5
Ansichtslieferungen

Ansichtslieferungen sind bekanntlich ein verkaufsförderndes Mittel, das der Sortimenter bei unentschlossenen, jedoch bekannten, oder eiligen Kunden anwendet. Aber auch unverlangte Ansichtslieferungen sind gang und gäbe, besonders an Bibliotheken, Institute, Betriebe usw., sofern mit diesen regelmäßige Geschäftsbeziehungen bestehen und diese Lieferart nicht als Belästigung anzusehen ist.

Die Wirtschaftlichkeit der Ansichtslieferungen wird von der Rückgabequote je Kunde und dem Durchschnittsbetrag bestimmt. Bei verlangten Sendungen sollten mehr als 50% fest behalten werden, bei unverlangten Ansichtslieferungen ist eine Behalte-Quote von 40% die Untergrenze. Ob und in welcher Höhe bei verlangten Ansichtssendungen Gebühren erhoben werden, regelt die jeweilige *Sonderkosten-Tabelle* (vgl. Kap. 10.5.3). Solche Gebühren kommen bei Festübernahme der Ansichtstitel zur Verrechnung.

11.6
Verpackung

Beim Barkauf ist für den Sortimentshandel die kostenlos gegebene einfache Verpackung selbstverständlich, sei es eine Tüte aus Papier oder Plastik (rasche Abwicklung des Packvorgangs) oder Packpapier von der Rolle oder als Bogen (beides mit Firmeneindruck, Firmensignet). Für besondere Gelegenheiten (Geburtstag, Weihnachten) wird man besondere Papiere bereithalten und möglicherweise sogar ein Schmuckband mit der firmenindividuellen Klebe-Etikette befestigen. Auf den Tragetaschen der Buchhandlung lassen sich neben der deutlichen werblichen Firmierung auch Informationen über die gebotenen Dienstleistungen aufdrucken. Diese Darstellung der Buchhandlung nach außen ist genauso selbstverständlich wie auf Firmenprospekten.

Bei Versand nach außerhalb berechnen die Sortimenter relativ selten das verwendete Packmaterial (Luftpolster-Versandtaschen, Papp-Versandtaschen, Kartons, Jiffy-Versandtaschen), zumal meist Altmaterial verwandt wird.

11.7
Suche vergriffener Titel

Ein traditioneller Service des Sortimentsbuchhandels ist die Suche nach vergriffenen Titeln auf Wunsch der Kunden. Seit 2003 läuft dieser Service nur noch über das Internet. Mehr dazu im Kap. 9.3.4 mit der Darstellung der Datenbanken für Online-Antiquariate. Auch der Sortimentsbuchhandel kann sich – Internet-Zugang vorausgesetzt – an der Suche beteiligen, z. B. als Partnerbuchhandlung des Zentralen Verzeichnisses antiquarischer Bücher (`www.zvab.com`). Die Erfolgsquote dieser Suche nach vergriffenen Titeln liegt im Durchschnitt bei etwa einem Drittel. Deshalb ist die Preiskalkulation für beschaffte vergriffene und nicht mehr der Preisbindung unterliegende Titel je nach Preishöhe und Arbeitsaufwand wesentlich höher als der Rabatt bei neuen Exemplaren. Ein festgelegtes internes Kalkulationsschemata ist hier hilfreich, es kann auch bei Online-Angeboten integriert werden.

11.8
BuchSchenkService

Seit Herbst 1981 besteht der vom Börsenverein des Deutschen Buchhandels für seine Mitglieder entwickelte *BuchSchenkService*. Gestützt auf Erfahrungen in England, den Niederlanden und der Schweiz – und in Anlehnung an den Fleurop-Dienst der Blumenfachgeschäfte – spricht dieser Service neue Käuferschichten an und verschafft dem Buchhandel einen größeren Anteil am Geschenke-Markt. Denn jedes zweite gekaufte Buch wird erworben, um es zu verschenken.

Über 3.000 Buchhandlungen in 1200 Orten nehmen bundesweit am *Buch-SchenkService* teil. Sie können bei der MVB (Marketing- und Verlagsservice des Buchhandels GmbH) in Frankfurt am Main Bücherschecks in den Werten 5, 10, 25 und 50 Euro sowie auch Blankoschecks erwerben, die bereits mit ihrem Firmenaufdruck versehen sind – sogar mit den dazugehörigen Grußkarten und Umschlägen. Beim Verkauf verfügt die Buchhandlung zunächst über 100 % des Nennwertes dieser Bücherschecks. Erst wenn die Schecks dann bei einer anderen Buchhandlung eingelöst und zur Abrechnung eingereicht werden, erfolgt die Belastung seitens der Zentrale in Höhe von 89 % des Nennwertes. 5 % verbleiben bei der Zentrale zur Deckung der Kosten für Abrechnung und Werbung. Die Vorteile dieses Systems für den Buchhändler liegen neben einem echten Mehrumsatz auch in zusätzlicher Liquidität und Zinsgewinn durch die zeitliche Differenz zwischen dem Verkauf der Bücherschecks und der Einlösung bzw. Abrechnung. Sie haben eine durchschnittliche Laufzeit von vier bis sechs Monaten. Da rund 6 % der Schecks nicht eingelöst werden, weil sie verloren gehen, erhöht sich beim ausgebenden Buchhändler der Gewinn beträchtlich. Als einlösende Buchhandlung »verdient« man den Rabatt des verkauften Exemplars abzüglich 16 % (11 % werden der ausgebenden Buchhandlung gutgeschrieben, 5 % entfallen auf die Zentrale). Die nebenstehende Abbildung zeigt Weg und Verrechnung der Branchen-Bücherschecks.

Seit 2003 können Buchkäufer auch im Internet die Bücherschecks der MVB erwerben. Dies geschieht in Kooperation der MVB mit der Internet-Plattform `www.buchhandel.de`, die von der Medien-Service-Untermain GmbH (MSU) betrieben wird. Die Partnerbuchhandlungen von buchhandel.de, die Bücherschecks sowohl ausgeben als auch einlösen, werden auf der Website von `www.buchhandel.de` aufgelistet. Buchkäufer, die nach einem Sortiment in ihrer Nähe suchen, das Bücherschecks anbietet, werden so mit einem Mausklick fündig. Auf den Einsteckhüllen und Werbemitteln des BuchSchenkService ist die Internet-Adresse von `www.buchhandel.de` aufgedruckt.

Manche Sortimentsbuchhandlungen haben firmeneigene Geschenkgutscheine in Gebrauch, die nur im eigenen Geschäft eingelöst werden können. Es empfiehlt sich ein zurückbleibendes Doppel zur Beobachtung des Rücklaufs und eine Befristung der Einlösungsdauer auf sechs Monate. Rein rechtlich gesehen können solche Gutscheine jedoch auch nach dem Verfallsdatum eingelöst werden. Das hanseatische Oberlandesgericht hat entschieden, dass Geschenkgutscheine grundsätzlich nicht verfallen. Ein auf dem Geschenkgutschein angegebenes Verfallsdatum ist ohne Bedeutung (Hanseatisches OLG 70 U 11/00).

11.10 Internet-Auftritt

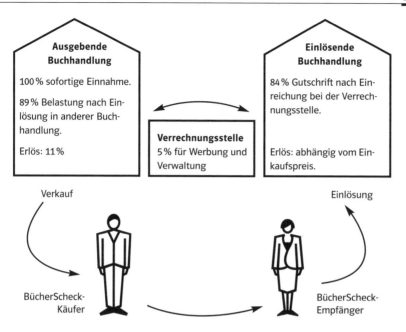

Verrechnungsmodalität des *BuchSchenkService*

11.9
Fachliche Beratung

Zum Paket der Kerndienstleistungen gehört die fachliche Beratung in den Teilen des Sortiments, wo diese aufgrund eigener Kenntnisse des Inhabers und seiner geschulten Mitarbeiter geboten werden kann, insbesondere in den Bereichen Belletristik, Kinder- und Jugendbuch, Sachbuch, Reise-, Hobby-, Freizeit-Literatur und Kunst.

Beratungskompetenz ist wichtig, aber nicht immer kostendeckend zu leisten. Technische Hilfestellung vermögen mitunter Vorführ-PCs mit Software zu jeweils einem Thema zu leisten. Noch weiter geht die Dienstleistung durch PCs, die den Kunden im Verkaufsraum bzw. im Internet-Café der Buchhandlung zur Verfügung stehen.

11.10
Internet-Auftritt

Millionen Menschen auf der ganzen Welt surfen täglich im Internet. Schon 1969 entstand die Idee eines weltweiten Computernetzes, seit Anfang der 80er Jahre gibt es als ziviles Netz das Internet. Mit dem benutzerfreundlichen World Wide Web (www) bekamen ab 1991 die Internet-Seiten Farbe und Bewegung. Über 20 Millionen Deutsche sind heute schon »drin«. Fast 45% der Bevölkerung zwischen 14 und 64 Jahren nutzen diesen Kommunikationsweg (Frühjahr 2002). Auch der Handel und damit der Buchhandel bedient sich des Internet mit einem eigenen Auftritt als wichtiges Instrument zur Kundenbindung. Der Online-Buchhandel gewinnt zunehmend an Boden, es kommt zur Verzahnung mit den stationären Geschäften.

Doch wie eröffnet man schnell und kostengünstig eine virtuelle Niederlassung? Auf der Branchenplattform buchhandel.de, die der MVB (Marketing- und Verlagsservice des Buchhandels GmbH) in Frankfurt zuzuordnen ist und von der Medien-Service-Untermain GmbH (MSU) in Aschaffenburg betrieben wird, können Internet-Nutzer im *Verzeichnis Lieferbarer Bücher (VLB)* alle Publikationen aus dem deutschsprachigen Raum online recherchieren und direkt über den angeschlossenen Buchhandel bestellen. Durch ergänzende Informationen wie Cover-Abbildung, detaillierte Titelzusatztexte, Audio- und Video-Flies und Buchrezensionen bietet dieses Buchportal eine vielseitige und aufschlussreiche Präsentation der Publikationen. Die Buchhandlung muss hier keinen eigenen Internet-Auftritt haben, kann aber trotzdem vom E-Commerce profitieren. Denn die Internet-Nutzer können die Buchhandlung über buchhandel.de als Empfängerin der Bestellungen auswählen. Eine andere Art ist das Angebot für Buchhandlungen, die bereits eine eigene Webseite betreiben und ihren Kunden das VLB zur Recherche und Bestellung anbieten wollen. Bestellungen der Kunden gehen dann per E-Mail an diese Buchhandlung. Es gibt noch weitere Möglichkeiten für einen Internet-Auftritt über buchhandel.de, die hier jedoch nicht im Einzelnen beschrieben werden sollen. Für die Teilnahme an der Branchenplattform fallen je nach Inanspruchspruchnahme unterschiedlich hohe Einrichtungsgebühren (ab 40,- €) und monatliche Beträge (ab 36,- €) an. Über 700 Buchhandlungen und Verlage nutzen dieses Shopsystem der MVB.

Auch die großen Barsortimente bieten diesbezügliche Dienstleistungsmodelle. So gibt es bei KNO/KV für die Partner-Buchhandlungen (über 1.300 Firmen) durch buchkatalog.de eine Plattform für den Online-Buchhandel mit den Varianten Direktbelieferung an den Kunden (im Namen und Auftrag der Buchhandlung), automatische Belieferung des Titels vom Barsortimentes an die Buchhandlung der per Internet eingegangenen Bestellungen (ohne Bestellaufwand) oder Benachrichtigung über die eingegangene Internet-Bestellung ohne automatische Belieferung durch das Barsortiment (der Titel könnte ja am Lager stehen). Je nach Art der Nutzung liegen die Kosten für buchkatalog.de zwischen 60 und 125 € je Monat. Vergleichbare Dienstleistungen bietet das Barsortiment Libri mit libri.de für über 900 Buchhandlungen im Netz. (Angaben Stand 2003)

Hilfestellung bei der Erstellung, Gestaltung und Pflege der Internet-Seiten bieten die genannten Barsortimente sowie teilweise die buchhändlerischen Verbände mit verschiedenen Seminaren. Die Fachliteratur zu diesem Bereich ist nicht zu vergessen. Für einen Gründer empfiehlt sich für den Internet-Auftritt der Anschluss an einen der genannten Anbieter. Denn die Erstellung einer eigenen Website ist ungleich aufwändiger. In diesem Fall muss besonderer Augenmerk auf die Auswahl der angebotenen Inhalte, die Übersichtlichkeit der grafischen Gestaltung, den einfachen Ablauf des Bestellvorgangs, einen benutzerfreundlichen Service sowie die allgemeine Surf-Convenience gelegt werden. Die Realisation des Internetangebots muss im Prinzip so ernst genommen werden wie die Eröffnung einer neuen stationären Filiale, handelt es sich doch um einen neuen Unternehmenszweig (Versandbuchhandlung via Internet) – und dies macht man nicht einfach so nebenbei.

11.11
Kundenkarten als Instrument der Kundenbindung

Kundenkarten in ihrer Funktion als Zahlungsmittel sind bereits angesprochen worden. Dabei sollte jedoch nicht übersehen werden, dass es auch weitere Vergünstigungen gibt, die an die Inanspruchnahme von Kundenkarten verknüpft werden können. Zum Teil sind sie in diesem Kapitel bereits angesprochen worden. Jetzt werden sie abschließend in einer Art Leistungskatalog zusammengestellt.
- Bargeldloses Bezahlen;
- Abbuchung im Folgemonat zu einem festgesetzten Termin;
- kostenloses Erstellen von Literaturlisten;
- freier bzw. ermäßigter Eintritt zu Veranstaltungen;
- kostenloser Geschenkservice (Geschenkverpackung ohne Aufpreis);
- Versand nach besonderer Gebührenstaffel.

11.12
Sonstige Leistungen

Der regelmäßige Versand von Werbemagazinen, die Spezialinformation über neue Titel bestimmter Sachgebiete und die kostenlose Abgabe von Fachkatalogen sind weitere Serviceleistungen einer Buchhandlung. Ein Anschluss an Datenbanken kann positiv aufgenommen werden.

Auch kundenwunschgerechte Ladenöffnungszeiten stellen einen Vorteil dar. Die Annahme von Kreditkarten der Kunden kann stimulierenden Effekt haben. Nach den bisherigen Erfahrungen ist der durchschnittliche Kaufbetrag dieses Kundenkreises in Buchhandlungen mehr als doppelt so hoch wie sonst üblich bei Barzahlung. (In Kauf genommen werden muss bei diesem Kreditierungsverfahren die Provision der abrechnenden Institute, die zwischen 2,6 und 5% des Betrages einbehalten.)

Als Dienstleistungsinstrument gewinnt das Telefon trotz Internet immer mehr an Bedeutung. Um im Tagesgeschäft Störungen beim Beratungsgespräch und Hängen des Kunden in der Warteschleife zu vermeiden, bietet z. B. die E-Buch e. G. die Dienste eines Call-Centers an. Dort arbeiten gelernte Buchhändler, als Telefonverkäufer geschult, für die angeschlossenen Buchhandlungen quasi als Hotline für die Annahme von Aufträgen. Große Buchhandlungen und Filialisten verzahnen inzwischen Internet-Auftritt und Telefonschiene, teilweise mit direktem Zugriff auf die Vorräte bei einem Warenwirtschaftssystem.

Die Behandlung von Beschwerden und Reklamationen der Kunden sind Prüfsteine der Kundenbindung. Wer diese abwimmelt und auf seiner Haltung beharrt, z. B. bei der Rückgabe eines wenig gängigen, extra besorgten Titels, negiert die Meinung des Kunden auf »ein Recht auf Kulanz«. Bei Umtauschwünschen sind die Kunden genauso freundlich und zuvorkommend zu behandeln wie bei einem Verkauf. Eventuell sind Zuständigkeiten für solche Fälle zu regeln und allgemeine Richtlinien zu fixieren wie Umtausch in Ware immer, Umtausch in Geld nur bei Vorlage des Kassenbons.

Die Abschaffung von Rabattgesetz und Zugabeordnung anno 2002 hat keine Wirkung auf den Buchhandel; durch die frühere vertikale Preisbindung für Verlagserzeugnisse und das am 1. 10. 2002 in Kraft getretene Buchpreisbindungsgesetz sind Nachlässe an Kunden verwehrt. Ausnahmen regelt § 7 wie Kollegenrabatt, Autorenprivileg, Prüfstücke für Lehrer, Mängelexemplare, Nachlässe für Buchreihen, Nachlässe bei Sammelbestellungen von Büchern für den Schulunterricht. So sind es hauptsächlich die gebotenen Dienstleistungen, mit denen sich eine Buchhandlung von den Konkurrenzbetrieben abheben kann. Ein Preiswettbewerb für Verlagserzeugnisse findet in unserer Branche nicht statt. Es sei denn, er bezieht sich auf nicht preisbindungsfähige Waren oder konkrete Formen von Kundenbindungssystemen, die im Kapitel 10.5.1 besprochen worden sind.

KERNDIENSTLEISTUNGEN DES SORTIMENTSBUCHHANDELS

1. Beratungs- und Recherche-Service
- Fachliche Beratung durch geschultes Personal;
- Auskunft über fremdsprachige Titel;
- Bibliografische Auskünfte;
- Auskünfte über lieferbare Bücher per EDV oder Katalog;
- Telefonische Bestellannahme;
- Literaturzusammenstellungen;
- Anschluss an Datenbanken;
- Langer Samstag;
- Gesetzlich zugelassene offene Verkaufstage.

2. Info-Service
- Werbemagazine;
- Messenovitäten;

11.12 Sonstige Leistungen

- Verlagsprospekte;
- Kostenlose Abgabe von Fachkatalogen;
- Internet-Zugang;
- Titel- und Fachgebietsinformationen mit Preisen;
- Autorenlesungen;
- Signierstunden.

3. Bestell-Service
- Bestellungen aus dem Inland ohne Zusatzkosten;
- Besorgungen aus dem Ausland ohne/mit Zusatzkosten;
- Vormerkungen für noch nicht erschienene Titel;
- Suche vergriffener Titel als antiquarische Exemplare;
- Lieferung handsignierter Bücher;
- Abo-Service.

4. Zustellungs- und Verpackungs-Service
- Ansichtslieferungen;
- Warenzustellung durch Boten;
- Direktbeorderung bei Zeitschriften;
- Auftragsversand ins In- und Ausland;
- Zustellung per Post oder Paketdienste;
- Geschenkfertiges Einpacken.

5. Abrechnung und risikoloser Umtausch
- Kreditieren, Monatskonto;
- Abrechnen über Kreditkartensysteme;
- Umtausch/risikoloser Kauf;
- BuchSchenkService.

12
Informationen über Verlagserzeugnisse

Bessere Informationen bedeuten bessere Chancen im hart umkämpften Markt. So gesehen ist der Aufbau eines funktionierenden Systems ein unerlässliches Instrument zur Steuerung des Betriebs. In einer Buchhandlung erwartet der Verbraucher maximale Information über das vorhandene und lieferbare Angebot an Büchern. Aber Unternehmer und Mitarbeiter können nur dann richtig beraten und effizient verkaufen, wenn sie ständig aktuelle Informationen erhalten und verarbeiten. Neben den Bibliografien, den bibliografischen Hilfsmitteln und den Auswahl- und Fachverzeichnissen sind vor allem als Informationsquelle zu nutzen:
- Fachzeitschriften (Verlagsanzeigen, Sondernummern, Buchvorstellungen);
- Verlagsinformationen (Prospekte, Kataloge, Vorschauen, Leseexemplare);
- Persönliche Informationen (Verlagsvertreter, Gespräche auf Seminaren und branchenrelevanten Veranstaltungen);
- Informationen der Barsortimente und Importeure;
- Informationen über erfolgreiche Titel (Bestsellerlisten, Empfehlungs- und Auswahllisten, Buchbesprechungstage der Verbände);
- Informationen in den Medien (Fernsehen, Rundfunk, Feuilleton).

Je nach Art und Größe der Sortimentsbuchhandlung wird die Ausstattung mit Nachschlagewerken unterschiedlich sein, so benötigt z.B. eine wissenschaftliche Buchhandlung einen größeren Apparat. Hier kann keine vollständige Aufstellung aller verfügbaren Hilfsmittel gegeben werden. Statt dessen sollen nur die für ein neugegründetes Unternehmen wichtigsten genannt sein. Deshalb bleiben bibliografische Hilfsmittel wie Enzyklopädien, Lexika, Wörterbücher, Zitatensammlungen, Personalbibliografien, literarische Lexika, Literaturgeschichten u.a.m. unberücksichtigt. Die beste Ausstattung mit Informationsmitteln bleibt jedoch ohne Wirkung, wenn die Mitarbeiter damit nicht umgehen können. Eine Schulung bzw. Einweisung zur Nutzung der vorhandenen Nachschlagemöglichkeiten ist unerlässlich. Dies gilt insbesondere für neue Computerprogramme und PC-Suchtechniken für die off- oder online verfügbaren Datenbanken und Suchmaschinen.

In diesem Abschnitt ist in der Regel auf Preisangaben verzichtet worden. Aktuelle Preise möge der Leser den handelsüblichen Bibliografien entnehmen oder von Anbietern der Softwareprogramme anfordern. Zudem muss man gewärtig sein, dass sich die traditionelle Katalogbranche im Umbruch befindet. Manche Verzeichnisse, die teilweise seit Jahrzehnten auf dem Markt sind, werden vielleicht in naher Zukunft nur noch als CD-ROM-Ausgabe sowie als virtuelle Internet-Datenbank zur Verfügung stehen. Die Gebühren für die Nutzung sind dann abhängig von bestimmten Hardwarevoraussetzungen, (Fern-)Wartungssoftware, Ein- und Mehrplatzsystemen und der Inanspruchnahme des Leistungsumfangs für das Tagesgeschäft wie Lieferbarkeitsabfragen, Reservierungsmöglichkeiten (Vormerkservice) etc. – um nur einige zu nennen. Dies erschwert einen Kostenvergleich. Auf jeden Fall gilt: Bibliografieren im Sortiment ist keine isolierte Tätigkeit mehr. Ein Gebot der Stunde ist vielmehr die Übernahme der bibliografischen Daten ins Bestellbuch, so wie es nicht nur die Logik der Warenwirtschaftssysteme verlangt.

12.1
Deutsche Nationalbibliografie

Jeder gewerbliche und nicht-gewerbliche Verlag in der BRD ist verpflichtet, von seinen Publikationen zwei Pflichtexemplare kostenlos an Die Deutsche Bibliothek abzuliefern. Gesamtbestand dieser Bibliothek beläuft sich auf ca. 16 Mio. Einheiten, davon 8,9 Mio. in der Deutschen Bücherei zu Leipzig und 7,1 Mio. in Der Deutschen Bibliothek in Frankfurt a. M. Mit der Vereinigung Deutschlands wurden die bis dahin getrennt erscheinenden bibliografischen Verzeichnisse zusammengelegt zur *Deutschen Nationalbibliografie und der im Ausland erschienenen deutschsprachigen Veröffentlichungen*. Vertrieben werden die dort erfassten Daten auf den verschiedensten Informationsträgern: von der Titelkarte bis zur Online-Datenbank. Weitere Informationen findet man unter www.ddb.de.

WICHTIGE REIHEN DER DEUTSCHEN NATIONALBIBLIOGRAFIE

Reihe A   Bücher, Zeitschriften, nicht-musikalische Tonträger, weitere AV-Medien, Mikroformen und elektronische Publikationen des Verlagsbuchhandels. Erscheint wöchentlich. Ordnung nach Sachgruppen.

Reihe B   Bücher, Zeitschriften, nicht-musikalische Tonträger, weitere AV-Medien, Mikroformen und elektronische Publikationen außerhalb des Verlagsbuchhandels. Erscheint wöchentlich. Ordnung nach Sachgruppen.

Reihe C   Karten.

Reihe H   Hochschulschriftenverzeichnis. Dissertationen und Habilitationsschriften deutscher Hochschulen und deutschsprachige Dissertationen und Habilitationsschriften des Auslands.

Reihe M   Musikalien (Noten), auch solche, die nicht im Handel erhältlich sind, sowie musikrelevantes Schrifttum.

Reihe T   Musiktonträgerverzeichnis. Musiktonträger, auch solche, die nicht im Handel erhältlich sind.

Seit 2004 präsentiert sich die *Deutsche Nationalbibliografie* zum Teil in neuer Struktur. Verschiedene Reihen werden zusammengefasst, so z. B. das Musikalien-Musiktonträgerverzeichnis zu einer CD-ROM Musik. Doch bleibt der Grundauftrag derselbe, wie aus einer im *Börsenblatt* 42/2003 zitierten Presseerklärung der Generaldirektorin deutlich wird: »Der entscheidende Grundsatz der DNB-Neukonzeption ist, dass der gesetzliche Auftrag, alle deutschen und deutschsprachigen Veröffentlichungen bibliografisch zu verzeichnen, über die allgemein und kostenfrei zugängliche Datenbank `http://dnb.ddb.de` erfüllt wird. Darüber hinaus bieten wir nationalbibliografische Dienstleistungen an, die wir künftig schnell der Nachfrage des Markts anpassen können.«

Wichtig für Bibliotheken wie für den Handel ist der so genannte *Neuerscheinungsdienst*, den Bibliotheken als Bestellgrundlage für Neuanschaffungen nutzen. Die Daten für diesen Dienst werden aufgrund von Meldungen der Verlage an die VLB-Redaktion generiert. Nachdem das VLB in dieser Hinsicht eine Zulieferfunktion ausübt, profitiert es nach Erscheinen der Bücher von der Zusammenarbeit mit Der Deutschen Bibliothek. Denn nachdem die bibliografischen Daten nach Erscheinen von der Redaktion Der Deutschen Bibliothek am vorliegenden Objekt überprüft worden sind (Autopsie), erscheinen sie nicht nur in den entsprechenden Reihen der *Deutschen Nationalbibliografie*, sondern auch im *Verzeichnis Lieferbarer Bücher* (die bis dahin eingetragenen Daten werden gegebenenfals überschrieben). Die Zusammenarbeit zwischen Der Deutschen Bibliothek und MVB, dem Verlag des *VLB*, ist vorerst bis zum Jahre 2009 vertraglich festgeschrieben.

12.2
Verzeichnis Lieferbarer Bücher (VLB) und Barsortimentsverzeichnisse

Unentbehrlich für alle Gründer ist das *Verzeichnis Lieferbarer Bücher (VLB)*. Seit mehr als 30 Jahren gibt es dieses Nachschlagewerk im Verlag der MVB. Als Standardwerk des Buchhandels verzeichnet es in seiner Online-Version mit über 1 Mio. Einträge aus über 16.000 Verlagen weitestgehend alle lieferbaren deutschsprachigen Publikationen (Stand Oktober 2003). Wie lange es noch eine Printausgabe für den Bereich Autoren-Titel-Stichwörter geben wird, ist zur Zeit noch nicht absehbar. Für das Jahr 2003/2004 erschien diese achtbändig nicht mehr im festen Einband, sondern nur noch in einer flexiblen Ausstattung. Die CD-ROM-Ausgabe gibt es in zwei Versionen: in einem Kurz-Abo mit zwei Ausgaben jährlich bzw. im Jahresabo mit monatlich neuen Aktualisierungen. Die Preise liegen derzeit (2003) bei 706,– € bzw. 972,– € für die Einzelplatzversion, für Mehrplatzversionen gelten Aufschlagsätze. Für die Nutzung in seinem Netzwerk zahlt der Abnehmer nach einer Preisstaffel, bezogen auf die Anzahl der gleichzeitigen Zugriffe.

Im *VLB* kann man mit folgenden Suchkriterien recherchieren: Autor, Titel, ISBN/ISSN, Sachgruppe, Schlagwort(kette), Reihe, Verlag, Erscheinungsjahr und Preis. Neben den für Bibliografien üblichen Suchkriterien ist auch die Suche nach

Produktformen wie CDs, CD-ROMs, Kalender, Zeitschriften usw. möglich. Die CD-ROM-Ausgabe enthält neben der *VLB*-Datenbank auch weitere elektronische Verzeichnisse von Großhändlern.

Neu eingeführt wird die Online-Suche per Internet mittels eines Passworts. Wenn sich diese Technik in naher Zukunft durchsetzt, werden die ständig aktualisierungsbedürftigen CDs oder sonstige Update-Techniken ebenso der Buchhandelsgeschichte angehören wie die gedruckten Kataloge. Die Online-Kundenversion des *VLB* steht unter der Adresse www.buchhandel.de im Netz.

In der Praxis mindestens genau wichtig wie das *VLB* sind die Barsortimentsverzeichnisse, mit deren Hilfe fast 95% des täglichen Bestellbedarfs in einer Buchhandlung recherchierbar ist. Auch hier ist die Zeit gedruckter Kataloge vorbei. CD-ROM-Ausgaben sowie Online-Recherche-Möglichkeiten bestimmen das Angebot. Zur Erstinformation sei auf das jährlich erscheinende Verzeichnis *Buchhändlerische Werbemittel und Fachkataloge* (hrsg. vom Sortimenter-Ausschuss des Börsenvereins) verwiesen, in dem die Katalogwerke aufgelistet sind.

An dieser Stelle noch ein Hinweis auf eine vergleichende Recherche im *VLB* und in den diversen Barsortimentsdatenbanken. Denn es gibt ein Programm, das die für das Sortiment wichtigen Datendanken durchsucht und auf einer Maske darstellt: Die Rede ist vom System bibWIN, das der Informationsverbund Buchhandel (IBU) anbietet. Viele Warenwirtschaftssysteme unterstützen die bibWIN-Schnittstellen, sodass der automatischen Verknüpfung der bibliografischen Daten mit den Bestell- und Kundendaten nichts im Wege steht.

Es folgt ein exemplarischer Auszug aus einer Libri-Werbebroschüre, um sich einen Eindruck vom Umfang des Leistungsspektrums der in Deutschland agierenden Großhändler machen zu können.

Umsatz im Buchhandel findet heute mit den unterschiedlichsten Medien statt. Der Libri-Katalog auf CD-ROM ist Ihre ideale Plattform, um bei mehr als einer Million Büchern, Audio-Books und Klassik-CDs, bei Software und anderen Non-Books den Überblick zu behalten. Bei Libri finden Sie alles, was für Sie eine komfortable, aktuelle und zuverlässige Recherche brauchen, zusammen mit praxisorientierten Programmen für Ihre Bestell- und Wareneingangsarbeit im Tagesgeschäft.

Die Libri-CD – Ihr Erfolgsprogramm für Windows und DOS
- 300.000 Lagertitel im Barsortiment, darunter 100.000 Lagertitel Wissenschaften, 30.000 Lagertitel Schulbuch, 10.000 Lagertitel Import
- 650.000 englischsprachige Besorgungstitel
- 500.000 vergriffene Titel
- Höchste Aktualität durch 18 Ausgaben pro Jahr
- Optimale Datenqualität durch tagesaktuelle Titelaufnahme und Autopsie
- Praxisnahe Bibliographie durch kompetente Verschlagwortung

12.2 Verzeichnis Lieferbarer Bücher (VLB) und Barsortimentsverzeichnisse

Libri-Online-Datenbank
- Kompletter Libri-Katalog für die Einbindung in Ihr Warenwirtschaftssystem
- Annotationen und Cover-Scans für Ihre Internet-Anwendung
- Unterstützt den internationalen ONIX-Standard
- Einbindung unterschiedlicher Datenbanken unter einheitlicher Oberfläche
- Libri-Sigel auf VLB und KNO-CD
- Online-Zusatz auf Zusatzinformationen im Internet (Cover und Annotationen)

- Bestellclearing mit verlagsindividuellen Übergabezeiten
- Optimale Integration von Libri Phone (= Lieferbarkeitsanfrage und Reservierung) aus Einzel- und Sammelbestellungen
- Kunden-Stammdaten-Verwaltung
- Direktzugriff auf alle Daten mit Office-Programmen möglich

Mit Libri Update ergänzen Sie Ihre Datenbank (online und auf CD) täglich um Novitäten und aktualisierte Preise und Meldeschlüssel. Damit sind Ihre Daten immer auf dem neuesten Stand.

Dieses und vergleichbare Angebote sind nur aufgrund sicherer Datenqualität möglich. Voraussetzungen hierfür sind internationale Standards wie EDI (Electronic Data Interchange) und EANCOM®. Beim EANCOM®-Datenaustausch wird jedes Produkt durch eine Standardartikelnummer (EAN) und jeder Partner durch eine internationale Lokationsnummer (ILN) eindeutig identifiziert.

Die Barsortimente bieten auch Hilfestellungen beim Einstieg in das Internetgeschäft. So bietet KNO/KV – an dieser Stelle seien die Shop-Konditionen des Marktführers exemplarisch ausgewählt – drei unterschiedliche Modelle an, bei denen der Internet-Kunde über die Internet-Adresse der Buchhandlung via der KNO-Datenbank www.buchkatalog.de bestellen kann (Gebühren Stand 2003):
- Nutzung von buchkatalog.de mit Direktservice. Hier sendet das Barsortiment im Auftrag der angeschlossenen Buchhandlung die online eingehende Bestellung direkt an den Endkunden. Gebühr: 60,- €. zuzüglich einer Auftragspauschale für jedes ausgehende Packstück (Bücher- oder Paketsendung).
- Nutzung von buchkatalog.de mit Sofortlieferung in die Buchhandlung. In diesem Fall schickt das Barsortiment die online bestellten Bücher mit der nächsten Barsortimentslieferung an die Buchhandlung. Die Buchhandlung versendet in eigenem Namen an den Kunden. Gebühr: 95,- €.
- Nutzung von buchkatalog.de mit eigener Versandlogistik. Das Barsortiment leitet die Bestellung an die Buchhandlung weiter, liefert jedoch keine Ware. Der Buchhändler verkauft (bestenfalls) die für das eigene Lager bezogenen Exemplare. Gebühr: 125,- €..

Vereinzelt bieten Barsortimente Teile ihrer Datenbanken als buchhändlerische Werbemittel an. Hervorzuheben ist an dieser Stelle der Koehler Verlag in Stuttgart, der zur Unternehmensgruppe KNO gehört. Hier erscheinen Publikationen zu allen marktgängigen Themen: Neue Bücher im Frühling, Bücher Herbst/Winter, Weihnachtskatalog, Software, DVD, Hörbücher, Kalender, Musik u. a. m.

Eine hervorragende Übersicht über die derzeit lieferbaren Spezialverzeichnisse bietet die bereits in diesem Kapitel erwähnte Broschüre *Buchhändlerische Werbemittel und Fachkataloge*. Hier werden nicht nur die Publikationen der Barsortimente, sondern auch Werbemittel von buchhändlerischen Werbegemeinschaften, Institutionen nach einer differenzierten Systematik aufgelistet.

12.3
Auswahl- und Fachbibliografien

Gehören die im letzten Abschnitt genannten Spezialverzeichnisse der Barsortimente nicht im engeren Sinn zu den Bibliografien, da sie »lieferantenabhängig« erstellt werden, gehören die folgenden Werke zu dem klassischen bibliografischen Handapparat des Sortiments. An erster Stelle sei der *GEO-Katalog* genannt, der in zwei – auch getrennt beziehbaren – Bänden beim Geo-Center, Stuttgart, erscheint.
- Bd. 1 *Touristische Veröffentlichungen/Touristik* (Landkarten, Reiseführer, Pläne, Atlanten aus aller Welt)
- Bd. 2 *Geosciences* (drei Loseblattordner)

Für die Sortimentsbereiche Jura/Wirtschaft ist das *Schweitzer's Vademecum* aus der C. H. Beck'schen Verlagsbuchhandlung, München, führend, Es gliedert sich in drei Bände:
- Bd. 1 Recht
- Bd. 2 Steuerrecht
- Bd. 3 Fachzeitschriften

Naturwissenschaftliche und technische Fachbücher sind über das *Fachbuch-Gesamtverzeichnis Technik. Führer durch die technische Literatur* recherchierbar, das im Verlag Rossipaul Kommunikation, München, erscheint. Neben Buchpublikationen werden auch Fachzeitschriften erfasst.

Das ehemalige *Verzeichnis Vergriffener Bücher (VVB)* hat `amazon.de` von der MVB zur Verwertung für den Handel antiquarischer und gebrauchter Bücher übernommen. Konkurrent von amazon.de ist nun das *ZVAB*, das *Zentrale Verzeichnis Antiquarischer Bücher*. Hier finden man über 8 Mio. antiquarische Bücher, Noten, Graphiken und Postkarten von mehr als 1.400 Antiquariaten aus 19 Ländern. Jedes dort gelistete Buch aus den angeschlossenen Antiquariaten kann das stationäre Sortiment mit 14 Tagen Rückgaberecht beziehen. Die Gewinnspanne lässt sich individuell festlegen. Damit wird der gewaltige Markt antiquarischer und gebrauchter Verlagserzeugnisse für den Sortimentsbuchhandel erschlossen – sofern er einen Zugang zum Internet hat.

12.4
Ausländische Literatur

Die Barsortimente führen nicht nur eine große Anzahl fremdsprachiger Literatur am Lager, sondern haben darüber hinaus ausländische Datenbanken in ihre Kataloge integriert. Dabei unterscheiden sich Libri und KNO in abwicklungstechnischer Hinsicht.

Bei Libri bleibt die Buchhandlung Kunde des Barsortiments. Libri verkauft demnach Bücher von Ingram (USA) und Bertrams (GB) als Großhändler und rechnet monatlich über die Barsortiments-Sammelrechnung ab. Libri gewährt pauschal 25% Rabatt, rechnet zum Tageskurs um und schlägt die Umsatzsteuer drauf. RR wird nicht eingeräumt – höchstens für Libri-Lagertitel.

Bei der Firma KNO/KV hingegen agiert diese als internationale Bestellanstalt und organisiert die Logistik des Buchimports aus den USA (Baker & Taylor), Großbritannien (Gardner), Frankreich (CELF – Centre d'Exportation du Livre Francais), Spanien (CELESA) und Italien (NIB – La Nuova Italia Bibliografica, Scandicci). Abgerechnet wird mit dem jeweiligen Lieferanten, wobei im Einzelfall auch eine Abrechnung über die BAG möglich ist.

Nur der Übersicht halber seien andere umfangreiche ausländische Datenbanken aufgeführt:
- *Books in Print/Books in Print PLUS* (CD-ROM-Edition), Bowker, New York
- *British Books in Print.* Printversion und CD-ROM, Whitaker, London
- *Les Livres Disponibles (French Books in Print).* Cercle de la Librairie, Paris

12.5
Adressbücher, Anschriftenverzeichnisse

Am unfassendsten informiert das jährlich erscheinende *Adressbuch für den deutschsprachigen Buchhandel* (MVB, Frankfurt). Dieses gleichzeitig als Mitgliederverzeichnis des Börsenvereins fungierende Verzeichnis gliedert sich in drei Bände auf, die einzeln, aber auch als Gesamtausgabe bezogen werden können:
- Bd. 1 *Verlage*
- Bd. 2 *Buchhandel*
- Bd. 3 *Organisationen*

In diesem Adressbuch sind auch Firmen europäischer Nachbarstaaten, insbesondere von Österreich und der deutschsprachigen Schweiz, verzeichnet. Gleichwohl gibt es vergleichbare Publikationen, die beim Hauptverband des Österreichischen Buchhandels bzw. beim Schweizer Buchhändler- und Verlegerverband bezogen werden können.

Für die Bundesrepublik sei ferner der Verlag der Schiller-Buchhandlung Hans Banger genannt, dessen diverse Nachschlagewerke branchenüblich schlicht mit

dem Zusatz »*Banger*« (Adress-Banger, Zeitschriften-Banger) abgekürzt werden. Im Einzelnen handelt es sich um die Verzeichnisse:
- *Verlage*   Deutschland, Österreich, Schweiz sowie Anschriften weiterer ausländischer Verlage mit deutschen Auslieferungen
- *Zeitschriften*   Deutschland, Österreich, Schweiz (Dieses Verzeichnis beinhaltet neben Zeitschriften auch Loseblatt-Werke, Jahrbücher, Periodika auf CD-ROM und Online-Publikationen, die über verschiedene Register recherchierbar sind.)
- *Verlagsauslieferungen*   Deutschland, Österreich, Schweiz
- *Verlagsvertretungen*   Deutschland, Österreich, Schweiz

Sowohl die drei Bände des Adressbuchs als auch die Banger-Verzeichnisse sind als CD-ROM-Version erhältlich. Um es nicht zu vergessen: Auch das örtliche Telefon- und Branchenverzeichnis sowie das örtliche Adressbuch gehören zu jeder Erstausstattung.

12.6
Verlagsverzeichnisse, Fachliteratur und Informationsmaterialien

Von Beginn an sind die Verzeichnisse der für die Sortimentsgestaltung relevanten Verlage geordnet aufzubewahren, die entweder beim Vertreterbesuch, beim Verlag direkt oder – in seltenen Fällen – auch per Anzeige im *Börsenblatt* angefordert werden. Geeignete Organisationsmittel ermöglichen einen schnellen Zugriff. Am besten ist eine Hängeregistratur, aber auch Plastik- oder Pappschuber mit Rückenbeschriftung tun ihre Dienste. Früher wurde durchgängig nach dem Verlagsalphabet abgelegt; im Bedarfsfall gab/gibt es Sonderablagen, z. B. beim Schulbuch. Heute sollte eher nach Verlagsgruppen sortiert werden – dienen die Verlagsverzeichnisse doch maßgeblich zur Vorbereitung der Vertretergespräche. In diesem Fall wären unter Random House Verlage wie Goldmann, Luchterhand, Blanvalet u. a. m. abzuheften. Parallel dazu bietet sich eine alphabetische Übersichtsdatei an, die das Auffinden einzelner Verlage erleichtert.

Das jährlich erscheinende Verzeichnis *Buchhändlerische Fachliteratur*, hrsg. vom Sortimenter-Ausschuss des Börsenvereins, wird aufgrund von Exponaten zum Thema Buchhandel und Verlagswesen erstellt, die im Rahmen einer Sonderausstellung Fachliteratur auf der Frankfurter Buchmesse dem (Fach-)Besucherpublikum präsentiert werden. Ausstellung und Begleitbroschüre sind nach 18 Sachgruppen geordnet; es werden nur lieferbare Titel ausgestellt. Eine engere Titelauswahl findet man im *Verzeichnis weiterführender Literatur* im Anhang dieses Buches mit Preisangaben. An dieser Stelle sollen nur Informationsmaterialien aufgeführt werden, die für die Handbibliothek einer gegründeten Buchhandlung von Interesse sind/sein könnten. Sofern nicht extra vermerkt, sind die – größtenteils kostenlos erhältlichen – Publikationen über den Börsenverein zu beziehen:
- *Ausbildung im Buchhandel. Arbeitsmappe für Ausbilder*

- *Fortbildung im Buchhandel für Sortiment und Verlag*
- *Berufsbild Buchhändler/Buchhändlerin*. Ausbildungsordnung, Rahmenlehrplan, Ausbildungsprofil
- *Forum Management für Sortiment und Verlag*
- *Liste der Verlage, die nicht an das Sortiment, ohne Rabatt, nur per Vorkasse oder Nachnahme liefern*
- *Sortimenterkalender*. Betriebswirtschaftliches Tabellarium und Kalenderteil
- *Planungstaschenbuch*, BuchMarkt Verlag
- *Merkblatt für die körperliche Aufnahme der Lagerbestände im Sortimentsbuchhandel und ihre Bewertung in den Steuerbilanzen* (vgl. Kap. 30.1)
- *Vereinfachte Remission von Defektexemplaren*. Liste der Verlage, die sich an der vereinfachten Remission beteiligen (vgl. Kap. 10.5)
- *Verkehrsordnung für den Buchhandel* vom 31.8.1989 (vgl. Kap. 9.1)

12.7 Fachzeitschriften

Am umfassendsten über den Buchhandel und die Buchproduktion informiert das seit 2003 wöchentlich erscheinende *Börsenblatt für den Deutschen Buchhandel*, das Mitgliedern des Börsenvereins kostenlos zugeht. Der Preis dafür ist im Mitgliedsbeitrag enthalten. Das *Börsenblatt* wird jedoch auch von Nicht-Mitgliedern bezogen. Von besonderem bibliografischen Wert sind die so genannten Spezial-Ausgaben zu bestimmten Themen wie Fachbuch, Theologie, Kinder- und Jugendbuch etc., denn man kann davon ausgehen, dass in diesen Ausgaben die sortimentsrelevanten Verlage Anzeigen schalten. Das *Börsenblatt* ist das Branchenfachblatt mit der höchsten Auflage (über 12.000) und offizielles Mitteilungsblatt des Börsenvereins. Dies bedeutet, dass alle Informationen, die in diesem Organ veröffentlicht werden (u.a. Preisänderungen, Titelschutzanzeigen), der gesamten Branche als mitgeteilt gelten.

Wöchentlich erscheint ebenfalls *buchreport.express* aus dem Verlag Harenberg Kommunikation. Daneben bietet *buchreport.magazin* monatliche Hintergrundinformationen zur Medienbranche. Monatlich erscheinen gleichfalls *BuchMarkt*, im Untertitel *Ideenmagazin für den Buchhandel* genannt (BuchMarkt Verlag), sowie *Buchhändler heute* im Verlag VVA Kommunikation, eine Zeitschrift, die sich intensiv (aber nicht ausschließlich) um den Nachwuchs der Branche kümmert und die seit November 2003 mit dem Motto *Erfolgreich arbeiten im Sortiment* zahlreiche Praxishilfen für gestandene Buchhändler anbietet.

Natürlich ist die Fachpresse seit ein paar Jahren auch online präsent. Unter den Adressen www.boersenblatt.net, www.buchmarkt.de, www.buchreport.de findet man tagesaktuelle Informationen.

Sortimenter-Briefe, die zwei- bis dreimal im Jahr vom Vorstand des Sortimenter-Ausschusses herausgegeben werden, bieten spezielle Informationen für die Mitglieder dieser Fachgruppe. Sie werden kostenlos an die Mitglieder abgegeben. Für die Buchhändler des benachbarten deutschsprachigen Buchhandels gibt es den *Anzeiger*, die Fachzeitschrift des österreichischen Buchhandels. Für die Eidgenossen wird *Der Schweizer Buchhandel* herausgegeben. Beide Zeitschriften sind – vergleichbar dem *Börsenblatt* – offizielle Organe ihrer buchhändlerischen Verbände.

12.8
Recherche außer Haus

Einen vollständigen bibliografischen Apparat, mit dessen Hilfe sich jeder, aber auch wirklich jeder Titel recherchieren lässt, kann sich ein Anfänger kaum leisten. Es wird sich mit den Daten seines Barsortiments, den Informationen des *Verzeichnisses Lieferbarer Bücher* und dem antiquarischen Angebot im *Zentralen Verzeichnis Antiquarischer Bücher* zufrieden geben. Aber natürlich wird er bei Bedarf auch andere Datenbanken konsultieren, die ihm online zur Verfügung stehen, wie die von www.amazon.de, die der anderen Barsortimente (www.buchkatalog.de, www.libri.de) oder gar die Datenbank Der Deutschen Bibliothek (www.dnd.de). Aber da gibt es auch noch den Weg in größere Stadtbüchereien und Universitätsbibliotheken, die über einen beachtlichen Apparat verfügen, die der Buchhändler am Ort nutzen kann.

Wenn alle eigenen Recherchen keine Erfolg bringen, gibt es noch die Möglichkeit, gegen Gebühr bibliografische Auskunftsstellen zu kontaktieren. Die wichtigsten seien im Folgenden genannt:
- Die Deutsche Bibliothek, Deutsche Bibliothek Frankfurt, Sachgebiet 6.1.1, Informationsvermittlung, Adickesallee 1, 60322 Frankfurt
- Die Deutsche Bibliothek, Deutsche Bücherei Leipzig, Deutscher Platz 1, 04103 Leipzig
- Deutsche Staatsbibliothek in der Stiftung Preußischer Kulturbesitz, Arbeitsbereich Publikationen, Unter den Linden 8, 10117 Berlin
- O. Gracklauer, Wallotstr. 7a, 14193 Berlin

Bibliodata ist die größte Literaturdatenbank in der Bundesrepublik Deutschland auf der Grundlage der Deutschen Nationalbibliographie. Recherchen sind nach fast allen bibliografischen Elementen einer Veröffentlichung möglich. Über verschiedene Netze kann online auf diese Datenbank zugegriffen werden. Bibliodata wird von zwei Betreibern angeboten: von STN International. PF 24 65, 76012 Karlsruhe sowie von GENIOS, Gärtnerweg 4–8, 60322 Frankfurt.

13
Nachrichtentechnik

Die nachrichtentechnische Ausstattung der Buchhandlung ist von Bedeutung für den Fluss der Informationen sowohl innerhalb des Hauses als auch im Verkehr mit Kunden, Lieferanten und sonstigen Geschäftspartnern. Als Partner, Anlaufstelle und Dienstleister in Sachen Telekommunikation bietet sich die Firma Ventelo an, ein Partner der BSG Buchhandels-Service-Gesellschaft des Börsenvereins in Frankfurt. In einem Prospekt der BSG aus dem Jahre 2003 werden 10 Pluspunkte herausgestellt:
- Konditionen-Garantie für 11 Monate (bei Jahresverträgen);
- Kostengünstige Konditionen für Mitglieder des Börsenvereins;
- Sekundengenaue Taktung aller Sprach-Dienstleistungen;
- Deutschlandweite Übernahme der gesamten Citygespräche bei Routerstandorten (mit Sondervereinbarung);
- Kostenlose (ab einem Volumen pro Standort bei Ventelo von 300 € p.m.) Routertechnik/Service und Installation für Vereinsmitglieder;
- Kostenlose Einzelgesprächsnachweise, nicht nur nach zeitlicher Aufgliederung, sondern auch nach Nebenstellen sortiert;
- Sonderkonditionen auf Einrichtungskosten aller Ventelo Internetdienstleistungen;
- Kostenlose Beratungstätigkeit von IT/IP-Spezialisten für ein individuell maßgeschneidertes Service-Konzept hinsichtlich des Datenmanagements (üblicher Tagessatz bei Fremdkunden: 700 €);
- Kostenlose Kundenhotline (Freephone) rund um die Uhr;
- Kostenloser Newsletter mit Informationen über alle aktuellen Neuigkeiten auf dem Telekommunikations-Markt.

13.1
Telefon

Das Telefon ist für eine Buchhandlung unentbehrlich. Es empfiehlt sich von vornherein eine hochwertige ISDN-Anlage zu wählen. An eine solche Anlage kann man nicht nur ISDN-Telefone und bereits vorhandene Endgeräte wie Telefon, Fax oder Anrufbeantworter anschließen, sondern es bietet sich in Kombination mit einem PC und einem Provider (z. B. T-Online oder AOL) auch ein bequemer Zugang ins Internet. Bereits bei Abschluss des Mietvertrages sollte man den Anschluss bei der Deutschen Post beantragen. Für eine ISDN-Telefonanlage sind in Verbindung mit dem Abschluss eines T-ISDN-Vertrages bei der Deutschen Telekom je nach Komfort zwischen 30 bis 110 € zu zahlen, der monatliche Grundpreis liegt zwischen 13 und 31 €. Der hart umkämpfte Markt bietet immer kostengünstigere Produkte und Leistungen.

Je nach geplanter Betriebsgröße ist die Zahl der innerbetrieblichen Nebenstellen zu wählen wie Verkaufsraum, Bestellbuch, Lager, Büro. Entschieden werden muss über Zahl und Standort der Nebenstellen und welche davon direkt anwählbar sein sollen. Auch über eine bequeme Nutzung an den jeweiligen »Telefonstationen« muss entschieden werden. Soll beispielsweise für das Bestellbuch ein Headset (Kopfhörer mit Mikro auf Mundhöhe) angeschafft werden? Oder ein Mobilteil für den Wareneingang, das die betreffenden Person mit sich tragen soll?

Mit einem Komfort-Telefon sind viele Vorteile des Anschlusses optimal zu nutzen, so spezielle Tasten für Rückfragen, Verbinden, Makeln, Dreierkonferenz, Rückruf bei »besetzt«, anonym anrufen, Anzeige der Rufnummer des Anrufers (Clip) mit Anruferliste, frei belegbare Taste zum Speichern von Funktionen usw. Zusatzeinrichtungen zum Telefon können sein: Gebühreneinheiten-Uhr (um Fremdgespräche zu berechnen), Tisch-Mikrofone und Ton-Verstärker (mithören erleichtern), Wählautomaten (Abruf oft zu wählender Nummern durch einfachen Tastendruck), Anrufbeantworter (Umschaltgerät zur Aufnahme der nach Geschäftsschluss eingehenden Gespräche auf Band mit späterer Anhörung; hierbei ist auf einen guten und kurzen Ansagetext zu achten).

Wer jederzeit und überall erreichbar sein will, wird sich ein Handy anschaffen. Auch hier bietet der hart umkämpfte Markt immer kostengünstigere Leistungen.

13.2
Telefax

Das Kommunikationssystem Telefax (Fax) über das Telefonnetz gehört zur Grundausstattung. Einsatzmöglichkeiten für diese Fernkopierer sind:
- Übermittlung von Verlagsbestellungen, sofern diese nicht über Bestell-Terminals erreichbar sind oder besondere Bedingungen übermittelt werden sollen;
- Annahme von Kundenbestellungen;
- Schneller Schriftverkehr mit Lieferanten und Kunden;
- Kommunikation mit Filialen (Bestellungen, Informationen);
- Kommunikation mit anderen Buchhändlern (z. B. ERFA-Gruppen-Mitglieder), Betriebs- und Steuerberatern, Verbänden sowie sonstigen Institutionen, die für rasche Auskünfte gebraucht werden.

Kostensparend ist allemal eine ISDN-Anlage, an die sich das Faxgerät anschließen lässt. Die anfallenden Gebühren des Faxverkehrs werden zum beachtlichen Teil ausgeglichen durch Wegfall der Porti im normalen Schriftverkehr. Von besonderem Vorteil ist die schnelle Übermittlung der Informationen. Fernschreiber (Telex), bislang in größeren Firmen in Gebrauch, haben im Bestellverkehr durch die weit verbreiteten Bestell-Terminals und Möglichkeiten der E-Mail-Kommunikation an Bedeutung verloren.

13.3
E-Mail

Nachrichten jeglicher Art können auch elektronisch (E-Mail = electronic mail) verschickt werden, sofern die technischen Voraussetzungen dafür (Modem oder ISDN-Karte, Kommunikations- oder Browser-Software, Provider) gegeben sind. Der E-Mail Dienst stellt einen weltweiten Datenaustauschdienst dar, der über das Internet abgewickelt wird - sofern Absender und Empfänger über eine E-Mail-Adresse verfügen. Jeder, der über ein Passwort verfügt, kann zugestellte Nachrichten oder Daten lesen, ausdrucken und verwenden. Für Buchhandlungen ist der Versand und das Empfangen von Nachrichten in zweierlei Hinsicht interessant: erstens entsteht kein Zeitverlust durch den Postweg und zweitens kann der Empfänger diese digitalen Daten gleich weiterbearbeiten oder Anfragen direkt beantworten.

Es gibt zwei Möglichkeiten, eine E-Mail-Adresse zu erhalten. Die einfache Variante besteht darin, sich an einen Provider (engl. provider = Versorger) zu wenden, der seinen Kunden einen Zugang zum Internet verschafft. Solche Dienstleistungsunternehmen, seien es regionale Firmen oder große Onlinedienste wie z. B. t-online oder AOL, richten ihren Kunden neben dem Zugang zum World Wide Web (www) auch E-Mail-Adressen ein, die dann zur digitalen Kommunikation genutzt werden können. So eine Adresse lautet dann beispielsweise buecherstubemay@t-online.de. Auf diese relativ kostengünstige Möglichkeit, elektronisch erreichbar zu sein, sollte heute keine Buchhandlung mehr verzichten.

Die aufwändige Variante ist mit einem eigenen Webauftritt verknüpft. In diesem Fall geht es zunächst einmal darum, eine eigene Domain (engl. domain = Bereich) zu beantragen: einen Namen der eigenen Online-Adresse. Der letzte Teil des Namens, auch Top-Level-Domain genannt, gibt in der Regel eine Länderkennzeichnung an. Der zweitletzte Teil, auch Sub-Level-Domain genannt, steht für den eigentlichen Domain-Namen, nämlich für die Firma, die online über das Internet zu erreichen ist. Dieser Domain-Name, der nur einmal vergeben werden kann, wird in Deutschland von der DENIC (Deutsches Network Informations Center) (www.denic.de) für alle Adressen mit der Top-Level-Domain ».de« (= Deutschland) verwaltet. Wenn der Domain-Name freigeschaltet ist, kann die Buchhandlung ihn für verschiedene Dienste im Internet nutzen. Der eigene Webauftritt im www z. B. präsentiert das Waren-, Aktions- und Dienstleistungsangebot unter der Adresse www.osiander.de. Zugleich können unter dem Domain-Namen, je nach

Vertrag mit dem Provider, unterschiedliche viele »E-mail-clients« (einzelne E-Mail-Adressen) eingerichtet werden. Durch das spezielle Zeichen @ (engl. at; salopp »Klammeraffe« genannt) mit dem Domain-Namen verbunden, kann der Domain-Inhaber (= die Buchhandlung) auf diese Weise einzelne Mitarbeiter oder auch ganze Abteilungen für die elektronische Post erreichbar machen – beispielsweise durch `maggie.musterfrau@osiander.de`, `._info@osiander.de`, `bestellungen@osiander.de`, `geschaeftsleitung@osiander.de`. Es liegt auf der Hand, dass für den ambitionierten Internetauftritt eine eigene Domain unumgänglich ist.

13.4
Bestell-Terminals

Die Anzahl der Bestell-Terminals hat sich rasant nach oben entwickelt. Über 10.000 PC und Bildschirmarbeitsplätze sind installiert, an denen über datentechnische Schnittstellen Bestellungen aus der Bibliografie (Barsortiment CD-ROM's und/oder VLB) erzeugt werden können. Zumeist werden für den Bestellverkehr PC mit Anschluss an das Telefonnetz eingesetzt. Diese speichern die während des Tages eingegebenen Bestellungen für Barsortimente, Verlage und Verlagsauslieferungen mit Abruf zu bestimmten Zeiten.

Der Abruf dieser Bestellungen läuft über zwei Kanäle (vgl. Kap. 9.3.1). Zum einen ist es IBU (Informationsverbund Buchhandel GmbH) mit einem branchenoptimierten Kommunikationssystem, zum anderen sind es die Clearing Centre, die Bestellanstalten der großen Barsortimente (Sortimenter-Kommissionäre). Nach inoffiziellen Schätzungen hat IBU 1.300 Teilnehmer mit einem Volumen von ca. 9 Mio. Bestellzeilen p. a. (inklusive des darüber laufenden Barsortimentsvolumen von Umbreit sind es ca. 15 Mio.). Doch damit entfällt auf IBU nur 15 % des Bestellvolumens. Den größeren Anteil können die großen Unternehmen des Zwischenbuchhandels auf sich vereinen, wobei KNO/K&V etwa 50 und Libri ca. 15 % generiert.

Der Informationsverbund Buchhandel IBU ist ein elektronisches Kommunikationsnetz, das auf dem Prinzip eines Mailboxsystems aufbaut. Es dient dem Austausch von Bestellungen und jeglicher Art von Informationen aller Unternehmen des herstellenden und verbreitenden Buchhandels. Über IBU wird der Zugang zu nationalen und internationalen Netzen eröffnet und damit die Möglichkeit, Recherchen in Informationsdatenbanken weltweit durchzuführen. Jeder IBU-Teilnehmer erhält mit seinem IBU-Account eine Internet- und X400-E-Mail-Adresse zugewiesen. Die Rechte und Pflichten der Teilnehmer richten sich nach den allgemeinen Geschäftsbedingungen. Diese regeln u. a. die Datenübermittlung, den Systemzugang, die geheime Teilnehmerkennung (Passwort), die Haftung und den Datenschutz. Für Gründer von besonderem Interesse sind die anfallenden Kosten, wobei die im Folgenden aufgeführten Gebühren (Stand 2003) jedem Teilnehmer unter dessen buchhändlerischer Verkehrsnummer monatlich berechnet werden:

13.3 E-Mail

Einrichtung eines IBU-Anschlusses für BAG-Mitglieder	20,45 €
Einrichtung eines IBU-Anschlusses für Nichtmitglieder	30,68 €
laufende Gebühren Grundgebühr IBU-Fach pro Monat	15,34 €
laufende Gebühren Grundgebühr IBU-Zusatzfach pro Monat	10,23 €
Zeitgebühr der Mailboxverbindungen je Minute	0,14 €
Übermittlungsgebühr bei elektronischer Übertragung je Zeile (wird in der Regel vom Empfänger übernommen)	0,04 €
Übermittlungsgebühr an Telex-/Telefax und Postempfänger je Zeile	0,10 €
Internetverbindung/Zeitgebühr je Minute (beinhaltet Telefongebühren innerhalb Deutschlands)	0,02 €

Bei den Bestellanstalten (= Clearing Centre) der Zwischenbuchhändler werden für Barsortimentsaufträge beim Abruf keine Gebühren belastet. Für die Bestellübermittlung an Verlage sind folgende Gebühren fällig:

KNO/KV Clearing Centre

Elektronische Weiterleitung an Verlage	je Position	gebührenfrei
Weiterleitung per Fax oder Post	je Position	0,05 €
Auftragsbestätigung	je Position	0,05 €
Bestellung nach USA und Großbritannien	je Position	0,15 € (inkl. Auftragsbestätigung)

Libri Clearing Centre

Per Datenfernübertragung		gebührenfrei
Per Telefax	pro Bestellzeile	0,10 €
Per Post	pro Bestellzeile	0,10 €

Alle genannten Preise verstehen sich zuzüglich der gesetzlichen Umsatzsteuer. Die Barsortimente sowie einige Verlage und Auslieferungen stellen ihren Kunden auf Wunsch elektronische Lieferscheine (ELS) zur Verfügung. Damit wird beim verbreitenden Buchhandel die Erfassung des Wareneingangs erheblich erleichtert. Denn der Buchhändler weiß nun bereits vor dem Eintreffen der Ware, welche Titel nicht lieferbar sind, und kann somit gegebenenfalls rechtzeitig bei einem anderen Barsortiment bestellen. Die ELS werden in die Mailbox oder zum Download über das Internet bereitgestellt.

Eine weitere Dienstleistung großer Zwischenbuchhandelsunternehmen ist EDI (Electronic Data Interchange). Ein leistungsfähiges EDI-System ermöglicht der Branche die elektronische Kommunikation mit international gültigen branchenunabhängigen EDI-Standards, z.B. EANCOM®. Damit sind Geschäftsprozesse vom Angebot über die Bestellung und Liefermeldung bis hin zur Rechnung komplett elektronisch und damit papierlos abzuwickeln. Es können Kunden des Sortiments (Bibliotheken, Firmen) und Lieferanten außerhalb des Buchhandels einbezogen werden. Durch ein EDI-Clearing Centre werden Konvertierungen angeboten, das Sortiment spart dadurch hohe Kosten für ein eigenes Konvertierungssystem.

13.5
Briefzustellung oder Postfach

Zumeist begnügt sich eine neu gegründete Buchhandlung mit Zustellung der Post durch den Briefträger. Mit wachsendem Geschäftsvolumen vermag die Einrichtung eines Postfachs von Vorteil sein, weil mehrmals am Tag zu selbst bestimmten Zeiten das Postfach geleert werden kann, während der Postbote nur einmal am Tag kommt, oft erst gegen Mittag. Das Postfach ist kostenlos, es fällt nur eine einmalige Einrichtungsgebühr von 10 € an, dazu 7 € für den Postfachschlüssel. Von Nachteil ist allerdings der Weg zum Postfach, das Briefsendungen zur Abholung bereit hält. Kennzeichen des Postfachs ist die eigene Postfach-Anschrift, bestehend aus Empfängername, Postfach-Nummer, Postfach-Postleitzahl und Ortsname. Bei der Herstellung der eigenen Geschäftsdrucksachen muss beachtet werden, dass bei Angabe eines Postfachs mitunter andere Postleitzahlen gelten als die für die Hausadresse.

14
Versicherungen

Eine gegründete Buchhandlung muss mit ihren Vermögenswerten vor besonderen Ereignissen geschützt sein, was durch den Abschluss von Versicherungsverträgen erreicht wird. Auch der Unternehmer benötigt ausreichenden Schutz gegen Krankheit, Unfall, Invalidität, Alter, den er bislang als Angestellter durch die Kranken- und Sozialversicherung hatte. Versicherung bedeutet das Versprechen, bei bestimmten Schadensereignissen gegen Geld (Beitrag, Prämie), eine bestimmte Entschädigungsleistung zu erhalten. Dabei trägt in der Regel die Versicherungsgemeinschaft das Risiko des Einzelnen. Versicherungsgesellschaften sammeln die Beiträge der Versicherten ein und organisieren im Schadensfall die Auszahlung der Entschädigungsleistungen.

Der heutige Versicherungsmarkt ist durch zwei Merkmale gekennzeichnet, nämlich durch Vielfalt (120 Versicherungsgesellschaften in der BRD) und Unübersichtlichkeit. Eine Orientierung über diese Angebotsvielfalt ist für Laien fast unmöglich. Deshalb geht es in diesem Bereich nicht ohne qualifizierte Beratung durch Versicherungsvermittler. Es gibt zwei Kategorien von Vermittlern, die firmenabhängigen und die firmenunabhängigen. Letztere sind im Allgemeinen Versicherungsmakler, die im Gegensatz zum firmenabhängigen Ausschließlichkeitsvertreter auch persönlich für ihre Beratungsleistungen haften. Er hat nach einer Risikoanalyse beim Kunden auf dem Versicherungsmarkt den jeweils passenden Versicherungsschutz zu besorgen und dabei auf möglichst optimales Preis-/Leistungsverhältnis zu achten. Für den Buchhandel speziell hat sich die Firma Wulff und Partner, Versicherungsvermittlung GmbH, Langenbergstrasse 20, 50765 Köln (info@wulffundpartner.de), etabliert als Beauftragter der BSG-Buchhandels-Service-Gesellschaft, Großer Hirschgraben 17–21, 60004 Frankfurt am Main. Herrn Georg Hoffmann von Wulff und Partner dankt der Verfasser für entscheidende Hinweise und Textbeiträge in diesem Kapitel. Die aus der Sicht eines Existenzgründers betriebsrelevanten und letztlich auch versicherbaren Gefahren kann man wie folgt zusammenfassen:

- Schäden an oder Zerstörung der kaufmännischen und betrieblichen Einrichtung sowie der Warenvorräte durch die Gefahren Feuer (F), Einbruch/Diebstahl (ED), Vandalismus (V), Leitungswasser (LW), Sturm (St) und Hagel (H);
- Unterbrechung des Geschäftsbetriebes durch eine der angeführten Gefahren;
- Ansprüche Dritter aufgrund gesetzlicher Haftungsbestimmungen;
- Glasbruch inklusive Schäden an Vitrinen, Leuchtreklamen, Beschriftungen etc.;

- Schäden an der vorhandenen Elektronik (EDV, Kopierer, Fax, Telefonanlage etc.);
- Rechtliche Auseinandersetzungen, z. B. mit dem Vermieter oder Verpächter, mit Mitarbeitern, Kunden Lieferanten etc.

Noch ein Wort vorab. Mit dem Abschluss eines Versicherungsvertrages ist es nicht getan, zu beachten sind auf jeden Fall wechselnde Sachwerte, um eine Unter- oder Höher-Versicherung mit ihren schädlichen Folgen zu vermeiden. Eine Ersatzleistung ist nur dann gewährt, wenn alle in den »Allgemeinen Versicherungsbedingungen« festgelegten Obliegenheiten erfüllt sind. Besonders wichtig ist die unverzügliche Schadensanzeige sowie die Pflicht eines jeden Versicherten, Schäden abzuwenden oder zu mindern. Bei der Haftpflicht-Versicherung sollte niemals die Schuld gegenüber dem Geschädigten anerkannt werden.

Gebündelte Geschäftsversicherung (GGV)

Die Absicherung der in der vorstehenden Übersicht genannten Gefahren erfolgt in der Regel über die »gebündelte Geschäftsversicherung«, oft auch als »Inhalts-Versicherung« oder »Betriebs-Vielschutz-Versicherung« bezeichnet. Basis für die Tarifierung ist dabei der so genannte »Versicherungswert«, bei einer Buchhandlung also die Summe aller Waren und Einrichtungsgegenstände, die beweglich in die vorhandenen Geschäftsräume eingebracht werden. Zu kalkulieren ist der »Neuwert«, also jener Wert, der im Schadensfall aufgebracht werden muss, um Waren und Einrichtungsgegenstände gleicher Art und Güte neu zu beschaffen. Diese Ermittlung bewirkt die Festlegung einer Versicherungssumme als Grundlage des Vertrages. Um eine Unterversicherung zu vermeiden, sind auch saisonale Schwankungen beim Lagerbestand (Schulbuch, Weihnachtsgeschäft) zu berücksichtigen. Empfehlung: Unbedingt abschließen!

Betriebsunterbrechungsversicherung (BU)

Kommt es aufgrund einer der in der Einleitung zuerst genannten Gefahren zu einer Unterbrechung des Geschäftsbetriebes, so werden die dadurch entstandenen Kosten und Verluste durch diese BU aufgefangen. Insbesondere ersetzt sie den für diesen Zeitraum der Unterbrechung entgangenen Gewinn, die laufenden Kosten für das Personal, die Miete und sonstige Fixkosten sowie erforderliche Aufwendungen zur Schadensminderung (z. B. Aufstellung eines Verkaufs-Containers, Anmietung von Ausweichräumen). Empfehlung; Unbedingt abschließen!

Betriebs-Haftpflicht-Versicherung (BHV)

Nach unseren Gesetzen haftet jeder Bürger persönlich für Schäden, die er einem Dritten schuldhaft zufügt, von der Höhe her unbegrenzt. Das gilt auch für Betriebe und deren Mitarbeiter. Die Palette möglicher Schadensereignisse kann von der winterlichen Streupflicht vor dem Geschäft bis zum übergreifenden Feuerschaden gehen, der sich von der eigenen Buchhandlung ausgehend auf benachbarte Betriebe und Häuser ausdehnt. Die Deckungssummen sollten bei einer BHV mindestens bei einer Million Euro pauschal liegen. Die Privat-Haftpflicht-Versicherung (PHV) für den Firmeninhaber und seine Familie sollte grundsätzlich im Deckungskonzept der BHV enthalten sein. Empfehlung: Unbedingt abschließen!

Glas-Versicherung (GL)

Es handelt sich stets um eine Allgefahrendeckung. Ein Schadensersatz wird geleistet, gleich woher der Glasbruch entstanden ist. Sinnvoll ist diese GL bei großflächiger Verglasung. Bei Versicherungsabschluss ist darauf zu achten, ob Vitrinen, Leuchtreklamen, Beschriftungen etc. mitversichert sind. Empfehlung: Abschluss je nach individueller Situation.

Elektronik-Versicherung (EL)

Die zunehmende Installation elektronischer Geräte auch in Buchhandlungen kann für den Abschluss dieser Versicherung sprechen. Sie geht in ihrer Deckung weit über die Inhaltsversicherung (GGV) hinaus und deckt zusätzlich zu den Gefahren Feuer, Einbruch-Diebstahl-Vandalismus, Leitungswasser, Sturm und Hagel auch Schäden durch unsachgemäße Handhabung, Überspannung, Induktion, Kurzschluss, Implosion, Sabotage sowie Seng-, Schmor- und Glimmschäden ab. Empfehlung: Abschluss sinnvoll bei entsprechend ausgelegter Installation.

Rechtsschutz-Versicherung (RS)

Diese Versicherungssparte ist für Existenzgründer am ehesten entbehrlich (Ausnahme: Kfz-Rechtsschutz). Der rückwirkende Abschluss ist ausgeschlossen, es gilt sogar grundsätzlich eine Wartezeit von 3 Monaten nach Versicherungsabschluss für seine Wirksamkeit. Empfehlung: Abschluss je nach individueller Situation.

Versicherungsbündelung

Die BSG Buchhandels-Service-Gesellschaft bietet seit einigen Jahren unter dem Namen *Buchhändler-General-Police* ein auf die Bedürfnisse des Sortimentsbuchhandels abgestimmtes Deckungskonzept an. Nach dem Prinzip einer »Multi-Risk-Police« sind alle betriebsrelevanten Gefahren mit pauschalen Deckungssummen versichert. Ausgenommen ist die Rechtsschutz-Versicherung. Durch Rahmenverträge mit namhaften Versicherern sind die Versicherungsprämien vergleichsweise niedrig, außerdem ist die Pauschalabwicklung einfach zu bewältigen.

Gesetzliche Unfallversicherung

Jede Buchhandlung ist verpflichtet, ihre Mitarbeiter gegen Berufsunfälle zu versichern, und zwar innerhalb einer Woche nach Beginn der Geschäftstätigkeit durch Anmeldung bei der zuständigen Berufsgenossenschaft. Es folgen Textauszüge aus einer Informationsbroschüre (Stand 10.1.02). Im Kap. 21.3 werden dann die Anmeldemodalitäten und die nach Gefahrenklassen gestaffelten Kosten dargestellt.

BERUFSGENOSSENSCHAFT FÜR DEN EINZELHANDEL
Gesetzliche Unfallversicherung (Eine Information für Unternehmer)

I. Allgemeines
Die gesetzliche Unfallversicherung ist neben der Kranken- und Rentenversicherung ein Zweig der deutschen Sozialversicherung. Sie ist eine Pflichtversicherung und hat ihre gesetzliche Grundlage im Siebten Buch des Sozialgesetzbuches – Gesetzliche Unfallversicherung – SGB VII und der Satzung der Berufsgenossenschaft. Sie sorgt für wirksame Unfallverhütung und gewährt Versicherungsschutz bei Arbeitsunfällen und Berufskrankheiten.
Die Berufsgenossenschaft für den Einzelhandel als einer der Träger der gesetzlichen Unfallversicherung erfasst von wenigen Ausnahmen abgesehen – z. B. Verkauf von Bauelementen überwiegend ab Lager – alle Einzelhandelsunternehmen. Jeder Einzelhandelsunternehmer gehört mit seinem Unternehmen der Berufsgenossenschaft an (§ 130 SGB VII). Die Berufsgenossenschaft für den Einzelhandel ist nicht zu verwechseln mit den wirtschaftspolitischen Einzelhandelsverbänden, die eine andere Zielsetzung haben.
II. Versicherte Personen
Nach den gesetzlichen Vorschriften sind alle Beschäftigten und arbeitnehmerähnlichen Personen einschließlich der Auszubildenden und den Teilzeitkräften pflichtversichert.
Bei der Berufsgenossenschaft für den Einzelhandel sind kraft Satzung auch die Unternehmer und ihre ohne Entgeltzahlung im Unternehmen mitarbeitenden Ehegatten in den Versicherungsschutz einbezogen.
Ist der Ehegatte eines Unternehmers gegen Entgeltzahlung im Unternehmen beschäf-

tigt, so zählt er zu den kraft Gesetzes versicherten Beschäftigten.
Von der Versicherung kraft Satzung ausgenommen sind im Wesentlichen nur diejenigen Unternehmer und ihre ohne Entgeltzahlung im Unternehmen mitarbeitenden Ehegatten, die einen ambulanten Handel/Markthandel/Reisegewerbe betreiben oder den Verkauf ab Stubenladen oder Automaten durchführen, sowie Personen, die in Kapitalgesellschaften regelmäßig wie ein Unternehmer selbstständig tätig sind.
Diesen nicht pflichtversicherten Personen bleibt aber die Möglichkeit, sich durch einen schriftlichen Antrag freiwillig zu versichern. Das gilt auch für den Fall unserer Unzuständigkeit, d. h., der Unternehmer kann schon jetzt erklären, auch bei Zuständigkeit einer anderen Berufsgenossenschaft eine freiwillige Versicherung abschließen zu wollen, sofern bei der anderen Berufsgenossenschaft keine Pflichtversicherung bestehen sollte.

III. Beginn der Versicherung
Der Versicherungsschutz beginnt mit dem Tage der Eröffnung des Unternehmens oder der Aufnahme der vorbereitenden Arbeiten für das Unternehmen (§ 136 Abs. 1 Satz 2 SGB VII).
Jeder Einzelhandelsunternehmer ist daher nach dem Gesetz verpflichtet, sein Unternehmen binnen einer Woche nach der Eröffnung oder Aufnahme der vorbereitenden Arbeiten für das Unternehmen bei der Berufsgenossenschaft anzumelden (§ 192 Abs. 1 SGB VII), auch wenn er nur allein tätig ist.

IV. Beitrag und Versicherungssumme
Beitragspflichtig sind nach § 150 Abs. 1 SGB VII die Unternehmer.
Die Beiträge werden nach dem Arbeitsentgelt der Arbeitnehmer in dem Unternehmen bis zum Höchstbetrag von 70.000 EUR je Versicherten und nach dem Gefahrtarif berechnet.
Für die Unternehmer und ihre ohne Entgeltzahlung im Unternehmen mitarbeitenden Ehegatten gilt als Jahresarbeitsverdienst zur Berechnung der Beiträge und Geldleistungen die Pflichtversicherungssumme von je 20.000,- EUR unabhängig vom tatsächlichen Arbeitseinkommen.

V. Gesetzliche Unfallversicherung und private Unfallversicherung
Erleidet ein selbstständiger Einzelhandelsunternehmer, der bei der Berufsgenossenschaft für den Einzelhandel gegen Arbeitsunfälle versichert ist und außerdem einen privaten Unfallversicherungsvertrag abgeschlossen hat, einen Arbeitsunfall, so hat er gegen die Berufsgenossenschaft einen Anspruch auf die gesetzlichen und satzungsmäßigen Leistungen (Heilbehandlung, Verletztengeld – i. d. R. ab der 4. Woche - Rente usw.).
Die Leistungen der privaten Unfallversicherung richten sich dagegen jeweils nach dem abgeschlossenen Vertrag mit der Versicherungsgesellschaft.
Der Abschluss einer privaten Unfallversicherung befreit nicht von der Zugehörigkeit zur gesetzlichen Unfallversicherung.

Kraftfahrzeug-Haftpflicht-Versicherung

Für jeden Fahrzeughalter ist der Abschluss zwingend vorgeschrieben. Die Kfz-Versicherung kann fürs Fahrzeug Voll- oder Teilkasko enthalten. Bei dieser Versicherungsart sind die Modalitäten und Prämien sehr unterschiedlich bei den einzelnen Versicherungsgesellschaften und deshalb mehrere Angebote vor dem Abschluss einzuholen. Auch für diesen Fall vermittelt die BSG über Wulff und Partner kostengünstige Gruppenversicherungen.

Sonstige Geschäftsversicherungen

Eine Teilhaber-Versicherung kann bei Personengesellschaften in Frage kommen, abgeschlossen auf das Leben des Partners, um im Todesfalle ernste Belastungen des Unternehmervermögens zu vermeiden. Eine Kredit-Versicherung spielt nur dann eine Rolle, wenn unsichere, größere Kreditgeschäfte getätigt werden. Das ist relativ selten der Fall. Statt dessen empfiehlt sich möglicherweise eine Pauschal-Kredit-Versicherung ohne namentliche Nennung der Einzelschuldner.

Die Vertrauensschaden-Versicherung kommt für eine gegründete Buchhandlung geringen Geschäftsumfangs kaum in Frage. Sie wird dann notwendig, wenn einem Mitarbeiter bestimmte Sachwerte oder größere Geldbeträge zum betrieblichen Gebrauch anvertraut werden.

Persönliche Versicherungen

Auch der Unternehmer ist bei der Berufsgenossenschaft für den Einzelhandel in den Versicherungsschutz (Unfall) einbezogen. Eine Krankenversicherung wird er tunlichst beibehalten, die jetzt von ihm selbst voll zu tragen ist. Zu prüfen wäre, ob man als bisher noch freiwilliges Mitglied einer gesetzlichen Krankenversicherung im Hinblick auf die Situation im Alter nicht besser zu einer privaten Kasse wechselt.

Die Altersvorsorge, beim Angestellten durch die Rentenversicherung gegeben, kann entweder durch eine größere Lebensversicherung und/oder durch eine freiwillige oder Pflichtversicherung bei der Bundesversicherungsanstalt für Angestellte (BfA) vorgenommen werden. Als Pflichtversicherer ist der Unternehmer immer den gesetzlichen Beitragsvorschriften unterworfen, also muss der volle Betrag nach Einkommen gestaffelt gezahlt werden. (Als Angestellter trug das Unternehmen die Hälfte.) Bei freiwilliger Versicherung nach mindestens 60 Monaten Pflichtmitgliedschaft, kann jedoch ähnlich wie bei einer privaten Versicherung, die Höhe des Beitrags selbst bestimmt werden. Ein Unternehmer zahlt keine Beiträge zur Arbeitslosenversicherung mehr, hat aber im Falle eines Falles in den ersten drei Jahren danach (§ 105 Abs. 3 Arbeitsförderungsgesetz) Anspruch auf Arbeitslosenunterstützung, sofern er als Angestellter gegen Arbeitslosigkeit versichert war.

15
Rechtsform

Eine entscheidende Frage – auch bei der Gründung von Klein- und Mittelbetrieben – ist die Wahl der richtigen Rechtsform. Versäumnisse in dieser Beziehung können bereits von Anfang an den Keim für spätere Krankheitsherde bilden und zu erheblichen rechtlichen und finanziellen Nachteilen führen. Aus der gewählten Rechtsform ergibt sich auch die Art der Firmierung, die bereits in Kap. 3.1 ausgeführt worden ist.

Grundsätzlich ist zu unterscheiden nach Einzelunternehmen, Personen- und Kapitalgesellschaften. Nach dem *Handbuch des Buchhandels, Band III, Sortimentsbuchhandel*, Abschnitt 1.7 (Verfasser: Dr. Walter Heß) lassen sich neben persönlichen Faktoren die Kriterien, nach denen eine Wahl unter den Rechtsformen für ein zu gründendes Unternehmen zu treffen ist, in sechs Gruppen zusammenfassen:
- Einzel- oder Mitunternehmerschaft;
- zu erwartende Betriebsgröße;
- Art und Risiko des Betriebes;
- Haftung und Kreditfähigkeit;
- Unternehmernachfolge;
- Steuern.

Neuere Daten über die Verbreitung der Rechtsformen im Sortimentsbuchhandel der Bundesrepublik Deutschland existieren nicht. Nach einer Stichprobenerhebung im Jahr 1985 laut *Adressbuch für den deutschsprachigen Buchhandel* waren damals 67,2 % als Einzelkaufleute im verbreitenden Buchhandel registriert. Anno 2002 schätzt man deren Anteil auf 65 %, einschließlich der Personengesellschaften auf 80 bis 85 %. Zugelegt haben die Kapitalgesellschaften in Form der GmbH und GmbH und Co. KG mit über 15 % Anteil.

15.1
Einzelunternehmen

Die im Sortimentsbuchhandel überwiegende Rechtsform der Einzelfirma ist auch die problemloseste. Der Inhaber trägt das Risiko allein, haftet mit seinem gesamten Geschäfts- und Privatvermögen für die Geschäftsverbindlichkeiten und trägt auch allein Gewinn und Verlust des Unternehmens. Der Gewinn der als Einzelfirma betriebenen Buchhandlung unterliegt der Gewerbesteuer und der Einkommensteuer, letztere auf die Person bezogen mit Progression im Einkommensteuertarif.

Aus dem Gewinn muss der Inhaber seinen Lebensunterhalt und seine Altersversorgung bestreiten sowie Rücklagen für Investitionen bilden. Erheblichen Nachteil hat diese Rechtsform im Hinblick auf die Unternehmernachfolge; der reibungslose Übergang auf einen Erben z. B. kann Schwierigkeiten bereiten, abgesehen vom möglichen Anfall einer hohen Erbschaftssteuer.

15.2
Personengesellschaften

OHG (Offene Handelsgesellschaft) und KG (Kommanditgesellschaft) sind die vorherrschenden Formen der Personengesellschaften, die im Sortimentsbuchhandel anzutreffen sind.

Eine OHG vereinigt mindestens zwei Personen, die alle das volle Risiko haben, mit ihrem gesamten Geschäfts- und Privatvermögen für die Verbindlichkeiten haften und zusammen Gewinn oder Verlust tragen. Jeder Gesellschafter ist berechtigt, die Gesellschaft nach außen allein zu vertreten, allerdings kann durch einen Gesellschaftsvertrag eine Einschränkung vereinbart werden, die aber nur im Innenverhältnis der Gesellschaft wirksam ist (§ 126,2 HGB). Gewöhnlich erhält jeder Gesellschafter eine im Gesellschaftsvertrag vereinbarte feste Verzinsung seiner Kapitaleinlage. Der darüber hinaus verbleibende Gewinn wird nach Köpfen aufgeteilt (§ 121,3 HGB). Gewerbesteuer und Einkommensteuer sind wie bei der Einzelfirma fällig.

Durch die unbeschränkte Haftung der Gesellschafter wird die Kreditfähigkeit gegenüber dem Einzelunternehmen noch erhöht. Personengesellschaften sind keine juristischen Personen, führen also kein von den Gesellschaftern unabhängiges Eigenleben. Deshalb müssen im Gesellschaftsvertrag Maßnahmen zur Unternehmernachfolge getroffen werden, was hier mehr Möglichkeiten zulässt als beim Einzelunternehmen.

Die Kommanditgesellschaft (KG) besteht mindestens aus einem Vollhafter (Komplementär) und einem Teilhafter (Kommanditist). Der Status des Komplementärs entspricht dem eines Einzelunternehmers oder eines Gesellschafters in der OHG. Nur Vollhafter sind zur Führung eines Unternehmens berechtigt, die Vorschriften über die OHG im HGB finden hier ihre Anwendung. Die Kommanditisten haften nur mit ihrem eingesetzten Kapital und nicht mit ihrem Privatvermögen. Sie sind nicht zur Unternehmensführung berechtigt, haben aber das Recht auf Einsicht des Jahresabschlusses der KG und auf Information über die Entwicklung der Buchhandlung. Üblicherweise wird im Gesellschaftsvertrag eine Vergütung der Vollhafter, für ihre Unternehmertätigkeit, aus dem Gewinn vereinbart.

Nach der Verzinsung des eingesetzten Kapitals ist der restliche Gewinn im angemessenen Verhältnis zu verteilen (§ 168,2 HGB). Im Hinblick auf Steuern sind dieselben Verhältnisse wie bei der Einzelfirma und der OHG gegeben. Nachfolgeprobleme können ähnlich wie bei der OHG gelöst werden.

Eine Sonderform der KG und damit der Personengesellschaften ist die GmbH & Co. KG. Wegen der Erklärungsbedürftigkeit dieser besonderen GmbH wird sie im nächsten Abschnitt beschrieben.

15.3 Kapitalgesellschaften

Aktiengesellschaft (AG) und Kommanditgesellschaft auf Aktien (KGaA) und Gesellschaft mit beschränkter Haftung (GmbH) sind die häufigsten Kapitalgesellschaften im deutschen Wirtschaftsraum. Eine herausragende Bedeutung im Sortimentsbuchhandel hat die GmbH.

Zur Gründung einer GmbH ist seit dem 1.1.1981 nur ein Gesellschafter mit einer Mindesteinlage von z. Zt. 25.000 € notwendig. Die GmbH ist eine Gesellschaft mit eigener Rechtspersönlichkeit (juristische Person), die als Eigentümerin des Gesellschaftsvermögens mit diesem unbeschränkt haftet. Die Gesellschafter dagegen haften nur mit ihrer Einlage. Ein von der Gesellschaft bestellter Geschäftsführer, der nicht Gesellschafter zu sein braucht, vertritt die GmbH, wobei es für ihn keine persönliche Haftung gibt. Die Gesellschafterversammlung gilt als das beschließende Organ der GmbH. Ein Gewinn wird zumeist nach dem Verhältnis der Geschäftsanteile verteilt (§ 29,3 GmbHG), bei Verlust kann im Gesellschaftsvertrag eine Nachschusspflicht vereinbart werden. Gründet eine GmbH mit dem Mindestkapital von 25.000 € und erzielt diese GmbH einen Verlust, unterschreitet das buchmäßig ausgewiesene Stammkapital die Höhe des gesetzlich vorgeschriebenen Haftungskapitals. Dies würde eine Liquidation „von Amts wegen" nach sich ziehen. Durch eine vertraglich festgesetzte Nachschusspflicht für die Gesellschafter wird das Mindeststammkapital garantiert.

Die GmbH unterliegt der Körperschaftsteuer. Durch die bei dieser Rechtsform gegebene prinzipielle Trennung zwischen Kapitalgebern und Geschäftsführer sowie durch die GmbH als eigene juristische Person ist die Regelung der Unternehmernachfolge sehr einfach.

Die GmbH & Co. KG unterscheidet sich von der Kommanditgesellschaft dadurch, dass als Komplementär eine GmbH eintritt, wodurch die Haftung auf das Gesellschaftskapital der GmbH und die Einlagen der Kommanditisten begrenzt wird. Im Allgemeinen sind die Kommanditisten gleichzeitig Gesellschafter der GmbH. Die Geschäftsführung obliegt dem Komplementär, in diesem Falle der GmbH. Eine GmbH kann gegebenenfalls in mehrere Kommanditgesellschaften eintreten, so dass für alle diese GmbH & Co. KGs nur eine Haftsumme von insgesamt 25.000 € (neben den Einlagen der Kommanditisten) gegeben ist, was für die

Gläubiger von Nachteil sein kann und die Kreditierung erschwert. Das Publizitätsgesetz findet keine Anwendung, da entsprechende Betriebsgrößen im Sortimentsbuchhandel bei weitem nicht erreicht werden.

15.4
Vergleich der Rechtsformen unter verschiedenen Aspekten

Bei diesem Vergleich der für Buchhandlungen in Frage kommenden Rechtsformen sind insbesondere die handelsrechtlichen, steuerlichen und bestimmungsrechtlichen Aspekte dargestellt. Aber auch auf andere Probleme muss bei der Wahl der Rechtsform geachtet werden: so auf die familiären Verhältnisse und die Unternehmensnachfolge, die Finanzierung und die Kreditwürdigkeit mit den Verhältnissen zu den Lieferanten, anderen Gläubigern und den geldgebenden Banken/Sparkassen sowie die Regelung des Innenverhältnisses bei Gesellschaften. Auf keinen Fall sollten allein die steuerlichen Gesichtspunkte bei der Wahl ausschlaggebend sein, sondern es müssen alle genannten Aspekte Berücksichtigung finden. Die Besonderheiten des Einzelfalles sind entscheidend, wobei die Vorteile der ins Auge gefassten Rechtsform überwiegen müssen und die mit der jeweiligen Regelung verbundenen Nachteile in Kauf genommen werden können.

Es gibt viele Rechtsformenvergleiche in einschlägigen Fachbüchern und Fachzeitschriften. Sie können aber alle nicht die individuelle Beratung durch Rechtsanwalt, Wirtschaftsprüfer oder Steuerberater ersetzen, die bei komplizierten Verhältnissen, insbesondere bei der Gründung von Gesellschaften, hinzugezogen werden sollten. Bei der Wahl der Rechtsform gemachte Fehler können sich später bitter rächen und sogar die Existenz eines Unternehmens gefährden. Die für diese Publikation gebotene kurze Darstellung kann im Folgenden nur noch einmal die wichtigsten Probleme verdeutlichen – ergänzt durch einen abschließenden Testbogen.

Die Vorteile der Alleinherrschaft in einer Einzelfirma sind bereits dargestellt worden, so alleinige Führung und Verantwortung, aber auch das alleinige Tragen des gesamten Risikos.

Die Gründung einer GmbH ist umständlicher und mit mehr Kosten verbunden als die einer Personengesellschaft. Der Gesellschaftsvertrag einer GmbH mit den gesetzlich vorgeschriebenen Angaben muss notariell beurkundet und in notariell beglaubigter Form in das Handelsregister angemeldet werden. Änderungen sind notariell zu beurkunden. Es fällt 1 % Gesellschaftssteuer an, bezogen auf das Stammkapital (letzteres trifft auch für die Kommanditeinlagen der GmbH & Co. KG zu). Ein Einzelunternehmen braucht keinen Gesellschaftsvertrag, der einer Personengesellschaft kann formfrei, eventuell sogar mündlich abgeschlossen werden. Zum Handelsregister anmelden muss man aber auch eine Personengesellschaft.

Für eine GmbH ist die Einbringung eines Mindestkapitals vorgeschrieben, bei

15.4 Vergleich der Rechtsform unter verschiedenen Aspekten

Einzelfirmen oder Personengesellschaften jedoch nicht. Änderungen der Kapitalverhältnisse der GmbH (Erhöhung, Herabsetzung) müssen wiederum notariell beurkundet werden, bei Kapitalaufstockung fällt für den Differenzbetrag 1% Gesellschaftssteuer an.

Die GmbH hat als eine Kapitalgesellschaft grundsätzlich einen besseren Bestand. Sie ist unempfindlicher gegenüber Vorgängen, die eine Personengesellschaft ernsthaft bedrohen können, so z. B. Zwangsvollstreckung und Konkurs eines Gesellschafters, Tod eines Gesellschafters, Kündigung der Gesellschaft durch die Gesellschafter oder Ausschluss eines Gesellschafters.

Als besonderer Vorzug der GmbH gilt immer noch die Haftungsbeschränkung, die aber auch durch eine GmbH & Co. KG erreichbar ist. Bei Einzelfirmen und einer OHG haften alle, bei einer KG der Komplementär mit seinem Gesamtvermögen, was die Kreditwürdigkeit erhöht.

Das Publizitätsgesetz lässt nach dem gegenwärtigen Stand gleiche Anforderungen an eine GmbH wie an eine Personengesellschaft erkennen. Bei den im Sortimentsbuchhandel gegebenen Größenordnungen brauchen Bilanz nebst Gewinn- und Verlust-Rechnung der GmbH weder veröffentlicht noch dem Handelsregister eingereicht zu werden.

Bei der Geschäftsführung ist die GmbH der Personengesellschaft eindeutig überlegen. Es können jederzeit familienfremde Geschäftsführer eingestellt oder entlassen werden, womit sonst nur schwer zu bewältigende Nachfolgeprobleme lösbar oder überbrückbar sind. Steuerlich bleiben Geschäftsführergehälter inklusive der Aufwendungen für die Altersversorgung abziehbare Betriebsausgaben. Bei Einzelfirmen oder Personengesellschaften gelten jedoch nicht diese Vorteile aus der Arbeitnehmer-Eigenschaft der geschäftsführenden Gesellschafter.

In steuerlicher Hinsicht ist die GmbH in der Regel eine nicht so günstige Lösung gegenüber Personengesellschaften, wenn man die augenblicklichen Modalitäten der Einkommensteuer, Körperschaftsteuer, Kirchensteuer, Vermögensteuer, Erbschaftsteuer und Kapitalverkehrsteuer zusammengefasst berücksichtigt. Nur im Hinblick auf Gewerbesteuer liegen die Vorteile eindeutig bei der GmbH, was aber die Nachteile bei den übrigen Steuerarten im Allgemeinen nicht auszugleichen vermag. Die Körperschaftsteuer-Reform hat zwar die GmbH in steuerlicher Hinsicht attraktiver gemacht, aber nicht die bestehende Doppelbelastung bei der Vermögensteuer beseitigt.

Die Gründung und Führung einer GmbH ist mit mehr Kosten verbunden als die einer Personengesellschaft, gilt dafür aber als sichere Rechtsform, so in Bezug auf die Haftung, die Regelung der Nachfolge und die Bestandskraft des Unternehmens. Die meisten dieser Vorteile lassen sich auch mit der GmbH & Co. KG erreichen, die immer noch als der beste Kompromiss anzusehen ist zwischen den beiden Alternativen Personengesellschaft und Kapitalgesellschaft.

TESTBOGEN ZUR WAHL DER ZWECKMÄSSIGSTEN GESELLSCHAFTSFORM

Bei den nachstehenden Fragen sind je nach Beantwortung die für »ja« bzw. »nein« angegebenen Ziffern zu notieren.

FRAGEN

1. Ist es erforderlich, dass für die zu errichtende Gesellschaft der Personalkredit ausgenützt wird, den die einzelnen Gesellschafter genießen?
   ja: 1   nein: 30
2. Beabsichtigen alle Gesellschafter in der zu errichtenden Gesellschaft tätig zu sein?
   ja: 1   nein: 10
3. Soll die zu errichtende Gesellschaft die Lebensgrundlage für die einzelnen Gesellschafter sein und deren gesamte Arbeitskraft in Anspruch nehmen?
   ja: 1   nein: 10
4. Besteht zwischen den einzelnen Gesellschaftern ein besonders enges Vertrauensverhältnis?
   ja: 1   nein: 10
5. Sollen alle Gesellschafter im Rahmen der Gesellschaft, insbesondere vielleicht bei der Firma, nach außen hervortreten?
   ja: 1   nein: 5
6. Sollen nur einzelne Gesellschafter in dieser Form hervortreten, andere aber im Hintergrund bleiben?
   ja: 5   nein: 1
7. Soll nach außen überhaupt nicht ohne weiteres erkennbar sein, wer Gesellschafter ist?
   ja: 30   nein: 1
8. Wird die Gesellschaft voraussichtlich sehr hohe Gewinne erzielen?
   ja: 20   nein: 1
9. Soll durch den Gesellschaftervertrag in der Hauptsache ein Zusammenschluss von Kapitalien erfolgen?
   ja: 30   nein: 1
10. Soll durch den Gesellschaftervertrag nur die Kapitalbeteiligung eines Einzelnen herbeigeführt werden an einem Unternehmen, das durch den oder die anderen Gesellschafter geführt wird?
    ja: 10   nein: 1
11. Soll ein Wechsel der Gesellschafter möglichst verhindert werden?
    ja: 1   nein: 20

Nach diesen elf Fragen ist die Zwischensumme zu ziehen, die folgendes Bild ergibt:

15.4 Vergleich der Rechtsform unter verschiedenen Aspekten

Bei bestimmten Zwischensummen liegen eindeutige Verhältnisse vor, und es ist deshalb zu empfehlen
> die OHG bei einer Zwischensumme **11**,
> die KG bei der Zwischensumme **45**,
> die GmbH bei der Zwischensumme **167**.

Ergibt die Zwischensumme einen anderen Wert, dann erhält man folgende Anhaltspunkte:
> OHG ist denkbar bis zur Zwischensumme **56**,
> KG denkbar bei der Summe **45–93**,
> GmbH kann in Betracht kommen ab **73**.

Eine weitere Klärung ist im Verhältnis zwischen KG und GmbH möglich durch die Beantwortung der nachfolgenden Fragen:

12. Sollen die Gesellschafter unbeschränkt haften?
> ja: 1   nein: 20
13. Sollen alle Gesellschafter beschränkt haften?
> ja: 100   nein: 1
14. Sollen nur einzelne Gesellschafter beschränkt, die anderen unbeschränkt haften?
> ja: 50   nein: 1

Mit der Zwischensumme für die Fragen 1–11 ergibt sich die Endsumme.
> Liegt diese bei **14**, dann ist die OHG richtig,
> bei Endsumme **116** die KG,
> bei **288** die GmbH.

Die oben genannten Zwischenwerte lauten nun wie folgt:
> bis **60** kommt eine OHG,
> von **116–164** eine KG,
> ab **194** eine GmbH in Betracht.

> (Quelle: H. K. Klauss: Der Gesellschaftsvertrag in seiner zweckmäßigen Form, F. Kiehl, Ludwigshafen. 10. Aufl.)

15.5
Eheliches Güterrecht

Für bereits verheiratete oder vor der Eheschließung stehende Buchhändler stellt sich beim Selbstständigwerden die Frage, welcher eheliche Güterstand für einen Unternehmer am zweckmäßigsten ist. Denn im Falle von Tod oder Scheidung kann das Unternehmen bedroht sein durch die daraus erwachsenden Güteransprüche. Als gesetzlicher Güterstand gilt heute, sofern nichts anderes vereinbart, die Zugewinngemeinschaft. Hier besteht praktisch während der Ehe Gütertrennung, erst bei Auflösung (Tod, Scheidung) wird die Differenz zwischen Anfangs- und Endvermögen ausgeglichen. Der Güterstand der Zugewinngemeinschaft ist für den selbstständigen Unternehmer wenig geeignet.

Die Gütergemeinschaft durch notariellen Ehevertrag vereinigt das vorhandene und später erworbene Vermögen zu einem zur gemeinsamen Verfügung. Bei Scheidung wird es geteilt. Für Unternehmer ist diese Gütergemeinschaft nicht zu empfehlen, denn beide Partner haften unbeschränkt, und bei Auseinandersetzungen in Bezug auf die Unternehmensführung wird die Beweglichkeit gefährdet.

Beim Güterstand der Gütertrennung aufgrund eines notariell beurkundeten Ehevertrages behält und verwaltet jeder das Vermögen, das er zum Zeitpunkt der Eheschließung besitzt und während der Ehe hinzuerwirbt. Die Gütertrennung wird für Unternehmer als gut beurteilt.

Ebenso empfehlenswert ist die modifizierte Zugewinngemeinschaft, eine Kombination von Gütertrennung und Zugewinngemeinschaft. Während die Vereinbarung einer Gütertrennung zu Beginn einer Ehe zweckmäßig erscheint, ist aus psychologischen Gründen bei länger zusammenlebenden Eheleuten die modifizierte Zugewinngemeinschaft der gangbare Weg.

15.6
Grundsätzliche Bestimmungen des Handelsrechts

Durch das Handelsrechtsformgesetz (HrefG) vom 22.6.1998 ist ein einheitlicher Kaufmannsbegriff geschaffen worden: Als Kaufmann gilt, wer ein Handelsgewerbe betreibt, das nach Art und Umfang einen in kaufmännischer Weise eingerichteten Geschäftsbetrieb erfordert (§ 1 HGB – Istkaufmann) oder freiwillig auf Antrag im Handelsregister eingetragen ist (§ 2 HGB – Kannkaufmann). Unterscheidungsmerkmal ist üblicherweise die Beschäftigung von Angestellten. Die Firma eines Kaufmanns muss wahr und unterscheidbar sein (§§ 17, 18, 30 HGB). Alle Firmen, die im Handelsregister eintragen sind, müssen einen Rechtsformzusatz enthalten, der zweifelsfrei auf die Unternehmensform schließen lässt (§ 19 HGB).

16
Kapitalquellen

Eine Buchhandlung kann nur mit Kapital betrieben werden, um die Aufwendungen für Raum, Ware und Personal zu finanzieren. Der Kapitalbedarf richtet sich nach der geplanten Betriebsgröße unter Berücksichtigung der branchenbedingten Besonderheiten, wie relativ langsamer »echter« Lagerumschlag und hoher Anteil der Kreditverkäufe.

Im Durchschnitt des Sortimentsbuchhandels wird in gemieteten Räumen ein Kapitalumschlag von fünfmal erzielt, d.h., bei 500.000 € Jahresumsatz hat die Bilanzsumme eine Höhe von 100.000 €, die auf der Passivseite der Bilanz je zur Hälfte aus Eigen- und Fremdkapital bestehen kann. Dieser »normale« fünfmalige Gesamtkapitalumschlag für bereits viele Jahre existierende Buchhandlungen ist bei gerade gegründeten Firmen in der Regel erheblich niedriger, weil für das Anlagevermögen beachtliche Summen investiert werden, der Lagerumschlag zu Beginn langsamer ist und der Umsatz erst allmählich jene Höhe erreicht, welche dem Mitteleinsatz im Anlage- und Umlaufvermögen angemessen erscheint. So braucht ein Gesamtkapitalumschlag von nur dreimal am Ende der ersten beiden Geschäftsjahre durchaus noch nicht beunruhigend zu sein; bei neuen Unternehmen ist meist mit einer gewissen Durststrecke zu rechnen. Und wenn ein Eigenkapitalumschlag von zehnmal, also eine Eigenkapitalausstattung von 50.000 € bei 500.000 € Jahresumsatz, das übliche Maß sein sollte, wird die gegründete Buchhandlung kaum 50 % Eigenkapitalanteil in der ersten und den folgenden Bilanzen zu stehen haben, sondern erheblich weniger.

Als größtes Hindernis für den Weg in die Selbstständigkeit sind Finanzierungsprobleme anzusehen, das haben bei einer Befragung der Industrie- und Handelskammer München/Oberbayern 26,6 % aller Unternehmer angegeben. Dasselbe Ergebnis brachte eine Erhebung bei 964 Jungunternehmern durch das Institut für Mittelstandsforschung in Bonn, die als größte Schwierigkeit beim Sprung in die eigene Existenz die Finanzprobleme mit 27 % an die erste Stelle rückten. Deshalb bilden die Ausführungen zu den Kapitalquellen (Kap. 16), zum Kapitaldienst (Kap. 17) und zur Errechnung des Kapitalbedarfs (Kap. 18) einen Schwerpunkt dieser Publikation.

Vier Erfolgsfaktoren verbessern die Chancen einer Existenzgründung. An erster Stelle steht das Unternehmenskonzept, die Verwirklichung einer marktfähigen Geschäftsidee durch einen überzeugenden Business-Plan als Schlüssel für den nachhaltigen Bestand der künftigen Buchhandlung. Zum zweiten ist es die Unternehmerpersönlichkeit, von der fundiertes betriebswirtschaftliches Wissen, fachliches Können und Gestaltungsfähigkeit verlangt wird. Drittens ist neben Fremdkapital ein beachtliches Volumen von Eigenkapital für den Start in die Selbstständigkeit unerlässlich. Der Gründer zeigt damit seine Bereitschaft zum eigenen Risiko und schützt sich darüber hinaus vor Liquiditätsengpässen in einem konjunkturell schwierigen Umfeld, denn Eigenkapital muss nicht getilgt werden, feste Zinsen entfallen. Vierter Erfolgsfaktor ist die öffentliche Finanzierung, denn öffentlich geförderte Gründungsvorhaben zeitigen nachweislich mehr Erfolg. Zum einen liegt das an dem stets erforderlichen Unternehmenskonzept, zum anderen auch an den speziellen, auf die Bedürfnisse der Gründer zugeschnittenen Ausstattungsmerkmalen der Fördermittel.

16.1
Eigenkapital

Nur durch ausreichendes Eigenkapital ist eine ausgewogene Kapitalstruktur der Buchhandlung gegeben. Eine gesunde Eigenkapitalbasis eröffnet darüber hinaus neue Kapitalmöglichkeiten. In der Anfangsphase dürfte der Gründer kaum in der Lage sein, das Verhältnis von 1 : 1 von Eigen- zu Fremdkapital zu erreichen. Mindestens sollte jedoch das Verhältnis 1 : 4 betragen, um eine Überschuldung zu vermeiden. Als Mindestsumme für den Start einer kleineren Buchhandlung mit Nischensortiment sind als Orientierungsgröße ungefähr 20.000 bis 50.000 € als Eigenkapital zu veranschlagen. Für ein Vollsortiment in gut eingerichteten Räumen und einem umfassenden Lager sollte ein noch höheres Eigenkapital zur Verfügung stehen. Dabei braucht Eigenkapital nicht nur aus ersparten Geldmitteln zu bestehen. Es können auch flüssig gemachte Erbteile einfließen, der Verkauf von Wertpapieren und sonstigen Vermögensteilen oder gar die Veräußerung von Grundbesitz. Im Allgemeinen wird das eigene Kraftfahrzeug ins Anlagevermögen eingebracht. Eigenkapitalcharakter können Darlehen der engeren Verwandten haben, die auf dingliche Absicherung verzichten und das Geld langfristig überlassen.

Reichen die eigenen Mittel nicht aus, mag durch eine zu gründende Gesellschaft die Kapitalbasis durch weitere Geldgeber verstärkt werden. Hier tritt wiederum das Problem der Rechtsform der Gesellschaft auf (Kap. 15). Inwieweit hat der andere Kapitalgeber, sofern er nicht mitarbeitet, das Recht zum »Dreinreden« oder »Mitregieren«? Wie werden sich anfangs und später die Gesellschafter vertragen? Ist es möglich, die Geldgeber später auszuzahlen und als Gesellschafter auszuschließen?

16.2 Fremdkapital

Es dürfte keinen Buchhändler geben, der bei der Gründung einer Buchhandlung über so viel eigene Mittel verfügt, dass er ganz auf Fremdkapital verzichten kann. Eine 100prozentige Eigenkapitalausstattung kommt aus betriebswirtschaftlichen Gründen wegen zu schlechter Eigenkapitalverzinsung sowieso nicht in Frage. Für die Gewährung von Krediten sind ausreichende Sicherheiten die Voraussetzung. Selbst in Zeiten einer Geldschwemme ist immer noch die Hürde »Sicherheiten« zu überspringen.

Wir unterscheiden nach kurzfristigen (bis drei Monate), mittelfristigen (bis drei Jahre) und langfristigen (über drei Jahre) Krediten. Die Fremdmittel sollen eine gesunde Relation nach Fristigkeit haben (vgl. Kap. 17.5 und 17.6). Während eigene Mittel keine Kosten verursachen, wenn wir den kalkulatorisch richtigen Ansatz der Eigenkapitalverzinsung außer Acht lassen, belastet Fremdkapital die Buchhandlung mit zusätzlichen Kosten, die erwirtschaftet werden müssen.

Bei der Kapitalbeschaffung gibt es sehr viele Möglichkeiten mit unterschiedlichen Kosten; die Angebote sind deshalb sorgfältig zu prüfen und gegeneinander abzuwägen (vgl. Kap. 17.3). Bedeutung haben dabei die zu stellenden Sicherheiten und die Laufzeiten der einzelnen Kredite. Die laufende Geldentwertung kann eine positive Wirkung haben, wenn die Annuitäten der Zahlungen durch geschwundene Kaufkraft bei nominell gestiegenen Einkommen in den letzten Jahren der Rückzahlung leichter fallen. Jedes Fremdkapital muss eines Tages aus dem Gewinn des Unternehmens nach Abzug der darauf fallenden Steuern und Privatentnahmen zur Bestreitung des Lebensunterhaltes (vgl. Kap. 17.2) zurückgezahlt werden. Wenn es für die Rückzahlung nicht ausreicht, können dann neue Schulden gemacht werden? (vgl. Kap. 17.4)

Fremdkapital wird in der Regel bei Banken und Sparkassen aufgenommen. Dem Gründer als potenzieller Kreditnehmer sei die Notwendigkeit einer gezielten Vorbereitung der Kreditgespräche ans Herz gelegt. Für diese Vorbereitung ist die nachstehend abgedruckte *Checkliste: Tipps für Kreditgespräche mit Banken und Sparkassen* von Nutzen. Eine Handlungsweise nach diesen Tipps vermag die Kreditwürdigkeit zu beeinflussen und eine problemlosere Erfüllung des Kreditantrages zu bewirken. Die gründliche Vorbereitung zwingt den Unternehmer auch zur kritischen Überprüfung seines Investitionsvorhabens. Das gilt nicht nur für die Gründungsphase, sondern auch für spätere Finanzplanungen.

Vergessen sollte man nicht die sachkundige Beratung durch Banken, durch deren geschulte Mitarbeiter. Liefert der Buchhändler entsprechende Informationen, gehört es zu den Dienstleistungen leistungsfähiger Kreditinstitute, dem kreditsuchenden Unternehmer Entscheidungshilfen zu geben. Dieser Service-Katalog umfasst:
- Bilanz- und Erfolgs-Analyse;
- Gewinnschwellen-Analyse;

- Branchenvergleichszahlen, die sogar über die Daten des Kölner Betriebsvergleichs hinausgehen, so z. B. liegen Durchschnittswerte aus analysierten Bilanzen vor (Branchenberichte);
- Marktanalysen und Marktprognosen allgemeiner und spezieller Art (z. B. auf den Ort bezogen);
- Betriebs- und Investitionsfinanzierungs-Programm;
- Finanz- und Erfolgsplanung;
- öffentliche Wirtschaftsförderung (Kapitalhilfen des Bundes und der Länder);
- Existenzgründungs-Service.

Am 1. Januar 2006 tritt Basel II in Kraft, aber jetzt schon greifen die Banken bei der Vergabe von Darlehen härter durch. Mit der Umsetzung der Eigenkapitalrichtlinien werden die Regeln noch strenger. Man stuft die Unternehmen in genau definierte Risikoklassen ein, und die Kreditkonditionen orientieren sich nach diesem Rating. Bestimmte Branchen haben von vornherein nicht so gute Karten, dazu gehört der Einzelhandel und damit auch der verbreitende Buchhandel. Die Banken erwarten ein Unternehmenskonzept, das nachhaltig und langfristig angelegt ist. Ein Business-Plan muss zeigen, wohin der Weg geht.

CHECKLISTE:
TIPPS FÜR KREDITGESPRÄCHE MIT BANKEN UND SPARKASSEN

1 Allgemeines

1.1 Der Unternehmer sollte ein Kreditinstitut wählen, das seiner eigenen Betriebsgröße, seinem mittelständischem Charakter als Buchhandlung am besten entgegenkommt.

1.2 Buchhandlungen als zumeist kleine Betriebe konzentrieren ihre Kreditgeschäfte zweckmäßig auf eine, maximal zwei Banken/Sparkassen.

1.3 Wegen eines halben Prozentes als Zinsdifferenz lohnt es sich nicht, das Kreditinstitut zu wechseln, mit dem man bislang zufrieden war.

1.4 Es empfiehlt sich, regelmäßig ein allgemeines Informationsgespräch mit der gewählten Hausbank zu führen.

1.5 Der Firmenkundenberater des jeweiligen Kreditinstituts hat im Allgemeinen entsprechende Vollmachten für die Kreditvergabe. Mit ihm ist eine persönliche Verbindung zu pflegen; es sind ständig Kontakte zu halten. Er kennt dann das Unternehmen am besten und vermag die Interessen der Buchhandlung zu vertreten. Bei Zweigstellen der Kreditinstitute ist zu eruieren, welchen Entscheidungsspielraum der Firmenkundenberater bzw. der Filialleiter hat.

1.6 Der Kreditbedarf ist genügend hoch anzusetzen und muss schlüssig begründet sein. Die Kreditlinie sollte in ihrer Höhe so angesetzt sein, dass sie bei normalem Geschäftsverlauf ausreicht.

1.7 Rechtzeitig vor Beginn eines Vorhabens, das einer Fremdfinanzierung bedarf, ist die Kreditaufnahme mit der Hausbank zu besprechen.

1.8 Der Bank/Sparkasse ist ein realistischer Plan zur Rückzahlung des beantragten Kredits vorzulegen.
1.9 Sollte sich entgegen der Plandaten eine negative Geschäftsentwicklung einstellen, so ist dies dem Kreditinstitut mitzuteilen; es sind evtl. weitere Finanzierungsmaßnahmen zu vereinbaren.
1.10 Eine als voraussichtlicher Nachfolger in der Buchhandlung tätige Person sollte in die Kreditgespräche einbezogen werden.
1.11 Auf keinen Fall dürfen Verträge und sonstige Abmachungen mit dem Kreditinstitut verletzt werden.
1.12 Ein selbstbewusster Unternehmer geht nicht als Bittsteller zu seiner Hausbank, sondern versteht sich als Geschäftspartner im Geldverkehr.

2 Betrieb

2.1 Mehrmals jährlich sollte die kreditgebende Hausbank unaufgefordert über die Geschäftsentwicklung (Umsatz, Kosten, Ertrag) informiert werden.
2.2 Das Kreditinstitut ist rechtzeitig über neue, größere Vorhaben im Unternehmen und markante Veränderungen in der Branche zu unterrichten.
2.3 Sind Erneuerungen in der technischen Ausstattung, Veränderungen im Bereich der Betriebsorganisation, Ausweitung des Betriebes, größere Aufstockungen des Warenbestandes durch neue Warengruppen, eine neue Marketing-Konzeption oder andere größere Veranstaltungen geplant, kann man der Bank eine Kurzinformation zugehen lassen.
2.4 Die Beurteilung der Konkurrenz im Ort und im engeren Einzugsgebiet sollte Gegenstand der Gespräche sein.
2.5 Der Firmenkundenberater kann ein kompetenter Gesprächspartner zu Fragen des Rechnungswesens und der Unternehmensrentabilität sein.
2.6 Eine Einladung des Firmenkundenberaters zu einer Betriebsbegehung vermag die vorgetragenen Kreditwünsche untermauern helfen durch die damit bezweckte Dokumentation der Leistungsfähigkeit der Buchhandlung. Aufnahme der Adresse des Firmenkundenberaters in die Kundenkartei für Einladungen zu Lesungen, Signierstunden und sonstigen Veranstaltungen sowie für werbliche Buchangebote.
2.7 Einbeziehung des Firmenkundenberaters in Zukunftsbetrachtungen des Unternehmers in Bezug auf die Entwicklung der Rentabilität, der Liquidität und der Abdeckung der Bankverbindlichkeiten. Planungsrechnung in ihren verschiedenen Facetten ist dazu das Instrumentarium.

3 Finanzen

3.1 Möglichst frühzeitig legt man der kreditgebenden Hausbank unaufgefordert die letzte Bilanz nebst Gewinn- und Verlustrechnung vor und kommentiert den Jahresabschluss durch Annotationen und Hinweise auf branchenbedingte Besonderheiten (z. B. Preisbindung für Verlagserzeugnisse und deshalb kaum eigene Preiskalkulation, Bildung erheblicher »stiller Reserven« im Warenlager aufgrund der nach »Merkblatt…« erlaubten Pauschalabschläge auf die Bestände der Inventur.

3.2 Die Umsatz- und Gewinnerwartungen der nächsten Jahre sind als Planwerte in die Gespräche über den Kreditbedarf einzubringen.

3.3 Schlüssige Hilfestellung bei erhöhtem Finanzierungsbedarf geben Finanzplanung und Liquiditätsvorschau für die Laufdauer der mittel- und langfristigen Kredite.

3.4 Zeitnah aufbereitete betriebswirtschaftliche Auswertungen, so z. B. monatlich die der Datev, bilden sowohl für den Kreditnehmer als auch für den Kreditgeber eine laufende Kontrolle, ob die Plandaten erreicht sind und damit die Rentabilität stimmt, also die Kreditwürdigkeit weiterhin gegeben ist.

4 Sicherheiten

4.1 Banken unterscheiden nach dinglichen Sicherheiten (z. B. Grundschuld, Hypothek, Sicherungsübereignung von Einrichtungsgegenständen oder Warenbeständen) und persönlichen Sicherheiten (z. B. Schuldversprechen, persönliche Bürgschaften). Die Beurteilung und damit die Bewertung der angebotenen Sicherheiten ist zwischen den einzelnen Kreditinstituten unterschiedlich.

4.2 Bewilligte Kredite müssen aus dem Ertrag der Buchhandlung zurückgezahlt werden, nicht jedoch aus der Verwertung der gegebenen Sicherheiten.

4.3 Wichtigster Sicherheitsaspekt für Kreditinstitute ist die voraussichtliche Entwicklung des Unternehmens, welches den Kredit beantragt (vgl. Punkt 2.7). Zwar werden geschäftliche Erfolge der Vergangenheit beurteilt, aber sie spielen bei der Abwägung nicht die Hauptrolle.

4.4 Wertpapiere sind für Banken als Sicherheiten problemlos und unkompliziert. Staatsanleihen und Pfandbriefe werden im Allgemeinen bis zu 80 % des Kurswertes beliehen, Aktien je nach Bonität des Emittenten mit 50 bis 60 % des Börsenkurses.

4.5 Die Beleihung von Grundbesitz (Hypothek, Grundschuld) als Hypothekarkredit bringt 50 bis 60 % des Wertes der Immobilie. Dieser Vorgang ist mit notarieller Beurkundung verbunden.

4.6 Wechseldiskont, die Beleihung von Wechseln, ist eine weitere Kreditaufnahmemöglichkeit für kurze Zeit, allerdings kaum Usus in der Branche.

4.7 Bei Sicherheitsübereignung von bezahlten Einrichtungsgegenständen, die gegebenenfalls leicht zu veräußern sind (Kraftfahrzeug, Kasse, EDV-Anlage), werden diese Gegenstände meist recht gering bewertet (unter dem Zeitwert). Nicht akzeptiert als Sicherheit werden fest eingebaute Ladeneinrichtungen.

4.8 Sicherheitsübereignung des bezahlten Warenbestandes – dieses Risiko gehen Kreditinstitute sehr selten ein. Für Verlagserzeugnisse wegen der Ungewissheit des Absatzes in angemessener Zeit.

4.9 Eine Abtretung der Forderungen an Kunden (Zession) kann bei hohem Kreditverkaufsvolumen in Frage kommen.

4.10 Bei Abtreten einer Lebensversicherung des Kreditnehmers wird der so genannte Rückkaufswert voll von den Banken beliehen.

4.11 Verpfändung von persönlichen Wertsachen, sofern vorhanden.

4.12 Persönliche Sicherheiten sind Schuldversprechen des Unternehmers (einschließlich des Ehegatten), Bürgschaften von Privatpersonen (zumeist Verwandte) oder Lieferanten. Diese Sicherheiten stehen in der Rangfolge an letzter Stelle.

5 Konditionen

5.1 Grundsätzlich muss immer über die Konditionen eines Kredits mit den Banken verhandelt werden. Geld ist eine Ware wie jede andere und sollte zu den günstigsten Bedingungen eingekauft werden.

5.2 Die Laufzeiten der Kredite sind zu fixieren. Für kurzfristig zu finanzierende Vorhaben bis zu einem Jahr, für mittelfristige Investitionen drei bis fünf Jahre, für langfristige acht bis zehn Jahre.

5.3 Verlängerungsmöglichkeit der Kredite sollte man sich einräumen lassen mit Festlegung der Termine für die Anmeldung und Laufdauerfestlegung.

5.4 Im Falle eines plötzlich auftretenden Liquiditätsengpasses sollte die kurzfristige Erhöhung der Kreditlinie möglich sein.

5.5 Kreditkonditionen sind auf Nettozinsbasis zu vereinbaren, die Effektivbelastung muss ersichtlich sein.

5.6 Als Berechnungsbasis für Kreditprovisionen ist der durchschnittlich in Anspruch genommene Kredit zu vereinbaren.

5.7 Über Nebenkosten verhandeln – hier ist bei jedem Kreditinstitut Spielraum.

5.8 Auf keinen Fall für kurzfristige Kontokorrentkredite erstrangige Sicherheiten (Grundschuldbrief, Hypotheken) übereignen. Versuchen, diesen ganz oder teilweise als persönlichen Kredit (ungesichert) auszuhandeln.

5.9 Grundsätzlich sind alle getroffenen Vereinbarungen durch das Kreditinstitut zu bestätigen.

6 Sonstiges

6.1 Es ist zu prüfen, ob neben Bankkrediten auch Mitarbeiterdarlehen einen Finanzierungsweg darstellen mit dem Nebenzweck der langfristigen Bindung guter Kräfte an den Betrieb oder zur Beteiligung eines möglichen Nachfolgers.

6.2 Lieferantenkredit ist in der Regel der teuerste, sofern er mit dem Verzicht auf Skontoerlös erkauft wird.

6.3 Kredithilfen des Bundes und der Länder sollten wegen ihrer günstigen Konditionen auf jeden Fall in Anspruch genommen werden, sofern ein Titel für das Vorhaben in Frage kommt. Auskünfte darüber gibt die jährlich erscheinende Broschüre *Die Finanzierungshilfen des Bundes und der Länder an die gewerbliche Wirtschaft* (Fritz Knapp Verlag, Frankfurt). In manchen Fällen ist es hilfreich, das Kreditinstitut auf diese zinsgünstig erhältlichen Mittel hinzuweisen, um angebotenen teureren Bankkrediten zu entgehen.

6.4 Für sehr große Vorhaben können in bestimmte Fällen Kapitalbeteiligungsgesellschaften herangezogen werden.

(Quelle: Rationalisierung & Organisation im Buchhandel, 1990, S. 26ff)

16.2.1
Privatdarlehen von Verwandten oder Freunden

Priorität bei der Erschließung der Quellen des notwendigen Fremdkapitals haben Privatdarlehen von Verwandten oder Freunden, weil sie zumeist langfristig, zu geringen Zinssätzen und ohne die banküblichen Sicherheiten gewährt werden. Voraussetzung ist, dass sich die Geldgeber nicht mit haftendem Kapital selbst an der Buchhandlung beteiligen wollen. Eine langfristige Amortisation der Darlehen gibt ihnen fast Eigenkapitalcharakter, der Kreditspielraum bei Banken erhöht sich, weil die vorhandenen Sicherheiten noch voll verfügbar sind. Welchen Zins der Darlehensgeber erwartet, hängt von seiner Einstellung und seinem Verwandtschaftsverhältnis ab. Neben zinslosen Krediten bei nahen Familienangehörigen finden wir die üblichen, auch gleitenden Zinsfüße wie bei langfristigen Bankkrediten. Auf keinen Fall sollte die Gewährung eines Darlehens mit einem Mitspracherecht bei der Unternehmensführung verbunden sein. Allerdings muss der Buchhändler gewöhnlich Einsicht in seine Bücher als Mindestsicherheitsmaß konzedieren. Ein formloser Darlehensvertrag ist selbst bei nahen Verwandten üblich, der neben der Darlehenssumme den geforderten Zins, die Rückzahlungsmodalitäten und eventuell eine Sicherungsübereignung enthalten muss.

16.2.2
Hypothek, Grundschuldverschreibung und Beleihung von Versicherungen

Vorhandener Grundbesitz (Haus, Boden) kann beliehen werden, wobei im Allgemeinen für Hypothekarkredite 60 % des Wertes der Immobilien die Beleihungsgrenze nach oben bilden, bei Sparkassen sind es oft nur 50 %. Eine Beleihung oder Sicherheitsübereignung von Grundbesitz ist fast stets einem Verkauf vorzuziehen. Die Hypothek ist ein Pfandrecht zur Sicherung einer Forderung an einem Grundstück (§ 1113 BGB) und muss in der dritten Abteilung des Grundbuches eingetragen werden.

Für Verzinsung und Tilgung von Hypotheken vereinbart die Bank gleichbleibende Raten (Annuitäten); neben der Verzinsung fallen noch Verwaltungskosten an. In der Regel wird das Darlehen nicht zu 100 %, sondern beispielsweise nur zu 98 % ausgezahlt. Je nach Lage auf dem Geldmarkt kann diese Differenz, das Damnum, größer oder kleiner sein. Der vereinbarte Zinssatz wird entweder über einen längeren Zeitraum (bis zu zehn Jahren) gleich hoch bleiben (üblich bei Hypothekenbanken) oder aber variabel sein und damit orientiert am Auf und Ab des Zinsniveaus (Geschäftsbanken, Sparkassen). Die Konditionen für Hypothekarkredite sind bei den einzelnen Finanzinstituten unterschiedlich, es kann also gewählt und um günstige Konditionen verhandelt werden. Je länger ein Festzins vereinbart wird, desto ungünstiger ist der Zinssatz oder der Auszahlungsbetrag (höheres Damnum). Mit dem Antrag auf einen Hypothekarkredit sind einzureichen:

16.2 Fremdkapital

- Grundbuchauszug (neuester Stand);
- Katasterauszug;
- Versicherungsschein der Gebäudeversicherung;
- Auszug aus dem Liegenschafts- und Gebäudebuch;
- letzter Einheitswertbescheid.

Auch ein Dritter, ein Verwandter zum Beispiel, vermag sein Grundstück als Pfand zur Verfügung zu stellen und die Hypothek eintragen zu lassen. Während bei der Hypothek außer dem Grundstück auch das sonstige persönliche Vermögen des Eigentümers für die Forderung haftet, liegt das bei der Grundschuld anders. Hier wird nur mit dem Grundstück gehaftet.

Durch Eintragung einer Grundschuld im Grundbuch ist der Eigentümer zur Zahlung der geliehenen Summe verpflichtet. Gelöscht werden kann diese Eintragung nach Tilgung der Schuld. Man darf aber die Grundschuld nach Tilgung im Grundbuch stehen lassen, um die Kosten der Eintragung bei erneuter Aufnahme eines Darlehens zu sparen. In diesem Falle genügt dem Eigentümer eine löschungsfähige, vom Notar bestätigte Quittung des Geldgebers über die Rückzahlung. Unter dem Aspekt der Haftung ist die Grundschuld einer Hypothek vorzuziehen.

Der Schuldner hat das Recht, die Hypothek/Grundschuld ganz oder teilweise zu kündigen und vorzeitig zurückzuzahlen. Dieses Recht kann nur bis zu einem Zeitraum von zehn Jahren vertraglich ausgeschlossen werden.

Zu erwähnen ist in diesem Abschnitt die Beleihung von Lebens- und/oder Kapitalversicherungen, was aber bei niedrigem Lebensalter und kleinerer Versicherungssumme wenig bringt. In jungen Jahren hat der Buchhändler gewöhnlich kaum Neigung für eine zusätzliche Absicherung oder aber nicht das Geld dafür, zumal er als Angestellter die gesetzliche Sozialversicherung als seine Altersvorsorge ansieht.

16.2.3
Bankkredite

Banken und Sparkassen sind zumeist bereit, auch einem Anfänger Kredite zu geben, weil sie ihren Kundenkreis ausdehnen möchten und hoffen, dass es nicht nur bei der einmaligen Gewährung und Abwicklung eines Kredites bleibt, sondern die neugegründete Buchhandlung ihr Geschäftskonto dort eröffnet, die Bareinnahmen regelmäßig einzahlt, im Zahlungsverkehr die Zahlungen der Kunden dorthin überweisen lässt, die Zahlungen an Lieferanten über sie ausführt, so dass also regelmäßig mit der Bank gearbeitet wird. Damit gewinnt übrigens auch die kreditgebende Bank einen Eindruck von der geschäftlichen Entwicklung der neuen Buchhandlung. Je nach den Verhältnissen ist zu entscheiden, ob später ein zweites Finanzinstitut für Kredite oder den allgemeinen Geldverkehr gebraucht wird.

Anfangs genügt sicher eine Bank oder Sparkasse, was letztlich sogar verwaltungsmäßige Vereinfachungen bringt.

Gebräuchlichste Form der kurzfristigen Finanzierung ist der Kontokorrentkredit, die Überziehung des laufenden Kontos bei der Bank, bis zu einer vorher vereinbarten Höhe. Im Allgemeinen ist dieser Kredit auch der teuerste und deshalb zur dauerhaften Inanspruchnahme nicht geeignet. Seine Kosten setzen sich zusammen aus Zinsen, Kreditprovisionen, Umsatzprovisionen und Barauslagen, bei Überziehung des Kreditlimits kommt noch Überziehungsprovision dazu. Die Geldinstitute sind verpflichtet, den Effektivzinssatz, also die zuvor genannten Kreditkosten zusammengefasst, zu nennen. Der Kontokorrentkredit hat seinen Sinn z. B. zur Regulierung der hohen Lieferantenverbindlichkeiten im Frühjahr und Herbst aufgrund der Vertreteraufträge. Die Kreditinstitute sind in der Regel bereit, einen Kontokorrentkredit in Höhe eines durchschnittlichen Monatsumsatzes zu gewähren. Durch Verhandeln mit mehreren Banken lassen sich Vorteile herausholen; Vergleichsangebote sind für die Entscheidung wichtig.

Der Lieferantenkredit ist bei Verzicht auf Skonto wesentlich teurer als der schon nicht billige Kontokorrentkredit. Dazu ein einfaches Beispiel: 50.000 € Bankschulden kosten bei 10% Zinsen 5.000 €, 50.000 € durchschnittlicher Wareneinkauf je Monat hingegen kosten bei Verzicht auf Skonto in Höhe von 2% und einem Monat Ziel 12.000 € im Jahr, bei 60 Tagen Ziel 6.000 €. Die Schlussfolgerung ist leicht zu ziehen: die Lieferantenverbindlichkeiten in den meisten Fällen umzuschulden und dabei das Kreditlimit so hoch anzusetzen, dass der Wareneinkauf voll skontiert werden kann (wo möglich).

Der Zinssatz für Kontokorrentkredite schwankt ständig auf und ab mit Veränderung des Zinsniveaus und streut sogar zwischen den einzelnen Kreditinstituten recht breit. Nach einer Konditionenumfrage der *Chef-Telegramme* steigt mit wachsender durchschnittlicher Inanspruchnahme des eingeräumten Kontokorrentkredites tendenziell die Zinsbelastung. Am stärksten zur Kasse gebeten werden jene Kreditnehmer, die ihn laufend überziehen. Deshalb der Rat in Bezug auf den Kontokorrentkredit:
- Sich vor einem dauernden Abhängigkeitsverhältnis zur Hausbank bewahren und damit die Kreditwürdigkeit pflegen;
- Eingeräumte Kredite termingerecht zurückzahlen;
- Kreditlimit stets einhalten und auf keinen Fall überziehen, eventuell höhere Bedürfnisse durch zeitweilige Aufstockung absichern.

Für bestimmte Anschaffungen, z. B. Inneneinrichtung, Büromobiliar, Kraftfahrzeug, hochwertige Büromaschinen, bietet sich mittelfristige Finanzierung durch Kreditinstitute an, wenn langfristige Mittel aus anderen Quellen nicht zur Verfügung stehen. Hier und bei den langfristigen Krediten ist bei den Kostenverhandlungen auf längere Festschreibung der Zinsen zu achten. In der Wirtschaft ist der langfristige Bankkredit das am meisten verbreitete Mittel zur Fremdfinanzierung. Die Kreditwürdigkeit prüfen die Banken nach selbstentwickelten Beleihungsrichtlinien. Diese zumeist pauschal angewandten Richtlinien können dazu führen, dass branchen- oder betriebsindividuelle Besonderheiten als negativ angesehen werden, so z. B. beim Warenbestand einer Sortimentsbuchhandlung, mit zwei bis drei Monaten im Verhältnis zum Umsatz höher als der banküblicher Richtsatz von 45 bis 60 Tagen. Hier bedarf es dann zusätzlicher Erläuterungen durch den Kreditnehmer.

Die Banken sind es auch, die andere langfristige Darlehen aufgrund von Hypotheken, Grundschuldverschreibungen, Versicherungshypotheken (vgl. Kap. 16.2.2) gewähren und die vom Bund (vgl. Kap. 16.2.5) und den Ländern (vgl. Kap. 16.2.6) bereitgestellten Kredite abwickeln über die Kreditanstalt für Wiederaufbau (KfW) und die Deutsche Ausgleichsbank.

Banken sind nicht nur dazu da, um Geld zu verleihen; sie nehmen auch Gelder an gegen entsprechende Verzinsung. Bei laufendem Konto kann nach Abdeckung des Kontokorrentkredits und der Lieferantenverbindlichkeiten in Zeiten hoher Einnahmen, so im Dezember, das Guthaben kurze Zeit gewaltig anschwellen. Es wäre falsch, diese zeitweilig nicht benötigten Mittel auf dem Konto stehen zu lassen, wo sie praktisch keinerlei Verzinsung bringen. Ein besserer Weg ist die Anlage der im Betrieb nicht benötigten Mittel als Festgeld, eine attraktive kurzfristige Geldanlage mit beachtlichen Zinserträgen bei hohem Zinsniveau. Bei Anlage von Festgeld ist sorgfältig zu prüfen, wie viel Mittel für welchen Zeitraum frei sind. Dann kann der Festgeldzins mit dem Kreditinstitut ausgehandelt werden. Über Jahresultimo hinaus angelegte Gelder bringen gewöhnlich die höchste Verzinsung. In diesem Zusammenhang die Anmerkung, dass im Durchschnittsfalle die Buchhandlungen acht bis neun Monate ins Kapitalminus wirtschaften, die Erlöse also nicht die Kosten plus Privatentnahmen decken; nur vier bis drei Monate bringen einen Überschuss. Wenn die Anlage von Festgeld außerhalb des Betriebs in der Privatsphäre erfolgt durch entsprechende Privatentnahmen der Inhaber, dann ist ein steuerlicher Zusatzeffekt gegeben, nämlich die Verringerung von Gewerbekapital und damit Gewerbesteuerersparnis, in diesem Fall durch über den Geschäftsjahresschluss hinausreichende Entnahmen. Im Bedarfsfalle, also etwa drei bis vier Monate später, werden die entnommenen Beträge dem Betrieb wieder als Betriebsmittel aus dem Privatvermögen zugeführt.

16.2.4
Kapitalbeteiligungsgesellschaften

Die Kapitalbeteiligungsgesellschaft (KBG) hat im Sortimentsbuchhandel einen geringen Bekanntheitsgrad, weil sich zumeist größere Unternehmen ihrer bedienen; für kleinere Beteiligungen lohnt sich der Aufwand nicht. Die Beteiligung einer KBG liegt im Durchschnitt bei 300.000 €, die kleinste unterschreitet kaum 50.000 €. Eine KBG beteiligt sich nur auf Zeit am Unternehmen, zumeist zehn Jahre. Für das eingebrachte Kapital, das Eigenkapitalcharakter hat, sind entweder Zinsen nach einem festen Satz zu zahlen oder es wird im Beteiligungsvertrag ein Beteiligungsentgelt oder eine Gewinnbeteiligung vereinbart. Die Rückzahlung der Beteiligung erfolgt am Ende der Vertragsdauer zu 100 Prozent, vorherige Ablösungen sind möglich.

In der Bundesrepublik sind sehr viele Kapitalbeteiligungsgesellschaften verschiedenster Provenienz tätig, hinter denen öfters Banken als Gesellschafter stehen. 215 ordentliche und 67 assoziierte Mitglieder gibt es im *Bundesverband deutscher Kapitalbeteiligungsgesellschaften – German Venture Capital Association e.V. (BVK)* mit Sitz in Berlin (Postanschrift: Residenz am Deutschen Theater, Reinhardtstr. 27c, 10117 Berlin, Telefon 030/306982-2, Telefax 030/306982-20, E-Mail bvk@bvk-ev.de; www.bvk-ev.de). Dieser Verband nennt auf Anfrage die mittelständischen Kapitalbeteiligungsgesellschaften, die im Rahmen der Förderprogramme des Bundes und der Länder wirken. Er informiert auch über die Bürgschaftsbanken, die als Garantiegesellschaften tätig sind, des weiteren über die Garantiemöglichkeiten und die Konditionen.

16.2.5
Kredithilfen des Bundes

Bund und Länder stellen der gewerblichen Wirtschaft für bestimmte Vorhaben aus Sonderprogrammen Kredite zu günstigen Konditionen zur Verfügung. Auch die Gründung selbstständiger Existenzen wird mit öffentlichen Mitteln erleichtert; ein gründungswilliger Buchhändler sollte sie auf jeden Fall in Anspruch nehmen.

In den beiden nächsten Abschnitten werden jene öffentlichen Finanzierungshilfen aus dem großen Katalog der Maßnahmen nach dem Stand 2003 vorgestellt, die bei der Gründung einer Buchhandlung in Frage kommen können. Eine vollständige Übersicht bietet die alljährlich erscheinende Sonderausgabe der *Zeitschrift für das gesamte Kreditwesen* (Fritz Knapp Verlag, Frankfurt/M.) unter dem Titel *Die Finanzierungshilfen des Bundes, der Länder und der internationalen Institutionen. Gewerbliche Wirtschaft*. Der Band 1 *Gewerbliche Wirtschaft* enthält:
- ERP-Darlehen für Existenzgründungen und spezielle Investitionen;
- Investitionszuschüsse aus der Gemeinschaftsaufgabe;
- Programme der einzelnen Bundesministerien;
- Bürgschaften;
- Hilfen der Bundesanstalt für Arbeit, der KfW;
- alle Länderprogramme von Baden Württemberg bis Thüringen;
- Wirtschaftsfördergesellschaften;
- Brüsseler Strukturfonds;
- Mittel für Kommunalinvestitionen.

Genannt sind alle Adressen der fördernden Bundes- und Länderministerien. Durch Nutzung der neuesten Ausgabe ist der Kreditsuchende auf dem aktuellen

16.2 Fremdkapital

Stand. Das Sonderheft erscheint jeweils Mitte des Jahres. Kostenlos angefordert werden können aktuelle Unterlagen von folgenden Stellen:
- Deutsche Ausgleichsbank (DtA), www.dta.de. Nach Fusion der Deutschen Ausgleichsbank mit der Kreditanstalt für Wiederaufbau (2003) findet man das neustrukturierte Förderangebot unter www.kfw-mittelstandsbank.de. (Besonders aufschlussreich sind der *DtA-Finanzberater*, ein schlauer Wegbereiter in die Selbstständigkeit, sowie der Ratgeber *Existenzgründung – Zwölf Meilensteine auf dem Weg zum erfolgreichen Unternehmer*, FAZ-Verlag.)
- Kreditanstalt für Wiederaufbau (KfW), Palmengartenstraße 5, 60325 Frankfurt am Main, www.kfw.de;
- Die Ministerien für Wirtschaft in den einzelnen Bundesländern; Beispiel: Niedersächsisches Ministerium für Wirtschaft, Technologie und Verkehr, Referat Existenzgründungen, Friedrichswall 1, 30159 Hannover;
- Ämter für Wirtschaftsförderung in den Ländern, Bezirken und Gemeinden;
- Industrie- und Handelskammern (vgl. Kap. 21.4);
- Banken und Sparkassen (Die Volksbanken haben z. B. ein ständig aktualisiertes *Handbuch für Förderprogramme*);
- Börsenverein des Deutschen Buchhandels, Frankfurt am Main, und die buchhändlerischen Landesverbände (Anschriften im Kap. 1.5.) Der Verband Bayerischer Verlage und Buchhandlungen in München hat eine Informationsbroschüre *Finanzierungshilfen für Buchhandlungen und Verlage in Bayern* herausgegeben.
- Das Bundesministerium für Wirtschaft hat ein *Softwarepaket für Gründer und junge Unternehmen* produziert, kostenlos als CD-ROM erhältlich.

Die Vergabe staatlicher Finanzierungshilfen zur Existenzgründung setzt persönlich zuverlässige und fachlich ausreichend qualifizierte Geschäftsführung voraus. Gefördert werden wachstumsfähige Branchen, die neue Betriebe an erfolgversprechenden Standorten errichten. Grundsätzlich wird nur die erste Existenzgründung mitfinanziert, das Vorhaben darf zum Zeitpunkt des Kreditantrags noch nicht begonnen sein. Einzige Ausnahme: Kredite aus »DtA-Existenzgründung – Betriebsmittelvariante« dürfen bis zu acht Jahren nach der Betriebseröffnung beantragt werden, weitere Voraussetzung ist eine den Vermögens- und Ertragsverhältnissen entsprechende Eigenfinanzierung. Die ausschließliche Fremdfinanzierung von Existenzgründungsmaßnahmen durch zinsgünstige öffentliche Darlehen gibt es nicht. Ein bestimmtes Eigenkapital muss für diesen Zweck vorhanden sein. Antragsteller mit langjähriger Ansparung von eigenen Mitteln bei einem Kreditinstitut werden bevorzugt behandelt. Ausgeschlossen ist die Nachfinanzierung oder eine Umschuldung. In Bezug auf das Alter des künftigen Unternehmers, der für die Gründung diese Hilfen beansprucht, ist die Grenze zwischen 21 und 55 Jahren gezogen.

Eine der Voraussetzungen des so wichtigen Eigenkapitalhilfe (EKH)-Programms der Bundesregierung zur Förderung von Existenzgründungen ist, dass der

Antragsteller über Eigenmittel verfügt. Es ist zu klären, was als Eigenmittel angesehen werden kann. Neben baren Werten wie Bargeld oder Bankguthaben, die uneingeschränkt akzeptiert werden, geht es vor allem um vielfältige mittelbare bzw. unbare Werte:
- Hausgrundstück. Anrechnung unter der Voraussetzung, dass durch grundpfandrechtliche Belastung Mittel mobilisiert werden.
- Sacheinbringung. Ist möglich, z. B. vorhandenes Kraftfahrzeug, sofern es nach Art und Umfang des betreffenden Gewerbebetriebs typisch notwendig erscheint (kein Zweifel z. B. bei Kombi-Wagen).
- Eigenleistungen gelten grundsätzlich nicht als Eigenmittel im Sinne des EKH-Programms.
- Investitionshilfen. Auch hier erfolgt grundsätzlich keine Anrechnung.
- Verwandtendarlehen. Bei Schenkungen ergeben sich keine Schwierigkeiten. Bei Darlehen kommt es auf die Gestaltung der Konditionen an. Ist z. B. das Verwandtendarlehen nach 15 Jahren rückzahlbar und wird mit 3,5 % pro Jahr verzinst, dann kann es noch den Eigenmitteln zugerechnet werden. Ein Darlehensvertrag mit schneller Tilgungsfrist, z. B. unter zehn Jahren, und im Zinssatz an den Diskont gleitend gekoppelt, kann nicht den Eigenmitteln zugerechnet werden.
- Lebensversicherung. Für den so genannten Rückkaufwert kann eine Anrechnung auf Eigenkapital erfolgen. Allerdings muss der Versicherungsvertrag betrieblich eingesetzt werden z. B. als Sicherheit für aufzunehmende Fremdmittel.

Aus dem EKH-Programm können auch Gesellschaften gefördert werden, z. B. eine Buchhandlung als GmbH. Dann sind alle Gesellschafter förderungswürdig, die die Voraussetzung als Existenzgründer erfüllen. Das gilt auch für Eheleute. Mittel aus dem EKH-Programm müssen nicht banküblich abgesichert werden. Der Ehegatte ist jedoch auf jeden Fall mitverpflichtet; die Vereinbarung anderer Güterstände ist unerheblich.

Nach den Richtlinien für das EKH-Programm ist eine Stellungnahme einer unabhängigen, fachlich kompetenten Stelle (z. B. Betriebsberater, Kammern, unabhängige Sachverständige) auf einen speziellen Formblatt notwendig; die Stellungnahme der Bank reicht allein nicht aus.

Die Eigenkapitalhilfe (EKH) ist ein eigenkapitalähnliches Darlehen, das zu einer ausreichenden Kapitalbasis im Zusammenhang mit Unternehmensgründungen, grundlegenden Neu- bzw. Modernisierungs-Investitionen oder mit dem Erwerb von Unternehmen führen soll. Bedingungen sind:
- Der Nachweis eines nachhaltig tragfähigen investiven Unternehmerkonzeptes;
- Unzureichende Eigenmittel;
- Mittelständischer Charakter des Unternehmens;
- Rechtliche und wirtschaftliche Selbstständigkeit des Unternehmens (keine Mehrheitsbeteiligung eines anderen Unternehmens);
- Antragstellung vor Beginn des Vorhabens.

16.2 Fremdkapital

Die Übersicht auf Seite 280 fasst die wichtigsten Punkte der Darlehensformen des Bundes (ERP, DtA) zusammen (Stand Ende 2002).

12 REGELN FÜR DIE BEANTRAGUNG EINE ERP-KREDITS

1. Der Antrag auf Gewährung eines ERP-Kredits ist grundsätzlich bei einem Kreditinstitut einzureichen, wobei die Wahl des Kreditinstitutes dem Antragsteller überlassen bleibt (z. B. Hausbank).
2. Der Antrag sollte auf den dort erhältlichen Vordrucken gestellt werden. Er soll eine Beschreibung des Unternehmens, des Investitionsvorhabens, den Kosten- und Finanzierungsplan, die Jahresabschlüsse der letzten drei Jahre, die zu erwartende wirtschaftliche Entwicklung und einen Besicherungsvorschlag enthalten. Auskünfte über Einzelheiten der notwendigen Angaben erteilen die Hausbanken.
3. Der ERP-Kredit wird nicht unmittelbar vom ERP-Sondervermögen, sondern über eines der Hauptleihinstitute (Kreditanstalt für Wiederaufbau) durch das Kreditinstitut, bei dem der Antrag gestellt wurde, ausgezahlt.
4. Die Kreditinstitute erhalten für ihre Tätigkeit und die Übernahme der Haftung für den Kredit eine Vergütung, die in dem Zinssatz für den Kreditnehmer enthalten ist.
5. Da die Hausbanken die volle Haftung für den Kredit übernehmen, ist der Kredit banküblich abzusichern. Soweit Sicherheiten nicht im erforderlichen Ausmaß vorhanden sind, können Bürgschaften der Kreditgarantiegemeinschaften der Länder herangezogen werden.
6. Finanziert werden in der Regel bisher nur solche Vorhaben, mit denen zum Zeitpunkt der Antragstellung noch nicht begonnen worden war.
7. Ein Vorhaben kann grundsätzlich nur aus einem ERP-Programm finanziert werden, auch wenn die Voraussetzungen mehrerer Programme für die Kreditgewährung gegeben sind.
8. Der Antragsteller hat zur Finanzierung seines Vorhabens in angemessenem Umfang Eigenmittel und – soweit es ihm zuzumuten ist – auch weitere Fremdmittel einzusetzen.
9. Ein Rechtsanspruch auf Gewährung eines ERP-Kredites besteht nicht.
10. Die Laufzeit des Kredits richtet sich nach seinem Verwendungszweck und nach der Leistungsfähigkeit des Schuldners. Bei den für die einzelnen Kreditprogramme angegebenen Laufzeiten handelt es sich um die höchstzulässigen Laufzeiten.
11. Die ERP-Kredite sollen in gleichen Halbjahresraten getilgt werden. Der Kreditnehmer ist berechtigt, jederzeit ohne vorherige Kündigung den Kredit ganz oder teilweise zurückzuzahlen.
12. Der Kredit darf nur für den im Antrag und in der Kreditzusage festgelegten Zweck verwendet werden. Eine andere Verwendung hat die sofortige Fälligkeit zur Folge.

Darlehensform	Laufzeit	tilgungsfreie Zeit	Höchstbetrag Euro	Was wird gefördert?	Vorteile
ERP-Eigenkapitalhilfe (EKH)	20 Jahre	10 Jahre	500 000	• Gewerbliche oder freiberufliche Existenzgründungen • Kauf eines Unternehmens • Erwerb einer tätigen Beteiligung (mit Geschäftsführungsbefugnis) • Festigungsinvestitionen innerhalb von zwei Jahren (alte Länder) bzw. vier Jahren (neue Länder) nach Gründung	• Keine Sicherheitenstellung (Antragsteller haftet persönlich) • Zinssatz für zehn Jahre fest • Null Prozent Zins im 1. und 2. Jahr • Kombinierbar mit ERP-Ex und DtA-Ex
ERP-Existenzgründung (ERP-Ex)	alte Länder: bis 15 Jahre neue Länder: bis 20 Jahre	alte Länder: bis 3 Jahre neue Länder: bis 5 Jahre	500 000 1 000 000	• gewerbliche oder freiberufliche Existenzgründungen • Kauf eines Unternehmens • Übernahme einer tätigen Beteiligung (mit Geschäftsführungsbefugnis) • Festigungsinvestitionen innerhalb von drei Jahren nach Gründung • Betriebsverlagerungen	• Zinssatz unter allgemeinen Marktkonditionen • Zinssatz für zehn Jahre fest • Vorzeitige Darlehensrückzahlung ohne Mehrkosten • Kombinierbar mit EKH und DtA-Ex
DtA-Existenzgründung (DtA-Ex)	bis 10 Jahre bis 20 Jahre 15 Jahre	bis 2 Jahre bis 3 Jahre 15 Jahre	2 000 000 i. d. R. 25 000 je zusätzlichem Arbeitsplatz/Ausbildungsplatz	• gewerbliche oder freiberufliche Existenzgründungen • Kauf eines Unternehmens • Erwerb einer tätigen Beteiligung (mit Geschäftsführungsbefugnis) • Festigungsinvestitionen innerhalb von acht Jahren nach Gründung • Schaffung sozialversicherungspflichtiger Dauerarbeitsplätze und Ausbildungsplätze • Betriebsverlagerungen	• Zinssatz unter allgemeinen Marktkonditionen • Zinssatz für zehn Jahre fest • Kombinierbar mit EKH- und ERP-Darlehen
DtA-Existenzgründung (DtA-Ex) – Betriebsmittelvariante –	bis 6 Jahre 5 Jahre	1 Jahr 5 Jahre	2 000 000 i. d. R.	• Finanzierung von Betriebsmitteln innerhalb von acht Jahren nach Gründung (z. B. Produktentwicklung, Markterschließungskosten, Auftragsvorfinanzierung)	• Zinssatz unter allgemeinen Marktkonditionen • fester Zinssatz während der Laufzeit • Kombinierbar mit EKH- und ERP-Darlehen
DtA-Startgeld	bis 10 Jahre	bis 2 Jahre	50 000	• gewerbliche oder freiberufliche Existenzgründungen (einschließlich Heilberufe) • Kauf eines Unternehmens • Übernahme einer tätigen Beteiligung	• 80-prozentige Haftungsfreistellung obligatorisch • Finanzierung von Investitionen und Betriebsmitteln • Förderung auch bei einer anfänglichen Nebenerwerbstätigkeit möglich

16.2 Fremdkapital

Mit dem Begriff *de-minimis*-Beihilfen hat die Europäische Gemeinschaft in der Verordnung (EG) Nr. 69/2001 zur Anwendung der Artikel 87 und 88 des EG-Vertrages folgendes festgelegt:
- Um Wettbewerbsverzerrungen zu verhindern, werden Höchstgrenzen für die Subvention eines einzelnen Vorhabens oder Unternehmens festgesetzt. Diese begrenzen die Höhe der Beihilfen von Bund und Bundesländern.
- Ob ein Unternehmen die Höchstgrenze ausschöpft oder nicht, wird von der Art der Förderung bestimmt. So hat ein Zuschuss von 100.000 € einen höheren Subventionswert als ein zinsverbilligtes Darlehen über 100.000 €. (Dem Beihilfeempfänger wird in einer separaten Anlage zur Zusage für eine *de-minimis*-Beihilfe mitgeteilt, wie hoch der auf die Beihilfe entfallene Subventionswert ist. Diese Anlage muss mindestens 10 Jahr aufbewahrt werden.)
- Eine Beihilfe (Förderung) braucht nicht notifiziert und genehmigt werden. Sie gilt dann als so genannte *de-minimis*-Beihilfe, wenn der Beihilfebetrag zum Subventionswert, den dasselbe Unternehmen innerhalb von 36 Monaten erhält, den absoluten Höchstbetrag (*de-minimis*-Schwellenwert) von 100.000 € nicht übersteigt.
- Der Schwellenwert gilt für alle im fraglichen Zeitraum gewährten *de-minimis*-Beihilfen. Mit dem Tag der erstmals gewährten *de-minimis*-Beihilfe beginnt der für den Höchstbetrag geltenden Dreijahreszeitraum zu laufen.
- Diese Verordnung gilt vorerst bis zum 31.12.2006.

16.2.6
Kredithilfen der Bundesländer

Neben dem Bund haben die einzelnen Länder Kredithilfen zur Verbesserung ihrer eigenen Wirtschafts- und Sozialstruktur für bestimmte Vorhaben und Personenkreise bereitgestellt. Darunter sind auch Programme für die Existenzgründung. Die Kredithilfen der Länder können zusätzlich zu denen aus dem Programm des Bundes gegeben werden. Eine Beschränkung ist nur dadurch gegeben, dass die in den ERP-Programmen festgelegten Höchstbeträge der zinsgünstigen Kredite zusammen für beide Inanspruchnahmen nicht überschritten werden sollen.

Kredithilfen der Länder sind in derselben Form wie die des Bundes über die örtlichen Banken abzuwickeln. Alle Kredithilfen der Bundesländer für Existenzgründer können wegen ihrer Vielzahl hier nicht aufgeführt werden. Als Beispiel aus dem Bundesland Niedersachsen sind zu nennen Darlehen, Zuschüsse und Bürgschaften (Stand Ende 2002), die für Existenzgründer relevant sind (Seite 282).

In den gebrachten Übersichten fehlen die aktuellen Konditionen der wichtigsten Förderprogramme des Landes Niedersachsen, der Deutschen Ausgleichsbank und der Kreditanstalt für Wiederaufbau. Auf Seite 283 findet man die Zinssätze, das Damnum und der Effektivzinsfuß per Ende 2002, zusammengestellt von der Niedersächsischen Landestreuhandstelle für Wirtschaftsförderung. Die Konditio-

PROGRAMM	VERWENDUNGSZWECK	FÖRDERKONDITIONEN
Darlehen		
Landesdarlehensprogramm Niedersachsen	Betriebserrichtung, -verlagerung, -erweiterung und -übernahme, Investitionen zur Schaffung/Sicherung von Arbeitsplätzen und Existenzgründung (nur in bestimmten Wirtschaftsbereichen)	Zinsgünstiges Darlehen bis zu 100 % der Investitionskosten; höchstens 500.000 €; bis 20 Jahre Laufzeit (bis zu 2 Tilgungsfreijahre). Bei Gründung bis zu 125.000 € (max. 25.000 € für Betriebsmittel)
Existenzgründerinnen-Programm Niedersachsen	Existenzgründung durch Frauen (auch freie Berufe, einschließlich Heilberufe)	Zinsgünstiges Darlehen bis zu 100 % der Investitionskosten; höchstens 125.000 € (max. 25.000 € für Betriebsmittel)
Zuschüsse		
Gründungszuschuss	Antragsberechtigt ist der im Landesdarlehen bzw. Darlehensprogramm für Existenzgründerinnen aufgeführte Personenkreis. Die Gründung bzw. Betriebsübernahme muss im Ziel-2-Fördergebiet der Europäischen Union erfolgen.	Zuschuss in Höhe von maximal 20 % der Investitionskosten, höchstens 7.500 €
Bürgschaften		
Bürgschaften der Niedersächsischen Bürgschaftsbank (NBB)	Ausfallbürgschaften für Investitions-, Betriebsmittel- und Avalkredite (auch für freie Berufe einschließlich Heilberufe)	Bürgschaft (höchstens 500.000 €) bis zu 80 % des Kreditbetrages
Landesbürgschaften	wie zuvor (gegebenenfalls auch für Sanierungsvorhaben)	Bürgschaft bis zu 80 % des Kreditbetrages
Beteiligungen		
Beteiligung der Mittelständischen Beteiligungsgesellschaft Niedersachsen (MBG)	Beteiligung an kleinen und mittleren Unternehmen (auch bei Existenzgründung)	Stille Beteiligung bis zu 500.000 € (auch für Technologie-Unternehmen im Rahmen der F&E-Phase bzw. Einführung neuer Produkte)

nen sind variabel und schwanken, deshalb müssen sie zum Zeitpunkt eines Gründungsvorhabens neu erfragt werden (jede Bank gibt darüber Auskunft).

16.2.7
Lieferantenkredit

Der Lieferantenkredit ist ein legitimes Mittel der Finanzierung und wird selbst von renommierten Buchhandlungen im finanziellen Sommerloch zum Teil recht lang gestreckt, sofern die Verlage kein Skonto gewähren oder aber die Gelder nicht ausreichen und weitere Bankkredite nicht aufgenommen werden sollen.

Bei Erstausstattung mit Waren lassen sich in der Regel besondere Zugeständnisse in Form von längeren Zahlungszielen als üblich (Ziel, Valuta) erreichen, eventuell in Kombination mit Wechseln (vgl. Kap. 20.8). Voraussetzung dafür ist Vertrauen, welches der Lieferant (Verlag, Barsortiment) in das neue Unternehmen setzt. Deshalb sollen jedem von ihnen ausführliche Informationen zufließen (vgl. Kap. 9.2), was die Kreditierung erleichtert.

16.2 Fremdkapital

	Zinssatz p. a. %	Auszahlung %	eff. (PangV) % p. a.
Land Niedersachsen			
Landesdarlehensprogramm	4,05	96	4,89
• bis 10 Jahre Laufzeit	4,25 (10 Jahre fest)	96	4,93
• bis 20 Jahre Laufzeit	4,55 (20 Jahre fest)	96	5,13
Bei Existenzgründungen	3,55	96	4,36
• bis 10 Jahre Laufzeit	3,75 (10 Jahre fest)	96	4,40
• bis 20 Jahre Laufzeit	4,05 (20 Jahre fest)	96	4,60
Deutsche Ausgleichsbank			
ERP-Eigenkapitalhilfeprogramm	6,00 (6.–10. Jahr)	96	5,61
ERP-Existenzgründungsprogramm	5,00	100	5,09
DtA-Existenzgründungsprogramm			
• bis 10 Jahre Laufzeit	4,55	96 (Investitionen)	5,43
• bis 20 Jahre Laufzeit	4,75 (10 Jahre fest)	96 (Investitionen)	5,44
• bis 6 Jahre Laufzeit	6,10	100 (Betriebsmittel)	6,24
• bis 5 Jahre Laufzeit (endfällige Variante)	6,60	100 (Betriebsmittel)	6,77
DtA-Startgeld (10 Jahre Laufzeit)	7,20	96	8,29
DtA-Mikrodarlehen (5 Jahre Laufzeit)	9,15	100	9,47
Kreditanstalt für Wiederaufbau			
ERP-Regionalförderprogramm			
• bis 10 Jahre Laufzeit	5,00	100	5,09
• bis 15 Jahre Laufzeit (bei Bauvorhaben)	5,00 (10 Jahre fest)	100	5,09
ERP-Innovationsprogramm bis 10 Jahre Laufzeit	4,85	100	4,94
KfW-Mittelstandsprogramm (West)			
• bis 10 Jahre Laufzeit	4,30	96 (Investitionen)	5,16
• bis 20 Jahre Laufzeit	4,50 (10 Jahre fest)	96 (Investitionen)	5,18
	4,80 (20 Jahre fest)		5,38
• bis 12 Jahre Laufzeit (endfällige Variante)	4,85 (12 Jahre fest)	96 (Investitionen)	5,41
• bis 6 Jahre Laufzeit	4,30	96 (Betriebsmittel)	5,62
KfW-Programm Kapital für Arbeit Fremdkapitaltranche	5,06	100	5,16
Nachrangtranche (Bonitätskategorien: sehr gut, gut, befriedigend, ausreichend)	5,72 bis 8,64	100	5,84 bis 8,92

Es heißt oft, dass der Lieferantenkredit der teuerste sei. Das stimmt nur dann, wenn die angebotene Skontierung (Zahlung innerhalb von 10 Tagen mit 2 % Abzug) nicht genutzt wird und das offene Ziel von 60 bis 120 Tagen reicht (je nach Zinsfuß für den Kontokorrentkredit). Nur dann liegen die entgangenen Skontoerlöse über den Zinsen, die für einen Kontokorrentkredit aufzubringen wären. Der Lieferantenkredit kann andererseits der billigste sein, wenn der Verlag keinen Skontoabzug zulässt und das übliche Ziel von 30 bis 60 Tagen ohne Schwierigkeiten in Bezug auf Bonität, Ansehen, weiterhin offener Rechnung sowie ohne Mahnspesen und Verzugszinsen auf den doppelten Zeitraum ausgedehnt werden kann.

In den Bilanzen der Buchhandlungen sind die Lieferantenverbindlichkeiten die größte Position des Fremdkapitals mit durchschnittlich um 30 % der Bilanzsumme (für Betriebe ausschließlich in fremden Räumen). Umgerechnet auf das Modell mit 500.000 € Jahresumsatz bei sechsmaligem Kapitalumschlag (Bilanzsumme 83.000 € ergibt das 25.000 € Verbindlichkeiten an die Verlage am 31.12., einem Zeitpunkt guter Flüssigkeit und damit niedrigem Kreditorenstand. In fast allen anderen Monaten sind diese Schulden jedoch höher, so dass bei einem Wareneingang von 360 000 € der Kreditorenumschlag aufs Jahr gesehen bei zehnmal liegen dürfte (durchschnittlich 36.000 € Verbindlichkeiten), was ein Zahlungsziel von 36 Tagen im Mittel bedeutet.

Es gibt nicht wenige Buchhandlungen, die ihre Lieferantenrechnungen wesentlich langsamer bezahlen; ihre Lieferantenkreditdauer beträgt 60 bis 75 Tage und mehr. Dann treibt jedoch das Mahnwesen üppige Blüten, bei dieser schleppenden Zahlungsweise hat die anfangs weiße Weste der Buchhandlungen in der buchhändlerischen »Kreditliste« bald viele hässliche Flecken mit ihren Folgen im Hinblick auf Lieferungen in offener Rechnung.

Aus Kapitalmangel werden bei gegründeten Buchhandlungen in den wenig ertragreichen Monaten (Februar bis September) zumeist finanzielle Engpässe eintreten, die man in erster Linie durch Streckung der Lieferantenverbindlichkeiten zu überbrücken sucht. Diese Mittel sollte der Jungunternehmer jedoch nicht überstrapazieren; die Langmut der Verlage ist bei altangesehenen Buchhandlungen größer, selbst wenn diese ebenso schlecht ihren Verpflichtungen nachkommen. Einer jungen Buchhandlung wird schneller der Lieferhahn abgedreht oder aber nur per Nachnahme oder Vorkasse geliefert.

16.3
Bürgschaftsbanken

Sofern ein Darlehensnehmer nicht die erforderlichen Sicherheiten aufbringen kann, bieten regionale Bürgschaftsbanken bis zu 80prozentige Ausfallbürgschaften. Es gibt in jedem Bundesland mehrere dieser Institutionen. Informationen erhält man über den Verband der Bürgschaftsbanken e.V., Adenauerallee 148, 53113 Bonn, Telefon 02 28/9 76 88 86, www.vdb-info.de. Als Beispiel eine Adresse in Niedersachsen: Niedersächsische Bürgschaftsbank GmbH/NBB) und Mittelständische Beteiligungsgesellschaft Niedersachsen mBH (MBG), Schiffgraben 33, 30175 Hannover.

Die Konditionen für Bürgschaften sind je nach Marktlage schwankend und müssen vorher erfragt werden. Üblich ist eine Bürgschaftsprovision von 0,4 bis 0,8 % p. a. für die jeweilige Restsumme. Hinzu kommt eine einmalige Gebühr von 1 % der Bürgschaftssumme. Formulare für die Beantragung einer Ausfallbürgschaft gibt es bei jeder Bank. Wegen des hohen Risikos, das die Bürgschaftsbanken eingehen, ist es notwendig, diese bei der Beantragung umfassend über das Vorhaben der Gründung zu informieren und entsprechende Planzahlen für Umsatz, Rohgewinn, Kosten, Reingewinn, Investitionen, Kapitalbedarf vorzulegen, dazu einen Tilgungsplan für die aufzunehmenden Kredite. Der berufliche Werdegang des Antragstellers ist darzulegen, zum geplanten Standort der Buchhandlung sind detaillierte Angaben zu machen. Das Kreditgutachten eines anerkannten Unternehmensberater (vgl. Kap. 16.5) stellt vielfach die beste Stützung des Kredit- und Bürgschaftsantrags dar.

Zumeist ist die Bürgschaftsübernahme bei Gründungen im Einzelhandel in der Höhe begrenzt und an die Zusage der Hausbank für einen Kredit aus eigenen Mitteln und Sonderkrediten aus Programmen des Bundes und der Länder geknüpft. Nach Möglichkeit sollen 20% der Summe durch Sicherheiten gedeckt sein, z. B. durch nachrangige, nicht mehr voll werthaltige Grundschulden, durch Sicherheiten von Einrichtung und Waren, durch Verpfändung von Lebensversicherungen, durch Abtretung von Kundenforderungen (die aber erst nach der Gründung entstehen können), durch Bürgschaften dritter Personen oder Institutionen.

Es empfiehlt sich, frühzeitig mit der Hausbank oder auch direkt mit der regionalen Bürgschaftsbank in Verbindung zu treten, denn die Prüfung der Unterlagen kostet Zeit. Es liegt in der Beurteilung des Kreditgebers Hausbank, ob eine Bürgschaft der Bürgschaftsbanken (Kreditgarantiegemeinschaften) erforderlich ist oder nicht.

16.3.1
Buchhändlerische Kredit-Garantiegemeinschaft

Als Sonderform der Kredit-Garantiegemeinschaften hat sich die 1971 speziell für den Buchhandel eingerichtete BKG bewährt, die Buchhändlerische Kredit-Garantiegemeinschaft GmbH & Co. KG, Töngesgasse 4, 60311 Frankfurt/M. Die Geschäftsbedingungen der BKG nach dem Stand 2003 sind nachstehend abgedruckt. Diese Kredit-Garantiegemeinschaft vermittelt den Sortimenter-Mitgliedern Bankkredite zur Begleichung der Verpflichtungen aus dem BAG-Abrechnungsverkehr (vgl. Kap. 20.2), also für Warenschulden, und verbürgt diese. Der Höchstbetrag für ein verbürgtes Darlehen soll ein Achtel des Umsatzes, den der Sortimenter im Jahr zuvor über sein Konto bei der BAG abgewickelt hat, nicht übersteigen. Eine gerade gegründete Buchhandlung kann also einen Kredit über die BKG nicht sofort, sondern erst zu einem späteren Zeitpunkt in Anspruch nehmen, Mitgliedschaft in der BAG und in der BKG vorausgesetzt.

Die Kreditzinsen sind in der Regel vergleichsweise günstig, sie unterliegen den Schwankungen des allgemeinen Zinsniveaus. Eine Bereitstellungsprovision wird nicht erhoben, die Zinsbelastung erfolgt nur für das tatsächlich in Anspruch genommene Darlehen. Für die Bürgschaftsübernahme berechnet die BKG eine Avalprovision. Die Zahlung des Darlehensbetrages durch die kreditgebende Bank erfolgt unmittelbar an die BAG zum Ausgleich der von der BKG verbürgten jeweiligen BAG-Abrechnung. Zurückzuzahlen ist das Darlehen in sechs gleichen Monatsraten; der erste Monat der Laufzeit ist tilgungsfrei. Weitere Modalitäten sind aus den Geschäftsbedingungen zu ersehen. Für Zeiten eines verstärkten Wareneinkaufs mit seinem Vorlauf gegenüber dem zwei bis drei Monate später liegenden Umsatz ist diese Kreditform zum Ausgleich geradezu prädestiniert, zumal das Kreditvolumen bei der Hausbank nicht strapaziert zu werden braucht.

GESCHÄFTSBEDINGUNGEN DER BKG

§ 1 Allgemeines

1.1 Die BKG Buchhändlerische Kredit-Garantie-Gemeinschaft GmbH & Co. KG (im folgenden BKG) ist eine Einrichtung der Mitglieder des Vereins für buchhändlerischen Abrechnungsverkehr e. V. (im folgenden Verein).

1.2 Gesellschafter der BKG sind die BKG Verwaltungs-GmbH als Komplementär und der Verein als Kommanditist treuhänderisch für die Mitglieder.

1.3 Die Vereinsmitglieder stellen dem Verein Einlagen als Treugaben zur Verfügung, die der Verein treuhänderisch verwaltet. Entsprechend dem Treuhandvertrag verwendet der Verein die Mittel aus dem Treuhandvermögen als Kommanditeinlage bei der BKG.

§ 2 Treugaben

2.1 Die finanziellen Mittel für die Erfüllung der Aufgaben der BKG werden von den Mitgliedern dem Verein zur Verfügung gestellt.

2.2 Über die Mindesthöhe der zu leistenden Treugaben entscheidet der Vereinsvorstand.

2.3 Die dem Verein geleisteten Treugaben nehmen am Ergebnis der BKG teil. Die Mitgliederversammlung entscheidet über die Verwendung des Jahresergebnisses der BKG. Der Verein erteilt jedem Treugeber nach jeder Mitgliederversammlung eine Abrechnung über den Stand der Treugabe am Ultimo des Geschäftsjahres, über das die Versammlung beschlossen hat.

2.4 Die Treugaben können von jedem Mitglied nach Absatz VI des Treuhandvertrages gekündigt werden. Eine Kündigung der Mitgliedschaft im Verein oder am Abrechnungsverfahren der BAG ist gleichzeitig eine Kündigung der Treugabe.

§ 3 Berechtigung zur Inanspruchnahme von Bürgschaften

3.1 Voraussetzung zur Inanspruchnahme von Bürgschaften der BKG sind
- der Firmensitz des Kreditnehmers im Gebiet der Bundesrepublik Deutschland;
- die Mitgliedschaft im Verein für buchhändlerischen Abrechnungsverkehr e. V.;
- die regelmäßige Teilnahme am BAG-Abrechnungsverfahren für mindestens ein Jahr;
- die Zeichnung einer Treugabe in Höhe eines Mindestbetrages von 100 € zur Finanzierung des Kommanditkapitals.

§ 4 Aufgaben der BKG

4.1 Die BKG verbürgt den nach § 3 berechtigten Sortimentern (Debitoren) Bankkredite zur Erleichterung ihrer Verpflichtungen aus dem BAG-Abrechnungsverfahren.

4.2 Den nach § 3 berechtigen Verlagen (Kreditoren) verbürgt die BKG Vorschussdarlehen auf BAG-Einzugsaufträge zu bestimmten Abrechnungsterminen. Auch Einzugsaufträge, die bereits belastet und erst zu einem späteren Abrechnungstermin fällig werden (disponierte Beträge), können auf diese Weise bevorschusst werden.

4.3 Bürgschaften für Investitionskredite werden von der BKG nicht übernommen.

4.4 Die von der BKG verbürgten Darlehen werden durch die Hausbank der BKG (Frankfurter Sparkasse) zu deren Geschäfts- und Darlehensbedingungen gewährt.

§ 5 Kreditbürgschaften an Sortimenter (Debitoren)

5.1 Für die Gewährung einer Bürgschaft ist ein förmlicher Antrag (Antragsformular) des Sortimenters (Debitors) erforderlich.

5.2 Eine von der BKG übernommene Bürgschaft kann sich nur auf den fälligen Betrag einer BAG-Abrechnung beziehen. Die Kreditierung von bereits überfälligen Salden aus BAG-Abrechnung ist nicht möglich.

5.3 Der Höchstbetrag für ein verbürgtes oder für mehrere gleichzeitig verbürgte Darlehen soll ein Achtel des Umsatzes nicht übersteigen, den der Sortimenter im Jahr zuvor über sein Konto bei der BAG abgewickelt hat. Sonderbürgschaften nach § 9 können von dieser Bestimmung abweichen.
Aus Gründen der Verhältnismäßigkeit soll der Darlehensbetrag nicht unter 3.000 € liegen.

5.4 Die Zahlung des Darlehensbetrages durch die kreditgewährende Bank erfolgt unmittelbar an die BAG zum Ausgleich der von der BKG verbürgten BAG-Abrechnung.

5.5 Für die Rückzahlung eines von der BKG verbürgten Darlehens soll kein neues Darlehen unter gleichen Voraussetzungen in Anspruch genommen werden.

5.6 BAG-Abrechnungen, die mit einem von der BKG verbürgten Darlehen bezahlt worden sind, können an Verleger, die dem Verein eine Treugabe zur Verfügung gestellt haben, nicht mehr zurückgeschlüsselt werden.

§ 6 Kreditbürgschaften an Verleger (Kreditoren)

6.1 Für die Gewährung einer Bürgschaft für ein Vorschussdarlehen ist ein förmlicher Antrag (Antragsformular) des Verlegers (Kreditors) erforderlich.

6.2 Das von der BKG zu verbürgende Darlehen soll nicht höher sein als 80 % der Einzugsaufträge, die der BAG zur Abrechnung mit späterer Fälligkeit vorgelegt werden.

6.3 Mit der Gewährung einer Bürgschaft für ein Vorschussdarlehen gehen die Forderungen aus den der BAG vorgelegten Einzugsaufträgen an die BKG über. Mit seinem Kreditantrag muss der Kreditnehmer versichern, dass diese Forderungen nicht (auch nicht sicherungsweise) anderweitig abgetreten sind.

6.4 Ein solches Vorschussdarlehen soll ein Achtel des Umsatzes nicht überschreiten, den der Verleger (Kreditor) im Jahr zuvor über sein Konto bei der BAG abgewickelt hat und aus Gründen der Verhältnismäßigkeit nicht unter 3.000 € liegen und eine Mindestlaufzeit von 30 Tagen haben.

6.5 Ein Vorschussdarlehen kann sich immer nur auf eine vorauszuberechnende Fälligkeit (Fälligkeitsdatum einer BAG-Abrechnung) beziehen.

6.6 Die Auszahlung eines Vorschussdarlehens erfolgt durch die BAG unmittelbar an den Verleger (Kreditor) nach Übernahme der Bürgschaft durch die BKG.

§ 7 Laufzeit und Rückzahlung

7.1 Die Laufzeit eines Darlehens an Sortimenter (Debitoren) wird mit jedem Darlehensbetrag von Fall zu Fall vereinbart. Sie beträgt in der Regel sechs Monate. Es können aber auch Laufzeiten von mindestens einem Monat bis maximal neun Monate vereinbart werden.

7.2 Die Rückzahlung des gewährten Darlehens einschließlich der Zinsen erfolgt nach einem tilgungsfreien ersten Monat in jeweils gleichen monatlichen Raten, die zum 1. eines Monats fällig sind. Die Tilgungsraten sind unmittelbar an die darlehensgebende Bank zu zahlen.

7.3 Darlehen an Verleger (Kreditoren) werden bei Fälligkeit der bevorschussten BAG-Abrechnung von der BAG einschließlich der Zinsen unmittelbar an die darlehensgewährende Bank zurückgezahlt.

§ 8 Kosten

8.1 Die darlehensgewährende Bank berechnet Kreditzinsen, die den Schwankungen des allgemeinen Zinsniveaus unterliegen. Wegen der von der BKG übernommenen Bürgschaft sind die Zinssätze in der Regel vergleichsweise günstig.

8.2 Für die Übernahme einer Bürgschaft berechnet die BKG eine Avalprovision. Die Belastung der Avalprovision erfolgt innerhalb der BAG-Abrechnung.

§ 9 Sonderbürgschaften

9.1 In Zusammenarbeit mit der darlehensgewährenden Bank kann die BKG bei Bedarf (z. B. für die Finanzierung des Schulbuchgeschäftes) besondere Bürgschaftskontingente auflegen. Die Mitglieder des Vereins für buchhändlerischen Abrechnungsverkehr werden hierüber informiert.

9.2 Die gegebenenfalls abweichenden Bedingungen für Sonderbürgschaften gelten nur für diese und finden ansonsten keine Anwendung.

§ 10 Schlussbestimmungen

10.1 Über die Übernahme von Bürgschaften entscheidet die Geschäftsführung unter Beachtung der Bestimmungen des Kreditwesengesetzes.

10.2 Die Ablehnung eines Antrages auf Übernahme einer Bürgschaft bedarf keiner Begründung.

10.3 Darlehensnehmer, die ihren Verpflichtungen aus gewährten Bürgschaften nicht nachkommen, können von der weiteren Teilnahme am BAG-Abrechnungsverfahren

und aus dem Verein für buchhändlerischen Abrechnungsverkehr e. V. ausgeschlossen werden.
10.4 Erfüllungsort ist Frankfurt am Main.
10.5 Für etwaige Streitfälle aus dem Geschäftsverkehr mit der BKG wird als Gerichtsstand Frankfurt am Main vereinbart, sofern der Teilnehmer Vollkaufmann ist oder als solcher gilt oder für den Fall, dass der Teilnehmer nach Vertragsschluss seinen Geschäftssitz oder gewöhnlichen Aufenthaltsort aus dem Gebiet der Bundesrepublik Deutschland verlegt oder sein Geschäftssitz bzw. Wohnsitz oder gewöhnlicher Aufenthaltsort zum Zeitpunkt der Klageerhebung nicht bekannt ist.

16.4 Kreditantrag

Kreditinstitute wollen umfassen informiert sein, wenn sie Kredite geben sollen. Ein Kreditantrag ist deshalb gut vorzubereiten, damit die relevanten Fragen durch die vorliegenden Unterlagen (z. B. Kreditgutachten) beantwortet werden können. Bei Gründung eines Unternehmens erwartet die Bank Fakten über die allgemeine Marktlage der Branche und die spezielle im Ort, was kurz-, mittel- und langfristig an Mitteln gebraucht wird, wie viel Eigenmittel vorliegen, welche Sicherheiten gegeben sind, wie die Planung von Umsatz, Rohgewinn, Kosten, Reingewinn aussieht, auf welchen Zeitraum die Durststrecke einzuschätzen ist, wie spätere finanzielle Engpässe überbrückt werden sollen. Mit anderen Worten: die Finanzinstitute erwarten eine Finanzplanung für die zu gründende Buchhandlung, aus der ersichtlich ist, ob die zu gewährenden Kredite aus den zukünftigen Gewinnen verzinst und wann sie zurückgezahlt werden können.

Als Anhalt für den Fragenkatalog ist hier eine *Checkliste für einen Kreditantrag* von Prof. Dr. J. J. Seibel (Frankfurt am Main) wiedergegeben. In dieser ausführlichen Form zielt sie auf Kreditanträge größerer, bereits längere Zeit bestehender Verlage und Buchhandlungen, zeigt aber auch den kleineren Unternehmen deutlich, auf welche Informationen die Banken Wert legen. Bei der Beantragung öffentlicher Mittel sind dazu bestimmte und bei den Banken erhältliche Formblätter sorgfältig auszufüllen; auf der Rückseite werden die jeweils geltenden Richtlinien und Förderungsmerkmale der einzelnen Kreditprogramme erläutert.

CHECKLISTE FÜR EINEN KREDITANTRAG

1 **Fragen an eine Bilanzanalyse**
1.1 Beurteilung Eigenkapital laut Bilanz
    1.1.1 Steuerrückstände
    1.1.2 Belastungen und außerbilanzliches Vermögen
1.2 Einlagen (echtes Eigenkapital oder Darlehen?)

1.3 Möglichkeiten zusätzlicher Eigenmittel
1.4 Außerbilanzielles Vermögen/Schulden oder Vollhafter
    1.4.1 Banken
    1.4.2 Privat
    1.4.3 Bürgschaften
    1.4.4 Bausparvertrag
    1.4.5 Lebensversicherung
    1.4.6 Grundbesitz
1.5 Berichtigung von Forderungen
1.6 Wertberichtigung auf Beteiligungen
1.7 Andere Berichtigungen
1.8 Bedeutung der Position »Andere Rückstellungen«
1.9 Ist eine Preissteigerungsrücklage gebildet?
1.10 Höhe der nicht passivierten Vermögensabgabe
1.11 Verbindlichkeiten aus Lieferungen und Leistungen
1.12 Sonstige Verbindlichkeiten nach Fristen
1.13 Bewertung des Anlagevermögens
    1.13.1 Ausreichend abgeschrieben
    1.13.2 Ausreichend versichert
    1.13.3 Altersstruktur
    1.13.4 Kapazitätsauslastung
1.14 Bestehen Leasing-Verträge?
    1.14.1 Umfang
    1.14.2 Laufende Belastung
    1.14.3 Laufzeit
    1.14.4 Mit welcher Gesellschaft
1.15 Bewertung der Lager
    1.15.1 Bewertungsabschläge
    1.15.2 Reichweite/Umschlag für die wichtigsten Warengruppen getrennt
1.16 Bewertung Forderungen
    1.16.1 Bewertung
    1.16.2 Reichweite Inland/Ausland
    1.16.3 Gefährdung durch Einseitigkeit
1.17 Ausleihungen (falsche Liquiditätspolitik)
    1.17.1 an Lieferanten/Kunden
    1.17.2 an Belegschaft
1.18 Möglichkeiten einer Beschleunigung des Kapitalumschlags durch Freisetzung
1.19 Formalanforderungen
    1.19.1 Testat/eingeschränktes Testat
    1.19.2 Unterschrift
    1.19.3 Zeitpunkt

2 Fragen an die Gewinn- und Verlustrechnung
2.1 Umsatz nach Warengruppen
2.2 Exportanteil
2.3 Ausmaß der Bestandsveränderungen
2.4 Skonti-Erlöse
2.5 Materialanteil (gemessen an Gesamtleistung)
2.6 Gehaltsanteil
2.7 Anteil der Zinsaufwendungen
2.8 Betriebsergebnis
2.9 Neutrales und außerordentliches Ergebnis

3 Fragen an die Planung
3.1 Wie groß ist kurzfristig, mittelfristig und langfristig Kreditbedarf?
3.2 Wie ist der Kreditbedarf ermittelt?
3.3 Wie groß ist der Investitionsbedarf?
3.4 Wie ist die künftige Ertragslage?
3.5 Welche künftige Kapitalstruktur ist neu zu erwarten?

4 Fragen zur Kreditsicherung
4.1 Welche betrieblichen Sicherungsmittel stehen frei zur Verfügung?
4.2 Welche außerbetrieblichen Sicherungsmittel können herangezogen werden?

16.5 Kreditgutachten

Kreditgutachten durch anerkannte Betriebsberater oder andere kundige Institutionen haben zweifachen Nutzen: Zum einen wird durch die Analyse eines Fachmanns, möglichst branchenkundig, das Vorhaben gründlich geprüft, zum zweiten hilft es der Bank sehr bei der Entscheidung über die Kreditvergabe. Für die Aufstellung eines Kreditgutachtens durch Betriebsberater, dem zumeist eine sorgfältige Standortanalyse vorausgeht, können Mittel des Bundes zur Verbilligung eingeholt werden. Für solche Existenzgründungsberatungen gibt es Zuschüsse (vgl. Kap. 1.5). Diese Beratungskosten, die bereits vor der Geschäftseröffnung anfallen, sind selbstverständlich Betriebskosten und steuerlich absetzbar.

Für die zu erarbeitenden Planzahlen für drei bis fünf Jahre wird der Berater zweckentsprechende Formblätter mitbringen und aufgrund seiner Erfahrungen und unter Berücksichtigung von Vergleichswerten aus dem Sortimentsbuchhandel die Werte einsetzten: Umsatz, Rohgewinn, Kosten steuerlicher und betriebswirtschaftlicher Betriebsgewinn (bzw. -verlust), Messzahlen zur Personalleistung, Lagerleistung, Raum- und Kapitalleistung. Das Kreditgutachten zur Gründung einer Buchhandlung kann beispielsweise die in der folgenden Übersicht aufgeführten Punkte enthalten, hier vom Verfasser nach einem Schema der BBE abgewandelt.

»GRÜNDUNG EINER BUCHHANDLUNG« – ANALYSE UND STELLUNGNAHME

1 Allgemeine Angaben
- Name/Firma/Anschrift
- Vorgesehene Rechtsform
- Mitgesellschafter bei Personen- und Kapitalgesellschaften
- Gründungstermin
- Geschäftsgegenstand
- Größe der angemieteten Geschäftsräume/voraussichtliche Mitarbeiterzahl
- Miethöhe, Mietdauer, Mietvertrag
- Sonstige allgemeine Angaben

2 Beurteilung des Unternehmers und sein beruflicher Werdegang

3 Geplantes Vorhaben und seine Finanzierung
3.1 Erläuterung der Gründung
3.2 Öffentliches Förderungsprogramm, das genutzt werden soll
3.3 Kreditbedarf
    3.3.1 Investitionsbedarf (Betriebsmittelkredit, Gesamtkreditbedarf)
    3.3.2 Art der Finanzierung
    3.3.3 Laufzeit (Tilgungsraten) der einzelnen Kredite
3.4 Aufstellung der Sicherheiten (dingliche, persönliche)
3.5 Weitere Investitionsvorhaben in den nächsten 2–3 Jahren, die voraussichtlich nicht aus eigener Kraft finanziert werden können (Art, Größenordnung, Zeitpunkt)

4 Beurteilung des Unternehmens
4.1 Beurteilung der Vermögenslage und der Finanzierung
4.2. Beurteilung der Ertragslage
4.3 Rentabilitätsplanung für drei Jahre (Umsatz, Rohgewinn, Kosten, Reingewinn) unter Berücksichtigung der Kosten für den oben ermittelten Kreditbetrag
4.4 Kann der Kapitaldienst erbracht werden neben den sonstigen Belastungen? Nach welcher Laufzeit wird ein angemessener Gewinn erzielt? Welcher zusätzlicher Finanzbedarf (z. B. Kontokorrentkredit) ist zur Überwindung der Durststrecke nötig?
4.5 Beurteilung der Entwicklung des Unternehmens und der Branche
    4.5.1 Allgemeine Branchensituation
    4.5.2 Beurteilung des Standortes im Allgemeinen und in seiner voraussichtlichen Entwicklung
    4.5.3 Branchensituation im Standort und in der näheren Umgebung
    4.5.4 Konkurrenzanalyse im Standort und in der näheren Umgebung
    4.5.5 Umsatzvolumen der Branche im Standort und in der näheren Umgebung
    4.5.6 Umsatzprognose für die zu gründende Buchhandlung
4.6 Zusammenfassende Stellungnahme des Beraters

17
Kapitaldienst und Kapitalerhaltung

Der Anteil des Eigenkapitals wird zu Beginn meist recht niedrig sein, im günstigsten Falle ein Sechstel oder ein Fünftel des Bilanzvolumens ausmachen. Damit ist die durchschnittliche Eigenkapitalausstattung von 25 bis 30 % im Sortimentsbuchhandel noch nicht gegeben. Ziel der Unternehmensplanung muss deshalb sein, allmählich ein optimales Verhältnis von Eigenkapital zu Fremdkapital zu erreichen, um die anfängliche Überschuldung mit ihren hohen Zinskosten und Tilgungsraten abzubauen. Denn die Finanzierung aus eigenen Mitteln hat erhebliche Vorteile.

17.1
Eigenkapitalbildung

Der Weg der Bildung von Eigenkapital ist hart und in den ersten Jahren besonders dornenreich. Vom steuerlichen Gewinn müssen die persönlichen Steuern (Einkommensteuer) bezahlt, der eigene Lebensunterhalt und die Kranken- sowie Alters-Versicherung bestritten sowie die Tilgungen der hohen Kredite aufgebracht werden. Mit anderen Worten: Nur sehr sparsame Privatentnahmen, die einschließlich der Einkommensteuerzahlungen erheblich unter dem Gewinn bleiben, machen die Bildung von Eigenkapital möglich. Es kann sein, dass die Ausgaben für persönliche Bedürfnisse in der Gründungsphase unter denen liegen müssen, die man vorher als Angestellter hatte. Ein Finanzplan mit seinen Eckwerten ist als Kontrollmittel in den ersten Jahren unumgänglich.

17.2
Tilgungsformen des Fremdkapitals

Jedes aufgenommene Fremdkapital muss zum vereinbarten Zeitpunkt zurückgezahlt werden. In den ersten Jahren nach Gründung ist der Kreditnehmer daran interessiert, die Schuldenlast möglichst niedrig zu halten, um die Anlaufschwierigkeiten zu meistern. Die meisten öffentlichen Finanzierungshilfen nehmen darauf Rücksicht und sehen gewöhnlich zwei tilgungsfreie Jahre vor. Die Kredittilgung kann so erfolgen, dass der Schuldbetrag in gleichen Jahresraten amortisiert wird. Dann zeigt sich durch die höheren Zinsaufwendungen in den ersten Jahren der Effekt einer anfänglich sehr hohen Belastung, die zum Ende der Kreditdauer immer mehr abnimmt. Günstiger ist zumeist die Tilgung mit gleichbleibenden Annuitäten; der Schuldendienst (Zinsen, Tilgung) bleibt dann in allen Jahren gleich hoch. Dazu zwei Tabellen zur Verdeutlichung. Die erste zeigt die gleichmäßige Aufteilung des Kreditbetrags auf eine Laufzeit von zehn Jahren bei 8 % Verzinsung. Die zweite Tabelle berechnet die Annuitäten nach der Formel: Kredit mal Annuitätsfaktor, hier 100.000 × 0.14902949 (= Annuitätsfaktor bei 8 % Zinsen und einer Laufzeit von zehn Jahren).

GLEICHMÄßIGE AUFTEILUNG DES KREDITBETRAGS VON 100.000 €
(auf eine Laufzeit von zehn Jahren bei 8 % Verzinsung)

Jahr	Fremdkapital zu Anfang	Zinsen 8 %	Tilgungsbetrag	Gesamter Schuldendienst
1	2	3	4	Spalte 3 und 4
1.	100.000	8.000	10.000	18.000
2.	90.000	7.200	10.000	17.200
3.	80.000	6.400	10.000	16.400
4.	70.000	5.600	10.000	15.600
5.	60.000	4.800	10.000	14.800
6.	50.000	4.000	10.000	14.000
7.	40.000	3.200	10.000	13.200
8.	30.000	2.400	10.000	12.400
9.	20.000	1.600	10.000	11.600
10.	10.000	800	10.000	10.800
		44.000	100.000	144.000

TILGUNG DES KREDITBEDARFS VON 100.000 €
(mit gleichen Annuitäten bei einer Laufzeit von zehn Jahren und 8 % Verzinsung)

Jahr	Fremdkapital zu Anfang	Zinsen 8 %	Tilgungsbetrag	Gesamter Schuldendienst
1	2	3	4	Spalte 3 und 4
1.	100.000,00	8.000,00	6.902,95	14.902,95
2.	93.097,05	7.447,76	7.455,19	14.902,95
3.	85.641,86	6.851,35	8.051,60	14.902,95
4.	77.590,26	6.207,22	8.695,73	14.902,95
5.	68.894,53	5.511,56	9.391,39	14.902,95
6.	59.503,14	4.760,25	10.142,70	14.902,95
7.	49.360,44	3.948,84	10.954,11	14.902,95
8.	38.406,33	3.072,51	11.830,44	14.902,95
9.	26.575,89	2.126,07	12.776,88	14.902,95
10.	13.799,01	1.103,92	13.799,03	14.902,95
		49.029,48	100.000,02	149.029,50

Als Anhalt der Annuitätsfaktor nach den geläufigen Tabellen für zehnjährige Laufzeit eines Kredites bei verschiedenen Zinssätzen:

Zinssatz	Annuitätsfaktor
4 %	0.1232.9094
5 %	0.1295.0457
6 %	0.1358.6796
7 %	0.1423.7750
8 %	0.1490.2949
9 %	0.1558.2009
10 %	0.1627.4539

Die verschiedenen aufzunehmenden Kredite sind für einen überschaubaren Planungszeitraum (ein Jahr, drei Jahre) auf einer Übersicht zusammenzustellen, um die daraus resultierende finanzielle Belastung zu ermitteln. Der Kapitaldienst für ein Jahr kann in folgender Übersicht ermittelt werden.

Art der Kredite (Laufdauer, falls nicht volles Jahr)	Summe des Kredits in €	Zinsen in %	Zinsen in €	Tilgungs- raten in %	Tilgungs- raten in €	Gesamter Schulden- dienst
1	2	3	4	5	6	Spalte 4+ 6
1.						
2.						
3.						
4.						
5.						
					+	=

Ob die hier errechnete Summe des gesamten Schuldendienstes zu verkraften ist, muss eine weitere Übersichtsrechnung ergeben. Auf jeden Fall soll im Rahmen der geplanten Umsätze die Liquidität erhalten bleiben.

17.3
Verzinsung des Fremdkapitals

Die Höhe des Kapitaldienstes wird weitgehend durch das Zinsniveau bestimmt. Kredite können teuer und angemessen sein, dazu gibt es allgemeine Schwankungen aufgrund der Veränderungen auf dem Geldmarkt. Bei knappen Geldmitteln gehen die Zinssätze in die Höhe, bei Mittelüberhang gibt es billigeres Geld. Aus der im Kapitel 16 gegebenen Zusammenstellung der Fremdmittel ist zu ersehen, welche Möglichkeiten davon die neugegründete Buchhandlung nutzen sollte. Am besten ist ein großes Darlehen von Verwandten zu einem niedrigen Zins und ohne die Hingabe von Sicherheiten. Als nächstes folgt die völlige Ausschöpfung der zinsgünstigen Kredithilfen des Bundes und der Länder, ehe relativ teure Bankkredite (der Kontokorrentkredit vor allem) oder der vielfach noch ungünstigere Lieferantenkredit in Anspruch genommen werden.

Bei der Kostenplanung sind die tatsächlichen Zinsaufwendungen zu berücksichtigen, die sowohl den Ertrag als auch die Liquidität beeinflussen. Einfach sind die Zinskosten des langfristigen Kapitals zu erfassen, ebenso die Annuitäten der Darlehen und Hypotheken. Hinzu kommen die Belastungen für zusätzlich im Planjahr aufzunehmende Kredite für weitere größere Investitionen in das Anlagevermögen. Schwierig zu errechnen ist der Bedarf an kurzfristigem Fremdkapital. Hier kann z. B. ein übergroßer Wareneinkauf den ganzen Finanzplan und den Kapitaldienst durcheinanderbringen. Gerade in diesem Bereich bedarf es ständiger Kontrollen.

17.4
Liquiditätserhaltung

Die Ermittlung des Schuldendienstes in Kap. 17.2 hat schon das Problem der Liquiditätserhaltung aufgegriffen. Ist nach dieser Aufstellung für mehrere Planjahre ein ständiger Liquiditätsabfluss errechnet, so muss Abhilfe geschaffen werden, denn sonst wäre der Betrieb auf Dauer nicht lebensfähig. Hierzu dient die folgende Übersicht *Ermittlung der Kapitaldienstgrenze*. Korrekturen sind denkbar durch Einsparungen bei den betrieblichen Kosten (Position 1.3 des Bogens) und bei den Privatentnahmen (Position 2.3) und durch Verringerung des Kapitaldienstes (Position 4) durch ein kleineres oder anders gestaltetes Kreditvolumen.

ERMITTLUNG DER KAPITALDIENSTGRENZE

1	Geschätzter Umsatz ohne Umsatzsteuer	.... €	
	− 1.1 geschätzter Wareneinsatz ohne Umsatzsteuer	.... €	
	= 1.2 geschätzter Rohgewinn ohne Umsatzsteuer	.... €	
	− 1.3 geschätzte betriebliche Kosten ohne Vorsteuer		
	Personalkosten inkl. Lohnnebenkosten	.... €	
	Miete	.... €	
	Raumkosten	.... €	
	Gewerbesteuer	.... €	
	Werbungskosten	.... €	
	Abschreibungen	.... €	
	Kfz-Kosten	.... €	
	sonstige betriebliche Kosten	.... €	.... €
	= 1.4 Betriebsergebnis	.... €	

17.4 Liquiditätserhaltung

2 Entnahmen pro Jahr
  2.1 geschätzte Einkommensteuerzahlungen .... €
  2.2 private Sonderausgaben (z. B. Krankenkasse,
      Lebensversicherung, Sozialversicherung) .... €
  2.3 Privatentnahmen .... €   .... €
Betriebsergebnis (1.4) abzüglich Entnahmen
(2) = betrieblicher Liquiditätszufluss .... €

3 Einsatz von betrieblichen Eigenmitteln
   für Investitionen im Planjahr − .... €
ergibt die Leistungs- bzw. Kapitaldienstgrenze .... €

4 Kapitaldienst (= Zinsen und Tilgungsraten)
   im Planjahr lt. gesonderter Aufstellung − .... €
ergibt Liquiditätszufluss (Plusbetrag) o. Liquiditätsabfluss (Minusbetrag) .... €

Erfahrungsgemäß versuchen die Buchhändler bei Liquiditätsengpässen durch eine mehr oder minder lange Streckung der Lieferantenverbindlichkeiten die Flüssigkeit für die anderen Ausgaben (Kosten, Privatentnahmen) zu erhalten und nehmen Skontoeinbußen sowie Mahnungen in Kauf. Es fehlt zumeist an einer sorgfältigen Finanzplanung und dem Mut zur zeitweiligen Aufnahme neuer Kredite, um die kurzzeitigen Schwierigkeiten zu überwinden. Allerdings dürfen erneute Kreditaufnahmen nur Zwischenlösungen sein; auf lange Sicht ist eine Buchhandlung nur zu halten, wenn sie genügend Erträge erwirtschaftet, die zur Kostendeckung, für den Kapitaldienst und die Bestreitung der Lebenshaltungskosten des Inhabers ausreichen. Jede gute EDV-Auswertung liefert dem Unternehmer monatlich die Werte zur Liquidität I und II - betriebswirtschaftliche Kennziffern, die nur von wenigen verstanden werden und deshalb oft nicht für Maßnahmen zur betriebsnotwendigen Liquiditätserhaltung umgesetzt werden können. Denn nach einer einsichtigen Finanzierungsregel sollen sich die Fristen für die Fälligkeit der Kapitalbeträge (z. B. Laufzeit von Krediten) und der Vermögenswerte (z. B. Fälligkeit von Forderungen) entsprechen. Hier die Liquiditätskennzahlen.

$$\text{Liquidität I} = \frac{\text{flüssige Mittel}}{\text{kurzfristige Verbindlichkeiten}}$$

$$\text{Liquidität II} = \frac{\text{flüssige Mittel} + \text{Forderungen}}{\text{kurzfristige Verbindlichkeiten}}$$

17.5
Finanzierung des Anlagevermögens

Für die Finanzierung des betriebsnotwendigen Anlagevermögens (Räume, Einrichtung, Ausstattung, Maschinen, Fahrzeuge, Bibliografien) gibt es allgemeine Grundsätze, die bei neugegründeten Buchhandlungen Anwendung finden müssen. Nach der so genannten »goldenen Finanzierungsregel« wird das Anlagevermögen voll aus eigenen Mitteln, das Umlaufvermögen aus Fremdkapital finanziert. Dieses Optimum wird jedoch am Anfang sehr selten gegeben sein, und deshalb wird die „silberne Finanzierungsregel" greifen, nach der langfristiges Fremdkapital aufzunehmen ist für den nicht durch Eigenkapital gedeckten Teil des Anlagevermögens und dazu im Höchstfalle langfristige Mittel für ein Drittel des Umlaufvermögens. Auf jeden Fall muss langfristig gebundenes Vermögen, und das sind Anlagegüter einer Buchhandlung fast immer, durch langfristig zur Verfügung stehende Mittel finanziert werden, also durch Eigenkapital und Fremdkapital mit langer Laufzeit.

Ein Ausweg bei fehlender langfristiger Finanzierung kann bei bestimmten Anlagegegenständen Leasing sein, also z. B. das Mieten eines Lieferwagens. Durch Leasing schont und erweitert der Unternehmer den finanziellen Spielraum, denn eine langfristige Kapitalbindung wird vermieden, und die vorhandene Kreditlinie bei der Bank kann für andere Vorhaben von Nutzen sein. Nun ist Leasing kein Ersatz, sondern eine prüfenswerte Ergänzung zum Bankkredit. Denn die Leasing-Geber stellen an die Bonität des Mieters gleiche Anforderungen wie die Kreditinstitute. Leasing kann, muss aber nicht billiger sein als die Finanzierung eines Anlagegutes durch die Bank. Geeignet für den Einzelhandel sind Kraftfahrzeuge, Laden- und Lagereinrichtung, hochwertige Kassen mit Daten-Terminals oder EDV-Anlagen. Leasing-Geber sind entweder die Hersteller selbst, Leasing-Gesellschaften des Fabrikanten (z. B. Auto-Leasing-Gesellschaften), unabhängige Leasing-Gesellschaften für bestimmte Wirtschaftsgüter und produktunabhängige Leasing-Gesellschaften (z. B. die der Kreditinstitute).

Wie bei allen Finanzierungsgeschäften sind auch die Konditionen der einzelnen Leasing-Gesellschaften sehr unterschiedlich. Neben dem notwendigen Wirtschaftlichkeitsvergleich zwischen Kaufen und Leasen ist deshalb bei einem Entscheid für das Mieten das günstigste Angebot auszuwählen. Die wichtigsten Leasing-Gesellschaften sind Mitglieder eines Verbandes; das allen zugängliche Verzeichnis nennt Namen, Geschäftsführer, Gründungsjahr, Kapital, Eigentumsverhältnisse und den Tätigkeitsbereich (ML = Mobilien-Leasing, IL = Immobilien-Leasing).

17.6
Finanzierung des Umlaufvermögens

Auch für die Finanzierung des Umlaufvermögens ist eine Kapitalbedarfsrechnung aufzustellen, um die Zahlungsbereitschaft und die Rentabilität zu erhalten. Je

17.6 Finanzierung des Umlaufvermögens

schneller sich das Umlaufvermögen umschlägt, um so geringer ist der Finanzbedarf dafür, der zumeist aus Fremdmitteln lang- und kurzfristiger Art gespeist wird.

Die Höhe des Warenbestandes und die Lagerumschlagshäufigkeit beeinflussen am stärksten den Finanzbedarf beim Umlaufvermögen. In zweiter Linie sind es im Sortimentsbuchhandel die Forderungen an Kunden. Aufgrund des hohen Anteils der Kreditverkäufe bei mehr oder minder schleppender Zahlungsweise ist sehr viel Kapital gebunden. Durch einen Liquiditätsplan kann sich der junge Unternehmer einen Überblick über die Fälligkeiten der Forderungen an Kunden und der Verbindlichkeiten an Lieferanten verschaffen.

Neben langfristig verfügbaren Betriebsmittelkrediten zu günstigen Konditionen sind Warenwechsel eine Möglichkeit zur billigen Finanzierung im Bereich des Umlaufvermögens, ein in der Branche viel zu wenig genutztes und durchaus honoriges Zahlungsmittel mit Streckungseffekt. Bei kurzfristiger Finanzierung des Umlaufvermögens, vor allem der Lieferantenverbindlichkeiten, ist der Kontokorrentkredit die gebräuchlichste und zumeist teuerste Form (vgl. Kap. 16.2). Das auf Seite 300 abgedruckte Statistikblatt *Kurzfristiger Status* (Nr. 4.06 aus dem *Formularbuch für den Sortiments-Buchhandel*) stellt monatlich das Umlaufvermögen den kurzfristigen Verbindlichkeiten gegenüber und informiert damit über steigende oder fallende Zahlungsbereitschaft (Liquidität).

Die Steuerung der Höhe des Warenbestandes, um eine den Verhältnissen angemessene Lagerdrehzahl zu erreichen, liegt ganz in der Hand des Unternehmers und seiner bestellenden Mitarbeiter. Der in Kap. 23.3 vorgestellte Statistikbogen *Umsatz, Wareneingang, Lagerbewegung* (Nr. 4.02 aus dem *Formularbuch für den Sortiments-Buchhandel*) liefert dazu ebenfalls monatlich die Werte zur Beurteilung der Lagerentwicklung. Weitaus schwieriger ist die Beeinflussung der Höhe der Forderungen an Kunden. Kontrollmittel zur vergleichenden Beobachtung des Debitorenstandes sind die Geldeingangsdauer und die Kundenkreditdauer. Mit beiden Kennziffern ermitteln wir das durchschnittlich in Anspruch genommene Zahlungsziel der Kunden.

Formel zur Errechnung der Geldeingangsdauer

$$\frac{\text{durchschnittlicher Debitorenstand} \times 360 \text{ Tage}}{\text{Gesamtumsatz inkl. Umsatzsteuer}}$$

BEISPIEL

$$\frac{30.000 \, € \times 360}{500.000 \, €} = 21,6 \text{ Tage}$$

4.06. KURZFRISTIGER STATUS

Monatlicher Status
Umlaufvermögen und kurzfristige Verbindlichkeiten

	Januar	Februar	März	April	Mai	Juni	Juli	August	September	Oktober	November	Dezember	Jahr
	1	2	3	4	5	6	7	8	9	10	11	12	13	14
A. Umlaufvermögen													
1. Kasse													
2. Postscheck													
3. Banken													
4. Sparkasse													
5. Kundenforderungen													
6. Sonstige kurzfr. Forderungen													
7. Warenbestand*)													
8.													
9. Summe Umlaufvermögen													
B. Kurzfristige Verbindlichkeiten													
1. Lieferanten-Verbindlichkeiten													
2. Kurzfr. Bankverbindlichkeiten													
3. Wechselverbindlichkeiten													
4. Sonstige kurzfr. Verbindlichk.													
5.													
6. Summe kurzfr. Verbindlichk.													
C. März (Zeile A 9 ./. B 6)													
1. Umlaufvermögen													
2. Kurzfristige Verbindlichkeiten													

Formel zur Errechnung der Kundenkreditdauer

$$\frac{\text{durchschnittlicher Debitorenstand} \times 360 \text{ Tage}}{\text{Kreditumsatz inkl. Umsatzsteuer}}$$

BEISPIEL

$$\frac{30.000\,\text{€} \times 60}{200.000\,\text{€}} = 54 \text{ Tage}$$

Erhebliche Zinsverluste treten ein, wenn die Kundenkreditdauer wie in diesem Beispiel mit 54 Tagen weit über den »Normwerten« der Branche mit 35 Tagen liegt. Dann sind Maßnahmen zur Beschleunigung des Geldrückflusses notwendig, wie sie im Kapitel 10.2 beschrieben werden.

17.7 Errechnung der Kapitalrendite

Ob das eingesetzte Kapital sofort oder später eine Rendite bringt, das lässt sich anhand der abschließenden Übersicht selbst ausrechnen. Dieser *Bogen zur Errechnung der Kapitalrendite* ist auf Einzelfirmen zugeschnitten; deshalb ist in Position 9 ein kalkulatorischer Unternehmerlohn einzufügen, und zwar in der Höhe nach den jährlich neu festgesetzten, nach Beschäftigten-Größenklassen gestaffelten Richtsätzen des Kölner Instituts für Handelsforschung für Teilnehmer am Betriebsvergleich.

Die eigenen Werte sind mit denen von Vergleichsbetrieben zu analysieren. In früheren Jahren lag der Kapitalumschlag für Buchhandlungen in gemieteten Räumen im Durchschnitt bei 6,1mal, der Eigenkapitalumschlag bei 11,5mal, was unter Berücksichtigung des damals erzielten betriebswirtschaftlichen Ergebnisses eine Gesamtkapitalverzinsung von 13,42 % (6,1 × 2,2) und eine Eigenkapitalverzinsung von 19,55 % (11,5 × 1,7) bedeutet. Neuere Werte repräsentativer Art liegen leider nicht vor, aber beide Werte dürften gegenwärtig wegen beachtlich abgefallener betriebswirtschaftlicher Ergebnisse wesentlich niedriger liegen.

BOGEN ZUR ERRECHNUNG DER KAPITALRENDITE FÜR 20..

    1. Gesamtumsatz 20.. inkl. Umsatzsteuer (ohne Cent)   € .... 100 %
    2. Bilanzsumme der Bilanz vom Vorjahr   € ....
+ 3. Bilanzsumme der Bilanz vom Berichtsjahr   €̲ ̲.̲.̲.̲.̲.̲.̲.̲.̲.̲.̲
       Zwischensumme   € ....
    4. Durchschnittliche Bilanzsumme (Zwischensumme : 2)   € ....
    5. Eigenkapital in der Bilanz vom Vorjahr   € ....
+ 6. Eigenkapital in der Bilanz vom Berichtsjahr   €̲ ̲.̲.̲.̲.̲.̲.̲.̲.̲.̲.̲
       Zwischensumme   € ....
    7. Durchschnittliches Eigenkapital (Zwischensumme : 2)   € ....
    8. Steuerlicher Gewinn lt. GuV im Berichtsjahr   € ....
    9. Kalkulatorischer Unternehmerlohn nach den Sätzen
       des Kölner Instituts für Handelsforschung   −€̲ ̲.̲.̲.̲.̲.̲.̲.̲.̲.̲.̲
= 10. Bereinigtes betriebswirtschaftliches Ergebnis I   =€ ....,.... %
+ 11. Fremdkapitalzinsen   +€̲ ̲.̲.̲.̲.̲.̲.̲.̲.̲.̲
= 12. Bereinigtes betriebswirtschaftliches Ergebnis II   =€ ....,.... %

Ausrechnung der Kapitalrendite

A   GESAMTKAPITALUMSCHLAG nach der Formel

$$\frac{\text{Umsatz inkl. Umsatzsteuer (Kennziffer 1)}}{\text{durchschnittliche Bilanzsumme (Kennziffer 4)}}$$

hier: ─────────────────── = ...,.... mal

B   EIGENKAPITALUMSCHLAG nach der Formel

$$\frac{\text{Umsatz inkl. Umsatzsteuer (Kennziffer 1)}}{\text{durchschnittliches Eigenkapital (Kennziffer 7)}}$$

hier: ─────────────────── = ...,.... mal

C   GESAMTKAPITALVERZINSUNG nach der Formel
Gesamtkapitalumschlag (Kennziffer A) × bereinigtes betriebswirtschaftliches
Ergebnis II in v. H. des Umsatzes (Position 12 in %)

hier: ×   = ...,.... % Gesamtkapitalverzinsung

D   EIGENKAPITALVERZINSUNG nach der Formel
Eigenkapitalumschlag (Kennziffer B) × bereinigtes betriebswirtschaftliches
Ergebnis I in v. H. des Umsatzes (Position 10 in %)

hier: ×   = ...,.... % Eigenkapitalverzinsung

18
Errechnung des Kapitalbedarfs

Der Kapitalbedarf muss vor der Gründung sorgfältig ermittelt werden, denn mangelhafte Kapitalausstattung bedeutet die Gefahr eines Fehlschlags des Unternehmens. Den Grundsätzen krisenfester Finanzierung ist dabei besondere Aufmerksamkeit zu schenken:
- Finanzierung des Anlagevermögens voll mit Eigenkapital und langfristigem Fremdkapital.
- Beim Umlaufvermögen soll der dauernd im Unternehmen gebundene eiserne Bestand oder aber rund ein Drittel des Umlaufvermögens langfristig finanziert sein.
- Kurzfristige Finanzierung durch Kontokorrentkredit statt Lieferantenkredit, damit voll skontiert werden kann (vgl. Kap. 18.7). Der Kontokorrentkredit sollte aber nicht höher sein als der Wareneingang im Rahmen der normalen Lieferantenkondition, im Sortimentsbuchhandel also etwa für einen Monat.
- Neue Investitionen erst dann, wenn die Finanzierung ohne Gefährdung der Liquidität des Unternehmens gesichert ist.

Zu trennen ist bei der Ermittlung des Kapitalbedarfs nach langfristigen Investitionen im Bereich der Immobilien und der Mobilien, die in der späteren Bilanz des Anlagevermögen bilden, den Betriebsmitteln zum Betreiben des Unternehmens, die zum Umlaufvermögen gehören, und den Anlaufkosten, wozu auch Reserven für den Lebensunterhalt des Unternehmers und eine Position für unvorhergesehene Ausgaben gehören. Alles zusammen ergibt dann den Kapitalbedarf zur Geschäftsgründung. Die folgende Kapitalbedarfsrechnung auf Seite 304 führt alle wesentlichen Positionen auf, die bei der Gründung einer Buchhandlung anfallen können. Auch die langfristige Investition in Immobilien ist hier einbezogen worden, obwohl sie äußerst selten in unserer Branche bei der Errichtung einer neuen Buchhandlung vorkommt.

KAPITALBEDARFSRECHNUNG FÜR EINE ZU GRÜNDENDE BUCHHANDLUNG

1 Langfristige Investitionen (Immobilien)
1.1 Kaufpreis für Grundstück und/oder Gebäude
1.2 Grunderwerbsnebenkosten (Anliegerbeiträge, Grunderwerbssteuer, Maklerprovision, Notariatskosten)
1.3 Planungsaufwand für zu errichtendes Geschäftsgebäude
1.4 Herstellungsaufwand für zu errichtendes Gebäude
1.5 Umbaukosten für gekauftes Gebäude
1.6 Sonstige Aufwendungen für Grundstück und Gebäude
   ZWISCHENSUMME 1   .... €

2 Langfristige Investitionen (Mobilien)
2.1 Anschaffungskosten der Ladeneinrichtung
2.2 Anschaffungskosten der Elektro-Installation
2.3 Anschaffungskosten des Bodenbelags
2.4 Anschaffungskosten des Büromobiliars
2.5 Anschaffungskosten für Ausstattung des Ersatzlagers, des Archivs, des Sozialraumes und anderer Nebenräume
2.6 Anschaffungskosten für EDV-Anlage, Registrierkasse
2.7 Anschaffungskosten für Firmen-Kraftfahrzeug
2.8 Anschaffungskosten für technische Anlagen (Aufzug, Transport, Telefon, Fax, Kopierer)
2.9 Sonstige Anschaffungen als langfristige Investitionen
   ZWISCHENSUMME 2   .... €

3 Betriebsmittel
3.1 Erstausstattung des Warenlagers
3.2 Warenbezugskosten für die Erstausstattung
3.3 Anschaffungskosten für Bibliografien und Nachschlagewerke
3.4 Sonstige Betriebsmittel
   ZWISCHENSUMME 3   .... €

4 Anlaufkosten
4.1 Kosten für die Eröffnungswerbung
4.2 Raumkosten in der Anlaufphase (Miete, Heizung, Licht)
4.3 Personalkosten in der Anlaufphase
4.4 Beratungskosten
4.5 Sonstige Anlaufkosten
4.6 Reserve für den Lebensunterhalt
4.7 Sicherheitszuschlag für unvorhergesehene Ausgaben, z. B. 10 % des Betriebsmittelbedarfs
   ZWISCHENSUMME 4   .... €

   ENDSUMME   .... €

18 Errechnung des Kapitalbedarfs

Die Addition der vier Zwischensummen ergibt den Kapitalbedarf der zu gründenden Buchhandlung. Wegen der besonderen Rolle des Warenlagers als weitaus größte Position des Umlaufvermögens bietet eine zweite Übersicht eine Kapitalbedarfsrechnung für den Warenumschlag eines laufenden Betriebes.

KAPITALBEDARFSRECHNUNG FÜR DEN WARENUMSCHLAG
(abgerundete Werte)

(1) Jahresumsatz einschließlich Umsatzsteuer	500.000 €
(2) davon Kreditumsatz einschl. Umsatzsteuer	200.000 €
(3) Wareneingang des Geschäftsjahres inkl. MwSt.	337.500 €
(4) ⌀ Lagerbestand zu Verkaufspreisen	125.000 €
(5) ⌀ Debitorenbestand	16.667 €
(6) ⌀ Kreditorenbestand	33.750 €

Errechnung der Kennzahlen

A LAGERUMSCHLAGSHÄUFIGKEIT (Lagerdauer in Tagen)

$$\frac{\text{Umsatz inkl. USt. (1)}}{\varnothing \text{ Lager (4)}} = \frac{500.000}{125.000} = 4{,}0 \text{ mal} \qquad \frac{360 \text{ Tage}}{4} = 90 \text{ Tage}$$

B DEBITORENUMSCHLAG (Kundenziel)

$$\frac{\text{Umsatz inkl. USt. (1)}}{\varnothing \text{ Debitorenstand (5)}} = \frac{500.000}{16.667} = 30{,}0 \text{ mal} \qquad \frac{360 \text{ Tage}}{30} = 12 \text{ Tage}$$

C KREDITORENUMSCHLAG (Lieferantenziel)

$$\frac{\text{Wareneingang inkl. USt. (3)}}{\varnothing \text{ Kreditorenstand (6)}} = \frac{337.500}{33.750} = 10{,}0 \text{ mal} \qquad \frac{360 \text{ Tage}}{10} = 36 \text{ Tage}$$

Nach diesen gerundeten, der Praxis angenäherten Durchschnittswerten ergibt sich folgende Dauer der Zwischenfinanzierung:

	⌀ Lagerdauer	90 Tage
+	⌀ Kundenziel	12 Tage
	Geldrückflussdauer	102 Tage
−	⌀ Lieferantenziel	36 Tage
=	Zwischenfinanzierungsdauer	66 Tage

Bei dem in der Musterrechnung angeführten Wareneingangsvolumen von 337.500 € resultiert daraus ein Kapitalbedarf von 61.875 €, der sich wie folgt errechnet:

$$\frac{337.500}{360} \times 66 = 61.875 \text{ €}$$

18.1
Grundstück und Gebäude

Der Erwerb von Grundstück und ganzem Gebäude, um eine Buchhandlung zu errichten, wird sehr selten sein, ebenso der Kauf eines Ladenlokals als Teileigentum. Solche Investitionen erfordern erhebliche Mittel und machen von vornherein die Aufstellung eines langfristigen Finanzplanes notwendig. Ein bestimmtes Maß an Eigenkapital ist Voraussetzung für die Realisierung der Pläne mit einer sofortigen Doppelbelastung durch Grundstückserwerb und Errichtung einer Buchhandlung. Hypotheken werden nur bis zu einer bestimmten Höhe gegeben, gemessen am Wert des Grundstücks, und letztlich sind diese durch Annuitäten zurückzuzahlen.

Die Preise für Immobilien richten sich nach dem Verkehrswert. Hinzu kommen erhebliche einmalige Nebenkosten wie Grunderwerbssteuer, Maklerprovision, Gutachterkosten, Notariatsgebühren, Anliegerbeiträge usw.

18.2
Inneneinrichtung

Durch Vorschläge von verschiedenen Inneneinrichtern ist der in jedem Fall ratsame Vergleich der Kosten gegeben. Fast immer kommen zum genannten Preis noch die Montagestunden in nicht genau bekanntem Umfang hinzu. Deshalb ist zu empfehlen, im Vertrag die Zahl der Montagestunden nach oben zu limitieren. Auf der Rationalisierungsausstellung der Frankfurter Buchmesse können Sie diesbezüglich Erstgespräche mit den auf den buchhändlerischen Ladenbau spezialisierten Firmen führen.

Gegen unpünktliche Auftragserledigung, die den Eröffnungstermin in Frage stellt und Einnahmeausfall bedeuten kann, sichert sich der Auftraggeber durch vertraglich festgelegte Konventionalstrafe je Überschreitungstag bei Verschulden der Einrichtungsfirma. Die Elektro-Installation einschließlich der Außenwerbung und der Fußbodenbelag sind weitere große Posten.

18.3
Betriebsausstattung

Zur Betriebsausstattung der neuen Buchhandlung gehören:
- Büromobiliar (Schreibtisch, Packtisch, Schreibmaschinentisch, Stühle)
- Büromaschinen (EDV-Anlage, Rechenmaschine, eventuell Buchungsgerät)
- Registrierkasse
- Regale für Ersatzlager
- Einrichtungsgegenstände für den Sozialraum
- Transportmittel in und außer Haus (Aufzug, Flachwagen, Kraftfahrzeug)

- Technische Anlage des Informationssystems (Telefon, Telefax, Bestell-Terminal)
- Eventuell Sonnenschutz (Markise, Rolle, Schutzfilm)
- Formulare und Büromaterial

18.4
Warenbestand

Größte Position des Betriebsmittelbedarfs ist die Erstausstattung des Warenlagers. Seine Höhe orientiert sich an der Umsatzerwartung unter Berücksichtigung des branchenüblichen Lagerumschlages. Wird mit 500.000 € Jahresumsatz gerechnet und die Lagerdrehzahl mit vier bemessen, so errechnet sich ein Lagerwert von 125.000 € zu Verkaufspreisen. Aufgrund der herauszuholenden Sonderkonditionen für die Erstaufträge zur Eröffnung kann der Einkaufswert relativ niedrig mit rund 75.000 € angesetzt werden. Es gibt aber auch Berechnungen, die den Warenbestand in Relation zur Verkaufsfläche bemessen. Hier spricht man von ca. 500 € Warenbestand zu Verkaufspreisen pro Quadratmeter.

Hinzu kommen die Warenbezugskosten, die durch eine Bündelung der Lieferanten relativ niedrig gehalten werden können, sofern nicht sogar portofreie Anlieferung vereinbart wurde. Eine frühzeitige Anlieferung der Verlagserzeugnisse vor der Eröffnung sollte man durch Valuta und längeres Zahlungsziel finanziell strecken, damit nicht schon in den ersten Tagen und Wochen alle Lieferantenrechnungen fällig werden.

18.5
Vorbereitungs- und Anlaufkosten

Unterschätzt werden gewöhnlich die bereits vor der Eröffnung anfallenden Kosten. Es beginnt mit Aufwendungen für Anzeigen, Reisekosten, Gebühren für Unternehmensberater, dem die reichlich anzusetzenden Kosten für die Eröffnungswerbung (vgl. Kap. 27) folgen. Zu denken ist ferner an die Kosten für Nachschlagewerke sowie die Nutzungsgebühren elektronischer Bibliografien. Möglicherweise fallen schon Miete und andere Raumkosten ein bis zwei Monate vorher an. Notwendige Mitarbeiter sind selten exakt zum Eröffnungstag einzustellen; sie müssen eingearbeitet werden und bei der Vorbereitung helfen, was Personalkosten verursacht, denen noch keine Erträge gegenüberstehen.

Kleine Ausgaben fallen für den vorbereitenden Schriftverkehr an, dazu Gebühren und Beiträge für den Eintritt in verschiedene Institutionen (BAG, Börsenverein, Handelsregister, Industrie- und Handelskammer). Möglicherweise sind auch Beiträge für verschiedene Versicherungen bereits vor der Eröffnung fällig, z. B. die Feuerversicherung.

18.6
Reserven für Lebensbedarf und Sonderfälle

Auch der Unternehmer kann nicht erst am Eröffnungstag in seiner neuen Buchhandlung zu arbeiten anfangen. Als bisheriger Angestellter nutzt er vielleicht restliche Urlaubstage für die Anlauftätigkeiten oder aber er muss einige Zeit ohne Gehalt auskommen und über Mittel zur Bestreitung des Lebensunterhaltes für sich und seine Familie verfügen. Nicht alles ist voraussehbar, so auch bei der Gründung einer Buchhandlung. Unvorhergesehene Ausgaben können anfallen, die finanziert werden müssen. Hierfür sollten Beträge in Höhe von 5 bis 10% des Betriebsmittelbedarfs zur Verfügung stehen.

18.7
Skontierung – ja oder nein?

Nach den Ergebnissen des Kölner Betriebsvergleichs für den Sortimentsbuchhandel sind in den letzten Jahren 0,4 bis 0,6% des Umsatzes als Skontoerlös ausgewiesen. In Wirklichkeit liegen sie jedoch höher, weil ein Großteil der befragten Betriebe den Skontoerlös aufgrund vereinfachter Buchungsweise nicht zu nennen vermag. Vereinfachung bedeutet in diesem Fall, dass der Rechnungsbetrag gleich um das abgezogene Skonto gekürzt eingebucht wird, um damit zwei Arbeitsgänge (Einbuchung des vollen Rechnungsbetrages, Einbuchung des Skontoerlöses) zu sparen. Das Finanzamt lässt diese Erleichterung zu, eine gesonderte Erfassung der in Anspruch genommenen Skontobeträge ist für steuerliche Zwecke nicht erforderlich. Verloren geht dabei aber die betriebswirtschaftlich interessante Kennziffer der erzielten Skonti im Verhältnis zum Umsatz und Wareneingang.

Schätzungsweise beträgt der Skontoerlös im Sortimentsbuchhandel durchschnittlich 0,8 bis 0,9% des Umsatzes mit sehr großer Streubreite in den einzelnen Betrieben. So vermag eine neue Buchhandlung durch restlose Ausschöpfung des Lieferantenkredits keinerlei Skonti zu ziehen, während das etablierte liquide Unternehmen mit überwiegend allgemeinem Sortiment (ohne wissenschaftliche Literatur, ohne Schulbücher) 1,3 bis 1,4% des Umsatzes, also zwei Prozent des Wareneingangs, erlöst. Manche Buchhändler zahlen ihre Verlegerrechnungen nicht in der ersten Kondition und verschenken damit praktisch Geld. Eine Skontierung lohnt sich fast immer – selbst wenn dafür ein Kredit aufgenommen werden muss.

Im Buchhandel werden alle Barsortimentslieferungen ohne Rücksicht auf Sachgebiete und Verlage voll skontiert. Beim Direktbezug gibt es Verlage, die jeglichen Skontoabzug verbieten, z.B. wissenschaftliche Verlage und viele Schulbuchverlage; Publikumsverlage dagegen gestatten in der Regel diesen Vorteil bei Zahlung innerhalb von zehn Tagen nach Rechnungsdatum (oder zehn Tagen nach Valuta-Datum). Ansonsten sind 30 Tage Ziel üblich, bei Reiseaufträgen 60 Tage und gelegentlich mehr. Nach diesen branchenüblichen Konditionen ist es in der Regel günstiger, einen angebotenen Skontoabzug zu nutzen und auf volle Ausschöpfung des Zahlungszieles zu verzichten. Denn selbst die hohen Zinskosten eines Kontokorrentkredits liegen dann unter den Skontoerlösen (vgl. die folgende Übersicht *Jahreszinsberechnung*). Hinzu kommt als positiver Aspekt noch die Vereinfachung des Arbeitsganges in der Buchhaltung durch Direktbuchung ohne jegliches Kontokorrent bei kurzfristiger Zahlungsweise, im anderen Falle müssen Lieferantenkonten die einzelnen Verbindlichkeiten ausweisen.

JAHRESZINSBERECHNUNG (mit Beispielen)

$$\frac{\text{Skonto in \%} \times 360 \text{ Tage}}{\text{Zahlungsziel netto} - \text{Skontotage}}$$

BEISPIEL 1

$$\frac{2\,\% \text{ Skonto} \times 360 \text{ Tage}}{30 \text{ Tage Zahlungsziel} - 10 \text{ Skontotage}} = \frac{720}{20} = 36\,\%$$

BEISPIEL 2

$$\frac{2\,\% \text{ Skonto} \times 360 \text{ Tage}}{60 \text{ Tage Zahlungsziel} - 10 \text{ Skontotage}} = \frac{720}{50} = 14{,}4\,\%$$

Bei beiden Beispielen liegt der Jahreszins bei voller Skontierung mit 36 bzw. 14,4 % (erheblich) über den Zinskosten eines Kontokorrentkredites. Unberücksichtigt geblieben ist bei dieser Gegenüberstellung der Lagerumschlag, denn eingekaufte Bücher werden in der Regel nicht in 20–50 Tagen, also innerhalb des Zahlungszieles, verkauft. Je nach Lagerdrehzahl reduziert sich die Skontorentabilität. Ein Lagerumschlag von mehr als dreimal ist etwa die Schwelle zum Finanzierungsgewinn, die Zinskosten des Bankkredites bleiben dann unter dem Skontoerlös.

18.8 Modellbilanzen

Das Bild der Bilanz einer Buchhandlung wird von den individuellen Verhältnissen bestimmt. So sieht die Seite der Aktiva eines Betriebs mit eigenem Grundstück und Gebäude wesentlich anders aus als die eines Unternehmens in gemieteten Geschäftsräumen. Erhebliche Unterschiede im Bilanzbild sind auch zwischen gerade gegründeten und jahrelang tätigen Sortimentsbuchhandlungen festzustellen. Auf der Seite der Passiva bestimmen die eigenen Mittel über die Zusammensetzung nach Eigen- und Fremdkapital. Bei einem zeitlichen Vergleich werden strukturelle Veränderungen offenbar; augenfällig ist z. B. die Erhöhung des Kapitalumschlages in den letzten Jahren, was auf einen niedrigeren Mitteleinsatz, gemessen am Umsatz, hinweist.

Eine Erhebung der Bilanzstruktur des Sortimentsbuchhandels wurde früher vom Kölner Institut für Handelsforschung im Rahmen seines Betriebsvergleiches jeweils für zwei Geschäftsjahre durchgeführt. Rund 100 Betriebe nahmen daran teil und kamen in den Besitz dieser Auswertung. Aus diesen Werten und vielen eigenen Unterlagen des Verfassers lässt sich die folgende Durchschnittsbilanz ableiten, die sich auf das Jahr 2000 bezieht und repräsentativ ist für Buchhandlungen in gemieteten Räumen. Bei dieser Durchschnittsbilanz ist ein Kapitalumschlag von 5,4mal gegeben, die durchschnittliche Bilanzsumme beträgt also 18,5 % des Umsatzes. Die Summe selbst beläuft sich auf 361.111 € was einen Umsatz von durchschnittlich 1.950.000 € bedeutet Bei 12,5 beschäftigten Personen (Messzahl) ergibt das eine durchschnittliche Bilanzsumme von 28.888 € je Person.

DURCHSCHNITTSBILANZ AUS 100 BUCHHANDLUNGEN

AKTIVA	%	%	PASSIVA	%	%
1. Geschäftseinrichtung	13,6		1. Langfristige Verbindlichkeiten		
2. Kraftfahrzeug	2,0		(Darlehen, Kredite)	8,9	
3. Sonstige Anlagegegenstände	0,4		3. Verbindlichkeiten aus Waren-		
Anlagevermögen		**16,0**	lieferungen und Leistungen	31,7	
4. Flüssige Mittel	15,1		3. Schuldwechsel	–	
5. Forderungen aus Waren-			4. Sonstige kurzfristige		
lieferungen und Leistungen	20,8		Verbindlichkeiten	8,6	
6. Lagerbestand	40,7		5. Rückstellungen	4,2	
7. Sonstige Aktiva (sonstige			**Fremdkapital**		**53,4**
Forderungen, Rückstellungen,			**Eigenkapital**		**46,6**
Rechnungsabgrenzung)	7,4				
Umlaufvermögen		**84,0**			
Gesamtvermögen		**100,0**	**Gesamtkapital**		**100,0**

Nach dieser Bilanz mit Durchschnittswerten, ermittelt in über 100 Buchhandlungen, folgen die Modellzahlen der ersten Bilanz einer Buchhandlung mit 500.000 € Jahresumsatz nach dem ersten vollen Geschäftsjahr. Hier errechnet sich ein Kapitalumschlag von nur 3,7mal, weil das Anlagevermögen einen recht hohen Anteil durch die neue Geschäftsausstattung hat und auch der Lagerbestand in Höhe von rund 150.000 € (Verkaufswert) höher als üblich liegt. Gering sind die Forderungen an Kunden; der Kreditverkaufsanteil der neuen Buchhandlung ist anfangs sehr klein. Auf der Seite der Passiva steht das aufgenommene Existenzgründungsdarlehen in Höhe von 60.000 € noch voll in der Bilanz, weil zwei tilgungsfreie Jahre vereinbart wurden. Höher sind in der Anfangsphase üblicherweise auch hier die Lieferantenverbindlichkeiten.

MODELLBILANZ DES ERSTEN JAHRES (Umsatz 500.000 €)

AKTIVA	€	%	PASSIVA	€	%
1. Geschäftsausstattung	52.000	38,5	1. Langfristige Verbindlichkeiten	60.000	44,4
2. Kraftfahrzeug (gebraucht eingebracht)	10.000	7,4	2. Verbindlichkeiten aus Warenlieferungen	38.000	28,1
3. Sonstige Anlagegegenst.	1.000	0,8	3. Schuldwechsel	–	
Anlagevermögen	**63.000**	**46,7**	4. Sonstige kurzfristige Verbindlichkeiten	4.000	3,0
4. Flüssige Mittel	7.000	5,2	5. Rückstellungen	2.000	1,5
5. Forderungen an Kunden	5.000	3,7	**Fremdkapital**	**104.000**	**77,0**
6. Lagerbestand	56.000	41,5	**Eigenkapital**	**31.000**	**23,0**
7. Sonstige Aktiva	4.000	2,9			
Umlaufvermögen	**72.000**	**53,3**			
Gesamtvermögen	**135.000**	**100,0**	**Gesamtkapital**	**135.000**	**100,0**

Planbilanzen als unternehmerisches Steuerungsinstrument werden in unserer Branche selten aufgestellt. Die Handlungsweise der Buchhändler ist zumeist gegenwartsorientiert, wenn nicht gar auf die Vergangenheit bezogen. Die Auseinandersetzung mit der Zukunft des Unternehmens als dynamisches Agieren im Markt ist aber besser als passives Reagieren. Für eine bereits arbeitende Buchhandlung ist die Aufstellung von Planbilanzen leichter, weil als Ausgangsbasis die Geschäftszahlen rückliegender Jahre vorliegen. Das gerade gegründete Unternehmen tut sich damit schwer.

19
Planung des Personalbedarfs

Eine gerade gegründete Buchhandlung wird im verhältnismäßig kleinen Rahmen beginnen, eventuell als Ein-Personen-Buchhandlung oder als reiner Familienbetrieb starten. Wächst der Betrieb über diesen Rahmen hinaus, sind über kurz oder lang Mitarbeiter zu beschäftigen. Über das Gewinnen, Einstellen und Halten dieser Mitarbeiter informiert ausführlich Kap. 26. Wie viele Mitarbeiter mit welcher Qualifikation benötigt werden, das kann ein einfacher Personalbedarfsplan für die Gründungsphase und die folgenden drei bis fünf Jahre festlegen. Welchen besonderen Schutz bestimmte Personengruppen wie Jugendliche oder Schwerbeschädigte genießen, ist in Kap. 26.9 ausgeführt. Als Maßstab für die Zahl der notwendigen Mitarbeiter kann der so genannte »Pro-Kopf-Umsatz« herangezogen werden, eine Leistungskennziffer, die nach folgender Formel ermittelt wird:

$$\text{Pro-Kopf-Umsatz} = \frac{\text{Jahres-Umsatz inklusive USt.}}{\text{Anzahl der im Jahr beschäftigten Personen}}$$

Als Zahl der beschäftigten Personen sind hier nicht einfach die Köpfe zu irgendeinem Stichtag zu zählen, sondern Abweichungen von voller Arbeitszeit (derzeit 37,5 Stunden-Woche) zu berücksichtigen. So wird ein Mitarbeiter mit 18,75stündiger Arbeitszeit mit 0,5, eine Reinigungskraft mit acht Stunden je Woche mit 0,21 bewertet. Während des Jahres ausgeschiedene oder neu eingestellte Mitarbeiter sind entsprechend einzustufen. So ist eine am 1.7. eingestellte Halbtagskraft mit 0,25, eine zum 30.6. ausgeschiedene Vollzeitkraft mit 0,5 zu bewerten. Auszubildende werden im ersten und zweiten Ausbildungsjahr mit 0,5, im dritten Jahr mit 1,0 bemessen. In die Messzahl der beschäftigten Personen sind also sämtliche für die Buchhandlung Tätigen zu integrieren: Inhaber, sein mit oder ohne Entgelt mitarbeitender Lebenspartner, die angestellten Buchhändler, die Auszubildenden, die kaufmännischen Kräfte im Back-Office-Bereich und die gewerblichen Kräfte (Bote, Packer, Kraftfahrer). Für den Sortimentsbuchhandel liegen die Zahlen zum *Umsatz je beschäftigte (volle) Person* vor, ermittelt durch das Kölner Institut für Handelsforschung beim alljährlichen Betriebsvergleich für diese Einzelhandelsbranche.

Frühere jährliche Steigerungen waren in erster Linie den Preisanhebungen für Verlagserzeugnisse zuzuschreiben, in zweiter Linie echten Produktivitätssteigerungen. Die rückläufigen Werte für das Jahr 2001 sind im einleitenden Kapitel erklärt worden (u. a. Konsumzurückhaltung nach der Euro-Einführung und in Folge der Terroranschläge vom 11. September 2001). Um den jeweiligen Mittelwert gibt es zum Teil erhebliche Streuungen. So liegen die Leistungen in sehr großen Buchhandlungen seit dem Entstehen der Großflächenbuchhandlungen mit ihren speziellen Verkaufskonzepten höher.

UMSATZ JE BESCHÄFTIGTE PERSON

Beschäftigten -größenklasse	Umsatz je beschäftigte Person in €		
	2000	2001	2002
2– 3 Personen	159.578	150.431	146.126
4– 5 Personen	153.336	142.122	149.050
6–10 Personen	158.829	148.850	141.242
11–20 Personen	155.997	150.543	152.450
21–50 Personen	174.743	158.371	150.109
über 50 Personen	181.589	168.049	173.951
Insgesamt	**159.969**	**149.593**	**148.019**

Besondere Umsätze erheischen besondere Bewertung. Als Beispiel dazu ein Schulbuch-Sammelauftrag in Höhe von 150.000 € mit 15 % Nachlass laut Staffel, der nicht dazu verleiten darf, das ganze Jahr über einen weiteren Mitarbeiter einzustellen. Der Personalaufwand für ihn würde weit über dem Erlös aus diesem kurzfristig abzuwickelnden Einmalauftrag liegen.

Nach den zuvor genannten Werten kann der Unternehmer gegenwärtig für einen geplanten Jahresumsatz von 500.000 € 3,2 volle Mitarbeiter (Messzahl) ansetzen, beispielsweise den Inhaber (Messzahl 1,0), eine Buchhändlerin ganztags (1,0), eine halbtags (0,5), eine Aushilfe (0,3), eine kaufmännische Teilzeitkraft (0,2) für Expedition, Buchhaltungsvorarbeiten (EDV-Buchhaltung beim Steuerbüro), dazu einen Boten stundenweise nach Bedarf (0,1) und die Reinigungskraft mit wöchentlich vier Stunden (0,1): zusammen 3,2 beschäftigte Personen (Messzahl).

19.1
Männliche und weibliche Arbeitskräfte

Im Sortimentsbuchhandel sind überwiegend Frauen beschäftigt, bei den buchhändlerischen Unternehmern dominieren die Männer. Der Personalbedarf muss sich an den gegebenen Verhältnissen orientieren. Im Jahr 2002 waren von den 2.554 Auszubildenden des Sortimentsbuchhandels 82,5 % weiblichen Geschlechts. Für die anderen Mitarbeiter gibt es keinen solchen Überblick, es ist aber zu vermuten, dass der Anteil der männlichen Kollegen kaum höher sein dürfte als bei den Auszubildenden.

Nach einer amtlichen Quelle mit Werten der Jahre 1995–2002 gibt es laut nachstehender Übersicht über 30.000 Beschäftigte im Einzelhandel mit Büchern und Fachzeitschriften. Die Relation von Vollbeschäftigten zu Teilzeitbeschäftigten verändert sich zunehmend zu letzteren, die mittlerweile annähernd die Hälfte der Beschäftigten im Einzelhandel mit Büchern und Fachzeitschriften stellen.

BESCHÄFTIGTE IM EINZELHANDEL MIT BÜCHERN UND FACHZEITSCHRIFTEN 1995–2002

Jahr	Beschäftigte	Veränderung in %
1995	30.300	+ 1,3
1996	30.800	+ 1,7
1997	31.100	+ 1,0
1998	31.400	+ 1,0
1999	32.300	+ 2,9
2000	33.300	+ 3,3
2001	34.600	+ 3,9
2002	34.600	+ 0,1

Quelle: Statistisches Bundesamt-Binnenhandel. Gastgewerbe, Tourismus

19.2 Buchhändler

Die Qualifikation der Mitarbeiter muss dem Unternehmensziel entsprechen. Eine Buchhandlung als Fachgeschäft wird deshalb für bestimmte Arbeitsgebiete nur gelernte Fachkräfte einzustellen wünschen, sofern sich das vom Arbeitsmarkt her realisieren lässt. Für Bedienung und Beratung im Laden und für die Bestellabteilung werden hauptsächlich ausgebildete Buchhändler angestellt, die nach einer dreijährigen Ausbildungszeit sowohl theoretische Kompetenz als auch praktische Erfahrung mitbringen.

19.3 Kaufmännische Kräfte

Für die verschiedenen Verwaltungsarbeiten und einfacheren Tätigkeiten reichen kaufmännisch vorgebildete Kräfte aus, die sich nach Anleitung in die buchhändlerischen Interna einarbeiten können. Zu nennen sind hier die Expedition, die Buchhaltung, die Zeitschriften- und Fortsetzungs-Abteilung, die Hilfe beim Wareneingang, in größeren Buchhandlungen die Kassiererin und die Sekretärin.

19.4 Sonstige Arbeitskräfte

Gewerbliche Arbeitskräfte sind je nach Bedarf als Packer, Kraftfahrer, Bote oder als Reinigungskraft stundenweise einzustellen. Als Boten werden vorzugsweise Schüler eingestellt, wobei die gesetzlichen Bestimmungen zu beachten sind.

19.5
Auszubildende

Auszubildende dürfen nur dann eingestellt werden, wenn der Inhaber oder einer der Mitarbeiter zur Ausbildung berechtigt ist, also neben seiner fachlichen Qualifikation als Buchhändler die Ausbilder-Eignungsprüfung nach der Ausbilder-Eignungsverordnung vom 20. 4. 1972 (gemäss § 21 Berufsbildungsgesetz vom 14. 8. 1969) abgelegt hat. Befreit werden von der Prüfung kann nur, wer vor 1990 bereits mindestens fünf Jahre ausgebildet hat. Um genügend Lehrstellen zu schaffen, ist die Ausbilder-Eignungsprüfung ab 2003 für einen zunächst befristeten Zeitraum von fünf Jahren nicht mehr zwingende Voraussetzung für die Einstellung von Azubis.

Über die Formalitäten der Einstellung von Auszubildenden informieren die buchhändlerischen Landesverbände und die einzelnen Industrie- und Handelskammern, die über einen speziellen Ausbildungsberater verfügen. Buchhändler ist ein anerkannter Ausbildungsberuf, wobei Sortimentsbuchhandlungen nach Art und Einrichtung für die Ausbildung am geeignetsten sind. Die Gesamtzahl der Ausbildungsplätze für das Berufsbild Buchhändler/Buchhändlerin lag 2002 mit 2.554 um 28 % niedriger als 1986 mit dem Höchststand 3.550 Plätze. Schulische Vorbildung anno 2000: Realschule 18,0 %, Fachhochschule oder Abitur 70,7 %.

19.6
Voll- und Teilzeitkräfte

Bei hohem Anteil weiblicher Mitarbeiter bleibt vielfach nur der Ausweg zur Einstellung von Teilzeitkräften, so Frauen, die nach einer Lehre im Fach und einigen Jahre Pause ihren Beruf wieder ausüben wollen, aber nicht den ganzen Tag arbeiten können. Für die Schlüsselposition wie z. B. die »Erste Sortimenterin« sind jedoch Ganztagskräfte vorzuziehen. Im Gehaltsniveau liegen Teilzeitkräfte etwas über dem von Ganztagsbeschäftigten bei entsprechender Umrechnung. Über die Arbeitsproduktivität sind die Meinungen geteilt. Der Trend im Einzelhandel geht zweifellos zu einem stärkeren Anteil der Teilzeitkräfte zu Lasten der Ganztagsbeschäftigten.

Teilzeitkräfte mit geringer Arbeitsstundenzahl werden im Rahmen der so genannten Mini-Job-Regelung entlohnt, die zum 1. April 2003 in Kraft getreten ist. Dabei beträgt die Arbeitslohngrenze bei geringfügig Beschäftigten bis zu 400 € monatlich. Der Arbeitgeber zahlt an eine Clearingstelle, die Bundesknappschafts-Zweigstelle in Essen, eine Pauschalabgabe von 25 %. Hiervon fließen 12 % an die Rentenversicherung, 11 % an die Krankenversicherung und 2 % an die Finanzämter. Für die Arbeitnehmer fallen weder Steuern noch Sozialversicherungsbeiträge an. Oberhalb der Geringfügigkeitsgrenze wird eine »Gleitzone« zwischen 400 und 800 € eingerichtet. Während der Arbeitgeber die normalen Arbeitgeber-Sozialversicherungsbeiträge zahlt, steigt für den Arbeitnehmer der Sozialversicherungsbeitrag

– beginnend mit 4 % bis auf die 2003 geltende normale Höhe von 21 %. Nähere Informationen erhalten Sie unter **www.minijob-zentrale.de**.
Nach dem Teilzeit- und Befristungsgesetz wird es für Existenzgründer einfacher. In den ersten vier Jahren können diese befristete Arbeitsverträge ohne Angabe eines Grundes für eine Dauer von bis zu vier Jahren abschließen.

19.7
Tarife

Die Tarife in den einzelnen Bundesländern sind unterschiedlich. Im Allgemeinen trennen die Gehaltstarife bei den Beschäftigungsgruppen nach Angestellten ohne und mit abgeschlossener Ausbildung und bilden bis zu fünf Gehaltsgruppen, innerhalb denen nach Ortsklasse und Berufs- bzw. Tätigkeitsjahren differenziert wird. Tarifgehälter sind Mindestgehälter – im Sortimentsbuchhandel liegt das Gehaltsniveau im Allgemeinen leicht darüber. Die buchhändlerischen Landesverbände bzw. die von Mitgliedern der buchhändlerischen Landesverbände gebildeten Arbeitgeberverbände informieren ihre Mitglieder durch regelmäßige Übersendung der auf Zeit abgeschlossenen Tarifverträge.

19.8
Gehaltsnebenkosten

Dem jungen Unternehmer wird bald deutlich, dass die Personalkosten nicht nur die Summe der Brutto-Gehälter darstellen. Die Nebenkosten erhöhen diesen Betrag erheblich. Zum einen sind es tariflich festgelegte Leistungen wie z. B. die Arbeitgeberanteile zur Sozialversicherung (anteilige Beiträge zur Krankenkassen-, Pflegeversicherungs- und Rentenbeiträge) oder freiwillige betriebliche Leistungen wie das 13. Monatsgehalt zu Weihnachten, ein halbes Monatsgehalt als Urlaubsgeld. Zum anderen können noch Leistungen zur Vermögensbildung für Arbeitnehmer, Fahrtkostenzuschüsse, Gratifikationen, Umsatz- oder Gewinnbeteiligung usw. anfallen (siehe Kap. 26.8). Grob gerechnet kann der Gründer zum Brutto-Monatsgehalt noch 22 bis 30 % Prozent als Personalkostenbelastung für sein Unternehmen hinzurechnen.
Mit Blick auf die hohen Personalkosten, die rund 60 % der betrieblichen Kosten ausmachen, fragen sich viele Unternehmer, ob freiwillige Leistungen wie z. B. das Weihnachtsgeld einfach gekürzt werden können. Die Antwort lautet: Einfach kürzen geht nicht. Denn es ist, um beim Weihnachtsgeld zu bleiben, zwischen tariflich vereinbartem und freiwillig gezahltem Weihnachtsgeld zu unterscheiden. Wenn man durch direkte Mitgliedschaft im Arbeitgeberverband tariflich gebunden ist oder der früher für allgemeinverbindlich erklärte Tarifvertrag für Sonderzahlungen noch nachwirkt, muss es bezahlt werden. Falls keine Mitgliedschaft besteht, gibt es

wiederum zwei Möglichkeiten. Entweder hat der Unternehmer immer schriftlich darauf hingewiesen, dass die Zahlungen unter dem Vorbehalt der Widerrufbarkeit geleistet werden und kein Rechtsanspruch darauf besteht, – in diesem Fall braucht er nicht zu zahlen oder kann den Betrag nach Belieben kürzen. Oder er hat zwar freiwillig gezahlt, aber nicht auf den oben genannten Vorbehalt hingewiesen, und zwar drei aufeinander folgende Jahre lang – dann liegt der Tatbestand einer betrieblichen Übung vor. In diesem Fall muss er zahlen. Es sei denn, er einigt sich mit seinen Angestellten einvernehmlich auf einen abweichenden Betrag.

19.9
Gehälter für mitarbeitende Familienangehörige

In kleinen Buchhandlungen ist die volle oder zeitweise Mitarbeit des Ehepartners üblich, eventuell können auch die heranwachsenden Kinder für bestimmte Tätigkeiten eingesetzt werden. Steuerrechtlich gesehen darf der einem Verwandten gezahlte Arbeitslohn als Personalaufwand des Betriebs gebucht werden und ist damit abzugsfähig. Voraussetzung dafür ist jedoch das Vorliegen eines Arbeitsvertrages, in dem Tätigkeitsfeld und Arbeitszeit nach den tatsächlich gegebenen Verhältnissen und die Höhe des Lohns/Gehalts festgelegt sind. Außerdem muss das Geld auf ein eigenes Konto des Ehepartners überwiesen werden.

In Bezug auf die Höhe des Entgelts gilt die Orientierung an gleichartigen Tätigkeiten fremder Arbeitnehmer. Allerdings kann beispielsweise eine besondere Vertrauensstellung der mitarbeitenden Ehegattin im angemessenen Rahmen höher entlohnt werden. Soziale Leistungen können Arbeitgeber-Ehepartnern in gleicher Weise wie anderen Mitarbeitern zufließen, so beispielsweise Geburtshilfen, Unterstützungen, betriebliche Altersversorgung, Direktversicherung usw.

20
Geldverkehr

Durch Einnahmen aus Barverkäufen sowie unbaren Überweisungen nach Kreditverkäufen auf der einen Seite und Ausgaben an Verlage und sonstige Lieferanten auf der anderen Seite entsteht von Anfang an in jeder Buchhandlung ein reger Fluss des Geldes. Bereits vor der Eröffnung ist Verbindung zu den Institutionen aufzunehmen, die für die Abwicklung des Geldverkehrs sorgen. Für die frühzeitige Kontoerrichtung spricht auch die Angabe der Bank- und Postbank-Verbindungen (Bank, Bankleitzahl, Kontonummer) auf den Geschäftsdrucksachen (Briefbogen, Kundenrechnungen), die bereits zur Eröffnung vorhanden sein müssen.

20.1
Kontoeröffnung (Bank, Sparkasse, Postbank)

Bei der Eröffnung von Konten bei Finanzinstituten sind mehrere Aspekte zu berücksichtigen:
- Nähe der Bank/Sparkasse zum Ladenlokal, um durch Bargeldeinzahlungen oder das Ausdrucken der Kontoauszüge nicht zu viel an Zeit zu verlieren;
- Bevorzugung der Bank/Sparkasse, die dem jungen Unternehmen Kredite zur Verfügung gestellt oder diese vermittelt hat (z. B. ERP-Kredite zur Existenzgründung) und deshalb die Aufnahme von Geschäftsbeziehungen erwartet;
- Kostengünstigkeit in Bezug auf Zinsen und Bankgebühren.

Die Eröffnung des Geschäftskontos wird der Buchhändler persönlich bei der gewählten Bank/Sparkasse vornehmen, sich dabei vorstellen und zweckentsprechende Formulare für den Scheck- und Überweisungsverkehr verlangen. So ist ein kostenloser Firmeneindruck mit zusätzlicher Angabe der buchhändlerischen Verkehrsnummer üblich. Die Postbank ist besonders korrekt und verlangt bei Firmenkonten die handelsgerichtliche Eintragung. Auch hier ist auf zusätzlichen Eindruck der Verkehrsnummer bei den Formularen zu achten. Wer neben dem Inhaber Bankvollmacht einzeln oder gemeinsam mit anderen bekommen soll, muss vor der Anmeldung geklärt sein.

20.2
BAG-Eintritt

Der gerade gegründeten Buchhandlung ist aus zwei Gründen der sofortige Eintritt in die BAG (Abkürzung für *Buchhändler-Abrechnungs-Gesellschaft mbH*, Töngesgasse 4, 60311 Frankfurt/M.) zu empfehlen:
- Für die Verrechnung der vielen Verlagsrechnungen gibt es kein besseres Rationalisierungsinstrument.
- Besonders für bisher unbekannte Buchhandlungen strahlt die BAG-Mitgliedschaft Kreditwürdigkeit aus und hilft, lästige Vorkasse und Nachnahme-Lieferungen zu vermeiden.

Buchhalterisch gesehen ist die BAG-Abrechnung eine Sammelabrechnung im Sinne des Steuerrechts und erfüllt die Grundbuchfunktion. Mit anderen Worten: Sind auf einer BAG-Abrechnung 100 Lieferungen von 100 verschiedenen Verlagen zusammengefasst, so ist nur eine Wareneingangsverbuchung und eine Zahlung (an die BAG) nötig gegenüber 100 Wareneingangsverbuchungen (eventuell über einzelne Lieferantenkonten) und 100 Zahlungen (mit erheblichem Arbeitsaufwand und hohen Bankgebühren) im Normalfall. Der Sortimenter kann zwischen drei Arten des BAG-Einzugs wählen:
- BAG bis 100 € (oder mehr);
- BAG bis 100 €, bei Skonto in voller Höhe;
- BAG in jeder Höhe.

In der ersten Zeit fehlt gegründeten Buchhandlungen des öfteren Geld zur pünktlichen Begleichung der Lieferantenverbindlichkeiten. Zumeist wird deshalb die Variante 1 gewählt. Später geht dann die inzwischen etablierte Buchhandlung zu einer der beiden anderen Arten über. Es besteht auch für BAG-Verrechnungen die Möglichkeit der Streckung der Verbindlichkeiten durch die BKG (vgl. Kap. 16.3.1). Beim Eintritt in die BAG ist eine Aufnahmegebühr in den *Verein für buchhändlerischen Abrechnungsverkehr e. V.* von 40 € fällig. Die *Beitrittserklärung für Buchhandlungen* finden Sie auf der folgenden Seiten 321 und 322.

Der jährliche Mitgliedsbeitrag für den Verein beträgt 20 €. Kosten oder Gebühren für die BAG-Abrechnung entstehen nicht - sie werden von den Verlagen getragen, die sich am Abrechnungsverfahren beteiligen. Abgerechnet wird zweimal im Monat. Das durchschnittliche Zahlungsziel liegt bei den über BAG verrechneten Lieferungen bei 25–27 Tagen. Ausgenommen davon sind Ziel- und Valuta-Rechnungen, die zwar kurzfristig in der Wareneingangssumme enthalten sind, aber erst zum vereinbarten Termin fällig gestellt werden. Dem neuen Mitglied wird eine instruktive Anleitung *Die* BAG-*Abrechnung* sowie BAG-*Geschäftsbedingungen, Satzung* als Handbuch übergeben. Der BAG-Verrechnungsverkehr läuft übrigens auch rückwärts, z. B. als *BAG-Rückbelastung* für Gutschriften der Verlage aufgrund von Rücksendungen, Rabattdifferenzen usw.

Verein für buchhändlerischen Abrechnungsverkehr e.V.

Verein
für buchhändlerischen
Abrechnungsverkehr e. V.
Postfach 10 03 22

60003 Frankfurt am Main

Beitrittserklärung
für Buchhandlungen (Debitoren)

Ich/Wir erkläre/n meinen/unseren Beitritt zum

Verein für buchhändlerischen Abrechnungsverkehr e.V. Frankfurt am Main

dessen Satzung ich/wir erhalten habe/n und hiermit anerkenne/n.

Mit Erhalt der Beitrittsbestätigung ist die Aufnahmegebühr von EUR 40,-- fällig, der jährliche Vereinsbeitrag von zur Zeit EUR 20,-- nach Zahlungsaufforderung jeweils im dritten Quartal eines Jahres.
Nach bestätigter Mitgliedschaft bin ich/sind wir nach § 7 Absatz 3 der Satzung berechtigt, die Einrichtungen des Vereins nach Maßgabe der dafür getroffenen Bestimmungen zu benutzen.

Ich/Wir erkläre/n die Teilnahme am BAG-Abrechnungsverfahren. Die Geschäftsbedingungen der BAG Buchhändler-Abrechnungs-Gesellschaft mbH werden von mir/uns anerkannt.

Für meine/unsere Buchhandlung gilt die nebenstehend angegebene und angekreuzte Einzugshöhe (§ 7 Geschäftsbedingungen). Der Mindestbetrag beträgt EUR 100,--.
Wird auch für skontierte Rechnungen kein höherer Einzug gewünscht, so ist im oberen Feld die Zeile "bei Skonto in jeder Höhe" zu streichen. Bei Einzugsaufträgen von skontogewährenden Verlagen wird der Skontoabzug nach § 9.4 der Geschäftsbedingungen überwacht.

Ich/Wir werde/n die Bestellformulare meiner/unserer Firma mit den nebenstehenden angekreuzten Angaben versehen.

Meine/Unsere Firma ist im Handelsregister:

Bitte alle grau unterlegten Felder ausfüllen.

Meine/Unsere Verkehrsnummer

Meine/Unsere USt-IdNr.

☐ BAG bis EUR
  bei Skonto in jeder Höhe
  oder (Nur ein Kästchen ankreuzen)
☐ BAG in jeder Höhe

☐ nicht eingetragen.
☐ eingetragen, beim

Amtsgericht

unter der Nummer

Bitte wenden

Ich/Wir bestelle/n bis auf Widerruf eine Umsatzstatistik der mit den Verlagen über die BAG abgerechneten Umsätze zum Preis von EUR 8,-- je Auswertung.

Bitte alle grau unterlegten Felder ausfüllen.

☐ 1/1-jährlich (Abrechnung 2 des laufenden bis Abrechnung 1 des Folgejahres)
☐ 1/2-jährlich (Abrechnung 2 bis 13 des laufenden und Abrechnung 14 des laufenden bis 1 des Folgejahres)

Ich/Wir bestelle/n bis auf Widerruf eine Dispositionsliste zum Preis von EUR 9,-- je Quartal für das laufende Abrechnungsjahr.

☐ Dispositionsliste

Ich/Wir interessiere/n mich/uns für die nebenstehenden angekreuzten Dienstleistungen und erbitte/n entsprechende Informationen:

☐ Zahlungsabwicklung mit dem Ausland
☐ IBU-Informationsverbund Buchhandel
☐ BAG-FIBU

Meine/Unsere Firmenanschrift:

(Diese bei der BAG gespeicherten Adressdaten bilden den Stammsatz Ihrer Firma. Fehlerhafte Angaben führen gegebenenfalls zu Fehlleitungen oder Verzögerungen, wofür die BAG keine Verantwortung übernehmen kann.)

Firma

Straße

PLZ / Ort

Postfach

PLZ / Ort

Bundesland

Ort/Datum

Ansprechpartner:

Telefon:

Ich/Wir bin/sind damit einverstanden, dass meine/unsere Angaben elektronisch gespeichert, verarbeitet und weitergegeben werden, jedoch nur im Rahmen der Zweckbestimmung dieses Vertragsverhältnisses.

rechtsgültige Unterschrift / Firmenstempel

20.2 BAG-Eintritt

Voraussetzung für die Teilnahme am BAG-Verkehr ist das Vorhandensein einer buchhändlerischen Verkehrsnummer, die von der Mitgliedsstelle des Börsenvereins vergeben wird und mit der Nummer des BAG-Kontos identisch ist. Durch entsprechenden Eindruck auf Faxformulare/Bücherzettel oder durch die Angabe der Nummer auf Reiseauftragsformularen und das BAG-Mitgliederverzeichnis werden die liefernden Verlage über die Teilnahme der Buchhandlung am BAG-Verrechnungsverkehr informiert. Darüber hinaus kann durch eine eigene Anzeige im *Börsenblatt* auf die Teilnahme am BAG- Abrechnungsverfahren hingewiesen werden. Gegenwärtig (2002) sind rund 1.100 Verlage und Verlagsauslieferungen und ca. 4.500 Firmen des verbreitenden Buchhandels Mitglieder der BAG. Zwischen diesen Teilnehmern werden annähernd 6 Mio. Rechnungen und Gutschriften im Gesamtbetrag von rund 820 Mio. Euro abgerechnet.

Hat eine Buchhandlung Lieferanten aus dem Ausland, die ebenfalls BAG-Mitglied sind, dann ist das Zahlungs-Clearing sehr einfach. Die in fremder Währung ausgestellten Rechnungen werden innerhalb der BAG-Sammelabrechnung ausgewiesen, zum Abrechnungstag in Euro umgerechnet und an die BAG bezahlt. Bei Fälligkeit der Rechnung zahlt die BAG an die ausländischen Verlage in der von diesen fakturierten Währungen. Für diesen Service entstehen keine besonderen Gebühren. Weitere Dienstleistungen der BAG:

- Auslandsrechnungen von Verlagen, die nicht Mitglied des BAG sind, können über die BAG per Selbstbelastung (zweckmäßiges Formular) an jeden beliebigen Zahlungsempfänger beglichen werden. Auch diese Zahlungsaufträge fließen in die BAG-Sammelabrechnung ein und werden in Euro an die BAG bezahlt.
- Lernmittelabrechnung in einigen Bundesländern im Auftrag der öffentlichen Hand über die BAG.
- BAG-Fibu ist eine speziell auf den Buchhandel und seine Bedürfnisse zugeschnittene preisgünstige Software für die Finanzbuchhaltung mit Kontenrahmen (vgl. Kap. 22.5)
- Abrechnung der Büchergutscheine des *BuchSchenkService* (BSS), siehe Kap. 11.8.

Aus dem Buch *Rechnungswesen im Buchhandel*, in dem Betriebsberaterin Gudrun Vierbücher einen ausführlichen Beitrag über die BAG geschrieben hat, ist die folgende Doppelseite entnommen: auf der linken Seite ist ein BAG-Muster-Abrechnungsbogen abgedruckt, auf der rechten Seite stehen die dazu gehörigen Erläuterungen.

Im Kap. 16.3.1 wurde bereits die *BKG Buchhändlerische Kredit-Garantiegemeinschaft GmbH & Co. KG* vorgestellt als Einrichtung des *Vereins für buchhändlerischen Abrechnungsverkehr e. V.*, die unbürokratisch zinsgünstige Überbrückungskredite für Sortimenter (und Verlage) übernimmt, die am BAG Zahlungs-Clearing teilnehmen.

besondere Hinweise ▶

Buchhändler-Abrechnungs-Gesellschaft

Postfach 10 03 22
60003 Frankfurt am Main
Töngesgasse 4
60311 Frankfurt am Main

Telefon 069 - 92 02 8-0
Telefax 069 - 92 02 8-399

USt-IdNr.: DE 114109486

Absender: BAG Buchhändler-Abrechnungs-Gesellschaft mbH
Postfach 10 03 22 - 60003 Frankfurt am Main

*30900
BUCHHANDLUNG
E.D. DREVERS
LINDENSTRASSE 26

60325 FRANKFURT AM MAIN

BAG-ABRECHNUNG

02.xxxx vom 17.01.xxxx

Ihre Verkehrsnummer (BAG-Konto-Nr.)

30900

aus dieser Abr. noch nicht fällig	Fällig in Abr./Jahr	mit dieser Abr. fällig geworden:	Fällig aus Abr./Jahr
742,17 S	03xx	8648,32 S	02xx
212,70 S	05xx	1695,55 S	01xx
3572,37 S	06xx	3292,85 S	24xx
		1053,7 S	23xx
		1185,80 S	21xx
		3234,0 S	20xx
		2371,60 S	19xx
2521,20 S			
7048,44 S	SUM	13133,32 S	SUM

Frankfurt am Main 22.01.xxxx

Bitte beachten Sie Hinweise und die Erläuterungen der Textschlüssel
Wir bitten um sofortige Prüfung der Abrechnung.

S Soll (Belastung)
H Haben (Gutschrift)

	Währung: EUR
SALDO-VORTRAG	10329,79 S
davon fällig gewesen	3323,59 S
erfolgte Zahlung(en)	3323,59 H
gebucht in dieser Abrechnung	13175,56 S
NEUER SALDO	20181,76 S
davon noch nicht fällig	7048,44 S
FÄLLIG mit dieser Abrechnung	13133,32 S
ZAHLBAR 02.02.xxxx PER LASTSCHRIFT	13133,32 S
ZAHLBAR SOFORT	0,00 S

In dieser Abrechnung enthaltener Skonto-Umsatz: 4543,88 S

BUCHUNGSBELEG für Waren:

MwSt: %	Abrechnungs- Betrag:	enthaltener MwSt-Betrag:
Inland:		
0,00		
7,00	12750,41 S	834,14 S
16,00	56,15 S	7,74 S
EG:		
0,00		
Drittland:		

BUCHUNGSBELEG für Kosten:

MwSt: %	Abrechnungs- Betrag:	enthaltener MwSt-Betrag:
Inland:		
0,00	369,00 S	0,00 S
7,00		
16,00		
EG:		
0,00		
Drittland:		

Bitte geben Sie bei Zahlung auf allen Zahlungsträgern (Scheck- und Überweisungsformularen) stets Ihre Verkehrsnummer (BAG-Konto-Nr.) an!

BANK: Frankfurter Sparkasse
  K o n t o 351 008 (BLZ 500 502 01)
BANK: Postbank Frankfurt am Main
  K o n t o 633-605 (BLZ 500 100 60)

20.2 BAG-Eintritt

Deckblatt Die Kopfdaten enthalten alle wichtigen Angaben zum Unternehmen inkl. der Verkehrsnummer. Außerdem werden Datum und Abrechnungsnummer angegeben.

1. Die Kontenentwicklung beginnt mit Angabe der Währungseinheit.
2. Saldo-Vortrag als Endsaldo der letzten Abrechnung. Bei Buchhändlern sind es meistens Verbindlichkeiten und bei Verlagen Forderungen.
3. In der letzten Abrechnung wurde dem Sortimenter außerdem mitgeteilt, wie hoch sein fälliger Betrag ist.
4. Die erfolgte Zahlung.
5. In dieser Abrechnung neu hinzugekommene Umsätze.
6. Neuer Saldo der noch ausstehenden Verbindlichkeiten/Forderungen.
7. Offene Posten. Saldo der noch nicht fälligen Beträge.
8. Der mit dieser Abrechnung fällig gewordene Saldo.
9. Termin, bis zu dem der Betrag an die BAG gezahlt sein muss. Die Zahlung kann durch Scheck, Überweisung oder der BAG erteilter Lastschriftauftrag erfolgen. Gut 65% der Teilnehmer haben der BAG einen Lastschriftauftrag erteilt.
10. In dieser Zeile stehen die Beträge, die überfällig sind. Je früher bezahlt wird, desto geringer fallen die Verzugszinsen aus, deshalb ›zahlbar sofort‹.
11. Summe des gesamten skontierten Umsatzes.
12. In dieser Spalte wird die Zusammensetzung der offenen Posten (7) erläutert.
13. In dieser Spalte wird die Zusammensetzung des fälligen Betrages (8) erläutert. Hiermit ist die Kontenentwicklung beendet.

Des weiteren erfolgt auf dem Deckblatt die Buchungsanweisung für Ware und Kosten, wobei alle Buchungssätze getrennt nach Umsatzsteuersätzen brutto dargestellt werden. Die im Bruttobetrag enthaltene Umsatzsteuer wird außerdem auch als Betrag angegeben.

14. Wareneingang Inland
    - 0% steuerfrei
    - 7% Bücher
    - 16% Non-Books

Der Wareneingang aus dem Ausland ist steuerfrei. Beim Verbuchen der Wareneingangsrechnung wird aber je nach Herkunftsland eine ›Einfuhrumsatzsteuer‹ erhoben.

15. Wareneingang aus der Europäischen Union (innergemeinschaftlicher Erwerb)
    - 7% Bücher
    - 16% Non-Books
16. Wareneingang aus Ländern, die nicht zur Europäischen Union gehören (Drittländer)
    - 7% Bücher
    - 16% Non-Books

Für die Verbuchung der Kostenkonten 02 (= Konten der BAG, u.a. 02060 für Verein für buchhändlerischen Abrechnungsverkehr e.V., Vereinbeiträge, oder 02080 für Buchhändler-Vereinigung GmbH, BuchSchenkService) müssen die Anlagen zur BAG-Abrechnung herangezogen werden, da nicht erkennbar ist, auf welche Kostenkonten die Verbuchung zu erfolgen hat. Wie bei den Warenbuchungen erfolgt die Zusammenfassung nach Umsatzsteuersätzen. Die Aufteilung ist wie bei der Ware.

17. Kosten/Gebühren Inland
18. Kosten/Gebühren aus EU-Staaten
19. Kosten/Gebühren aus Drittländern

20.3
Daueraufträge

Für stets wiederkehrende Zahlungen (z. B. für Miete, Strom, Wasser, Heizung, Versicherungen, Müllabfuhr) sind dann Daueraufträge an die Hausbank zu geben, sofern nicht der einfachere und kostengünstigere Zahlungsweg des widerrufbaren Lastschriftverfahrens durch den Gläubiger gegangen werden kann (vgl. Kap. 20.4). Damit ist die regelmäßige, pünktliche Begleichung der Verbindlichkeiten gesichert. Die Gebühren für Daueraufträge sind bei den einzelnen Banken unterschiedlich, auf jeden Fall hat sie der Auftraggeber zu bezahlen.

20.4
Lastschriftverfahren, Einzugsermächtigung

Mit zuverlässigen Lieferanten, mit dem Hausbesitzer, der Deutschen Telekom und den Versicherungen lässt sich aus Gründen der Rationalisierung eine termingerechte Abbuchung der fälligen Beträge vom Firmen-Bankkonto vereinbaren.

Auf keinen Fall sollte aber die eigene Hausbank beauftragt werden, Lastschriften vom Konto abzubuchen, denn bei diesem Verfahren kann man unberechtigte Abbuchungen nicht zurückgehen lassen. Besser ist es, die Lieferanten und die sonstigen Geschäftspartner zu ermächtigen, ihre Forderungen mittels Lastschrift einzuziehen. Bei Einzugsermächtigungen kann nämlich der Lastschrift innerhalb von sechs Wochen widersprochen werden, und zwar bei der Hausbank, welche die eingelöste Lastschrift rückgängig macht und den Betrag voll vergütet. Diese Sechs-Wochen-Frist darf durch schleppende Kontrolle nicht versäumt werden. Eine nach Einzugsterminen gestaffelte Übersicht der Daueraufträge, Lastschriften, Einzugsermächtigungen muss in der Buchhaltung vorliegen.

Bei allen Abbuchungen ist der Zeitpunkt der Lastschrift zu beachten. Er kann, so bei BAG-Abrechnungen und den Monatsauszügen der Barsortimente und Verlagsauslieferungen, sogar noch hinter dem Datum liegen, das man für eingesandte Schecks errechnet. So ergibt sich für diese hohen Beträge ein um ein bis drei Tage längeres Zahlungsziel (ohne Skontoverlust).

20.5
Bankschließfach

Die Miete eines Bankschließfaches lohnt sich nur in bestimmten Fällen, so für die Aufbewahrung wichtiger Dokumente, Geschäftspapiere und Verträge, für Wertpapiere, für wertvollen Schmuck oder Kunstgegenstände.

20.6
Nachttresor, Geldbombe

Größere Geldeinnahmen, die zu einem beachtlichen Teil erst nach den Schlusszeiten der Banken eingenommen werden, sollten besser nicht in den Geschäftsräumen, nicht in der eigenen Brieftasche, nicht im Geldfach der Registrierkasse und auch nicht zu Hause aufbewahrt werden. Sie sind besser nach Geschäftsschluss in den Nachttresor der Hausbank einzuwerfen mittels der von dort zur Verfügung gestellten Geldbombe.

Einen eigenen einbruchsicheren Geldschrank anzuschaffen verbietet sich für eine neu gegründete Buchhandlung wegen der Kosten, und die ersten Tageseinnahmen werden voraussichtlich nicht so hoch sein, dass neben der täglichen Abführung an die Hausbank noch zusätzlich ein Tresor für Einnahmen und Wechselgeld notwendig wäre. Für das bereitzuhaltende Kleingeld genügt vorerst eine Geldkassette.

20.7
Kassenbotenversicherung

Sparkassen und Banken bieten vielfach den Service der kostenlosen Versicherung für Geldbeträge bis zu einer Höchstsumme, die von Kassenboten ihrer Kunden auf direktem Wege zur Einzahlung überbracht werden. Für den Versicherungsschutz gelten bestimmte Voraussetzungen, die bei den einzelnen Finanzinstituten zu erfragen sind.

20.8
Vergleich der Zinsen und Gebühren im Geldverkehr

Jeder Kaufmann, der zur Finanzierung Geld aufzunehmen gedenkt, hat die Pflicht zur Prüfung der Konditionen, welche die einzelnen Kreditinstitute einräumen. Dieser Vergleich der Konditionen, nicht nur in der Gründungsphase, sondern auch später bei laufendem Geschäftsbetrieb, kann die Kostenart „Zinsen" oder „Nebenkosten des Geldverkehrs" reduzieren helfen. Bekanntlich sind die Zinsen und Bankgebühren der verschiedenen Banken/Sparkassen recht unterschiedlich. Auf die Wertstellungsfristen der Banken bei Bareinzahlungen und Scheckeinreichungen ist zu achten. So sollten bis zum Bankenschnitt (z. B. 11 Uhr) eingezahlte Beträge für diesen Einzahlungstag noch gutgeschrieben sein. Siehe hierzu die Checkliste »Tipps für Kreditgespräche mit Banken und Sparkassen« im Kapitel 16.1.

Wir machen es einfach(er)

Die
BAG-Abrechnung

21
Gewerbeanmeldung, Formalitäten und gesetzliche Besonderheiten

Die Gründung einer Buchhandlung bedeutet, dass der jetzt Selbstständige sein Gewerbe anzumelden, weitere Formalitäten zu erfüllen und bestimmte Gesetze zu beachten hat.

21.1
Gewerbeanmeldung

Zur Eröffnung einer Buchhandlung ist keine besondere Zulassung nötig, während beispielsweise für den Handel mit Frischmilch, Hackfleisch, frei verkäuflichen Arzneimitteln, ärztlichen Hilfsmitteln, Waffen usw. eine besondere Erlaubnis beantragt werden muss, die bei Nachweis der notwendigen Sach- bzw. Fachkunde erteilt wird. Nach §14 GewO (Gewerbeordnung) muss das Gewerbe der örtlich zuständigen Ordnungsbehörde angemeldet werden. Mitzubringen sind:
- Personalausweis;
- Polizeiliches Führungszeugnis.

Im Rahmen der Anmeldeformalitäten muss ein Formblatt ausgefüllt werden. Das anzumeldende Unternehmen ist genau zu bezeichnen, für die Namensgebung gibt es zwingende Vorschriften. Siehe hierzu auch Kap. 3.1 und 15 mit der Darstellung des neuen Handelsrechts. Mit der Gewerbeanmeldung (Muster auf Seite 330) bei der Stadt- oder Verbandsgemeinde ist zugleich die Anmeldung beim Finanzamt, bei der Berufsgenossenschaft und bei der Industrie- und Handelskammer bewirkt.

21.2
Anmeldung beim Finanzamt

Sofern die gesetzliche Meldepflicht beim Finanzamt nicht schon durch die Gewerbeanmeldung mit erledigt ist, muss dies gesondert getan werden. Jeder Steuerpflichtige erhält bei der eigenen Anmeldung eine Steuernummer. Diese Nummer muss sich auch der Steuerpflichtige beim Finanzamt geben lassen, der über die Ge-

21 Gewerbeanmeldung, Formalitäten und gesetzliche Besonderheiten

Name der entgegennehmenden Gemeinde	Gemeindekennzahl Betriebsstätte (Str) 006440003	GewA 1
Gewerbe-Anmeldung Nach § 14 GewO oder § 55 c GewO	Bitte vollständig und gut leserlich ausfüllen sowie die zutreffenden Kästchen ankreuzen	

Angaben zum Betriebsinhaber — Bei Personengesellschaften (z. B. OHG) ist für jeden geschäftsführenden Gesellschafter ein eigener Vordruck auszufüllen. Bei juristischen Personen ist bei Feld Nr. 3 bis 9 und Feld Nr. 30 und 31 der gesetzliche Vertreter anzugeben (bei inländischer AG wird auf diese Angaben verzichtet). Die Angaben für weitere gesetzliche Vertreter zu diesen Nummern sind ggf. auf Beiblättern zu ergänzen.

1 Im Handels-, Genossenschafts- oder Vereinsregister eingetragener Name mit Rechtsform (ggf. bei GbR: Angabe der weiteren Gesellschafter)

2 Ort und Nr. des Registereintrages

Angaben zur Person

3 Name 4 Vornamen 4a Geschlecht männl. weibl.

5 Geburtsname (nur bei Abweichung vom Namen) 6 Geburtsdatum 7 Geburtsort und -land

8 Staatsangehörigkeit(en): deutsch: andere:

9 Anschrift der Wohnung (Straße, Haus-Nr., PLZ, Ort)

Telefon-Nr. Telefax-Nr. freiwillig: E-Mail/Web

Angaben zum Betrieb

10 Zahl der geschäftsführenden Gesellschafter (nur bei Personengesellschaften) / Zahl der gesetzlichen Vertreter (nur bei juristischen Personen)

11 Vertretungsberechtigte Person/Betriebsleiter (nur bei inländischen Aktiengesellschaften, Zweigniederlassungen und unselbständigen Zweigstellen)

Name, Vorname

Anschriften (Straße, Haus-Nr., Plz, Ort)

12 Betriebsstätte

Telefon-Nr. Telefax-Nr. freiwillig: eMail/Web

13 Hauptniederlassung (falls Betriebsstätte lediglich Zweigstelle ist)

Telefon-Nr. Telefax-Nr. freiwillig: eMail/Web

14 Frühere Betriebsstätte

Telefon-Nr. Telefax-Nr. freiwillig: eMail/Web

15 Angemeldete Tätigkeit — ggf. ein Beiblatt verwenden (genau angeben, z. B. Herstellung von Möbeln, Elektroinstallationen und Elektroeinzelhandel, Großhandel mit Lebensmitteln usw.)

16 Wird die Tätigkeit (vorerst) im Nebenerwerb betrieben? Ja Nein 17 Datum des Beginns der angemeldeten Tätigkeit

18 Art des angemeldeten Betriebes: Industrie Handwerk Handel Sonstiges

19 Zahl der bei Geschäftsaufnahme tätigen Personen (ohne Inhaber): Vollzeit Teilzeit Keine

Die Anmeldung wird erstattet für:
20 eine Hauptniederlassung eine Zweigniederlassung eine unselbständige Zweigstelle
21 ein Automatenaufstellungsgewerbe 22 ein Reisegewerbe

Grund:
23 24 Neuerrichtung / Neugründung Wiedereröffnung nach Verlegung aus einem anderen Meldebezirk
Übernahme Wechsel der Rechtsform Gründung nach Umwandlungsgesetz (z.B. Verschmelzung, Spaltung)
Gesellschaftereintritt Erbfolge/Kauf/Pacht

26 Name des früheren Gewerbetreibenden oder früherer Firmenname

Falls der Betriebsinhaber für die angemeldete Tätigkeit eine Erlaubnis benötigt, in die Handwerksrolle einzutragen oder Ausländer ist:

28 Liegt eine Erlaubnis vor? Ja Nein Wenn Ja, Ausstellungsdatum und erteilende Behörde:

29 Nur für Handwerksbetriebe: Ja Nein Wenn Ja, Ausstellungsdatum und Name der Handwerkskammer:

30 Liegt eine Aufenthaltsgenehmigung vor? Ja Nein Wenn Ja, Ausstellungsdatum und erteilende Behörde:

31 Enthält die Aufenthaltsgenehmigung eine Auflage oder Beschränkung? Ja Nein Wenn Ja, sie enthält folgende Auflagen bzw. Beschränkungen:

Hinweis: Diese Anzeige berechtigt nicht zum Beginn des Gewerbebetriebes, wenn noch eine Erlaubnis oder eine Eintragung in der Handwerksrolle notwendig ist. Zuwiderhandlungen können mit Geldstrafe oder Freiheitsstrafe geahndet werden. Diese Anzeige ist keine Genehmigung zur Errichtung einer Betriebsstätte entsprechend dem Planungs- und Baurecht.

32 (Datum) 33 (Unterschrift)

werbeanmeldung seiner Meldepflicht genügt hat (vgl. Kap. 25). Auf den Kundenrechnungen muss diese Steuernummer erscheinen. Ferner ist eine Umsatzsteueridentitätsnummer zu beantragen, um beim Import umsatzsteuerfreie Lieferungen zu gewährleisten.

21.3 Anmeldung bei der Berufsgenossenschaft

Sofort bei Eröffnung der Buchhandlung, spätestens innerhalb von acht Tagen, ist die Anmeldung zur Berufsgenossenschaft selbst vorzunehmen. Adresse: Berufsgenossenschaft für den Einzelhandel, Niebuhrstr. 5, 53113 Bonn (www.bge.de). Als Träger der gesetzlichen Unfallversicherung gewährt die Berufsgenossenschaft Versicherungsschutz für die Folgen von Berufsunfällen und Berufskrankheiten; dieser Schutz gilt für alle in der Buchhandlung tätigen Personen.

Das Unternehmen hat die Versicherungsbeiträge zu bezahlen, deren Höhe sich nach dem Arbeitsentgelt der beschäftigten Personen und der Versicherungssumme des Unternehmers richtet. Als weiterer Faktor ist die Gefahrenklasse zu berücksichtigen. Als Gefahrtarifstelle kommen in Betracht:

02 Zeitungen, Zeitschriften   Bewertung 2,4
14 Bücher, Papier- und Schreibwaren, Musikalien   Bewertung 1,5

Maßgeblich für die Berechnung ist der jährliche Arbeitsaufwand (Arbeitstage), nicht jedoch der Umsatzanteil. Anteile unter 10 % werden nicht berücksichtigt. Sofern der Arbeitsaufwand für Zeitungen und Zeitschriften unter 10 % liegt, kommt nur die Gefahrtarifstelle 14 mit der Gefahrtarifklasse 1,5 zum Zuge, auch wenn der Umsatz für diesen Bereich 10 % und mehr beträgt. Liegt beispielsweise der Arbeitsaufwand der beiden aufgeführten Gefahrtarifstellen 14 bei 40 % und 02 bei 60 %, so errechnet sich eine Mischgefahrenklasse von 2,04 – gerundet 2,0 (1,5 × 40 % zuzüglich 2,4 × 60 %). Der Unternehmer muss also auf die richtige Rubrizierung der Gefahrtarifklasse achten.

21.4 Industrie- und Handelskammer (IHK)

Sobald man eine gewerbliche Tätigkeit im Handel aufnimmt, wird man kraft Gesetz Mitglied der örtlich zuständigen Industrie- und Handelskammer. Die IHK's erhalten eine Meldung der Gewerbeanzeige. Die Beiträge für diese Pflichtmitgliedschaft werden als Grundbeiträge und Umlagen aufgrund der Gewerbeerträge nach Maßgabe des IHK-Gesetzes erhoben. Darüber hinaus sind Gebühren für bestimmte Dienstleistungen zu zahlen, z. B. für Registrierung der Ausbildungsverhältnisse mit Zwischen- und Abschlussprüfungen für Einzelhandelskaufleute bzw.

Buchhändler. Welche Aufgaben die IHK'n im Einzelnen wahrnehmen, geht aus der am Schluss des Kapitels wiedergegebenen Übersicht des Deutschen Industrie- und Handelstages (DIHT) hervor. Doch zuvor eine exemplarische Zusammenstellung praxisorientierter Dienstleistungen der IHK Osnabrück in sechs marktorientierten Geschäftsfeldern.

IHK-DIENSTLEISTUNGEN DER IHK OSNABRÜCK-EMSLAND

Standortpolitik   Aktuelle Wirtschafts- und Konjunkturdaten, standort-, infrastruktur- und wirtschaftspolitische Positionen, praxisnahe Tipps, die Ihnen helfen, Ihren Betriebsstandort zu sichern.

Starthilfe und Unternehmensförderung   Zahlreiche Infos zur erfolgreichen Unternehmensgründung und Unternehmensführung, Beratung im Krisenfall sowie Finanzierungstipps und Fördermöglichkeiten.

Aus- und Weiterbildung   Nützliche Infos zur Karriereplanung, Rechercheoptionen über IHK-Berufe, Ausbildungsbetriebe und Prüfungen, Lehrstellenbörse und Verwaltungs- und Wirtschaftsakademie.

Innovation und Umwelt   Individuelle Innovationsberatung, Tipps für den Einstieg in das E-Business, Patentinformationen, die Recyclingbörse und Informationen zum betrieblichen Umweltschutz einschließlich Öko-Audit.

International   Informationsangebote und Geschäftskontakte für erfolgreichen Außenhandel im Im- und Export. Wir beraten über richtiges Investieren im Ausland.

Recht und Fair Play   Unternehmer-Know-how im Handels- und Wettbewerbsrecht, im Arbeitsrecht und in Steuerfragen. Wir helfen bei Konflikten, finden Sachverständige und schlichten zwischen Kaufleuten.

Die Höhe der Grundbeiträge und der Umlage können im Internet auf der Website der jeweiligen IHK abgerufen werden. Diese haben auch Informationsmaterialien und Merkblätter mit ihrem Leistungsprofil. Je nach Höhe des Gewerbeertrags oder hilfsweise dem Gewinn aus dem Gewerbebetrieb staffeln sich z. B. die Grundbeiträge der IHK Osnabrück-Emsland von 153 € jährlich (bis 52.000 € Gewerbeertrag) bis 511 € (über 154.000 € Gewerbeertrag). Als Umlage werden bei dieser Kammer ab 2003 0,13 % des Gewerbeertrags erhoben.

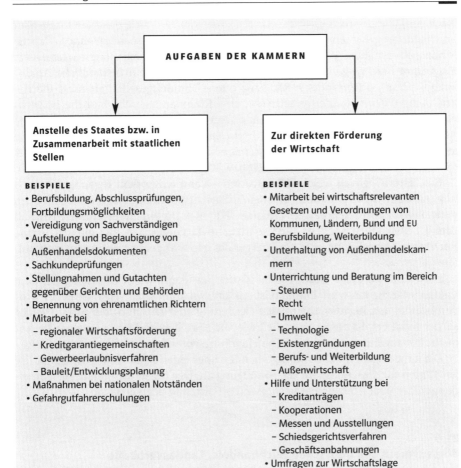

21.5 Handelsregister

Eine Firma im handelsrechtlichen Sinne ist ein Unternehmen erst dann, wenn es über kaufmännische Einrichtungen verfügt und im Handelsregister eingetragen ist. Das Handelsregister wird bei den Amtsgerichten geführt und gibt als öffentliches Verzeichnis Auskunft über die Firma des Kaufmanns, seinen Namen und den rechtlichen Aufbau des Unternehmens. Es gliedert sich in zwei Abteilungen für:
- Einzelfirma, Offene Handelsgesellschaft (OHG), Kommanditgesellschaft (KG)
- Gesellschaft mit beschränkter Haftung (GmbH), Aktiengesellschaft (AG), Kommanditgesellschaft auf Aktien, Versicherungsvereine auf Gegenseitigkeit.

Nach dem Handelsrechtsformgesetz (HRrefG) vom 22. 6. 1998 muss die Firma aller im Handelsregister eingetragenen Kaufleute und Gesellschaften einen Rechtsformzusatz erhalten. Für Einzelkaufleute ist dies die Bezeichnung *eingetragener Kaufmann* bzw. *eingetragene Kauffrau* oder eine allgemeinverständliche Abkürzung wie *e. K.*, *e. Kfm.* oder *e. Kfr.* Eine offene Handelsgesellschaft muss die Bezeichnung *Offene Handelsgesellschaft*, eine Kommanditgesellschaft die Bezeichnung *Kommanditgesellschaft* enthalten. Auch hier sind allgemeinverständliche Abkürzungen zulässig wie *oHG*, *KG* und *GmbH*. Es muss durch die Bezeichnung auch eine Haftungsbeschränkung erkennbar sein, z. B. durch den Zusatz *GmbH & Co. KG* oder *beschränkt haftende oHG* bzw. *KG*.

Eine Firma - gleich welcher Rechtsform – kann außer dem Eigennamen auch sich aus dem Geschäftszweck ergebende Sachzustände und sogar ausschließlich reine Phantasiebezeichnungen erhalten. Für alle Unternehmensformen sind ab dem 1.1.1999 Pflichtangaben für Geschäftsbriefe vorgesehen. Sie müssen Firma, Rechtsformbezeichnung, Sitz, Registergericht und Handelsregisternummer enthalten.

Ein Handelsregister erfüllt seinen Zweck nur dann, wenn es ständig auf dem Laufenden gehalten wird. Deshalb ist der Unternehmer dazu verpflichtet, alle Änderungen in den Rechtsverhältnissen (Änderung oder Löschung der Firma, Wechsel des Inhabers, Sitzverlegung usw.) wie auch Erteilen und Löschen einer Prokura zur Eintragung anzumelden (eine Handlungsvollmacht ist nicht eintragsfähig).

Die handelsgerichtliche Eintragung muss über einen Notar erfolgen. Damit fallen Kosten für diesen und für die Eintragung an. Der Notar formuliert die Anmeldung in der vom Amtsgericht gewünschten Form und beglaubigt sie.

21.6
Börsenverein des Deutschen Buchhandels, Landesverbände

»Der Börsenverein des Deutschen Buchhandels hat den Zweck, die Interessen seiner Mitglieder, der buchhändlerischen Unternehmen zu vertreten und die Erfüllung der Aufgaben des Herstellenden, des Verbreitenden und des Zwischenbuchhandels zu fördern. Sein Zweck ist nicht auf einen wirtschaftlichen Geschäftsbetrieb gerichtet.« So steht es im § 1 (3) der Satzung vom 28.2.2002. Die Hauptversammlung des Börsenvereins und die Mitgliederversammlungen der buchhändlerischen Landesverbände haben 2002 beschlossen, dass Börsenverein und Landesverbände sich zu einem Gesamtverein zusammenschließen. Das frühere doppelte Junktim zwischen der Mitgliedschaft im Landesverband und im Börsenverein hat damit aufgehört. Ab dem 1.1.2003 gibt es nur noch eine Mitgliedschaft im Gesamtverein Börsenverein des Deutschen Buchhandels. Für die wirtschaftlichen Aktivitäten des Gesamtvereins ist zum selben Datum eine Holding gegründet worden.

DIE AUFGABEN DES BÖRSENVEREINS IM GESAMTVEREIN

Interessenvertretung/Schaffung von Rahmenbedingungen Preisbindung, Urheberrecht, Mehrwertsteuer, Technische Standards, Lobbyarbeit Europäische Union und internationale Gremien, Politische Verbindungsarbeit in Berlin, Kontakte mit gesellschaftlich relevanten Verbänden und Institutionen.

Kulturarbeit Frankfurter Buchmesse, Leipziger Buchpreis, Mitwirkung in der Stiftung Buchkunst, der Stiftung Lesen und anderen kulturell wichtigen Einrichtungen.

Leseförderung Vorlesewettbewerb und andere zentrale Ereignisse der Leseförderung.

Berufsbildung Berufsbild und Berufsbildungsrecht, Träger der Schulen des Deutschen Buchhandels, konzeptionelle Mitwirkung an der Akademie des Deutschen Buchhandels.

Serviceleistungen Angebot über Wirtschaftsgebiete, z. B. Betriebswirtschaft, Marketing, Technik, Organisation von Messen und Ausstellungen.

Rechts- und Steuerangelegenheiten Rechtsabteilung definiert rechtliche Fragestellungen im Zusammenhang mit der gesetzgeberischen Arbeit und berät Mitgliedsfirmen in allen buchhandelsspezifischen Rechtsfragen, Steuerabteilung.

Presse und Information Diese Abteilung hält Kontakt zu den Medien und informiert kontinuierlich über die Position des Börsenvereins in bestimmten aktuellen Fragestellungen, auch Servicestelle für die Vermittlung von Informationen an regionale Medien bzw. an die Landesverbände.

Marketing und Statistik Marketingaufgaben von zentraler und überörtlicher Bedeutung, z. B. Deutscher Bücherpreis, Branchenstatistik, Marketing-Service für Mitglieder.

Archiv und Bibliothek

Gremienarbeit Fachausschüsse, z. B. Sortimenter-Ausschuss, Arbeitskreis Kleinerer Sortimente AKS, Arbeitsgemeinschaften, z. B. Arbeitsgemeinschaft Antiquariat oder Arbeitsgemeinschaft Bahnhofsbuchhandel.

Mitgliederverwaltung

Landesverband Hessen
Börsenverein des Deutschen Buchhandels

Aufnahme-Antrag

Die Firma _____ beantragt die Aufnahme

in den Börsenverein des Deutschen Buchhandels Landesverband Hessen e.V., Wiesbaden
und in den Börsenverein des Deutschen Buchhandels e.V., Frankfurt am Main

und zwar in die Fachgruppe (Zutreffendes ankreuzen):

☐ Herstellender Buchhandel
  Buch-, Kunst-, Musikalien-, Landkarten-, Schulbuch-, Zeitschriften- oder Bühnenverlag, Buchgemeinschaft, Verlag elektronischer Publikationen (on-line/off-line), Verlag anderer Gegenstände des Buchhandels
☐ Verbreitender Buchhandel
  Antiquariat, Bahnhofsbuchhandel, Landkartenhandel, Lehrmittelhandel, Musikalienhandel, Reisebuchhandel, Sortimentsbuchhandel, Versandbuchhandel, Werbender Buch- und Zeitschriftenhandel, Zeitungs- und Zeitschriftenhandel, Internetbuchhandel, Modernes Antiquariat
☐ Zwischenbuchhandel
  Kommissionsbuchhandel, Barsortiment, Grossobuchhandel
☐ Verlagsvertretung

Erläuterung: Es ist anzugeben, welcher Fachgruppe der Antragsteller angehören will. Nur in dieser Fachgruppe ist das Mitglied stimmberechtigt und ein Unternehmensangehöriger wählbar. Ein Mitglied kann – gegen Sonderzuschlag – auch mehreren Fachgruppen angehören. Ein auf dem Gebiet des herstellenden Buchhandels tätiges Mitglied kann aber nur dann zugleich seine Mitgliedschaft in der Fachgruppe Verbreitender Buchhandel beantragen, wenn es auch fremde Verlagserzeugnisse an Endabnehmer verbreitet. In den buchhändlerischen Landesverbänden, die sich mit dem Börsenverein zu einem Gesamtverein verbunden haben, ist nur die Mitwirkung in einer Fachgruppe möglich, die bei Mehrfachwahl durch Unterstreichung zu kennzeichnen ist.

Arbeitsgebiete der Firma:
(z.B. Fachverlag für Steuerrecht oder Fachbuchhandlung für Steuerrecht)

_____

andere, nichtbuchhändlerische Betriebszweige:
(z.B. Buchdruckerei, Papier- und Schreibwarenhandel)

_____

Angaben über die Firma: (Firmenname – lt. Eintrag im Handelsregister bzw. lt. Gewerbeanmeldung)

_____

Firmensitz:

| Postleitzahl | Ort | Straße, Hausnummer |

| Postleitzahl | Postfach | Telefon | Telefax |

| e-mail | Internet-Adresse |

| Rechtsform | Gründungsdatum |

Frankfurter Strasse 1
65189 Wiesbaden

21.6 Börsenverein des Deutschen Buchhandels, Landesverbände

Eingetragen im Handelsregister des Amtsgerichts: _____

am _____ Aktenzeichen _____
Bitte fügen Sie eine Kopie des HR-Auszugs bzw. eine Kopie der Gewerbeanmeldung bei.
Falls der HR-Eintrag noch nicht erfolgt ist, bitte zunächst Kopie der notariellen Anmeldung beifügen

Inhaber/Gesellschafter der Firma: _____

Die Firma wird gesetzlich vertreten durch (bitte mit Geburtsdaten):

Angaben der bisherigen Tätigkeit

Das Zutreffende ist wie folgt anzugeben: Inhaber bei Einzelfirma, Gesellschafter bei oHG (u.GmbH), pers. haft. Gesellschafter (oder Kommanditist) bei KG, Geschäftsführer der GmbH, Vorstandsmitglied bei AG

Zahl der Mitarbeiter:
_____ buchhändlerische Angestellte
_____ buchhändlerische Auszubildende
_____ kaufmännische Angestellte
_____ kaufmännische Auszubildende
_____ gewerbliche Arbeitnehmer

Die Firma ist Mitglied bei nachstehenden Fachverbänden bzw. fachverwandten Verbänden:

War die Firma bzw. ein Mitglied der Firmenleitung schon einmal Mitglied des Börsenvereins, eines Landesverbandes oder in anderen buchhändlerischen bzw. fachverwandten Verbänden ? Wenn ja, wo und wann ?

Verpflichtungserklärung: Von der Satzung des zuständigen Landesverbandes und der Satzung des Börsenvereins des Deutschen Buchhandels e.V. wurde Kenntnis genommen. Wir verpflichten uns, die Satzungen und die satzungsgemäßen Beschlüsse gewissenhaft einzuhalten, die Grundsätze des lauteren Wettbewerbs sowie die Bestimmungen des Buchpreisbindungsgesetzes zu befolgen.

Ort und Datum   rechtsverbindliche Unterschrift

Börsenverein des Deutschen Buchhandels

Fragebogen
Fachgruppe Verbreitender Buchhandel

Für die Aufnahme in den Landesverband und in den Börsenverein des Deutschen Buchhandels bitten wir, folgende Fragen nach bestem Wissen zu beantworten:

1. Unterhalten Sie ein offenes Ladengeschäft? ☐ ja ☐ nein
   Wenn ja, mit welchen Öffnungszeiten? _____

2. Über wieviele qm Geschäftsraum verfügen Sie insgesamt? _____ qm

3. Wieviele qm davon sind Verkaufsfläche? _____ qm

4. Befindet sich der Laden in ☐ eigenen oder in ☐ gemieteten Räumen?
   Falls gemietet, bitte Kopie des Mietvertrags beifügen!

5. Ladeneinrichtung und -ausstattung
   Lieferant der Ladeneinrichtung:

   Über wieviele Regalmeter Bücher verfügen Sie? _____

   Welche technischen Einrichtungen sind vorhanden (Ladenkasse, Bestellaufnahmegerät usw.)?
   Fügen Sie bitte einige Innen- und Außenaufnahmen Ihres Ladens bei!
   _____

6. Beschreiben Sie bitte Ihre Geschäftslage (Haupt- oder Nebenstraße, Fußgängerzone, Einkaufszentrum usw.):
   _____

7. Von welchen Verlagen werden Sie bereits beliefert?
   _____

8. Von welchen Firmen des Zwischenbuchhandels werden Sie beliefert?

9. Welche bibliographischen Hilfsmittel sind vorhanden?
   _____

   (bitte wenden)

21.6 Börsenverein des Deutschen Buchhandels, Landesverbände

10. Sortimentsstruktur:
    10.1. Buchhandel
    Zahl der Titel und Exemplare: ca.   Titel, ca.   Expl.
    Verkaufswert ca. _____ €
    Warengruppen (geschätzt in %):
    Belletristik _____ %
    Sachbücher _____ %
    wissenschaftl. u. Fachliteratur _____ %
    Kinder- und Jugendbücher _____ %
    Taschenbücher _____ %
    Schulbücher _____ %
    Spezialgebiet (welches?)_____ %

    10.2. Nichtbuchhändlerische Artikel (z.B. Papier- und Schreibwaren, Bürobedarf, Schulbedarf, Kunstgewerbe, Büromaschinen, Fotoartikel, sonstige):

    _____

11. Welche Schaufensterfläche und/oder Vitrinen stehen für die Buchdekoration zur Verfügung?

    _____

12. Wodurch garantieren Sie eine fachkundige Führung der Buchhandlung? (Abgeschlossene Berufsausbildung als Buchhändler/in, andere abgeschlossene Berufsausbildung? Ausbildungsfirma und -dauer, Abschlußprüfung wann und wo? Bisherige Tätigkeiten in Verlagen und/oder Buchhandlungen? Ggf. bitte Nachweise beifügen oder Referenzen angeben!)

    _____

13. Wollen Sie den Buchhandel ☐ hauptberuflich oder ☐ nebenberuflich betreiben?
    Wenn nebenberuflich, was ist Ihr Hauptberuf?

    _____

14. Können Sie Referenzen aus der Branche benennen?

    _____

15. Angaben zu Ihrem Personal (Anzahl der Mitarbeiter, fachliche Qualifikation):

    _____

16. Falls das Geschäft bereits eröffnet ist: bisher erzielter Umsatz: _____ €

Der Antragsteller verpflichtet sich, eine Änderung der Verhältnisse, die für die Aufnahme maßgeblich waren, unverzüglich dem Verband mitzuteilen. Soweit eine Aufnahme durch wissentlich unrichtige Angaben seitens des Antragstellers herbeigeführt wurde, kann die Mitgliedschaft vom Verband widerrufen werden.

_____   _____
Ort/Datum   Rechtsverbindliche Unterschrift/Firmenstempel

Börsenverein des Deutschen Buchhandels

Fragebogen
Reise- und Versandbuchhandlung bzw. Internetbuchhandlung

Für den Aufnahmeantrag als „Versandbuchhandlung im Internet" benötigen wir einige Angaben:

1. Mit welcher Adresse/Firmenbezeichnung werden Sie im Internet ausgewiesen (Impressum)?
   (Ausdruck bitte dem Antrag beifügen)

1a Ist Ihre Seite nach den aktuellen Bestimmungen aufgebaut? (bitte Ausdruck beifügen)

2. Unter welcher/n Domain/s sind Sie im Internet vertreten?

3. Wer ist der Inhaber dieser Domain/s?

4. Bitte senden Sie Ausdrucke von etwa 10 Ihrer Angebotsseiten.

5. Betreiben Sie eine ☐ eigene Auslieferung der Bücher oder ☐ lassen Sie ausliefern?
   Wenn Fremdauslieferung, durch wen?

6. Betreiben Sie einen Web-Shop mit Katalogfunktion und Kundendatenbank?
   Wenn ja, von welchem Anbieter?

7. Welche Datenbanken zum Bibliographieren sind hinterlegt?

8. Ich erkläre/Wir erklären:

8.1 ☐ Der Internetbetrieb wird hauptberuflich ausgeführt.
8.2 ☐ Lieferung aller Titel, die sich im Datenbestand recherchieren lassen?
8.3 ☐ Besorgung aller Titel, die sich bibliographisch ermitteln lassen, wird dem Kunden angeboten
8.4 ☐ Berechtigte Remissionen werden angenommen.
   Wenn angekreuzt, welche Vereinbarungen über Remittenden haben Sie mit Verlagen und/oder Barsortimenten getroffen?

Der Antragsteller verpflichtet sich, eine Änderung der Verhältnisse, die für die Aufnahme maßgeblich waren, unverzüglich dem Verband mitzuteilen. Soweit eine Aufnahme durch wissentlich unrichtige Angaben seitens des Antragstellers herbeigeführt wurde, kann die Mitgliedschaft vom Verband widerrufen werden.

Ort/Datum   Rechtverbindliche Unterschrift/Firmenstempel

21.6 Börsenverein des Deutschen Buchhandels, Landesverbände

Für die Aufnahme von Mitgliedern in den Börsenverein und in die Landesverbände gelten folgende Mindestkriterien. Für das Sortiment: Nachweis über das Vorhandensein eines Ladenlokals mit den üblichen Öffnungszeiten, Nachweis des Vorhandenseins bibliografischer Hilfsmittel, Führung der Buchhandlung im Hauptgewerbe nach kaufmännischen Gesichtspunkten und Gewährleistung fachlicher Beratung. Für den Reise- und Versandbuchhandel: Nachweis hauptberuflicher Tätigkeit, Nachweis über das Vorhandensein von Geschäftsräumen, in denen der Antragsteller zu den üblichen Bürozeiten erreichbar ist, Vorlage eines Versandprospektes und Nachweis einer angemessenen Lagerhaltung, Nachweis über das Vorhandensein einer Kundenkartei. Diese Mindestkriterien finden ihren Niederschlag in den Aufnahmeanträgen, die auf den Seiten 336–340 abgedruckt sind. Jedes buchhändlerische Unternehmen kann als Mitglied aufgenommen werden. Zum Verbreitenden Buchhandel gehören Unternehmen, die Gegenstände des Buchhandels verbreiten und einer der folgenden Gruppen angehören (§ 6 Abs. 3 der Satzung):

1. Bucheinzelhandel, Unternehmen, die Einzelhandel mit Gegenständen des Buchhandels betreiben;
2. Antiquariate, Unternehmen von Buch- und Grafikversteigerungen;
3. Werbende Buch- und Zeitschriftenhandlungen.

In den Mitgliedsbeiträgen (Beitragsstaffel auf Seite 342) für den Gesamtverein ist der kostenlose Bezug eines Exemplars des *Börsenblatts für den Deutschen Buchhandel* enthalten. Der Länderrat als neues Gremium vollzieht die Willensbildung des Börsenvereins als Gesamtverein in allen Fragen und Angelegenheiten, die gemeinsame Interessen von Börsenverein und Landesverbänden betreffen. Die Aufgaben der regionalen Gliederungen (Landesverbände) im Gesamtverein regelt der folgende Katalog. Die Anschriften der buchhändlerischen Landesverbände sind im Kap. 1.5 aufgeführt.

DIE AUFGABEN DER LANDESVERBÄNDE IM GESAMTVEREIN

Lobbyarbeit Landesregierungen und Kommunen, politische Verbindungsarbeit in den Landeshauptstädten, Unerstützung des Bundesverbandes, parlamentarische Abende, Arbeitstreffen mit Parlamentariern usw.

Öffentlichkeitsarbeit Gesellschaftliche und kulturelle Organisationen, Medien, Marketing für Buch und Lesen, Beantwortung von Anfragen von Nicht-Mitgliedern.

Mitgliederkommunikation Periodische Verbandsmitteilungen, ad-hoc Informationen.

Aus- und Weiterbildung Auszubildende, Berufsschule, Ausbildungsbetriebe, IHK's

Beitragsstaffel Gesamtverein

Gruppe	Jahresumsatz über Euro	bis	Mitgliedsbeitrag Börsenverein Euro (jährlich)	Landesverband
1		100.000	330	164
2	100.000	119.000	360	164
3	119.000	141.000	396	164
4	141.000	168.000	432	194
5	168.000	200.000	480	194
6	200.000	238.000	528	225
7	238.000	283.000	576	266
8	283.000	336.000	624	266
9	336.000	400.000	684	307
10	400.000	476.000	756	343
11	476.000	566.000	828	383
12	566.000	673.000	912	383
13	673.000	800.000	996	383
14	800.000	951.000	1.092	445
15	951.000	1.130.000	1.200	522
16	1.130.000	1.350.000	1.308	522
17	1.350.000	1.600.000	1.440	522
18	1.600.000	1.900.000	1.572	614
19	1.900.000	2.260.000	1.728	706
20	2.260.000	2.690.000	1.896	706
21	2.690.000	3.200.000	2.076	808
22	3.200.000	3.810.000	2.280	808
23	3.810.000	4.520.000	2.496	1.048
24	4.520.000	5.380.000	2.736	1.048
25	5.380.000	6.400.000	3.000	1.227
26	6.400.000	7.610.000	3.288	1.483
27	7.610.000	9.050.000	3.600	1.892
28	9.050.000	10.800.000	3.948	2.352
29	10.800.000	12.800.000	4.332	2.812
30	12.800.000	15.200.000	4.752	2.812
31	15.200.000	18.100.000	5.208	3.272
32	18.100.000	21.500.000	5.712	3.272
33	21.500.000	25.600.000	6.264	3.732
34	25.600.000	30.400.000	6.864	3.732
35	30.400.000	36.200.000	7.524	3.732
36	36.200.000	43.100.000	8.244	3.732
37	43.100.000	51.200.000	9.048	3.732
38	51.200.000	60.900.000	9.912	3.732
39	60.900.000	72.400.000	10.872	3.732
40	72.400.000	86.100.000	11.916	3.732
41	86.100.000		13.056	3.732

Aufnahmegebühr: Börsenverein 250 Euro
Landesverband 250 Euro

Die Höhe der Landesverbands-Mitgliedsbeiträge unterscheiden sich je nach Verband.

und Arbeitsämter, Weiterbildung durch eigene Veranstaltungen oder durch Kooperationen.

Sicherung der Regeln des buchhändlerischen Verkehrs Preisbindung, Verkehrsordnung, Wettbewerbsregeln, Spartenpapier.

Beratung und Information für Mitglieder Betriebswirtschaft, Steuern, Existenzgründung, Existenzaufgabe, Wirtschafts- und Steuerinformationen, Beratersuche, allgemeine Informationen zu Rechtsfragen, zum Thema Lehr- und Lernmittelfreiheit.

Sonstige Leistungen und Tätigkeiten Ahndung von Wettbewerbsverstößen, Vertreterbörsen, regionale Aktivitäten wie Stammtische, Feste, Merkblätter, Checklisten, Rahmenverträge, Handbibliothek, Jobbörse, Ansprechpartner für Sozialfälle.

Allgemeines Gremienarbeit, Zusammenarbeit mit fachspezifischen Organisationen.

21.7 Einzelhandelsverband

Manche Landesverbände haben in arbeits- und sozialrechtlichen Fragen mit den Einzelhandelsverbänden kooperiert und diesen die relevanten Aufgaben übertragen. Besondere Beiträge werden dann nicht erhoben. Man kann aber, muss jedoch nicht, Mitglied des örtlichen Einzelhandelsverbandes werden, der besonders durch seine hohe Mitgliederzahl und zumeist qualifizierte Besetzung der Geschäftsstelle bei bestimmten Problemen (z. B. Arbeitsgerichtsauseinandersetzung) gute Hilfestellungen geben kann.

21.8 Sonstige Anmeldungen

Beim Arbeitsamt wird man die Zuteilung einer Betriebsnummer beantragen und das *Schlüsselverzeichnis für die Angaben zur Tätigkeit in den Versicherungsnachweisen* verlangen.

Mit den zuständigen Versorgungsunternehmen für Strom, Gas, Wasser, Müllabfuhr sind Bedarf und Bezugsbedingungen zu klären.

Bei den zuständigen Krankenkassen sind die in der Buchhandlung beschäftigten Arbeitnehmer innerhalb von sieben Tagen anzumelden.

Falls es örtliche Werbegemeinschaften gibt, sollte man denen nach Prüfung von Kosten und Leistung beitreten.

Bei der GEMA muss sich ein Unternehmen anmelden, wenn es Kopiergeräte zur

Nutzung für Kunden bereitstellt, aber auch dann, sofern eine Musikberieselung in den Geschäftsräumen erfolgt oder Tonträger mit Vorspielgeräten im Angebot gehalten werden. Für Mitglieder der buchhändlerischen Verbände gewährt die GEMA 20 % Nachlass.

Wird Verpackungsmaterial für Kunden verwendet, das nicht den »Grünen Punkt« trägt, besteht dazu eine Lizensierungsmöglichkeit. Die seit August 1998 novellierte Verpackungsordnung schreibt die Teilnahme am DSD (Duales System Deutschland AG, 51170 Köln) vor. Es muss auf die Möglichkeit hingewiesen werden, Verpackungen im Laden zurückgeben zu können.

21.9
Preisbindungsrevers, Buchpreisbindungsgesetz

Seit dem 1. Oktober 2002 ist das neue Buchpreisbindungsgesetz in Kraft, das bereits im Kap. 10.5.1 abgedruckt wurde. Dieses Gesetz hat den bisherigen *Sammelrevers für den Verkauf preisgebundener Verlagserzeugnisse in Deutschland* ersetzt, der bislang die Einhaltung der Preisbindung als Ausnahme vom Gesetz gegen Wettbewerbsbeschränkungen (§ 15) regelte. Deshalb müssen auch Schulbuchverlage und MA-Verlage (Modernes Antiquariat) verbindliche Endpreise festlegen. Nicht preisgebunden sind Hörbücher und Kalender.

Das Buchpreisbindungsgesetz (BuchPrG) dient dem Schutz des Kulturgutes Buch. Die Festsetzung verbindlicher Preise beim Verkauf an Letztabnehmer sichert den Erhalt eines breiten Buchangebotes. Das Gesetz gewährleistet auch, dass dieses Angebot für eine breite Öffentlichkeit zugänglich ist, indem es die Existenz einer großen Zahl von Verkaufsstellen fördert. (§ 1 BuchPrG). Ausgenommen von der Preisbindung sind gebrauchte Bücher und solche Titel, die zu einer vor mindestens 18 Monaten hergestellten Druckauflage gehören und für die der Verlag nach § 8 (1) die Preisbindung aufhebt. Weitere Ausnahmen, insbesondere Nachlässe bei Sammelbestellungen von Schulbüchern für den Unterricht, regelt § 7.

Fachzeitschriften sind keine Verlagsprodukte im Sinne des Buchpreisbindungsgesetzes und demnach von den neuen Vorschriften nicht betroffen. Will ein Verlag für seine Periodika verbindliche Preise festlegen, dann muss er wie bisher einen Einzelrevers parat haben oder einem Sammelrevers-Verfahren beitreten (aktueller Stand: Sammelrevers 2002). Diesen Sammelrevers (ebenfalls im Kap. 10.5.1 abgedruckt) muss der Buchhändler gleichfalls unterschreiben, so er denn von allen Fachzeitschriften-Verlagen beliefert werden will. Ferner akzeptiert er mit der Unterschrift unter den Sammelrevers 2002 die Konventionalstrafen, die für Preisbindungsverstöße festgelegt sind.

21.10
Zu beachtende Spezialgesetze

Zahlreiche Spezialgesetze tangieren den Verkauf in Buchhandlungen. Es ist hinzuweisen auf das Ladenschlussgesetz, die Preisauszeichnungsverordnung, das Abzahlungsgesetz, die Aushangsgesetze (Arbeitsschutzgesetze), das Fernabsatzgesetz – jeweils in den gültigen Fassungen. Das Gesetz gegen unlauteren Wettbewerb (UWG) regelt, was im Geschäftsverkehr zulässig bzw. verboten ist. Als sittenwidrig gilt beispielsweise:
- Täuschung der Kunden (z. B. Irreführung durch »Mondpreise« oder so genannte Lockvogelangebote);
- Irreführende Werbung (falsche Behauptungen über Größe und Sortierung des Unternehmens, Sonderangebotswerbung für Artikel in nur kleinen Mengen, Werbung mit Einkaufsausweisen);
- Belästigung durch aufdringliche Werbung (Telefonverkauf, unaufgeforderte Zusendung von Waren);
- Psychologischer Kaufzwang (z. B. durch vorherige „Bestechung« mit kostenlosen oder nur gering bezahlten Waren oder Dienstleistungen);
- Ausnutzung der Spielleidenschaft (durch verbotene Verlosungen oder Preisausschreiben);
- Verkauf nach Ladenschluss oder an Sonntagen (bis auf Sonderregelungen);
- Durchführung unzulässiger Sonderveranstaltungen.

Neben der *Verkehrsordnung im Buchhandel*, die bereits im Kap. 9.1 vorgestellt worden ist, hat der Börsenverein speziell für die Buchbranche *Wettbewerbsregeln* aufgestellt, die vom Bundeskartellamt am 13. 5. 1986 anerkannt worden sind. Ferner hat der Vorstand des Börsenvereins am 16. 1. 1985 ein *Spartenpapier* beschlossen, das die Verhaltengrundsätze des Buchhandels klären soll. Dieses Dokument versteht sich als Orientierungshilfe für das Verhalten gegenüber den Partnern der jeweils anderes Sparten (Verlage, Zwischenbuchhandel, Bucheinzelhandel). Im Folgenden sind die *Wettbewerbsregeln* sowie das *Spartenpapier* vollständig wiedergegeben.

WETTBEWERBSREGELN DES BÖRSENVEREINS DES DEUTSCHEN BUCHHANDELS

Präambel
Leistungsorientierter Wettbewerb im Rahmen der sozialen Marktwirtschaft ist die Basis des geschäftlichen Verkehrs im Buchhandel. Die Grundsätze lauteren Wettbewerbs sind einzuhalten. Zu unterlassen sind Handlungen, die den guten kaufmännischen Sitten zuwiderlaufen. Den Maßstab für den Begriff der kaufmännischen Sitten bildet die allgemeine Verkehrsauffassung in Verbindung mit den Handelsbräuchen und der Berufsauffassung des deutschen Buchhandels.

I [Vertrieb von preisgebundenen Verlagserzeugnissen]

Beim Vertrieb preisgebundener Verlagserzeugnisse verstößt ein Verlag gegen die Grundsätze eines lauteren Wettbewerbs:

(1) wenn er buchhändlerische Abnehmer oder eine Abnehmergruppe ohne sachlich gerechtfertigten Grund dadurch benachteiligt, dass er diese erst zu einem späteren Zeitpunkt über seine Neuerscheinungen unterrichtet und/oder beliefert als andere Abnehmer;

(2) wenn er Verlagserzeugnisse an Endabnehmer im Direktverkehr zu anderen Preisen anbietet oder verkauft, als er sie für den Verkauf an Endabnehmer durch den Verbreitenden Buchhandel festgesetzt hat;

(3) wenn er es unterlässt, dem Verbreitenden Buchhandel etwaige Mengenpreise (die für Endabnehmer gelten) generell oder auf Anfrage bekanntzugeben.

II [Mitteilungspflicht bei Parallelausgaben]

Erscheint neben der preisgebundenen Originalausgabe eines Werks eine inhaltlich identische oder geringfügig veränderte Parallelausgabe unter demselben oder einem anderen Titel als Sonderausgabe, bibliophile Ausgabe, Taschenbuchausgabe, Buchgemeinschaftsausgabe oder dergleichen, so ist der Verlag der Originalausgabe verpflichtet, darüber den Verbreitenden Buchhandel rechtzeitig zu unterrichten. Soweit die Parallelausgabe über den Buchhandel vertrieben wird, hat der Verlag seine Mitteilungspflicht erfüllt, wenn der die Parallelausgabe veranstaltende Verlag in seinen Programmankündigungen oder auf andere geeignete Weise darauf hinweist. Sofern die Rechte zur Herausgabe einer Buchgemeinschaftsausgabe einer Buchgemeinschaft eingeräumt werden, hat der Verlag seiner Mitteilungspflicht genügt, wenn die Buchgemeinschaft die Redaktion des Börsenblatts für den Deutschen Buchhandel über das Erscheinen von Lizenztiteln durch Übersendung der ersten Exemplare der Programmzeitschrift, in denen diese Neuerscheinungen angekündigt werden, unterrichtet.

III [Werbung mit dem niedrigeren Preis]

Wird ein bereits erschienenes Werk auch von einer Buchgemeinschaft herausgegeben, so darf mit dem niedrigeren Preis der Buchgemeinschaftsausgabe nicht geworben werden — insbesondere nicht durch Gegenüberstellung des Preises der Originalausgabe mit dem der Buchgemeinschaft, wenn nicht klargestellt ist, dass der Erwerb der Buchgemeinschaftsausgabe im Rahmen einer Mitgliedschaft erfolgt.

IV [Änderung oder Aufhebung von Ladenpreisen]

Die Bekanntgabe von Änderungen und der Aufhebung von gebundenen Ladenpreisen muss im Börsenblatt für den Deutschen Buchhandel mindestens 14 Tage vor Inkrafttreten der Änderung oder der Aufhebung des Ladenpreises erfolgen.

21.10 Zu beachtende Spezialgesetze

**V [Werbung für nicht mehr preisgebundene Verlagserzeugnisse
(Modernes Antiquariat, Mängelexemplare, Sonderausgaben)]**
(1) Verlagserzeugnisse, für die der Verleger die Preisbindung aufgehoben hat, oder preisgebundene Verlagserzeugnisse, die wegen materieller Mängel nicht mehr zum gebundenen Preis verkäuflich sind (Mängelexemplare), dürfen nur so angeboten werden, dass beim Publikum nicht der Eindruck entsteht, es würden gebundene Preise unterschritten. In den Schaufenstern, Prospekten, Katalogen, Anzeigen und anderen Werbemitteln für solche Verlagserzeugnisse muss deshalb deutlich auf den jeweils zutreffenden Grund für die Herabsetzung des Preises hingewiesen werden (zum Beispiel Modernes Antiquariat, antiquarisch, Ladenpreis aufgehoben, Auflagenrest, vorletzte Auflage einerseits oder Mängelexemplare andererseits).
(2) In Schaufenstern und Werbemitteln, durch die ausschließlich Werke gemäß Abs. 1 angeboten werden, genügt ein genereller Hinweis auf den Grund der Preisherabsetzung an deutlich sichtbarer Stelle. Werden dagegen sowohl preisgebundene als auch nicht mehr preisgebundene Werke in einem Schaufenster oder Werbemittel angeboten, so muss bei jedem einzelnen preisermäßigten Titel der Grund für die Herabsetzung deutlich vermerkt sein.
(3) Die Preise von Nach- und Neudrucken ehemals preisgebundener Verlagserzeugnisse dürfen dem früher gebundenen Ladenpreis der Originalausgabe nur gegenübergestellt werden, wenn sie nach Inhalt, Ausstattung und Qualität mit der Originalausgabe absolut identisch sind, bei fehlender Identität in Text, Inhalt, Qualität oder Ausstattung nur dann, wenn die wesentlichen Unterschiede genannt werden.
(4) Remittierte preisgebundene Verlagserzeugnisse dürfen nur verbilligt abgegeben werden, wenn sie Mängel im Sinne von Abs. 1 aufweisen.

VI [Abonnenten-, Direktkunden-, Adressenschutz]
Unlauter handelt, wer
(1) die von einem buchhändlerischen Unternehmen selbst oder von Dritten geworbenen Abonnenten dazu veranlasst, bei ihrem bisherigen Vertragspartner abzubestellen, um die Belieferung selbst direkt oder indirekt zu übernehmen, indem er vervielfältige Vollmachten oder Kündigungsschreiben zur Verfügung stellt oder die Kündigungsformalitäten für die Abonnenten durchführt;
(2) als Verlag die ihm von einer Buchhandlung zur Direktbelieferung bzw. -einweisung anvertrauten Kundenadressen ohne deren Zustimmung verwendet, z. B an Dritte weitergibt.

VII [Schaufenster-, Schaukasten- und Regalmiete, Anzapfen]
(1) Wer Verlagserzeugnisse in Schaufenstern, Schaukästen, Regalen usw. zur Schau stellt, darf dafür von Lieferanten keine Sonderleistungen verlangen oder annehmen.
(2) Eine Buchhandlung handelt unlauter, wenn sie unter Zufügung oder Androhung von Nachteilen bare oder unbare Zuschüsse oder Geschenke, beispielsweise für Geschäftseröffnungen, zum Umbau oder zu Jubiläen oder für die Aufnahme von Verlagserzeugnis-

sen in einen Werbekatalog oder Werbeprospekt, Werbekostenbeiträge in Bargeld, Belegstücken, Inseraten usw. verlangt.

VIII [Schaufensteraktionen]

Schaufensteraktionen zur Werbung für Verlagserzeugnisse verstoßen gegen die Grundsätze des lauteren Wettbewerbs, wenn übermäßig hohe und/oder viele Preise, Prämien oder sonstige unangemessen hohe Gegenleistungen gewährt werden oder wenn die erhöhte Gefahr einer Behinderung, Verdrängung oder eines Ausschlusses der Verlagserzeugnisse anderer Mitbewerber besteht, beispielsweise durch die Reservierung von Schaufenstern für einen unangemessenen langen Zeitraum. Unlauter handelt daher:
(1) wer Schaufensteraktionen veranstaltet, bei denen die Belegdauer der Schaufenster 14 Tage übersteigt, bei denen der erste Preis einen höheren Marktwert als 2000 Mark[*] hat oder bei dem die Gesamtheit der Preise einen Marktwert von 10 000 Mark übersteigt oder bei dem Mitmachpräsente oder Display-Artikel mit Zweitnutzen mit einem höheren Marktwert als 150 Mark für alle Teilnehmer abgegeben werden;
(2) wer sich als Verbreitender Buchhändler an solchen unlauteren Schaufensteraktionen beteiligt.

IX [Veranstaltungen der Verlage für ihre Handelspartner und deren Mitarbeiter]

Verlage verstoßen gegen den lauteren Wettbewerb, wenn sie für ihre Handelspartner oder deren Mitarbeiter Gewinnspiele, Preisausschreiben, Reisen oder ähnliche Veranstaltungen mit unangemessen hohen Preisen oder unangemessen hohem Wert durchführen, um Bestellungen oder eine besondere Behandlung ihrer Verlagserzeugnisse herbeizuführen oder den Verkauf von Verlagserzeugnissen anderer Lieferanten zu unterbinden oder zu beeinträchtigen.

X [Mindestbestellgrößen]

Sind preisgebundene Verlagserzeugnisse generell oder im Einzelfall nur beim Verlag oder bei der Verlagsauslieferung direkt beziehbar, so dürfen keine Mindestbestellgrößen gefordert werden.

SPARTENPAPIER —
Verhaltensgrundsätze des Buchhandels. Orientierungshilfe für das Verhalten gegenüber den Partnern der jeweils anderen Sparten.

Präambel

Verlag, Sortiment und Zwischenbuchhandel betrachten das breitgefächerte Angebot von Literatur an jedermann und an möglichst vielen Orten als ihre gemeinsame Aufgabe. Er-

---

[*] Im Jahr 2004 plant der Börsenverein eine Anpassung der Wettbewerbsregeln, vor allem im Hinblick auf die geänderten Preisbindungsregularien. Auf Euro-Preise in Punkt 8, Absatz 2 hat man sich noch nicht festgelegt. (Stand der Recherche Februar 2004)

21.10 Zu beachtende Spezialgesetze

füllbar wird diese Aufgabe durch die Leistungen des Sortimentsbuchhandels in Gestalt von Lagerhaltung, Besorgung und Beratung sowie durch die Leistungen aller anderen Zweige des Verbreitenden Buchhandels. Unerlässliche Voraussetzung hierfür ist die Bereitschaft der Verlage und der Barsortimente zu nachfragegerechter Lieferung, ergänzt durch zweckdienliche Informationen und andere Dienstleistungen.

Alle Sparten des Buchhandels sollen ihre Tätigkeit so gestalten, dass Wettbewerb möglich ist, erhalten und gefördert wird, nicht nur in der eigenen, sondern auch in den anderen Sparten.

Statt eines die Rationalität des Vertriebs störenden Verdrängungswettbewerbs innerhalb der und unter den Sparten soll ein ausgewogenes System beschriebener Aufgaben gelten, das insbesondere auch im Einklang mit den Grundsätzen der Preisbindung steht. Diese ist unabdingbar für die Erfüllung des buchhändlerischen Auftrags.

Angesichts der engen Verflechtung der Sparten muss Kooperation vor kurzfristigen Ertragsverbesserungen durch einseitige Maßnahmen stehen. Erhaltung der Lebensfähigkeit einer Vielzahl von Firmen auf allen Stufen soll Gesichtspunkt bei allen marktpolitischen Maßnahmen, insbesondere auch bei der Festlegung von Konditionen sein.

Die Zukunft der gedruckten Medien und damit auch des Buchhandels hängt entscheidend davon ab, dass Buch und Zeitschrift als konkurrenzlos vielfältige Quelle von Informationen und Unterhaltung in der Öffentlichkeit präsent sind. Alle Sparten des Buchhandels sind aufgerufen, sich untereinander umfassend zu informieren und das Bewusstsein für das breite Angebot des Buchhandels in der Öffentlichkeit wachzuhalten und zu fördern.

I [Verlage]

(1) Die Verlage werden bei ihrer Konditionengestaltung darauf achten, dass auch kleinere Sortimente und Barsortimente wettbewerbsfähig bleiben.

(1a) So werden die Verlage im Interesse eines wirtschaftlichen Bezugs durch das Sortiment darauf achten, dass das Barsortiment möglichst viele ihrer Titel führt.

(1b) Die Verlage werden weiter bei ihrer Konditionengestaltung dafür sorgen, dass der Einzelbezug von nur beim Verlag geführten Titeln erleichtert wird. Sie sind jederzeit bereit, solche Einzelbestellungen auszuführen.

(1c) Barsortimente werden von den Verlagen ohne sachlich gerechtfertigten Grund nicht zu ungünstigeren Bedingungen beliefert, als maximal Firmen oder Gruppierungen des Einzelhandels oder branchenfremden Unternehmen, insbesondere Großhändlern, eingeräumt werden.

(2) Die Verlage werden einen möglichst stetigen Konditionenrahmen anstreben, auch unter Berücksichtigung des Redaktionsschlusses des VLB und der Barsortimentskataloge, damit die Handelspartner Sortiment und Barsortiment eine langfristige Entscheidungsbasis haben.

(3) Das Sortiment ist der Hauptvertriebspartner der Verlage, die Verlage beachten das bei ihren Vertriebs- und Werbemaßnahmen.

(4) Die Verlage werden den Buchhandel frühzeitig und fortlaufend über ihre Produktion

informieren, insbesondere durch VLB, Börsenblatt-Anzeige, Rundschreiben und Vertreter.
(5) Die Verlage werden ihre Mengennachlässe entweder generell oder auf Anfrage bekanntgeben, wobei sie sicherstellen werden, dass keine unterschiedlichen Bekanntgaben erfolgen.

II [Zwischenbuchhandel]

(1) Das Barsortiment versteht sich nicht als Konkurrent der Verlage, sondern als zweiseitiges Dienstleistungsunternehmen für Sortiment und Verlag.
(2) Die Barsortimente werden bedenken, dass durch eine zu starke Differenzierung ihrer Konditionen die kleinen und mittleren Kunden im Wettbewerb benachteiligt werden könnten.
(3) Soweit Barsortiment und Verlagsauslieferung in einer Hand liegen, werden sie streng getrennt geführt; der Datenschutz wird gewährleistet. Es wird keine bevorzugte Belieferung des eigenen Barsortiments erfolgen. Selbstausliefernde Verlage werden durch das Barsortiment und das Kommissionsgeschäft nicht benachteiligt.
(4) Die Barsortimente werden ihre Lagerhaltung aufgrund einer angemessenen Mischkalkulation, orientiert an den Bedürfnissen des Sortiments, gestalten.
(5) Ohne sachliche Gründe wird keine unterschiedliche Behandlung von Verlagen bei der Lagerhaltung erfolgen.
(6) Die Barsortimente sind bereit, mit den Verlagen einen ständigen Informationsaustausch über ihre Lagerpolitik und deren Veränderung zu führen.
(7) Die Barsortimente werden ihr Bestellverhalten an den gewährten Großhandelskonditionen orientieren.
(8) Der Zwischenbuchhandel wird sich an einem integrierten Informations- und Bestellsystem beteiligen.
(9) Der Zwischenbuchhandel wird die Teilnahme neuer Verlage und Buchhandlungen am Geschäftsverkehr erleichtern.

III [Sortiment]

(1) Als Voraussetzung für die Erhaltung der Preisbindung wird das Sortiment breite Lagerhaltung — unter Berücksichtigung der Backlist — pflegen und das Besorgungsgeschäft in vollem Umfang aufrechterhalten.
(2) Das Sortiment wird durch kundenorientierte, aktive Vertriebs- und Dienstleistungen die Literaturverbreitung fördern.
(3) Im Interesse der Literaturvielfalt wird das Sortiment bei seinem Einkaufsverhalten insbesondere auch kleineren Verlagen eine Chance einräumen.
(4) Durch rationelles Bestellverhalten, insbesondere Auftragsbündelung, wird das Sortiment zur Reduzierung der Bestell- und Vertriebskosten beitragen. Hierzu gehört auch eine vernünftige Aufteilung der Aufträge auf Verlag und Barsortiment.
(5) Das Sortiment wird Remissionen nur im Einvernehmen mit dem Verlag vornehmen.
(6) Das Sortiment arbeitet bei seiner Information über Programme und Neuerscheinungen aktiv mit den Verlagen und deren Vertretern zusammen.

22
Rechnungswesen und Buchführung

Durch das Rechnungswesen erfährt das Betriebsgeschehen seine zahlenmäßige Erfassung, Gestaltung und Durchleuchtung. Sowohl die Betriebsstruktur als auch der laufende Betriebsprozess müssen durch Zahlen transparent gemacht werden. Denn nur so ist eine Steuerung und Kontrolle des Unternehmens sowie eine Planung möglich.

22.1
Rechnungswesen*

Alle wertmäßig erfassbaren Vorgänge im Betrieb sind durch das Rechnungswesen zu sammeln, zu verarbeiten und zu kontrollieren. Hierzu gehören:
- die Buchführung (Kap. 22.2 bis 22.6)
- die Kostenrechnung (Kap. 23.4 und 24.4)
- die Betriebsstatistik (Kap. 23)
- die Planungsrechnung (Kap. 24).

Die Verbindung der Zweige des Rechnungswesens und ihr Einbau in das Betriebsgeschehen ist in der folgenden Abbildung auf Seite 354 schematisch dargestellt. Dabei markieren die mit Nummern bezeichneten Linien die nachstehend kurz skizzierten Zusammenhänge.

Das Betriebsgeschehen schlägt sich in Belegen nieder, welche die Grundlagen bilden für die Daten:
(1) in der Buchhaltung, z. B. Einnahmen und Ausgaben;
(2) in der Kostenrechnung, z. B. Erfassen des Einkaufs zu Verkaufswerten als Ergänzung zur Nettoverbuchung;
(3) in der betrieblichen Statistik, z. B. der Zahl der Fakturen.

Innerhalb des Rechnungswesens gibt es für die Daten der Vergangenheit und Gegenwart Querverbindungen:
(4) von der Buchhaltung zur Kostenrechnung, z. B. über die Errechnung des Ein-

---
* Der Text des Kap. 22.1 beruht auf den Ausführungen von Dr. Karl Ruf, München, die er für das *Handbuch des Buchhandels, Bd. III, Sortimentsbuchhandel* geschrieben hat

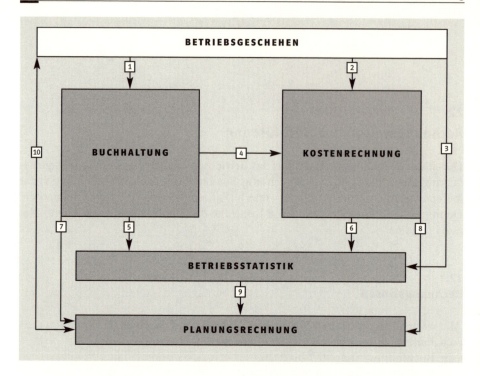

kaufs zu Verkaufswerten neben der Nettoverbuchung; gegebenenfalls gegliedert nach Abteilungen und Sortimentsgruppen;
(5) von der Buchhaltung zur Betriebsstatistik, z. B. über die Umsatzplanung nach Abteilungen oder Sortimentsgruppen zur Ermittlung der prozentualen Sortimentsstruktur;
(6) von der Kostenrechnung zur Betriebsstatistik, z. B. über die Einkäufe zur Ermittlung struktureller und saisonaler Veränderungen im Vergleich zu früheren Zeiträumen.

Ebenfalls innerhalb des Rechnungswesens, aber auf Planwerte gerichtet, sind die Verbindungen:
(7) von der Buchhaltung zur Planungsrechnung, z. B. die Einnahmen und Ausgaben für den Finanzplan;
(8) von der Kostenrechnung zur Planungsrechnung, z. B. die Sortimentsstruktur, wenn sie strenger nach der Ertragskräftigkeit der einzelnen Gruppen ausgerichtet sein soll;
(9) von der betrieblichen Statistik zur Planungsrechnung, z. B. Schwankungen im Absatzrhythmus mit dem Ziel, durch entsprechende Einteilung der Verwaltungsarbeiten einen Ausgleich zu erreichen;
(10) vorgegeben von der Planungsrechnung, aber abhängig von außerbetrieblichen

Einflüssen entwickelt sich wiederum das Betriebsgeschehen. Der Kreis der Daten schließt sich auf diese Weise; den Planwerten stehen Effektivwerte gegenüber, und die damit gegebene Kontrollmöglichkeit lässt eine Feinsteuerung des Unternehmens zu.

22.2 Kaufmännische Buchführung

Bereits in der Vorbereitungszeit fallen Kosten für das zu errichtende Unternehmen an, wie Miete für Geschäftsräume, Aufwendungen für Betriebs- und Steuerberater, Reisekosten, Anschaffung von Büromobiliar und Büromaterialien. Die Belege dafür sind zu sammeln und nach Gründung in die Buchhaltung einzubringen.

Jeder Kaufmann ist zu einer ordnungsgemäßen Buchführung verpflichtet, das gilt für Unternehmen mit Jahresumsätzen über 260.000 € bzw. einem Gewinn von mehr als 25.000 €. Für kleine Buchhandlungen unterhalb der genannten Grenzen für Umsatz und Gewinn gelten gewisse Erleichterungen im Hinblick auf ihre Buchführung. Hier genügt für steuerliche Zwecke eine so genannte Einnahme-Überschuss-Rechnung. In diesem Falle stellt das Unternehmen am Jahresende die Einnahmen und Ausgaben des Betriebes (zuzüglich Abschreibungen) gegenüber; die Differenz ist dann der Betriebsgewinn als Grundlage für die Berechnung von Einkommen- und Gewerbesteuer. Sofort bei Gründung muss selbst ein Kleinbetrieb führen:
- Ein Kassenbuch als erste Grundlage der Buchführung mit täglicher, vollständiger Eintragung aller Bareinnahmen und Barausgaben. Der Kassensollbestand muss mit dem tatsächlichen Bargeldbestand übereinstimmen.
- Wareneingangsbuch. Jeder Gewerbebetrieb ist zur Führung verpflichtet; es enthält alle Rechnungen für Warenlieferungen, die in chronologischer Folge nach Wareneingangsdatum einzutragen sind. Befreit vom Wareneingangsbuch sind Betriebe mit ordnungsgemäßer Buchführung bei Vorhandensein von Wareneingangskonten.
- Warenausgangsbuch. Hier sind die Kreditlieferungen an die Kunden einzutragen, fortlaufend nach Rechnungsdatum oder Rechnungsnummer. Eine Kopie der Kundenrechnungen kann, monatlich addiert, das Warenausgangsbuch ersetzen.

Das Jahresergebnis wird durch laufende Addition der in einem einfachen Journal oder in Nebenbüchern erfassten Einnahmen und Ausgaben ermittelt, z. B. nach folgendem Schema:

	Bareinnahmen ohne Umsatzsteuer des Geschäftsjahres (Kassenbuch)
+	Einnahmen aus Rechnungsverkäufen ohne Umsatzsteuer (Journal, Bankbuch, Postbankbuch, Kassenbuch)
=	Gesamteinnahmen des Geschäftsjahres ohne Umsatzsteuer
−	Summe der Lieferantenrechnungen ohne Vorsteuer (Wareneingangsbuch)
−	Betriebskosten ohne Vorsteuer (aus Journal oder anderen Zusammenstellungen, selbst für Kleinbetriebe empfiehlt sich eine Untergliederung, z. B. nach Personalkosten inkl. Sozialaufwendungen, Miete und Raumkosten, Werbekosten, Betriebssteuern, Kfz-Kosten, Zinsen und Kosten des Geldverkehrs, Reisekosten, Büro- und Postkosten, Beiträge/Versicherungen/Gebühren, sonstige Betriebskosten, Abschreibungen)
=	Gewinn (Überschuss der Einnahmen über die Ausgaben)

Liegen keine oder unvollständige Aufzeichnungen über die Einnahmen und Ausgaben des Betriebes vor, kann das Finanzamt die Besteuerungsgrundlage schätzen. Das dürfte im Regelfall wesentlich höhere Steuern ergeben als bei einer Festsetzung aufgrund kompletter einwandfreier Unterlagen.

Eine kaufmännische Buchführung ist beim Überschreiten einer der zuvor genannten Grenzen oder bei Eintragung in das Handelsregister als Istkaufmann (vgl. Kap. 15.6) einzurichten. Die Form bleibt dem Unternehmer überlassen: manuelle Durchschreibe-Buchführung, eine maschinelle doppelte Buchführung oder EDV-Buchführung in oder außer Haus. Sofern keinerlei Buchführungskenntnisse beim Buchhändler vorliegen und eine Fachkraft für das Rechnungswesen vorerst nicht eingestellt werden soll, empfiehlt sich die Einschaltung eines Fachmannes zur Einrichtung der ordnungsgemäßen Buchführung (Steuerberater, Unternehmensberater, Organisationsberater). Die erste Buchführung ist zweckmäßigerweise in Schritten zu etablieren:

- Aufstellung eines Kontenplanes mit Hilfe des Steuerberaters. Ein Muster dazu für Sortimentsbuchhandlungen bringt der sehr ausführliche DATEV-Kontenrahmen (vgl. Kap. 22.5) nach dem Bilanzrichtliniengesetz, den man für die meist einfacheren individuellen Verhältnisse zuschneiden kann. Die meisten Steuerberater benutzen den Kontenrahmen der DATEV.
- Aufstellung der Eröffnungsbilanz durch lückenlose Erfassung des Vermögens und der Schulden der Buchhandlung am Eröffnungstag mit Hilfe des Steuerberaters oder des Steuerbevollmächtigten.
- Wareneingangs- und Warenausgangsbuch einrichten. Beide können entfallen bei der Führung gesonderter Sachkonten für Wareneinkäufe und Erlöse aus Warenverkäufen.
- Kassenbuch anlegen.

22.2 Kaufmännische Buchführung

- Konten für Kunden einrichten, sofern nicht von vornherein die für Buchhandlungen in der Regel rationellere Offene-Posten-Buchhaltung (OPB) vorgezogen wird.
- Einrichtung von Lieferantenkonten, deren zumeist hohe Anzahl durch Sammelbuchungs-/Sammelzahlungs-Verfahren stark reduziert werden kann, z. B. durch Nutzung der BAG (vgl. Kap. 20.2), der »Haus-BAG« (hauseigene Zusammenstellungen), der Monatskontoauszüge der Barsortimente, Verlagsauslieferungen und Verlage. Das bringt eine erhebliche Verdichtung des umfangreichen Buchungsstoffes mit sich und trägt in diesem Bereich zur branchenüblichen Vereinfachung bei.
- Einrichtung von Kostenkonten und sonstigen Sachkonten nach dem Kontenplan, wobei speziellen steuerlichen Belangen Rechnung getragen werden muss, z. B. durch eigene Konten für Geschenke, Bewirtung, Geschäftsreisen, Geschäftskraftfahrzeug (mit anteiliger privater Nutzung) sowie Trennung der Wareneingangs- und Erlöskonten nach Umsatzsteuergruppen beim Verfahren der globalperiodischen Abrechnung.
- Anlage von Konten oder einer Kartei für das Anlagevermögen (Inneneinrichtung, Kraftfahrzeug, Kasse, Büromaschinen und Büromobiliar, sofern über 400 € Anschaffungswert).
- Einrichtung einer ordentlichen Ablage für die Unterlagen der Buchhaltung: Kassenbelege (chronologisch geordnet), Bank-, Sparkassen-, Postbank-Belege mit Auszügen (chronologisch), Kostenbelege (nach Kostenarten getrennt) oder nach Lieferantennamen geordnete Lieferantenrechnungen (getrennt nach unbezahlten und bezahlten oder ungebuchten und gebuchten in Verkehrsnummernfolge, was nahezu ein Namensalphabet ergibt).
- Kundenrechnungen im System der OPB mit drei Ablagen: Nummernkopie in chronologischer Folge als lückenloser Warenausgangsnachweis der Kreditverkäufe, unbezahlte Namenskopien nach Kundennamenalphabet, bezahlte Namenskopien ebenfalls nach Kundennamenalphabet.

Bei der Ablage von Geschäftspapieren, Buchungsunterlagen sind die vorgeschriebenen Aufbewahrungsfristen zu beachten (vgl. Kap. 7.5).

Zum Schluss des ersten Geschäftsjahres, das zumeist mit dem Kalenderjahr parallel läuft, sind umfassende Abschlussarbeiten nötig:
- Inventur mittels körperlicher Warenbestandsaufnahme (vgl. Kap. 30);
- Aufstellen des Inventars (Bestandsverzeichnis des Anlagevermögens);
- Abschluss der Sach- und Personenkonten in der Buchhaltung;
- Abschluss der Lohnkonten, Jahreslohnsteuerausgleich durchführen und Lohnsteuerkarten korrekt ausfüllen;
- Ermittlung des Geschäftserfolges, Gewinn oder Verlust, durch die Gewinn- und Verlustrechnung oder die einfache Überschussrechnung in Kleinbetrieben;
- Aufstellung der Bilanz (vgl. Kap. 29.5);
- Jahreserklärung für Umsatzsteuer, Gewerbesteuer, Einkommensteuer oder

Körperschaftssteuer ausfüllen und fristgemäß dem örtlichen Finanzamt zusenden (zumeist erledigt das der Steuerberater wegen der schwierigen Materie).

Ist eine Buchhandlung am 1.10. gegründet worden, kann das Geschäftsjahr (1.10. bis 30.9) vom Kalenderjahr abweichen. Soll eine Umstellung auf Gleichziehen mit dem Kalenderjahr erfolgen, ist schon zum 31.12. der Jahresabschluss mit den oben angeführten Arbeiten fällig, das Rumpfgeschäftsjahr umfasst dann den Zeitraum 1.10. bis 31.12. Der Steuerberater wird zu diesem Problem den richtigen Ratschlag geben.

Usance in Buchhaltungen von Buchhandlungen ist die sogenannte global-periodische Abrechnung der Umsatzsteuer bei den Erlösen und dem Wareneingang aufgrund der so hohen Anzahl der Kunden- und Lieferantenrechnungen, um sich möglichst viele Einzelherausrechnungen zu ersparen. Bei diesem Prinzip werden die Umsätze (Erlöse) zum vollen Betrag, getrennt nach Umsatzsteuersätzen, eingebucht. Erst am Monatsende erfolgt die Herausrechnung der in den Umsätzen enthaltenen Umsatzsteuer in einer Summe mit Umbuchung auf das Umsatzsteuerkonto der Kontenklasse eins (Entlastung der Erlöskonten in der Klasse acht).

Ebenso wird bei der Verbuchung des Wareneinganges verfahren durch Erfassung der Lieferantenrechnungen zum vollen Rechnungsbetrag in verschiedenen Wareneingangs-Konten (nach Umsatzsteuersätzen getrennt) mit einmaliger Herausrechnung der enthaltenen Vorsteuer am Monatsende und Umbuchung auf das Vorsteuerkonto der Kontenklasse eins (Entlastung der Wareneingangskonten in Klasse drei).

Bei EDV-Buchhaltung wird in der Regel auch brutto in die nach Umsatzsteuersätzen differenzierten Erlös- und Wareneingangskonten eingegeben; der Computer rechnet automatisch bei jedem Verbuchungsvorgang die Umsatzsteuer bzw. Vorsteuer heraus und bucht um.

22.3
Buchführung außer Haus über EDV

Elektronische Datenverarbeitung ist keine Frage der Betriebsgröße mehr. Eigene EDV-Anlagen aber, die auch für die Buchführung genutzt werden können, sind für kleine Buchhandlungen aus Kostengründen (geringer Auslastungsgrad) zumeist nicht relevant. Mit zunehmender Preiswürdigkeit der Hardware, der Personal Computer (PC), wird deren Einsatz für verschiedene Funktionen wirtschaftlicher, vor allem für das Rechnungswesen. Ein PC kann für Arbeiten der Buchhaltung auch im Datenverbund mit der DATEV in Nürnberg stehen. Ist der Einsatz der EDV für verschiedene Funktionen im Betrieb geplant, so sind möglichst bewährte Programme zu übernehmen. Folgende Elemente können beim Check von Software für Buchhandlungen relevant sein:

22.3 Buchführung außer Haus über EDV

1. Finanzbuchhaltung
Stammdatenverwaltung
Debitoren
Kreditoren
Zahlungsverkehr, BAG
Sachkontenbuchhaltung
Statistik

2. Lohn- und Gehaltsbuchhaltung
Stammdatenverwaltung
Abrechnungen
Abschlüsse
Statistik

3. Fakturierung
Stammdatenverwaltung
Rechnungsverkauf auf Abonnements
Fortsetzungen

4. Mahnwesen
Mahnvorschläge

5. Adressverwaltung
Kundendatei
Lieferantendatei

6. Fortsetzungen/Abonnements
Objektdatei
Kundendatei

8. Textverarbeitung
Serienbriefe mit Adressverwaltung
Direktwerbebriefe mit Adressverwaltung
Standardbriefe (für Mahnungen etc.)

9. Werbung
Selektionskriterien
Adressverwaltung

10. Warenwirtschaft
Wareneinkauf
Lager
Verkauf
Kasse
Disposition
Mindestbestellmenge
Inventur
Statistik

Immer stärker setzt sich aber im Einzelhandel und auch im speziellen Sortimentsbuchhandel die Buchführung über EDV außer Haus durch, weil damit der Verwaltungsaufwand im Betrieb reduziert und der Informationsstand durch das Abfallprodukt »Betriebsstatistik« verbessert wird. Bei der EDV-Buchhaltung außer Haus sammelt das Unternehmen die anfallenden Daten, gibt sie in einer bestimmten Form weiter und lässt sie in einen Computer (Rechenzentrum) einfließen, der die Zahlen verarbeitet, auf Konten überträgt und monatlich eine je nach Wunsch mehr oder weniger stark differenzierte Übersicht aller Betriebszahlen liefert, sowohl für den Monat allein als auch kumuliert für die ganzen Monate des laufenden Geschäftsjahres. Für eine gerade gegründete Buchhandlung gibt es mehrere Möglichkeiten zur Lösung der EDV-Buchführung außer Haus:
• Nach dem so genannten »Waschkorbprinzip« werden alle Urbelege und Aufzeichnungen (Kassenbericht mit Belegen, Bank-, Sparkassen-, Postbank-Auszüge mit Belegen, Lieferantenrechnungen, Durchschläge der Kundenrechnungen) in regelmäßigen Abständen dem Steuerberater oder dem Rechenzentrum zur Bearbeitung übergeben. Dort kontiert man die Belege und überträgt die

Zahlen durch eine Mitarbeiterin der Erfassungsstelle, die kontieren können muss, in einen PC.

Die Urbelege kommen nach ein bis drei Wochen vom Steuerberater zurück. Von Vorteil ist bei diesem Verfahren, dass im Betrieb keinerlei Buchhaltungskenntnisse nötig sind und nur einfache Vorarbeiten anfallen, hauptsächlich die Führung des Kassenbuches und das Ausstellen von Überweisungen an Lieferanten. Auch in dieser Form sollte jeder darauf achten, die Zahl der Buchungen im Kunden- und Lieferantenbereich durch Sammelbuchungs-/Sammelzahlungs-Verfahren zu senken, sonst springt diese allzu leicht jeden Monat auf über 1000 mit der Folge wesentlich höherer Kosten.

- Eine andere Methode ist die Erstellung von Buchungslisten in der Buchhandlung selbst. In die verschiedenen Formulare (Kassenbericht, Bankbericht, Postscheckbericht, Warenausgangs- und Wareneingangsliste usw.) wird anhand der Urbelege der Betrag und die Kontierung (Gegenkonto) eingesetzt. Das Original dieser Buchungslisten geht entweder direkt in das Rechenzentrum oder zum Steuerberater zur Anfertigung der Datenträger und anschließender Verarbeitung im Computer.

  Von Vorteil ist hier, dass die Urbelege immer im Haus bleiben und die Kontierung selbst vorgenommen wird, was allerdings Buchhaltungskenntnisse voraussetzt. Außerdem liegen die Bearbeitungskosten niedriger, weil die Vorkontierung als Dienstleistung wegfällt. Gegenüber dem »Waschkorbprinzip« ist das eine erhebliche Kostenersparnis – allerdings erkauft mit den beiden Mehrarbeiten Vorkontierung und korrektem Ausfüllen der notwendigen Buchungslisten.

- Ein dritter Weg ist die Installierung eines Datenerfassungsgerätes bzw. eines Personal Computers im Hause mit Auswertung der Datenträger außer Haus. In diesem Falle sind die Anschaffungskosten für das Erfassungsgerät (Abschreibungen, Zinsen) plus Wartungskosten oder Miete bzw. Leasingkosten ein beachtlicher Posten. Auch hier ist die richtige Kontierung Voraussetzung für ein Funktionieren, und zwar durch sofortige Eingabe in das Gerät nach den Urbelegen; der Umweg über Listen mit Schreib- und Additionsarbeit entfällt. Die Auswertungskosten sind gering, da nur Datenträger beim Steuerberater, direkt bei der DATEV in Nürnberg oder bei einem anderen Dienstleistungsunternehmen verarbeitet werden. Man trägt aber selbst die Verantwortung für korrekte Verbuchung und richtiges Kontieren.

Für die Einrichtung einer Buchführung durch den Steuerberater fallen nach der Steuerberater-Gebührenverordnung (§ 32) als Zeitgebühren zwischen 10 und 30 € je halbe Stunde an. Auch die Übernahme der Buchhaltungsarbeiten durch ihn mit Kontieren oder nach vorkontierten Belegen bzw. Buchungslisten weist in den Gebührensätzen je nach Aufwand und Schwierigkeitsgrad eine erhebliche Schwankungsbreite auf. Ein Gründer sollte deshalb bei Inanspruchnahme einer solchen Buchhaltung außer Haus Preisangebote einholen von verschiedenen Steuerberatern oder branchenorientierten Service-Büros.

So bietet die BAG in Frankfurt/M. einen umfassenden Buchhaltungsdienst speziell für den Buchhandel an. Das Programm reicht von der Erfassung des Buchungsstoffes bis zur Abschlussbilanz einschließlich aller notwendigen oder gewünschten betriebswirtschaftlichen und statistischen Auswertungen. Es wird die Einrichtung der Buchhaltung offeriert mit einem Kontenrahmen, der für jeden einzelnen Anwender individuell gestaltet werden kann. Zur Erfassung der Unterlagen kann man Originale einsenden (»Waschkorbprinzip«), die von einem Steuerberater in Frankfurt im Hause vorkontiert und von der BAG datentechnisch erfasst werden.

Eine andere Erfassungsmöglichkeit ist die Einlieferung von vorkontierten Originalbelegen oder aber die Einsendung von Buchungslisten, letztere auch in maschinenlesbarer Form. Zweckentsprechende Formulare werden vom BAG Data-Service zur Verfügung gestellt. Wegen der Kostengünstigkeit dieses Buchhaltungsdienstes empfiehlt es sich für den Gründer, auch von dort ein Angebot einzuholen, falls an eine Buchhaltung außer Haus gedacht wird.

22.4 Mahnverfahren

Bei der im Sortimentsbuchhandel so hohen Kreditierung an eine Vielzahl von Kunden in durchschnittlich kleinen Beträgen wird es nicht ausbleiben, dass fällige Forderungen angemahnt und eingetrieben werden müssen. Zunächst einmal wird jeder Händler darum bemüht sein, seine Forderungen auf dem außergerichtlichen Weg durchzusetzen. Für dieses kaufmännische Mahnverfahren gibt es keine besonderen gesetzlichen Vorschriften, d. h. die Mahnung ist eine formlose Aufforderung des Gläubigers an den Schuldner, seinen Verpflichtungen nun doch endlich nachzukommen. Wie oft und mit welcher Schärfe gemahnt wird, hängt von unterschiedlichen Kriterien ab: von der eigenen Liquiditätslage und der des Kunden, von der Bonität des Kunden oder von Erfahrungen aus ähnlich gelagerten Fällen. Auch die Ankündigung der Abtretung der Forderung an ein Inkassoinstitut oder die Androhung gerichtlicher Maßnahmen gehören zum Maßnahmenkatalog des außergerichtliches Mahnverfahrens. Ziele derartiger Mahnungen sind es, den Schuldner fristgerecht anzumahnen, um etwaige Verluste durch Verjährung zu vermeiden.

Die Bedeutung einer Mahnung besteht in der Setzung einer Nachfrist. Eine Mahnung wird in der Regel zwischen 5 und 10 Tagen nach Ablauf der vereinbarten Zahlungsfrist verschickt, stellt aber formaljuristisch keine Voraussetzung für einen Mahnbescheid dar. Erste, zweite und dritte Mahnungen, die früher verschickt worden sind, haben nur noch die Funktion von »Erinnerungsschreiben«, denn nach BGB § 281 Abs. 2 ist ein Zahlungsschuldner automatisch 30 Tage nach Fälligkeit »in Verzug«.

Ist das außergerichtliche Mahnverfahren erfolglos geblieben, bietet sich das

Mahnverfahren mit Hilfe eines Mahnbescheids (Mahnung durch das Gericht) an. In diesem Fall beantragt der Gläubiger als Antragsteller – ohne Rücksicht auf den Streitwert – einen Mahnbescheid bei seinem Amtsgericht, das den Mahnbescheid dann an den Schuldner schickt. Hierin wird der Schuldner aufgefordert, die Schuld samt Kosten und Zinsen binnen zwei Wochen zu zahlen, anderenfalls soll er beim Amtsgericht Widerspruch innerhalb der Widerspruchsfrist erheben. Statistiken belegen, dass mehr als 80% der Schuldner, die teilweise nach der fünften (außergerichtlichen) Mahnung immer noch nicht zahlten, dies anstandslos nach einem gerichtlichen Mahnbescheid tun.

Wenn der Gläubiger nicht zahlt, sondern binnen zwei Wochen Widerspruch einlegt, verhandelt das Amtsgericht bzw. das Landgericht auf Antrag des Gläubigers. Entscheidet das Gericht zu Gunsten des Gläubigers, so ergeht eine Zwangsvollstreckung in das Vermögen des Schuldners. Für den Fall, dass der Gläubiger weder zahlt noch binnen zwei Wochen Widerspruch einlegt, kann der Gläubiger binnen 6 Monaten einen Vollstreckungsbescheid beantragen, der letztendlich zur Zwangsvollstreckung führt, wenn der Gläubiger wiederum nichts unternimmt. Der Weg zur Zwangsvollstreckung kann aber auch über das Gericht führen, wenn der Gläubiger gegen den zugestellten Vollstreckungsbescheid Einspruch einlegt und das Amts- oder Landgericht ein abschließendes Urteil fällt. Grundlagen des gerichtlichen Mahnverfahrens sind die §§ 688 bis 703d der Zivilprozessordnung (ZPO). Zuständig für das Mahnverfahrens ist das Amtsgericht, bei dem der Antragsteller seinen Gerichtsstand hat. Nach ZPO sind die Landesregierungen ermächtigt, bestimmte Amtsgerichte für mehrere Bezirke zuständig zu erklären. Die Wirkung des Mahnverfahrens besteht darin, dass durch die Abgabe des Mahnbescheids die Verjährung getrennt wird. Somit beginnt – falls kein Widerspruch eingelegt wird – die Verjährung von Neuem.

22.5
Kontenrahmen für Buchhandlungen

In der Praxis gibt es verschiedene Muster für den Kontenrahmen von Buchhandlungen. Bei Nutzung der EDV außer Haus ist ein Kontenrahmen nach dem Programm vorgeschrieben, zumeist global auf Einzelhandelsbetriebe ausgerichtet, der dann übernommen werden muss. Zu nennen ist hier der weitverbreitete Standardkontenrahmen (SKR) 03 der DATEV, den wir nachstehend auszugsweise nach dem Stand 2002 wiedergeben. Je nach Anlage der Buchführung wird der Kontenrahmen in Verbindung mit dem Steuerberater einzurichten sein.

DATEV-KONTENRAHMEN NACH DEM BILANZRICHTLINIEN-GESETZ.
Auszüge aus dem Standardkontenrahmen (SKR) 03 (gültig ab 2002)

Kontenklasse 0 – Anlage- und Kapitalkonten
Aufwendungen für die Ingangsetzung und Erweiterung
  des Geschäftsbetriebs = 0001
Immaterielle Vermögensgegenstände, z. B.
  0010 Konzessionen
  0027 EDV-Software
  0035 Geschäfts- oder Firmenwert
Sachanlagen, z. B.
  0050 Grundstücke
  0080 Bauten auf eigenem Grundstück
  0160 Bauten auf fremdem Grundstück
  0200 Technische Anlagen und Maschinen
  0300 Andere Anlagen, Betriebs- und Geschäftsausstattung
  0320 Pkw
  0400 Betriebsausstattung
  0410 Geschäftsausstattung
  0420 Büroausstattung
  0430 Ladeneinrichtung
Finanzanlagen, z. B.
  0500 Anteile an verbundenen Unternehmen
  0510 Beteiligungen
  0525 Wertpapiere des Anlagevermögens
  0595 Rückdeckungsansprüche aus Lebensversicherungen
    zum langfristigen Verbleib
Verbindlichkeiten, z. B.
  0600 Anleihen
  0630 Verbindlichkeiten gegenüber Kreditinstituten
Kapitalrücklage
  0840ff
Gewinnrücklagen, z. B.
  0846 Gesetzliche Rücklage
  0850 Rücklage für eigene Anteile
Kapital Personenhandelsgesellschaft, z. B.
  0870 Festkapital (Vollhafter/Einzelunternehmer)
  0880 Variables Kapital (Vollhafter/Einzelunternehmer)
  0900 Kommandit-Kapital (Teilhafter)
Rückstellungen, z. B.
  0950 Rückstellungen für Pensionen und ähnliche Verpflichtungen
  0955 Steuerrückstellungen
  0970 Sonstige Rückstellungen

Rechnungsabgrenzungsposten, z. B.
    0980 Aktive Rechnungsabgrenzungsposten
    0990 Passive Rechnungsabgrenzungsposten
    0992 Wertberichtigungen

Kontenklasse 1 – Finanz- und Privatkonten
Schecks, Kassenbestand, Bundesbank- und Postbankguthaben, Guthaben bei Kreditinstituten, z. B.
    1000 Kasse
    1100 Postbank
    1200 Bank
    1330 Schecks
Wertpapiere, z. B.
    1340 Anteile an verbundenen Unternehmen (Umlaufvermögen)
    1345 Eigene Anteile
Forderungen und sonstige Vermögensgegenstände, z. B.
    1400 Forderungen aus Lieferungen und Leistungen
    1500 Sonstige Vermögensgegenstände
    1510 Geleistete Anzahlungen auf Vorräte (z. B. Vorsteuer)
Verbindlichkeiten, z. B.
    1600 Verbindlichkeiten aus Lieferungen und Leistungen
    1700 Sonstige Verbindlichkeiten
    1710 Erhaltene Anzahlungen (Verbindlichkeiten)

Kontenklasse 2 – Abgrenzungskonten
Außerordentliche Aufwendungen
    2000ff
Betriebsfremde und periodenfremde Aufwendungen
    2010ff
Zinsen und ähnliche Aufwendungen
    2103ff
Steueraufwendungen
    2200ff
Sonstige Aufwendungen
    2300ff
Außerordentliche Erträge
    2500ff
Betriebsfremde und periodenfremde Erträge
    2510, 2520
Zinserträge, z. B.
    2600 Erträge aus Beteiligungen
    2620 Erträge aus anderen Wertpapieren und Ausleihungen
        des Finanzanlagevermögens

2650 Sonstige Zinsen und ähnliche Erträge
Sonstige Erträge
  2700ff

Kontenklasse 3 – Wareneingangs- und Bestandskonten
Materialaufwand, z. B.
  3000 Roh-, Hilfs- und Betriebsstoffe
  3100 Fremdleistungen
  3200 Wareneingang
Bestand an Vorräten, z. B.
  3970 Bestand an Roh-, Hilfs- und Betriebsstoffen
  3980 Bestand Waren

Kontenklasse 4 – Betriebliche Aufwendungen
Material- und Stoffverbrauch
  4000ff
Personalaufwendungen, z. B.
  4100 Löhne und Gehälter
  4125 Ehegattenanteil
  4127 Geschäftsführergehalt
  4130 Gesetzliche soziale Aufwendungen
  4138 Beiträge zur Berufsgenossenschaft
  4139 Ausgleichsabgabe i. S. d. Schwerbehindertengesetzes
  4140 Freiwillige soziale Aufwendungen, lohnsteuerfrei
  4145 Freiwillige soziale Aufwendungen, lohnsteuerpflichtig
  4170 Vermögenswirksame Leistungen
  4175 Fahrtkostenerstattung - Wohnung/Arbeitsstätte
  4190 Aushilfslöhne
Sonstige betriebliche Aufwendungen und Abschreibungen, z. B.
  4200 Raumkosten
  4210 Miete
  4220 Pacht
  4230 Heizung
  4240 Gas, Strom, Wasser
  4250 Reinigung
  4260 Instandhaltung betrieblicher Räume
  4320 Gewerbesteuer
  4360 Versicherungen
  4380 Beiträge
  4500 Fahrzeugkosten
  4510 Kfz-Versicherungen
  4530 Laufende Kfz-Betriebskosten
  4600 Werbe- und Reisekosten

4630 Geschenke bis 35 €
4635 Geschenke über 35 €
4650 Bewirtungskosten
4660 Reisekosten Arbeitnehmer
4670 Reisekosten Unternehmer
4806 Wartungskosten für Hard- und Software
4820 Abschreibungen auf Aufwendungen für die Ingangsetzung und Erweiterung des Geschäftsbetriebs
4822 Abschreibungen auf immaterielle Vermögensgegenstände
4824 Abschreibungen auf den Geschäfts- oder Firmenwert
4830 Abschreibungen auf Sachanlagen
4855 Sofortabschreibung geringwertiger Wirtschaftsgüter
4900 Sonstige betriebliche Aufwendungen
4910 Porto
4920 Telefon
4930 Bürobedarf
4940 Zeitschriften, Bücher
4945 Fortbildungskosten
4946 Freiwillige Sozialleistungen
4950 Rechts- und Beratungskosten
4955 Buchführungskosten
4980 Betriebsbedarf

Kalkulatorische Kosten
    4990ff

Kontenklasse 7 – Bestände an Erzeugnissen
Fertige Erzeugnisse und Waren (Bestand) = 7100

Kontenklasse 8 – Erlöskonten
Umsatzerlöse, z. B.
    8000 Zur freien Verfügung (bis 8099)
    8700 Erlösschmälerungen
    8730 Gewährte Skonti

Kontenklasse 9 – Vortragskonten – Statistische Konten
Vortragskonten
    9000ff
Statistische Konten für Betriebswirtschaftliche Auswertungen (BWA)
    9101ff
Statistische Konten für Kennzifferntteil der Bilanz
    9200ff

22.6
Abschreibungen auf Anlagegüter

Anlagegüter können sofort im Jahr der Anschaffung in vollem Umfang abgesetzt werden, wenn das einzelne Wirtschaftsgut nicht mehr als 400 € (netto) gekostet hat. Für Anlagegüter über diesem Wert gibt es Abschreibungssätze, die sich auf die betriebsgewöhnliche Nutzungsdauer verteilen. Welche Nutzungsdauer für die allgemein verwendbaren Anlagegüter anzusetzen ist, wurde vom Bundesministerium für Finanzen in verbindlichen Afa-Tabellen (Afa = Abschreibung für Abnutzung) niedergelegt. Der Abschreibungsbetrag ergibt sich durch die einfache Teilung der Anschaffungskosten durch die Anzahl der Jahre.

Diese Abschreibungstabellen dienen der Vereinfachung und dem Rechtsfrieden bei der Anwendung der linearen Abschreibungsmethode (Abschreibung in gleichbleibenden Jahresbeträgen). Unberührt davon bleibt die Möglichkeit der degressiven Abschreibung (Abschreibung in fallenden Jahresbeiträgen). Der Steuerberater wird hier beratend eingreifen und je nach betrieblicher Situation entscheiden, welche der beiden Arten anzuwenden ist. Am 26.10.2000 hat das Bundesministerium für Finanzen eine neue Afa-Tabelle vorgelegt, die für allgemein verwendbare Anlagegüter gilt, die nach dem 31.12.2000 angeschafft oder hergestellt worden sind. Nachstehend einige Beispiele:

Anlagegüter	Nutzungsdauer in Jahren	Linearer Afa-Satz in %
Büromöbel	13	8
Drucker, Scanner o. Ä.	6	17
Faxgeräte	6	17
Kartenleser für EC- oder Kreditkarten	8	12
Mobilfunkgeräte	5	20
Notebooks	3	33
Panzerschränke, Tresore	23	4
Personal Computer	3	33
Personenkraftwagen	6	17
Registrierkassen	8	12
Reißwölfe	8	12
Telefonanlagen, allgemein	8	12
Ladeneinrichtungen, Schaufensteranlagen, Einbauten, Verkaufstheken	10	10
Wirtschaftsgüter der Ladeneinrichtung	11	9

Es folgt ein Hinweis zum Anschaffungstermin der Anlagegegenstände. Liegt der Anschaffungstermin vor dem 30.06., dann ist die volle Jahres-Afa absetzbar; bei Anschaffung im zweiten Halbjahr kommt nur die halbe Jahres-Afa zum Tragen. Diese Regelung galt bis zum Jahr 2003. Ab 2004 ist die Halbjahres-Afa abgeschafft, stattdessen wird die Abschreibung monatsgenau gerechnet. Über die mögliche Wertberichtung bei Verlagserzeugnissen zur Inventur informiert Kap. 30.1 mit dem so genannten *Merkblatt*.

23
Betriebsstatistik

Die Betriebsstatistik soll bereits vorliegende Daten des Rechnungswesens überschaubar machen oder aber durch weitere statistische Erfassungen und Beobachtungen zur Aufdeckung von Zusammenhängen beitragen. Dem Unternehmer sollen damit Hinweise zur Verbesserung der Wirtschaftlichkeit der Sortimentsbuchhandlung gegeben werden. Der permanente Vergleich der gewonnenen und aufbereiteten Zahlen nach den gewählten Zeitabschnitten lässt innerbetriebliche Entwicklungen erkennen. Zweckmäßig ist die Aufbereitung der Kennzahlen in der Form, wie sie auch vom Kölner Betriebsvergleich gefordert wird, um die eigenen Daten denen anderer Buchhandlungen oder dem Durchschnitt mehrerer Betriebe gegenüberzustellen (vgl. Kap. 23.8).

In den nachfolgenden Abschnitten sollen nur die wichtigsten Bereiche der Betriebsstatistik für eine gegründete Buchhandlung erläutert werden. Darüber hinaus gibt es noch manche Vergleiche, die im Laufe der Entwicklung angestellt werden können und eines Tages sogar angestellt werden müssen, so im Bereich der Werbung die Werbeerfolgskontrolle, im Bereich der Beschaffung die Titelstatistik mittels Warenwirtschaft oder manuell unter Zuhilfenahme von Buchlaufkarten oder anderer Erfassungsinstrumente, im Bereich des Personals die statistische Festhaltung von Gehalt, freiwilligen und sozialen Leistungen, Urlaubs-, Krankheits- und sonstigen Fehltagen auf Übersichtskarteien oder -dateien im PC. Es bedarf einer Zusammenfassung und Koordination aller geführten Übersichten zu einem systematischen Überblick, mit dem der Unternehmer erst ein anschauliches Bild vom Stand und von der Entwicklung seiner Buchhandlung erhält. Diese auf den eigenen Betrieb bezogene Betrachtungsweise sollte Ergänzung finden durch eine Objektivierung der Betriebskontrolle mittels der vielen Messziffern eines Betriebsvergleiches.

23.1
Umsatz und Kundenzahl

Erster und wichtigster Bereich der Betriebsstatistik ist die Beobachtung der Entwicklung von Umsatz und Kundenzahl. Als Hilfsmittel zur manuellen Ausfüllung kann dazu das Statistikblatt 4.01.0 *Bar- und Kreditumsatz* aus dem *Formularbuch für den Sortiments-Buchhandel* dienen, das auf Seite 370 wiedergegeben wird. Die-

4.01.0. BAR- UND KREDITUMSATZ

Bar- und Kreditumsatz
mit Vergleich zum Vorjahr

_____ Jahr

	Gesamtumsatz			Barumsatz			Kreditumsatz			Anzahl Kunden			⌀-Umsatz je Kunde		
	lfd. Jahr	Vorjahr	± % zum Vorjahr	lfd. Jahr	Vorjahr	± % zum Vorjahr	lfd. Jahr	Vorjahr	± % zum Vorjahr	lfd. Jahr	Vorjahr	± % zum Vorjahr	lfd. Jahr	Vorjahr	± % zum Vorjahr
	1	2	3	4	5	6	7	8	9	10	11	12	13	14	15
Januar															
Februar															
bis Februar															
März															
bis März															
April															
bis April															
Mai															
bis Mai															
Juni															
bis Juni															
Juli															
bis Juli															
August															
bis August															
September															
bis September															
Oktober															
bis Oktober															
November															
bis November															
Dezember															
bis Dezember															
⌀ je Monat															

© Börsenverein 4.01.0 Bar- und Kreditumsatz

23.1 Umsatz und Kundenzahl

ses Formular dient der kurzfristigen Erfassung, Beobachtung und Kontrolle von Bar- und Kreditumsätzen, Kundenzahlen und Durchschnittswerten pro Bar- und Rechnungsverkauf.

Im ersten Block (Spalten 1–3) wird der Gesamtumsatz eingetragen, der monatlich – wie auch in allen anderen Spalten – kumuliert wird. Die Umsatzzahlen können mit oder ohne Umsatzsteuer eingetragen werden, üblich ist die Erfassung inklusive Umsatzsteuer. Im zweiten Block (Spalten 4–6) wird der Barumsatz eingetragen, im dritten Block (Spalten 7–9) der Kreditumsatz. Es folgt im vierten Block (Spalten 10–12) die Anzahl der Barkunden (besser: Verkaufsakte), die eine Registrierkasse automatisch erfasst. Zur Ermittlung des Durchschnittsumsatzes pro Barkunde in Spalte 13 wird der Barumsatz durch die Zahl der Barkunden dividiert. Dementsprechend werden Kreditumsätze und Rechnungsanzahl in den Spalten 7 und 16 eingetragen und durch Division beider Werte die Umsätze je Rechnung ermittelt. Die Anzahl der Kreditkunden ist identisch mit der Anzahl der herausgegangenen Rechnungen, die nach der Nummernablage im Rahmen der Offene-Posten-Buchführung für die Debitoren ermittelt wird.

Diese Statistik ermöglicht folgende Informationen:
- Durch die kurzfristige Beobachtung der Barkundenzahl hat der Unternehmer eine gute Kontrollmöglichkeit über die Anziehungskraft seines Geschäftes – besonders wichtig in der ersten Zeit – und die Wirksamkeit seiner Werbemaßnahmen. Sie kann von größerer Bedeutung sein als die wertmäßige Umsatzbeobachtung, denn die Kundenzahl bildet die Substanz jeder Sortimentsbuchhandlung. Eine abnehmende Kundenzahl ist weitaus alarmierender als ein Umsatzrückgang.
- Der durchschnittliche Umsatz je Barkunde hilft, die betriebliche Entwicklung besser zu beurteilen. Erfahrungsgemäß steigt der Einkaufsbetrag je Kunde von Jahr zu Jahr durch Preissteigerungen, aber auch durch die Verbesserung der Einkommensverhältnisse. Er kann positiv beeinflusst werden durch Impulskäufe bei Veränderung der Inneneinrichtung im Hinblick auf Vorwahl und Selbstbedienung, durch planmäßige Forcierung von Zusatzverkäufen bei entsprechender Verkäuferschulung und verkaufsstimulierender Präsentation der Bücher.
- Die Beobachtung der Höhe des Kreditumsatzes in Verbindung mit den Außenständen ist wichtig zur Beurteilung des Debitorenumschlags und der Vorfinanzierungsdauer mit ihren Auswirkungen auf den Kapitalbedarf der Buchhandlung. Der Durchschnittsbetrag je Rechnung gibt Aufschluss über Fakturierungsart und Höhe der Kosten im Verwaltungsbereich. Beeinflussungen sind denkbar durch Sperre des Kreditverkaufs für Kleinbeträge und im Rahmen eines schnelleren Geldrückflusses durch regelmäßige Mahnungen.
- Durch den zwischenbetrieblichen Vergleich der Umsatzzuwachsraten je Monat, je Tertial und je Jahr lässt sich erkennen, ob das Unternehmen im Trend der Branche bzw. der Erfa-Gruppe liegt oder ob durch örtliche bzw. innerbetriebliche Einflüsse Verbesserungen/Verschlechterungen gegenüber den Durchschnittswerten zu konstatieren sind.

4.01.2. STATISTIKBLATT TAGESUMSÄTZE

Statistikblatt Tagesumsätze
Bar- und Rechnungsumsätze
sowie kumulierte Gesamtumsätze
Nur volle Euro-Beträge eintragen.

Filiale
Abteilung
Etage
Warengruppe

von

bis

Tages-Datum	Monat/Jahr:				Monat/Jahr:				Monat/Jahr:			
	Wo.-Tag	Bar-Umsatz des Tages	Rechnungs-Umsatz des Tages	Gesamt-Umsatz kumuliert	Wo.-Tag	Bar-Umsatz des Tages	Rechnungs-Umsatz des Tages	Gesamt-Umsatz kumuliert	Wo.-Tag	Bar-Umsatz des Tages	Rechnungs-Umsatz des Tages	Gesamt-Umsatz kumuliert
01												
02												
03												
04												
05												
06												
07												
08												
09												
10												
11												
12												
13												
14												
15												
16												
17												
18												
19												
20												
21												
22												
23												
24												
25												
26												
27												
28												
29												
30												
31												
Summe lfd. Monat												
kumuliert bis Vormonat												
kumuliert mit lfd. Monat												

Anmerkungen

- Durch außerbetrieblichen Vergleich kann bei Vorliegen der Preissteigerungsrate für Verlagserzeugnisse der nominale und reale (preisbereinigte) Umsatzerfolg beurteilt werden.
- Weitere auf den Umsatz bezogene Daten zur Kontrolle der Kapazitätsausnutzung sind die Umsatzleistung je beschäftigte Person sowie die Umsatzleistung je Quadratmeter Geschäfts- und je Quadratmeter Verkaufsfläche. Eine Umsatzstatistik je Mitarbeiter im Verkauf ist in der Branche sehr selten anzutreffen, weil gewöhnlich andere Arbeiten nebenher erledigt werden müssen, was einen echten Leistungsvergleich erschwert.

Eine zusätzliche Auswertung der Umsätze ist die tageweise Beobachtung durch Verwendung des Statistikblattes 4.01.2 *Statistikblatt Tagesumsätze*, ebenfalls aus dem *Formularbuch*, das auf Seite 372 ebenfalls ganzseitig abgedruckt ist. Hier wird die Geschäftsentwicklung nach Kalendertagen des gleichen Monats für mehrere (drei) Jahre gegenübergestellt. In den Spalten »bar« und »Rechnung« wird die Tagessumme eingesetzt, in die Gesamtspalte der kumulierte Wert der beiden zuvor genannten Positionen. Die Euro-Beträge werden in dieser und auch anderen Statistiken auf- oder abgerundet. Cents sind in jedem Fall entbehrlich. Die Angabe der Wochentage ist für die Auswertung einer Statistik der Tagesumsätze ein wichtiger Anhaltspunkt.

23.2
Umsatzstatistik nach Warengruppen

Eine den individuellen Verhältnissen angepasste Gliederung des Umsatzes eignet sich vorzüglich zur partiellen Beobachtung der einzelnen Hauptsachgebiete. Solche detaillierten Umsatzstatistiken sind ein hervorragendes Steuerungsinstrument zur Bildung eines an den Bedürfnissen der potentiellen Käuferschaft orientierten Rahmensortiments. Aufgrund dieser Daten lässt sich der Einkauf mit seinen positiven Auswirkungen auf die Lagerleistung durch Anpeilen einer optimalen Lagerumschlagshäufigkeit besser planen. Jede Sortimentsbuchhandlung wird entsprechend ihrer Kundenstruktur andere Vorstellungen über die für sie notwendige Umsatzgliederung haben. Bei neugegründeten Firmen wird sich erst nach einiger Zeit die endgültige Festlegung der einzelnen Gruppen der Umsatzstatistik ergeben.

Bestimmte organisatorische und steuerliche Gesichtspunkte gelten jedoch für das Gros der Betriebe in gleicher Weise und müssen bei einer vorzunehmenden Unterteilung Berücksichtigung finden:
- Die Notwendigkeit der Gliederung des Gesamtumsatzes nach Bar- und Rechnungsverkauf ist zuvor dargelegt worden. In der Regel fallen diese Werte durch die Art der Buchführung getrennt an: Barverkauf aus den Kassenberichten, Rechnungsverkauf aus den Buchungen über das Haupt-Debitorenkonto.
- Durch gesondert geführte Erlöskonten im Rahmen einer globalperiodischen

Abrechnung der Umsatzsteuer ist zumeist ohne Mühe nach Umsätzen der verschiedenen Steuergruppen zu trennen, zur Zeit 0 % (Export), 7 % (ermäßigter Steuersatz) und 16 % (voller Steuersatz) (Stand 2004), die ohne Mehraufwand in die Statistik übernommen werden können. Gerade der Bereich der Umsätze zu 16 % fordert im Verein mit dem ebenfalls getrennt erfassbaren Wareneingang zu 16 % zu einer Überprüfung des Rohgewinns dieser Warengruppe heraus, für die eine Kalkulationsplanung notwendig ist. Hierzu gehören neben wenigen preisgebundenen Erzeugnissen die frei kalkulierbaren Waren.

Aus der umsatzsteuermäßigen Trennung ist also zumindest als eine Gruppe die der Waren zu 16 % in einem Formblatt *Warengruppenumsatz* zu erfassen. Eine weiterführende Umsatzstatistik setzt die Trennung der Bar- und Kreditverkäufe nach der gewünschten Unterteilung voraus, entweder innerhalb oder außerhalb der Buchführung. Es sind dabei drei Aspekte zu berücksichtigen:
- In die Umsatzstatistik muss sowohl der Bar- als auch der Rechnungsverkauf einbezogen werden. Eine Betriebsstatistik nur des Barumsatzes bleibt ein Torso und ist wenig aussagefähig bei durchschnittlich 30 % Kreditverkaufsanteil im Sortimentsbuchhandel, zumal der Rechnungsverkauf im Allgemeinen auch eine andere Absatzstruktur aufweist als der Barverkauf, z. B. einen höheren Besorgungsanteil, höheren Umsatzanteil mit regelmäßigen und unregelmäßigen Fortsetzungen.
- Betriebswirtschaftlich notwendig ist die Aufteilung nach Verkäufen vom Lager und Umsätzen im Durchlauf-/Streckengeschäft (besorgte Bücher/nur durchlaufende Posten der Abonnements von Zeitschriften, unregelmäßigen Fortsetzungen, Direktbeorderung von Zeitschriften).
- Eine Unterteilung der Verkäufe ab Lager nach Literatur-/Warengruppen, die den betriebsindividuellen Erfordernissen gerecht wird, aber nach Möglichkeit vorgegebene Warengruppenschlüssel integriert: so die Warengruppsystematik der Barsortimente (vgl. Kap. 9.9) sowie die vom Kölner Institut für Handelsforschung für den Betriebsvergleich erfragten 14 Warengruppen. Dann können innerbetrieblich gewonnene Umsatzgliederungen ohne Mehrarbeit für den zwischenbetrieblichen Vergleich bereitgestellt werden.

Zwei Wege zur Unterteilung des Gesamtumsatzes sind denkbar:

VOLLERHEBUNG Sie ist zumeist nur mittels technischer Hilfsmittel rationell abzuwickeln. Elektronische Kassen mit mehreren Speicherwerken sind das für den Sortimentsbuchhandel gegebene Instrument. Neben der täglichen Erfassung des Barumsatzes nach den gebildeten Gruppen nimmt sie bei richtiger Programmierung auch die Kreditverkäufe in die einzelnen Speicherwerke auf. Dazu wird man auf den einzelnen Kundenrechnungen in einer Vorspalte die Warengruppennummer bei der Expedition angeben müssen. Am Monatsende sind die Summen aller

23.2 Umsatzstatistik nach Warengruppen

Warengruppenspeicher zu entnehmen und zu addieren, das ergibt den Gesamtumsatz, aufgeteilt nach den Gruppen zur Übertragung auf den Warengruppenbogen. Ebenso wirksam ist ein EDV-gestütztes Warenwirtschaftssystem mit Programmierung nach Warengruppen.

STICHPROBENVERFAHREN Dies ist für kleinere Buchhandlungen denkbar, die vorerst keine elektronische Kasse mit Speicherwerken kaufen wollen. Bei diesem Verfahren empfiehlt es sich – wie seit Jahren in einigen Erfa-Gruppen bewährt -, nicht über acht bis zehn Unterteilungen hinauszugehen und eine zehnprozentige Stichprobe anzuwenden. Dazu wird an jedem zehnten Verkaufstag der Barverkauf mit Verfasser und Titel exakt erfasst und in die vorgesehenen Unterteilungen des Aufnahmebogens mit dem Betrag rubriziert (Besorgungsgeschäft, Zeitschriften/Fortsetzungen, Sachgebiete eins bis acht). Beim Kreditverkauf nimmt man jede zehnte Rechnung, 2004 z. B. alle mit der Endzahl 4, in die Stichprobe und teilt die dort angeführten Titel auf die als Unterteilung gewählten Sachgebiete auf. Am Jahresende ist der Aufnahmebogen zu addieren, die Summe aller Unterteilungen mit zehn multipliziert muss dann, mit einer Toleranz von plus/minus 5 %, den Gesamtumsatz ergeben.

Die Vollerhebung oder das Stichprobenverfahren liefern dem Sortimenter fraktionierte Umsatzdaten, die jedoch kein Zahlenfriedhof bleiben, sondern für die Umsatz-, Sortiments-, Einkaufs- und Lagerbestandsplanung einzusetzen sind:
- Beobachtung der Entwicklung der monatlichen und jährlichen Umsätze jeder gebildeten Gruppe in Euro und in Prozenten des Gesamtumsatzes;
- Beobachtung der Zahl der Barkunden (bei Vollerhebung) je Warengruppe monatlich addiert;
- Ermittlung des Umsatzes je Barkunde jeder Gruppe (Errechnung: monatlicher Barumsatz der Gruppe geteilt durch monatliche Barkundenzahl der Gruppe);
- Kontrolle der Höhe des Durchlauf- und Streckengeschäftes in den entsprechenden Speicherwerken »Besorgungsgeschäft« und »Zeitschriften, Fortsetzungen«. Ist der Anteil des Besorgungsgeschäftes besonders hoch, beispielsweise in einer mittelgroßen Buchhandlung mit allgemeinem Sortiment über 30 % des Gesamtumsatzes, so muss die Lagerpolitik überprüft werden. Hier vermag zum einen die weitere Unterteilung des Besorgungsgeschäftes nach Hauptsachgebieten Hinweise zu geben, zum anderen die tägliche Durchsicht der Kundenbestellungen im Hinblick auf immer wieder besorgte Titel Anlass für vermehrte Lagerbestellungen zu sein (Kostenminimierung beim Einkauf).
- Durch Trennung nach Umsatz vom Lager und Durchlauf-/Streckengeschäft ist die für einen Vergleich und zur Beurteilung der Lagerleistung einzig richtige Kennziffer »Lagerumschlag der Vorratsverkäufe«, also die »echte« LUG, nach der Formel auf Seite 376 zu errechnen:

$$\text{echte LUG} = \frac{\text{Umsatz vom Lager zu Verkaufspreisen}}{\varnothing \text{ Lagerbestand zu Verkaufspreisen}}$$

- Noch feiner wird die Lagerkontrolle durch Ermittlung der »echten« Lagerdrehzahl je Gruppe, wenn neben der Umsatztrennung die jährliche Warenbestandsaufnahme in adäquater Unterteilung zusammengestellt wird. Formel:

$$\text{echte LUG je Warengruppe} = \frac{\text{Umsatz vom Lager zu Verkaufspreisen je Warengruppe}}{\varnothing \text{ Lagerbestand zu Verkaufspreisen je Warengruppe}}$$

Als Anhalt für eine eigene Unterteilung kann die Untergliederung des *Kölner Betriebsvergleichs für den Sortimentsbuchhandel (BV 27)* oder die *Warengruppensystematik der Barsortimente* dienen.

WARENGRUPPEN DES KÖLNER BETRIEBSVERGLEICHS FÜR DEN SORTIMENTSBUCHHANDEL (14 Warengruppen seit 2002)

1 Belletristik
2 Kinder- und Jugendbücher
3 Fachbücher Naturwissenschaften
4 Fachbücher Geisteswissenschaften
5 Schulbücher
6 Taschenbücher
7 Zeitschriften, Presseerzeugnisse, Fortsetzungen
8 Hobby-, Freizeit- Reise-Literatur
9 Sachbücher
10 Antiquariat, Modernes Antiquariat
11 Tonträger
12 Audivisuelle Medien (ohne Tonträger)
13 Theologie/Religion
14 Alle übrigen Waren

HAUPTWARENGRUPPEN DER WARENGRUPPENSYSTEMATIK DER BARSORTIMENTE (einstellige Systematik, detaillierte Gliederung auf Seite 183f)

1 Belletristik
2 Kinder- und Jugendbuch
3 Reise
4 Sachbuch, Ratgeber
5 Geisteswissenschaften, Kunst, Musik
6 Mathematik, Naturwissenschaften und Technik

7 Sozialwissenschaften, Recht und Wirtschaft
8 Schule und Lernen
9 Freibereich

23.3 Umsatz, Wareneingang, Lagerbewegung

Mit Hilfe des Statistikformulars 4.02.0 *Umsatz, Wareneingang, Lagerbewegung* aus dem *Formularbuch für den Sortiments-Buchhandel*, das auf der Seite 378 abgedruckt ist, lässt sich kurzfristig, nämlich monatlich, die gesamte Warenbewegung kontrollieren. Vom Umsatz ausgehend wird auf den Rohertrag geschlossen und unter Berücksichtigung des Wareneingangs der Lagerbestand je Monat ermittelt. Für die Ausfüllung bedarf es keiner zusätzlichen Zahlenerhebung, weil die Daten »Umsatz« und »Wareneingang« jeden Monat für die Umsatzsteuererklärung vorliegen müssen und nur zu übertragen sind. Die Ausrechnung der Beträge in den einzelnen Spalten ist eine Arbeit von wenigen Minuten – bei Kalkulationsprogrammen oder Warenwirtschaftssystemen eine Frage von Sekunden. Wissen muss der Unternehmer allerdings die vorjährige oder besser die durchschnittliche Handelsspanne der letzten drei oder fünf Jahre als Berechnungsmaßstab für den kalkulatorischen Rohgewinn des laufenden Jahres. Für gegründete Buchhandlungen ist das schwieriger, weil noch kein Jahresabschluss mit einer Handelsspanne vorliegt. Es empfiehlt sich dann, die auf die Beschäftigten-Größenklasse zutreffende Handelsspanne aus dem Kölner Betriebsvergleich für den Sortimentsbuchhandel einzusetzen, im ersten Jahr vermindert um 2%, also statt beispielsweise 32% im Betriebsvergleich nur 30% anzunehmen aufgrund der besonderen Bewertungsmodalitäten des Warenlagers, was bekanntlich in den ersten Jahren handelsspannenschmälernde Wirkung auslöst.

Der Rechengang dieses wichtigen Formulars, dessen Ausfüllung gerade von jungen Unternehmern zur Selbstkontrolle unbedingt vorgenommen werden sollte, ist folgender: In Spalte eins wird der Umsatz ohne Umsatzsteuer eingetragen. Spalte zwei enthält den Rohertrag, der sich in der Höhe an der Betriebshandelsspanne des Vorjahres (der Vorjahre) oder an Branchen-Vergleichswerten (bei gegründeten Unternehmen) orientiert. In Spalte drei wird der Wareneinsatz (Spalte eins abzüglich Spalte zwei) eingetragen. In Spalte vier ist zunächst der Inventurbestand (Warenanfangsbestand) zu Einstandswerten vorzutragen. Der Einstandswert wird ermittelt, indem vom Verkaufswert des Warenbestandes die mutmaßliche Rabattierung, gekürzt um die Warenbezugskosten, und die Umsatzsteuer abgezogen werden. (Gegründete Buchhandlungen können natürlich keinen Bestand vortragen.) Unter dem Warenanfangsbestand zu Einstandswerten in Spalte vier folgt dann die Eintragung des monatlichen Wareneingangs (einschließlich Warenbezugs- und Nebenkosten, ohne Vorsteuer). Die Monatswerte werden einschließlich des Vortrags kumuliert.

4.02.0. EINKAUFS- UND LAGERKONTROLLE (EINSTANDSWERTVERFAHREN)

Umsatz, Wareneingang, Lagerbewegung (Einstandswertverfahren)

Jahr

	Umsatz	Rohertrag	Waren-einsatz	Waren-eingang	Lager-bestand	∅ Lager-bestand	Lager-umschlag lfd. Jahr	evtl. Lager-umschlag im Vorjahr
	1	2	3	4	5	6	7	8	9
Januar									
Februar									
bis Februar									
März									
bis März									
April									
bis April									
Mai									
bis Mai									
Juni									
bis Juni									
Juli									
bis Juli									
August									
bis August									
September									
bis September									
Oktober									
bis Oktober									
November									
bis November									
Dezember									
bis Dezember									
∅ je Monat									

In Zeile eins der Spalte fünf ist wiederum der Warenbestand zu Einkaufswerten vorzutragen. Es folgen dann die Fortschreibungswerte des Warenbestandes, jeweils zum Monatsende, die sich wie folgt errechnen: aufgelaufener Wareneingang aus Spalte vier (einschließlich Inventurvortrag) minus aufgelaufener Wareneinsatz aus Spalte drei ergibt den theoretischen Lagerbestand zu Einstandswerten am Ende des Monats.

Die Spalte sechs dient zur Errechnung des durchschnittlichen Lagerbestands. Dazu wird zum Inventurvortrag in Spalte fünf der errechnete neue Lagerbestand (z. B. für Januar) addiert und der Mittelwert in Spalte sechs eingesetzt. Ab Februar wird der Durchschnittswert aus drei Beständen, ab März aus vier Beständen usw. ermittelt. In Spalte sieben ist der Lagerumschlag zu errechnen. Der Rechengang: aufgelaufener Wareneinsatz in Spalte drei geteilt durch den durchschnittlichen Lagerbestand in Spalte sechs.

Es werden zunächst immer die Monatsbeträge eingetragen bzw. errechnet und dann die kumulierten Werte ermittelt. Die Errechnungen in den Spalten fünf, sechs und sieben sind nur auf der Basis der aufgelaufenen Werte vorzunehmen. Mit diesem Statistikbogen der »Erfolgsrechnung im Einstandswertverfahren« ist eine genaue Kenntnis gegeben über:
- die monatliche Umsatz- und Wareneingangsentwicklung;
- die Höhe des Rohertrags und des Lagerbestands am Ende eines jeden Monats;
- die Höhe und Entwicklung der Lagerdrehzahl.

23.4 Kostenübersicht

Die monatliche Erfassung der Kosten insgesamt und nach Kostenarten gegliedert ist Voraussetzung für eine kontinuierliche Kontrolle, um gegebenenfalls kurzfristig Maßnahmen zu ergreifen. Im Statistikblatt 4.03.0 *Kostenübersicht I (Hauptkosten)* wird in Spalte eins der Gesamtumsatz je Monat eingetragen, je nach Anlage mit oder ohne Umsatzsteuer. Die Kosten sind nach den hier vorgegebenen Hauptarten einzutragen (ohne Vorsteuer) und in Spalte zwei zu addieren. Eingetragen werden nur die in jedem Monat wirklich angefallenen Kosten; so fehlen also z. B. die Abschreibungen auf Anlagen. Neben dem Betrag ist für die Gesamtkosten und für die einzelnen Kostenarten der Prozentwert im Verhältnis zum Umsatz auszurechnen; denn nur so kann eine schlüssige, umsatzbezogene Kostenbeurteilung vorgenommen werden. In der ersten Querzeile können Plan- und Richtwerte für den Umsatz, die Gesamtkosten und die einzelnen Kostenarten vorgegeben werden. Die Positionen werden tertialweise zusammengefasst analog zu den Tertial-Berichten des Kölner Betriebsvergleichs.

Bei größeren Betrieben empfiehlt sich, auf jeden Fall von vornherein schon das Statistikblatt 4.04.0 *Kostenübersicht II (Sonstige Kosten)* zu führen mit Aufsplittung der Sammelposition »Sonstige Kosten« der *Kostenübersicht I* (Seiten 380/381).

23 Betriebsstatistik

Jahr _____

4.03.0. KOSTENÜBERSICHT I (HAUPTKOSTEN)

Kostenübersicht I (Hauptkosten)

	Gesamtumsatz		Gesamtkosten		Fremdpersonal-kosten		Miete		Sachkosten für Geschäftsräume		Kosten für Werbung		Betriebliche Steuern		Kfz.-Kosten		Zinsen und sonstige Geldkosten		alle übrigen Kosten (s. Blatt II)	
	€	%	€	%	€	%	€	%	€	%	€	%	€	%	€	%	€	%	€	%
	1		2		3		4		5		6		7		8		9		10	
1 Januar																				
2 Februar																				
3 bis Februar																				
4 März																				
5 bis März																				
6 April																				
7 bis April																				
8 Mai																				
9 bis Mai																				
10 Juni																				
11 bis Juni																				
12 Juli																				
13 bis Juli																				
14 August																				
15 bis August																				
16 September																				
17 bis September																				
18 Oktober																				
19 bis Oktober																				
20 November																				
21 bis November																				
22 Dezember																				
23 bis Dezember																				
24 Ø je Monat																				

Börsenverein 4.03.0 Kostenübersicht I (Hauptkosten)

23.4 Kostenübersicht

4.04.0. KOSTENÜBERSICHT II (ALLE ÜBRIGEN KOSTEN)

Kostenübersicht II (Alle übrigen Kosten)   Jahr _____

	Summe Sonstige Kosten		Ausgangsporti		Telefon Fernschreiber		Büro- und Packmaterial		Instandhaltung Reparatur		Dienstleistungs-Kosten		Rechts- und Beratungs-Kosten		Versicherungen Beiträge		Reise- und Repräs.-Kosten		Allgemeine Kosten	
	€	%	€	%	€	%	€	%	€	%	€	%	€	%	€	%	€	%	€	%
	1		2		3		4		5		6		7		8		9		10	
1 Januar																				
2 Februar																				
3 bis Februar																				
4 März																				
5 bis März																				
6 April																				
7 bis April																				
8 Mai																				
9 bis Mai																				
10 Juni																				
11 bis Juni																				
12 Juli																				
13 bis Juli																				
14 August																				
15 bis August																				
16 September																				
17 bis September																				
18 Oktober																				
19 bis Oktober																				
20 November																				
21 bis November																				
22 Dezember																				
23 bis Dezember																				
24 ∅ je Monat																				

Börsenverein 4.04.0 Statistikblatt Kostenübersicht II (Alle übrigen Kosten)

Die Eintragungen sind hier in gleicher Weise vorzunehmen. Gerade bei Kostenübersichten, die hier durch manuelle Eintragungen geschaffen werden, zeigt sich der Vorteil der betriebswirtschaftlichen Auswertungen der verschiedenen EDV-Programme einer Buchhaltung in und außer Haus, denn sie liefert selbstverständlich diese und noch feinere Werte, gegenübergestellt den Vorjahresdaten, ohne Arbeit frei Haus. Allerdings beziehen sich diese Programme in der Regel auf den Umsatz ohne Umsatzsteuer; es ist darauf zu achten, dass Vergleichswerte (z. B. Kölner Betriebsvergleich) ebenso verfahren.

23.5
Betriebsergebnis und Eigenkapital-Entwicklung

Mit dem auf der Seite 383 abgedruckten Statistikblatt 4.05 *Betriebsergebnis und Eigenkapital-Entwicklung* aus dem *Formularbuch für den Sortiments-Buchhandel* lassen sich alle Monatszahlen zu einer Erfolgsübersicht zusammenstellen, um kurzfristig das tatsächliche Betriebsergebnis und die Veränderung der Eigenkapitalsituation zu erkennen.

Der Rohertrag in Spalte eins wird entweder aus Spalte drei des Statistikblattes 4.02 »Umsatz, Wareneingang, Lagerbewegung« übernommen oder aber aufgrund des Umsatzes und des im Vorjahr durchschnittlich erzielten Rohgewinnes eingesetzt. Die Kosten in Spalte zwei fließen entweder aus dem Statistikblatt 4.03 *Kostenübersicht I* oder aus der Buchführung direkt ein.

In der Spalte drei wird die Abschreibung auf Anlagegüter mit einem Zwölftel des Vorjahresbetrages als ungefährer Schätzwert errechnet. Sofern aber im laufenden Jahr durch neue Investitionen zusätzliche Abschreibungen angefallen sind, müssen diese mit dem Monatsanteil hinzugefügt werden. Bei gegründeten Buchhandlungen ist sinngemäß zu verfahren und der vorläufige Wert der Abschreibungen auf Anlagegüter mit je einem Zwölftel einzusetzen.

Nach Abzug der Kosten und der Abschreibungen auf Anlagegüter vom Rohgewinn ergibt sich in Spalte vier das Betriebsergebnis I als vorläufiger Gewinn aus der Handelstätigkeit. Diesem Betriebsergebnis werden die sonstigen oder außerordentlichen Erträge (Skonti, Provisionen, Verkauf von Anlagegütern usw.) hinzugerechnet bzw. die sonstigen Aufwendungen (Provisionen, Kundenskonti usw.) abgerechnet. Daraus resultiert dann in Spalte sieben das Betriebsergebnis II. Nunmehr sind in Spalte acht die gesamten Privatentnahmen des jeweiligen Monats (Privatentnahmen, persönliche Steuern, Sonderausgaben, Privatversicherungen des Unternehmers usw.) einzusetzen, in Spalte neun eventuelle Privateinlagen aufzuführen. Unter Abzug der Privatentnahmen und Hinzurechnung der Privateinlagen vom Betriebsergebnis II ergibt das entweder in Spalte zehn eine Eigenkapitalzunahme oder in Spalte elf einen Eigenkapitalabbau.

Die Betriebsergebnisse und die Veränderungen des Eigenkapitals können mit Hilfe dieses Bogens monatlich, tertialweise kumuliert und für das Jahr durch Ku-

23.5 Betriebsergebnis und Eigenkapitalentwicklung

4.05. BETRIEBSERGEBNIS UND EIGENKAPITALENTWICKLUNG

Betriebsergebnis und Eigenkapitalentwicklung

Jahr: _____

	Roh-Ertrag	Gesamtkosten lt. Übersicht	− Abschreib. auf Anlagen	= Betriebs-Ergebnis I	+ Sonstige Erträge	− Sonstiger Aufwand	= Betriebs-Ergebnis II	− Privat-Entnahmen	+ Privat-Einlagen	= Kapital-Veränderung					
										Zunahme	Abnahme				
	1	2	3	4	5	6	7	8	9	10	11	12	13	14	15
1 Januar															
2 Februar															
3 bis Februar															
4 März															
5 bis März															
6 April															
7 bis April															
8 Mai															
9 bis Mai															
10 Juni															
11 bis Juni															
12 Juli															
13 bis Juli															
14 August															
15 bis August															
16 September															
17 bis September															
18 Oktober															
19 bis Oktober															
20 November															
21 bis November															
22 Dezember															
23 bis Dezember															
24 ∅ je Monat															

© Börsenverein 4.05 Betriebsergebnis und Eigenkapitalentwicklung mulation der Tertialergebnisse abgelesen werden. Dabei gilt das schon bei den Kostenübersichten Gesagte, dass jede betriebswirtschaftliche Auswertung einer EDV-Buchführung in und außer Haus in ähnlicher Weise diese Werte liefert.

Es wird den jungen Buchhändler wahrscheinlich erschrecken, wenn er in den ersten Monaten einen zunehmenden Kapitalschwund konstatieren muss. Aber auch länger existierende Buchhandlungen verzeichnen acht bis zehn Monate Kapitalabbau bei normalem Geschäftsverlauf.

23.6
Kurzfristiger Status

Die Ausfüllung des Statistikblattes 4.06 *Kurzfristiger Status* (vgl. Kap.17.6) gibt dem Unternehmer eine monatliche Übersicht der Zahlungsbereitschaft seiner Buchhandlung durch Gegenüberstellung der sofort oder kurzfristig realisierbaren Werte des Umlaufvermögens und der kurzfristigen Verbindlichkeiten. Die im Formular aufgeführten Positionen des Umlaufvermögens sind mit den Monatsbeständen aus der Buchführung zu entnehmen, ausgenommen der Monatswarenbestand, der entweder aus der Spalte fünf des Statistikblattes 4.02 *Umsatz, Wareneingang, Lagerbewegung* übernommen wird oder nach der dort gebotenen Formel zu errechnen ist (Formel: Anfangswarenbestand zum Einstandswert + Wareneingang – Umsatz zum Einstandswert = Warenbestand zum Einstandswert).

Die Positionen der kurzfristigen Verbindlichkeiten sind mit den Monatswerten ebenfalls aus den Konten der Buchführung heranzuziehen. Durch Gegenüberstellung der beiden Summen ergibt sich in Teil C des Statistikblattes entweder eine Überdeckung (Mehr bei Umlaufvermögen) oder eine Unterdeckung (Mehr bei den kurzfristigen Verbindlichkeiten).

Der kurzfristige Status dient als Grundlage zur Beobachtung und Kontrolle der Liquidität und deren Entwicklung im Laufe eines Geschäftsjahres und gibt damit Signale für eventuell notwendige Finanzierungsmaßnahmen. Betriebswirtschaftliche Auswertungen der Buchhaltung über EDV nennen monatlich in Kennziffern die Liquidität I und II, eine ähnliche Gegenüberstellung der kurzfristig verfügbaren Mittel und der kurzfristigen Verbindlichkeiten; der Statistikbogen 4.06 bringt die Grundwerte der Liquidität II.

23.7 Leistungskennziffern zu Personal, Raum, Lager und Kapital

Von den vielen Kennziffern eines Einzelhandelsbetriebs, die Auskunft über seine Leistung geben, werden in diesem Abschnitt die wichtigsten genannt und ihre Berechnungsart erläutert, falls notwendig. Wir beschränken uns dabei hauptsächlich auf jene Kennzahlen, die vom Kölner Institut für Handelsforschung vorliegen und für einen zwischenbetrieblichen Vergleich nutzbar sind. Damit ist zugleich der Übergang zum nächsten Abschnitt *Betriebsvergleich* gefunden. Es folgen Durchschnittswerte der Kennzahlen für Personal, Raum und Lager

ZUR PERSONALLEISTUNG: DIE DURCHSCHNITTSWERTE DES KÖLNER BETRIEBSVERGLEICHS

Personalleistung/Personalkosten	2000	2001	2002
Umsatz je beschäftigte Person in €	159.969	149.593	148.019
Zahl der Beschäftigten je 50.000 € Umsatz	0,31	0,33	0,34
Barumsatz je Barkunde in €	16,00	14,50	15,40
Kreditumsatz je Kreditverkauf in €	120,30	117,00	119,30
Personalkosten insgesamt	18,3	19,3	19,8
Personalkosten ohne Unternehmerlohn und ohne Geschäftsführergehalt, jeweils in % vom Umsatz	13,6	14,7	15,2

ZUR RAUMLEISTUNG: DIE DURCHSCHNITTSWERTE DES KÖLNER BETRIEBSVERGLEICHS

Raumleistung/Raumkosten	2000	2001	2002
Umsatz je qm Geschäftsfläche in €	4.200	3.947	3.724
Umsatz je qm Verkaufsfläche in €	6.145	5.498	5.148
Anteil der Verkaufsfläche a. d. Geschäftsfläche in %	71	72	72
Miete oder Mietwert in % vom Umsatz	3,7	4,0	4,2
Sachkosten für Geschäftsräume in % vom Umsatz	0,8	0,8	0,9

ZUR LAGERLEISTUNG: DIE DURCHSCHNITTSWERTE DES KÖLNER BETRIEBSVERGLEICHS

Lagerwerte	2000	2001	2002
Lagerumschlagshäufigkeit (LUG) ...mal	4,7	4,6	4,6
LUG der Vorratsverkäufe ...mal	3,3	3,1	3,0
Lagerbestand je Beschäftigtem z. Bilanzwert in €	14.494	14.671	14.592
Lagerbestand je qm Geschäftsfläche zum Bilanzwert in €	391	374	365
Lagerbestand je 50.000 € Umsatz	5.037	5.178	5.449

Zu erläutern ist die Kennziffer »Umsatz je beschäftigte Person«, die wie folgt errechnet wird: Jahresumsatz zu Verkaufspreisen (ohne Umsatzsteuer) in EUR, geteilt durch die Zahl der beschäftigten Personen einschließlich des mitarbeitenden Unternehmers. Es gilt der Durchschnitt aus dem Personalbestand aller zwölf Monate des Geschäftsjahres entsprechend der Meldung zur Berufsgenossenschaft. Teilbeschäftigte Personen sind mit einem ihrer Arbeitszeit entsprechenden Bruchteil anzugeben. Auszubildende im ersten und zweiten Ausbildungsjahr werden mit je 0,5 bewertet.

Der Lagerumschlag wird berechnet aus Jahresumsatz zu Verkaufspreisen (einschließlich Umsatzsteuer), geteilt durch durchschnittlichen Lagerbestand zu Verkaufspreisen. Der durchschnittliche Lagerbestand ergibt sich aus Anfangslagerbestand (Vorjahresinventur) plus Endlagerbestand (Inventur des Geschäftsjahres), beides zu Verkaufspreisen, geteilt durch zwei. Bei den Lagerleistungsziffern je beschäftigte Person und je Quadratmeter Geschäftsfläche sind jedoch die unterschiedlichen Lagerbestände zu Bilanzwerten angesetzt, also zum Verkaufspreis minus Abschläge und Herausrechnung der enthaltenen Umsatzsteuer, die Abschläge je nach Bewertungsmethode pauschal (60%) oder nach Einkaufsjahrgängen (50, 70, 90, 100%) gestaffelt.

Die Kapitalleistung kann durch vier Kennziffern beurteilt werden (vgl. Kap.17.7):
- Gesamtkapitalumschlag nach der Formel: Jahresumsatz zu Verkaufspreisen, geteilt durch durchschnittliche Bilanzsumme;
- Eigenkapitalumschlag nach der Formel: Jahresumsatz zu Verkaufspreisen, geteilt durch durchschnittliches Eigenkapital;
- Gesamtkapitalverzinsung nach der Formel: Gesamtkapitalumschlag mal bereinigtes betriebswirtschaftliches Ergebnis;
- Eigenkapitalverzinsung nach der Formel: Eigenkapitalumschlag mal bereinigtes betriebswirtschaftliches Ergebnis.

Sofern eigene Grundstücke und Gebäude den Hauptteil des Anlagevermögens in der Geschäftsbilanz ausmachen, wird die Kennziffer Gesamtkapitalumschlag und Eigenkapitalumschlag wesentlich niedriger sein als für Betriebe in gemieteten Geschäftsräumen. Der Sortimentsbuchhandel erreichte nach eigenen, nicht repräsentativen Erhebungen in gemieteten Räumen in den letzten Jahren im Durchschnitt einen Gesamtkapitalumschlag von knapp über viermal, einen Eigenkapitalumschlag von fast zehnmal, eine Gesamtkapitalverzinsung von 7 bis 10% und eine Eigenkapitalverzinsung von rund 15%.

23.8
Betriebsvergleich

Der junge Unternehmer wird besonders darauf bedacht sein, seine betrieblichen Daten mit denen anderer Betriebe der Branche vergleichen zu können, um gleich von Anfang an neben den innerbetrieblichen Vergleichszahlen auch von außen her ein Kontrollmittel zu haben. Im zwischenbetrieblichen Vergleich werden Daten wirtschaftlicher, technischer, sozialer und organisatorischer Art den entsprechenden Daten eines oder mehrerer anderer Betriebe oder dem Durchschnitt mehrerer Betriebe gegenübergestellt. Er verfolgt zwei Ziele: Zum ersten ist er vom betriebspraktischen Standpunkt aus durch seine Orientierungshilfe ein wichtiges Rationalisierungsinstrument, zum anderen gibt er der betriebswirtschaftlichen Forschung die Möglichkeit, die strukturellen, leistungsmäßigen und funktionellen Zusammenhänge aufzuhellen. Nicht zuletzt nutzt fast jede Branchenorganisation die Werte aus einem repräsentativen Betriebsvergleich für ihre Öffentlichkeitsarbeit.

Der Betriebsvergleich kann entweder einmalig als Momentaufnahme oder – besser – in regelmäßigen Abständen sich wiederholend durchgeführt werden. Dem Betriebsvergleich im Sortimentsbuchhandel stehen wegen der relativ einfachen Strukturverhältnisse und wegen des auf den Distributionsbereich beschränkten Betriebsprozesses gute und leichte Anwendungsmöglichkeiten offen. Seit 1949 führt das Institut für Handelsforschung an der Universität zu Köln (Säckinger Str. 5, 50935 Köln; www.ihfkoeln.de) einen Betriebsvergleich für den Sortimentsbuchhandel neben denen für rund 50 Einzelhandelsbranchen durch, an dem in den letzten Jahren jeweils zwischen 200 und 350 Betriebe teilnahmen. Die Durchschnittsergebnisse spiegeln die Situation betriebswirtschaftlich fortschrittlich geleiteter Buchhandlungen der mittleren und hohen Umsatzklassen wider. Der allgemeine Branchendurchschnitt dürfte etwas niedriger liegen, als er in den veröffentlichten Zahlen des Instituts zum Ausdruck kommt. Die Erhebung der Zahlen erfolgt monatlich, je Jahrestertial und jährlich auf zur Verfügung gestellten Formblättern. Das Institut verarbeitet die Daten und stellt sie den Teilnehmern in Tabellen zur Verfügung. Durch Kenn-Nummern wird die Anonymität gewahrt.

Mit den Firmen-Monatsberichten werden gegliederte Umsatzzahlen sowie die Zahl der beschäftigten Personen erhoben. Diese nur den Teilnehmern bis zum 10. des jeweiligen Folgemonats zugehenden synoptischen Monats-Tabellen enthalten die Einzelwerte aller teilnehmenden Firmen (durch Kenn-Nummern verschlüsselt) sowie die nach Beschäftigten-Größenklassen fraktionierten Durchschnittswerte. Bei den neuen *Monatlichen Informationen* stehen folgende inhaltliche Aspekte im Vordergrund:
• Zeitreihenbetrachtung;
• Monatlich aktualisierte Jahresübersicht der Umsatzentwicklungen;
• Hochrechnung des Jahresumsatzes;
• Häufigkeitsverteilung;
• Zusätzliche Kennzahlen wie monatlich der Barumsatz je Barkunde, die Zahl der Barkunden je beschäftigte Person.

Der Tertialbericht zieht neben den im Monatsbericht zu nennenden Daten die gesamten Handlungskosten, die wichtigsten Kostenarten, Umfang und Zahl der Barverkäufe, Kreditverkäufe und Außenstände ein und stellt sie in gegenüber den Monatsberichten erweiterter Form als synoptische Tabellen mit 22 Positionen den durchschnittlich etwa 60 beteiligten Buchhandlungen ca. ein bis zwei Monate nach Ende des Berichtzeitraumes zur Verfügung.

Die Jahresergebnisse des Kölner Betriebsvergleichs werden den mehr als 200 beteiligten Sortimentsbuchhandlungen in Form einer synoptischen Tabelle mitgeteilt, die in ihrer Anlage den Tertialtabellen entspricht, jedoch um folgende, aufgrund der in den Firmen-Jahresberichtsbogen erfolgten Angaben erweitert ist: 14 Warengruppen in Prozent des Umsatzes, Umsatz je Quadratmeter Geschäftsraum und je Quadratmeter Verkaufsraum in EUR, Kreditverkäufe und Außenstände in Prozent des Umsatzes, Aufteilung der Warenbeschaffung auf die verschiedenen Bezugswege, Lagerbestand je beschäftigte Person in EUR, Umschlagsgeschwindigkeit des Warenlagers, Lagerentwicklung innerhalb des Jahres; als zusätzliche Kostenarten in Prozent des Umsatzes Zinsen für Eigenkapital, Abschreibungen, Kosten des Fuhr- und Wagenparks, Zinsen für Fremdkapital, außerdem Betriebshandelsspanne (Bruttoertrag), betriebswirtschaftliches Ergebnis, Mehrwertsteuerinkasso, Durchlaufgeschäft in Prozent. Die Jahrestabelle wird etwa im Oktober/November des folgenden Jahres an die Teilnehmer versandt, die damit ein recht vollständiges Bild der eigenen betrieblichen Lage sowie der Situation bei den übrigen teilnehmenden Buchhandlungen haben.

Die Teilnahme nur am Jahresbetriebsvergleich ist übrigens kostenlos, der Börsenverein als Branchenorganisation gibt hierzu die notwendigen Zuschüsse. Die Teilnahme an den neuen *Monatlichen Informationen* ist ab 1996 ebenfalls kostenlos; auch hier trägt der Börsenverein die Aufwendungen für diese Auswertung. Während die Betriebsvergleichsteilnehmer alle ermittelten Werte, sowohl die individuellen Betriebszahlen als auch die Durchschnittswerte nach Beschäftigten-Größenklassen und für die Branche insgesamt, vertraulich übermittelt bekommen, sind die Nicht-Teilnehmer auf jene Daten angewiesen, die nach Absprache mit dem an der Finanzierung beteiligten Börsenverein zur Veröffentlichung gelangen. In folgenden Publikationen erhält man Informationen über relevante Wirtschaftszahlen: *Buch und Buchhandel in Zahlen*, herausgegeben vom Börsenverein des Deutschen Buchhandels, Frankfurt/M. Dieser jährlich zur Wirtschaftspressekonferenz im Sommer erscheinende, von der Branchenorganisation herausgegebene Band enthält auch die neuesten Zahlen und Übersichten aus dem Kölner Betriebsvergleich für den Sortimentsbuchhandel. Dieses vielgestaltige Zahlenwerk gibt dem Gründer wichtige Hinweise und Kennziffern für sein Vorhaben. Seit einigen Jahren werden die Betriebsvergleichsergebnisse des Sortimentsbuchhandels nach verschiedenen Kriterien in den Tabellen geboten:
• nach Beschäftigten-Größenklassen;
• nach Umsatzgrößenklassen;
• nach Personalleistungsklassen;
• nach Raumgrößenklassen;
• nach Ortsgrößenklassen;
• nach Geschäftslagen.

Das *Börsenblatt* bringt monatlich Daten zur Umsatzentwicklung (Branchen-Monitor Buch, ermittelt von Media Control GfK International, Baden-Baden); ferner im Sommer einen seit dem Jahr 2002 stark gekürzten Vorabdruck von *Buch und Buchhandel in Zahlen*.

23.8 Betriebsvergleich

Buchreport bringt monatlich, etwa um den 10. des Folgemonats, die Umsatzentwicklung des Sortimentsbuchhandels mit detaillierter Aufschlüsselung:
- Umsatztrend Gesamtdeutschland;
- Umsatztrend Westdeutschland;
- Umsatztrend Ostdeutschland;
- Umsatzentwicklung der Warengruppen;
- Teilumsätze und Kundenfrequenz.

Die Daten werden von dieser Fachzeitschrift in rund 50 Buchhandlungen erhoben. Ein weiterer Service von *Buchreport* ist seine monatliche Erhebung zum Geschäftsklima im Sortimentsbuchhandel. Gegliedert wird nach Geschäftsklima Gesamtdeutschland, Westdeutschland und Ostdeutschland, nach Umsatzerwartung und nach Gewinnerwartung.

Das Institut für Handelsforschung selbst bringt die Hauptdaten in seinen *Mitteilungen des Instituts für Handelsforschung an der Universität zu Köln*, Verlag Otto Schwartz & Co., Göttingen, Erscheinungsweise monatlich. Die Ergebnisse von mehreren Jahren zusammengefasst bringen die im gleichen Verlag erscheinenden *Schriften zur Handelsforschung*.

Von Betriebsberatern betreute Erfa-Gruppen nehmen die Dienstleistung des Kölner Instituts für Handelsforschung in der Weise in Anspruch, dass für die Gruppenmitglieder eine eigene, zumeist vorzeitige Sonderauswertung des Jahresbetriebsvergleichs angefertigt wird, die neben den individuellen Zahlen der einzelnen acht bis zwölf Mitglieder auch die Durchschnittswerte der Gruppe enthält.

Zum Abschluss dieses Kapitels werden auf der folgenden Doppelseite 390/391 die »Betriebsvergleichsergebnisse des Sortimentsbuchhandels nach Beschäftigten-Größenklassen« in der in *Buch und Buchhandel in Zahlen* veröffentlichten Fassung wiedergegeben. Anschließend mit freundlicher Genehmigung des Kölner Instituts für Handelsforschung der *Fragebogen zum Betriebsvergleich BV 27* sowie die dazu gehörigen *Zusätzlichen Erläuterungen für das Ausfüllen des Jahresberichtes*, um die Vielzahl der gebotenen Kennziffern zu demonstrieren.

Betriebsvergleichsergebnisse des Sortimentsbuchhandels nach Beschäftigtengrößenklassen 2001

Auswertungspositionen	1	2 - 3	4 - 5	6 - 10	11 - 20	21 - 50	über 50	insgesamt
1 Zahl der Berichtsbetriebe	2	45	47	64	34	10	12	214
2 Beschäftigte je Betrieb	*	2,7	4,4	7,3	14,6	29,8	92,3	12,6
3 davon: Auszubildende	*	0,3	0,6	1,1	2,6	4,6	12,1	1,8
4 qm Geschäftsraum je Betrieb	*	122	206	311	549	1.400	4.203	549
5 Anteil Verkaufsraum am Geschäftsraum in %	*	77	70	71	70	76	68	72
6 Umsatz** je Betrieb in 1.000 EUR	*	407	633	1.082	2.178	4.724	15.501	1.986
7 Umsatzentwicklung (Vorjahr=100)	*	101,6	100,2	99,4	99,7	105,7	104,2	100,7
8 Umsatz je Beschäftigtem in EUR	*	150.431	142.122	148.850	150.543	158.371	168.049	149.593
9 Zahl der Beschäftigten je 100.000 EUR Umsatz	*	0,66	0,70	0,67	0,66	0,63	0,60	0,67
10 Umsatz je qm Geschäftsraum in EUR	*	3.947	3.416	3.914	4.773	3.850	4.139	3.947
11 Umsatz je qm Verkaufsraum in EUR	*	5.182	5.059	5.730	6.345	5.054	5.543	5.498
12 Zahl der Barverkäufe je Beschäftigtem	*	7.627	12.981	7.941	7.956	6.377	6.765	8.720
13 Barumsatz je Barverkauf in EUR	*	14,30	14,30	13,90	14,80	15,40	15,90	14,50
14 Kreditumsatz je Kreditverkauf in EUR	*	124,90	120,10	129,20	96,90	87,80	83,10	117,00
Warengruppenanteile am Warenumsatz in %								
15 Belletristik	*	12	10	9	10	11	11	10
16 Kinder- und Jugendbücher	*	11	10	10	7	8	7	9
17 Fachbücher Naturwissenschaften	*	3	2	3	9	5	9	4
18 Fachbücher Geisteswissenschaften	*	9	10	9	13	14	12	10
19 Schulbücher	*	13	7	8	7	5	6	8
20 Taschenbücher	*	14	12	14	14	14	10	14
21 Zeitschriften, Presseerzeugnisse, Fortsetzungen	*	5	5	8	7	14	13	7
22 Hobby-, Freizeit-, Reise-Literatur	*	7	9	10	11	11	10	9
23 Sachbücher	*	12	14	12	10	10	8	12
24 Antiquariat, Modernes Antiquariat	*	1	3	3	4	4	5	3
25 Audiovisuelle Medien	*	2	5	3	2	2	2	3
26 Übrige Waren	*	13	14	11	7	2	9	11
27 Anteil Kreditverkäufe am Umsatz in %	*	29,9	30,3	29,5	26,7	32,2	30,1	29,4
28 Anteil Außenstände aus Kreditverkäufen am Jahresende am Umsatz in %	*	1,7	2,2	2,3	2,5	4,3	4,3	2,4
Anteil der Bezugswege an der Beschaffung der Verlagserzeugnisse in %								
29 Verlagsbezug	*	63	67	70	75	78	79	69
30 Barsortimentsbezug	*	34	29	27	24	21	19	28
31 Grossistenbezug	*	3	4	3	1	1	2	3

23.8 Betriebsvergleich

Fortsetzung

Auswertungspositionen	Betriebe mit ... beschäftigten Personen							insgesamt
	1	2 - 3	4 - 5	6 - 10	11 - 20	21 - 50	über 50	
32 Beschaffungsentwicklung (Vorjahr=100)	*	100,4	98,4	98,9	98,3	105,6	106,0	99,8
33 Anteil Lieferantenskonti am Umsatz in %	*	0,5	0,5	0,7	0,8	0,5	0,9	0,6
34 Anteil Durchlaufgeschäft am Warenumsatz in %	*	33	37	33	30	36	25	33
35 Lagerumschlagshäufigkeit	*	4,8	4,3	4,5	4,4	4,8	5,7	4,6
36 Lagerbestand je 100.000 EUR Umsatz in EUR	*	10.948	11.185	10.069	10.596	9.731	7.146	10.356
37 Lagerbestand*** je Beschäftigtem in EUR	*	14.629	15.125	14.771	15.436	14.713	11.218	14.671
38 Lagerbestand*** je qm Geschäftsraum in EUR	*	356	350	380	467	377	256	374
39 Lagerendbestand zu Anfangsbestand in %	*	97,3	97,1	99,5	97,2	103,2	108,3	98,8
40 Lagerbestandsentwicklung (Vorjahr=100)	*	99,2	98,6	100,8	99,4	102,8	108,0	100,2
41 Anteil Wareneingang am Umsatz in %****	*	68,8	66,3	67,1	65,4	65,9	67,1	67,1
Kostenanteile am Umsatz in %								
42 Personalkosten ohne Unternehmerlohn und ohne Geschäftsführergehälter	*	10,0	14,2	15,9	18,0	18,4	17,4	14,7
43 Unternehmerlohn und Geschäftsführergehälter	*	6,3	5,1	4,4	2,9	1,5	2,7	4,6
44 Personalkosten insgesamt	*	16,3	19,3	20,3	20,9	19,9	20,1	19,3
45 Miete oder Mietwert	*	4,2	3,9	3,9	3,9	4,8	4,1	4,0
46 Sachkosten für Geschäftsräume	*	0,7	0,8	0,8	1,0	1,1	1,0	0,8
47 Werbekosten	*	1,2	1,3	1,2	1,3	1,3	1,6	1,3
48 Kosten für elektronische Datenverarbeitung	*	0,3	0,4	0,4	0,4	0,5	0,6	0,4
49 Gewerbesteuer	*	0,2	0,3	0,2	0,4	0,1	0,4	0,2
50 Kraftfahrzeugkosten	*	0,6	0,6	0,4	0,3	0,2	0,2	0,4
51 Zinsen für Fremdkapital	*	0,9	1,1	1,1	0,8	1,2	0,7	1,0
52 Zinsen für Eigenkapital	*	0,4	0,5	0,3	0,3	0,1	0,4	0,3
53 Abschreibungen	*	1,1	1,4	1,7	1,4	2,4	2,2	1,5
54 Übrige Kosten	*	3,2	3,4	2,8	2,8	2,7	3,2	3,0
55 Gesamtkosten (Zeile 44-54)	*	29,1	33,0	33,1	33,5	34,3	34,5	32,2
56 Gesamtkostenentwicklung (Vorjahr=100)*****	*	-	-	-	-	-	-	-
Anteil am Umsatz in %								
57 Betriebshandelsspanne	*	29,8	32,7	32,6	34,5	34,4	34,1	32,5

Buch und Buchhandel in Zahlen 2003, Tab. 18. Abdruck mit freundlicher Genehmigung des Börsenvereins des Deutschen Buchhandels

Jahresbetriebsvergleich des Sortimentsbuchhandels 2002

Durchgeführt vom Institut für Handelsforschung an der Universität zu Köln in Verbindung mit dem Hauptverband des Deutschen Einzelhandels und dem Börsenverein des Deutschen Buchhandels

Kennnummer des Betriebes 27/ ....   ▽ = siehe Erläuterungsblatt

1. Auf welchen Zeitraum beziehen sich die Angaben?   von Monat/Jahr ___ /___   bis Monat/Jahr ___ /___

2. Postleitzahl der Hausanschrift Ihres Betriebes ☐☐☐☐☐   **3. nicht belegt**

4. Welche Geschäftslage hat Ihr Betrieb?

Lagen in der Innenstadt bzw. im Ortszentrum
- [1] Hauptverkehrslage
- [2] Nebenverkehrslage mit hoher Kundenfrequenz
- [3] Nebenverkehrslage mit niedriger Kundenfrequenz
- [4] Lage ohne feststellbare Kundenfrequenzunterschiede
- [9] Lage außerhalb der Stadt oder des Ortes

Lagen in einem Stadtteil bzw. Vorort
- [5] Hauptverkehrslage
- [6] Nebenverkehrslage mit hoher Kundenfrequenz
- [7] Nebenverkehrslage mit niedriger Kundenfrequenz
- [8] Lage ohne feststellbare Kundenfrequenzunterschiede
- [0] Sonderlagen

Befindet sich das Geschäft in einem Einkaufszentrum?   ☐ ja   ☐ nein

5. Strukturveränderung
- [0] Nein/ wenn ja, wodurch:
- [1] Neugründung
- [2] Filialeröffnung
- [3] Filialschließung
- [4] Neubau
- [5] Umbau
- [6] Änderung d. Standortverhältnisse
- [7] Umstellung der Verkaufsform
- [8] wesentliche Sortimentsveränderung
- [9] Sonstiges

6. nicht belegt

7. Rechtsform   [1] Einzelfirma   [2] OHG   [3] KG   [4] GmbH   [5] GmbH & Co. KG   [6] Sonstige

8. Größe der im Geschäftsjahr betrieblich genutzten Räume in m²

1. Verkaufs- und Ausstellungsräume (einschl. zugehörige Passagen und Schaufenster)
   a) in eigenen Gebäuden   b) in fremden Gebäuden
2. Übrige Geschäftsräume (Lager, Büro)
   a) in eigenen Gebäuden   b) in fremden Gebäuden
3. Geschäftsräume insgesamt

____ m² + ____ m² + ____ m² + ____ m² = ____ m²

9. Zahl der durchschnittlich beschäftigten Personen

1. Tätige Inhaber (ohne Gehalt) ____|____
2. Angestellte Geschäftsführer ____|____
3. nicht belegt
4. Auszubildende im 1. und 2. Jahr ____|____
5. Auszubildende im 3. Jahr ____|____
6. Angestellte
7 / 8 / 9. nicht belegt
10. Gesamtzahl der beschäftigten Personen ____|____

10. Gesamtumsatz (ohne MwSt.)   [1] _____ €   [2] Vorjahr (ohne MwSt.) _____ €

11. nicht belegt   **12. nicht belegt**

13. Kreditumsatz (ohne MwSt.) _____ €   **14. davon Außenstände** _____ €
(am Ende des Geschäftsjahres)

15. Durchlaufgeschäft (in % des Warenausgangs) ____   **16. Internet-Umsatz** (in % des Warenausgangs) ____

17. Warengruppenumsätze (in % des Warenausgangs)

1. Belletristik	8. Hobby-, Freizeit-, Reiseliteratur
2. Kinder- und Jugendbücher	9. Sachbücher
3. Fachbücher Naturwissenschaften	10. Antiquariat/Modernes Antiquariat
4. Fachbücher Geisteswissenschaften (u.a. Wirtschaft, Steuer, Recht)	11. Tonträger
5. Schulbücher	12. Audiovisuelle Medien (ohne Tonträger)
6. Taschenbücher	13. Theologie / Religion
7. Zeitschriften, Presseerzeugnisse, Fortsetzungen	14. Sonstige Waren
	Gesamter Warenausgang (Pos.17/1 – 17/14) 100 %

Seite 1

23.8 Betriebsvergleich

18. nicht belegt

19. Zahl der Einzelverkäufe   1. Barverkäufe [Zahl]   2. Kreditverkäufe [Zahl]

20.1. Lagerbestände zu Verkaufspreisen ohne Mehrwertsteuer
a) Lagerbestand ohne Wertminderungen am Ende des Geschäftsjahres 2001 *   (Endbestände 2001 = Anfangsbestände 2002)   [€]
b) Lagerbestand ohne Wertminderungen am Ende des Geschäftsjahres 2002 *   [€]

20.2. Lagerbestände zu Bilanzwerten ohne Mehrwertsteuer
a) Lagerbestand zu Bilanzwerten am Ende des Geschäftsjahres 2001 *   [€]
b) Lagerbestand zu Bilanzwerten am Ende des Geschäftsjahres 2002 *   [€]

                                                                                 * bzw. abweichendes Geschäftsjahr

21. Wareneingang ohne Mehrwertsteuer
1. Summe der Einkaufsrechnungen lt. Wareneinkaufskonto abzüglich Retouren   [€]
2. Bezugskosten (Frachten, Rollgelder, Zölle)   **+** [€]
3. Lieferantenskonti   **−** [€]
4. Lieferantenboni und sonstige Preisnachlässe   **−** [€]
5. Wareneingang   **=** [€]   6. Vorjahr [€]

22. Beschaffungswege der Waren (Verlagserzeugnisse)
1. vom Verlag   2. vom Barsortiment   3. von Sonstigen
[%] **+** [%] **+** [%] **=** [100 %]

23. Personalkosten der angestellten Beschäftigten   [€]

davon: **23.2. Personalkosten der Auszubildenden** (gem. Pos. 9/4 und 9/5)
                     [€]

24. Kalkulatorischer Unternehmerlohn (bei Einzelfirmen und Personengesellschaften)
bzw. **Geschäftsführergehälter oder Bezüge der geschäftsführenden Gesellschafter**
(einschl. Tantiemen und Altersvorsorge)   [€]

25. Miete für Geschäftsräume
1. **Mietkosten** (gem. Pos. 8/1b + 2.b)   2. **Mietwert** (gem. Pos. 8/1.a + 2.a)
[€] **+** [€] **=** [€]

26. Sachkosten für Geschäftsräume   [€]

27. Kosten für elektronische Datenverarbeitung   [€]

28. Kosten für Werbung   [€]

29. Gewerbesteuer   [€]

30. Kraftfahrzeugkosten   [€]

31. Fremdkapitalzinsen und Nebenkosten des Finanz- und Geldverkehrs   **32. Eigenkapitalzinsen**
[€] **+** [€] **=** [€]

33. Abschreibungen
1. Abschreibungen auf Inventar   2. Abschreibungen auf Fahrzeuge   3. Abschreibungen auf Forderungen
[€] **+** [€] **+** [€] **=** [€]

34. Alle übrigen Kosten   [€]

35. Gesamte Handlungskosten   Summe (Positionen 23 bis 34)   [€]

Handlungskosten im Geschäftsjahr (ohne abziehbare Vorsteuer)

Jahresbetriebsvergleich 2002 - Fortsetzung
Durchgeführt vom Institut für Handelsforschung an der Universität zu Köln

Kennnummer des Betriebes 27 / ....

36. Aufteilung der Position „Alle übrigen Kosten" (vgl. Position 34)

Von den unter Frage 34 „Alle übrigen Kosten" erfassten Kosten entfallen auf:

1. **Rechts- und Beratungskosten**
   Kosten für Steuerberater, externe Buchführung, Jahresabschlusskosten bei extern durchgeführtem Jahresabschluss, Betriebsberatung, Rechtsberatung usw. [   ] €

2. nicht belegt

3. **Leasingkosten**

   a) Kfz-Leasing [   ] € + b) EDV-Leasing [   ] € + c) Sonstiges Leasing [   ] € = [   ] €

23.8 Betriebsvergleich

⟋ Erläuterungen zu ausgewählten Positionen des Jahresberichtes 2002

Sie erhalten den Fragebogen in zweifacher Ausfertigung. Damit ist sichergestellt, dass auch Teilnehmer, die ihren Fragebogen auf dem Postweg zurücksenden, ein Exemplar für ihre Unterlagen behalten. Im anderen Fall faxen Sie bitte Ihren Fragebogen unter der Fax-Nr. 0221/943607-99 an das Institut. Benötigen Sie aus anderen Gründen (z.B. getrennte Meldung der Filialen) weitere Erhebungsbogen, senden wir Ihnen diese selbstverständlich gerne zu.

Allgemeine Hinweise

- Bei allen Angaben bitte nur Jahreswerte eintragen.
- Bei vorgedruckten Antworten bitte nur eine Alternative ankreuzen.
- Mit Ausnahme der Angaben zur Personenzahl erfolgen alle Angaben ohne Kommastelle.
- Können Werte für einzelne Positionen nicht ermittelt werden, ist ein entsprechender Vermerk (z.B. „nicht erfasst") erforderlich.
- In Positionen, für die keine Werte angefallen sind, bitte eine Null eintragen.
- Sofern prozentuale Angaben nicht errechnet werden können, ist eine möglichst präzise Schätzung ausreichend.
- Die Bilanz ist zum Ausfüllen des Fragebogens nicht erforderlich (siehe auch Pos. 20/2 dieser Erläuterung).
- Alle Angaben beziehen sich auf das Handelsgeschäft. Bei evtl. Eigenproduktion von Waren bitte die Position **Wareneingang (21)** beachten.
- Wenn Sie Schwierigkeiten beim Ausfüllen einzelner Positionen haben, ist es möglich, den Erhebungsbogen teilausgefüllt zurückzusenden (Mindestanforderung sind Fragen 9 und 10). Sie erhalten einen Plausibilitätstest, mit dessen Hilfe Sie u.a. fehlende Angaben ergänzen können.

Hinweise zu den Fragen   BV 27

Einzelhändler, die sich erstmalig am Betriebsvergleich beteiligen, erhalten ihre Kennnummer erst nach Rücksendung des Fragebogens.

1. Zeitraum	Stimmt Ihr Geschäftsjahr nicht mit dem Kalenderjahr 2002 überein, so muss das Geschäftsjahr mindestens zur Hälfte im Jahr 2002 gelegen haben.
2. Postleitzahl	Bei filialisierten Unternehmen ist es in der Regel von Vorteil, wenn für jede Filiale ein separater Fragebogen ausgefüllt wird. Ist dies nicht möglich bez. nicht gewünscht, ist bei der Meldung des Gesamtbetriebs die Postleitzahl des Hauptbetriebs anzugeben. Gleiches gilt für die **Geschäftslage** (Frage 4).
4. Geschäftslage (Beispiele)	**1+5:** Absolutes Geschäftszentrum, überwiegend in einer Fußgängerzone oder Haupteinkaufsstraße; **2+6:** Auslaufende Fußgängerzone oder am Ende bzw. in Seitenstraßen einer Haupteinkaufsstraße, Etagengeschäft im Geschäftszentrum; **3+7:** Außerhalb der Fußgängerzone oder untergeordnete Einkaufsstraße; **4+8:** Dörfliche Lage, Wohnsiedlung im Stadtgebiet, Vorortlage, Ausfallstraßen, meist niedrige Kundenfrequenz; **9:** In der Regel im Gewerbegebiet, auf der „Grünen Wiese"; **0:** Bahnhof, Flughafen, Boutiquen in Hotels, Standorte in Sportstätten, Klosterbuchhandlungen etc.
6. Struktur Veränderungen	Um die Veränderung von Kennzahlen im Zeitablauf (z.B. Umsatzentwicklung) realistisch einschätzen zu können, ist es wichtig zu wissen, ob sich Ihr Betrieb durch nicht zum normalen Wachstum zählende Umstände in den letzten drei Jahren (einschl. 2002) in bemerkenswertem Umfang verändert hat.
9. Zahl der beschäftigten Personen	Anzugeben ist die Zahl der beschäftigten Personen. Sie ergibt sich aus dem Durchschnitt des Personalbestands aller 12 Monate des Geschäftsjahres (entsprechend der Meldung zur Berufsgenossenschaft). Teilzeitbeschäftigte (unabhängig von der Art der beschäftigten Person) und Aushilfen sind mit einem ihrer Arbeitszeit entspr. Bruchteil anzugeben. Familienangehörige, die ohne Gehalt beziehen, sind wie alle anderen Fremdbeschäftigten zu erfassen. Auszubildende sind entsprechend ihres Beschäftigungszeitraumes als volle Person einzusetzen. Bei der Auswertung werden Auszubildende im 1. und 2. Jahr vom Institut mit der Hälfte bewertet.
10. Gesamtumsatz (ohne MwSt)	Der Umsatz setzt sich zusammen aus: **Warenausgang** (Bar- und Kreditverkäufe), **Erlösen aus Dienstleistungen** (Werkstatt etc.), **Eigenverbrauch** und evtl. **Provisionserträgen** (nicht Einnahmen) aus Lotto, Toto, Fahrkartenverkäufen usw. Die auf diesen Umsatz anfallende **MwSt ist nicht hinzuzurechnen**. Nicht zum Umsatz gehören: Sonstige Erträge, wie z.B. Einnahmen aus Vermietung von Grundstücken und Gebäuden, Verkauf von Einrichtungsgegenständen usw. Dementsprechend bleibt die darauf anfallende MwSt unberücksichtigt.
13. Kreditumsatz	Kreditumsätze liegen vor, wenn der Zahlungseingang zu einem späteren Zeitpunkt als der Warenausgang bzw. die Rechnungsstellung erfolgt. Als Kreditumsatz ist der Gesamtumsatz ohne MwSt vermindert um die Barverkäufe bzw. Anzahlungen (ohne MwSt) anzusetzen. Zu den Kreditumsätzen zählen auch vertragliche Teilzahlungsregelungen sowie offene Buchkredite. Bargeldloser Zahlungsverkehr ist den Kreditumsätzen nicht zuzurechnen.
15. Durchlaufgeschäft	Das Durchlaufgeschäft umfasst lagerunabhängige Umsätze, wie z.B. Kundenbestellungen, Zeitschriften, Fortsetzungen, ggf. Schulbücher usw.
17. Warengruppenumsätze	Bitte keine Warengruppen zusammenfassen, notfalls Prozentsätze exakt schätzen.
19. Zahl der Einzelverkäufe	Die Zahl der Barverkäufe entspricht der Zahl der Kassenzettel für Warenumsatz. Die Zahl der Kreditverkäufe umfasst die Warenlieferungen gegen Rechnung (auch Teilzahlungsverträge und Buchkredite).

21. Waren-eingang	Der Wareneingang ist immer ohne MwSt anzusetzen. Werden Waren selbst hergestellt und im eigenen Handelsgeschäft abgesetzt, so sind diese wie fremdbezogene Waren zu behandeln und zum Selbstkostenpreis in den Wareneingang aufzunehmen. Die mit der Herstellung verbundenen Kosten dürfen dann in den Positionen 23 bis 34 nicht enthalten sein. Ist eine Kostentrennung nicht möglich, können im Ausnahmefall die Angaben zum Gesamtbetrieb gemeldet werden. Zur Warenbeschaffung zählen auch die abgesetzten Kommissionswaren. Noch vorhandene Kommissionswaren sind dagegen unberücksichtigt zu lassen. Die für die Erzielung von Provisionserträgen beschaffte Ware ist nicht Bestandteil des Wareneingangs.
23. + 24. Personalkosten	Zu den Personalkosten zählen neben den Kosten für angestellte Personen auch die kalkulatorischen Kosten für die nicht entlohnte Tätigkeit des Inhabers und eventueller Familienangehöriger (kalkulatorischer Unternehmerlohn bei Einzelfirmen und Personengesellschaften wie oHG, GbR und KG). Die Personalkosten der angestellten Beschäftigten (Pos. 23) umfassen die Bruttogehälter u. –löhne, einschl. Arbeitgeberanteil an gesetzlichen und freiwilligen sozialen Leistungen, allerdings ohne die Bezüge der Geschäftsführer (Geschäftsführergehälter einschl. Tantiemen und Altersvorsorge; diese werden bei Pos. 24 mit erfasst). Die Höhe des Unternehmerlohns (Pos. 24) entspricht dem Gehalt, das einem gleichwertigen Geschäftsführer oder einem Angestellten bei vergleichbaren Tätigkeiten gezahlt werden müsste. Die nachfolgenden Sätze dienen als Anhaltspunkte für die Höhe des kalkulatorischen Lohns des Inhabers. Bei mehreren tätigen Inhabern ist die Gesamtbeschäftigtenzahl durch die Zahl der Inhaber zu teilen und die auf jeden Inhaber entfallende Personenzahl zugrunde zu legen. Wegen des unterschiedlichen regionalen Lohn- und Gehaltsniveaus wird für jede Personengrößenklasse eine Bandbreite angegeben. Im Zweifelsfall bitte den Mittelwert eintragen.

Betriebe mit ... beschäftigten Personen (gemäß Position 9/10)			Jahresunternehmerlohn			
			Unterer Wert		Oberer Wert	Mittelwert
	bis	1,4 besch. Personen	20.900 €	bis	31.900 €	26.400 €
1,5	bis	3,4 besch. Personen	26.800 €	bis	40.800 €	33.800 €
3,5	bis	5,4 besch. Personen	31.300 €	bis	47.900 €	39.600 €
5,5	bis	10,4 besch. Personen	33.800 €	bis	51.900 €	42.900 €
10,5	bis	20,4 besch. Personen	41.700 €	bis	63.800 €	52.800 €
20,5	bis	30,4 besch. Personen	52.800 €	bis	80.700 €	66.800 €
30,5	bis	50,4 besch. Personen	62.000 €	bis	94.800 €	78.400 €
	über	50,4 besch. Personen	73.000 €	bis	111.700 €	92.400 €

25. Miete und 26. Sachkosten für Geschäftsräume	Die Raumkosten setzen sich aus Miete für angemietete Räumlichkeiten und dem kalkulatorischen Mietwert für die betriebliche Nutzung eigener Räume zusammen. Durch den Mietwert sind sämtliche Aufwendungen für eigene Grundstücke und Gebäude, wie Grundsteuer, aktivierte Baukosten und Zinsen für das in eigenen Grundstücken und Gebäuden investierte Eigen- und Fremdkapital erfasst. abgegolten und dürfen deshalb bei anderen Kostenpositionen nicht mehr berücksichtigt werden. Der Mietwert richtet sich nach der ortsüblichen Miete, die für eine vergleichbare Immobilie jährlich zu zahlen wäre. Sachkosten für Geschäftsräume sind: Strom, Wasser, Reinigung, Instandhaltung usw.
27. Kosten für EDV	Anzugeben sind Kosten für Wartung von Hard- und Software, für Formulare, Kosten für externe Datenverarbeitung wie z.B. Buchhaltung. Nicht einzusetzen sind Abschreibungen sowie Leasing-Beträge für Hard- und Software.
28. Kosten für Werbung	Sachkosten für Werbung, z.B. Kosten für Dekorationsmaterial, Inserate, Werbeprospekte, ferner die Honorare, die an Werbehelfer bzw. Dekorateure gezahlt werden, sofern diese nicht im eigenen Betrieb angestellt sind. Eigene Personalkosten im Bereich Werbung sind in den Fragen 23 oder 24 bereits berücksichtigt.
29. Gewerbesteuer	Nur im Laufe des Geschäftsjahres gezahlte (nicht fällig gewordene) Gewerbesteuer.
30. Kraftfahrzeugkosten	Sachkosten des betriebseigenen Fuhr- und Wagenparks einschl. Reparaturen, Kfz-Steuern und Kfz-Versicherungen, jedoch keine Löhne für das eigene Fahrpersonal, keine Abschreibungen auf Fahrzeuge (bereits in Frage 23, 24 bzw. 33 enthalten) und keine Leasing-Beträge (bereits in Frage 34 bzw. 36.3 enthalten).
32. Zinsen für Eigenkapital	Die Höhe des Eigenkapitals am Anfang eines Geschäftsjahres richtet sich bei Einzelunternehmungen und Personengesellschaften nach dem Eigenkapitalkonto des Inhabers oder der Gesellschafter. Bei Kapitalgesellschaften setzt sich das Eigenkapital aus gezeichnetem Grund- oder Stammkapital und Kapital- und Gewinnrücklagen zusammen. Das Eigenkapital kann errechnet werden, indem von der Bilanzsumme auf der Passivseite die Verbindlichkeiten (incl. Rückstellungen) sowie passivierte Wertberichtigungen abgezogen werden. Die Zinsen sind mit 8% anzusetzen.
33. Abschreibungen	Sollte die Bilanz noch nicht vorliegen, so werden die voraussichtlichen Abschreibungen oder deren Schätzungen eingetragen. Abschreibungen auf eigene Betriebsimmobilien sind bereits durch den Mietwert (Pos. 25/2) berücksichtigt. Abschreibungen auf geringwertige Wirtschaftsgüter sind der Position 33/1 zuzurechnen.
34. Alle übrigen Kosten	Alle in den Fragen 23 bis 33 nicht erfassten betrieblichen Kosten, z.B. Rechts- und Beratungskosten, Versicherungsbeiträge, Kosten für Büromaterial, Porto, Telefon, EDV-Kosten, Leasing usw. Nicht einzusetzen sind die Warenbezugskosten, da diese der Position 21/2 zuzurechnen sind.

24 Planungsrechnung (Controlling)

Planung im weiteren Sinne beinhaltet nicht nur die Bereiche Markterkundung, Beschaffung, Lagerhaltung, Werbung und Absatz, auch andere Führungsfunktionen wie Organisation und Kontrolle gehören dazu. Zeitlich gesehen wird nach langfristiger (strategischer) Planung und kurzfristiger (taktischer) Planung unterschieden. Den Zielen der langfristigen Planung haben sich die der kurzfristigen unterzuordnen. Die Planung im Einzelhandel stellt sich nach einem Schema von Clevenz wie folgt dar (entnommen aus F. Hinze: Planung im Sortimentsbuchhandel, 2. Aufl., 1999):

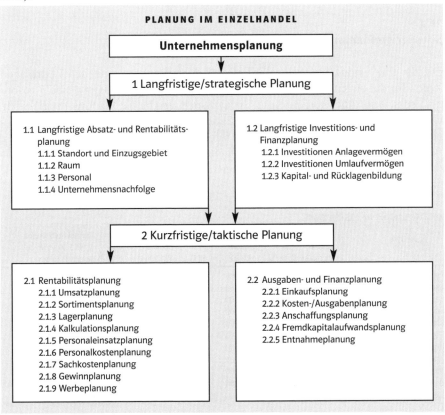

Unter Planungsrechnung, heute immer häufiger mit dem Begriff Controlling bezeichnet, ist eine Vorschaurechnung zu verstehen. Als letzte Stufe innerhalb des Rechnungswesens verarbeitet sie die aus der Buchhaltung, der Kostenrechnung und der Betriebsstatistik für vergangene Zeiträume angefallenen Daten und projektiert sie für eine bestimmte Periode in die Zukunft, z. B. für die zu erwartenden Kosten (Plankostenrechnung) und die benötigten Finanzen (Finanzplanung).

Eine exakte Planung ist nur möglich, wenn aus vergangenen Jahren angefallene Daten vorliegen und schlüssig aufbereitet werden. Dazu gilt es ständig Informationen zu sammeln und zu verdichten und dazu die Quellen innerbetrieblicher, zwischenbetrieblicher und außerbetrieblicher Art auszuschöpfen. Als gutes Arbeitsmittel für Sortimentsbuchhandlungen ist das seit 1977 von BuchMarkt vorliegende *Planungs-Taschenbuch* anzusehen bzw. seit 1980 der *Sortimenter-Kalender*, herausgegeben vom Sortimenter-Ausschuss des Börsenvereins (beide jährlich neu); ferner das *Formularbuch für den Sortiments-Buchhandel* in der 3. Auflage von 1992. Der eingangs genannte »Schnellkurs« *Planung im Sortimentsbuchhandel* gibt ebenfalls praktische Hinweise zu diesem Komplex.

24.1
Schwierige Planungsrechnung bei Gründungen

Die für eine exakte Planung erforderlichen Daten aus vergangenen Zeiträumen fehlen für die ersten Jahre der Gründungsphase, eine Vorschau ist deshalb besonders schwierig. Aber gerade diese Ungewissheit macht die Planung unerlässlich, ein Ziel muss jedes neugegründete Unternehmen ansteuern. In Form einer knappen Beispielrechnung werden in den folgenden Abschnitten die verschiedenen Bausteine einer einfachen manuellen Planungsrechnung vorgestellt, wobei jeweils drei Varianten zur Ausrechnung kommen: der pessimistische, der wahrscheinliche und der optimistische Ansatz.

KOSTENPLANUNG IM ERSTEN JAHR

	I Umsatz 400.000 €	in %	II Umsatz 500.000 €	in %	III Umsatz 600.000 €	in %	Vergleichsbetriebe (2 bis 3 beschäftigte Personen) in %
Personalkosten	47.300	11,8	47.300	9,4	47.300	7,9	10,4
Miete	28.800	7,2	28.800	5,8	28.800	4,8	4,4
Sachkosten für Räume	10.000	2,5	10.000	2,0	10.000	1,7	0,7
Kosten für EDV	1.500	0,4	1.500	0,3	1.500	0,2	0,3
Kosten für Werbung	12.000	3,0	12.000	2,4	12.000	2,0	1,2
Gewerbesteuer	0	0,0	1.000	0,2	2.000	0,3	0,1
Kraftfahrzeugkosten	3.000	0,7	3.000	0,6	3.000	0,5	0,6
Zinsen für Fremdkapital	3.500	0,9	3.500	0,7	3.500	0,6	1,2
Abschreibungen	12.000	3,0	12.000	2,4	12.000	2,0	1,6
Übrige Kosten	12.000	3,0	12.500	2,5	13.000	2,2	3,5
Steuerliche Gesamtkosten	130.100	32,5	131.600	26,3	133.100	22,2	24,0

24.2 Umsatzplanung

ERGEBNISPLANUNG IM ERSTEN JAHR

	I Umsatz 400.000 €	in %	II Umsatz 500.000 €	in %	III Umsatz 600.000 €	in %	Vergleichsbetriebe (2 bis 3 beschäftigte Personen) in %
Rohgewinn	112.000	28,0	140.000	28,0	170.000	28,3	30,7
− Kosten	130.100	32,5	131.600	26,3	133.100	22,2	24,0
= **Ergebnis I**	− 17.900	− 4,5	8.400	1,7	36.900	6,1	6,7
− Kalkulatorischer Unternehmerlohn	33.000	8,2	33.000	6,6	33.000	5,5	6,8
− Zinsen für Eigenkapital	1.600	0,4	1.600	0,3	1.600	0,3	0,4
= **Ergebnis II**	− 52.500	−13,1	− 26.200	− 5,2	2.300	0,4	− 0,5

Jede Planungsrechnung bedarf einer Korrektur, sofern sich schon in den ersten Monaten herausstellt, dass die Ansätze zu weit von der Wirklichkeit entfernt sind. Bleiben die Schwankungen jedoch innerhalb der jeweils ausgerechneten drei Planwerte, so spricht das für eine gute Einschätzung und lässt hoffen, dass auch in den kommenden Jahren die langfristig gesteckten Pläne in Erfüllung gehen. Eine Planung per EDV ist denkbar bei Vorhandensein entsprechender Programme für die operative (kurzfristige) Planung mit beispielsweise folgenden Teilplänen: Umsatzplan insgesamt und nach Hauptsachgebieten, Limitplan, Kostenplan, Finanzplan, Rentabilitätsplan und Personalplan.

Auch die DATEV (Nürnberg) bietet für den Einzelhandel ausgereifte Programme für Planung und Kontrolle an. Solche EDV-gestützte Planung erspart erhebliche Zeit. Aber jede Planung, gleich ob manuell oder über EDV, erfüllt nur dann ihren Zweck, wenn in regelmäßigen Abständen ein Soll-Ist-Vergleich durchgeführt wird.

24.2 Umsatzplanung

Die Umsatzplanung als erster Baustein unserer Rechnung, geht in unserem Beispiel von einem Jahresumsatz von 500.000 € aus, während als Minimum 400.000 €, als Maximum 600.000 € in der Planübersicht stehen. Die Aufteilung auf Monate lehnt sich an das an, was im Durchschnitt des Sortimentsbuchhandels gegeben ist. Allerdings wird hier, bei einer gedachten Eröffnung zum 2. 1., die Umsatzspitze im November und Dezember noch höher als üblich angesetzt, weil der Bekanntheitsgrad allmählich wächst und der Umsatz überproportional steigen dürfte. Abweichend von üblichen Werten wird auch die Verteilung des Umsatzes auf Bar- und Kreditverkäufe sein, denn der Kundenstamm bildet sich langsam und dokumentiert sich in einem wachsenden Anteil des Rechnungsumsatzes bis hin zum Mittelwert von knapp 30 % (Stand 2002). Am Anfang sind schon 10–15 % beachtlich.

Zur rentabilitätsmäßig abgesicherten Geschäftsgründung gehört die Errechnung des Mindestumsatzes, mit dem die anfallenden fixen und variablen Kosten zu decken und die Warenlieferungen zu bezahlen sind. Die Interdependenzen zur Kalkulations-, Kosten- und Rentabilitätsplanung werden damit offenkundig.

24.3
Sortiments- und Kalkulationsplanung

Der Gesamtumsatz gibt in seiner pauschalen Form keine Auskünfte darüber, mit welchen Sortimentsgruppen er erzielt werden soll. Rückschlüsse auf den Rohertrag einer gegründeten Buchhandlung sind aber nur dann halbwegs genau zu ziehen, wenn die Umsatzzusammensetzung nach Hauptgruppen bekannt ist, die einer gleichmäßigen Rabattierung unterliegen. Durch die Buchpreisbindung kommt keine betriebsindividuelle Kalkulation zum Tragen, aber durch die unterschiedlichen Rabatte fallen unterschiedliche Rohgewinne an. Als Extrembeispiel haben wir auf der einen Seite die Gruppe der Publikumsverlage wie im Bereich der Belletristik mit sehr guten Verlagskonditionen, während auf der anderen Seite Schulbücher oder einzeln besorgte Fachbücher einen geringeren Rohgewinn, prozentual zum Umsatz, erzielen. So gesehen kann sich eine Kalkulationsplanung im Sortimentsbuchhandel nur in dem engen Rahmen bewegen, der durch die Minimierung der Einstandspreise der einzelnen Titel (Rabatt, Partie, Skonto, Bonus, portofreie Lieferung) oder Steuerung der Sortiments- und damit der Absatzstruktur hin zu gut rabattierten Literaturgruppen gegeben ist. Bei gleichbleibenden Kosten könnten also Veränderungen in der Umsatzzusammensetzung durch die unterschiedlichen Rohgewinne der Gruppen den Gewinn erhöhen oder schmälern.

Voraussetzung des Erkennens einer solchen Entwicklung ist das Wissen um die in den einzelnen Gruppen durchschnittlich erzielten Handelsspannen. Das setzt neben der Trennung des Umsatzes und der Lagerbestände auch die parallele Aufgliederung des Wareneingangs voraus, eine mühevolle Arbeit, die auch erst Wirkung zeigen kann aufgrund der für das erste volle Geschäftsjahr erzielten Ergebnisse. Im zweiten Jahr jedoch vermag durch die kurzfristige Erfolgsrechnung im Einstandswert-Verfahren je gebildeter Gruppe eine detaillierte Ausrechnung vorgenommen und zur Steuerung benutzt werden (vgl. Kap. 23.3).

24.4
Kostenplanung

Stehen die Werte der Umsatz-, Sortiments-, Kalkulations-Planung einer gegründeten Buchhandlung zumeist auf recht schwammigem Boden, so ist die Kostenplanung wesentlich exakter durchzuführen. Zum Modell der Musterbuchhandlung mit den Umsatzgrößen 400.000 €, 500.000 € und 600.000 € nachstehend einige Erläuterungen bei den einzelnen auf dem Bogen aufgeführten Hauptkostenarten, ergänzt um die Prozentwerte im Verhältnis zum Umsatz ohne Umsatzsteuer. In der achten Spalte ist der prozentuale Vergleichswert aus dem Kölner Betriebsvergleich für 2002 hinzugefügt. Der Fixkostencharakter verschiedener Positionen wird durch diese Aufstellung besonders deutlich, so z. B. durch die Miete, deren Prozentwert bei kleinerem Umsatz nach oben geht und umgekehrt.

24.4 Kostenplanung

PERSONALKOSTEN Unterstellt wird für die Modellbuchhandlung (2002), dass neben dem Inhaber bzw. der Inhaberin der Einzelfirma noch eine junge Buchhändlerin mit 2.000 € Brutto-Monatsgehalt, eine Auszubildende im ersten Ausbildungsjahr mit 500 € Gehalt, eine Aushilfe mit monatlich 325 € sowie eine Reinigungskraft bei fünfstündiger Arbeitszeit pro Woche mit gleichfalls 325 € je Monat beschäftigt sind. Diese vier Gehaltspositionen machen monatlich 3.150 € aus. Das ergibt mal 13 einen Betrag von 40.950 € plus 6.350 € Sozialaufwendungen, also jährlich die im Modell eingesetzten Personalkosten von 47.300 €. Die Buchhaltung soll außer Haus über EDV beim Steuerberater erledigt werden.

MIETE 100 qm Geschäftsräume sind angemietet worden zum Preis von 24 € je Quadratmeter und Monat, also 2.400 € pro Monat, 28.800 € pro Jahr. Mieterhöhungen werden im ersten Jahr nicht erwartet.

SACHKOSTEN FÜR RÄUME Die Sachkosten für Räume sind vorerst noch eine unbekannte Größe. Hier hilft nur ein Schätzwert, nach dem im Durchschnitt etwa ein Drittel der Miete für Heizung, Licht, Wasser, Müllabfuhr, Reinigungsmittel und Instandsetzung der Räume anzusetzen ist, hier 10.000 €.

WERBUNG Für die Eröffnungswerbung werden 6.000 € fest eingeplant, weitere 6.000 € für Werbemaßnahmen während des Jahres vorgesehen.

BETRIEBLICHE STEUERN (GEWERBESTEUER) Die Mehrwertsteuer erscheint als reiner Durchlaufposten nicht unter den Betriebsausgaben. Als Betriebssteuern gibt es nur noch die Gewerbesteuer bzw. die Körperschaftsteuer bei Kapitalgesellschaften. Die Gewerbesteuerbelastung kann nur eingeschätzt werden, sie richtet sich nach dem Gewerbeertrag (Gewinn plus Hinzurechnung von Dauerschuldzinsen), von dem 5 % (unter Abzug eines Freibetrages) den Steuermessbetrag bilden, der je nach Hebesatz der Gemeinde zu multiplizieren ist, beim Hebesatz 300 % beispielsweise auf das Dreifache.

KRAFTFAHRZEUGKOSTEN Es wird ein kleiner Personenkraftwagen unterstellt, dessen Kosten zu 75 % als Geschäftsausgaben anerkannt werden. Hier sollen es insgesamt 4.000 € für Benzin, Öl, Steuern, Versicherung, Wartung, Reparaturen (ohne Abschreibungen) sein, von denen 1.000 € auf Konto Privatentnahmen umzubuchen sind.

ZINSEN FÜR FREMDKAPITAL Als langfristiger Kredit sind Mittel zur Existenzgründung vorgesehen, von denen das Eigenkapitalhilfeprogramm des Bundes zwei Jahre zinsfrei gewährt wird, während für den ERP-Kredit 5 % Zinsen anfallen. Hinzu kommen Kontokorrentzinsen für die zu erwartende kurzfristige Überziehung während des Herbsteinkaufs sowie die hier unterzubringenden Nebenkosten des Geldverkehrs (Bankgebühren), zusammen 3.500 €.

ABSCHREIBUNGEN (Afa) sind steuerlich zulässige Abnutzungsbeträge für Wirtschaftsgüter des Anlagevermögens, die der Buchhandlung für eine bestimmte Zeit bis zur »Abnutzung« zur Verfügung stehen und dann durch Neuanschaffungen (Ersatzinvestitionen) ersetzt (Kraftfahrzeug) oder aber durch Modernisierungsmaßnahmen (z. B. Erneuerung der Inneneinrichtung) aufgefrischt werden. Kurzlebige Wirtschaftsgüter können zur Zeit bis zur Grenze von 400 € im Jahr der Anschaffung voll abgeschrieben werden, so elektronische Tischrechner, kleinere Büromöbel usw.

Die Höhe der Abschreibungen wird durch den Preis des Anlagegutes und die Abschreibungsdauer bestimmt. Hat eine Inneneinrichtung 60.000 € (ohne Umsatzsteuer) gekostet und ist die lineare Afa auf zehn Jahre vorgesehen, so sind das als Abschreibung zehn Jahre lang je 6.000 €, bei einem Kraftfahrzeug für 18.000 € bei sechsjähriger Nutzungsdauer 3.000 €. Diese beiden Summen sind im Beispiel unterstellt, dazu 3.000 € für verschiedene geringwertige Wirtschaftsgüter, die zum großen Teil in den nächsten Jahren nicht erneuert zu werden brauchen.

ÜBRIGE KOSTEN Diese Sammelposition enthält alle übrigen Betriebsausgaben wie Büro- und Verwaltungsmaterial, Verpackung, Instandhaltung und Reparaturen (ohne Räume und Kraftfahrzeug), Ausgangsporti, Telefon und Bestellterminal, Fahrt- und Reisekosten, Versicherungen, Beiträge, Beratungen, Dienstleistungen außer Haus usw. Hier sind 12.000 € im ersten Jahr angegeben mit leichter Steigerung bei höherem Umsatz.

24.5
Rentabilitätsplanung

Auf dem Bogen der Kostenplanung ist die Rentabilitätsrechnung für das erste Planjahr mit eingesetzt unter der Annahme eines auf 28 % des Umsatzes eingeschätzten Rohgewinns, was mit den steuerlichen Gesamtkosten zu saldieren ist. Beim Umsatzmodell I kommt als Betriebsergebnis I ein Verlust von 17.900 €, bei den Umsatzmodellen II und III ein Gewinn von 8.400 € bzw. 36.900 € heraus.

Zu decken sind noch die Bedürfnisse des Unternehmers, dem für seine Leistung ein Betrag zugebilligt werden soll, der sich an den Sätzen für den kalkulatorischen Unternehmerlohn im Kölner Betriebsvergleich orientiert. Dazu noch die Zinsen für das eingesetzte Eigenkapital. Als Betriebsergebnis II (Rohgewinn minus Gesamtkosten minus kalkulatorischer Unternehmerlohn und Eigenkapitalzinsen) zeigt sich beim Umsatzmodell I ein Verlust von 52.500 €, im Modell II von 26.200 €, während beim Modell III ein kleines Plus in Höhe von 2.300 € errechnet worden ist.

Aus diesen Planwerten resultiert, dass ein Umsatz von 600.000 € spätestens im zweiten Geschäftsjahr erreicht werden muss, wenn sich an der Kostenstruktur oder der Rohgewinnsituation nichts verbessern lässt. Eine Beschränkung der Privatentnahmen auf 15.000 bis 20.000 € ist anzuraten, um die Durststrecke möglichst ohne erneute Fremdkapitalaufnahme zu überwinden. Je Monat aufgestellt, gibt eine einfache Erfolgsrechnung durch Gegenüberstellung von Rohgewinn und Kosten das voraussichtliche Betriebsergebnis an. Wie schon mehrfach betont, arbeitet selbst eine viele Jahre existierende Buchhandlung unter Berücksichtigung angemessener Privatentnahmen acht bis zehn Monate ins Minus, baut also Kapital ab, während nur vier bis zwei Monate Kapitalüberschüsse erwirtschaftet werden.

24.6 Finanzplan

Der Finanzplan erfasst systematisch die innerhalb eines bestimmten Zeitraumes zu erwartenden Einnahmen und Ausgaben und stellt sie gegenüber. Hierzu auf der Folgeseite das Statistikblatt 4.07 *Monatlicher Finanzplan* aus dem *Formularbuch*. Da beim Finanzplan der Gesichtspunkt der Liquidität im Vordergrund steht, sind die Besonderheiten der Umsatzsteuer in folgender Weise bei der Ausfüllung des Musterbogens zu berücksichtigen:

- Der Geldeingang aus Bar- und Kreditverkäufen ist einschließlich Umsatzsteuer auszuweisen.
- Bei der Position D.6 ist die Zahllast einzutragen, also die Differenz zwischen abzuführender Umsatzsteuer und abziehbarer Vorsteuer, und zwar jeweils im Folgemonat. Sind also für Januar 2.150 € Umsatzsteuer fällig und macht die abziehbare Vorsteuer 1.750 € aus, so beträgt die Zahllast 400 €, einzutragen in die Zeile Umsatzsteuer des Monats Februar.
- In den ersten Monaten nach Gründung wird in der Regel die abziehbare Vorsteuer die abzuführende Umsatzsteuer übersteigen aufgrund der Investitionen ins Anlagevermögen und Umlaufvermögen (Warenlager). Dies ergibt ein Guthaben beim Finanzamt, das dieses im nächsten Monat bei Beträgen über 500 € zurück überweist. Dieser Guthabenbetrag ist als sonstige Zahlung im folgenden Monat einzusetzen. Die Spalte Umsatzsteuer bleibt dann leer.
- Kosten, die mit Umsatzsteuer belastet sind, kommen einschließlich Umsatzsteuer in den Finanzplan.
- Fällige Lieferantenverbindlichkeiten (Kreditoren) sind ebenfalls einschließlich Umsatzsteuer auszuweisen.

4.07. FINANZPLAN
Monatlicher Finanzplan   Jahr _____

	Januar 1	Februar 2	März 3	April 4	Mai 5	Juni 6	Juli 7	August 8	September 9	Oktober 10	November 11	Dezember 12	Jahr
A. Anfangsbestand Geldmittel													
B. 1 Geldeingang Barverkauf													
2 Geldeingang Rechnungsverkauf													
3 Sonstiger Geldeingang													
C. **Verfügbare Geldmittel**													
D. 1 Fällige Warenrechnungen (ohne D 2-3)													
2 Fällige BAG-Rechnungen													
3 Fällige Akzepte													
4 Fällige sonstige Rechnungen													
5 Darlehensrückzahlungen													
6 MWSt.-Zahllast													
E. 1 Fremdpersonalkosten													
2 Mieten													
3 Sachkosten für Geschäftsräume													
4 Werbung													
5 Betriebliche Steuern													
6 Kfz.-Kosten													
7 Zinsen und sonst. Geldkosten													
8 Alle übrigen Kosten													
F. Privatentnahmen													
G. **Summe der Ausgaben (D + E + F)**													
H. Endbestand Geldmittel													
I. 1 Privateinlagen													
2 Kreditrahmen													
3 Sonstige Posten													
4													
K. 1 Überdeckung an Geldmitteln													
2 Unterdeckung an Geldmitteln													

© Börsenverein 4.07 Finanzplan

25
Steuern

Mit der Gründung einer Buchhandlung, die von Beginn an Umsätze tätigt, Gewinne erzielen möchte und sogar schon Mitarbeiter beschäftigt, sind entsprechend unseren Steuergesetzen automatisch steuerliche Tatbestände gegeben. Voraussetzung für die korrekte Besteuerung ist eine ordnungsgemäße Buchführung, wie in Kapitel 22 erläutert. Aus dieser muss unter steuerlichem Aspekt ersichtlich sein:
- der Umsatz für die abzuführende Umsatzsteuer;
- der Eigenverbrauch für die abzuführende Umsatzsteuer;
- der Wareneingang für den Vorsteuerabzug;
- die Kosten für den Vorsteuerabzug;
- die Anlagegegenstände für den Vorsteuerabzug;
- der Gewinn als Differenz zwischen Betriebsgewinn und Betriebsausgaben (zuzüglich Abschreibungen) für die Einkommensteuer (bzw. Körperschaftsteuer) und die Gewerbesteuer;
- eine ordnungsgemäße Bilanz für die Gewerbesteuer;
- eine Lohnabrechnung für die Lohnsteuer.

Bereits während der Vorbereitungen zur Gründung fallen verschiedene Kosten an, z. B. Fahrt- und Reisekosten (Standortsuche, Lieferantenbesuche, Bankgespräche), für Insertionen in Orts- und Fachpresse, vorsorgliche Beschaffung von Büromaterial und Büromobiliar, Bildung von Lagervorräten, Aufwendungen für Beratung, Kosten für Anmeldungen und andere Formalitäten usw. Diese Kosten müssen vollständig durch ordnungsgemäße Belege erfasst werden, auf denen zu Lieferantenname, Empfänger, Leistung, Datum und gezahltem Betrag auch die darauf lastende Umsatzsteuer wegen des späteren Vorsteuerabzugs getrennt ausgewiesen sein muss. Bis 100 € Rechnungsbetrag genügt die Angabe des Umsatzsteuersatzes durch den Rechnungsaussteller. Alle bereits vor der Eröffnung anfallenden Aufwendungen sind steuerlich abzugsfähig.

25.1
Umsatzsteuer

Die Umsatzsteuer beträgt zur Zeit (2004) 7 % (ermäßigter Satz) und 16 % (Regelsteuersatz) für die betrieblichen Umsätze. Herauszurechnen aus den Bruttoerlösen

(Bar- und Kreditverkauf), die die Umsatzsteuer enthalten, sind 6,542 bzw. 13,79 %, um auf den Betrag der abzuführenden Umsatzsteuer zu kommen.

Die Anmeldung der Umsatzsteuerschuld erfolgt in der Regel monatlich mittels des Vordrucks »Umsatzsteuervoranmeldung«; gleichzeitig ist die Vorauszahlung an das örtliche Finanzamt zu leisten. Eine vierteljährliche Abgabe ist dann zulässig, wenn die Umsatzsteuerschuld des Vorjahres unter 6136 € lag. Von der zu zahlenden Umsatzsteuer des Monats wird als Vorsteuer das abgezogen, was im Abrechnungszeitraum auf den Lieferantenrechnungen oder Kostenrechnungen an Umsatzsteuer belastet war. Ist die Differenz zwischen der (hohen) Vorsteuer, z. B. bei Beschaffung von teuren Anlagegütern, und der (niedrigen) Umsatzsteuer höher als 500 €, wird der Differenzbetrag an das Unternehmen zurückgezahlt. Es ist darauf zu achten, dass bei Rechnungen über 100 € stets das Nettoentgelt und die Umsatzsteuer getrennt ausgewiesen sind, damit der Vorsteuerabzug anerkannt wird. Der Eigengebrauch unterliegt ebenfalls der Umsatzsteuer zum in Frage kommenden Satz, das sind z. B. Warenentnahmen des Unternehmers, Privatanteile der Telefon- und Kfz-Kosten.

Bezahlt werden muss die Umsatzsteuer nach vereinbarten Entgelten. So sind die Kreditverkäufe im Monat der Leistung zu versteuern (Soll-Versteuerung). Liegt der Jahresumsatz unter 125 000 €, kann die sogenannte »Ist-Versteuerung« beantragt werden, die Abführung der Umsatzsteuer im Monat des Zahlungseinganges bei den Kreditverkäufen. Beim Barverkauf fällt Soll- und Ist-Versteuerung zusammen.

In der folgenden Übersicht sind mögliche Waren in einer Sortimentsbuchhandlung in Bezug auf die unterschiedlichen Umsatzsteuersätze aufgelistet. Besondere Beachtung verdienen die so genannten Kombi-Produkte. Hinsichtlich der steuerlichen Seite sei auf eine Entscheidung des Bundesfinanzhofes hingewiesen. Sie befasst sich mit dem Kombi-Produkt Notenbuch mit beiliegender CD. Hiernach unterliegen nach dem Arbeitsbericht 1999 des Preisbindungstreuhandbüros Wallenfels & Partner Warenkombinationen dem ermäßigten Umsatzsteuersatz für Druckerzeugnisse, wenn die Bestandteile des Kombi-Produkts üblicherweise nicht getrennt zum Kauf angeboten werden, die CD speziell für das Printprodukt angefertigt wurde, die CD zur Veranschaulichung nur Spielbeispiele von den im Notenheft abgedruckten Stücken enthält oder wenn das Wertverhältnis der das Kombi-Produkt ausmachenden Einzelgegenstände eindeutig zu Gunsten des Druckwerks bestimmbar ist.

UMSATZSTEUERSÄTZE FÜR WAREN IN SORTIMENTSBUCHHANDLUNGEN

Waren	ermäßigter USt.-Satz	voller USt.-Satz	Bemerkungen
Adressbücher	x	–	–
Antiquarische Bücher und Broschüren	x	–	–
Arbeitshefte und Arbeitsbücher mit hohem Anteil an gedrucktem Text	x	–	Gegebenenfalls prüfen (Auskunft: OFD Köln)
Arbeitstransparente	–	x	–

25.1 Umsatzsteuer

Waren	ermäßigter USt.-Satz	voller USt.-Satz	Bemerkungen
Bibliografien	x	–	–
Bibliothekskataloge	x	–	–
Bilderalben, Bilderbücher	x	–	–
Bildmappen mit Text	x	–	Gegebenenfalls prüfen (Auskunft: OFD Köln)
Briefmarken als Sammelobjekt	x	–	–
Briefmarkenalbum mit Markenvordruck	–	x	–
Briefmarkensteckalbum	–	x	–
Briefmarkenkataloge	–	x	–
Broschüren	x	–	–
Bücher	x	–	–
Comics	x	–	–
CD, CD-ROM	–	x	–
Dia-Serien	–	x	–
Disketten	–	x	–
DVD	–	x	–
Filme	–	x	–
Folien	–	x	–
Globen (bedruckte Erd- und Himmelsgloben)	x	–	–
Glückwunschkarten	–	x	–
Hörbücher	–	x	–
Jugendgefährdende Schriften	–	x	Index der Bundesprüfstelle
Kalender mit Spiralheftung	–	x	–
Kalender zum Abreißen	–	x	–
Kalender (gebundene Jahrbücher mit Kalendarium)	x	–	–
Kartenspiele, Tarotkarten	–	x	–
Kassetten (Bücher in besonderer Verpackung)	x	–	–
Kassetten, Ton-	–	x	–
Kleinschriften, Traktate	x	–	–
Kombi-Produkte, sofern Buchanteil überwiegt	x	–	–
Kombi-Produkte, sofern Buchanteil nicht überwiegt	–	x	–
Kursbücher, Fahrpläne	x	–	–
Landkarten, kartographische Erzeugnisse	x	–	–
Lehrtafeln, Wand- und Lehrkarten	–	x	–
Lehr- und Lernmittel	–	x	falls keine Bücher
Lernspiele	–	x	–
Loseblattausgaben, Grundwerk und Ergänzungslieferungen	x	–	–
Malbücher	x	–	–
Mikrofilme/Microfiche	–	x	–
Noten	x	–	–
Ordner für Loseblattausgaben	x	–	–
Platinen	–	x	–
Poster und Kunstdrucke	–	x	falls keine Originalgrafik
Postkarten, Kunstpostkarten	–	x	–
Reprints, Faksimiledrucke	x	–	sofern Buchcharakter bestimmend ist
Romanhefte	x	–	–
Software	–	x	–
Spiele	–	x	–
Spiel-Karteien	x	–	–

Waren	ermäßigter USt.-Satz	voller USt.-Satz	Bemerkungen
Taschenbücher	x	–	–
Taschenrechner	–	x	–
Tonkassetten	–	x	–
Videokassetten	–	x	–
Vorlesungsverzeichnisse	x	–	–
Wandkarten	x	–	–
Wortschatzkarteien	x	–	–
Zeichenbücher	x	–	–
Zeitschriften	x	–	–
Zeitungen	x	–	–

25.2 Gewerbesteuer

Die Gewerbesteuer ist eine Gemeindesteuer und bemisst sich nach dem Gewerbeertrag und dem Gewerbekapital. Das Finanzamt bestimmt den Steuermessbetrag; die tatsächliche Höhe ergibt sich durch den von den einzelnen Gemeinden unterschiedlich festgesetzten Hebesatz. Gewerbesteuerpflichtig sind alle Unternehmen mit mehr als 24.500 € Gewerbeertrag pro Jahr. Ohne Rücksicht auf die Höhe des Gewerbekapitals und Gewerbeertrags müssen jene Unternehmer eine Gewerbesteuererklärung abgeben, die ihren Gewinn aufgrund eines Buchabschlusses ermitteln. GmbHs haben keinen Freibetrag beim Gewerbeertrag. Nach Gründung einer Buchhandlung schickt das Finanzamt wegen der Festsetzung der vierteljährlichen Gewerbesteuer-Vorauszahlung einen Fragebogen, der sorgfältig auszufüllen ist, am besten mit Hilfe des versierten Steuerberaters.

Gewerbesteuerersparnisse ergeben sich durch Senkung des Gewerbeertrages, so beispielsweise durch Streuung des Einkommens auf Familienangehörige. Es ist unter diesem Aspekt also falsch, einen mitarbeitenden Ehegatten nicht seiner Leistung entsprechend als Angestellten der Firma zu bezahlen. Allerdings ist Krankenkassenpflicht für jedes Familienmitglied gegeben, wenn die Gesamteinkünfte pro Jahr einen bestimmten Betrag übersteigen. Dieser Betrag wird alljährlich neu festgesetzt.

Laufende kurzfristige Verbindlichkeiten müssen als Dauerschulden und die Zinsen als Dauerschuldzinsen hinzugerechnet werden, wenn sie das ganze Jahr hindurch bestanden haben. Das lässt sich umgehen, wenn das Konto (oder die Konten) für einen Zeitraum von mindestens 14 Tagen durch eigene Einzahlungen und Steuerung der Abhebungen ins Plus gebracht werden.

25.3
Lohnsteuer

Das Unternehmen muss für jeden Arbeitnehmer ein Lohnkonto führen, auf dem neben den persönlichen Daten (Geburtsdatum, Familienstand, Adresse, Religionszugehörigkeit, Steuerklasse), den Gehaltszahlungen und anderen Daten (Leistungen nach dem Vermögensbildungsgesetz, Weihnachtsgeld und andere freiwillige oder tarifliche Sozialleistungen) die Lohnsteuer gesondert erfasst wird. Der Arbeitgeber haftet für die Einbehaltung und Abführung der Lohnsteuer an das für das Unternehmen zuständige Finanzamt und ist auch für die richtige Berechnung nach der vom Arbeitnehmer vorzulegenden Lohnsteuerkarte verantwortlich.

Die Höhe der Lohnsteuer kann man aus den Lohnsteuertabellen ablesen oder beim Finanzamt erfragen. Eine monatliche Abführung ist die Regel, Ausnahmen gelten für Unternehmen mit weniger als 800 € Lohnsteuer pro Jahr; hier ist ein jährliche Abrechnung und Zahlung ausreichend. Liegt sie zwischen 800 und 3.000 € pro Jahr, genügt quartalsweise Abrechnung und Zahlung.

25.4
Einkommensteuer und Körperschaftsteuer

Alle persönlichen Einkünfte des Unternehmers unterliegen der Einkommensteuer, die Einkünfte einer Kapitalgesellschaft der Körperschaftsteuer. Nach Ablauf des Geschäftsjahres hat der Unternehmer eine von ihm unterschriebene Einkommensteuer-Erklärung auf amtlichem Muster abzugeben. Normalerweise wird dazu eine Bilanz nebst Gewinn- und Verlust-Rechnung bzw. eine Überschussrechnung beim örtlichen Finanzamt eingereicht. Vorauszahlungen zur Einkommen-/Körperschaftsteuer sind vierteljährlich zu entrichten, die Höhe legt das Finanzamt fest, auch bei Gründungen und dann aufgrund des voraussichtlich im ersten Geschäftsjahr zu erwartenden steuerlichen Gewinnes. Erwirtschaftet die Buchhandlung im ersten Jahr einen Verlust, kann dieser nach § 10d Einkommensteuergesetz zurückgetragen werden.

25.5
Steuertermine

Für die herkömmlichen Steuern gibt es gesetzliche Fälligkeitstage. Die Steuererklärung muss pünktlich aufgestellt und abgeschickt werden, sonst drohen dem Steuerpflichtigen Verspätungszuschläge. Ist die fällige Steuer nicht rechtzeitig bezahlt, erhebt das Finanzamt einen Säumniszuschlag. Allerdings werden bei Fälligkeitsüberschreitungen bis zu fünf Tagen keine Säumniszuschläge erhoben. Diese Schonfrist gilt bei Überweisungen und Einzahlungen auf das Konto des Finanz-

amts, bei Scheck- und Barzahlungen jedoch nur bei Anmeldungssteuern (Umsatzsteuer, Lohnsteuer), wenn gleichzeitig mit der Abgabe der Anmeldung gezahlt wird. Für den Monat November 2003 beispielsweise galt als Termin der Fälligkeit der 11.11., als Ende der Schonfrist der 18.11. für folgende Steuern:
- Kapitalertragsteuer;
- Lohn- und Kirchenlohnsteuer sowie Solidaritätszuschlag zur Lohnsteuer; Monatszahler für Oktober;
- Umsatzsteuer: Monatszahler für Oktober, bei Fristverlängerung um einen Monat für September; Vierteljahreszahler bei Fristverlängerung für das 3. Quartal.

Fälligkeit 15. November (Ende der Schonfrist 20. November 2002):
- Gewerbesteuer: Vierteljahresbetrag;
- Grundsteuer: Vierteljahresbetrag.

Börsenblatt und *Buchmarkt* veröffentlichen regelmäßig rechtzeitig genug die nächsten Steuertermine. Für die rechtzeitige Abgabe der Voranmeldung bzw. Meldung ist der Eingangstag beim Finanzamt entscheidend, spätestens mit dieser Abgabe hat der Steuerpflichtige die Steuer zu zahlen oder anzuweisen.

Für Benutzer von EDV-Anlagen außer Haus, deren Buchungsunterlagen erst Mitte bis Ende des folgenden Monats aufgearbeitet sind, gilt folgende Erleichterung bei der Anmeldung der Zahlung der Umsatzsteuer: Es wird ein Elftel der Vorjahresumsatzsteuer als Abschlag gezahlt, die genaue Monatsabrechnung erfolgt dann um einen ganzen Monat später. Die Umsatzsteuererklärung für den Monat März ist dann beispielsweise erst zum 10. Mai fällig.

Eine Stundung von Steuerschulden, insbesondere bei größeren Nachzahlungen wegen Abweichens der Vorauszahlungen von der sehr oft verspätet in der Jahreserklärung festgestellten Einkommensteuerschuld, ist auf Antrag möglich, allerdings einer Verzinsung unterworfen.

Die steuerlichen Pflichten zum Geschäftsjahresschluss machen etliche Abschlussarbeiten notwendig:
- Inventur (mit Bewertung des Warenlagers);
- Aufstellung einer Inventarliste (bzw. Ausweis auf Anlagenkonten);
- Aufstellung der Bilanz mit Gewinn- und Verlustrechnung;
- Eintragung von gezahltem Gehalt (Lohn) und abgeführter Lohnsteuer in die Steuerkarten der einzelnen Mitarbeiter;
- Nachweis der Bezahlung der Beiträge zur gesetzlichen Rentenversicherung.

Für das Finanzamt sind Jahreserklärungen auf amtlichen Formularen anzufertigen:
- Umsatzsteuer;
- Gewerbesteuer;
- Einkommensteuer/Körperschaftsteuer.

Sofern der Gründungstermin einer Buchhandlung genau auf den 1.1. oder die ersten Tage des Januars fällt, sind Geschäftsjahr und Kalenderjahr identisch. Wird aber beispielsweise zum günstigeren Termin 1.10. der Geschäftsbetrieb aufgenommen, bestehen zwei Möglichkeiten: Entweder läuft das abweichende Geschäftsjahr immer vom 1.10. bis 30.9. oder das erste Rumpfgeschäftsjahr geht vom 1.10. bis 31.12., das zweite Geschäftsjahr hingegen fällt dann mit dem Kalenderjahr zusammen. Was im einzelnen Falle günstiger oder ungünstiger ist (hinausgeschobene Steuertermine bei abweichendem Jahr, schon Inventur nach drei Monaten beim Rumpfgeschäftsjahr, Schwierigkeiten der Abgrenzung für den Betriebsvergleich usw.), sollte mit dem Steuerberater in der Anfangsphase besprochen werden.

25.6 Steuerberater und Steuerbevollmächtigter

Unsere Steuergesetzgebung ist so kompliziert, dass nur Spezialisten alle Möglichkeiten ausschöpfen können und den Anforderungen gewachsen sind. Es empfiehlt sich auf jeden Fall, bereits bei der Gründung die Hilfe eines Steuerberaters oder Steuerbevollmächtigten in Anspruch zu nehmen, der neben der steuerlichen Betreuung evtl. die Buchhaltung über EDV außer Haus übernimmt.

Die Kosten für die Steuerberatung, Überprüfung der Jahresabschlüsse und das Ausfüllen der zuvor aufgeführten Jahreserklärungen richten sich in der Regel nach der Unternehmensgröße, gemessen am Bilanzvolumen, haben aber eine beachtliche Streubreite nach der Steuerberatergebührenordnung. Das gilt auch für die anderen Dienstleistungen wie Übernahme der Finanzbuchhaltung, der Lohnbuchhaltung usw.

26
Personalplanung

Die Qualifikation des Unternehmers, der Geschäftsführer/in und der Mitarbeiter muss den Anforderungen entsprechen, die das Unternehmen an sie stellt. Eine Buchhandlung als Fachgeschäft wird möglichst Fachkräfte beschäftigen, insbesondere für die Führungsebene und den Mittelbau, also jenen Personenkreis, der als Entscheidungsträger Verantwortung für den Gesamtbetrieb oder deren Teilbereiche trägt. Als besondere Form des kulturell geprägten Einzelhandels mit Büchern verlangt diese eine vielfältige Qualifikation für die Führung und Mitarbeit in einer Buchhandlung. Die »geistige Ware« Buch erfordert in vielfacher Hinsicht eine eigene kaufmännische Handhabung.

Je größer die Buchhandlung ist, desto mehr verändert sich deren Personalstruktur: Sachbearbeiter, EDV-Spezialisten, Abteilungsleiter, Prokuristen, Filialleiter, Geschäftsführer für den buchhändlerischen und kaufmännischen Bereich werden in den großen Einheiten benötigt. Hier tritt der qualitative Gesichtspunkt hervor, der Kader muss den zugedachten Führungsaufgaben gewachsen sein und die Kunst der Delegation (inklusive Kontrolle) beherrschen. Vielfach ist der Weg richtig, für leitende Funktionen eigene Kräfte zu entwickeln durch zweckgerichtete interne und externe Weiterbildung auf die vorgesehenen Aufgaben.

Der zunehmende Verdrängungswettbewerb in der Branche erheischt betriebswirtschaftliches Denken und Handeln, moderne Mitarbeiterführung sowie differenzierte Marktorientierung. Durch Abkehr von überholten Führungsmethoden gilt es die Arbeitsproduktivität zu verbessern. Dazu gehört das Einbinden der Mitarbeiter in die relevanten Entscheidungsprozesse und ein verändertes Denken der Vorgesetzten. Motivation und Betriebsklima strahlen positiv auf die prospektiven Kunden aus. Letztlich entscheidet auch das darüber, ob eine Buchhandlung im Wettbewerb besteht.

Die Personalplanung muss auch quantitativ angelegt sein. Zur Bemessung der für eine bestimmte Betriebsgröße benötigten Mitarbeiter helfen Werte aus dem Kölner Betriebsvergleich für den Sortimentsbuchhandel. Nachstehend auf Seite 412 als Anhalt der Umsatz je beschäftigte volle Person (einschließlich mitarbeitende Unternehmer/innen, Teilzeitkräfte entsprechend umgerechnet, Auszubildende im ersten und zweiten Ausbildungsjahr mit 0,5 bewertet) für die Jahre 2000, 2001 und 2002, gegliedert nach Beschäftigten-Größenklassen.

UMSATZ JE BESCHÄFTIGTE PERSON IN EURO*

Beschäftigtengrößenklassen	2000	2001	2002
2– 3	159.578	150.431	146.126
4– 5	153.336	142.122	149.050
6–10	158.829	148.850	141.242
11–20	155.997	150.543	152.450
21–50	174.743	158.375	150.109
über 50	181.589	168.049	173.951
Gesamt	**159.969**	**149.593**	**148.019**

* Zu beachten ist, dass sich die Werte des Jahres 2000 auf den Umsatz mit Umsatzsteuer beziehen, die für 2001 und 2002 auf den Umsatz ohne Umsatzsteuer.

Bereits in der Vorbereitungszeit, exakt zum Gründungstermin oder später sind die benötigten Mitarbeiter/innen einzustellen. Wo sind diese zu finden oder zu gewinnen?

26.1
Insertion in der Fachpresse

Zum Gewinnen buchhändlerischer Fachkräfte ist in erster Linie die Insertion in der buchhändlerischen Fachpresse zu nennen, wobei dem *Börsenblatt* aufgrund seiner Verbreitung als Verbandszeitschrift (kostenlose Belieferung im Mitgliedsbeitrag enthalten), der wöchentlichen Erscheinungsweise und der wesentlich höheren Auflage gegenüber den Konkurrenzorganen die größte Wirkung zuzusprechen ist. Für Börsenvereins-Mitglieder gelten Anzeigen-Vorzugspreise. Aber auch Mitteilungsorgane einzelner Landesverbände veröffentlichen Stellenangebote. Hier ist zumeist ein regionaler Bezug gegeben. Im Rahmen des Webauftritts des bayerischen Landesverbandes ist auf der Homepage unter WWW.BUCHHANDEL-BAYERN.DE ein direkter Zugriff auf eine Job- und Kontaktbörse eingerichtet worden. Andere Landesverbände werden diesem Beispiel folgen.

Orte mit landschaftlichen Reizen oder starker kultureller Ausstrahlung haben es erfahrungsgemäß leichter mit dem Gewinnen von Fachkräften auf diesem Wege. Zumeist wird heute offen, also mit Firmenangabe, inseriert; Chiffre-Stellenanzeigen sind derzeit in der Minderheit.

Erfolg oder Misserfolg des Inserates hängt weitgehend von Form (Größe, grafische Gestaltung, Schrift) und dem Text der Stellenbeschreibung ab. Je klarer die zu vergebende Aufgabe nach den tatsächlichen Verhältnissen umrissen ist, je deutlicher die inserierende Buchhandlung und der Ort künftigen Wirkens vorgestellt werden, desto besser wird die Antwortquote ausfallen.

Online-Stellenangebote im Internet sind neueren Datums. Begonnen hat hiermit die Fachzeitschrift *BuchMarkt* im Oktober 2002 (www.buchmarkt.de). Für Stellenangebote galt zunächst ein Schnupperpreis von 25 €. Um die Aktualität zu gewährleisten, bleibt dieser Stellenmarkt einen Monat im Netz.

26.2
Insertion in der örtlichen/regionalen Presse

Der Presse des Ortes wird sich der Buchhändler vorzugsweise dann bedienen, wenn allgemeine Verwaltungskräfte gesucht werden oder aber gewerbliche Arbeitskräfte als Bote, Packer oder Kraftfahrer. Das schließt aber nicht aus – besonders in größeren Städten – auch auf diesem Wege nach Buchhändlern zu suchen.

26.3
Vermittlung vom Arbeitsamt

Hohe Arbeitslosenzahlen sind noch keine Garantie dafür, dass durch Vermittlung des örtlichen Arbeitsamtes die notwendigen Kräfte gefunden werden können. Im Hinblick auf buchhändlerische Fachkräfte ist der Weg über das Arbeitsamt weniger erfolgreich als bei benötigtem Allgemeinpersonal ohne Spezialausbildung. Bei Einstellung eines bisher Arbeitslosen gibt es unter bestimmten Voraussetzungen Zuschüsse des Staates, die eine beachtliche Höhe erreichen können. Allerdings müssen sie vor der Einstellung beim Arbeitsamt beantragt werden, das auch die Bedingungen dafür nennt.

26.4
Verlagsvertreter und Seminare

Verlagsvertreter helfen des öfteren bei der Vermittlung von Buchhändlern. Durch ihre Reisetätigkeit kommen ihnen Wünsche von beiden Seiten zu Ohren, und sie vermögen Stellungsuchende und Stellenanbieter zusammenzuführen. Aufgrund ihrer Kenntnisse von Firmen und Personen können sie zutreffende Auskünfte geben, was die Beurteilung des Stellenwechsels erleichtert.

Auf Fortbildungsveranstaltungen treffen sich gewöhnlich die interessiertesten Vertreter der Branche – eine gute Gelegenheit, um nach geeigneten Mitarbeitern Ausschau zu halten.

26.5
Einstellungsgespräch, Eignungstest, Einstellungsbestätigung

Aus den durch Insertion oder auf anderen Wegen gefundenen Stellungsuchenden ist die Vorwahl zu treffen und eine Einladung zur persönlichen Vorstellung herauszuschicken. Dabei kann gleich ein Personalbogen zur Bewerbung mitgeschickt werden zur Ausfüllung als Grundlage für die Personalakte. Er gibt Auskunft über alle beruflichen und persönlichen Daten des Bewerbers; beim Vorstellungsgespräch braucht dann danach nicht gefragt zu werden. Einen bewährten Personalbogen liefern die Betriebswirtschaftlichen Beratungsstellen für den Einzelhandel. Das entsprechende BBE-Formular-Nr. 9000 ist auf den folgenden Seiten 415–418 abgebildet. Die Reisekosten bei der Vorstellung eines Bewerbers von außerhalb erstattet in der Regel der suchende Betrieb, die Reisekostenbelege sind für diesen Zweck auszuhändigen (Fahrkarte, Hotelrechnung).

Es können auch Tests angewandt werden, um den am besten geeigneten Bewerber herauszufinden. Bei Auszubildenden ist diese Auswahl besonders wichtig, deshalb sei auf eine auf den Einzelhandel zugeschnittene Unterlage der BBE hingewiesen: *Sichere Bewerberwahl – Anleitung und Tests für die Auswahl von Auszubildenden*. Sie besteht aus einer Anleitung für die Lehrlingseinstellung und einem Testblock für die Auswahl von Auszubildenden (BBE-Verlag, Köln).

Patentrezepte und sichere Auswahlverfahren gibt es nicht. Zwar nützen Erfahrungen und Fingerspitzengefühl bei der Beurteilung der Bewerber, aber die Garantie für überwiegend richtige Entscheidungen bieten sie nicht in jedem Falle. Deshalb ist es zweckmäßig, auf bewährte Entscheidungshilfen zurückzugreifen, die die Selektion erleichtern. Das sind Tests, Anleitungen für Einstellungsgespräche mit Benotung zu verschiedenen Punkten, Arbeitsproben, die neben den Bewerbungsunterlagen (Bewerbungsbrief, Lebenslauf, Schul- und Arbeitszeugnisse) helfen, den richtigen Mitarbeiter zum richtigen Zeitpunkt für den ihm adäquaten Arbeitsplatz zu finden. Hat man sich für einen der Bewerber entschieden, dann ist, sofern nicht sofort ein Arbeitsvertrag abgeschlossen wird, die Einstellung zu bestätigen.

Hinsichtlich der Einstellung von Auszubildenden hat die Abteilung Berufsbildung beim Börsenverein unter der Federführung von Eva Martin einen Gesprächsleitfaden entworfen, der mit Abwandlungen auch für Nicht-Azubi-Einstellungsgespräche verwandt werden kann. Der Leitfaden unterteilt das Bewerbungsgespräch in fünf Phasen:

Phase 1 **AUFWÄRMEN**;
Phase 2 **ZUR PERSON**;
Phase 3 **ZUM BERUF**;
Phase 4 **VERTIEFENDE INFORMATION**;
Phase 5 **AUSKLANG**.

Parallel dazu werden die wichtigsten Beurteilungsmerkmale genannt, die sich aus den gestellten Fragen ableiten lassen. Hierbei handelt es sich zum einen um Kontaktmerkmale wie äußeres Erscheinungsbild, Umgangsformen oder Ausdrucksweise und zum anderen um Persönlichkeitsmerkmale wie Selbstvertrauen, Eigeninitiative oder Kommunikationsfähigkeit. In einer weiteren Spalte, die hier nicht wiedergegeben ist, kann durch kurze Notizen eine Bewertung eingefügt werden, wobei die Kürzel »+« für sehr gut/gut, »0« für durchschnittlich und »–« für unterdurchschnittlich stehen.

26.5 Einstellungsgespräche, Eignungstests, Einstellungsbestätigung

Bewerbung / Personalbogen

1

Name: _____ Vorname: _____

Geburtsname: _____ Wohnort: _____

Straße: _____ Telefon: _____

geboren am: _____ geboren in: _____ Kreis: _____

Staatsangehörigkeit: _____ Konfession: _____

Familienstand: ☐ ledig ☐ verheiratet ☐ verwitwet ☐ geschieden seit: _____

Zahl der unterhaltsberechtigten Kinder: _____ Geburtsdaten: _____

Name des Ehegatten: _____ Beruf: _____

Bankkonto bei: _____

Bankleitzahl: _____ Konto-Nummer: _____

krankenversichert bei: _____ Steuerklasse: _____

Foto

weiter auf Seite 2 ➜

Nachstehender Raum ist nur für Vermerke des Arbeitgebers bestimmt

Eintritt am: _____ Personal-Nr.: _____

Angestellt als: _____ Sonstige Vermerke:

Arbeitsgebiet: _____

Probezeit: _____

Kündigungsvereinbarung: _____

Bezüge: _____ Einstellung schriftlich bestätigt: _____

Urlaubsanspruch: _____

Anstellungsvertrag unterzeichnet: _____

Datum/Unterschrift

Datum	Tarif				Bezüge			Freiwillige Vergütungen	Urlaubs-anspruch	Bemerkungen
	Alter	Berufsjahre	Gruppe	Gehalt	Gehalt	Präm.⌀	Gesamt	Art*)		

* U = Urlaubsbeihilfe; W = Weihnachtsgratifikation etc.

2 Von Minderjährigen auszufüllen

Name des Vaters: _____ Vorname: _____

Beruf: _____ Anschrift: _____

Name der Mutter: _____ Vorname: _____

Beruf: _____ Anschrift: _____

Ggf. Name und Anschrift des Vormunds: _____

Ich lebe im eigenen Hausstand: ☐ ja ☐ nein

3 Von männlichen Bewerbern auszufüllen

Wehr- bzw. Zivildienst wurde abgeleistet: ☐ ja ☐ nein

Wenn ja: von: _____ bis: _____

Musterungsbescheid vom: _____ Tauglich: ☐ ja ☐ nein

Liegt ein Einberufungsbescheid vor? ☐ ja ☐ nein

4 Von Ausländern auszufüllen, die nicht zur Europäischen Union gehören

Ich bin seit: _____ in Deutschland

Meine Aufenthaltsgenehmigung gilt bis: _____ Meine Arbeitserlaubnis gilt bis: _____

5

Beziehen Sie eine Rente? ☐ ja ☐ nein Wenn ja, welche? _____

Sind Sie schwerbeschädigt? ☐ ja ☐ nein Wenn ja, wieviel %

Sind Sie erwerbsbeschränkt? ☐ ja ☐ nein Wenn ja, wieviel %

Bescheid der Hauptfürsorgestelle in: _____ vom: _____

Haben Sie Anerkennung als Schwerbehinderter bzw. Gleichgestellter beantragt? ☐ ja ☐ nein

Wenn ja, warum? _____

Art und Dauer der Krankheiten bzw. Behinderungen: _____

In den letzten 12 Monaten:

Welche Dauerleiden haben Sie? _____

Haben Sie ansteckende bzw. übertragbare Krankheiten, die Kunden und Kollegen gefährden können?

☐ ja ☐ nein Wenn ja, welche? _____

6

Müssen Sie Wettbewerbsbeschränkungen beachten? ☐ ja ☐ nein

Wenn ja, welche? _____

Bekleiden Sie Ehrenämter? ☐ ja ☐ nein

Wenn ja, welche? _____

26.5 Einstellungsgespräche, Eignungstests, Einstellungsbestätigung

7
Sind Sie vorbestraft? ☐ ja ☐ nein

Wird gegen Sie wegen eines Deliktes ermittelt, oder für die vorgesehene Tätigkeit erheblich ist?

☐ ja ☐ nein Wenn ja; welches?

Ist Ihr Gehalt bzw. Lohn gepfändet? ☐ ja ☐ nein

Haben Sie Ansprüche darauf abgetreten? ☐ ja ☐ nein

8 Bewerbung, Referenzen

Ihre Bewerbung erfolgt aufgrund einer (Anzeige, Empfehlung usw.)?

In welchen Sparten haben Sie gründliche Kenntnisse?

Für welche Position bewerben Sie sich?   Als Vollzeitkraft- Teilzeitkraft?

Sind Sie in ungekündigter gekündigter Stellung/arbeitslos?

Zu welchem Zeitpunkt können Sie bei Ihrem derzeitigen Arbeitgeber ausscheiden?

Wann kann Ihr evtl. Eintritt bei uns erfolgen?

Ihr Urlaubsanspruch aus dem bisherigen Arbeitsverhältnis?   Arbeitstage Werktage

Wieviel haben Sie erhalten bzw. wurden vom bisherigen Arbeitgeber abgegolten?   Arbeitstage Werktage

Bisheriges Arbeitsentgelt: Mein Gehaltswunsch:

Referenzen:

Kann beim derzeitigen Arbeitgeber Auskunft eingeholt werden? ☐ ja ☐ nein

Wenn ja, Name, Anschrift und Telefon

9 Allgemeine Schulbildung

a) Schulart: von: bis:

b) Schulart: von: bis:

c) Schulart: von: bis:

Sonstige Schulbesuche

a) Handelsschule in: von: bis:

b) Berufsschule in: von: bis:

Berufsförderungskurse

a) Art des Kurses: in: Dauer:

b) Art des Kurses: in: Dauer:

c) Art des Kurses: in: Dauer:

Ausbildung

als: von: bis:

bei Firma: in:

Abschlußprüfung

am: Branche: Note:

Sonstige Prüfungen, Spezialkenntnisse oder Fertigkeiten

(z. B. Fremdsprachen, Führerschein)

10 Von Jugendlichen bei Beginn des Berufslebens auszufüllen

Sind Sie in den letzten 14 Monaten ärztlich untersucht worden? ☐ ja ☐ nein

Wenn ja, bitte Bescheinigung beifügen

11 **Bisherige Tätigkeit** (lückenlos, einschl. Wehr- oder Zivildienst, Beschäftigungslosigkeit usw.)

Firma mit Anschrift	Geschäftszweig der Firma	Art der Tätigkeit oder Stellung	Fachgebiet	von Datum	bis Datum

Gründe etwaiger Beschäftigungslosigkeit:

12 Ergänzungen und Notizen

Ich bestätige hiermit die Richtigkeit und Vollständigkeit der in diesem Fragebogen gemachten Angaben. Ich bin mir bewußt, daß eine unrichtige oder lückenhafte Ausfüllung die Firma im Falle meiner Anstellung zur Anfechtung des Vertrages mit sofortiger Auflösung des Arbeitsverhältnisses berechtigt und mich zum Schadensersatz verpflichtet.

Ort: Datum: Unterschrift des Bewerbers:

Bei Minderjährigen Unterschriften der gesetzlichen Vertreter:

26.5 Einstellungsgespräche, Eignungstests, Einstellungsbestätigung

IN FÜNF PHASEN ZUM PASSENDEN AUSZUBILDENDEN

Phase 1 AUFWÄRMEN

Ablauf	Beurteilungsmerkmale
Gegenseitige Vorstellung (eigene Funktion im Unternehmen nennen) Über Gesprächsziel informieren Vorgesehene Gesprächsdauer mitteilen	Äußere Erscheinung Umgangsformen Aufgeschlossenheit Ausstrahlung

Phase 2 ZUR PERSON

Ablauf	Beurteilungsmerkmale
Lebenslauf und Persönliche Situation Kurzabriss geben lassen Was war besonders prägend? Familiäre Situation (Eltern, Beruf der Eltern, Geschwister) Finanzielle Situation (lebt bei Eltern, alleine, mit Partner, in WG, Azubigehalt für Lebensunterhalt?) Interessen, Hobbys, Freizeit Engagement, Vereine o. Ä.	Interessenspektrum Selbstständigkeit Ausdrucksfähigkeit
Schule bzw. Studium Kurzbericht letzter Abschluss Welche Fächer besondere Neigung/Abneigung? Lernen leichtgefallen? Studium: Gründe für Fächerwahl, ggfs. Gründe für Abbruch	Interessenspektrum Leistungsbereitschaft
EDV-Kenntnisse /Internet EDV Kenntnisse vorhanden? Welche? Internetnutzung? Wofür?	Interesse
Interesse an kaufmännischen Zusammenhängen/ Wirtschaft	Interesse

Phase 3 **ZUM BERUF**

Ablauf	Beurteilungsmerkmale
Berufswahl und Berufsmotivation Warum Buchhändler? Wo informiert? Welche Vorstellung von Beruf? Was sind Vorteile/schöne Seiten? Gibt es Nachteile/weniger schöne Seiten? Warum kommt man selber in Frage? Eigene Stärken bezüglich des Berufs? Kommt noch ein anderer Beruf in Frage? Welcher?	Interessenspektrum Eigeninitiative Selbstständigkeit Urteilsfähigkeit Zielorientierung
Wahrnehmung der Buchhandlung Eindruck von Buchhandlung erfragen Was gefällt besonders gut? Was gefällt nicht so gut?	Selbstvertrauen Urteilsfähigkeit Kommunikationsfähigkeit
Buch, Medien und Verkauf Was lesen Sie gerne? Welches Buch zuletzt gelesen? Und davor? Inhalt und Stil knapp schildern lassen. Wem würden Sie das Buch verkaufen? Lesen Sie regelmäßig Zeitung? Welche? Welche Zeitschriften lesen Sie regelmäßig?	Selbstvertrauen Urteilsfähigkeit Kommunikationsfähigkeit
Berufliche Ziele Warum eine Ausbildung? Wollen Sie studieren? Gibt es berufliche Ziele?	Zielorientierung
Betriebswahl und Betriebskenntnis Gründe für Auswahl der Buchhandlung Wissen über Buchhandlung und Verlage Sonstige Bewerbungen?	Eigeninitiative Urteilsfähigkeit Zielorientierung

Phase 4 VERTIEFENDE INFORMATION

Ablauf	Beurteilungsmerkmale
Informationen geben … über Buchhandlung (Größe, Mitarbeiteranzahl, Anzahl der Azubis, Schwerpunkte) … über Ausbildung (Dauer, Berufsschule oder Unterrichtsblock in Seckbach, Vergütung etc.) … über Beruf und Berufsumfeld	Interesse Auffassungsgabe
Beurteilung Berufsumfeld erfragen Beurteilung Arbeitszeit Beurteilung Vergütung Beurteilung Einzelhandel	Urteilsfähigkeit Leistungsbereitschaft
Bewerberfragen Haben Sie Fragen an uns?	Interesse Selbstvertrauen Aufgeschlossenheit Ausdrucksweise

Phase 5 AUSKLANG

Ablauf	Beurteilungsmerkmale
Weiteres Vorgehen Bis wann Auswahl/Nachricht	
Rundgang durch die Buchhandlung Wenn möglich, in Begleitung eines Kollegen/ Mitarbeiters/Azubis und dessen Eindrücke in Beurteilung einbeziehen	
Dank für Gespräch und Verabschiedung inkl. Bitte um baldige Absage, falls Interesse nach Gespräch abflaut	Umgangsformen Aufgeschlossenheit Ausstrahlung

Dieser Fragebogen ist – samt einer Anleitung zur Gesamtbeurteilung – bei der Abteilung Berufsbildung beim Börsenverein (per Mail unter berufsbildung@boev.de) in Druckform zu bestellen. Er steht aber auch im Internet unter der Adresse www.boersenverein.de zum downloaden bereit.

26.6
Arbeitsvertrag, Arbeitspapiere

Das als Einstellungsbestätigung versandte Schreiben ersetzt nicht den Arbeitsvertrag. In jedem Falle, ausgenommen für Aushilfskräfte, ist der Abschluss eines schriftlichen Arbeitsvertrages zu empfehlen. Jeder Einzelhandelsverband und auch

ÜBERSICHT ÜBER DIE UNTERLAGEN, DIE VOM ARBEITGEBER BEI DER EINSTELLUNG VORZULEGEN BZW. VOM ARBEITGEBER ZU ERSTELLEN SIND

Arbeitspapiere	Rechtsgrundlage	Vorlagepflicht für Arbeitnehmer	Aufbewahrungspflicht für Arbeitgeber - temporär	Aufbewahrungspflicht für Arbeitgeber - bestimmt	Aufbewahrungspflicht für Arbeitgeber - unbestimmt	Ausfüllungspflichten für Arbeitgeber	Übermittlungspflichten für Arbeitgeber	Aushändigungspflichten für Arbeitgeber
Lohnsteuerkarte	§§ 39b, 41b EStG	X	–	X	–	–	X	X
Lohnsteuerbescheinigung	–	–	–	–	–	X	–	X
Zwischenbescheinigung	§ 41 Abs. 1 EStG	X	X	–	–	X	–	X
Befreiungsbescheide für Praktikanten, Angehörige von Stationierungsstreitkräften	§§ 39d, Abs. 1 EStG	X	–	X	–	–	–	–
Versicherungsnachweisheft	§§ 317, 319 RVO	X	–	–	X	X	X	X
Versicherungsnachweis	–	–	–	–	X	X	–	X
Befreiungsbescheide RV	§§ 1230 RVO, 7 AVG	X	–	–	X	X	X	X
Bescheid über Altersruhegeld	§§ 1248 RVO, 25 AVG	X	–	–	X	X	–	–
Mitgliedsbescheinigung Ersatzkasse	§ 517 RVO	X	–	–	X	–	–	–
Befreiungsbescheid Krankenversicherung	§ 173b RVO	X	–	–	X	–	–	–
Beitragsbescheinigung Krankenversicherung	§ 405 RVO	X	–	X	–	–	–	–
Arbeitsbescheinigung Arbeitslosenversicherung	§ 133 AFG	–	–	–	–	X	–	X
Arbeitserlaubnis ausländischer Arbeitnehmer	§§ 13 Arbeitserlaubnis-VO, 19 AFG	X	–	X	–	–	–	–
Ärztliche Bescheinigung	§ 60 UVV	–	–	–	–	X	–	X
Arbeitsbescheinigung	Arbeitsvertrag	X	X	–	–	X	–	X
Urlaubsbescheinigung	§ 6 BUrlG	X	X	–	–	X	–	X
Bildungsurlaubsbescheinigung	LBildUrlG	X	X	–	–	X	–	X
Lohnnachweis im Baugewerbe	Tarifvertrag	X	–	–	X	X	–	X
Bescheinigung über unverfallbare Anwartschaften auf betriebliche Altersversorgung	§ 7 GBAV	X	–	–	X	X	–	X

AFG = Arbeitsförderungsgesetz
AVG = Angestellten-Versicherungsgesetz
LBildUrlG = Landes-Bildungsurlaubsgesetz
BUrlG = Bundesurlaubsgesetz
GBAV = Gesetz über die betriebliche Altersversorgung
EStG = Einkommensteuergesetz
RVO = Reichsversicherungsordnung
UVV = Unfallvorhütungsvorschriften

Arbeitsvertrag für Angestellte

Zwischen der Firma _____

_____
als Arbeitgeber
und
Herrn/Frau/Fräulein
_____ geb. am _____

wohnhaft in _____

_____ Telefon _____
als Arbeitnehmer/-in wird folgender Vertrag geschlossen:

§ 1 Anstellung und Probezeit

Der/die Arbeitnehmer/-in wird mit Wirkung vom _____

als _____
eingestellt.
Das Arbeitsverhältnis wird zunächst für die Zeit vom _____ bis _____
(höchstens drei Monate) zur Probe eingegangen und endet mit Ablauf dieser Probezeit, ohne daß es einer Kündigung bedarf. Während der Probezeit kann das Arbeitsverhältnis beiderseits mit zweiwöchiger Frist zum Monatsende gekündigt werden. Wird das Arbeitsverhältnis über die Probezeit hinaus fortgesetzt, so geht es in ein Arbeitsverhältnis auf unbestimmte Zeit über.

§ 2 Allgemeine Pflichten

Der/die Arbeitnehmer/-in verpflichtet sich, alle ihm/ihr übertragenen Arbeiten sorgfältig und Gewissenhaft auszuführen, nach Bedarf auch andere Arbeiten zu übernehmen, sich gegebenenfalls in eine andere Abteilung oder Betriebsstätte des Arbeitgebers versetzen zu lassen und vorübergehend auch in einer auswärtigen Betriebsstätte tätig zu sein. Nebenbeschäftigungen dürfen nur mit ausdrücklicher schriftlicher Zustimmung des Arbeitgebers ausgeübt werden. Die Zustimmung ist jederzeit widerrufbar.

Der/die Arbeitnehmer/-in verpflichtet sich, Verschwiegenheit über die geschäftlichen und betrieblichen Angelegenheiten zu wahren. Diese Verpflichtung erstreckt sich auch auf die Zeit nach Beendigung des Arbeitsverhältnisses.

§ 3 Gehaltszahlung

Der/die Arbeitnehmer/-in versichert, daß er/sie im _____ Berufsjahr/Tätigkeitsjahr [1]) seit _____ steht; Ausbildungsjahre sind dabei nicht mitgezählt. Der/die Arbeitnehmer/-in wird in die Gehaltsgruppe _____ eingruppiert. Das monatliche Bruttogehalt setzt sich zusammen aus:

Für Vollbeschäftigte: Tarifgehalt: € _____
                                 übertarifliche Zulage: € _____
                                 _____ € _____
                                 Monatsgehalt insgesamt: € _____

[1]) Nichtzutreffendes streichen

Für Teilzeitbeschäftigte:

vereinbarte Arbeitszeit _____

_____

_____

Tarifgehalt anteilig: € _____

übertarifliche Zulage: € _____

_____ € _____

Monatsgehalt insgesamt: € _____

Die Bezüge werden nachträglich am Ende des betriebsüblichen Gehaltszahlungszeitraumes gezahlt. Die Zahlung kann bargeldlos erfolgen.

Vor Fälligkeit auf die Vergütung geleistete Zahlungen sind Vorschüsse, auch wenn für die Rückzahlung Raten vereinbart werden. Bei Beendigung des Arbeitsverhältnisses ist ein zuviel gezahlter Vorschuß sofort zurückzuzahlen. Der Gegenwert aus unbezahlten Warenbezügen gilt als Vorschuß.

Übertarifliche Bezüge sind bei Tariferhöhungen, bei Aufrücken in ein anderes Berufs- oder Tätigkeitsjahr oder bei Einstufung in eine höhere Beschäftigungsgruppe anrechenbar. Sie können im übrigen jederzeit nach billigem Ermessen widerrufen werden.

Im Falle einer Verkürzung der tariflichen Wochenarbeitszeit für Vollbeschäftigte verkürzt sich die vereinbarte Arbeitszeit bei Teilzeitbeschäftigten in demselben Verhältnis.

Der/die Arbeitnehmer/-in verpflichtet sich, zuviel gezahlte Bezüge unaufgefordert zurückzuzahlen.

Die Abtretung und/oder Verpfändung von Gehaltsansprüchen ist nur mit schriftlicher Zustimmung des Arbeitgebers zulässig.

Bei Gehaltspfändung oder -abtretung kann der Arbeitgeber zur Deckung seiner Unkosten als Bearbeitungsgebühr 3% des an den Gläubiger zu überweisenden Betrages einbehalten, mindestens jedoch € 3,— je notwendigem Schreiben und € 2,— je Überweisung. In Höhe € Bearbeitungsgebühr tritt der/die Arbeitnehmer/-in seine/ihre Gehaltsansprüche mit Unterzeichnung dieses Vertrages an den Arbeitgeber ab. Der Anspruch auf die Bearbeitungsgebühr gilt als jeweils vor der Fälligkeit der Gehaltsforderung des/der Arbeitnehmers/-in entstanden und wird von dem an den Gläubiger auszuzahlenden Betrag abgezogen.

§ 4 Mehrarbeit (Überstunden)
und zusätzliche Vergütung für Teilzeitbeschäftigte

Der/die Arbeitnehmer/-in ist verpflichtet, Mehrarbeit (Überstunden) sowie Nacht-, Sonntags- und Feiertagsarbeit im Rahmen der gesetzlichen und tariflichen Bestimmungen zu leisten.

Ansprüche aus der Leistung von Mehrarbeit (Überstunden) bestehen nur, wenn die Mehrarbeit von der Geschäftsleitung angeordnet oder genehmigt worden ist. Das gilt auch für Arbeitszeit, die von Teilzeitbeschäftigten über die in § 3 vereinbarte Arbeitszeit hinaus geleistet wird.

Über Beginn und Ende der Mehrarbeit (Überstunden) und über von Teilzeitbeschäftigten zusätzlich geleistete Arbeitszeit, hat der/die Arbeitnehmer/-in täglich Aufzeichnungen zu machen und diese spätestens am folgenden Tage von dem Arbeitgeber oder dessen Beauftragten gegenzeichnen zu lassen.

§ 5 Sonderzuwendungen

Über die tariflichen Jahressonderzahlungen hinausgehende Gratifikationen, Jahrestantiemen oder sonstige Sonderzuwendungen sind, auch wenn sie wiederholt gezahlt werden, jederzeit widerrufliche freiwillige Leistungen des Arbeitgebers; ein Anspruch auf solche Leistungen oder auf eine bestimmte Höhe dieser Leistungen besteht nicht.

Der/die Arbeitnehmer/-in verpflichtet sich, Weihnachtsgratifikationen als Vorschuß zurückzuzahlen, wenn er/sie infolge eigener Kündigung oder aus einem in seinem/ihrem Verhalten liegenden Grund aus dem Betrieb ausscheidet und zwar:
a) bei Gratifikationen von mehr als € 100,– jedoch weniger als einem Monatsgehalt: sofern das Ausscheiden vor dem 31. 1. bei monatlicher Kündigung bzw. vor dem 31. 3. bei 6-wöchiger Kündigung erfolgt;
b) bei Gratifikationen von einem Monatsgehalt oder mehr: sofern das Ausscheiden vor dem 28. 2. bei monatlicher Kündigung oder vor dem 30. 6. bei 6-wöchiger Kündigung erfolgt.

[1]) Nichtzutreffendes streichen

§ 6 Urlaub

Der Urlaub richtet sich nach den tarifvertraglichen Bestimmungen. Er beträgt demnach zur Zeit _____ Werktage im Jahr. Bei Jugendlichen und Schwerbehinderten gelten überdies die besonderen gesetzlichen Bestimmungen.

§ 7 Arbeitsverhinderung, Krankheit und Kur

Eine Arbeitsverhinderung, insbesondere durch Krankheit, ist dem Arbeitgeber unverzüglich unter Angabe der Gründe mitzuteilen. Ist dem/der Arbeitnehmer/-in eine Arbeitsverhinderung vorher bekannt, so hat er/sie rechtzeitig bei dem Arbeitgeber Freistellung zu beantragen.

Im Falle einer Erkrankung hat der/die Arbeitnehmer/-in darüber hinaus innerhalb von 3 Tagen eine ärztliche Bescheinigung vorzulegen, aus der die Arbeitsunfähigkeit sowie deren Beginn und voraussichtliche Dauer ersichtlich sind. Dauert die Arbeitsunfähigkeit länger als in der Bescheinigung angegeben, so ist der/die Arbeitnehmer/-in verpflichtet, unverzüglich eine neue ärztliche Bescheinigung vorzulegen, auch wenn der Zeitraum der Entgeltfortzahlung überschritten ist. Der/die Arbeitnehmer/-in ist verpflichtet, sich auf Verlangen und Kosten des Arbeitgebers von einem von dem Arbeitgeber zu benennenden Arzt untersuchen zu lassen.

Stellt der/die Arbeitnehmer/-in einen Antrag auf ein Kur- oder Heilverfahren, so hat er/sie dem Arbeitgeber unverzüglich davon Kenntnis zu geben. Wird das Kur- oder Heilverfahren bewilligt, ist dem Arbeitgeber unverzüglich eine entsprechende Bescheinigung vorzulegen und der Zeitpunkt des Kurantritts mitzuteilen.

§ 8 Abtretung von Schadenersatzansprüchen

Schadensersatzansprüche, die der/die Arbeitnehmer/-in bei Unfall oder Krankheit wegen des Verdienstausfalls gegen Dritte erwirbt, werden hiermit an den Arbeitgeber bis zur Höhe der Beträge abgetreten, die der Arbeitgeber aufgrund gesetzlicher, tariflicher oder vertraglicher Bestimmungen für die Dauer der Arbeitsunfähigkeit gewährt. Der/die Arbeitnehmer/-in hat dem Arbeitgeber unverzüglich die zur Geltendmachung der Schadenersatzansprüche erforderlichen Angaben zu machen.

§ 9 Abstellen von Fahrzeugen

Abstellen von Fahrzeugen des/der Arbeitnehmers/-in auf Gelände des Arbeitgebers ist nur mit besonderer Erlaubnis des Arbeitgebers gestattet und geschieht ausschließlich auf Gefahr des/der Arbeitnehmers/-in.

§ 10 Kündigung

Das Arbeitsverhältnis kann beiderseits mit einer Frist
— von einem Monat zum Monatsende [1])
— von 6 Wochen zum Schluß eines Kalendervierteljahres [1])

— von _____ [1]) [2])
gekündigt werden.

Soweit dem/der Arbeitnehmer/-in aufgrund gesetzlicher Vorschriften nur mit einer verlängerten Frist gekündigt werden darf, gilt diese verlängerte Kündigungsfrist auch für eine Kündigung seitens des Arbeitnehmers. Eine verspätet zugegangene Kündigung gilt als Kündigung für den nächstzulässigen Zeitpunkt. Eine fristlose Kündigung gilt vorsorglich auch als fristgemäße Kündigung für den nächstzulässigen Zeitpunkt. Eine Kündigung vor Beginn des Arbeitsverhältnisses ist unzulässig.

Der Arbeitgeber ist berechtigt, den/die Arbeitnehmer/-in nach Ausspruch einer Kündigung unter Fortzahlung der Bezüge und unter Anrechnung auf etwaige Urlaubsansprüche und etwaige Ausgleichsansprüche wegen geleisteter Mehrarbeit oder Überstunden freizustellen.

Das Arbeitsverhältnis endet, ohne daß es einer Kündigung bedarf, spätestens mit Ablauf des Monats, in dem der/die Arbeitnehmer/-in das 65. Lebensjahr vollendet oder in dem seine/ihre dauernde Berufs- oder Erwerbsunfähigkeit durch Rentenbescheid festgestellt wird.

§ 11 Vertragsstrafe

Tritt der/die Arbeitnehmer/-in das Arbeitsverhältnis nicht an, löst er/sie das Arbeitsverhältnis unter Vertragsbruch oder wird der Arbeitgeber durch schuldhaft vertragswidriges Verhalten des/der Arbeitnehmers/-in zur fristlosen Kündigung des Arbeitsverhältnisses veranlaßt, so hat der/die Arbeitnehmer/-in an die Firma eine Vertragsstrafe in Höhe von zwei Bruttomonatsgehältern zu zahlen. Der Arbeitgeber kann einen weitergehenden Schaden geltend machen.

§ 12 Rückgabe des Arbeitsmaterials

Der/die Arbeitnehmer/-in hat beim Ausscheiden unverzüglich sämtliche betrieblichen Arbeitsmittel, Unterlagen oder sonstigen Gegenstände zurückzugeben, die ihm/ihr während der Tätigkeit ausgehändigt wurden oder auf andere Weise in seinen/ihren Besitz gelangt sind. Dazu gehören auch selbst angefertigte Aufzeichnungen.

---

[1]) Nichtzutreffendes streichen

[2]) Diese Zeile ist für längere Kündigungsfristen als ein Monat zum Monatsende oder 6 Wochen zum Quartalsende vorgesehen

§ 13 Personalfragebogen
Der zu diesem Arbeitsvertrag gehörende Personalfragebogen ist wesentliche Grundlage dieses Vertrages. Unrichtige Angaben berechtigen den Arbeitgeber zur Anfechtung oder fristlosen Kündigung des Vertrages.

§ 14 Tarifverträge und Betriebsordnung
Die Tarifverträge für den Einzelhandel sowie die Betriebsordnung finden in ihrer jeweils geltenden Fassung Anwendung. Die Bestimmungen dieses Vertrages sind vorrangig, soweit nicht zwingende tarifliche Regelungen bestehen. Der/die Arbeitnehmer/-in erklärt, daß er/sie von diesen Bestimmungen Kenntnis genommen hat.

§ 15 Minderjährige
Ist der/die Arbeitnehmer/-in minderjährig, erteilen ihm/ihr hiermit die mitunterzeichnenden gesetzlichen Vertreter unwiderruflich die Ermächtigung zur Entgegennahme und Abgabe aller das Arbeitsverhältnis betreffenden Erklärungen einschließlich einer Kündigungserklärung sowie zur Entgegennahme des Arbeitsentgelts.

§ 16 Datenschutz
Der/die Arbeitnehmer/-in ist damit einverstanden, daß die seine/ihre Person betreffenden Daten bei dem Arbeitgeber im gesetzlich zulässigen Rahmen in die Datenverarbeitung im Sinne des Bundesdatenschutzgesetzes einbezogen werden.

§ 17 Vertragsänderung/Nebenabreden/Teilungültigkeit
Mündliche Nebenabreden wurden nicht getroffen. Ergänzungen und Änderungen dieses Vertrages bedürfen der Schriftform. Die Nichtigkeit einzelner Bestimmungen dieses Vertrages berührt die Wirksamkeit des Vertrages im übrigen nicht.

§ 18 Sonstige Vereinbarungen

_____ , den _____

_____ _____
Unterschrift des Arbeitgebers   Unterschrift des/der Arbeitnehmers/-in

_____
Bei Minderjährigen
Unterschrift des gesetzlichen Vertreters
(beide Elternteile bzw. Vormund)

die buchhändlerischen Landesverbände halten sorgfältig ausgearbeitete Muster für ihre Mitglieder bereit. Auf den vorherigen Seiten 423–426 ist ein solcher *Arbeitsvertrag für Angestellte* abgedruckt. Jeder Arbeitsvertrag für einen buchhändlerischen Mitarbeiter sollte eine Klausel enthalten, um den so genannten Eigenbedarf von Verlagserzeugnissen mit Nachlass preisbindungsrechtlich abzusichern und damit Missbräuche abzuwehren. Ein entsprechender Mustertext steht im Kap. 26.8.

Welche Unterlagen der Arbeitnehmer bei der Einstellung vorzulegen hat, welche vom Arbeitgeber aufzubewahren, auszustellen, weiterzuleiten und bei der Entlassung wieder auszuhändigen sind, darüber gibt eine Übersicht der Industrie- und Handelskammer Koblenz Auskunft, die auf der Seite 422 wiedergegeben ist.

Abschließend noch einige Formulare zur technisch besseren Abwicklung in diesem Sektor:
- *Arbeitsnachweis und Quittung für Teilzeitkräfte/Aushilfen* (BBE-Formular-Nr. 9204 auf Seite 428). Es ist notwendig zum Nachweis, dass die Stundenzahl je Arbeitnehmer nicht überschritten wird, die z. B. für die Befreiung von der Lohnsteuer (bis zu 15 Stunden je Woche) die Grenze bildet.
- *Ausgleichsquittung* (BBE-Formular-Nr. 9422). Damit bestätigt der ausscheidende Arbeitnehmer den Erhalt der ihm auszuhändigenden Arbeitspapiere und die Befriedigung aller seiner Ansprüche aus dem Arbeitsverhältnis.

26.7 Arbeitszeugnis

Einem ausscheidenden Arbeitnehmer ist auf dessen Wunsch ein Zeugnis (Arbeitsbescheinigung oder erweitertes Zeugnis) auszustellen. Alle wesentlichen diesbezüglichen Informationen kann man dem folgenden Merkblatt über das Arbeitszeugnis entnehmen.

MERKBLATT ÜBER DAS ARBEITSZEUGNIS

I Sinn und Zweck des Arbeitszeugnisses
Arbeitszeugnisse haben einen doppelten Sinn und Zweck: einmal sollen sie dem Arbeitnehmer helfen, leichter eine neue Stelle zu erhalten, besser für sich zu werben, also sein weiteres Fortkommen zu unterstützen; zum anderen sollen sie dem neuen Arbeitgeber eine Beurteilungsmöglichkeit geben, d. h. er soll aus dem Arbeitszeugnis die berufliche Vergangenheit und die persönlichen Eigenschaften und Fähigkeiten seines Bewerbers erkennen können.

II Die Form des Arbeitszeugnisses
Gesetzlich ist keine besondere Form für Arbeitszeugnisse vorgeschrieben. Allerdings muss es in Schriftform hergestellt sein, muss leserlich sein und eine seiner Wichtig-

Arbeitsnachweis und Quittung für Teilzeitkräfte/Aushilfen

Name/Vorname: Geburtsdatum:

Adresse/Tel.:

Krankenkasse: Versicherungs-Nr.:   Steuer-Nr.:

Freistellungsbescheinigung des Finanzamtes liegt vor ☐ liegt nicht vor ☐. Besteuerung: ☐ nach Lohnsteuerkarte ☐ pauschal ☐ nein

Arbeitnehmer stockt Rentenversicherungs-Beitrag auf ☐ ja ☐ nein

Nur bei vorübergehender Aushilfsbeschäftigung - Einstellungsgrund:

Frau/Herr _____
hat für die unten aufgeführte Beschäftigung heute

_____ EUR erhalten.

Eingestellt vom: bis: Datum: Unterschrift:

Datum	Stunden-zahl	Beschäftigt in Abt./Filiale als	Stundenlohn EUR	Summe EUR	Wochenlohn EUR

Addition		Addition bzw. Monatslohn		
gerechnet:	geprüft:	ausgezahlt:	gebucht auf Konto:	

26.7 Arbeitszeugnis

keit entsprechende äußere Aufmachung haben. Zur Form gehört auch, dass das Zeugnis mit Datum und eigenhändiger Unterschrift des Arbeitgebers oder eines Bevollmächtigten versehen ist. Um keine Zweifel an der Ordnungsmäßigkeit aufkommen zu lassen, soll es in fortlaufendem Text ohne Durchschlagstreichungen oder Einschiebungen hergestellt sein.

Darüber hinaus hat sich der Arbeitgeber bei der Ausstellung eines Zeugnisses an die verkehrsübliche Ausdrucksweise zu halten.

III Die verkehrsübliche Ausdrucksweise

Es ist üblich, positive Eigenschaften wie ehrlich, solide, willig, zuverlässig aufzunehmen. Sind sie in einem Zeugnis nicht aufgeführt, so bedeutet das, dass sie bei dem Beurteilten nicht vorhanden sind.

Lassen Sie diese positiven Eigenschaften also nur dann weg, wenn sie auch wirklich echt fehlen. Es kommt bei einem Zeugnis nicht darauf an, was der Aussteller meint, sondern darauf, was der Leser dem Zeugnis nach der allgemein üblichen Verkehrsgewohnheit entnimmt.

Eine nicht genügende Leistung wird üblicherweise nicht als nicht genügend bezeichnet. Wählen Sie hier Ausdrücke wie »im Allgemeinen ausreichend«, »er war bemüht«, »im ganzen gut« usw. Dem Leser ist das dann schon klar. Formulierungen wie »nicht genügend« oder »schlecht« werden also in Zeugnissen nicht gebraucht.

IV Die zwei Arten von Zeugnissen und deren Inhalt

1 *Die Arten der Zeugnisse*

a) *Das einfache Zeugnis:* Das einfache Zeugnis (auch Arbeitsbescheinigung) unterrichtet nur über die Art und Dauer der Beschäftigung. Es werden darin also die tatsächlichen Verhältnisse dargestellt.

Wichtig ist hierbei: Verlangt der Arbeitnehmer nach seiner Kündigung ein Zeugnis, so braucht ihm der Arbeitgeber de jure nur ein einfaches Zeugnis auszustellen. Erst der Wunsch nach einem qualifizierten oder erweiterten Zeugnis (der Wunsch muss ausgesprochen werden) zwingt den Arbeitgeber, ein solches auszustellen.

b) *Das qualifizierte Zeugnis:* Dieses Arbeitszeugnis enthält neben Art und Dauer der Beschäftigung eine Beurteilung und Wertung. Beurteilt werden Leistung und Führung des Arbeitnehmers über den gesamten Zeitraum der Beschäftigung.

Zeugnisse über die Ausbildungszeit müssen immer qualifizierte Zeugnisse sein! (Eine nachträgliche Ausdehnung eines einfachen Zeugnisses auf Leistung und Führung kann nur verlangt werden, wenn besondere Gründe das gerechtfertigt erscheinen lassen.)

2 *Der Inhalt der Arbeitszeugnisse*

a) *Das einfache Zeugnis:* Neben Namen und Geburtsdatum des Arbeitnehmers wird die Gesamtdauer des Arbeitsverhältnisses genannt.

Unterbrechungen kürzerer Art gehören nicht in das Zeugnis. Auch der Entlassungsgrund hat mit der Beschäftigungsdauer nichts zu tun. Er darf unter keinen Umständen in das Zeugnis aufgenommen werden (nur Tatsachen, keine Wertung).

Weiter ist noch die Art der Beschäftigung aufzuzählen, die einzelnen Arbeiten müssen genau aufgelistet sein.

b) *Das qualifizierte Zeugnis:* Nach Name, Geburtsdatum, Dauer und Art der Beschäftigung (auch hier sind die einzelnen Arbeiten aufzulisten) werden Führung und Leistung beurteilt.

Unter Führung versteht man das dienstliche Verhalten des Arbeitnehmers. Aufgezählt werden die positiven Merkmale wie Willigkeit, Sorgsamkeit, Ehrlichkeit, Gehorsamkeit, gute Zusammenarbeit. Negative Eigenschaften werden stillschweigend übergangen (besonders einzelne negative Vorfälle gehören nicht ins Zeugnis).

Denken Sie daran: alle positiven Eigenschaften, die Sie nicht erwähnen, gelten nach der verkehrsüblichen Ausdrucksweise als nicht vorhanden! Hier ist besondere Sorgfalt geboten!

Straftaten des Arbeitnehmers gehören nur dann in das Zeugnis, wenn sie gleichzeitig auch Dienstvergehen sind. Diese müssen dann im Zeugnis erscheinen, da bei Nichterwähnung eines solchen erheblichen Umstandes der neue Arbeitgeber Schadensersatzansprüche geltend machen kann, wenn diese Umstände auch bei ihm wieder auftreten. Auch der Entlassungsgrund gehört nicht in ein erweitertes Zeugnis (es sei denn, er wäre eine strafbare Handlung oder dauernd mangelhafte Leistung). Leistungen sind Fähigkeiten, das technische Wissen und Können und die Erfolge, also die berufliche Verwendbarkeit des Arbeitnehmers. Es gilt hier sinngemäß das, was schon über die Führung gesagt wurde. Denken Sie daran, dass in einem qualifizierten Zeugnis das Gesamtbild der Persönlichkeit des Arbeitnehmers gezeichnet werden muss, also nicht nur Führung und Leistung (oft ist derselbe Vorfall allerdings für beides bedeutungsvoll).

V Gesetzliche Grundlagen der Arbeitszeugnisse

Jeder Arbeitnehmer hat das gesetzliche Recht, bei seinem Ausscheiden ein Zeugnis (Arbeitsbescheinigung oder erweitertes Zeugnis) zu verlangen (§§ 113 GewO, 73 HGB, 630 BGB, für Auszubildende § 8 BbiG).

In diesen Paragraphen ist auch der Zeitpunkt der Zeugnisaushändigung festgelegt: bei Beendigung des Dienstverhältnisses bzw. beim Abgang des Arbeitnehmers. Diese gesetzliche Regelung ist aber durch die praktische Rechtsausübung weitgehend überholt: sie hat sich als zu eng erwiesen. Wenn man sich den Sinn und Zweck von Arbeitszeugnissen vergegenwärtigt, so verpflichten Fürsorgepflicht und Verkehrssitte den Arbeitgeber, dem Arbeitnehmer das Zeugnis dann auszustellen, wenn er es tatsächlich braucht und nicht seinerseits rechtswidrig oder treuwidrig gehandelt hat.

Im Einzelnen gelten folgende Grundsätze, die notfalls einklagbar sind:
- Bei fristgemäßer Lösung des Arbeitsverhältnisses durch den Arbeitgeber oder Arbeitnehmer muss das Zeugnis vom Tage der Kündigung an bereit gestellt sein.
- Kündigt der Arbeitnehmer mit Recht fristlos: das Zeugnis ist dann sofort zu erstellen.

Kündigt der Arbeitnehmer unrechtens fristlos, so empfiehlt es sich, das Zeugnis ebenfalls umgehend auszuhändigen (de jure steht dem Arbeitnehmer das Zeugnis erst zu dem Zeitpunkt zu, an dem sein Arbeitsverhältnis bei ordnungsgemäßer Einhaltung der Kündigungsfrist hätte gelöst werden können).

Kündigt der Arbeitgeber vorzeitig, ist das Zeugnis sofort auszufertigen.

Kündigt der Arbeitgeber fristlos, hat der Arbeitnehmer sofort Anspruch auf ein Zeugnis. Es spielt hier keine Rolle, ob die Kündigung zu Recht oder ohne Rechtsgrund ausgesprochen wurde.

Zeugnisse können auch nachträglich gefordert werden (de jure noch 30 Jahre später). Allerdings kann man vom Arbeitgeber eine nachträgliche Zeugniserstellung nur dann noch verlangen, wenn es ihm nach Treu und Glauben noch zuzumuten ist. Das ist von Fall zu Fall zu entscheiden.

26.8
Halten der Mitarbeiter

Neben den gesetzlichen Leistungen (Kap. 26.9) werden in fast jedem Betrieb darüber hinausreichende freiwillige Sozialaufwendungen als Anreiz zum Einstellen und Halten der Mitarbeiter gewährt. Eine Übersicht der vielen verschiedenen Möglichkeiten bietet die Checkliste *Bindung der Mitarbeiter an den Betrieb*, aus denen der Betrieb je nach Sachlage und Vorhandensein der Mittel wählen kann.

CHECKLISTE BINDUNG DER MITARBEITER AN DEN BETRIEB

Rund um das Gehalt
Tarifgehalt + Leistungszulage + vermögenswirksame Leistungen
Übertarifliche Bezahlung (13. und 14. Monatsgehalt)
Weihnachtsgeld
(übertarifliches) Urlaubsgeld

Rund um Fahrtkosten zum Arbeitsplatz
Fahrtgelderstattung
Teilerstattung von Fahrtkosten zum Betrieb
Kilometergeld für Fahrten zum Betrieb mit eigenem Kfz
Parkplätze für Mitarbeiter

Rund um die Weiterbildung
Kurse
interne und externe Seminare
Bildungsurlaub

Rund um die betrieblichen Leistungen
Vergütung von Betriebsveranstaltungen
Schaufensterprämien
Prämien für Verbesserungsvorschläge

Rund um die betriebliche Zukunft
Aufstiegschancen im Betrieb, Besetzung von Führungspositionen
Sichtbarmachung der Stellung durch Ernennung zum Abteilungsleier, 1. Sortimenter, Filialleiter etc.

Rund um den betrieblichen Erfolg
Gesamtumsatzbeteiligung
Gesamtumsatzbeteiligung mit Korrektur durch Preissteigerungsrate (Lebenshaltungskostenindex)
Teilumsatzbeteiligung
Rohertragsbeteiligung
Gewinnbeteiligung
Umsatz- und Gewinnbeteiligung kombiniert

Rund um den Urlaub
Übertarifliches Urlaubsgeld
übertarifliche Urlaubstage
Betriebsferien
Bildungsurlaub

Rund um die Betriebszugehörigkeit
Geschenke zu Firmenjubiläen
Treueprämie nach Betriebszugehörigkeitsdauer
Betriebliche Altersversorgung
Betriebsrente
Umwandlung von Gehalt in Rentenansprüche (Riester-Rente)

Rund um Versicherungen
Versicherungsangebote der BSG unterbreiten bzw. für Mitarbeiter abschließen
Rechtsschutz

Rund um das Essen
Kostenloses Mittagessen im Betrieb

26.8 Halten der Mitarbeiter

Zuschüsse zum Mittagessen im Betrieb oder in Gaststätten
kostenlose Getränke im Betrieb
verbilligte Getränke im Betrieb

Rund um das Wohnen
Wohngeldzuschuss
Darlehen für Mietkaution

Rund um das Aussehen
Kleidergeld
Friseurzuschuss
Kosmetik- oder Farbberatung

Von besonderer Bedeutung ist der Personalrabatt für den Bezug von Büchern zum Eigenbedarf für Angestellte oder feste Mitarbeiter (nicht für Aushilfskräfte!) gemäß dem Gesetz über die Preisbindung für Bücher § 7, Abs. 1. Eine entsprechende schriftliche Vereinbarung könnte mit dem einleitenden Mustertext beginnen, der dem *Formularbuch für den Sortiments-Buchhandel* entnommen ist: »So weit ich von meiner Firma Bücher mit *Kollegenrabatt* oder überhaupt mit Nachlass beziehe, verpflichte ich mich, dies nur zum eigenen Gebrauch zu tun. Es ist mir ausdrücklich untersagt, solche Bücher – auch gefälligkeitshalber – für Verwandte, Freunde und Bekannte zu beziehen und an diese weiterzuveräußern. Andernfalls mache ich mich meiner Firma gegenüber schadenersatzpflichtig, da diese von den Verlagen wegen Verstoßes gegen die Preisbindungsbestimmungen in Anspruch genommen werden kann.« Ansonsten sollten folgende Punkte beim Kauf bzw. der Ausleihe schriftlich fixiert werden:

- Rabatte (pauschalierter Rabatt, oder unterschiedlicher Rabatt für Lagerkäufe, Barsortiments- und Verlagsbestellungen);
- Limitierung des Personaleinkaufs auf X% der monatlichen Bezüge;
- Absprachemodalitäten bei höheren Bestellwerten;
- Einkaufszeiten (z. B nicht in Zeiten hoher Kundenfrequenz, jeweils nur bestimmte Stunden an bestimmten Wochentagen o. Ä.);
- Abrechnungstermin für Personalkäufe;
- Steuerliche Klärung des entstandenen »geldwerten Vorteils«, bis 44,- € monatlich;
- Führen eines »Ausleihbuchs« für Titel, die der Mitarbeiter zur eigenen Weiterbildung aus dem Lager entnimmt (pflegliche Behandlung vorausgesetzt);
- Belastung der ausgeliehenen Titel, sofern sie sich nicht mehr in wiederverkaufbarem Zustand befinden;
- Frist der Ausleihe;
- Modalitäten für die Ausleihe von Leseexemplaren.

26.9
Arbeits- und Sozialrecht im buchhändlerischen Betrieb

Sehr viele Rechtsvorschriften sind zu beachten, mit denen Beginn und Ende des Arbeitsverhältnisses geregelt werden. Auch während der Tätigkeit der Arbeitnehmer ist eine Fülle von Vorschriften zu berücksichtigen. Zu erinnern ist ferner an die Aushangpflicht verschiedener Gesetze im Betrieb, deren Zusammenfassung schließlich sogar Handelsgegenstand einer Buchhandlung ist (z. B. Arbeitsschutzgesetze, Verlag C. H. Beck bzw. dtv, München).

Grundsätzlich unterliegen die Angestellten der Angestellten-Rentenversicherung (bis zu einer Jahreshöchstverdienstgrenze), die gewerblichen Arbeitnehmer der Arbeiter-Rentenversicherung, wichtigste Säule ihrer späteren Altersversorgung. Arbeitnehmer und Arbeitgeber tragen je zur Hälfte diese Beiträge. War der Unternehmer vorher als Angestellter pflichtversichert, und zwar mindestens fünf Jahre, dann kann er wählen zwischen freiwilliger Weiterversicherung mit Selbstbestimmung der Beitragshöhe oder Pflichtversicherung für Selbstständige mit der Bemessung der Beiträge nach seinem Einkommen. In beiden Fällen muss er aber jetzt die Beiträge voll aus seiner Tasche tragen.

Obligatorisch ist die Versicherung jedes Arbeitnehmers gegen Arbeitslosigkeit, auch hier tragen Arbeitgeber und Arbeitnehmer die Hälfte. (Ausnahmen hiervon bieten die Mini-Jobs, die in Kap. 19.6 vorgestellt worden sind.) Ebenso unterliegen alle Mitarbeiter grundsätzlich der Kranken- und der Pflegeversicherung; auch hier teilen sich Betrieb und Angestellter die Aufwendungen. Lediglich in den Bundesländern, die keinen Feiertag bei der Einführung der Pflegeversicherung abgeschafft haben, sind die Beiträge zur Pflegeversicherung vom Arbeitnehmer allein zu tragen. Als vierte wichtige Sozialversicherung ist die Unfallversicherung zu nennen, deren Beiträge vom Unternehmen voll aufgebracht werden müssen (Kap. 14.8).

Neu für den jungen Unternehmer ist die Frage der Lohnfortzahlung und Kündigung bei Krankheit der Arbeitnehmer. Hierbei sind die rechtlichen Vorschriften ebenso zu beachten wie bei Bestimmungen, die die Arbeit im Betrieb berühren. Hier die wichtigsten Rechtsvorschriften, wobei Hilfestellungen bei arbeitsrechtlichen Fragen natürlich auch die buchhändlerischen Landesverbände sowie die örtlichen Verbände des Einzelhandels geben:
- Arbeitsförderungsgesetz vom 25. 6. 1969;
- Arbeitsgerichtsgesetz vom 3. 9. 1953 in der Fassung der Bekanntmachung vom 2. 7. 1979;
- Arbeitsplatzschutzgesetz bei Einberufung zum Wehrdienst vom 30. 3. 1957 in der Fassung vom 14. 4. 1980;
- Arbeitsstättenverordnung vom 20. 3. 1975;
- Arbeitsvermittlerverordnung vom 11. 3. 1994;
- Arbeitszeitgesetz vom 6. 6. 1994;
- Gesetz über Teilzeitarbeit und befristete Arbeitsverträge vom 1. 1. 2001;
- Berufsbildungsgesetz vom (BBiG) vom 14. 8. 1969;

- Betriebsverfassungsgesetz vom 15. 1. 1972;
- Gewerbeordnung vom 21. 6. 1869 in der Fassung der Bekanntmachung vom 1. 1. 1987;
- Jugendarbeitsschutzgesetz vom 12. 4. 1976;
- Kündigungsschutzgesetz vom 25. 8. 1969;
- Mutterschutzgesetz vom 18. 4. 1968;
- Tarifvertragsgesetz vom 9. 4. 1949 in der Fassung vom 25. 8. 1969.

27
Eröffnungswerbung

Eine neue Buchhandlung füllt sich nicht von allein, die potenziellen Kunden des Einzugsbereiches müssen werblich angesprochen und zum neuen Unternehmen hingeleitet werden. Dazu bedarf es langer Vorbereitung mit einem Bündel aufeinander abgestimmter Werbemaßnahmen. Wie jede Werbung muss sich auch die zur Eröffnung konkrete Ziele setzen, z. B.:
- Bekanntheitsgrad der neuen Buchhandlung erreichen und durchsetzen;
- Image als Fachgeschäft aufbauen;
- Buchgewohnte und andere Käuferschichten ansprechen;
- Umleiten der Buchkäufer des Ortes auf das eigene Geschäft.

Die gesamte Werbekonzeption ist auf die gewählte Zielsetzung auszurichten. Eine terminliche Abstimmung aller Werbemaßnahmen mit dem feststehenden oder voraussichtlichen Tag der Eröffnung bleibt unerlässlich, bei Verzögerungen muss umdisponiert werden.

In diesem Abschnitt ist nur der Einsatz von Werbemitteln aller Art in der Eröffnungsphase Gegenstand der Erörterung. Werbliche Wirkung üben selbstverständlich auch die anderen absatzstrategischen Schritte aus wie verkaufsfördernde Gestaltung des Ladens, bedarfsorientierte Lagerhaltung, fachgerechte und freundliche Bedienung sowie guter Service von Anfang an.

27.1
Gesetzliche Bestimmungen zur Werbung

Im Wettbewerb der Unternehmen unserer Wirtschaft gibt es Spielregeln, geschriebene und ungeschriebene. Durch zwei Gesetze hat der Staat die Grenzen abgesteckt: durch das Gesetz gegen Wettbewerbsbeschränkungen (GWB), kurz Kartellgesetz genannt, sowie das Gesetz gegen den unlauteren Wettbewerb (UWG).
Ein junger, unerfahrener Unternehmer gerät leicht in Gefahr, mit diesen gesetzlichen Bestimmungen in Konflikt zu geraten, zumal im UWG konkrete, auf Einzelfälle bezogene Aussagen fehlen. So heißt die schwammige Generalklausel des § 1 UWG: »Wer im geschäftlichen Verkehr zum Zwecke des Wettbewerbs Handlungen vornimmt, die gegen die guten Sitten verstoßen, kann auf Unterlassung und Schadenersatz in Anspruch genommen werden.« Als Verstoß gegen die guten Sitten gilt

das, was nach Verkehrsauffassung der Wirtschaft, durch die Rechtsprechung formuliert, als sittenwidrig angesehen wird. Dazu einige Beispiele verbotener sittenwidriger Werbung:

- *Irreführende Werbung*   z. B. nicht belegbare Behauptungen wie »bestes und größtes Buchlager«.
- *Gefühlsbetonte Werbung*   z. B. der werbliche Hinweis, dass mit dem Kauf eines Buches oder mit Abschluss eines Zeitschriftenabonnements eine karitative Einrichtung unterstützt werde.
- *Täuschung des Kunden*   z. B. durch Mondpreise oder Lockvogelangebote wie besonders preiswerte Titel des Modernen Antiquariats als Sonderangebote, die aber nur in wenigen Exemplaren vorrätig sind.
- *Psychologischer Kaufzwang*   z. B. durch so genannte Kaffeefahrten mit freier Fahrt und spendiertem Kaffeegedeck, um moralischen Druck zum Kaufen der anschließend angebotenen Waren auszuüben; oder Bestechung von Einkäufern mit mehr oder weniger großen Geschenken.
- *Belästigung der Kunden*   z. B. durch unerbetene Telefon-, Telefax-, SMS- oder E-Mail-Werbung zu Geburtstag oder Todesfall oder anderen Gelegenheiten; unverlangte Ansichtssendungen, falls nicht vorher abgesprochen oder durch längere Geschäftsbeziehungen üblich.
- *Regelmäßiger Verkauf nach Ladenschluss oder an Sonntagen*   sofern nicht allgemein oder örtlich anders geregelt (Bahnhofsbuchhandlungen, Buchhandlungen in Kur- und Badeorten). Erlaubt ist aber das Offenhalten der Buchhandlung zur Besichtigung, z. B. am Vorabend der Eröffnung, jedoch ohne jeden Verkauf. Für Lesungen nach Ladenschluss gibt es eine Sonderregelung (Kap. 10.3): Dichterlesungen in den Räumen einer Buchhandlung sind auch nach Ladenschluss zulässig, der Ladeninhaber darf anwesend sein. Die Veranstaltung einer Autorenlesung in einer Buchhandlung fällt nicht unter den Begriff des geschäftlichen Verkehrs mit Kunden im Sinne von § 3 Ladenschlussgesetz. Es bestehen auch keine Bedenken dagegen, dass der Dichter oder seine Beauftragten im Namen und auf Rechnung des Dichters aus Anlass dieser öffentlichen Lesung signierte Bücher verkaufen. Noch rechtlich umstritten ist der Verkauf von signierten Büchern des Dichters durch den Buchhändler selbst während der Ladenschlusszeiten. Stellt man jedoch den kulturellen Charakter der Vorlesungen in den Räumen der Buchhandlung in den Vordergrund, so lässt sich der Verkauf von Büchern des Autors als dann erlaubter so genannter Zubehörhandel ansehen.
- *Ausnutzung der Spielleidenschaft*   z. B. in Form verbotener Verlosungen oder aber Preisausschreiben mit moralischem Kaufzwang.
- *Sonderveranstaltungen außerhalb des regelmäßigen Geschäftsverkehrs*   z. B. ein in der Presse propagierter »Eröffnungsverkauf«. Nicht verboten sind dagegen »Eröffnungsangebote«, wozu sich im Sortimentsbuchhandel Titel eignen, für die der Ladenpreis aufgehoben ist.
- *Saisonschlussverkäufe*   Sommer- und Winterschlussverkäufe kommen für Buchhandlungen nicht in Frage. Die Preisbindung steht dem entgegen. Werblich

versucht sich die Branche aber doch an diese kurzen Zeiten der Billigpreispsychose durch Veranstaltungen wie »Billige Buchwochen« mit Sonderangeboten von Mängelexemplaren anzuhängen.

- *Räumungs- und Ausverkäufe* Sie sind nur unter bestimmten Bedingungen (Anzeige der Veranstaltung bei der Industrie- und Handelskammer mit Vorlage eines Warenverzeichnisses der zum Ausverkauf bestimmten Waren) und zu bestimmten Anlässen (Aufgabe des Geschäfts, Aufgabe einer Filiale, Aufgabe einer Warengruppe) erlaubt. In Bezug auf Verlagserzeugnisse kommt ausschließlich der Fall des Räumungsverkaufs wegen völliger und endgültiger Geschäftsaufgabe in Frage. Dem Buchhändler obliegt es, die Verleger vom Ausverkauf durch eine Anzeige im *Börsenblatt* zu unterrichten und die Rückgabe der preisgebundenen Bücher anzubieten.
- *Rabatte* Sie sind nach der Aufhebung des Rabattgesetzes im Einzelhandel möglich. Das trifft selbstverständlich nicht für preisgebundene Verlagserzeugnisse zu. Ausnahmen, z. B. Nachlässe an Bibliotheken und öffentliche Büchereien, regelt das Buchpreisbindungsgesetz.
- *Geschenke geringen Wertes* Es ist untersagt, beim Warenverkauf andere Waren und Leistungen zu verschenken, sofern das nicht handelsüblich ist. Geschenke geringen Wertes dürfen jedoch – nicht nur zur Eröffnung – verteilt werden, aber nur ohne direkten oder indirekten Kaufzwang.

Wer Verstöße von Konkurrenten gegen diese oder andere Spielregeln des fairen Wettbewerbs feststellt, der kann sich an die zuständige Industrie- und Handelskammer wenden, die für Abstellung sorgt. Jeder Kaufmann hat das Recht, die von Gesetzes wegen bei den Kammern eingerichteten Einigungsstellen zur Beilegung von Wettbewerbsstreitigkeiten anzurufen. Ebenso kann man den buchhändlerischen Fachverband (Landesverbände, Börsenverein) informieren und um Hilfe bei der Bereinigung ersuchen, sofern es sich um Verstöße von Wettbewerbern innerhalb der Branche handelt.

27.2
Schaufenster, Außenfront, Bauzaun, Außenwerbung

Wichtigstes Werbemittel eines Ladengeschäftes ist immer noch das Schaufenster, das auch – falls möglich – bereits vor der Eröffnung mit Hinweis auf das Eröffnungsdatum ansprechend dekoriert sein sollte, z. B. durch auffällige Fensterstreifen: »Noch sieben (sechs, fünf, vier, ...) Tage bis zur Eröffnung!« Zur Eröffnung selbst wird der Buchhändler besonders werbewirksame Fenster haben wollen und eventuell einen Dekorateur in Anspruch nehmen. In Form eines Dekorationswettbewerbs können Schulklassen die Schaufenster gestalten. Das lässt sich mit einem Quiz und kleinen Preisen dafür koppeln. Es ist zu prüfen, ob neben den Schaufenstern und Schaukästen des bezogenen Ladens weitere Schaufensterfläche

(Schaukästen, Vitrinen) in günstiger Lage angemietet werden kann, z. B. im Fußgängertunnel, im Bahnhof, in Kinos, in der Fußgängerzone in Geschäftsnähe.

Durch Werbung an der Außenfront ist der Firmenname und das geführte Sortiment herauszustellen. Anfänglich vermag der Begriff »Bücher« bessere Wirkung auszulösen als der noch unbekannte Inhabername. Auf Fernwirkung von der anderen Straßenseite oder von einer zulaufenden Straße muss geachtet werden. Leuchtschriften, Transparente, Leuchtbuchstabenkästen (z. B. »Bücher« als Einzelbuchstaben von oben nach unten) gehören zwar zu den üblichen Werbemitteln eines jeden Einzelhandelsgeschäftes, aber bestimmte Vorschriften sind zu beachten. Eine Genehmigung der örtlichen Baubehörde ist zumeist erforderlich; es bestehen z. B. Auflagen über Höhe, Größe, Farbe, Hineinragen in den Luftraum und teilweise entsprechende Gebührenbelastungen. Der Mietvertrag darf keine Einengung der Fassadenwerbung enthalten, in der Regel hat man die Außenfront bis zur Decke oder Fensterunterkante des nächsten Stockwerks für diesen Zweck mitgemietet – es sei denn, der Mietvertrag sieht eine Einschränkung vor. Will der Ladenmieter auch Fassaden oberhalb des Lokals für werbliche Zwecke nutzen, so muss das im Vertrag vereinbart werden.

Anregungen zur Gestaltung der Außenwerbung, zum Finden einer zur Buchhandlung passenden Schriftart bekommt der junge Unternehmer beim Gang durch die Geschäftsstraßen verschiedener Städte oder durch das Studium der Fachliteratur und natürlich durch Architektenberatung. Auf Bauzäunen angebrachte Plakate, Schilder oder gar aufgehängte Schaukästen können der Vorwerbung dienen, um Passanten auf die in Kürze hier tätige Buchhandlung aufmerksam zu machen. Weitere Mittel der Außenwerbung sind Anschläge an Litfasssäulen – eine teure Werbung und deshalb nur zur Eröffnung angebracht.

Besser angelegt erscheinen Gelder für die Verkehrsmittelwerbung (nähere Informationen: media mobil, Spezialagentur für Verkehrsmittelwerbung GmbH, PF 70 04 04, Mittlerer Hasenpfad 39, 60598 Frankfurt/M.), bei gerade gegründeten Buchhandlungen: Straßenbahn, Stadtbusse, Bahnbusse, Postbusse, Postpaketwagen, Taxi, eigene Geschäftsfahrzeuge, Privatfahrzeuge der Mitarbeiter. Die Mietdauer für diese Werbefläche ist zumeist mindestens ein Jahr, vor allem die teure anzubringende Werbung (Aufmalung, Folie) muss sich über einen längeren Zeitraum amortisieren. Eine solche Verkehrsmittelwerbung auf Fahrzeugen der öffentlichen Personenbeförderung kann auch in Kooperation mit Nachbargeschäften erfolgen. Beispiel aus Bad Dürkheim: »Bücher bei Baumann, Brillen bei Bott, am Busbahnhof«.

Wirkung versprechen auch Flaggen und Fahnen in der Eröffnungsphase – ein beliebtes Mittel, um die Fassade zu beleben und erhöhte Aufmerksamkeit zu erzielen. Alle Mittel der Außenwerbung sollten von vornherein deutlich und einheitlich (evtl. in der Größe variiert) auf Firma und Branche hinweisen und durch das unverwechselbare Styling (Signet, Schriftzug) das Gesicht der neuen Buchhandlung mitprägen helfen.

27.3
Drucksachen, Einladungen zur Eröffnung

Bei der Gestaltung der Drucksachen und Einladungen kann bereits ein einprägsames Symbol, ein durchgezogenes Motto, z. B. »Bücher kauft man ohnehin gern bei Wolfgang Sarrazin«, einheitliches Layout, Firmenfarbe usw. als Erkennungszeichen alle Aktionen begleiten. Einladungskarten zur Eröffnung können beispielsweise einen Ausschnitt des Stadtplans, auf dem die Buchhandlung eingezeichnet ist, eine kurze Firmengeschichte, eine Vorstellung der Mitarbeiter (mit Bild) oder auch einen Plan der Raum- und Sachgebietsaufteilung der Buchhandlung enthalten. Neben dieser Masseninformation durch Drucksachen, Einladungen oder vorgedruckte Briefe sind auch persönliche Schreiben an wichtige Personen notwendig, mit denen sie zur Eröffnung der Buchhandlung eingeladen werden.

Handzettelverteilung vor dem Ladenlokal am Eröffnungstage und in der ersten Woche dient dem Zweck, Passanten auf die Buchhandlung aufmerksam zu machen und sie zum Besuch der Buchhandlung zu verführen. Hier kann vielleicht ein Sonderangebot als Zugpferd dienen oder aber die Aufforderung zur Teilnahme an einer Verlosung, an einem Schaufensterquiz oder ähnlichem den Anstoß geben (ohne psychologischen Kaufzwang).

Flugblätter wird man in Wohngebieten verteilen lassen, die zum Einzugsgebiet gehören. Sie sollen neben dem Hinweis auf die soeben eröffnete Buchhandlung auch Informationen über die geführten Sachgebiete und Warengruppen enthalten; die Angabe von voller Anschrift und Telefonnummer ist wohl selbstverständlich; auch Parkmöglichkeiten in der Nähe des Geschäftes angeben!

27.4
Anzeigen, Sonderseiten, redaktionelle Beiträge

Für die Bekanntmachung der Buchhandlung in einer breiten Öffentlichkeit sind Anzeigen unerlässlich. Hier setzen jedoch die Kosten der Insertion Grenzen; allerdings gibt es für mehrmalige Schaltung Rabatte. Je nach Einzugsgebiet der Buchhandlung und Verbreitung der Zeitung oder der Zeitungen im Ort wird man die Ausgabe mit dem geringsten Streuverlust wählen, falls eine solche Möglichkeit besteht. Preisliche Unterschiede ergeben sich aus der Platzierung. Anzeigen im redaktionellen Teil sind erheblich teurer. Der Termin der Eröffnungsanzeige wird natürlich vom Eröffnungstag bestimmt; als besonders günstig erscheinen aber die Ausgaben von Freitag und Sonnabend. Coupon-Werbung zur Geschäftseröffnung ist eine ausgezeichnete, aber vielfach versäumte Gelegenheit, bereits vom ersten Geschäftstag an eine Kundenkartei bzw. -datei aufzubauen.

Auflockern und in den Kosten senken lassen sich Anzeigen in der Eröffnungsphase mit Hilfe der Verlage, die digitale Daten zur Verfügung stellen und mitunter Anzeigenkosten abdecken helfen (Geldrückvergütung oder Freistücke der umworbenen Titel). Auch eigene Anzeigen mehrerer Verlage auf Sonderseiten der Zeitung sind denkbar, mit denen die eigene Eröffnungsanzeige, der PR-Artikel, eingerahmt wird.

Ähnliches lässt sich mit Firmen praktizieren, die zur baulichen Gestaltung des neuen Ladens beigetragen haben. Für diese Anzeigen-Kollektive mit Lieferanten bzw. Bauausführenden ist eine Rahmenkonzeption festzulegen. Bei reichlich bemessenen Mitteln kann sogar eine Zeitungsbeilage vorgesehen werden.

Zusammenhänge zwischen Insertionen und redaktioneller Berichterstattung über die Geschäftseröffnung und weitere Veranstaltungen der neuen Buchhandlung sind zuweilen unverkennbar. Als Hilfe für die Redakteure empfiehlt sich eine Unterlage der wichtigen Dinge, die nach Meinung des Buchhändlers im Artikel gesagt werden müssen. Wie bei einer richtig gemachten Eröffnungsanzeige sollen darin die wesentlichen Informationen enthalten sein, zumindest das »Was« (Eröffnung einer Buchhandlung), das »Wann« (Eröffnungstermin) und das »Wo« (Ort, Straße). Der Presse und der Anzeigenabteilung zur Verfügung gestellte Schwarz-Weiß-Fotos des Ladenlokals (außen, innen) und von der Eröffnungsveranstaltung lockern den Beitrag oder die Anzeige auf und bringen visuell die gegründete Buchhandlung dem Zeitungsleser näher.

27.5
Eröffnungsveranstaltungen

Ziel jeder Veranstaltung wird es sein, die gegründete Buchhandlung einem bestimmten Personenkreis vorzustellen und durch Berichterstattung in der örtlichen Presse eine noch breitere Werbewirkung zu erreichen. So ist vor allem der zuständige Redakteur zu einem Informationsgespräch eine halbe Stunde vor der Eröffnungsveranstaltung zu bitten, um ihn dann durch die Buchhandlung zu führen und bei angemessener Bewirtung seine Fragen zu beantworten. Selbstverständlich ist er auch zur Eröffnungsfeier eingeladen mit jener Zielgruppe wichtiger Personen, die als Meinungsbildner gelten oder aber für die Anknüpfung von Geschäftsbeziehungen Bedeutung haben könnten. Für den Empfang erscheint die Zeit von 11 bis 13 Uhr am günstigsten; als Tag sollte man den Sonnabend oder Sonntag vermeiden. Aber auch der Abend vor der Eröffnung bietet sich an.

Die allgemeine Kundschaft wird nicht zur Eröffnungsveranstaltung, sondern zum ersten Verkaufstag eingeladen und mit kleinen Geschenken erfreut (Kap. 27.6). Je besser das Programm der Eröffnungsveranstaltung, desto größer die Wirkung und das Echo in der Öffentlichkeit. Neben einem prominenten Festredner des öffentlichen Lebens (Bürgermeister, Stadtrat, Bundestagsabgeordneter, Universitätsrektor usw.) ist für Buchhandlungen ein bekannter Autor von besonderer Zugkraft, der entweder aus seinem Werk vorliest oder aber für eine Signierstunde zur Verfügung steht. Der Begriff »Autor« steht hier nicht nur für Dichter und Schriftsteller, sondern für alle, die durch ein Buch Furore gemacht haben, wie bekannte Schauspieler mit ihren Biografien, Abenteurer und Sportler mit der Darstellung ihrer Leistungen.

Größere Veranstaltungen in gemieteten Sälen haben den Nachteil, dass die neue Buchhandlung den Gästen nicht zu Gesicht kommt. Von Vorteil ist möglicherweise jedoch die größere Anzahl der VIPs und damit die bessere Resonanz in der Zeitung. Mehrere Veranstaltungen in der Eröffnungswoche, mal in der Buchhandlung, mal an anderer Stelle, lenken immer wieder die Aufmerksamkeit auf das neue kulturelle Unternehmen. Beispiele: Autorenlesung, Rezitation, Signierstunde, literarisches Kabarett, Tag der offenen Tür (Besichtigung der Buchhandlung ohne Kaufzwang nach Ladenschluss und am Sonntag), Preisausschreiben, Tombola, Dekorations- oder Bastelwettbewerb.

Auch an die Kinder und ihre begeisterten Eltern ist zu denken: Kindermalwettbewerb, Kasperletheater, Puzzle-Wettbewerb. Abschließend noch einige Gags, die von Buchhandlungen schon angewandt worden sind: Drehorgelmann, Oldtimer vor der Tür mit Verlosung von Fahrten, Jazzband oder Feuerwehrkapelle spielt auf.

27.6
Sonderangebote und kleine Geschenke zur Eröffnung

Da die Preisbindung für Verlagserzeugnisse einen Preiswettbewerb verbietet, können sich verbilligte Sonderangebote nur auf Titel beziehen, für die die Preise aufgehoben sind sowie auf Artikel, die nicht der Preisbindung unterliegen wie z. B. Hörbücher. Bereits zur Eröffnung ist die Auslage und Verteilung der Kundenzeitschriften des Buchhandels angebracht (wie *BuchJournal* mit Firmeneindruck oder Aufkleber). Nach der Zugabeverordnung dürfen Geschenke geringen Wertes verteilt werden. Hierzu eine kleine Auswahl der Möglichkeiten:
- Kleine Büchlein wie Mini-Krimis oder Taschenbücher mit Firmeneindruck; vom Verlag in großer Anzahl zum Preis unter 1,– € erhältlich;
- Prospekt der neuen Buchhandlung mit Hinweis auf Service, dazu Innenfotos; Straßenskizze mit Angabe der Parkmöglichkeiten, Grundriss der Verkaufsfläche mit Einzeichnung der Hauptsachgebiete, Mitarbeiterporträts;
- Kleiner Faltplan der Innenstadt mit Einzeichnung der neuen Buchhandlung und der Sehenswürdigkeiten des Ortes;
- Lesezeichen mit Firmennamen;
- Kugelschreiber, überdimensionale Bleistifte mit Firmenaufdruck;
- Notizblock-Würfel mit Firmeneindruck;
- Rosen für die Damen;
- Luftballons, Fähnchen mit Firmenaufdruck für Kinder;
- Eingepackte Bonbons oder andere Süßigkeiten für Kinder.

27.7
Umfrage im Ort vor der Eröffnung

Nachstehend ein Fragebogen, den seinerzeit die Buch- und Kunsthandlung Wolfgang Böhler in Jugenheim entworfen hat, um vor der Eröffnung einer zweiten Buchhandlung in Bensheim an der Bergstraße den Bedarf im Ort zu ermitteln, wobei die grundlegende Fragestellung lautet: »Was erwarte ich (als Kunde) von meiner Buchhandlung?« Ziel des Fragebogens, der an eine beachtliche Anzahl von potenziellen Interessenten für Kunst und Literatur im Ort und in der näheren Umgebung gesandt wurde, war es, die möglichen wichtigen Kunden auf die in Kürze eröffnende Buchhandlung aufmerksam zu machen, durch Auswertung der Fragebogen Anhalte für die Gestaltung des Sortiments und der Inneneinrichtung zu gewinnen, die erwarteten Dienstleistungen zu erkennen und den Rücklauf zur Anlage der Kundenkartei zu nutzen. Ein bemerkenswertes und zur Nachahmung empfohlenes Beispiel! Der Fragebogen ist in einigen Punkten verändert und den heutigen Zeiterfordernissen angepasst worden. Er sollte von jedem Neugründer neu bearbeitet werden – allein deshalb, weil sich die Konkurrenzverhältnisse in jedem Ort anders darstellen (all business is local).

UMFRAGE: WAS ERWARTE ICH VON MEINER BUCHHANDLUNG?

Sehr geehrte Damen und Herrn,

um möglichst vielen Wünschen bei der Gestaltung unserer neuen Buchhandlung mit einer Verkaufsfläche von 100 qm entgegenkommen zu können, bitten wir Sie, sich fünf Minuten Zeit zur Beantwortung der nachstehenden Fragen zu nehmen. Bitte kreuzen Sie Ihren Wünschen gemäß die in Frage kommenden Felder an.

Für den Besuch einer Buchhandlung wende ich durchschnittlich an Zeit auf:
❏ 5 Minuten   ❏ 15 Minuten   ❏ 30 Minuten   ❏ darüber

Jährlich gebe ich für Bücher in etwa aus
❏ bis 30 Euro   ❏ bis 50 Euro   ❏ bis 100 Euro   ❏ darüber

Ich suche in einer Buchhandlung hauptsächlich
❏ Lesestoff   ❏ Geschenke   ❏ Literarische Novitäten
❏ Sachbücher   ❏ Klassiker   ❏ Hobby- und Freizeitliteratur
❏ Kriminalliteratur   ❏ Zeitgeschichte   ❏ Kinder- und Jugendliteratur
❏ Sprachen   ❏ Kunstbücher   ❏ Pädagogik/Psychologie
❏ Reiseliteratur   ❏ Musik, Theater   ❏ Nachschlagewerke

❏ Gebundene Bücher   ❏ Taschenbücher   ❏ Hörbücher
❏ Bildbände   ❏ Kunsthandwerk   ❏ Ausstellungskataloge
❏ Lernspiele   ❏ Software   ❏ Videos/DVDs

27.7 Umfrage im Ort vor der Eröffnung

❏ ausschließlich gezielt ganz bestimmte Titel
❏ preiswerte Titel im Modernen Antiquariat

Ich möchte:
❏ aufmerksame und sachkundige Bedienung
❏ durch Auslagen informiert werden
❏ durch Auslagen angeregt werden
❏ Ruhe zum Selbstauswählen und Schmökern haben
❏ mir Bücher ansehen, die mir durch Fernsehen und Presse empfohlen wurden

An Sonderaktionen habe ich Interesse. Mich interessieren vor allem:
❏ Lesungen   ❏ Diskussionsrunden   ❏ Neuerscheinungsabende
❏ Signierstunden   ❏ Kunstausstellungen   ❏ Lesenächte
❏ Veranstaltungen mit örtlichen Vereinen

Ich plädiere für folgende Zahl von Veranstaltungen im Jahr:
❏ einmal   ❏ dreimal   ❏ fünfmal   ❏ häufiger

Als Kostenbeitrag halte ich für angemessen:
❏ 3 Euro   ❏ 7 Euro   ❏ 10 Euro

Meine besonderen Wünsche:
_____
_____
_____

Wir danken Ihnen für das Ausfüllen und Ihre Bereitschaft, uns bei den Entscheidungen über die Konzeption der geplanten Buchhandlung zu helfen – einer Buchhandlung, die wir nach Ihren Wünschen gestalten können. Unter allen namentlich unterzeichneten Antworten auf diese Umfrage verlosen wir am Eröffnungsabend drei Gewinner, die jeweils ein Highlight des diesjährigen Lesejahres erhalten.

Name, Vorname _____
Beruf _____
Anschrift _____

Mit freundlichen Grüßen

P.S. Sie können diesen Fragebogen selbstverständlich auch anonym im beiliegenden Umschlag an uns zurücksenden.

27.8
Checkliste Eröffnungswerbung einer Buchhandlung

Die hier vorgelegte Checkliste schließt den Abschnitt mit der Darstellung der Eröffnungswerbung ab. Bei der Gestaltung konnten viele Punkte aus bereits vorliegenden Ausführungen übernommen werden, die in der Branchenpresse von Zeit zu Zeit veröffentlicht werden.

CHECKLISTE ERÖFFNUNGSWERBUNG EINER BUCHHANDLUNG

Bekanntmachung im Vorfeld der Eröffnung
- Einladung per Brief (mit Rückantwort) zur Eröffnungsveranstaltung
- Einladung per Drucksache
- Einladung per Telefon
- Anzeigen in der örtlichen Presse
- Presseinformationen (kurz vor Eröffnung wiederholen)
- Redaktioneller Beitrag in der örtlichen Presse
- Sonderanzeige in der Presse, ggfs. in Kooperation mit Verlagen, Baufirmen o. Ä.
- Schaufenster, Schaukästen, Vitrinen
- Plakate, Anschläge
- Handzettelverteilung
- Preisausschreiben
- Sandwich-Männer

Eröffnungsveranstaltung
- Pressekonferenz (eine Stunde vor Veranstaltung)
- Eröffnungsfeier
- Begrüßung durch Inhaber
- Festredner
- Autorenlesung
- Bewirtung
- Betreuung der Ehrengäste
- Steuerung der Gästegruppen

Organisationsmittel zur Eröffnungsveranstaltung
- Teilnehmerliste (wichtige potenzielle Kunden, Presse, Fotograf, Vertreter der Behörden und kultureller Institutionen, Bibliothekare, Schulleiter, Kindergartenleiterin u. a. m.)
- Herrichtung des Raumes
- Rednerpult, Podest
- Anlage
- Gästebuch

- Werbegeschenke
- Kundenzeitschrift
- Garderobenablage
- Parkmöglichkeiten
- Aschenbecher, Blumenvasen
- Getränke, Imbiss, Gebäck
- Gläser, Servietten etc.
- Rauchwaren
- Aktionspersonal »hinter den Kulissen«

27.9 Öffentlichkeitsarbeit und Corporate Identity

Öffentlichkeitsarbeit (amerikanisch: public relations, abgekürzt PR) hat eine von der Werbung abweichende Zielsetzung. Hier geht es nicht in erster Linie um die Weckung eines Kaufwunschs, sondern um das Gewinnen des Vertrauens der Öffentlichkeit. Ihr Ziel ist der Dialog, deshalb will die PR nicht nur informieren, sondern vor allem auch langfristig integrierend wirken und gegenseitiges Verständnis aufbauen und fördern. PR umschreibt folglich die gesamten Beziehungen eines Unternehmens zur Öffentlichkeit und umfasst u. a. Aufbau und Pflege der Kontakte zu den relevanten Multiplikatoren in der Stadt/der Region, zu der ortsansässigen Presse, aber auch zu den Mitarbeitern und anderen Dialoggruppen wie beispielsweise den Banken. Im Gegensatz zu Werbemaßnahmen zur Absatzförderung einzelner Produkte stehen bei PR-Maßnahmen meist das Image (Image-PR) und das Vertrauen im Mittelpunkt des Interesses. Beispiele für die Tätigkeiten einer Buchhandlung in ihrem wirtschaftlichen, sozialen und politischen Umfeld sind (nicht nur) im Kap. 27.4 aufgeführt.

Ein neuerer, wesentlich umfassenderer Begriff ist die Corporate Identity (CI), die das gesamte Erscheinungsbild einer Buchhandlung nach dem Motto »Nach außen und innen muss alles stimmen« im Blick hat. Die CI beinhaltet:
- Gemeinsames Bewusstsein bzw. gemeinsame Einstellung zu Ziel und Aufgaben des Unternehmens;
- Unternehmenskultur, Unternehmensethik, Unternehmensphilosophie;
- Synthese aus Kompetenz und Unternehmensphilosophie; sie erschließt sowohl dem Markt als auch jedem einzelnen Mitarbeiter Sinn und Inhalt der Unternehmensleistung;
- Persönlichkeiten des Unternehmens in Taten, Worten, Verhalten und Erscheinung.

CI steht für die Unternehmens-Identität und umfasst die Gesamtheit aller betrieblichen Maßnahmen (Marktauftritt, Werbemittel, Wording etc.), die zur Unverwechselbarkeit eines Unternehmens führen. Eine CI kann in gut geführten (kleineren) Betrieben von selbst entstehen. Sie wird spätestens dann ein offizielles Thema, wenn der Markt sich ändert oder wenn die Unternehmensleitung geänderte Zielvorstellungen verwirklichen will. Eine gelebte CI verdient übrigens nur dann ihren Namen, wenn sie sowohl für die Kunden als auch für die Mitarbeiter glaubwürdig ist und wenn sich die Mitarbeiter mit ihr identifizieren.

Eine erfolgreiche Buchhandlung stellt ihre besondere Leistung im Markt dar, mit der sie sich von den Mitbewerbern abhebt – und dies von Anfang an. Corporate Identity meint demnach die innere und äußere Einheit des Unternehmens, Corporate Design ist begrenzt auf das einheitliche grafische Erscheinungsbild.

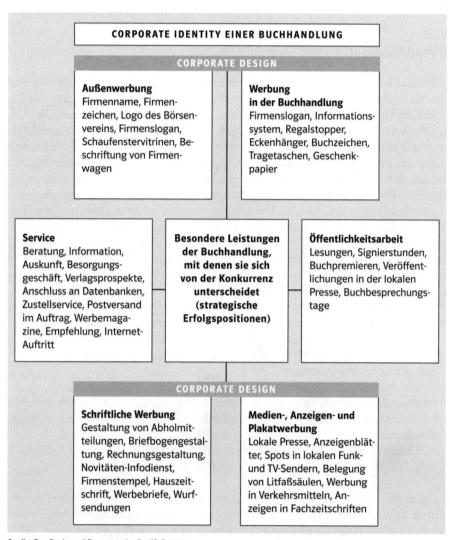

Quelle: Der Buch- und Pressemarkt, Stollfuß 1995

28
Zwischenbetriebliche Kooperationen

Unter Kooperation wird jede Zusammenarbeit im Wirtschaftsleben verstanden, insbesondere in der arbeitsteiligen Volkswirtschaft. Die zwischenbetriebliche Kooperation beinhaltet auf freiwilliger Grundlage beruhende Zusammenarbeit selbstständig bleibender Unternehmen zum Zwecke der Rationalisierung und Information. Kooperationen ermöglichen auf einzelnen Gebieten technische und wirtschaftliche Fortschritte, die der isoliert arbeitende Betrieb vielfach nicht zu realisieren vermag. Horizontale Zusammenarbeit vollzieht sich zwischen Unternehmen einer Handels- oder Produktionsstufe, vertikale Kooperation zwischen Betrieben hintereinandergeschalteter Handels- und/oder Produktionsstufen.

Ein junger Unternehmer wird in der Gründungsphase so mit seinem Betrieb beschäftigt sein, dass er für den Gedanken der Kooperation wenig übrig hat, obwohl ihm gerade jetzt durch Erfahrungsaustausch geholfen werden könnte, Anfangsschwierigkeiten zu überwinden. Er steht allein und ist damit isoliert von Informationen, die ihm auf leichte Weise Verfahrenslösungen bringen würden. Die meisten Fehler im betriebswirtschaftlichen und organisatorischen Bereich werden zu Anfang gemacht, denn es fehlen Erfahrungen. Wer also die Scheu vor horizontaler oder vertikaler Kooperation frühzeitig überwindet, erspart sich und dem Unternehmen manche Umwege und Fehlentscheidungen.

Zwischenbetriebliche Kooperation wird im Sortimentsbuchhandel in verschiedenen Formen und Intensitätsgraden praktiziert. Als erste Stufe ist der Erfahrungsaustausch und die gemeinsame Information anzusehen, wie sie im Betriebsvergleich (Kap. 28.1), in Erfa-Gruppen (Kap. 28.2) und Arbeitsgemeinschaften (Kap. 28.3)gehandhabt werden. Dabei bleiben die Funktionen des Betriebes weitgehend unberührt. Der zweite Grad mit dem Ziel der Verbesserung der Bedingungen gemeinsamer Arbeit erfordert bereits recht aktive Kooperation der einzelnen Betriebe. Hier einzuordnen sind u. a. der Gemeinschaftseinkauf (Kap. 28.2) sowie die Gemeinschaftswerbung (Kap. 28.6). Als dritte Stufe der Kooperation gilt die Ausgliederung von betrieblichen Teilbereichen. Es werden einzelne Unternehmerfunktionen übertragen, so bei Ladengemeinschaften (Kap. 28.7) und beim Rack-Jobbing (Kap. 28.8). Der vierte Grad liegt in der gemeinsamen Ausübung zahlreicher oder wichtiger Unternehmerfunktionen, für die als typisches Beispiel vertikaler Zusammenarbeit die Betreuung von Buchgemeinschaftsmitgliedern durch die Verlagsgemeinschaft in Rheda stehen soll (Kap. 28.3) sowie auch im Buchhandel anzutreffende Franchising-Systeme(Kap. 28.9).

Über die Notwendigkeit zwischenbetrieblicher Zusammenarbeit im Sortimentsbuchhandel gibt es keinen Zweifel, denn mit Hilfe der Kooperation wird den kleinen und mittleren Betrieben die Möglichkeit geboten, eine Senkung der Kosten und damit ein Stärkung im verschärften Wettbewerb zu erreichen, womit ein gewisser Ausgleich für das natürliche Wachstum der Kapazitäten gegeben ist. Buchhändlerische Genossenschaften können angesichts der zunehmenden Konzentration, der Erstarken der Großflächenbetriebe und der Ausdehnung der Filialisten überlebensnotwendig sein.

28.1
Betriebsvergleich

Das Vergleichen liegt allem Denken, allem Unterscheiden, allem Urteilen und Beurteilen zu Grunde. Auch in der Sphäre des Buchhandels ist das Vergleichen einer der Mittelpunkte der wirtschaftlichen Tätigkeiten. Der Betriebsvergleich beschränkt die Gedankengänge auf solche Vergleiche, die zweckbewusst und systematisch nach bestimmten Methoden durchgeführt werden. Gegenüber dem innerbetrieblichen Vergleich, der schon im Kap. 23 behandelt wurde, kommen beim Betriebsvergleich Daten verschiedenster Art aus mehreren Betrieben zur Gegenüberstellung. Im Sortimentsbuchhandel sind dafür gute und leichte Anwendungsmöglichkeiten gegeben, da es sich um relativ einfache Strukturverhältnisse handelt und der Betriebsprozess sich auf den Distributionsbereich beschränkt. Mit dem zwischenbetrieblichen Vergleich werden zwei Ziele verfolgt:
• Durch seine Orientierungshilfe ist er vom betriebspraktischen Standpunkt aus ein wichtiges Rationalisierungsinstrument.
• Der betriebswirtschaftlichen Forschung gibt er die Möglichkeit, die strukturellen, leistungsmäßigen und funktionellen Zusammenhänge aufzuhellen.

Für den Sortimentsbuchhandel der Bundesrepublik Deutschland führt das Institut für Handelsforschung an der Universität zu Köln seit 1949 einen Betriebsvergleich durch, an dem zwischen 210 und 350 Buchhandlungen teilnehmen. Für den Jahresbetriebsvergleich werden keine Gebühren erhoben, die Kosten trägt die Bundesregierung. Der Börsenverein als Branchenorganisation gibt einen Zuschuss. Nähere Informationen werden im Kap. 23.8 geboten.

28.2
Erfa-Gruppen

Erfahrungsaustausch-Gruppen, abgekürzt Erfa-Gruppen genannt, gibt es seit 1921 in der deutschen Wirtschaft. Im Sortimentsbuchhandel gelten als Vorläufer die lokalen und regionalen Buchhändler-Vereine und -Zusammenschlüsse mit ihren

28.2 Erfa-Gruppen

Bemühungen um rationelleres Arbeiten, z. B. gemeinschaftlicher Einkauf zu besseren Konditionen, der örtliche Austauschdienst zur Lagerentlastung, Buchbesprechungstage, die BAG als Verrechnungsinstitut usw. Erfa-Gruppen der heutigen Form sind in den 50er und 60er Jahren entstanden. Für die Notwendigkeit des Erfahrungsaustauschs als erster Stufe zwischenbetrieblicher horizontaler Kooperation sind folgende Gründe anzuführen:
- Erfahrungsaustausch ist eine wirksame Therapie gegen Betriebsblindheit, die bei jedem Buchhändler auftreten kann, wenn er sich an bestimmte Zustände und Erscheinungen in seinem Betrieb gewöhnt hat.
- Erfahrungsaustausch bietet die Möglichkeit, eigene und fremde Erfahrungen positiver und negativer Art zu einem realitätsnahen Urteil zu verbinden und ist damit die Quelle wertvoller Erkenntnisse für die eigene Betriebsführung und ein wichtiges und wertvolles Instrument der Rationalisierung.
- Neue und gute Erfahrungen wirken indirekt auf das Betriebsergebnis ein. Es gibt aber auch andere in einer Erfa-Gruppe möglichen Maßnahmen, die direkten Einfluss ausüben, wie z. B. Gemeinschaftseinkauf, Gemeinschaftswerbung oder gemeinsam genutzte Maschinen. Hier wächst die Gruppe bereits in die nächste Stufe zwischenbetrieblicher Zusammenarbeit hinein.

Eine Erfa-Gruppe umfasst acht bis vierzehn vergleichbare und vergleichsbereite Firmen einer Branche. Für die richtige Zusammensetzung einer Gruppe ist notwendig:
- ähnliche Struktur (Betriebsform, Betriebsgröße, Sortimentszusammensetzung);
- Konkurrenzausschluss (aus einem Ort nur eine Buchhandlung);
- gutes menschliches Verstehen der Gruppenmitglieder.

Die Mitglieder der Erfa-Gruppen des Sortimentsbuchhandels sind aufgelistet im *Adressbuch für den deutschsprachigen Buchhandel, Band 1*. Nach der Ausgabe 2002/2003 gibt es 25 Gruppen in der BRD und eine in der deutschsprachigen Schweiz mit insgesamt 218 Mitgliedsfirmen. Zwölf dieser Gruppen werden von Betriebsberatern des Buchhandels geleitet oder betriebswirtschaftlich betreut, die anderen haben einen Sprecher aus den eigenen Reihen, der die Betreuung der Gruppe zumeist für einen Zeitraum von zwei oder drei Jahren übernimmt. Die Inhaber oder Geschäftsführer der Erfa-Buchhandlungen tagen regelmäßig (mitunter bis zu dreimal im Jahr) mit Durcharbeitung eines straffen Arbeitsprogramms. Tagungsort ist in der Regel der Firmensitz eines Mitglieds.

Der »klassische« Erfahrungsaustausch beginnt mit der gründlichen Betriebsbegehung der gastgebenden Firma, wobei der Verkaufsraum sowie alle Arbeitsstationen unter die Lupe genommen werden und in einer abschließenden Kritik Verbesserungsvorschläge zu unterbreiten sind. Kaum noch eine Rolle spielt ein Gemeinschaftseinkauf, denn die Erfahrung hat gezeigt, dass die Umverteilung der zusammen eingekauften Bücher oftmals mehr kostet als der herauszuholende Mehr-Rabatt. Allerdings wird ein Buchaustausch überschüssiger Bestände noch

manchmal auf den Weg gebracht. Materielle Vorteile gibt es in starkem Maße bei der gemeinschaftlichen Bestellung von Werbemitteln zu »Erfa-Konditionen« oder bei gruppeneigenen Weihnachtskatalogen, die über eine Art eigene Agentur auch anderen Buchhandlungen zum Verkauf angeboten werden. Weitere Vorteile, die mitunter genutzt werden:
• gemeinsamer Einkauf von Verpackungsmaterial;
• gemeinsamer Druck von Formularen;
• Sonderkonditionen für Büromaschinen und Kassensysteme.

Im betriebswirtschaftlichen Teil ist von besonderer Wichtigkeit der permanente, kurzfristig erstellte Betriebsvergleich innerhalb der Gruppe unter Offenlegung aller Daten, zum Teil unter Nutzung der Einrichtungen des Kölner Betriebsvergleichs in Form von Sonderauswertungen für einzelne Erfa-Gruppen. Planspiele und Intensiv-Seminare runden diesen Teil ab.

Das Schwergewicht der Erfa-Arbeit liegt auf der Verbreitung immateriellen Wissens innerhalb eines Kreises aufgeschlossener Unternehmer, was zweifellos zur Verbesserung des Betriebsergebnisses auf direktem und indirektem Weg beiträgt. Kooperierende Buchhandlungen weisen im Durchschnitt bessere Gewinne aus als gleichartige, aber isoliert arbeitende Firmen. Neben diesen wirtschaftlichen Folgen ist die darauf beruhende bessere kulturelle Wirksamkeit zu nennen, wie es Dr. Peter Meurer einmal charakterisiert hat: »Die Resultate dieses freiwilligen Zusammenschlusses (...) sind so erfreulich, dass ich nicht zögere, ihre Wirksamkeit kulturell zu nennen. Wenn die Voraussetzung vergleichbarer sozialer, qualitativer und quantitativer Verhältnisse gegeben ist und dazuhin persönliche gegenseitige Wertschätzung und verwandte berufliche Ziele kommen, so kann eine Erfa-Gruppe zweifellos Nennenswertes für Ausbildung und Bestand kultureller Bedeutung des Sortimentsbuchhandels leisten.«

Obwohl sich durch den Strukturwandel – auch und gerade im Miteinander buchhändlerischer Betriebe – manche Veränderungen in der Struktur und Zusammensetzung der Erfa-Gruppen ergeben haben, geben auch heute noch Erfa-Zusammenschlüsse Zeugnisse von interessierten und fortschrittlichen Unternehmen. Eine gerade gegründete Buchhandlung hilft sich am besten, wenn es ihr gelingt, in eine bestehende Gruppe aufgenommen zu werden oder aber bei der Gründung einer neuen von vornherein dabei zu sein.

28.3
Arbeitsgemeinschaften

Verschiedene Fachbuchhandlungen haben sich zusammengeschlossen, um dem harten Wettbewerb gegenüber den von einigen Verlagen betriebenen Handelskettenbetrieben zu bestehen. Als Beispiele (Stand 2003) sind zu nennen:

- IG UJB Interessen-Gemeinschaft unabhängiger juristischer Fachbuchhandlungen. Leiter: R. Borowski, Juristische Fachbuchhandlung am Landgericht, Essen.
- KoMed-Verbund (inhabergeführte medizinische Fachbuchhandlungen). Sprecher: J. Michaelis-Braun, Marburg.
- AJB – Arbeitsgemeinschaft juristischer Buchhandlungen. Sprecher: C.-P Rathje, Buchhandlung Scherell + Mundt, Mainz.
- Arbeitsgemeinschaft Modernes Antiquariat. 30 Buchhandlungen produzieren zweimal jährlich verlagsunabhängige Streuprospekte. Ansprechpartner: Buchhandlung Potthoff, Bergisch-Gladbach.
- Arbeitsgemeinschaft anthroposophischer Buchhandlungen und Verlage. Sprecher: C. Möllmann, Borchen.

Diese Informationsgemeinschaften vertreten in erster Linie ihre Forderungen als eine Art Selbsthilfegruppe gegenüber den Verlagen. Zum Programm gehören auch Rationalisierung, so Gemeinschaftswerbung, Internet-Auftritt, Warenaustausch-System etc.

Eine besondere Form sind örtliche Bieter- und Arbeitsgemeinschaften. Diese schließen sich zusammen, um ihre Leistungsfähigkeit zu steigern und größere Aufträge zu übernehmen und abzuwickeln. Dies geschieht des öfteren in Gemeinden bei der Ausschreibung öffentlicher Aufträge auf Schulbücher mit Mengennachlass. Solche Arbeitsgemeinschaften brauchen zur Abgabe eines gemeinschaftlichen Angebotes keine aufwändige Gesellschaft zu gründen wie z. B. eine GmbH. Die Form einer Gesellschaft bürgerlichen Rechts (GbR) ist zulässig und ausreichend. Die Mitglieder einer Bieter- und Arbeitsgemeinschaft haben im Innenverhältnis sehr große Gestaltungsmöglichkeiten. So ist vor allem die Verteilung des erzielten Warenrohgewinns sowie die Anrechnung der Kosten des Arbeitsaufwandes der einzelnen Firmen zu regeln. Kommentierte Formulierungsvorschläge für einen Bieter- und Arbeitsgemeinschaftsvertrag können bei der Rechtsabteilung des Börsenvereins angefordert werden. Besteht eine solche Gemeinschaft im Ort schon länger, dann können auch neu gegründete Buchhandlungen dazu stoßen. Eine Aufnahme darf nicht abgelehnt werden.

28.4
Kooperation mit Buchgemeinschaften

Die Kooperation mit Buchgemeinschaften vollzieht sich durch einen zweistufigen Vertrieb, d. h. den Verkauf an die Verbraucher über Ladengeschäfte in den einzelnen Regionen. »Der CLUB« als marktbeherrschende Buchgemeinschaft des Hauses Bertelsmann unterhält für die über 3 Mio. Mitglieder sowohl eigene Verkaufsstellen (ca. 220) als auch 70 Partnerschafts-Club-Center. Letztere werden in Kooperation mit örtlichen Buchhandlungen betrieben. Die Abteilung Club-Center ei-

ner Buchhandlung ist die dezentrale Vertriebsstelle für die Programme der verschiedenen Buchgemeinschaften von Bertelsmann, hier sollen nur die örtlichen Club-Mitglieder einkaufen. Dieses Modell zeigt typische Merkmale eines Franchise-Systems:
- Vertraglich geregelte, auf Dauer angelegte Zusammenarbeit zwischen selbstständig bleibenden Buchhandlungen und der Bertelsmann Verlagsgemeinschaft in Rheda/Wiedenbrück.
- Die Buchhandlung als Franchise-Nehmer (Kontraktnehmer) verfügt über die Rechte des Franchise-Gebers (Kontraktgebers). Von dem regelmäßig abzuführenden Umsatz verbleibt dem Kontraktnehmer eine Provision (ca. 10–11%).
- Der Franchise-Geber unterstützt den Franchise-Nehmer bei der Einrichtung des Partner-Club-Centers (Inneneinrichtung, Außenwerbung, Organisationsmittel, Lageraufbau) und bei der laufenden Führung des Betriebs (Werbung, Lagerergänzung durch Warenwirtschaftssysteme usw.)

Auch die Büchergilde Gutenberg mit wesentlich niedrigerem Mitgliederbestand (ca. 130.000) arbeitet mit einigen Buchhandlungen in einem Partnerschaftssystem zusammen. Ab 1998 wurden die bisher in Eigenregie betriebenen Büchergilde-Buchhandlungen auf Franchising umgestellt, es gibt etwa 80 solcher »Partnerbuchhandlungen«. Nähere Informationen auf der Website der Büchergilde Gutenberg www.buechergilde.de, Mailkontakt unter service@buechergilde.de.

28.5
Andere Kooperationsformen

Für Gründer in kleinen Orten prädestiniert ist die **LG Buch** (Leistungsgemeinschaft Buch e. G.) mit Sitz in Mannheim (68165 Mannheim, Rheinhäuserstr. 21–23). Über 220 Buchhandlungen sind dort Mitglied mit einem Umsatz von zusammen über 190 Mio. Euro. Die Zielsetzungen dieser Gemeinschaft hauptsächlich regionaler Buchhandlungen:
- Unterhaltung von Einrichtungen und Anlagen zur Förderung der Mitglieder, wirtschaftliche Beratung, Marketing, Werbemaßnahmen und weitere Dienstleistungen;
- Abschluss von Vermittlungsgeschäften mit/ohne Übernahme der zentralen Abrechnung und des Delcredere;
- Buchhandelsgeschäfte aller Art;
- Großhandel mit allen für den Betrieb der Mitglieder erforderlichen Einrichtungen und Hilfsmittel.

Gemeinschaftseinkauf gibt es bei über 70 Verlagen und zwei Barsortimenten. Ein Zentrallager beim Barsortiment Umbreit ist geplant. Mit *Scala* soll eine Qualitätsmarke für das unabhängige Sortiment geschaffen werden. Diese Buchhandlungen

28.5 Andere Kooperationsformen

sollen sich durch ein unverwechselbares Profil, Kompetenz, persönliche Beratung, Engagement und Attraktivität im Ort auszeichnen. Preisvorteile des Gemeinschaftseinkaufs werden ergänzt durch Rückvergütung auf Umsätze mit Partnern der LG Buch. Die monatlichen Beiträge sind mit 30,- € günstig. Beim Eintritt ist eine Mindesteinlage von fünf Genossenschaftsanteilen à 110,- € fällig. (Alle Angaben Stand 2003)

Seit Mai 2002 gibt es **ebuch** (Informationsgemeinschaft eBuch) mit Sitz in Schwabach (91126 Schwabach, O'Brien Str. 3). Binnen kurzer Zeit konnte diese Gemeinschaft 160 Mitglieder mit Umsätzen zwischen 300.000 und 2 Mio. Euro Umsatz gewinnen – Tendenz steigend. Voraussetzung für die Aufnahme ist das Vorhandensein einer geschlossenen Warenwirtschaft. Die anfallenden Daten können so elektronisch gebündelt werden. Über die moderne E-Mail-Kommunikation kann die Gruppe sich abstimmen, werben, Konditionen verhandeln, zusammen einkaufen und neue Produkte über Nacht in die Warenwirtschaft übernehmen. Es wird kein Mitgliedsbeitrag und kein verlorenes Eintrittsgeld erhoben. Die rückzahlbare Einlage von 1.500 € wird mit hoher Dividende belohnt. ebuch ist auch Datenlieferant für die Focus-Bestsellerlisten (über Media Control).

Geplant ist ein gemeinsamer Einkauf (virtuelles Zentrallager) von den wichtigsten Titeln für den buchhändlerischen Bedarf. Ferner wird für die Mitglieder angeboten:
- ein Tag kostenlose EDV-Computerwartung/-schulung pro Jahr;
- ein Tag kostenlose Betriebsberatung alle zwei Jahre;
- kostenloser Funkscanner-Verleih als Inventurhilfe (4 Scanner);
- verschiedene Großabnehmerrabatte (z. B. für VLB-CD-ROM, Rossipaul Kundenmagazine, einige Verlage);
- Sonderkonditionen für Bürobedarf;
- Auswertung der eigenen Buchverkäufe (betriebliche Bestsellerlisten);
- wöchentliche Bestsellerlisten aller Gruppen;
- Titel-Statistik-Modul für die eigenen Warenwirtschaft;
- Telefonservice durch ein Call-Center;
- günstiger Rahmenvertrag zu EC-Kartenterminals.

Die Gruppe **lesen actuell** wurde 1995 gegründet und umfasst 70 Fachgeschäfte, von denen 27 reine Buchhandlungen sind. Sie ist Teil der Overather BRANION GmbH (51491 Overath, Soennecken-Platz), und damit eine Tochter der beiden bürowirtschaftlichen Verbundgruppen Büro actuell e.G. und Soennecken e.G.. BRANION hat insgesamt 757 Mitglieder in sieben europäischen Ländern, davon 672 in der Bundesrepublik. Es werden nur Buchhandlungen mit einem jährlichen Einkaufsvolumen von mindestens 500.000 € aufgenommen. Im Oktober 2003 waren es bereits 130 Buchhandlungen mit einem Ladenumsatz von ca. 350 Millionen Euro für das Geschäftsjahr 2002.

Die Leistungen der Sparte Buch bei BRANION erstrecken sich auf abgestimmte Marketingunterstützung und genossenschaftliche Einkaufsvorteile. Es werden professionell gestaltete, für Mitglieder kostenfreie Werbemittel eingesetzt. Bei Beilagenkosten gibt es Zuschüsse. Kostenlose Aktionen mit Verlagen stehen im Programm, um stimmige Papeterie-Artikel erweitert, die das Event am Point-of-Sale abrunden. BRANION übernimmt die zentrale Zahlungsabwicklung mit den Partnerverlagen, für die Buchhandlung verbleibt ein geringer Verwaltungs- und Kostenaufwand – vergleichbar wie bei der BAG, nur mit höherem Skontoerlös.

Zur vertikalen Kooperation gehören auch die buchhändlerischen Online-Plattformen mit eigenem Katalog. Unter drei Online-Katalogen können die dem Internet gegenüber aufgeschlossenen Buchhandlungen derzeit wählen:

Anbieter	Libri	KNO/K&V	MVB
Internetadresse	www.libri.de	www.buchkatalog.de	www.buchhandel.de
Anzahl der Titel	982.000	2,2 Mio.	950.000
Anzahl Coverabbildungen	k. A.	240.000	350.000
Leserrezensionen	nein	10.000	nein
Anzahl Partnerbuchhandlung.	1.129	950	640
Mtl. Grundgebühr in €	30	60–125	40– 80
Einrichtungsgebühr in €	keine	keine	49–499
Umsatz 2002 in €	k. A.	25 Mio.	4,1 Mio.

Quelle: buchreport. Magazin Dezember 2002

Der Internethandel mit Büchern wächst. 2002 wurden Verlagserzeugnisse für 438 Mio. € online bestellt. Der größte Teil entfällt auf reine Online-Anbieter wie z. B. den Marktführer amazon.de mit 350 Mio. €. Endkunden können auf Wunsch bei allen drei Internet-Plattformen ihre Bestellungen in den Buchhandlungen abholen. Der unterschiedliche Gebrauch spiegelt sich in den Quoten wider: bei Libri sind es zwischen 20 und 30 %, bei KNO/KV ca. 48 % und bei MVB zwischen 60 und 80 %.

28.6
Gemeinschaftswerbung im Ort

Bei der Gemeinschaftswerbung ist zu unterscheiden zwischen der Werbung mit der Konkurrenz und der mit anderen Einzelhandelsbranchen. In ihrer Bedeutung ist die branchenbezogene örtliche Gemeinschaftswerbung begrenzt und findet sich – wegen des gewöhnlich überstarken Konkurrenzdenkens – nur vereinzelt.

Dauerhafter sind Werbegemeinschaften von Einzelhändlern eines Ortes, eines Einkaufszentrums, eines Stadtviertels, einer Einkaufsstraße, um den eigenen Standort als Einkaufsplatz zu profilieren. Grundvoraussetzungen für die Gründung einer Werbegemeinschaft sind die Initiative und der Idealismus einiger Kaufleute, um die Mehrzahl der Einzelhandelsgeschäfte des begrenzten Raumes für die Mitarbeit zu gewinnen. Solche Werbegemeinschaften haben des öfteren die Rechtsform eines eingetragenen Vereins. Ihre Finanzkraft hängt von der Zahl ihrer Mitglieder ab. Gewöhnlich liegt eine Beitragsordnung vor, gestaffelt nach qm

Verkaufs- und Geschäftsfläche, nach Zahl der beschäftigten Personen, nach Laufmeter Straßenfront usw. Für die Werbeaktionen wird zumeist eine Werbeagentur beauftragt, die nach den Vorstellungen der Werbegemeinschaft eine Konzeption entwickelt. Aus einer Übersicht bayerischer Werbegemeinschaften des Einzelhandels geht hervor, dass die durchschnittliche Mitgliedszahl 60 Firmen beträgt (steigend mit Ortsgrößen), der Etat pro Jahr bei 20.000 € liegt und durchschnittlich vier Aktionen im Jahr durchgeführt werden. Eine neu gegründete Buchhandlung kann und sollte sich auch nicht ausschließen, wenn in der Straße oder im Ort eine Werbegemeinschaft besteht oder eingerichtet wird.

28.7
Ladengemeinschaft mit anderen Branchen

Je größer das Ladenlokal, das in günstiger Lage angemietet werden kann, desto höher wird die Mietkostenbelastung. Ein bessere Abdeckung ist – neben den schon genannten Partner-Club-Centern und Ladengemeinschaften der Buchgemeinschaften – auch durch Miet-Kooperationen mit anderen Branchen denkbar, möglichst zum Buch passend. Als Beispiel sei Osnabrück mit der Dombuchhandlung und der Kunsthandlung Esch erwähnt, die auf zwei Etagen 550 qm belegt haben. Außergewöhnlich ist die Ladengemeinschaft der Buchhandlung Förster in Ganderkesee mit einem Elektro-Vollsortiment.

Vielfach zu finden ist die Kombination Buchhandlung und Reisebüro, Buchhandlung und Spielwaren sowie Buchhandlung und Kunstgewerbe. Gemeint sind hier nicht eigene Abteilungen innerhalb eines Unternehmens, sondern Mietgemeinschaften zweier Firmen. Großflächen-Buchhandlungen bieten in ihren Räumen ein Café oder ein Bistro an, betrieben von einer anderen Firma.

28.8
Rack-Jobber

Wörtlich übersetzt heißt Rack-Jobber »Regal-Händler«. Es bezeichnet einen Lieferanten, der beim Händler sein Sortiment präsentiert, das Lager ergänzt, nicht verkaufte Titel zurücknimmt und verkaufte Bücher regelmäßig mit dem Händler abrechnet. Zu finden ist diese Kooperationsform in Verbrauchermärkten, die in ihren Regalen auch Bücher per Rack-Jobbing anbieten. Lieferanten sind in dieser Branche zumeist Spezial-Grossisten und Presse-Grossisten. Im Sortimentsbuchhandel ist die Vertriebsform bisher selten anzutreffen.

28.9
Franchising

Durch Franchising (engl. to franchise = Lizenz erteilen) erfüllen sich viele Menschen den Traum vom eigenen Unternehmen. Als expandierende Branche mit über 500 Lizenzanbietern bietet sie vorgefertigte Gründungskonzepte gegen einen Einstiegsbetrag und laufende Gebühren an. Letztere sind in der Regel monatlich in einer Höhe von 3–8 % des Nettoumsatzes zu zahlen (im Buchhandel meist 3 %). Franchising zeigt sich in vielfältiger Weise, so z. B. von biologischer Abwasserreinigung über mobile Firness-Studios und Dentallabors bis hin zum Fachhandel. Bekannte Franchising-Unternehmen sind McDonald's (Fast-Food), Obi (Heimwerkermarkt), Biffar (Haustüren), Foto-Porst, Stefanel-Moden, Qick-Schuhe und Ihr Platz (Drogeriebedarf, Wasch- und Reinigungsmittel).

Franchise im Einzelhandel stellt eine Vertriebskooperation zwischen einer Zentrale (Franchise-Geber) und selbstständigen Unternehmern (Franchise-Nehmer) dar. Letztere betreiben das Geschäft vor Ort und verpflichten sich, dies im Sinn und Rahmen des Gesamtkonzepts zu tun. Der Franchise-Geber liefert die Idee, das Konzept, Beratung und Schulung, manchmal auch die Ware, bietet kaufmännische und technische Dienstleistungen, sorgt für gute Konditionen und unterstützt den Franchise-Nehmer bei der Mitarbeiterausbildung und bei der Werbung.

Beim horizontalen Franchising ist der Franchise-Geber selbst Händler, während er beim vertikalen Franchising als Hersteller fungiert. Der Franchisevertrag ist ein Mischvertrag mit Elementen aus Dienstvertrag (BGB § 611), Werkvertrag (BGB § 631), Kaufvertrag (BGB § 433), Gesellschaftsvertrag (BGB § 705) und Pachtvertrag (BGB § 581).

In verbreitenden Buchhandel gibt es gegenüber dem in anderen Branchen recht erfolgreichen Franchising nur wenige Ansätze und Modelle, wenn man von Kooperationsmodellen des Sortimentsbuchhandels mit Buchgemeinschaften (Kap. 28.4) einmal absieht.. Die Kette *Weltbildplus* (Inhaber mit je 50 % Hugendubel, München und Weltbild, Augsburg) betreibt die meisten Geschäfte in eigener Regie als Filiale. Nur 26 der 188 Weltbildplus-Läden in 168 Städten sind Franchise-Nehmern (Buchhandlungen) übergeben worden (Stand 2002). Kennzeichen dieses Modells ist ein beschränktes Angebot mit 7.000 Buchtiteln und je 500 Videos und Musiktiteln – parallel zu dem im Versandkatalog offerierten Angebot. Auf verhältnismäßig kleinen Flächen tauscht man das Sortiment regelmäßig aus. Der Erfolg dieser Kette offenbart sich in einem unverminderten Expansionskurs. Entscheidendes Kriterium für neue Filialen ist der Standort: Die Stadt muss genügend Kunden der Weltbild-Versandbuchhandlung aufweisen (etwa 15 % der Haushalte) und das Ladenlokal mit 140–180 qm in einer Ia-Lage liegen. Die hohe Miete wird durch geringere Personalkosten als üblich kompensiert (1,5 bis 2,5 Mitarbeiter). Die Umsätze liegen zwischen 0,5 und 1 Mio. €, an Investitionen für die einheitliche Einrichtung sind vom Franchise-Nehmer mindestens 20.000 € zu leisten. Die Gebühr beträgt 3 % vom Netto-Umsatz. Dafür liefert Weltbildplus neben dem Know-how eine gute Betreuung durch intensive Begleitung bis zur Eröffnung, vierteljährliche Schulung, regelmäßige Treffen der Filialleiter und Franchise-Partner sowie eine Hotline für Notfälle. 2003 hat Weltbildplus das Franchise-Modell aufgegeben und errichtet weitere Filialen nur noch in eigener Regie.

Das 1989 kreierte Franchise-Modell *Librodom* vom Branchenvorreiter Reinhold Gondrom in Kaiserslautern konnte sich nicht etablieren. Erforderliche Investitionen von bis zu 300.000 € waren wohl zu viel für potenzielle Existenzgründer. Als neues Modell für kleinere Läden plant R. Gondrom *Vitao* – ein Wellnes-Mischsortiment (50 % Buch) mit zentralem Einkauf, gedacht für Existenzgründer außerhalb des Buchhandels.

Ab 1996 hat *Alpha* in Gießen neben eigenen Filialen das erste Franchisegeschäft etabliert. Inzwischen hat sich die Zahl der stationären Buchhandlungen mit einer durchschnittlichen Ladenfläche von 60–80 qm unter dem Dach der christlichen Buchhandelskette auf 20 vergrößert, davon 9 als Franchise-Unternehmen. Alpha stellt dabei das gesamte Know-how aus den Erfahrungen der Ladenkette, seinen Namen sowie das Logo sowie ein bewährtes Warenwirtschaftssystem mit Scannerkasse zur Verfügung. Beliefert wird aus dem eigenen Zentrallager mit ca. 15.000 Titeln christlicher Literatur. Gründer werden durch interne und externe Schulungen unterstützt. Der Franchise-Nehmer übernimmt die Anmietung und Einrichtung eines Ladenlokals, die Personalgestellung, Einkauf, Beratung und Verkauf sowie die wirtschaftliche Verantwortung. Zur Eröffnung liefert die Zentrale die erste Warenausstattung mit sechsmonatigem Rückgaberecht. Es kann auch direkt bei den Verlagen oder beim Barsortiment geordert werden. Die Franchisegebühr beträgt 3 % vom Netto-Umsatz, die Einstiegsgebühr entfällt bei einem Ausstieg im ersten Jahr.

29
Schwierigkeiten der Anfangsphase

Nach der Geschäftseröffnung wird der junge Unternehmer früher oder später mit den ersten Schwierigkeiten zu tun haben, die seine Selbstständigkeit mit sich bringt – seien sie organisatorischer, technischer oder betriebswirtschaftlicher Art.

29.1
Mängel der Einrichtung

Gerade bezogene Geschäftsräume können Mängel aufweisen, die im ersten Moment nicht zu sehen waren. Eine Mängelrüge beim Hauswirt ist nötig, sofern es sich nicht um so genannte Schönheitsreparaturen handelt. Je nach Art des Mangels sind dem Vermieter Fristen zur Behebung zu setzen.

Stellen wir Mängel bei der neu installierten Inneneinrichtung fest, so ist der Einrichterfirma per Einschreiben mit Rückschein die Reklamation zu übermitteln und ein angemessenes Datum für die Behebung der Mängel zu nennen. Es empfiehlt sich, nicht den gesamten Rechnungsbetrag zu bezahlen, sondern einen kleinen Rest (5–10 %) offen zu lassen, bis alle Mängel beseitigt sind. Ebenso wichtig ist der Hinweis auf vertragliche Vereinbarung der Einbautermine und der Fertigstellung mit Konventionalstrafe für jeden Tag verschuldeter Überschreitung durch die Ladenbaufirma. Denn die Kosten laufen und laufen, vor allem für das gerade eingestellte Personal, die Miete usw. ... aber es fehlt an Einnahmen.

29.2
Hemmnisse im Verkehr mit Lieferanten und Kunden

Die Verlage sind im Allgemeinen gegründeten Buchhandlungen gegenüber lieferfreundlich, sofern die Verhältnisse bekannt oder dargelegt sind (Rundschreiben, Vertreterinformationen, siehe Kap. 9.2), der Buchhändler vielleicht einen »Namen« hat, eine Verkehrsnummer vorliegt, der Sammelrevers 2002 unterschrieben ist, eventuell sogar eine BAG-Mitgliedschaft besteht.

Ansonsten kann aber Misstrauen in die Zahlungsfähigkeit des jungen Unternehmers den Geschäftsverkehr auf lange Zeit erheblich beeinträchtigen. Vorkasse oder Nachnahme verzögern und erschweren die Lieferung. Diese Vorbehalte können meist nur allmählich abgebaut werden, in erster Linie durch pünktliche Zahlungsweise und eine »weiße« Kreditliste. (Die Verleger-Inkasso-Stelle in Hamburg ist die Kreditauskunftei der Branche und gibt monatlich die *Vertraulichen Mitteilungen* und jährlich die *Kreditliste* heraus; dort werden Mahnungen, Inkassoaufträge, gerichtliche Mahnverfahren der Verlage registriert.) Etwas hilfreich kann ein PR-Artikel in der buchhändlerischen Fachpresse zur Eröffnung sein, hier vermag der Ladenbauer als Autor oder Mit-Autor zu helfen.

Konditionsvereinbarungen mit den Verlagsvertretern haben nur in schriftlicher Form Gültigkeit, deshalb sind auszuhandelndes Ziel, Valuta, Rabatt, Partie, Skonto, Bonus, volle oder teilweise Portofreiheit, Rückgaberecht, Lieferweg, BAG-Einzug und anderes mehr auf Original und Durchschlag des Reiseauftrages festzuhalten. Das genügt aber nicht, denn die Einhaltung der getroffenen Vereinbarung muss beim Wareneingang überprüft werden. Gerade in den letzten Jahren haben die Fehler bei den Verlagen zugenommen; eine ständige Kontrolle der Konditionen (Durchschlag der Aufträge, Konditionenkartei bzw. -datei) hilft, Verluste in beachtlicher Höhe bei der Minimierung des Einkaufspreises zu vermeiden.

Reklamationen der Kunden bleiben nicht aus: Umtauschwünsche fest bezogener Titel, Annahmeverweigerung bei verzögerter Lieferung, Beschädigungen von Buch und Schutzumschlag, höhere Preise als im Verlagsverzeichnis oder in der Bibliografie angegeben. Noch unangenehmer sind unberechtigte Nachlasswünsche, die nach dem Buchpreisbindungsgesetz verboten sind. Der Kundenhinweis »Jeder andere Buchhändler gibt mir Rabatt« wird oft zu hören sein. Zur Abwehr solcher unberechtigter Forderungen gibt es entsprechende Merkblätter beim Börsenverein. Das im Jahr 2000 aufgehobene Rabattgesetz hat bei preisgebundenen Verlagserzeugnissen keine Wirkung. Preisnachlässe gibt es nur im Rahmen der Bestimmungen des Buchpreisbindungsgesetzes (Kap. 10.5.1).

Die im Sortimentsbuchhandel übliche Verwöhnung der Kunden durch Kreditgewährung wird schon am ersten Tag auf den jungen Unternehmer zukommen. Kann man dem noch unbekannten Kunden Kredit geben oder nicht? Keiner weiß vorerst etwas über dessen Bonität. Und wenn schon in Rechnung geliefert wird, dann sind beachtliche Mittel gebunden bei der in dieser Branche gegebenen durchschnittlichen Kundenkreditdauer von 40 Tagen. Inzwischen mangelt es an Mitteln zum Begleichen der Lieferantenrechnungen, sie müssen ungebührlich gestreckt oder aber das Kreditvolumen bei der Bank vergrößert werden. Das erfordert geschicktes Verhandeln mit der Bank/Sparkasse, eventuell ein Abtreten der Forderungen an Kunden als Sicherheitsleistung.

Bei den vielen Kreditverkäufen im Sortimentsbuchhandel muss von vornherein ein funktionierendes Mahnsystem eingerichtet sein, z.B. Mahnkopie im Rechnungssatz der Offenen Posten mit regelmäßiger Aussendung bei Fristüberschreitung, um den anfangs so bitter notwendigen Rückfluss der dafür eingesetzten Mittel zu beschleunigen.

Bei Bestellungen mittels Fernkommunikation (Telefon, Internet) hat der Anbieter durch das am 30.6.2000 in Kraft getretene Fernabsatzgesetz vermehrte Pflichten erhalten (Informationspflicht über die Beschaffenheit Ware, die Preise, Zahlungsmodalitäten) und der Verbraucher weitgehende Rechte (Kap. 10.2).

29.3
Verhalten der Konkurrenz

Sind bereits Buchhandlungen oder Buchverkaufsstellen im Ort, so werden diese mit besonderer Aufmerksamkeit die Aktivitäten des Neulings beobachten. Entsprechen seine werblichen Aussagen den Vorschriften des Gesetzes gegen den unlauteren Wettbewerb? Werden die Ladenpreise eingehalten? Beachtet man Erstverkaufstage? Hält sich das junge Unternehmen an die im Ort üblichen Ladenverkaufszeiten? Welches Sortiment wird in der Auslage und in den Verkaufsräumen den prospektiven Kunden offeriert?

Erfahrungsgemäß fordert eine neue Konkurrenz die anderen Buchhandlungen zu verstärkten Aktivitäten in vielen Bereichen heraus: Werbung, Lagerhaltung, Service, Außenarbeit, Lesungen, Signierstunden usw. Manchmal wird dieser Kampf um Verschiebung der Marktanteile nicht mit fairen Mitteln geführt, oder später kommen abschätzige Urteile oder gar Verleumdungen zu Ohren der Konkurrenten. Das vermag anfangs das Klima im Ort zu vergiften, ehe nach Monaten oder Jahren der Gewöhnung an den Mitbewerber das Nebeneinander die Norm ist und ein freundlich-distanzierter Umgang mit den Kollegen im Ort machbar erscheint. Bis dann wieder eine Konkurrenz auftaucht und nunmehr die Front oder Reserviertheit dem »Newcomer« entgegenschlägt.

29.4
Der erste Ladendiebstahl

Auch in Buchhandlungen werden Bücher gestohlen, schätzungsweise verlassen jährlich Waren unbezahlt den Laden, die 0,5 bis 2 % des Umsatzes ausmachen können. Nur 10 % aller Ladendiebstähle finden jedoch Aufklärung. Deshalb ist der Ladendiebstahl mit allen nur möglichen Mitteln zu bekämpfen, um die Inventurdifferenzen niedrig zu halten:
- Übersichtliche Gestaltung der Verkaufsräume ohne »Klauecken«;
- Permanente und ausreichende Besetzung der Verkaufsräume;
- Ständige Schulung der Mitarbeiter (Seminare, Verhaltensweisen bei verdächtigen Kunden und ertappten Dieben);
- Einsatz spezieller technischer Hilfsmittel (Spiegel, Monitore echt oder »blind«) und geschulter Personen (Detektive);
- Warensicherung mittels elektronischer Buch-Sicherungssysteme.
(Wegen der hohen Kosten und der befürchteten Verschlechterung des Kaufklimas sind sie in Buchhandlungen nur selten anzutreffen.)

Ladendiebstahls-Protokoll

Schuldanerkenntnis

Name _____ Vorname _____ Geburtsname _____

geboren am _____ Geburtsort _____ Land _____

Straße/Nr. _____ PLZ, Wohnort _____ Telefon _____

ausgewiesen durch _____ Art des Ausweises, Nr. _____

ausgestellt in _____ Staatsangehörigkeit _____

gibt den Diebstahl der aufgeführten Artikel ☐ zu ☐ nicht zu ☐ äußert sich nicht dazu

Gegenstand	Menge	Einzelpreis	Gesamtpreis
insgesamt			

Datum, Uhrzeit _____ Unterschrift des Bevollmächtigten der Firma _____ Unterschrift des Kunden _____

Die aufgeführten Waren wurden ☐ zurückgenommen ☐ vom Kunden nachträglich gekauft ☐ Sonstiges _____

Darstellung des Tatbestands, Beweismittel, Zeugen
(ggf. Rückseite mitbenutzen)

Datum _____ Unterschriften (1) der Zeugen _____
Uhrzeit _____ (2) _____

Anschriften der Zeugen (1) _____
(2) _____

Die Zeugen sind Angestellte der Firma ☐ ja ☐ nein. Nur Zeuge ( ) ist Angestellte(r) der Fa. _____

Firma

_____

Polizei einschalten: ☐ ja ☐ nein

Polizeirevier _____

Bei Minderjährigen:

Gesetzliche(r) Vertreter _____

Strafantrag stellen: ☐ ja ☐ nein

Strafantrag

Gegen den/die Beschuldigte(n) stellen wir Strafantrag. Grundlage dafür ist/sind

☐ das Schuldanerkenntnis
☐ die Zeugenaussage(n)
☐ die Darstellung des Tatbestandes mit den Beweismitteln

Ort _____ Datum _____

Unterschrift _____

Hausverbot

Gegen _____

wurde für _____ Monate Hausverbot ausgesprochen.

Ort _____ Datum _____

Unterschrift _____

Das Hausverbot gilt für alle Geschäfte der Firma. Es wurde dem/der/den Beschuldigten durch Aushändigung einer Kopie dieser Tatbestands-Aufnahme mitgeteilt. Er/Sie wurden davon in Kenntnis gesetzt, daß Strafantrag wegen Hausfriedensbruch gestellt wird, falls dem Hausverbot nicht Folge geleistet wird.

Eine Prämie zur Aufdeckung eines Ladendiebstahls

von _____ DM wurde bezahlt ☐ ja ☐ nein
☐ zur veranlassen ist

Zur Person	Entdecker	Entdeckte Ware
☐ männlich ☐ weiblich ☐ minderjährig	☐ Mitarbeiter ☐ Kunden	Menge _____
Beruf _____	☐ Detektiv ☐ Polizei	Gesamtwert _____

Wird ein Ladendiebstahl entdeckt, so kann der Dieb festgehalten werden, bis die verständigte Polizei ein Protokoll aufnimmt. Es ist aber auch möglich, den Beschuldigten ins Büro zu bringen und durch Ausfüllung zweckentsprechender Formulare (auf der Seite 464 ist ein *Ladendiebstahls-Protokoll*, BBE-Formular 6300, abgedruckt) eine Schuldanerkenntnis zu erreichen, diese durch eine Zeugenaussage zu untermauern, den Strafantrag auszufüllen, ein Hausverbot auszusprechen und durch ein Plakat im Personalraum dieses Hausverbot bekannt zu geben. Prämien an Mitarbeiter für das Ergreifen eines Ladendiebes dürfen dem Dieb angelastet werden, etwa bis 50 €, nicht jedoch Verwaltungskosten, Personalstundenausfall, die bei der Abwicklung des Vergehens im Betrieb entstehen. Nachstehend der Text eines Plakates, das viele vom Verfasser betreute Buchhandlungen in ihren Verkaufsräumen deutlich sichtbar ausgehängt haben: »Bücherdiebe gefährden die freie, offene Informationsmöglichkeit, die diese Buchhandlung bieten will. Wir beraten Sie gern, beaufsichtigen Sie ungern und zeigen deshalb Diebstähle unnachsichtig an.«

29.5
Die erste Bilanz

Nach Ende des ersten Geschäftsjahres informiert die möglichst frühzeitig aufzustellende Bilanz über den Erfolg der Buchhandlung. In nicht wenigen Fällen zeigt die Gewinn- und Verlust-Rechnung einen negativen Wert, bedingt durch zwei Besonderheiten in der Anfangszeit: Zum einen gibt es überhöhte Kosten gegenüber länger existierenden Buchhandlungen, weil der Umsatz noch nicht jene Höhe hat, die für viele Fixkosten notwendig wäre. Zumeist sind es im ersten Jahr die Aufwendungen für Personal, Raum und Werbung (Eröffnungswerbung) sowie die Abschreibungen mit über den Durchschnittswerten liegenden Prozentsätzen. Zum anderen ist die Handelsspanne aufgrund der Bewertung des Warenlagers niedriger als üblich.

29.5.1
Bewertung des Warenlagers

Zum Problem der Handelsspanne, das im Kap. 29.7 in allen Facetten thematisiert wird, noch einige erläuternde Anmerkungen. Bekanntlich kommt im Sortimentsbuchhandel nicht der Einstandswert der Lagervorräte bei der Wareneinsatzberechnung zum Ansatz, sondern ein mehr oder weniger darunter liegender Wert. Je nach Art der im Rahmen der Inventur gewählten Bewertung (Kap. 30.6 bis 30.9) beträgt der Bilanzwert 50 oder 40 % des um die Umsatzsteuer gekürzten Verkaufswertes, während der Einstandswert der Verlagserzeugnisse 60–75 % des Ladenpreises beträgt. Die Differenz zwischen Einstandswert und Bilanzwert bezeichnet man als »stille Reserven« des Warenlagers, die im ersten Geschäftsjahr besonders stark zu Buche schlagen bei anfangs geringer Lagerumschlagshäufigkeit. Aber auch in den folgenden Jahren kann eine überproportionale Lageraufstockung den Effekt der Schmälerung der Handelsspanne bewirken, was sich relativ spät nach permanenter Auflösung der stillen Reserven einpendelt mit dem Erreichen einer »normalen« Handelspanne. Ein Rechenbeispiel aus der Praxis belegt diese Veränderung der Handelsspanne durch verschiedenartige Lagerbewertung (Beispiele I, II, III):

BEISPIEL I: LAGERBEWERTUNG 60 % ABSCHLAG VOM LADENPREIS

		Euro	Prozent	Prozent
	1. Umsatz inkl. Umsatzsteuer (USt.) im ersten Geschäftsjahr	500.000	100,0	–
–	2. USt.-Inkasso (Verlagserzeugnisse 7 %, abgerundet)	32.710	6,5	–
=	3. Umsatz ohne USt.	467.290	93,5	100,0
	4.1 Wareneingang inkl. Warenbezugskosten, minus Skonti, Boni, Remittenden: 424.470 − Vorst. 6,54 % 396.700			
	4.2 Warenendbestand lt. Inventar zu Verkaufspreisen in Höhe von 150.710 minus USt. in Höhe von 9.150 ergibt: 140.850 − Pauschalabschlag 60 % als Bilanzwert 56.340			
–	4. Wareneinsatz	340.360	68,1	72,8
=	5. Rohgewinn in € (Hsp. in % vom Umsatz)	126.930	25,4	27,2

BEISPIEL II: LAGERBEWERTUNG 50 % ABSCHLAG VOM LADENPREIS

		Euro	Prozent	Prozent
	1. Umsatz inkl. Umsatzsteuer (USt.) im ersten Geschäftsjahr	500.000	100,0	–
–	2. USt.-Inkasso (Verlagserzeugnisse 7 %, abgerundet)	32.710	6,5	–
=	3. Umsatz ohne USt.	467.290	93,5	100,0
	4.1 Wareneingang netto 396.700			
	4.2 Warenendbestand mit Pauschalabschlag 50 % vom um die USt. reduzierten Verkaufspreis (140.850 − 50 % als Bilanzwert) 70.425			
–	4. Wareneinsatz	326.545	65,3	69,9
=	5. Rohgewinn in € (Hsp. in % vom Umsatz)	140.745	28,2	30,1

29.5 Die erste Bilanz

BEISPIEL III: LAGERBEWERTUNG 40 % ABSCHLAG VOM LADENPREIS

		Euro	Prozent	Prozent
	1. Umsatz inkl. Umsatzsteuer (USt.) im ersten Geschäftsjahr	500.000	100,0	–
–	2. USt.-Inkasso (Verlagserzeugnisse 7 %, abgerundet)	32.710	6,5	–
=	3. Umsatz ohne USt.	467.290	93,5	100,0
	4.1 Wareneingang netto 396.700			
	4.2 Warenendbestand mit Pauschalabschlag 40 % vom um die USt. reduzierten Verkaufspreis 140.850 – 40 % als Bilanzwert) 84.510			
–	4. Wareneinsatz	312.190	62,4	66,8
=	5. Rohgewinn in € (Hsp. in % vom Umsatz)	155.100	31,0	33,2

Ein mit den Besonderheiten der Branche vertrauter Steuerberater kann deshalb nach Rücksprache mit seinem neuen Klienten raten, den Abschlag im ersten Geschäftsjahr nicht mit dem höchstmöglichen Satz vorzunehmen, sondern ihn mehr dem Einstandswert anzunähern und erst allmählich im Laufe der nächsten zwei bis drei Jahre auf die Höchst-Abschlagssätze überzugehen. So entsteht dann nicht im ersten Jahr gleich ein besonders großer Verlust.

Die Rechenbeispiele beziehen die prozentuale Handelsspanne sowohl auf den Umsatz mit Mehrwertsteuer als auch auf den Umsatz ohne Mehrwertsteuer. Der Betriebsvergleich des Instituts für Handelsforschung an der Universität zu Köln errechnet seine Auswertungen bis 2000 wie in der ersten Spalte, während der Steuerberater in seiner Gewinn- und Verlust-Rechnung sowie auch die meisten EDV-Aufstellungen den Umsatz ohne Mehrwertsteuer mit 100 ansetzen, die Prozente der Kosten und der Handelsspanne sich also auf diesen niedrigeren Basiswert beziehen und deshalb die prozentualen Werte höher ausfallen als jene, die aufgrund des Kölner Betriebsvergleichs für den Sortimentsbuchhandel bis 2000 ausgewiesen und veröffentlicht sind. Seit 2001 basiert die Auswertung des Kölner Betriebsvergleichs auf dem Umsatz ohne Umsatzsteuer.

Lineare oder degressive Abschreibung

Bei der ersten Bilanz muss entschieden werden, ob Anlagegüter linear oder degressiv abzuschreiben sind. Kostet die Inneneinrichtung beispielsweise 100.000 € und ist eine lineare Abschreibung auf zehn Jahre vorgesehen, so beträgt die Abschreibungsquote jedes Jahr 10.000 €. Würde aber auf Anraten des Steuerberaters die degressive Abschreibung ratsam sein, so kämen im ersten Jahr 25 %, also 25.000 €, zur Abschreibung, im zweiten Jahr 25 % vom Restwert 75.000 €, also 18.750 €, im dritten Jahr 25 % vom Restwert 56.250 €, also 14.062,50 €, im vierten Jahr 25 % vom

Restwert 42.187,50 €, also 10.546,88 €. Vom fünften Jahr an kann nun auf lineare Abschreibung umgestellt werden, das ist erlaubt. Ein Wechsel von linearer Abschreibung auf degressive bleibt jedoch verboten. Aus dem Beispiel wird klar, dass bei degressiver Abschreibungsmethode die Abschreibungsbeträge in den ersten Jahren wesentlich höher sind als später. Das schmälert den Gewinn in den ersten Jahren stärker als eine gleichmäßige Abschreibung. Im Beispiel sind 25 % als degressive Abschreibung ausgerechnet, maximal können sogar 30 % angesetzt werden.

29.5.2
Terminologie der Bilanzkennzahlen

Die Terminologie der Bilanzkennzahlen gilt es zu kennen, um die vom Steuerberater oder Wirtschaftsprüfer ermittelten Werte zu deuten. Nachstehend die wichtigsten Formeln:

$$\text{Eigenkapitalanteil in \%} = \frac{\text{Eigenkapital} \times 100}{\text{Gesamtkapital}}$$

$$\text{Finanzierung} = \frac{\text{Eigenkapital}}{\text{Fremdkapital}}$$

$$\text{Anlagendeckung} = \frac{\text{Eigenkapital}}{\text{Anlagevermögen}}$$

$$\text{Anlagenintensität} = \frac{\text{Anlagevermögen}}{\text{Gesamtvermögen}}$$

$$\text{Vermögensstruktur} = \frac{\text{Anlagevermögen}}{\text{Umlaufvermögen}}$$

$$\text{Verschuldung} = \frac{\text{Fremdkapital}}{\text{Gesamtkapital}}$$

$$\text{Working Capital} = \frac{\text{Umlaufvermögen}}{\text{kurzfristige Verbindlichkeiten}}$$

$$\text{Kreditanspannung} = \frac{\text{kurzfristige Forderungen} \times 100}{\text{kurzfristige Verbindlichkeiten}}$$

$$\text{Verschuldungskoeffizient} = \frac{\text{Fremdkapital}}{\text{Eigenkapital}}$$

29.5.3
Lagerleistungskennziffern

Eine Warenbestandsaufnahme ist nicht nur im Hinblick auf steuerliche Erfordernisse und als notwendig zur Aufstellung der Bilanz in Erfüllung der handelsrechtlichen Vorschriften zu sehen. Genauso wichtig sind die betriebswirtschaftlichen Informationen, die eine Inventur zu liefern vermag, wenn der Unternehmer sie als Kontrollinstrument nutzt, um im Betriebsinteresse Erkenntnisse über Zielsetzung und Verbesserung der Lager- bzw. Einkaufspolitik zu gewinnen. Um alle diese Erfordernisse zu erfüllen, bedarf es keines großen zusätzlichen Aufwandes, sofern zweckentsprechende Formulare verwendet werden. Erster Gesichtspunkt der Auswertung sollte sein, die notwendigen Auskünfte möglichst frühzeitig vorliegen zu haben, und zwar bereits im Januar bei einem Geschäftsjahr, das parallel zum Kalenderjahr läuft.

Lagerumschlagsgeschwindigkeit

Als wichtigste Kennziffer zur Lagerleistung lässt sich nach Vorliegen des Gesamtwertes der Warenbestandsaufnahme die Lagerumschlagsgeschwindigkeit (LUG) berechnen, auch »Lagerdrehzahl« genannt. Diese Zahl gibt darüber Auskunft, wie oft das Warenlager in einer bestimmten Periode – zumeist in einem Geschäftsjahr – umgeschlagen wird. Für den Sortimentsbuchhandel gilt in der Regel die so genannte Bruttomethode, also die Formel:

$$LUG = \frac{\text{Umsatz zu Verkaufspreisen}}{\varnothing \text{ Lagerbestand zu Verkaufspreisen}}$$

Der durchschnittliche Lagerbestand errechnet sich aus Anfangsbestand plus Endbestand geteilt durch zwei. Da nur sehr selten in unserer Branche Monatslagerbestände bekannt sind (dann wären 13 Monatsbestände zu addieren und durch 13 zu teilen), fließt in die obige Formel der Anfangsbestand aus der Inventur des Vorjahres und der Endbestand aus der Warenbestandsaufnahme des letzten Geschäftsjahres ein.

BEISPIEL

	Lagerbestand zu Verkaufspreisen zu Beginn des Geschäftsjahres	180.000 €
+	Lagerbestand zu Verkaufspreisen am Schluss des Geschäftsjahres	200.000 €
	Zwischensumme geteilt durch zwei	380.000 €
=	durchschnittlicher Lagerbestand	190.000 €
	Jahresumsatz zu Verkaufspreisen im Geschäftsjahr	760.000 €
	geteilt durch den durchschnittlichen Lagerbestand zu Verkaufspreisen	190.000 €
=	Lagerumschlagsgeschwindigkeit	4,0 mal

In allen Berechnungsgrößen (Umsatz, Lagerbestand) ist die Umsatzsteuer enthalten, ein Herausrechnen aus beiden Positionen würde aber unterm Strich dieselbe Lagerdrehzahl ergeben. Bei dieser Bruttomethode mit Verkaufspreisen sind selbstverständlich alle Warenbestände einzubeziehen, auch die in der letzen Jahrgangsspalte eingesetzten »Altbestände«. Es wäre nur ein Selbstbetrug, diese beim Ausrechnen der Lagerumschlagsgeschwindigkeit wegzulassen. Ehrlicherweise ist auch der vorhandene durchschnittliche Kommissionslagerbestand der letzten beiden Bilanzstichtage zu Verkaufspreisen hier zu integrieren. Der Sortimentsbuchhandel hat nach den Ergebnissen des Betriebsvergleichs vom Institut für Handelsforschung an der Universität zu Köln bei über 200 Teilnehmern in den letzten fünf Jahren durchschnittlich folgende Lagerumschlagshäufigkeiten erzielt:

1998	**1999**	**2000**	**2001**	**2002**
4,5	4,6	4,7	4,6	4,6

Quelle: Institut für Handelsforschung

Um diesen Mittelwert streuen die Ergebnisse in den einzelnen Buchhandlungen zum Teil ganz erheblich. Tendenziell haben eine niedrigere Lagerdrehzahl:
• kleine Buchhandlungen mit bis zu fünf beschäftigten Personen,
• Buchhandlungen in kleinen Orten bis zu 20.000 Einwohnern,
• Buchhandlungen in schlechter Lage im Ort.

Die »Nettomethode« bei der Lagerumschlagsberechnung, in den meisten Einzelhandelsbranchen üblich, basiert auf der Formel:

$$\text{LUG} = \frac{\text{Umsatz zu Einstandswerten}}{\varnothing \text{ Lagerbestand zu Einstandswerten}}$$

Sie bringt fast gleichlaufende Ziffern des Lagerumschlags wie bei der Bruttomethode. Falsch wäre es jedoch, den Umsatz zu Verkaufspreisen als Dividend und als Divisor den durchschnittlichen Lagerbestand zu Einstandswerten oder – noch irreführender – den Lagerbestand zu Bilanzwerten in die Berechnung einfließen zu lassen. Dann käme als Quotient eine durch nichts gerechtfertigte »Traumleistungskennzahl« heraus, die mit den auf andere Weise ermittelten Branchenwerten nicht zu vergleichen wäre. Die eigene Lagerdrehzahl gilt es regelmäßig mit den Vorjahreswerten des Betriebes und mit den Durchschnittswerten (Branche insgesamt, Größenklassenergebnisse) aus dem Kölner Betriebsvergleich oder denen der Erfa-Gruppe zu vergleichen.

29.5 Die erste Bilanz

Lagerdauer in Tagen

Der Sortimenter gewinnt durch die Gegenüberstellung von Umsatz (als Leistungsziffer) zu Lager (als Kostenwert) nicht nur Auskunft über die Wirtschaftlichkeit seines Lagers, sondern auch Informationen über die Kapitalbindung durch die Kennziffer »Lagerdauer in Tagen«. Diese errechnet sich aus der Zahl der Tage pro Jahr, geteilt durch die Lagerumschlagshäufigkeit, in unserem Beispiel also:

$$\frac{360}{4,0} = 90 \text{ Tage}$$

Je geringer die Lagerdrehzahl, desto länger präsentiert sich die durchschnittliche Lagerdauer in Tagen, und umgekehrt: je höher die Lagerumschlagsgeschwindigkeit, desto kürzer die Lagerdauer in Tagen. Dementsprechend sind auch längere und kürzere Finanzierungszeiten der Lagervorräte notwendig mit Bereitstellung von Eigen- und/oder Fremdkapital. Hierzu die Anmerkung, dass die Position Lagerbestand in einer Normalbilanz bei Buchhandlungen in gemieteten Räumen stets die höchste der Aktivaseite darstellt. Anders gesagt: das meiste Kapital einer Buchhandlung ist in den Vorräten gebunden.

»Echter«, bereinigter Lagerumschlag

Bekanntlich werden die Umsätze einer Buchhandlung nicht allein vom Lager getätigt – einen erheblichen Anteil macht der in der Branche übliche Service des Besorgungsgeschäftes aus. Seit einigen Jahren wird im Kölner Betriebsvergleich auch nach dem Anteil des Durchlaufgeschäftes (lagerunabhängige Umsätze wie z. B. Kundenbestellungen, Zeitschriften, Fortsetzungen, ggf. Schulbücher) gefragt. Deshalb lassen sich repräsentative Werte aus dem genannten Anteil des Durchlaufgeschäftes ableiten. Hier die Ergebnisse für vier Jahre

1999	2000	2001	2002
3,3	3,3	3,1	3,0

als so genannte »echte« Lagerdrehzahl bei durchschnittlich 28,3 bis 35 % Anteil Durchlaufgeschäfte in diesen Jahren. Verfügt eine Buchhandlung aufgrund ihrer durchdachten Umsatzstatistik über diese wichtigen betriebswirtschaftlichen Werte, so kann die Lagerumschlagshäufigkeit der Vorratsverkäufe ermittelt werden, was erst die wirkliche Lagerbewegung offenbart.

BEISPIEL

Umsatz zu Verkaufspreisen	760.000 €
− Besorgungsgeschäft (nicht vom Lager verkaufte Bücher)	200.000 €
− Durchlauf-/Streckengeschäft der Zeitschriften und Fortsetzungen	50.000 €
= Umsatz vom Lager zu Verkaufspreisen	510.000 €

Nachdem damit der Umsatz vom Lager vorliegt, lässt sich nun der »echte« Lagerumschlag feststellen:

$$\text{Echter Lagerumschlag} = \frac{\text{Umsatz vom Lager zu Verkaufspreisen}}{\varnothing \text{ Lagerbestand zu Verkaufspreisen}} = \frac{510.000\,€}{190.000\,€} = 2{,}7$$

Lagerumschlagshäufigkeit nach Gruppen

Eine differenzierte Lagerumschlagsberechnung setzt zwei innerbetriebliche Maßnahmen voraus:
• Trennung des Umsatzes (Barverkauf und Kreditverkauf) in der gewünschten Warengruppe,
• Aufrechnung der Warenbestände in derselben Unterteilung.

Ohne besondere Datenermittlung ist das möglich für die beiden Gruppen steuerbegünstigte (zur Zeit 7 %) und nicht begünstigte Waren (zur Zeit 16 %), denn sowohl beim Umsatz (Umsatzsteuererklärung nach Steuersätzen getrennt) als auch beim Lagerbestand (Herausrechnung der Umsatzsteuer nach zwei Steuersätzen getrennt) liegen fraktionierte Werte vor. Unterstellen wir bei unserem Beispiel, dass im Gesamtumsatz von 760.000 € für 60.000 € Umsätze zum vollen Steuersatz (Kalender, Spiele, CD-ROMs, Schreibwaren usw.) enthalten sind und das durchschnittliche Lager der steuerbegünstigten Verlagserzeugnisse 170.000 € und das der anderen Waren 20.000 € beträgt, so errechnen sich folgende Lagerdrehzahlen für diese beiden Gruppen:

$$\text{LUG für Verlagserzeugnisse} = \frac{700.000\,€}{170.000\,€} = 4{,}1$$

$$\text{LUG für sonstige Waren} = \frac{60.000\,€}{20.000\,€} = 3{,}0$$

Noch bessere Einsicht in die Lagerbewegung liefert die durch eine Umsatzstatistik gegebene Trennung nach Literaturgruppen unter Berücksichtigung des Besorgungsgeschäftes. Das heißt, im Umsatz einer Gruppe sind nur die Lagerverkäufe enthalten, das Besorgungsgeschäft und das Durchlaufgeschäft haben eigene Zähl-

29.5 Die erste Bilanz

werke zur Erfassung. Daraus resultiert dann die Errechnung der »echten« Lagerumschlagsgeschwindigkeit je Gruppe.

Durch diese Errechnung des »echten« Lagerumschlags – getrennt nach Warengruppen – weiß der Unternehmer, welche Sachgebiete sich langsam drehen oder schnell umsetzen, und kann daraus Schlussfolgerungen ziehen. So vermag in einem Fall die Reduzierung des Teillagers durch Setzen eines Einkaufslimits die richtige Lösung sein, im anderen Fall die Verbesserung des Standortes einer Literaturgruppe innerhalb der Verkaufsräume das Forcieren des Umsatzes bewirken, damit sich bei gleichbleibender Lagerhöhe die Drehzahl verbessert. Oder kürzer ausgedrückt: Bei zu geringem Lagerumschlag entweder Lager kürzen oder Umsatz erhöhen.

Verkannt wird oft noch bei diesen Lagerkontrollmaßnahmen der positive Aspekt einer Aufstockung der Bestände, wenn z. B. ein Sachgebiet sich sehr rasch umschlägt, aber der zu hohe Besorgungsanteil dort (falls fraktioniert ermittelt und damit bekannt) auf eine wenig bedarfsgerechte Sortierung hinweist.

Nur in Erfa-Gruppen liegen fraktionierte Lagerdrehzahlen der hier explizierten Art vor, die für einen zwischenbetrieblichen Vergleich innerhalb dieser Gemeinschaft dienen können. Doch auch die innerbetriebliche Beobachtung differenzierter Lagerumschlagshäufigkeiten stellt ein gewichtiges Instrumentarium dar bei dem Ziel, das sich jede Lagerpolitik setzen sollte: nämlich die gewünschten Bücher zur richtigen Zeit in bedarfsgerechter Menge vorrätig zu halten.

Altersstruktur des Lagers

Eine nach Einkaufsjahrgängen unterteilte Warenbestandsübersicht informiert über die Altersstruktur der Bestände, sofern die Endsummen der Jahrgangsspalten um den Prozentwert im Verhältnis zum Gesamtbestand (= 100 %) ergänzt werden. Dazu folgendes Beispiel mit der nach Einkaufsjahrgängen gestaffelten Rubrizierung:

Einkaufsjahr	Ladenpreis in	in % des Gesamtbestandes
2001	120.000	60
2000	40.000	20
1999	24.000	12
1998 und früher	16.000	8
	200.000	100

Schlägt sich in einer mittleren oder großen, nicht spezialisierten Buchhandlung das Warenlager regelmäßig knapp viermal um und hält sich der Anteil des Besorgungsgeschäftes im üblichen Rahmen, was eine »echte« Lagerdrehzahl von etwa 3,0mal ergibt, so zeigen sich im Allgemeinen die oben genannten Anteile der Einkaufsjahrgänge am Gesamtbestand. Wir haben also im Beispiel eine übliche Altersstruktur als Modell vorgestellt. Das Bild verschiebt sich allerdings zu Lasten des zweitjüngsten Einkaufsjahrganges (zugunsten der anderen Einkaufsjahrgänge, vor allem des ersten), falls mehr Bücher als üblich in der Rubrik »Reihen« untergebracht werden.

Eine differenzierte Altersstruktur der Bestände ist ablesbar aus einer Übersicht nach Warengruppen und Einkaufsjahrgängen, die ebenfalls – wie zuvor für den Gesamtlagerbestand – um die Prozentwerte zu ergänzen sind. Der Gesamtlagerbestand der einzelnen Gruppen ist dann immer mit 100 anzusetzen. Eine solche Aufstellung nach Literaturgruppen mit Hinzufügen von Prozentwerten bei den einzelnen Beschaffungsjahrgangsklassen lässt auf einen Blick Abweichungen von der Altersstruktur des Gesamtbuchlagers erkennen und gibt damit Anhalte, welche Bestände zunehmend veralten und besonderer Beobachtung oder lagerpolitischer Maßnahmen bedürfen.

Jedes Jahr ist die Gliederung des Warenbestandes nach Einkaufsjahrgängen in derselben Form zu wiederholen und mit den Werten der vorausgegangenen Inventuren zu vergleichen, dies sowohl mit den Prozentzahlen als auch mit den Beträgen.

Globalzahlen zur Entwicklung von Lagerbestand, Lagerumschlag und Altersstruktur

Wer die Arbeit der Feinanalyse der Altersstruktur scheut, sollte aber auf jeden Fall das nachstehend erläuterte Grobraster zur Lagerbeobachtung über einen längeren Zeitraum hinweg anwenden, besonders dann, wenn die ermittelten Werte weit vom Branchendurchschnitt abweichen. Nachstehend aufgeführte Zahlen können hierfür auf einem Bogen bzw. einer Excel-Datei Jahr für Jahr festgehalten werden:
- Jahresumsatz einschließlich Umsatzsteuer in €;
- Umsatz-Indexzahl;
- Gesamtlagerbestand zu Verkaufswerten in €;
- Lager-Indexzahl;
- Durchschnittlicher Lagerbestand zu Verkaufspreisen in €
  (errechnet aus Anfangs- und Endlagerbestand, geteilt durch zwei);
- Lagerumschlagsgeschwindigkeit
  (errechnet aus Umsatz, geteilt durch durchschnittlichen Lagerbestand);
- Lagerdauer in Tagen (errechnet aus Zahl der Tage eines Jahres, geteilt durch Lagerumschlagshäufigkeit);
- Umsatzanteil Besorgungs-/Durchlauf-/Streckengeschäft in Prozent
  des Gesamtumsatzes (falls fraktionierte Umsatzstatistik vorliegt);
- Umschlagshäufigkeit der Vorratsverkäufe
  (so genannter »echter« Lagerumschlag, errechnet aus Umsatz vom Lager, geteilt durch durchschnittlichen Lagerbestand);
- Bilanzwert des Gesamtlagers in Prozent des Verkaufswertes
  (nur von Interesse bei Lagerbewertung nach Einkaufsjahrgängen gestaffelt);
- Altersstruktur des Gesamtlagers (Aufgliederung nach vier oder fünf Einkaufs-

29.5 Die erste Bilanz

jahrgangsklassen, Nennung der Prozentwerte im Verhältnis zum Gesamtlagerbestand).

Derartige Werte einer »Musterbuchhandlung« sind mit abgerundeten Zahlen für drei Warenbestandsaufnahmen ausgefüllt und auf Seite 476 wiedergegeben.

Weitere Kennziffern zur Lagerleistung

Neben den beiden bereits genannten Kennziffern Lagerumschlagsgeschwindigkeit und Lagerdauer in Tagen werden für den Sortimentsbuchhandel im Rahmen des Betriebsvergleichs vom Kölner Institut für Handelsforschung weitere Werte zur Lagerleistung ermittelt und veröffentlicht. In der unten abgebildeten Tabelle sind die Zahlen für den Zeitraum 1999 bis 2002 angegeben:

	1999	2000	2001	2002
Durchschnittlicher Lagerbestand (zu Bilanzwerten) je beschäftigte Person in €	14.530	14.943	14.671	14.592
Durchschnittlicher Lagerbestand (zu Bilanzwerten) je qm Geschäftsfläche in €	394	391	374	365

Jede Buchhandlung vermag diese Mittelwerte mit den eigenen Zahlen zu vergleichen oder aber besser die nach Beschäftigten-Größenklassen differenzierten Lagerleistungskennzahlen als Maßstab zur Beurteilung heranzuziehen. Beide Werte gehen vom Lagerbestand zu Bilanzwerten aus. Der Autor hält eine zusätzliche Auswertung zu Verkaufswerten für angebracht, vor allem wegen der besonderen Lagerbewertungsmodalitäten in unserer Branche. Deshalb errechnet der Verfasser verschiedene Bruttowerte in einzelnen Erfa-Gruppen noch zusätzlich, da die Fragebogen des Kölner Instituts sowieso auch Verkaufswerte für die beiden Lagerbestände enthalten.

Verhältnis Stückzahl zu Titelzahl

Eine Inventur über EDV wird die genaue Stückzahl aller aufgenommenen Bücher nennen, den Durchschnittspreis je Stück ermitteln zur Beobachtung des Preisniveaus und auch annähernd richtige Titelanzahlen ergeben (Problem: Aufnahme der Reihenbücher ohne Titelerfassung). Auch manuell ist die überschlägige Ermittlung der Titelanzahl möglich, die Norm-Inventurliste enthält 30 Zeilen pro Seite, d. h. eine Seite ergibt dreißig Titel. Nicht wenige Buchhandlungen dokumentieren mit dieser einmal im Jahr errechneten Titelzahl ihr vielfältiges Angebot und verwenden das in der Werbung, z. B. im Hausprospekt mit Leistungskatalog.

Inventur per	Jahres-umsatz	Umsatz-index	Gesamt-lager-bestand	Lager-index-zahl	Ø Lager-bestand	LUG	Lager-dauer in Tagen	Anteil Besor-gungs-geschäft	Echte LUG	Bilanz-wert des Lagers in %	Bestände letztes Jahr in %	Bestände vorletztes Jahr in %	Bestände drittletztes Jahr in %	Noch ältere Bestände in %
31.12.99	881.000	100	172.000	100	168.000	5,24	69	32,5	3,54	34,95	61	17	13	9
31.12.00	944.000	107	180.000	105	176.000	5,36	67	30,4	3,73	35,90	63	18	12	7
31.12.01	1.000.000	114	200.000	116	190.000	5,26	68	31,6	3,60	34,93	60	20	12	8

Das Verhältnis Stückzahl zu Titelzahl, z. B. 2,6 zu 1,0, erlaubt im Vergleich der Jahre Rückschlüsse zur Entwicklung von Quantität und Auswahl. Wertvoll ist dann die differenzierte Betrachtung nach Warengruppen. Wird diese Gegenüberstellung auch je Einkaufsjahrgang gemacht, lassen sich im nachhinein Erkenntnisse über schlechte oder gute Einkaufspolitik gewinnen. Schlecht wäre es beispielsweise, wenn in der letzten Jahrgangsspalte einer bestimmten Literaturgruppe das Verhältnis zwischen Stückzahl und Titelzahl noch 2,1 zu 1,0 betrüge, während doch im Normalfall hier ein Wert von 1,1 zu 1,0 gegeben ist.

29.6 Routinekontrollen

Die Führung eines Betriebes will gelernt sein, der Anfänger muss sich umstellen und die vorliegenden praxisorientierten Hilfsmittel nutzen. Eine der wichtigsten Chefaufgaben ist die Kontrolle zur richtigen Zeit. Selbst eine eingefahrene Organisation bedarf ständiger Überprüfung, um den Betrieb stets »im Griff« zu haben.

Neben der so wichtigen rechenhaften Überwachung des Betriebsprozesses sind auch Funktionen und Erscheinungsbild der Buchhandlung in den Kontrollablauf einzubeziehen. Die folgende Checkliste *Routinekontrollen* mit den Rubriken für tägliche, wöchentliche, monatliche und vierteljährliche Inspektion sowie einer tertialweisen Zahlenübersicht (analog zur Tertialauswertung des Instituts für Handelsforschung an der Universität zu Köln im zwischenbetrieblichen kurzfristigen Vergleich) kann dabei in dieser oder ähnlicher Form als Gedächtnisstütze dienen. Sie mag aber auch Hilfestellung geben bei der Entwicklung eines eigenen betriebsindividuellen Kontrollsystems, das je nach Betriebsgröße und Organisationsform mehr oder minder tief gegliedert sein muss.

ROUTINEKONTROLLEN

Täglich
Anwesenheitsliste
Termine des Tages
Vertreterbesuche
Personaleinsatz
Barumsatz des Vortages, gesamt und evtl. aufgeteilt nach Hauptwarengruppen
Barkundenzahl des Vortages
Rechnungsumsatz des Vortages, gesamt und evtl. aufgeteilt nach Hauptwarengruppen
Kassenabrechnung, Kassendifferenzen
Verkaufte Titel vom Lager und auf Besorgung
Wareneingang des Vortages (Durchsicht der Lieferanten-Rechnungen)

Warenpräsentation im Verkaufsraum
    Optische Gefälligkeit
    Lücke
    Platzierung der Novitäten
    Lagerordnung
Einhaltung der Arbeitsanweisungen durch unregelmäßige Stichproben;
    täglich ein anderer Bereich (z. B. Kasse, Fakturierung, Lagerergänzung, Personalkauf)
Warenschwund
»Wartung« der technischen Anlagen (z. B. Licht, Klimaanlage)
Sauberkeit/Ordnung
    Ladeneingang
    Fußböden, Teppiche
    Kassenzone, Packtisch
    Regale und Mittenmöbel
    Schaufenster
    Aufenthaltsraum
Verschluss der Räume

Wöchentlich
Angebotsgestaltung, Sonderangebote
Konkurrenz-Beobachtung (Schaufenster, Sonderangebote, Werbung)
Sortimentskontrolle
Kassen-Kontrollsturz
Werbung
    Laufende Inserate
    Internet-Auftritt
    Laufende Werbeaktionen
    Werbemittelauslage in und vor dem Laden
    Aktualität und äußeres Bild der Schaufensterwerbung
    Synchronisation der Werbemaßnahmen
    Werbeaktionen dem Verkaufspersonal bekannt geben
Qualität von Bedienung und Beratung stichprobenartig überprüfen
    (Begrüßung, Verkaufsgespräch, Einwandbehandlung, Umgang mit Reklamationen,
    Zusatzverkauf, Verabschiedung)

Monatlich
Umsatz
    getrennt nach Warengruppen sowie nach Bar- und Kreditumsatz
    Veränderung zum Vorjahr
    Abweichung vom Planwert
    alles auch kumuliert nach gleichen Kriterien
    Anzahl der Verkaufstage im Berichts- und Vorjahresmonat

- bewegliche Feiertage
- außerordentliche Umsatz- und Einflussfaktoren
- Vergleich mit Durchschnittswerten der Branche

Anzahl der Barkunden
- Durchschnittlicher Kaufbetrag je Barkunde
- Veränderung zum Vorjahr

Anzahl der Rechnungskunden
- Durchschnittlicher Betrag je Rechnung
- Veränderung zum Vorjahr

Umsatzkennziffern
- Umsatz je beschäftigte Person
- Je qm Geschäfts- und Verkaufsraum
- Veränderung zum Vorjahr
- Abweichung von Planwerten

Lagerbewegung
- Wareneingang
- Wareneinsatz
- Rohgewinn
- Lagerbestand
- Lagerumschlag
- Veränderung zum Vorjahr
- Abweichung von Planwerten
- Limitüberschreitungen, -unterschreitungen

Ausstehende größere Lagerlieferungen

Kosten in % zum Umsatz, Abweichung von Planwerten

Betriebsergebnis und Eigenkapitalentwicklung
- Rohertrag
- Kosten
- Abschreibungen
- Sonstige Erträge und Aufwendungen
- Privatentnahmen
- Kapitalveränderungen
- Veränderung zum Vorjahr
- Abweichung von Planwerten
- Einzelne Monate auch kumuliert

Kurzfristiger Status

Umlaufvermögen
- Verbindlichkeiten
- Veränderung zum Vorjahr

Werbeplanung
- Einhalten, Erreichen der Werbeziele
- Notwendige Korrekturen

Personaleinsatzplanung

Vierteljährlich
Große Lagerkontrolle
    Altbestände
    Sortimentslücken
    Überbestände
    Mängelexemplare
Außenstände in % vom Kreditumsatz, Veränderung zum Vorjahr
Zins- und Bankgebührenabrechnung
    Kontokorrentkredit
    Effektivverzinsung
Ladengestaltung
    Außenfront
    Zustand von Schaufenstern und Hausfassade
    Eingangsgestaltung
    Raumgestaltung und Innendekoration
    Gesamteindruck
    Einkaufsatmosphäre
    Verkaufsfördernde Präsentation
    Lichtwirkung
    Boden-, Decken und Treppengestaltung
    Standorte mobiler Verkaufseinheiten
    Kassen, Packtisch,
    Informationsplätze, Info-Theken
Standortveränderungen
    Kundenstruktur
    Erweiterung oder Schrumpfung des Einzugsgebiets,
    neue Konkurrenten
    Aktivitäten der Mitbewerber

Je Tertial (Januar bis April, Mai bis August, September bis Dezember)
Umsatzkennziffern
    Umsatz je beschäftigte Person
    Je qm Geschäfts- und Verkaufsraum
    Je Barverkauf und je Kreditverkauf (Außenstände)
    Veränderung zum Vorjahr
    Abweichung von Planwerten
    Umsatzentwicklung (Vorjahrestertial = 100)
    Beschaffungsentwicklung (Vorjahrestertial = 100)
    Vergleich mit Branchendurchschnittswerten
Auswertung der Handlungskosten
    Personalkosten (ohne Unternehmerlohn)
    Unternehmerlohn
    Personalkosten inkl. Unternehmerlohn

Miete oder Mietwert
Gewerbesteuer
Kosten für Werbung
Sonstige Kosten (ohne Abschreibungen, ohne Zinsen für Eigenkapital)
Veränderung zum Vorjahr
Vergleich mit Branchendurchschnittswerten

29.7 Handelsspannenkontrolle

Zu unterscheiden ist nach der Handelsspanne einer Ware, der Handelsspanne eines Betriebes und der Handelsspanne einer Branche. Dieser Abschnitt befasst sich mit der Betriebshandelsspanne und bringt Vergleichswerte zur Branchenhandelsspanne im Sortimentsbuchhandel. Die offizielle Begriffsdefinition der Betriebshandelsspanne lautet: »Handelsspanne eines Betriebes – auch als Betriebshandelsspanne bezeichnet – ist die Differenz der Summe der Einkaufs- oder Einstandspreise und der Summe der Verkaufs- oder Ausstandspreise aller umgesetzten Waren eines Betriebes während einer Periode. Sie wird in aller Regel in Prozenten vom Gesamt-Verkaufserlös (Umsatz) des Betriebes ausgedrückt (Prozentspanne, relative Spanne).« (Quelle: *Katalog E Begriffsdefinitionen aus der Handels- und Absatzwirtschaft*).

Unabdingbar gehört zum Instrumentarium ordentlicher Betriebsführung eines Handelsbetriebes die kurzfristige Überprüfung und die regelmäßige Kontrolle der Betriebshandelsspanne. Zu ihrer Berechnung sind normalerweise vier Werte nötig:
• Umsatz des Geschäftsjahres;
• Wareneingang des Geschäftsjahres;
• Warenbestandsaufnahmeergebnis des Vorjahres (Anfangsbestand);
• Warenbestandsaufnahmeergebnis des Geschäftsjahres (Endbestand).

Durch das 1968 eingeführte Mehrwertsteuersystem muss beachtet werden, dass die genannten Werte umsatzsteuerbereinigt in das Rechenschema einfließen. Beispiel 1 zeigt die Berechnung der Betriebshandelsspanne einer Buchhandlung mit 1 Mio. € Umsatz (inkl. Umsatzsteuer), die über ein Jahr existiert, also ihre zweite (dritte usf.) Bilanz aufstellt mit einem Warenanfangsbestand, der als Warenbestand in der Bilanz des jeweiligen Vorjahres ausgewiesen war.

BEISPIEL 1: ERRECHNUNG EINER BETRIEBSHANDELSSPANNE

	EUR	EUR	PROZENT
Umsatz des Geschäftsjahres ohne USt.	–	934.579	100,00
Warenanfangsbestand zum Bilanzwert ohne USt.	78.000	–	–
+ Wareneingang einschl. Warenbezugskosten	–	–	–
– Warenendbestand zum Bilanzwert ohne USt.	80.000	–	–
= Wareneinsatz ohne USt.	–	645.579	69,08
Rohgewinn/Handelsspanne	–	289.000	30,92

Unser Beispiel hat einen Waren-Rohgewinn von 289.000 € ergeben, der in Prozent vom Umsatz eine Betriebshandelsspanne von 30,92 % darstellt. Zum Warenanfangs- und Warenendbestand muss noch die Anmerkung gemacht werden, dass der Bilanzwert erheblich unter dem Einstandswert liegt, weil die Buchhandlung von der Bewertung der Bestände nach dem *Merkblatt zur körperlichen Aufnahme der Lagerbestände im Sortimentsbuchhandel und ihre Bewertung in den Steuerbilanzen* Gebrauch gemacht hat (Kap. 30.1).

Bei der ersten Bilanz einer gegründeten Buchhandlung liegt jedoch kein Anfangslagerbestand vor, deshalb erfolgt die Ausrechnung der Betriebshandelsspanne in diesem Falle nur mit drei Werten:

BEISPIEL 2: ERRECHNUNG DER BETRIEBSHANDELSSPANNE IM ERSTEN JAHR NACH DER GRÜNDUNG

	EUR	EUR	PROZENT
Umsatz des ersten Geschäftsjahres ohne USt.	–	510.400	100,00
Wareneingang einschl. Warenbezugskosten, abzüglich Skonti, Boni, alles ohne USt.	465.600	–	–
– Warenendbestand zum Bilanzwert ohne USt.	92.400	–	–
= Wareneinsatz ohne USt.	–	373.200	73,12
Rohgewinn/Handelsspanne	–	137.200	26,88

Branchenhandelsspannen

Wie sieht ist aus mit der Handelsspanne der Branche? Vergleichswerte liegen für den Sortimentsbuchhandel vor, da das Institut für Handelsforschung an der Universität zu Köln für rund 50 Facheinzelhandels-Branchen Betriebsvergleiche durchführt (Kap. 23.8). Da das Institut für Handelsforschung die Handelsspanne bis zum Jahr 2000 bezogen auf den Umsatz inkl. Umsatzsteuer errechnet hat, und erst seit 2001 den Netto-Umsatz als Vergleichswert nimmt, hat sich die Handelsspanne aufgrund der nun anderen Bezugsgröße um mehr als zwei Prozentpunkte in statistischer Hinsicht »verbessert«.

29.7 Handelsspannenkontrolle

BRANCHENHANDELSSPANNEN DES SORTIMENTSBUCHHANDELS NACH BESCHÄFTIGTEN-GRÖSSENKLASSEN FÜR DIE JAHRE 1999, 2000, 2001 UND 2002

Beschäftigten-Größenklassen Personen	1999 – in % vom Umsatz inkl. Umsatzsteuer	2000 – in % vom Umsatz inkl. Umsatzsteuer	2001 – in % vom Netto-Umsatz exkl. Umsatzsteuer	2002 – in % vom Netto-Umsatz exkl. Umsatzsteuer
2– 3	27,3	28,0	29,8	30,7
4– 5	29,6	29,0	32,7	32,1
6–10	30,3	29,7	32,6	32,3
11–20	31,6	31,1	34,5	34,1
21–50	31,2	32,2	34,4	32,7
51 und mehr	32,6	32,5	34,1	34,5
Gesamt	30,1	29,9	32,5	32,3

Deutlich geht aus dieser Tabelle der Anstieg der Spanne mit zunehmender Betriebsgröße hervor. Um die hier publizierten Durchschnittswerte gibt es in den einzelnen Betrieben Spannen mit erheblicher Streubreite, bedingt durch andere Absatzstruktur (z. B. wesentlich niedrigere Spanne bei hohem Umsatzanteil an Schulbüchern, an Zeitschriften-Abonnements) oder beeinflusst durch einen speziellen Kundenkreis (z. B. Belieferung von Bibliotheken mit Nachlass im Rahmen des Buchpreisbindungsgesetzes) und vieles andere mehr.

Durchschnittsrabatt und Betriebshandelsspanne

Es klafft ein erheblicher Unterschied zwischen dem »Durchschnittsrabatt« (dem Mittelwert aller von den Verlagen und Barsortimenten gewährten Rabatte) und der »Betriebshandelsspanne«. Wer zu den wenigen Buchhändlern gehört, die den gesamten Wareneingang zu Einstandspreisen (oder Nettopreisen) und zu Verkaufspreisen erfassen, der ist über den in seinem Betrieb erzielten Durchschnittsrabatt informiert, er kennt dann die Soll-Spanne seines Betriebes. Dieser fortschrittliche Kollege vermag am Ende des Geschäftsjahres den Soll-Wert dem Ist-Wert, der tatsächlich erzielten Betriebshandelsspanne, gegenüberzustellen und kennt damit exakt seine Lagerverluste, seine Inventur-Differenzen. In der Regel ist jedoch kein Sortimenter über diesen Unterschied, dieses »Loch« zwischen Durchschnittsrabatt und tatsächlich erreichter Betriebshandelsspanne, informiert. Die diesen Abschnitt beschließende Checkliste *Kontrolle der Betriebshandelsspanne* nennt die verschiedenen Faktoren, die bei den einzelnen aufgeführten Bereichen eine Minderung oder Verbesserung der Spanne bewirken. Mit ihrer Hilfe wird eine Überprüfung erleichtert, falls sich nach der Inventur Veränderungen zeigen.

Welche Betriebshandelsspanne erwartet das Finanzamt?
Erhebliche Schwankungen in der Betriebshandelsspanne oder aber Unterschreiten der so genannten »Gewinn-Ermittlungsrichtsätze« können das örtliche Finanzamt auf den Plan rufen, das dann durch eine Außenprüfung den Betrieb unter die Lupe nimmt, um die Abweichungen zu ergründen. Die folgende Tabelle informiert über diese Richtsätze für den Bucheinzelhandel. Hierzu vorab einige Erläuterungen:
- *Rohgewinn-Aufschlagsatz* bezieht den Rohgewinn auf den Wareneinsatz.
- Wirtschaftlicher *Rohgewinn I* ist der Betrag, um den der wirtschaftliche Umsatz (netto) den Wareneinsatz (netto) übersteigt.
- Wirtschaftlicher *Halbreingewinn* ist der wirtschaftliche Rohgewinn abzüglich der Betriebsausgaben mit Ausnahme der Gehälter, Löhne, Aufwendungen für eigene oder gemietete gewerbliche Räume und der Gewerbesteuer.
- Wirtschaftlicher *Reingewinn* ist der Halbreingewinn abzüglich der noch nicht berücksichtigten Betriebsausgaben.

Alle Gewinn-Ermittlungsrichtsätze werden in Prozent vom wirtschaftlichen Umsatz ausgedrückt. Zu beachten ist, dass die Prozentwerte sich auf den Umsatz ohne Umsatzsteuer beziehen. Für unser Thema Handelsspannenkontrolle ist die Sparte Rohgewinn relevant. Jeder Unternehmer der angezogenen Einzelhandelsbranchen kann nun selbst überprüfen, ob seine betrieblichen Werte sich im Rahmen der »Gewinn-Ermittlungsrichtsätze« bewegen.

RICHTSATZVERORDNUNG BUCHEINZELHANDEL (AB 1998)

	Rohgewinnaufschlag auf den Wareneinsatz bzw. Waren- und Materialeinsatz in %	Rohgewinn I (in % vom Nettoumsatz)	Halbreingewinn (in % vom Nettoumsatz)	Reingewinn (in % vom Nettoumsatz)
Mittelwerte	28–59 43	22–37 30	14–27 21	2–13 7

RICHTSATZVERORDNUNG BUCHEINZELHANDEL (AB 2002)

	Rohgewinnaufschlag auf den Wareneinsatz bzw. Waren- und Materialeinsatz in %	Rohgewinn I (in % vom Nettoumsatz)	Halbreingewinn (in % vom Nettoumsatz)	Reingewinn (in % vom Nettoumsatz)
Mittelwerte	33–59 45	25–37 31	15–28 22	2–15 8

Quelle jeweils: Richtsatzsammlung, Stollfuß Verlag

Im Rahmen einer Außenprüfung wird bei der Richtsatzverprobung nachkalkuliert. Die Aufschlagsätze, die je nach Warengruppe sehr unterschiedlich sein können, müssen ermittelt werden. Bei Waren, die der Preisbindung unterliegen, wird der Prüfer in der Regel die vom Verleger vorgegebenen Endverkaufspreise zugrunde legen. Auch der Anteil der jeweiligen Warenart am Gesamtwareneinsatz kann sehr unterschiedlich sein und muss deshalb individuell ermittelt werden. Bei der Kalkulation müssen ferner die dem Händler eingeräumten Rabatte (auch in Form von Freiexemplaren) sowie die von ihm gewährten Preisnachlässe (z. B. bei Schulbüchern), ferner die Wertabschläge auf den Warenbestand berücksichtigt werden.

Um bei einer späteren Prüfung des Finanzamtes gewappnet zu sein, sind besondere Vorkommnisse des laufenden Geschäftsjahres, welche das Betriebsergebnis und/oder die Handelsspanne beeinflusst haben, schriftlich festzuhalten und als Anlage einer nunmehr »sprechenden Bilanz« beizulegen. Bei der Bilanzbesprechung mit dem Steuerberater wird man dieses Material heranziehen, damit auch er informiert ist und bei einer vielleicht Jahre später kommenden Außenprüfung die Schwankungen in der Betriebshandelsspanne oder das Abweichen von den Richtsätzen erklären kann.

Dazu mag das in Hamburg und andernorts häufiger vorkommende Beispiel dienen, dass bestimmte Buchhandlungen nur jedes zweite oder dritte Jahr einen großen Schulbuchauftrag mit Nachlassgewährung bekommen, was in diesem Jahr zwar höhere Umsätze als im »schulbuchlosen« Geschäftsjahr, aber eine wesentlich niedrigere Betriebshandelsspanne mit sich bringt. Manche Betriebe erfassen zur Transparenz die Erlösschmälerungen kontenmäßig in der Buchhandlung, andere bewahren zusätzliche Durchschläge von Lieferungen mit Nachlass als Beweismittel auf.

Kontrolle der Betriebshandelsspanne

Auf die Elastizität der Betriebshandelsspannen selbst bei gleichartigen Verhältnissen muss hingewiesen werden. Wenn unterschiedliche Spannen produziert werden, so kann das hausgemachten Charakter haben. Abweichungen zwischen vergleichbaren Buchhandlungen kommen jedenfalls in kaum vermutetem Maße vor. Die Nutzung von Vergleichsdaten als Erkennungssignal ist zuvor verdeutlicht worden, außerdem wurden die publizierten Branchenhandelsspannen-Werte nach verschiedenen Kriterien gegliedert genannt. Stellt nun ein Sortimenter mehr oder weniger große Abweichungen von den Durchschnittswerten fest (zwischenbetrieblicher Vergleich) oder schwankt seine Betriebshandelsspanne mal nach oben, mal nach unten (innerbetrieblicher Vergleich), dann muss unverzüglich eine Handelsspannenkontrolle einsetzen, um den Gründen auf die Spur zu kommen. Nur wenn der Unternehmer weiß, was geschehen ist, kann er gezielt Maßnahmen ergreifen.

Denn was nützt z. B. ein durchaus normales Kostenbild einer Buchhandlung, sofern durch kontinuierliches Abrutschen der Betriebshandelsspanne die Gewinne immer kleiner und letztlich betriebswirtschaftliche oder gar steuerliche Verluste produziert werden. Die abschließend gebrachte grundlegende Übersicht zur Kontrolle der Betriebshandelsspanne in Form einer Checkliste ist als Mittel zur Selbsthilfe des Sortimenters gedacht, sofern die permanent zu beobachtende Handelsspanne Sprünge nach unten oder oben macht, die einer Klärung bedürfen. Aufgrund der mit Hilfe dieser Checkliste gewonnenen Einsichten sind die notwendigen Maßnahmen in den acht Bereichen Wareneingang, Konditionen, Warenausgang, Warenbestandsaufnahmen, Sortimentsstruktur, Lagerhaltung, Geldverkehr und Buchhaltung einzuleiten, um schädlichen Entwicklungen entgegenzutreten. Je früher das geschieht, umso besser für das Unternehmen.

Die Betriebshandelsspanne kann schon Ende Januar/Anfang Februar bekannt sein, unabhängig von der endgültigen Fassung der Bilanz oder dem noch späteren Termin der Abgabe der Werte an das Finanzamt. Nicht so früh lässt sich der zwischenbetriebliche Vergleich bewerkstelligen, weil repräsentative Durchschnittswerte des Kölner Instituts erst im Herbst vorliegen. Wesentlich besser dran sind Betriebsvergleichsteilnehmer, Erfa-Gruppen, die nach Einsendung ihrer Daten bedeutend früher informiert sind (Werte vergleichbarer Buchhandlungen, Branchentrend, Größenklassentrend usw.).

Eine Kontrolle der Betriebshandelsspanne mittels sachkundiger Hilfe (Steuerberater, branchenversierter Betriebsberater) ist dann opportun, wenn der Unternehmer sich selbst nicht sicher fühlt, die Abweichungen in richtiger Weise zu erkennen, zu interpretieren und zu beheben. Das ist natürlich mit Kosten verbunden.

CHECKLISTE: KONTROLLE DER BETRIEBSHANDELSSPANNE

+ = bewirkt höhere Betriebshandelsspanne
− = bewirkt niedrigere Betriebshandelsspanne
+/− = kann je nach Fall höhere oder niedrigere Betriebshandelsspanne bewirken

1 Wareneingang (Abgrenzung)
1.1 Fehlende Rechnungen für mit und ohne Lieferschein eingegangene und inventarisierte oder verkaufte Ware   +
1.2 Verbuchte Lieferantenrechnungen ohne Wareneingang
     (Vorausrechnungen, Vorauszahlungen Inland und Ausland)   −
1.3 Doppelt gebuchte Fakturen nach Rechnungsduplikaten oder Mahnungen
     der Verlage   −
1.4 Fakturierfehler der Lieferanten (Addition, Multiplikation, falscher Umsatzsteuersatz, branchenunübliche Umsatzsteuerberechnung)   +/−
1.5 Fehler bei der Verbuchung der BAG-Sammelrechnung und der zum Stichtag
     noch nicht eingezogenen Rechnungen   +

2 Konditionen
2.1 Verbesserte Konditionen (Mengen-/Staffelrabatt, Reiserabatt, Partien,
     Jahresabschluss, Boni, Skonti)   +
2.2 Verschlechterte Konditionen   −
2.3 Veränderung der Warenbezugskosten (Erhöhung oder Senkung der Gebühren
     des Büchersammelverkehrs, der Post, der Bahn, der Spediteure, Vergütung
     der Lieferanten durch Porto-Modelle)   +/−

2.4 Andere Proportionierung der Lieferquellen (Direktbezug, Barsortimentsbezug, Gemeinschaftseinkauf) +/−
2.5 Veränderung des Anteils Besorgungsgeschäft (höherer Anteil in der Regel geringere, niedriger Anteil höhere Spanne) +/−

3 Verkauf/Warenausgang
3.1 Erlaubte Nachlässe an Kunden (Bibliotheken, Büchereien, Schulbuch-Sammel-Lieferungen, Mengenlieferungen eines Titels) −
3.2 Unerlaubte Nachlässe an Kunden (Skonti, verschenkte Partieexemplare) −
3.3 Preisherabsetzungen bei Mängelexemplaren (beschädigt, verstaubt) −
3.4 Nicht eingelöste Warengutscheine der Kunden +
3.5 Kunden-Vorauszahlungen, Vorausrechnungen übers Jahresende (bewirken bei falscher Verbuchung eine Spannenerhöhung im laufenden Jahr, eine Spannenminderung im folgenden Jahr) +
3.6 Berechnung von Versandkosten oder Botengebühr +
3.7 Buchgeschenke an Kunden −
3.8 Entnahmen von Büchern durch Inhaber zum Eigenverbrauch −
3.9 Nachlässe an Mitarbeiter für Bücher zum Eigenbedarf −
3.10 Verkauf zum falschen Ladenpreis +/−
3.11 Warendiebstahl der Kunden −
3.12 Warendiebstahl der Mitarbeiter −
3.13 Packfehler an der Kasse und beim Versand −
3.14 Berechnungsfehler beim Bar- oder Kreditverkauf +/−

4 Warenbestandsaufnahme
4.1 Vergessen von Waren bei der Inventur −
4.2 Doppelt aufgenommene Bestände +
4.3 Rechnerische Fehler bei der Warenbestandsaufnahme (Queraddition, Summen der Seiten und der Zusammenstellung, fehlende oder falsche Umsatzsteuerherausrechnung) +/−
4.4 Ansichtssendungen, die zum Jahresabschluss noch nicht abgerechnet und erfasst sind −
4.5 Falsche Behandlung der Kommissionsbestände +/−
4.6 Preisauszeichnungsfehler bei der aufgenommenen Ware +/−

5 Sortimentstruktur
5.1 Veränderung der Umsatzanteile hin zu hochrabattierter Literatur (Publikumsverlage) +
5.2 Veränderung der Umsatzanteile hin zu niedrigrabattierter Literatur (z. B. Schulbuch, Zeitschriften, Fachbuch) −
5.3 Aufnahme neuer Warengruppen ins Sortiment +/−
5.4 Aufnahme oder verstärkte Lagerhaltung von nicht preisgebundenen Waren mit eigener nach oben gerichteter Preiskalkulation (z. B. Non-Books, Import) +

5.5 Veränderungen in Breite und Tiefe insgesamt und in einzelnen Warengruppen +/−

6 Lagerhaltung
6.1 Verbesserung der Altersstruktur des Lagers (jahrgangsweise Bewertung) +
6.2 Verschlechterung der Altersstruktur des Lagers (jahrgangsweise Bewertung) −
6.3 Veränderung der Lagerbewertung
(Bandbreite von Einstandswert bis zu den beiden Arten der Pauschalabschläge nach dem Merkblatt) +/−
6.4 Hoher Lagerzuwachs über Umsatzentwicklung hinaus
(Ausschöpfung der Bewertung, neue »stille Reserven« im Lager) −
6.5 Starker Lagerabbau (Auflösung gebildeter »stille Reserven« im Lager) +

7 Geldverkehr
7.1 Kassendifferenzen +/−
7.2 Falschüberweisungen, Doppelüberweisungen an Lieferanten −
7.3 Gelddiebstahl von Kunden, Unterschlagungen von Mitarbeitern −
7.4 Nicht als Privatentnahme gebuchte Geldentnahmen
(Kürzung des Barumsatzes) der Inhaber, der Gesellschafter,
der Geschäftsführer −

8 Buchhaltung
8.1 Rechenfehler bei der Ermittlung des Wareneinsatzes, falsche Behandlung von Umsatzsteuer und Vorsteuer bei der Errechnung von Wareneinsatz und Rohgewinn +/−
8.2 Fehler, Differenzen bei der OPB (Offene-Posten-Buchhaltung) und der Saldenabstimmung +/−
8.3 Fehler, Differenzen bei Sammelbuchungs-/Sammelzahlungs-Verfahren
(so genannte Haus-BAG) oder bei OPB im Kreditorenbereich
(vgl. Punkt 1 Wareneingang) +/−
8.4 Ungeklärte Differenzen bei der BAG-Abrechnung +/−
8.5 Warenbezugskosten nicht dem Wareneingang (Kontenklasse 3), sondern der Kontenklasse Kosten (Kontenklasse 4) zugeordnet +
8.6 Uneinbringliche Forderungen an Kunden −

9 Sonderfall Umsatzsteuererhöhung
9.1 Erlösschmälerungen bei preisgebundenen Verlagserzeugnissen durch »hinüber genommene« Bestände (unveränderte Ladenpreise unterstellt) −
9.2 Verringerung des Rohgewinns bei preisgebundenen Verlagserzeugnissen
(unveränderte Ladenpreise und gleich hohe Rabattierung unterstellt) −
9.3 Herausrechnung der höheren Umsatzsteuer aus den Ladenpreisen
der Bestände −

© Franz Hinze, Osnabrück, 2004

30
Die erste Inventur

Nach unserem Handelsrecht ist jeder Kaufmann verpflichtet, am Schluss eines jeden Geschäftsjahres eine vollständige Warenbestandsaufnahme nach Art, Menge und Wert vorzunehmen (§ 240 HGB). Auch steuerlich gilt nichts anderes (§§ 160, 161 AO). Die jährliche Bestandsaufnahme muss zum Bilanzstichtag erfolgen (möglichst zeitnah), entweder am Ende des Kalenderjahres bei parallel laufendem Geschäftsjahr oder aber bei abweichendem Wirtschaftsjahr nach Beendigung von zwölf Monaten.

Die körperliche Inventur ist für alle jene Vermögensgegenstände anzuwenden, deren Vorhandensein und Wert am Stichtag nicht ohne weiteres feststehen, so in der Regel die Lagerbestände einer Buchhandlung. Eine permanente Inventur als Kombination von körperlicher und buchmäßiger Warenbestandsaufnahme (§ 241 Abs. 3 HGB) war jahrelang die Ausnahme in dieser Sparte des vertreibenden Buchhandels, findet aber bei zunehmendem Einsatz von Warenwirtschaftssystemen verstärkt Verbreitung. Dabei verteilt sich die körperliche Aufnahme der Ist-Bestände systematisch über das ganze Jahr hinweg. Zu- und Abgänge vor oder nach diesem Zeitpunkt werden buchmäßig durch Fortschreibung festgehalten, z. B. durch Lagerbestandskarteien für jeden geführten Titel in manueller Art oder aber durch Speicherung der Bestände im PC. Funktionierende Programme gestatten zum Bilanzstichtag den schnellen Ausdruck einer gegliederten, den steuerlichen und handelsrechtlichen Anforderungen gerechten Warenbestandsaufnahme mit Aufrechnung, ohne zu diesem Zeitpunkt die Exemplare überhaupt in die Hand nehmen zu müssen. Mindestens einmal im Jahr muss aber die Richtigkeit der in der Lagerbestandsfortschreibung ausgewiesenen Bestände für jeden Titel durch körperliche Aufnahme überprüft werden. Es sind dazu Aufzeichnungen über Durchführung und Ergebnis dieser körperlichen Inventur anzufertigen: Zeitpunkt der Aufnahme, Unterzeichnung durch die prüfende Person, Überprüfungsvermerk und evtl. Korrektur der Lagerfortschreibung bei festgestellten Differenzen zwischen Soll- und Ist-Bestand.

Die strikte Berechnung der handels- und steuerrechtlichen Auflagen in Bezug auf die Inventur und die Bewertung des Warenlagers genügt jedoch nicht. Immer stärkere Bedeutung gewinnt die Inventurauswertung unter betriebswirtschaftlichem Aspekt, der einen Schwerpunkt dieser Ausführungen bildet. Besonderer Wert wird auch auf die Darstellung der technischen Abwicklung der Warenbestandsaufnahme gelegt, denn in nicht wenigen Buchhandlungen führt mangelhafte Organisation zu unnötigen Erschwerungen und Verzögerungen sowie zu Fehlern mit vielleicht schwerwiegenden steuerlichen Folgen.

30.1
Das Merkblatt beachten

Für den Einzelhandel mit Büchern in seinen verschiedenen Vertriebsformen (Sortimentsbuchhandel, Reise- und Versandbuchhandel, Bahnhofsbuchhandel, Warenhausbuchhandel, Buchverkaufsstellen, Modernes Antiquariat) gilt das *Merkblatt für die körperliche Aufnahme der Lagerbestände im Sortimentsbuchhandel und ihre Bewertung in den Steuerbilanzen* vom Oktober 1975 mit Änderungen 1981 und 1983, herausgegeben von der Oberfinanzdirektion Frankfurt/M. Dieses sollte in jeder Sortimentsbuchhandlung bei den Bilanzunterlagen aufbewahrt werden zum Nachschlagen für den Unternehmer selbst und seinen vielleicht branchenunkundigen Steuerberater sowie zur Vorlage bei einer finanzamtlichen Betriebsprüfung, sofern beispielsweise die praktizierte Bewertung angefochten werden sollte. Die OFD Frankfurt ist im Hinblick auf den Buchhandel als »Vorort« federführend – auch für die anderen Oberfinanzdirektionen.

1. MERKBLATT
für die körperliche Aufnahme der Lagerbestände im Sortimentsbuchhandel
und ihre Bewertung in den Steuerbilanzen

Eine wesentliche Voraussetzung für die Anerkennung der Ordnungsmäßigkeit der Buchführung bildet die körperliche Bestandsaufnahme. Der Grundsatz der materiellen Ordnungsmäßigkeit der Buchführung erfordert, dass die Lagerbestände nach Art und Menge vollständig aufgenommen und einschließlich der Wertansätze jederzeit nachprüfbar sind.
Aus diesem Grund werden für künftige Bestandsaufnahmen und für die Bewertung der Lagerbestände im Sortimentsbuchhandel (Verlagserzeugnisse) folgende Richtlinien aufgestellt:

A BESTANDSAUFNAHME
I. Merkmale für die körperliche Bestandsaufnahme

1. Bei herkömmlicher Aufnahmemethode
    a) Titel und Verfasser (ggf. Kurzfassung)
    b) Menge
    c) Ladenpreis

30.1 Das Merkblatt beachten

d) Gesamtpreis (Menge x Ladenpreis)
e) Anschaffungsjahr
2. Bei Kurzfassung von Titel und Verfasser
   (als Ersatz für vollständige textliche Titel- und Verfasser-Angaben)
   a) ISBN (Internationale Standard-Buch-Nummer), wenn sie für das betreffende Buch angegeben ist und Titel und Verfasser anhand von Verzeichnissen im Unternehmen festgestellt werden können.
   b) Verlagskürzel und Titelnummer, z. B. bei Schulbüchern, Reihentiteln mit unterschiedlichen Preisen.
   c) Wareneingangs-Nummer, die die Rechnung bezeichnet, in der der Titel aufgeführt ist. Dabei wird wie folgt verfahren:
      - Alle Wareneingangs-Rechnungen werden fortlaufend nummeriert.
      - Diese Eingangs-Nummer der Rechnung wird in jedes auf diese Rechnung eingegangene Buch eingetragen.
      - Diese Rechnungs-Nummer wird bei der Inventur übernommen. (Auf diese Weise ist gewährleistet, dass von der Eingangs-Nummer aus die Eingangs-Rechnung und der Titel ohne Schwierigkeit ermittelt werden kann.)
3. Bei Reihentiteln aus demselben Verlag und mit demselben Preis kann darauf verzichtet werden, den einzelnen Titel zu nennen.
4. Bei Kleinschriften mit einem Verkaufspreis bis zu 2,56 € ist die Titelangabe nicht erforderlich.

II. Verfahren bei der Bestandsaufnahme

Als Verfahren zur körperlichen Aufnahme der Bestände kommen in Betracht:
1. Eintragungen in eine Liste bei der Aufnahme
   - Dabei ist ein Kontrollvermerk mit Datum und Namensangabe des Aufnehmenden anzubringen.
2. Erfassen in maschinell lesbaren Datenträgern zur Umwandlung in Listen
   - Als maschinell lesbare Datenträger kommen u. a. (Verbund)Lochkarten, Klarschriftbelege, Magnetbänder, Scanner in Betracht
3. Erfassen auf Diktiergeräten mit anschließendem Übertragen vom Tonträger auf Listen oder maschinell lesbare Datenträger
   a) Ansage durch den Aufnehmenden in ein Diktiergerät, wobei Datum, Lagerort, Beginn, Schlusszeit und Name des Aufnehmenden anzugeben sind.
   b) Abhören und stichprobenweiser Vergleich mit den Ist-Beständen durch eine Kontrollperson; Ansage des Kontrollvermerks mit Namensangabe der Kontrollperson am Schluss.
   c) Übertragen der Aufnahme in die Inventurliste.
   d) Vergleich der Inventurliste mit der Aufnahme durch Kontrolanhören.
   e) Abzeichnen der Niederschrift durch die übertragende Person.
4. Fotografische Aufnahme der Titel-Angaben, verbunden mit dem Eintragen von

Menge, Ladenpreis und ggf. Anschaffungsjahr in eine Liste oder der Übernahme auf maschinell lesbare Datenträger
a) Es muss gewährleistet sein, dass die Titel ohne Schwierigkeit identifizierbar sind.
b) Abstimmung zwischen der fotografischen Aufnahme, die die Titelangaben enthält, und der Liste, in der die zugehörigen Mengen, Preise (und evtl. Anschaffungsjahre) eingetragen sind, muss ohne Schwierigkeit möglich sein, z. B. durch Reihenfolge, Sachgebietseinstellung oder Regalbezeichnung. Die Fotografien stellen einen Teil der Inventurlisten dar und sind mit diesen aufzubewahren.

B. BEWERTUNG
I. Für die Bewertung der Bestände sind folgende Methoden zulässig:

1. Bewertung mit einheitlichem Pauschalabschlagsatz
   (ohne Berücksichtigung der Anschaffungsjahre):
   a) Es soll nicht beanstandet werden, wenn dieser Pauschalabschlagsatz 60 v. H. des Verkaufspreises beträgt.
   b) Es müssen alle Bestände, auch die im Preis herabgesetzten und die bisher mit 0 bewerteten Bücher mit dem Verkaufspreis am Stichtag aufgenommen werden.
   c) Sortimentsbuchhandlungen, die auf die Bewertung mit einheitlichen Pauschalabschlagsatz übergehen wollen, im vorangegangenen Jahr aber einen Abschlag von mehr als 65 v. H. aufweisen, können im Jahr des Übergangs zum Mittelwert zwischen dem bisherigen und dem durch Anwendung eines einheitlichen Pauschalabschlagsatzes von 60 v. H. ermittelten Betrag bewerten. (Beispiel: Bisheriger Abschlagsatz 66 v. H., neuer einheitlicher Abschlagsatz 60 v. H., Mittelwert für das Jahr des Übergangs 63 v. H.)
2. Bewertung mit nach Anschaffungsjahren gestaffelten Pauschalabschlagsätzen:
   Es bleibt dem Unternehmer unbenommen, die Bestände wie bisher nach Anschaffungsjahren getrennt aufzunehmen und folgende gestaffelte Abschlagsätze auf die Verkaufspreise vorzunehmen:

Einkaufsjahr	Abschlag
letztes Geschäftsjahr	50 v. H.
vorletztes Geschäftsjahr	70 v. H.
vorvorletztes Geschäftsjahr	90 v. H.
noch früher	Makulaturwert

   Taschenbücher und taschenbuchähnliche Reihenbücher ohne Wertgrenze, deren Ladenpreise vereinheitlicht sind, und Kleinschriften mit einem Verkaufspreis bis zu 2,56 € können ohne Rücksicht auf das Anschaffungsjahr mit einem Abschlagsatz bis zu 70 v. H. des Verkaufspreises bewertet werden.
3. Einzelbewertung je Titel:
   Basis für die Pauschalabschlagsätze (Bewertungsverfahren 1 und 2) und für die Einzelbewertung bilden die um die Umsatzsteuer gekürzten Verkaufspreise.

Es kann nur eine der genannten Bewertungsmethoden angewendet werden. Der Wechsel von einem Verfahren zu einem anderen ist zulässig, wenn der Wechsel nicht willkürlich vorgenommen wird.

II. Bewertung von antiquarischen Gegenständen

Die Bewertung mit dem einheitlichem Pauschalabschlagsatz oder mit nach Einkaufsjahren gestaffelten pauschalen Abschlagsätzen gilt nicht für Werke mit Altertums- oder Liebhaberwert wie Erstdrucke (Inkunabeln), Kupferstiche, Holzstiche u. Ä. Diese Bestände sind stets mit den Anschaffungskosten oder dem niedrigeren Teilwert zu bewerten (Einzelbewertung).

30.2 Warenbestandsaufnahme vorbereiten

Vorausdenken ist notwendig, um später Arbeit zu sparen, das gilt auch für die Inventur einer Buchhandlung. Sie geht schnell, reibungslos und formal richtig vonstatten, wenn die daran beteiligten Mitarbeiter genau wissen, was sie zu tun haben. Sie verliert viel von ihrem »Schrecken«, sofern in einer Inventuranweisung die einzelnen Arbeitsschritte angesprochen und erläutert werden sowie durch zügige Abwicklung der Zeitaufwand dafür gekürzt wird.

Erste Vorentscheidung: Auszeichnung der Bücher

Schon bei der Auszeichnung der im Laufe des Jahres eingehenden Verlagserzeugnisse wird eine Vorentscheidung über die Art der späteren Warenbestandsaufnahme getroffen. Im Grunde sind zwei Regelungen in dieser Beziehung nach dem *Merkblatt* möglich (Abschnitt A.I. Merkmale für die körperliche Warenbestandsaufnahme):
a) Die eine, immer seltener werdende Regelung geht von der Wareneingangsnummer aus, die in jährlich fortlaufender Folge laut Wareneingangsbuch oder Wareneingangsliste vergeben wird und auf der Faktur, in den Büchern selbst als zusätzliche Auszeichnung und auf der Inventurliste wiederkehrt. Bei dieser Methode erübrigt sich das Nennen oder Belegen von Verfasser oder Titel des einzelnen Buches. Zum Preis ist das Einkaufsjahr zu nennen, damit den Bewertungsvorschriften entsprechend rubriziert werden kann sowie über Wareneingangsnummer plus Beschaffungsjahr die Lieferantenrechnung und damit der Titel ohne Schwierigkeiten zu ermitteln ist. Die Auszeichnung der Bücher sollte in stets gleichbleibender Folge vorgenommen werden, um Verwirrungen zu vermeiden, z. B. 5415/3/29,80 €. Bei diesem Beispiel steht nach der Warenein-

gangsnummer das Beschaffungsjahr 2003 in einer Zahl (3), dem der Preis folgt. Selbstverständlich kann auch ein Buchstabe das Eingangsjahr verschlüsselt angeben.

b) Gebräuchlicher ist die Auszeichnung der Verlagserzeugnisse ohne Wareneingangsnummer. Hier muss man auf den Aufnahmelisten neben Menge, Ladenpreis je Titel, Gesamtpreis (Menge mal Ladenpreis je Titel) den Verfasser und Titel nennen, gegebenenfalls in Kurzfassung (z. B. durch die ISBN, Verlagskürzel und Titelnummer).

Die Bücher müssen neben dem Verkaufspreis mit dem Anschaffungsjahr ausgezeichnet sein, z. B. 3/29,80 € oder i/29,80 €. Bei eigenen Preisetiketten kann der Farbrand jährlich wechselnd das Beschaffungsjahr verdeutlichen. Vielfach wird neben dem Jahr noch der Monat des Wareneinganges hinzugefügt, z. B. 312/29,80 € oder 123/29,80 € für Dezember 2003, übrigens nur zum Zweck des schnelleren Auffindens einer Lieferantenrechnung bei Unstimmigkeiten. Für die Inventur genügt die Jahresangabe in einer Zahl (über 10 Jahre steht normalerweise kein Buch in den Regalen einer Sortimentsbuchhandlung).

Hinzuweisen ist in diesem Zusammenhang auf die noch selten anzutreffende Methode, nur den Ladenpreis auszuzeichnen, dem erst bei der körperlichen Inventur das Beschaffungsjahr hinzugefügt wird. Damit erspart man sich diese Jahrgangskennzeichnung für jene Titel, die im laufenden Geschäftsjahr bereits verkauft worden sind.

Bei den geläufigen Reihen mit Einheitspreisen oder Einheits-Gruppenpreisen wird in der Regel auf Auszeichnung verzichtet; entweder liegt ein Preiseindruck vor oder aber Listen und Verzeichnisse geben schnell Auskunft. Auch die Jahrgangsauszeichnung ist nicht notwendig, weil Reihenbücher entweder wie alle Bücher einheitlich mit 60 % Pauschalabschlag oder, bei Bewertung nach Einkaufsjahrgängen getrennt, ohne Rücksicht auf das Bezugsjahr, in den zweitjüngsten Einkaufsjahrgang rubriziert werden können.

Preisetiketten der Verlage und Barsortimente (und auch die eigenen) enthalten in der Regel alle Informationen, die zur Inventur notwendig sind.

Vor allem durch die rationelle Methode der fotografischen Warenbestandsaufnahme, die später ausführlich beschrieben wird, hat die Auszeichnung mit Wareneingangsnummer stark an Boden verloren; sie findet sich hauptsächlich noch in wissenschaftlichen Buchhandlungen mit relativ geringem Lagerumschlag und hoher Titelanzahl.

Zeitplan aufstellen

Schon frühzeitig ist der Tag der Inventur festzulegen, und zwar möglichst zeitnah zum Bilanzstichtag, also beispielsweise genau der 31. 12. oder der 1. 1. oder der 2. 1. bei einem »normalen« mit dem Kalenderjahr gleichlaufenden Geschäftsjahr. Durch dieses dichte Heranrücken an den Bilanzstichtag vermeidet man Abgrenzungsfehler. Aufgrund des Zeitplanes fällt auch die Entscheidung, ob und wie lange während der Warenbestandsaufnahme das Ladenlokal geschlossen werden muss oder nicht. In dieser Zeit soll keinerlei Warenverkehr zwischen den einzelnen Abteilungen oder Filialen stattfinden.

Einsatzplan für die Mitarbeiter

In Kombination mit dem Zeitplan sind die Mitarbeiter für die Warenbestandsaufnahme einzuteilen, und zwar nicht nur die im Verkauf stehenden Buchhändler, sondern alle im Betrieb beschäftigten Personen. Eventuell wird man zur Beschleunigung Aushilfskräfte einstellen oder die Teilzeit-Beschäftigten für einen vollen Arbeitstag heranziehen. Ob Überstunden notwendig sind, ergibt sich aus dem Zeitplan, wenn beispielsweise nur ein Tag für die Aufnahme bei geschlossenem Laden vorgesehen ist und die Arbeit nicht in acht Stunden geschafft wird.

Zwei harmonierende Personen bilden gewöhnlich eine Arbeitsgruppe, wobei als Ansagender eine buchhändlerische Fachkraft eingeteilt wird, während der oder die Schreibende aus Buchhaltungs-Verwaltungskräften oder Aushilfen genommen wird. Der Personaleinsatzplan muss enthalten, welche Gebiete, Lagerteile, Regalnummern die einzelnen Arbeitsgruppen aufzunehmen haben. Dazu sind die Aufsichtsführenden zu nennen (Inhaber, Prokurist, Abteilungsleiter, Filialleiter), die in ihren Bereichen die Verantwortung tragen und bei Zweifelsfragen für Auskünfte zur Verfügung stehen.

Organisationsanweisung verfassen

In größeren Buchhandlungen wird der Inhaber oder Geschäftsführer in einer Mitarbeiterbesprechung die einzelnen bei der Inventur zu beachtenden Punkte erläutern und sich dabei eventuell auf eine vorliegende schriftliche Organisationsanweisung beziehen. Welche Stichpunkte diese enthalten kann, ist aus nachstehender Übersicht abzulesen:
- Arbeitsgruppenzusammenstellung;
- Aufteilung der Arbeitsgruppen nach Räumen, Sachgebieten, Regalnummern, Lagerteilen, Schaufenster/Schaukästen, Abholfach, Ersatzlager in und außer Haus;
- Formvorschriften für die Aufnahme wie: kein Ändern oder Radieren, Handschrift oder Maschinenschrift, unveränderliche Aufzeichnung durch Kugelschreiber oder Tinte, Vollständigkeit, nichts unleserlich machen, deutliche Schrift;
- Verteilung und Paginierung der Aufnahmelisten;
- Ausfüllung der Listen:
  – oben Sachgebiet, Regalnummer,

- unten Unterschrift von Ansagendem und Aufnehmendem;
- im Mittelteil Anzahl, Verfasser und Kurztitel, Ladenpreis (gegebenenfalls Kurzfassung durch Wareneingangsnummer, ISBN, Verlagskürzel und Reihennummer);
- Gliederung nach Einkaufsjahrgängen, Rubrizierung der Reihen und Kleinschriften in einer Sonderspalte;
• Ausrechnung und Zusammenstellung der Inventurlisten;
• Bewertung der Lagerbestände;
• Behandlung der Sonderfälle wie
  - Bücher ohne Auszeichnung,
  - Kommissionsware,
  - noch nicht abgerechnete Bücher mit Remissionsrecht,
  - beschädigte Bücher, beschädigte Schutzumschläge,
  - Erfassen der noch zur Ansicht unterwegs befindlichen Exemplare,
  - Aussonderung unverkäuflicher Bestände wie z. B. veraltete Landkarten,
  - Aufnahmemodalitäten für Modernes Antiquariat,
  - Sonderregelung für Antiquariat und Nebenartikel;
• Übergabe der Aufnahmelisten an die Aufsichtsperson;
• Stichprobenweise Eintragungskontrolle während der Bestandsaufnahme.

Technische Hilfsmittel

Zur Warenbestandsaufnahme müssen die dafür benötigten technischen Hilfsmittel in genügender Anzahl zur Verfügung stehen oder dazu beschafft werden, z. B. die Aufnahmeformulare (in vorschriftsmäßiger Form für den Sortimentsbuchhandel erhältlich vom Formularverlag Otto Kolb, Hof, oder Verlag J. F. Steinkopf, Stuttgart). Ferner benötigt man:
• Schreibutensilien;
• Böcke, Leitern;
• Additionsmaschinen mit Rechenstreifen;
• Registrierkasse als Datenspeicher auf Rollwagen, spezielle Speichergeräte (vier Gruppen);
• Diktiergeräte (bei Tonbandaufnahme);
• Fotoapparat mit Weitwinkelobjektiv und lichtempfindlichen Schwarz-Weiß-Filmen (bei Fotoinventur);
• Videogerät (bei Fotoinventur);
• Scanner.

30.2 Warenbestandsaufnahme vorbereiten

Bücherreinigung

Zur Warenbestandsaufnahme werden alle am Lager befindlichen Exemplare in die Hand genommen – eine gute Gelegenheit zur Überprüfung des äußeren Zustandes neben dem sicher obligatorischen Auswischen der leeren Regalfächer. So wird der Ansagende jene Titel notieren oder markieren, für die ein neuer Schutzumschlag bestellt werden muss (möglichst verlagsweise zusammen) und jene Exemplare herausnehmen, die er selbst wieder in Ordnung bringen kann. Durch Staubeinwirkung und »Befingern« sind manche Bücher nicht mehr in taufrischem Zustand, es gilt sie mit Bordmitteln wieder auf Hochglanz zu polieren. Die Reinigung eines unsauberen Buchschnitts kann auf verschiedene Arten erfolgen:

- Mit hartem Radiergummi säubern, mit weichem Gummi nachradieren, Block immer fest zusammenpressen;
- Nur mit weichem Radiergummi herangehen;
- Feinstes Schmirgelpapier zur Säuberung verwenden;
- Mit Rasierklinge vorsichtig abschaben;
- Tesa-Film aufkleben, beim Abziehen geht der Staub mit weg;
- Mit Lederreinigungstuch abwischen;
- Mit Handstaubsauger (kleine Bürste) über den Buchschnitt gehen;
- Einen Glasfaserstift zur Reinigung verwenden;
- Bei Taschenbüchern mit Schneidemaschine einen Millimeter des Schnittes wegschneiden;
- Buchschnitt ganz fest zusammenpressen und diesen an laufende Polierscheibe halten;
- Spezial-Bücherbürste zum Absaugen verwenden;
- Eine Tapetenbürste oder ein Hartschwamm (Scotch-Britt) soll ebenfalls dazu gut sein.

Glatte Schutzumschläge kann man wie folgt reinigen:
- Vorsichtig die Stellen mit trockenem Scheuermittel abreiben;
- Mit weichem Radiergummi herangehen;
- Lauwarmes Wasser und Seife zur Schmutzlösung nehmen;
- Nivea-Creme wirkt Wunder;
- Handreinigungspaste nimmt alles weg;
- Glasreiniger sind verwendbar;
- Seifenspiritus tut gute Dienste;
- Schutzumschlag wegwerfen, mit eigenem Einschweißgerät neu verpacken.

30.3
Abgrenzungen vereinfachen

Zu jedem Bilanzstichtag gibt es Abgrenzungspositionen, die nach Möglichkeit zu reduzieren sind. Vermeiden lassen sie sich nicht. Er erleichtert z. B. die Inventur, wenn es gelingt, alle Ansichtssendungen an Kunden zum Stichtag abzurechnen, damit sie nicht gesondert als Warenbestand durch Abschrift von den Lieferscheindurchschlägen aufgenommen werden müssen. Durch eine am Bilanzstichtag orientierte Begrenzung des Rückgabetermins kann hier vorgebeugt werden. Das Abholfach ist zu verkleinern durch Zustellung der bestellten und bisher noch nicht abgeholten Bücher. Als besonders wirkungsvoll hat sich die Zustellung der Bücher ins Haus (mit sofortiger Kassierung) am 23. oder 24. 12. erwiesen, womit bis zum Jahresende das Abholfach ziemlich geräumt bleibt. Relativ leicht lassen sich die Kreditlieferungen an Kunden abgrenzen, was sich in der Regel durch das Rechnungsdatum und eventuell die Rechnungsnummer ergibt, sofern im neuen Geschäftsjahr mit der Paginierung von vorn begonnen wird.

Auf der Verlegerseite sollten so viele Lieferungen mit Rückgaberecht wie nur möglich zum Bilanzstichtag abgerechnet sein, besonders dann, wenn die Rechnungen grundsätzlich erst nach der Abrechnung in die Buchhaltung einfließen. Auf die Abgrenzung der am Stichtag noch vorhandenen Kommissionsware wird ausführlicher in einem folgenden Abschnitt einzugehen sein.

Alle kurz vor oder nach der Inventur eingehenden Warenlieferungen sind korrekt abzugrenzen. Es empfiehlt sich, das Rechnungsdatum der Lieferung als Maßstab zu nehmen und selbst die nach dem Bilanzstichtag eingehenden Sendungen, sofern das Rechnungsdatum vor diesem Tag liegt, als komplette Sendung in die Warenbestandsaufnahme zu übernehmen und die Rechnung selbstredend im alten Jahr als Wareneingang und Lieferantenverbindlichkeit einzubuchen. Erst nach dem Bilanzstichtag eingehende Sammelrechnungen für Lieferungen vor diesem Datum, also zum Beispiel die der Barsortimente, sind ebenso im alten Jahr als Wareneingang und Verbindlichkeit in der Kreditorenbuchhaltung einzubringen.

Sonderfall Kommissionsbestand

Zwar spielt Kommissionsware nicht mehr die große Rolle in unserer Branche wie noch vor vielen Jahren, aber in wissenschaftlichen Buchhandlungen sind teilweise noch Bestände vorhanden. (Nicht gemeint sind hier Lieferungen fest mit Rücksendungsrecht.) Was ist bei Bedingtbeständen (auch àc-Ware oder Kommissionsware genannt) zu tun?

Kommissionsbestände, die zum Bilanzstichtag nicht abgerechnet sind, gehören dem liefernden Verlag; dieser hat sie in seine Warenbestandsaufnahme einzubringen. Eine Aufnahme der in der Buchhandlung vorhandenen Kommissionsware, erkennbar durch die Auszeichnung, ist dann nicht notwendig, wenn beim Verkauf solcher Titel stets nachbestellt wurde und damit der Bestand zur Inventur vollständig vorhanden ist. Diese Theorie wird durch die Praxis ad absurdum geführt, und deshalb muss – besonders bei großem Kommissionsbestand – eine korrekte Abgrenzung vorgenommen werden, um vielleicht unerklärliche Schwankungen in der Handelsspanne zu vermeiden. Für diese Abgrenzung nachstehend eine Kurzanleitung in Arbeitsschritten. (Voraussetzung für den hier beschriebenen Weg ist, dass die Zusatzauszeichnung, z. B. »àc« oder »àcN« (Nachbezug) ständig korrekt erfolgt.)

- Aufnahme aller zum Bilanzstichtag vorhandenen Bücher in Kommission zum Ladenpreis in einer besonderen Liste, die aber nicht in die Warenbestandsaufnahme eingefügt wird;
- Aufrechnung dieser besonderen Liste;
- Aufrechnung der Lieferscheine für noch nicht abgerechnete Kommissionsware zum Ladenpreis;
- Vergleich der Summen laut besonderer Liste und Aufstellung der Lieferscheine;
- Ausschreiben eines Buchungsbeleges über den Differenzbetrag, abzüglich Durchschnittsrabatt.

BEISPIEL

	Vorhandener Kommissionsbestand lt. besonderer Liste	12.840,00 €
	Summe der nicht abgerechneten Kommissionsware	15.620,00 €
=	Differenz (verkaufte, aber nicht nachbezogene Kommissionsware)	2.780,00 €
−	Durchschnittsrabatt (30 % unterstellt)	834,00 €
	Zwischensumme	1.946,00 €
−	enthaltene Umsatzsteuer 6,54 %	127,27 €
−	Einstandswert verkaufter nicht belasteter Kommissionsware zum Bilanzstichtag	1.818,73 €

Der Betrag von 1.818,73 € wird nach diesem Beispiel als Abgrenzungsposten noch per altem Geschäftsjahr eingebucht als Einstandswert verkaufter, aber noch nicht belasteter Kommissionsware.

30.4
Durchführung der Warenbestandsaufnahme

Die Formvorschriften für eine Warenbestandsaufnahme ergeben sich aus den §§ 240, 241 HGB und 162 AO:
- Abfassung in lebender Sprache;
- Gebundene Bücher oder fortlaufende Nummerierung der Belege wie Listen o. Ä.;
- Unveränderbare Schrift, also z. B. kein Bleistift, sondern Kugelschreiber, Tinte, Computerausdruck;
- Verbot, die Eintragungen unleserlich zu machen, z. B. durch Schwärzen, Durchstreichen;

- Kein Radieren;
- Veränderungen müssen den Zeitpunkt ihrer Eintragung erkennen lassen;
- Aufbewahrung aller Inventurunterlagen für zehn Jahre.

Die Inventur leicht aufnehmbarer Bestände, und dazu gehören die Verlagserzeugnisse, kann sofort in Reinschrift erfolgen: das Datum der Aufnahme und die Unterschriften der aufnehmenden Personen dürfen jedoch auf den Originalunterlagen nicht fehlen.

Jede Inventur muss durch Fachleute nachprüfbar sein (Art, Menge, Wertansatz).

Dreifache Gliederung

Durch die Inventur liegt wenigstens einmal im Jahr eine vollständige Übersicht der Lagervorräte vor, die in mehrfacher Weise transparent gestaltet werden sollte. Dabei empfiehlt sich eine dreifache Gliederung:
a) Aus steuerlichen Gründen notwendig ist die Trennung nach steuerbegünstigten (Steuersatz zur Zeit 7%) und nicht begünstigten Waren (Regelsteuersatz zur Zeit 16%), um bei der Bewertung die im Verkaufspreis enthaltene kostenneutrale Umsatzsteuer (6,54% bzw. 13,79% bei Herausrechnung) richtig eliminieren zu können. Diese Herausrechnung der Umsatzsteuer ist notwendig, die verbleibenden Warenwerte dürfen keine Umsatzsteuerelemente mehr enthalten. Welche Umsatzsteuersätze für die in einer Buchhandlung geführten Waren opportun sind, ist aus der Tabelle im Kap. 25.1 abzulesen.
b) Trennung nach Literatur- bzw. Warengruppen, um unter betriebswirtschaftlichem Aspekt eine differenzierte Übersicht der Lagerbestandsentwicklung zu erhalten. In der Regel berücksichtigt eine solche Unterteilung die Gliederung nach Umsatzsteuer-Gruppen (siehe a) gleich mit.
c) Aufteilung nach vier Einkaufsjahrgängen aufgrund der Bewertungsvorschriften, sofern nicht die Pauschalbewertung ohne Rücksicht auf das Beschaffungsjahr vorgenommen wird. Bei Rubrizierung nach Einkaufsjahrgängen ist in den meisten Fällen eine fünfte Spalte nötig zur erleichterten Aufnahme der Reihenbücher und Kleinschriften ohne altersmäßige Aufteilung.

Branchenübliche Aufnahmeformulare

Durch das Benutzen der branchenüblichen Aufnahmelisten und Ausfüllen der vorgegebenen Positionen dieses Vordrucks wird den handelsrechtlichen und steuerlichen Vorschriften Genüge getan. Auch bei selbsthergestellten Listen muss im Kopf, im Mittelteil und unten das stehen, was die offizielle *Inventur-Liste* (Formular 3.13 aus dem *Formularbuch für den Sortiments-Buchhandel*) vorsieht:
- Im Kopfteil sind auszufüllen: Firmenstempel (eventuell) oder Filiale, Stichtag

30.4 Durchführung der Warenbestandsaufnahme

3.13. INVENTURLISTE			Stichtag	Regal-Nr.	Sachgebiet		Sachg. Nr.	Blatt
Inventur-Liste								
Verfasser, Titel, ISBN, WE-Nr. (evtl. durch Foto ergänzt)	Anz.	Laden-Preis	Einkaufsjahr				Reihen- und Kleinschriften	
			letztes	2. letztes	3. letztes	älter		
1								
2								
3								
...								
30								

| Angesagt | Geschrieben | Gerechnet | | | | | | |

der Inventur, Sachgebiet mit Standort, fortlaufende Nummerierung des Blattes.
- Im Fußteil sollen »Ansager« und »Schreiber« sowie eventuell später der »Rechner« unterschreiben.
- Der Mittelteil ist auszufüllen mit Verfasser und Kurztitel oder ISBN oder Verlagskürzel mit Verlagsnummer oder Wareneingangsnummer (ausgenommen bei Fotoinventur, dazu später Erläuterungen). Dann folgen Anzahl, Ladenpreis einschließlich Umsatzsteuer je Titel, Summe (Anzahl mal Ladenpreis) in der entsprechenden Jahrgangsspalte bzw. in der Sonderspalte »Reihenbücher + Kleinschriften« bei jahrgangsweiser Bewertung. (Man kann aber durchaus nach Einkaufsjahrgängen gegliedert aufnehmen und doch eine Pauschalbewertung ohne Rücksicht auf das Anschaffungsjahr vornehmen.) Bei Pauschalbewertung nimmt die erste Jahrgangsspalte die Multiplikation von Anzahl mal Ladenpreis auf.

Erleichterungen gegenüber vollständiger Titelnennung

Das *Merkblatt* gestattet es, bei Reihenbüchern aus demselben Verlag und mit demselben Preis (auch Gruppenpreis) auf die Nennung des einzelnen Titels zu verzichten. Dafür sind Anzahl und genauer Reihentitel in der Liste auszufüllen, z. B.:
- btb, 100 je 9,90 € 990 €
- Reclams Universalbibliothek, 1040 je 2,00 € 2080 €
- Fischer Taschenbücher, 200 je 8,90 € 1780 € usw.

Bei Kleinschriften (Verkaufspreis bis zu 2,56 €) ist die Titelangabe nicht erforderlich. Hier genügt die Angabe von Anzahl und Betrag im jeweiligen Sachgebiet.

Zusammenstellung nach Gruppen

Die nummerierten Listen werden später aufgerechnet und am besten nach Literatur- bzw. Warengruppen getrennt in einer großen Übersicht zusammengestellt, dem dann die Bewertung folgt. Dies sollte der Buchhändler nicht auf die lange Bank schieben, denn nur eine frühzeitig vorliegende aufgerechnete Bestandsaufnahme mit Bewertung lässt erst die Ermittlung des Wareneinsatzes und damit der Handelsspanne zu (Kap. 29.7). Die Zusammenstellung hat der Inhaber oder der verantwortliche Geschäftsführer zu unterschreiben.

Bestandsaufnahme anderer Waren

Führt eine Buchhandlung neben Verlagserzeugnissen auch andere Artikel, so wird bei der Inventur in der Regel dieselbe Aufnahmetechnik angewandt. In die Inven-

30.4 Durchführung der Warenbestandsaufnahme

turlisten nimmt man Warenbezeichnung, Anzahl, Ladenpreis je Stück auf und rubriziert nach Einkaufsjahrgängen, um vom Einstandswert ausgehend Teilwertabschläge vornehmen zu können bei länger lagernder Ware, z. B. für Neue Medien, Schreibwaren, Kunstgewerbe.

Vorhandene Rechengeräte einsetzen

In jeder Buchhandlung sind Saldiermaschinen, Rechenmaschinen und elektronische Taschen- und Tischrechner vorhanden, die für die Multiplikation von Anzahl und Ladenpreis sowie für die Addition der Inventurlisten und die Zusammenstellung aller Listen genutzt werden können. Aber auch Registrierkassen mit mehreren Zählwerken für die einzelnen Einkaufsjahrgangsklassen und die Sonderspalte »Reihen + Kleinschriften« können, auf fahrbarem Untersatz mitlaufend, zum Einsatz kommen. Bei der Fotomethode, wo nur Beträge anzusagen sind, ersetzt der Additionsstreifen die Inventurliste. Er muss oben ergänzt werden um den Stichtag der Inventur, das Sachgebiet (Standort) und unter der Endsumme je Regaleinheit (je Literaturgruppe) die Unterschrift von »Ansager« und »Eintipper« tragen.

Gegebenenfalls leiht sich die Buchhandlung zur Inventur Geräte, um die Ausrechnung rasch über die Bühne zu bringen. Denkbar ist auch die Vergabe der Rechenarbeiten außer Haus, sofern nicht von vornherein die Inventur mit Datenverarbeitung ins Auge gefasst wurde.

Auch Kassenlieferanten bieten rationelle Rechenmaschinen. Diese für die rationelle Fotoinventur gedachten Rechenmaschinen errechnen nicht nur den gesamten Lagerbestand zu Verkaufswerten, sondern gliedern ihn zur besseren Transparenz und zum Zwecke einer jahrgangsmäßigen Bewertung mittels einer dreiteiligen Auswertung:
a) Auflistung der Stückzahlen und Einzelpreise; Gesamtwert und Gesamtstückzahl pro Literatur-/Warengruppe;
b) Anzahl und Wert der Bücher pro Literatur-/Warengruppe aus dem Einkauf des letzten Jahres, noch älterer Jahre; Taschenbücher und taschenbuchähnliche Reihenbücher ohne Wertgrenze (deren Ladenpreise vereinheitlicht sind; Kleinschriften bis zu 2,56 €; Sonstiges, z. B. Waren zum vollen Umsatzsteuersatz);
c) Anzahl und Wert der Verlagserzeugnisse des Gesamtbestandes, gegliedert nach Beschaffungsjahren und den anderen in Punkt b) genannten Unterteilungen; Endergebnis der Inventur (Wert und Stückzahl insgesamt).

Erfassung mittels Diktiergeräte

Das nach dem *Merkblatt* A II. 3 erlaubte Verfahren der Erfassung mittels Diktiergeräten wird wegen seiner Umständlichkeit äußerst selten angewandt. Deshalb wird auf weitere Erläuterungen verzichtet.

Fotoinventur – rationeller geht es nicht

Das *Merkblatt* nennt unter Abschnitt A II. 4 als weiteres erlaubtes Verfahren bei der Bestandsaufnahme die fotografische Aufnahme der Titel-Angaben. Dabei sollte man wie folgt vorgehen:
- Vor Beginn der Inventur Einteilung der fotografierfähigen Bestände in nummerierte Teilabschnitte (Segmente) nach Regaleinheiten, die auch die einzelnen Sachgebiete trennen können. (Sofern streng nach Sachgebieten getrennt aufgenommen werden soll, kann innerhalb eines Segmentes durchaus unterschieden sein durch Beginn einer neuen Liste oder eines neuen Additionsstreifens.)
- Fotografieren der Segmente genau von vorn und nicht etwa schräg, dazu Stativ, Leiter und eventuell Weitwinkelobjektiv verwenden. Pro Regaleinheit bei Normalbreite und Normalhöhe drei Teilabschnitte (oben, Mitte, unten) aufnehmen.
- Sofortige Entwicklung des Filmes, um zu sehen, ob die Titel erkennbar sind (richtige Belichtung). Aus Kostengründen empfiehlt es sich, keine Abzüge oder gar Diapositive anfertigen zu lassen. Bei einer späteren finanzamtlichen Betriebsprüfung können dann immer noch einzelne Abzüge gemacht werden, die der Prüfer stichprobenartig verlangt. Einsatz von Digitalkameras überprüfen.
- Körperliche Warenbestandsaufnahme durch eine Arbeitsgruppe (Ansager und Aufnehmer), wobei Segment für Segment der Verkaufspreis der fotografierten Titel erfasst wird. Zwischen Fotografierung und körperlicher Warenbestandsaufnahme darf es keine Veränderung der Bestände geben, die Bücher müssen vollständig in der Folge stehen bleiben.
- Je nach Art der Lagerbewertung ist die Aufnahmetechnik zu wählen:
  a) Bei Pauschalbewertung mit 60 % Abschlag genügt die Ansage der Ladenpreise in eine Rechenmaschine mit Additionsstreifen, Listen sind überflüssig. Mehrere Arbeitsgruppen sind mit je einer Additionsmaschine auszurüsten. Der Additionsstreifen nimmt vor Beginn der Ansage oben die Bezeichnung des Segments (Regalnummer, Sachgebiet) auf. Ist das Teilgebiet vollständig aufgenommen, wird die Endsumme gezogen, unter der dann »Ansager« und »Eintipper« unterschreiben und das Aufnahmedatum hinzufügen.
  b) Bei Bewertung nach Einkaufsjahrgängen gibt es zwei Möglichkeiten:
   1. Eintragung von Anzahl und Preis in eine Liste oder einen maschinell lesbaren Datenträger mit vier Jahrgangsspalten, später Addition der vier Spalten (oder Auswertung im Rechenzentrum außer Haus). Auch hier gehört auf jede Liste Angabe des Segments, Regalnummer, Sachgebiet), Aufnahmedatum und Unterschrift von Ansager und Schreiber.
   2. Verwendung einer Addiermaschine oder einer Registrierkasse mit mindestens vier Speicherwerken. Ansage der Ladenpreise in der Folge, wie die Bücher in den Regalen stehen, und Aufteilen in die vier oder fünf Zählwerke nach dem Anschaffungsjahr laut Auszeichnung. Ansonsten Behandlung wie oben unter a) beschrieben.

Der entwickelte Film bildet mit den Additionsstreifen oder den aufgerechneten Listen bzw. dem Datenträger die Inventurunterlage. Zweckmäßigerweise wird man die Unterteilungen in einer Übersicht zusammenfassen. Diese Zusammenfassung ist dann vom Unternehmer zu unterschreiben.

Bekanntlich können mit der Fotografiermethode nicht alle Bestände einer Buchhandlung erfasst werden, weil dem entweder technische Schwierigkeiten entgegenstehen oder es in einzelnen Fällen anders noch schneller geht. Eine Kopplung von herkömmlicher Aufnahme für bestimmte Bereiche mit der rationellen Erfassung für das Gros der Bestände durch die beschriebene Fotomethode ist üblich. Die in der Regel gesondert stehende Universal-Bibliothek von Reclam wird man besser zählen, das Volumen eines Taschenbuch-Drehständers (Drehsäule), die Kästen mit Landkarten oder hintereinander gestellten Bilderbüchern, die Sägezahnbords mit mehreren Titeln hintereinander in konventioneller Art aufnehmen. Dasselbe trifft für Stapelware auf Tischen und im Ersatzlager zu.

Mit Fotoinventur werden mindestens 50 % an Arbeitsaufwand eingespart, und die aufgerechnete Inventur liegt bereits kurz nach dem Stichtag vor. Manche Sortimente haben dadurch einen sonst wegen Inventur verlorenen Verkaufstag zurückgewonnen oder einen freien halben Tag für Inhaber und Mitarbeiter herausgeholt nach der nicht sonderlich geliebten, aber notwendigen körperlichen Bestandsaufnahme. Seit 1997 darf die Titelaufnahme auch per Video erfolgen. Die Anforderungen dazu sind die gleichen wie bei der zuvor dargestellten Fotomethode.

Ausrechnung und Auswertung der Inventur über EDV außer Haus

Die Ausrechnung der Inventur über elektronische Datenverarbeitung außer Haus ist mehr als eine bloße Bestandsaufnahme. Neben der Beschleunigung der Rechenarbeit besticht die differenzierte Übersicht nach Literatur-/Warengruppen, die nur wenige Tage nach der Einlieferung der Erfassungsbelege ins Rechenzentrum vorliegt. Dadurch ist kurzzeitig eine genaue Übersicht der Lagerbestände gegeben, und es können schon beim ersten Vertreterbesuch richtige Dispositionen für vorzunehmende Neubestellungen getroffen werden. Schätzungsweise nehmen diesen Service der aktuellen Inventur bereits über 100 Buchhandlungen in der Bundesrepublik in Anspruch, der speziell für diese Branche angeboten wird. An dieser Stelle seien zwei Firmen genannt. Zum einen das RZR Rechenzentrum Rendsburg GmbH + Co. KG, Adolf-Steckel-Str. 17, 24768 Rendsburg, das die Inventurauswertung 1972 in Zusammenarbeit mit der Erfa-Gruppe Nord entwickelt hat. Zum anderen die Firma UST Software Entwicklungen, Wilhelmstr. 14, 72074 Tübingen, die eine spezielle PC-Inventur anbietet. Es gibt auch einen Inventurservice durch Scannertechnik durch Dienstleister, so z. B. UGM Brunner GmbH, Meerbusch Tel. 02150/4410).

Gegenüber der Erfassung auf den gebräuchlichen Inventurlisten ist ein kleiner

Mehraufwand zu konstatieren (Firmennummer-Eintragung), dafür wird die gesamte Rechenarbeit und die sonst mühevolle Zusammenstellung nach Gruppen einschließlich der großen Gesamtübersicht des Lagerbestandes am Stichtag mit Bewertung vom Rechenzentrum besorgt.

Insgesamt gesehen bieten diese Verfahren erhebliche Vorteile in Bezug auf die Auswertung. Neben der Warengruppenübersicht, nach Einkaufsjahrgängen gegliedert, lässt sich z. B. durch Division von Summe und Stückzahl der durchschnittliche Ladenpreis der Lagertitel insgesamt und je Sachgebiet feststellen, ein zuverlässiges Indiz für die Preisentwicklung der in einer Buchhandlung geführten Titel. Erst die Gegenüberstellung mit der Umsatzentwicklungsquote ergibt den »echten« Mehrumsatz.

30.5
Problemkreis Inventurdifferenzen

Eine genaue Feststellung von Differenzen zwischen Soll- und Ist-Bestand des Lagers setzt voraus, dass der Wareneingang auch zum Ladenpreiswert erfasst wird. Das tun aber nur wenige Buchhandlungen wegen des damit verbundenen hohen Aufwandes. Wenn der Bruttowert ermittelt wird, dann zumeist durch Erfassen auf statistischer Ebene außerhalb der Buchführung, manchmal sogar nach Abteilungen/Gruppen/Teilbereichen, getrennt durch entsprechend programmierte Rechenoperationen im Rahmen der Auswertung von Warenwirtschaftssystemen. Für Filialen, aber auch für große Buchhandlungen mit Abteilungen auf verschiedenen Verkaufsebenen bietet sich dieses aus Kontrollgründen an. Der Soll-Lagerbestand wird dann wie folgt ermittelt:

Ist-Warenbestand zum Verkaufswert zu Beginn des Geschäftsjahres
lt. Inventur
+ Wareneingang direkt zum Verkaufswert während des Geschäftsjahres
+ Wareneingang zum Verkaufswert von Zentrale, von anderen Filialen, von anderen Abteilungen
− Umsatz des Geschäftsjahres
− Warenabgabe zum Verkaufswert an Zentrale, Filialen, andere Abteilungen
− Remittenden zum Verkaufswert direkt an Lieferanten
− Erlösschmälerungen (Differenz zwischen Ladenpreis und Verkaufserlös, z. B. bei Nachlässen, Preisherabsetzungen)
= Soll-Lagerbestand zum Verkaufspreis am Ende des Geschäftsjahres

Dem ermittelten wird Soll-Lagerbestand nun der Ist-Lagerbestand zum Verkaufspreis lt. Inventur gegenübergestellt: ein Plus oder Minus stellt die Inventurdifferenz dar. Im Normalfall fehlt jedoch eine solche Bruttorechnung mit ihrer Prägnanz, und es muss ein anderes Instrument herangezogen werden, um mögliche Inventurdifferenzen zu erkennen. Gemeint ist das Abweichen der Handelsspanne vom bisherigen Wert, ein zuweilen vernachlässigter Tatbestand, der auf seine Ursachen hin untersucht werden muss (Kap. 29.7). Damit solchen Inventurdifferenzen bald nachgegangen werden kann und nicht erst zu einer Zeit, die Gedächtnislücken entstehen lässt, ist die Warenbestandsaufnahme kurzfristig aufzurechnen, zu bewerten und in die vorläufige Wareneinsatzberechnung einzubringen zur Ermittlung der Handelsspanne des letzten Geschäftsjahres bzw. beim Bruttowertverfahren Soll- und Ist-Bestand unverzüglich zu vergleichen. Damit wird noch einmal die Dringlichkeit einer unverzüglichen Auswertung der Inventur vor Augen geführt.

Weicht die errechnete Handelsspanne erheblich von früheren ab, so hat eine Handelsspannenkontrolle einzusetzen, um eine Klärung zu versuchen. Hierzu lässt sich gut die *Checkliste Handelsspannenkontrolle* verwenden, die in Abschnitt 29.7 abgedruckt ist. Von den dort aufgeführten vielen Kontrollpositionen der verschiedenen Bereiche sind sechs direkt der Warenbestandsaufnahme zugeordnet, die deshalb an dieser Stelle noch einmal genannt werden:

- Fehler bei der Aufnahme des Warenbestandes (Vergessen von Sachgebieten, Schaufensterauslage, Abholfach, doppelte Aufnahme einer Literaturgruppe);
- Fehler bei der Aufrechnung der Warenbestandsaufnahme (Quermultiplikation, Seitensummen, Summe der Seitenzusammenstellung, Umsatzsteuer herausgerechnet oder nicht);
- Vergessene Erfassung der noch nicht abgerechneten Ansichtslieferungen an Kunden;
- Unrichtige Abgrenzung der Kommissionsbestände;
- Preisauszeichnungsfehler (Nettopreis statt Ladenpreis, Preiserhöhung nicht umgezeichnet);
- Unleserliche Preisauszeichnung.

Inventurdifferenzen entstehen nicht nur durch Fehler bei der Warenbestandsaufnahme, sondern können auch durch Mängel in den Bereichen Wareneingang und Warenausgang, durch falsche Verbuchung produziert werden. Differenzen kann es also durch mangelhafte Vorbereitung, schlampige Durchführung der Warenbestandsaufnahme und ungenaue Abgrenzung geben. Hier kann und muss eine Klärung versucht werden. Hinzu kommt aber fast immer als Ursache von Inventurdifferenzen der Komplex Kundendiebstahl und sogar Personaldiebstahl (Ware, Geld) mit seiner nur schwer festzustellenden Dunkelziffer.

Warnung vor Manipulationen

Eine unvollständige Warenbestandsaufnahme gilt als Systemfehler; die Ordnungsmäßigkeit der Buchführung ist dann nicht mehr gegeben. Das kann bei einer finanzamtlichen Prüfung sehr üble Folgen nach sich ziehen, z. B. Einschätzung des Gewinnes mit gewöhnlich sehr hohen Nachforderungen des Fiskus. Zu warnen ist vor allem vor dem wissentlichen Weglassen bestimmter Bestände bei der Inventur. Das bringt wirklich nichts, denn letztlich verschiebt sich nur der Gewinn, und der einmalige Effekt der Gewinnminderung wird im kommenden Jahr dann wieder aufgelöst, wenn der Bestand voll in die Inventurlisten einfließt. Und eine ständige Wiederholung des Weglassens in gleicher Betragshöhe bringt bekanntlich im zweiten Jahr und später nichts ein außer Unruhe und Angst wegen der erneuten Manipulation, und das Weglassen eines ständig höheren Betrages von der Aufnahme führt letztlich zu einem Warenbestand Null, der von keinem Finanzamt geglaubt wird. Ganz zu schweigen von der abweichenden Handelsspanne, die eines Tages die Prüfer alarmieren würde.

Fehler in der Bestandsaufnahme sind bei den Lagervorräten strenger zu beurteilen als beim beweglichen Anlagevermögen. Ist lediglich eine formelle Unrichtigkeit unterlaufen, so bleibt der Fehler unschädlich, wenn er nicht wesentlich ist und das sachliche Ergebnis der Inventur durch ihn nicht beeinflusst wird. Bei unvollständiger Inventur jedoch hängt die Anerkennung der Buchführung als noch ordnungsgemäß davon ab, ob die Mängel – gegebenenfalls auf dem Wege der ergänzenden, steuerunschädlichen Schätzung – im vollen Umfang berichtigt werden können. Ist dies nicht möglich, so fehlt es sowohl für das abgelaufene als auch für das folgende Wirtschaftsjahr an einer ordnungsgemäßen Buchführung. An einer Zuschätzung mit Anhebung des Warenbestandes (und damit Anheben des Gewinnes und der Steuern) durch das Finanzamt wird der geprüfte Betrieb dann nicht vorbeikommen. Diese warnenden Worte sollen dem Sortimenter vor Augen führen, was ihn erwartet, wenn eine unvollständige Warenbestandsaufnahme erkannt wird.

Gründliche Vorbereitung und rationelle Ablauforganisation gewährleisten die reibungslose Durchführung einer vollständigen Warenbestandsaufnahme. Werden doch Fehler festgestellt, so sind sie zu beheben und in einem Merkzettel festzuhalten, damit es bei der nächsten Inventur nicht wieder vorkommt. Genauso wichtig ist jedoch die Nutzung der nur einmal im Jahr vorliegenden, gut gegliederten Warenbestandsaufnahme als wichtiges betriebswirtschaftliches Instrument zur Überprüfung der Lager- und Einkaufspolitik mit seinen erheblichen Auswirkungen auf die Finanzierung des Umlaufvermögens.

30.6
Bewertung der Warenbestände

Nach § 6 Abs. 1 Nr. 2 EStG sind die Warenbestände mit den Anschaffungs- oder Herstellungskosten zu bewerten. Statt dessen kann auch der Teilwert angesetzt werden, wenn er niedriger ist. Der gesamte Einzelhandel mit Büchern ist in der glücklichen Lage, für den niedrigeren Teilwert einheitliche Bewertungsmaßstäbe zu haben, die seit langer Zeit üblich sind und mit der für die Branche federführenden Oberfinanzdirektion Frankfurt/M. vereinbart wurden. Diese Bewertungsmethoden bilden den Abschnitt B.I. im *Merkblatt*. Damit kommt man den Erfordernissen einer praktischen, einfachen Inventur entgegen, denn es braucht bei keinem Titel der Anschaffungswert (Nettopreis plus Warenbezugskosten) individuell ermittelt und in den Inventurlisten festgehalten zu werden. Die Aufnahme zu Verkaufswerten (inklusive Umsatzsteuer) genügt, einheitliche Pauschalabschläge nach verschiedenen Kriterien ergeben den Teilwert. Außerdem hat mit dieser pauschalen Teilwertmethode das Finanzamt den Risiken Rechnung getragen, die der Handel mit Verlagserzeugnissen in sich birgt.

Gültigkeit haben die nachstehend vorgestellten Bewertungsmöglichkeiten nur für Verlagserzeugnisse, also Waren des Buchhandels und Erzeugnisse des grafischen Gewerbes nach der Abgrenzung im Zolltarifkapitel 49: Bücher aller Art, Broschüren, Zeitungen, Zeitschriften, Romanhefte, Noten, kartografische Erzeugnisse einschließlich Wandkarten, Globen, Kalender, Post-, Glückwunsch- und Weihnachtskarten mit Bildern, gedruckte Bilder usw. Alle genannten Pauschalabschlagsätze sind Höchstwerte, es kann durchaus darunter geblieben werden. Obergrenze des Teilwertes ist aber grundsätzlich der Wiederbeschaffungspreis. Zum Beispiel kann man nicht Kinder- und Jugendbücher, die mit einem Rabatt von 40% eingekauft wurden, zu denen noch rund 2% Warenbezugskosten kommen, was einen Wiederbeschaffungswert von 62% ergibt (Umsatzsteuer unberücksichtigt), bei der Warenbestandsaufnahme nur mit einem Pauschalabschlag von 35% bewerten. In der buchhändlerischen Praxis haben sich die Pauschalabschläge des *Merkblatts* durchgesetzt und werden vom Gros der Sortimentsbuchhandlungen in der erlaubten Höchstgrenze angewandt. Wann im Einzelfall ein Abweichen davon aus bestimmten Gründen notwendig ist, z.B. bei neugegründeten Buchhandlungen anlässlich der ersten Warenbestandsaufnahme, ist in Abschnitt 29.5.1 nachzulesen.

Umsatzsteuerherausrechnung

Für alle Bewertungsverfahren gilt, dass als Basis für die Pauschalabschläge und auch für eine eventuelle Einzelbewertung je Titel die um die Umsatzsteuer gekürzten Verkaufspreise die Bemessungsgrundlage bilden. Dabei bleibt sich gleich, ob die enthaltene Umsatzsteuer gleich aus dem Ladenpreis vor dem Pauschalabschlag herausgerechnet wird oder ob man erst nach Abzug der Pauschale die Umsatzsteuer aus dem Restwert herausfiltert. Es folgt ein Beispiel mit einer Pauschalabschreibung von 60% auf das gesamte Warenlager:

Verkaufswert der Verlagserzeugnisse zum Bilanzstichtag	200.000,00
− 6,542 % enthaltene USt. (7 % unterstellt)	13.084,00
= Verkaufswert ohne Umsatzsteuer	186.916,00
− 60 % Pauschalabschlag	112.149,60
= **Bilanzwert**	**74.766,40**

oder

Verkaufswert der Verlagserzeugnisse zum Bilanzstichtag	200.000,00
− 60 % Pauschalabschlag	120.000,00
= Zwischensumme	80.000,00
− 6,542 % enthaltene USt. (7 % unterstellt)	5.233,60
= **Bilanzwert**	**74.766,40**

Das Beispiel bezieht sich nur auf Verlagserzeugnisse zum ermäßigten Umsatzsteuersatz von 7 %. Bei Vorhandensein von Waren zum vollen Steuersatz muss eine getrennte Aufstellung angefertigt werden. herauszurechnen sind beim heutigen Regelumsatzsteuersatz von 16 % dann 13,79 %.

Pauschal 60 % oder nach Jahren gestaffelte Abschreibung

Im *Merkblatt* sind unter B I. 1 und B I. 2 die verschiedenen Abschreibungsmodelle und Abschlagsätze dargelegt, die dem Buchhandel zur Verfügung stehen. Entweder pauschale Abschreibungen mit bis zu 60 % oder nach Jahren gestaffelte Abschreibungen (50 %, 70 %, 90 %, 100 %), wobei Reihen und Kleinschriften ohne Rücksicht auf das Anschaffungsjahr mit einem Abschlagsatz bis zu 70 % bewertet werden können. Im Folgenden ein Lagerbewertungsbeispiel für die nach Jahren gestaffelte Abschreibung, das zu einem Bilanzwert von 69.532,71 € führt.

Einkaufsjahr	Ladenpreis in	Abschlag in %	Restwert in
2002	120.000	50	60.000,00
2001	40.000	70	12.000,00
2000	24.000	90	2.400,00
1999 und früher	16.000	100	0,00
	200.000		74.400,00 (bei 7 % USt.) 4.867,29 69.532,71

Nach dem *Merkblatt* kann nur eine der genannten Bewertungsmethoden angewendet werden. Der Wechsel von einem Verfahren zum anderen ist allerdings zulässig, wenn der Wechsel nicht willkürlich vorgenommen wird. Der Übergang zur einfacheren Pauschalbewertung mit 60 % Abschlag wird erleichtert durch die Differenzierung der Übergangsabschlagsätze, wie es im Merkblatt unter Abschnitt B I. 1.c ausgeführt worden ist und mit einem Beispiel verdeutlicht werden soll. In unserem Fall beläuft sich der bisherige Abschlagsatz auf 66 %, der neue Abschlagsatz auf 60 % und der Mittelwert für das Jahr des Übergangs auf 63 %.

30.6 Bewertung der Warenbestände

	Lagerwerte in €	Prozentwerte
Lagerbestand zum Verkaufstag am Bilanzstichtag	200.000,00	–
− 6,542 % enthaltene USt.	13.084,12	–
= Verkaufswert ohne USt.	186.915,88	100
− Abschlag		66
= **Bilanzwert** in alter Bewertung nach Einkaufsjahrgängen gestaffelt bei ungünstiger Altersstruktur	63.551,40	34

Bei Umstellung auf Pauschalbewertung mit 60 % Abschlag kann diese Buchhandlung im Jahr der Umstellung einen Pauschalabschlag von 63 % vornehmen, dem im Jahr darauf der volle Pauschalabschlag von 60 % folgt. Unter der Prämisse eines gleichbleibenden Lagerbestandes an Verlagserzeugnissen in Höhe von 200.000 € und unverändertem Umsatzsteuersatz von 7 % ergibt das folgende Änderungen des Bilanzwertes:

	Lagerwerte in €	Prozentwerte
Verkaufswert ohne USt.	186.915,88	100
− Pauschalabschlag		63
= Bilanzwert	69.158,88	37

Im zweiten Jahr sieht es dann so aus:

	Lagerwerte in €	Prozentwerte
Verkaufswert ohne USt.	186.915,88	100
− Pauschalabschlag		60
= Bilanzwert	74.766,35	40

In der Praxis wird der Warenbestand in den Folgejahren eine andere Höhe haben, das Beispiel sollte nur die hier auf zwei Jahre verteilte Auflösung stiller Reserven verdeutlichen – mit einer Erhöhung des Rohgewinnes um 5.607,48 € im ersten Jahr nach der Umstellung (Differenz von 63.551,40 € zu 69.158,88 €) und noch einmal 5.607,47 € im zweiten Jahr (Differenz von 69.158,88 € zu 74.766,35 €). Je nach Steuerprogression fällt durch den Mehrgewinn auch ein beachtlicher Steuermehrbetrag an (Einkommensteuer, Gewerbesteuer), der im Normalfall rund 50 % des Mehrgewinnes in beiden Jahren ausmachen kann.

Ob eine Umstellung unter steuerlichem Aspekt ratsam ist oder nicht, vermag nur eine vorherige Ausrechnung in Zusammenarbeit mit dem Steuerberater zu ergeben. Im Allgemeinen bleibt bei relativ jungem Lagerbestand (gesunde Altersstruktur) die Umstellung auf Pauschalbewertung mit 60 % Abschlag ohne besondere Folgen in Bezug auf Gewinn und damit auf Steuerbelastung. Dagegen werden erhebliche stille Reserven aufgelöst, wenn das Lager veraltet ist, wie im obigen Beispiel ersichtlich. Die Verteilung auf zwei Jahre lindert das zwar etwas, aber der Blick auf die Einkommensteuertabelle mit ihrer Progression könnte den Buchhändler und seinen Steuerberater zu der Einsicht bringen, dass bei schlechter Altersstruktur des Buchlagers das Beibehalten der vorerst richtige Weg ist. In späteren Jahren nach Verbesserung der Bestände an Verlagserzeugnissen kann man immer noch eine Umstellung vornehmen.

Neben der Würdigung der Gesichtspunkte zu Gewinn und Steuern ist bei einer Umstellung auf Pauschalbewertung mit 60 % der große Rationalisierungseffekt bei der Auszeichnung der Bücher und bei der Aufnahme der Bestände (z. B. Fotoinventur) zu sehen. Die Auflösung stiller Reserven als einmaliger Akt, eventuell auf zwei Geschäftsjahre verteilt, vermag dann mit ihren Folgen geringer einzuschätzen sein als die Zeiteinsparungen im Laufe des ganzen Jahres.

Unterschreiten der Pauschalabschlagsätze

Die in beiden Bewertungsverfahren genannten Pauschalabschläge vom um die Umsatzsteuer reduzierten Verkaufspreis sind Höchstsätze, die nicht überschritten, aber durchaus unterschritten werden können (obwohl es in den meisten Fällen nicht empfehlenswert ist). Allerdings darf der Bilanzwert in keinem Fall über dem Einstandswert der eingekauften Bücher liegen. Wird nun der Einstandswert als Maßstab für den Bilanzwert genommen, so bilden sich keine stillen Reserven im Warenlager.

Insbesondere bei der Gründung einer Buchhandlung kann die Bewertung des Warenlagers nach Ende des ersten Geschäftsjahres eine erschreckend niedrige Handelsspanne produzieren (vgl. Berechnungsbeispiele im Kap. 29.5.1). Ein mit den Besonderheiten der Branche vertrauter Steuerberater kann deshalb nach Rücksprache mit seinem neuen Klienten raten, den Abschlag im ersten Geschäftsjahr nicht mit dem höchstmöglichen Satz vorzunehmen, sondern ihn mehr dem Einstandswert anzunähern und erst im Laufe der nächsten zwei bis drei Jahre auf die Höchst-Abschlagsätze überzugehen. So entsteht dann nicht im ersten Jahr gleich ein besonders großer Verlust, wenn die Betriebskosten durch eine durch hohe Abschläge gekürzte Handelsspanne nicht gedeckt werden.

Durch Lagerbewertung kurzfristig Steuern sparen

Bekanntlich bringt gleichmäßiger Gewinn über möglichst viele Jahre hinweg die niedrigste Steuerlast. Sprünge im Gewinn nach oben oder unten haben zumeist eine höhere Steuerbelastung zur Folge aufgrund der bei der Einkommensteuer gegebenen Progression. Eine Steuerung des Gewinnes durch Änderung der Pauschalbewertung, z. B. durch Umstellung von Staffelbewertung nach Einkaufsjahrgängen auf den Pauschalabschlagsatz von 60 %, kann für ein Jahr, eventuell für zwei Jahre, steuerliche Wirkung erzielen. Das willkürliche Wechseln der beiden Bewertungsverfahren zum Zwecke der Gewinnsteuerung ist aber nicht erlaubt. Wie die in Kap. 29.5.1 gebrachten Beispiele einer allmählichen Anhebung des Pauschalabschlagsatzes in zwei bis vier Jahren bis zur Höchstgrenze zeigen, bringen dadurch bewirkte gleichmäßigere Gewinne in der Regel eine geringere Steuerbelastung.

Ein Steuerersparnis-Effekt tritt aber auch dann ein, wenn die im *Merkblatt* offerierten Pauschalabschlagsätze bislang nicht voll ausgeschöpft wurden, die erleichterte Bewertung aller Reihenbücher im zweitjüngsten Beschaffungsjahr nicht zum Zuge kam oder gar die Umsatzsteuer bei der Bewertung im Bilanzwert stehen blieb.

30.7
Bewertung antiquarischer Artikel

Das *Merkblatt* schließt antiquarische Gegenstände von der Bewertung mit einheitlichem Pauschalabschlag aus und legt statt dessen im Abschnitt B II besondere Bestimmungen fest. Es ist jedoch darauf hinzuweisen, dass diese Bestimmungen nicht für »Billigangebote« (Sonderausgaben, Restauflagen) aus dem Bereich des Modernen Antiquariats gelten. Auch wenn eigene Bestände durch langes Lagern Beschädigungen aufweisen (Mängelexemplare) und vom Sortimenter eine Preisherabsetzung vorgenommen wird, fällt das nicht unter diese Ausführungen zum Antiquariat; in diesem Falle kann der neu festgesetzte niedrigere Verkaufspreis zur Pauschalabwertung in einer der beiden Möglichkeiten zum Ansatz kommen.

Die im *Merkblatt* geforderte individuelle Einzelbewertung des bibliophilen Antiquariates zu den Anschaffungskosten oder dem niedrigeren Teilwert gilt nach allgemeiner Auffassung nicht für das wissenschaftliche Antiquariat mit seiner ganz anders gearteten Warenstruktur. Die nachstehenden Ausführungen basieren auf den *Richtlinien zur Aufnahme der Warenbestände im Antiquariatsbuchhandel und ihre Bewertung in den steuerlichen Ertragsbilanzen*, veröffentlicht im *Börsenblatt* Nr. 56 vom 16.7.1965, Seiten 1409–1412. Dort wird unterschieden nach Beständen des bibliophilen und des wissenschaftlichen Antiquariats. Beim wertvollen bibliophilen Antiquariat kommt die Einzelbewertung zum Zuge nach den Anschaffungskosten, von denen aber Teilwertabschläge zweckmäßig und von jeher üblich sind. So ergeben sich folgende Bewertungssätze im bibliophilen Antiquariat:
• Bewertung der im Abschlussjahr angeschafften Bestände
  mit 80% der Anschaffungskosten;
• Bewertung der ein Jahr älteren Bestände mit 60% der Anschaffungskosten;
• Bewertung der zwei Jahre älteren Bestände mit 40% der Anschaffungskosten;
• Bewertung der drei Jahre älteren Bestände mit 20% der Anschaffungskosten;
• Bewertung der noch älteren Bestände mit dem Makulaturwert.

Bei wertvollen Werken des wissenschaftlichen Antiquariats ist bei der Bewertung von den Anschaffungskosten auszugehen, sofern sich diese individuell (Kartei, Auszeichnung) feststellen lassen. Auch hier sind Teilwertabschläge üblich, die sich in folgender Höhe als angemessen erwiesen haben:
- Bewertung der im Abschlussjahr angeschafften Bestände
  mit 80 % der Anschaffungskosten;
- Bewertung der ein Jahr älteren Bestände mit 60 % der Anschaffungskosten;
- Bewertung der zwei Jahre älteren Bestände mit 30 % der Anschaffungskosten;
- Bewertung der noch älteren Bestände mit dem Makulaturwert.

Nicht erfasst sind mit den oben genannten Bewertungsmaßstäben (Anschaffungskosten minus Teilwertabschlag) die Bestände von geringem Wert im bibliophilen und besonders im wissenschaftlichen Antiquariat, für die sich die Anschaffungspreise je Titel nicht feststellen lassen und auch das Beschaffungsjahr nicht erkannt werden kann. (Noch nicht aufgeteilte Sammeleinkäufe werden grundsätzlich mit den Anschaffungskosten angesetzt.) Für solches »Massenantiquariat« mit geringem Wert je einzelnem Stück empfiehlt sich, das ganze Lager zu zählen und ein vereinfachtes Verfahren zur Ermittlung des wertmäßigen Bestandes anzuwenden: »Die Bestandswerte werden ausgehend vom Bestand des vorangegangenen Bilanzstichtages unter Hinzurechnung der Einkäufe des Bilanzjahres und der um die üblichen Kalkulationsaufschläge reduzierten Verkaufswerte berechnet.«

30.8
Bewertung eigener Verlagswerke

Eigene Verlagswerke, also z. B. im Selbstverlag erschienene Titel regionaler Prägung, werden nur selten in der ersten Warenbestandsaufnahme der neuen Buchhandlung enthalten sein. Für diesen Sonderfall sind die nachstehenden Ausführungen gedacht. Denn die Bewertung solcher Bücherbestände richtet sich nicht nach dem *Merkblatt für die körperliche Aufnahme der Lagerbestände im Sortimentsbuchhandel und ihre Bewertung in den Steuerbilanzen*, sondern orientiert sich an den für Verlage geltenden Modalitäten.

Hier gilt das Prinzip der Einzelbewertung (§ 252 Abs. 1 Nr. 5 HGB), und zwar zu den Herstellungskosten. Dazu zählen alle Aufwendungen, die bei der Herstellung des Buches entstanden sind (Honorare, Satz, Druck, Einband usw.), in der Praxis umgerechnet auf ein Exemplar dieses Titels. Im ersten Jahr kann sich der Bilanzwert in einfacher Weise durch Multiplikation der vollen Herstellungskosten (dem Höchstwert nach Handels- und Steuerrecht) pro Exemplar mal vorhandener Stückzahl zur Inventur ergeben. Das entspricht der vollen Bewertung der in angemessener Zeit mutmaßlich absetzbaren Exemplare. Man darf aber auch Abschläge von den Herstellungskosten vornehmen, deren Höhe sich nach den Absatzaussichten des Titels innerhalb eines vertretbaren Zeitraumes richtet. Steuerrechtlich kann der niedrigere Teilwert angesetzt werden (§ 253 Abs. 3 und 5 HGB, § 6 Abs. 1 Nr. 2 EStG); das so genannte »Niederstwertprinzip« ist für die Bewertung eigener Verlagswerke in der Bilanz maßgebend. Es wird also nur jeweils die Anzahl der Exemplare eines Titels mit den Anschaffungs- oder Herstellungskosten bewertet, die aller Wahrscheinlichkeit nach innerhalb der für die einzelne Publikation angemessenen Zeit verkauft werden kann. Für Restbestände eines Kalenders zum Stichtag 31.12. z.B. ist es nur der Makulaturwert, d.h. in der Regel Null. Für ein Heimatbuch mit relativ konstanter Absatzkurve kann es der Zeitraum von zwei bis drei Jahren sein mit Bewertung zu den vollen Herstellungskosten der voraussichtlich in dieser Zeitspanne abzusetzenden Anzahl. Darüber hinausgehende Mengen setzt man zum Makulaturwert an.

30.9
Bewertung der übrigen Waren

Für Randsortimente einer Buchhandlung, deren Bestände nicht unter »Waren des Buchhandels und Erzeugnisse des grafischen Gewerbes« fallen mit der durch das *Merkblatt* gedeckten Pauschalbewertung ohne Rücksicht auf die Anschaffungskosten, gelten die im Einzelhandel üblichen Bewertungsmaßstäbe. Grundsätzlich darf das gesamte Warenlager der Non-Books nicht mit einem Pauschalabschlag bewertet werden; es ist vielmehr von den individuellen Anschaffungskosten auszugehen.

Bei größeren Objekten z.B. des Kunstgewerbes wird in der Regel die geforderte Einzelbewertung zu den Anschaffungskosten vorgenommen, eventuell reduziert auf einen Teilwert gemäß § 6 EStG.

Gleichartige oder wesentlich gleichartige Waren können bei einer Bestandsaufnahme einheitlich bewertet werden. Als gleichartige Waren sind solche anzusehen, die in der Art und in ihren Preisen nur wenig voneinander abweichen und wenn es sich im Einzelnen um nicht besonders wertvolle Gegenstände handelt, z.B. Tonträger, diverse Arten von Schreibwaren usw. Sie können zu Verkaufspreisen aufgenommen werden, in der Praxis auch üblich, bei der Bewertung auf den Einstandspreis aufgrund der durchschnittlichen Aufschlagskalkulation je Warengruppe/Preisgruppe reduziert. Ein nach Beschaffungsjahrgang gestaffelter prozentualer Teilwertabschlag ist denkbar und auch zu empfehlen, sofern als Voraussetzung dafür die Auszeichnung das Beschaffungsjahr erkennen lässt und die Inventurlisten nach Jahrgangsspalten gegliedert sind. Selbstverständlich muss auch bei diesen Waren die Umsatzsteuer aus dem Verkaufspreis herausgerechnet werden.

Verzeichnis weiterführender Literatur*

ABC des Buchhandels. Wirtschaftliche, technische und rechtliche Grundbegriffe des herstellenden und verbreitenden Buchhandels. Begr. von Wilhelm Stöckle, 10. Auflage, hrsg. von Herbert Paulerberg. Würzburg, Lexika-Verlag/Krick Fachmedien 2001, ISBN 3-89694-273-3, € 25,-
ABC des Zwischenbuchhandels. Zusammengestellt und bearbeitet von Thomas Bez. 4. Auflage, Norderstedt, Books on Demand 2002, ISBN 3-8311-4082-0, € 8,-

Böhm, Thomas: **Auf kurze Distanz.** Die Autorenlesung: O-Töne, Geschichten, Ideen. Köln, Tropenverlag 2003, ISBN 3-932170-67-9, € 15,80
Bramann, Klaus-Wilhelm/Hoffmann, C. Daniel: **Wirtschaftsunternehmen Sortiment.** Aus- und Weiterbildung – rechtliche Grundlagen – Informations- und Kommunikationssysteme – Marketing – Einkauf und Verkauf – Daten- und Umweltschutz. 2. Auflage, Frankfurt, Bramann 2004, ISBN 3-934054-20-X (= Edition Buchhandel Bd. 4), € 34,-
Brinkschmidt-Winter, Uta/Hardt, Gabriele: **Marketing des Sortimentsbuchhandels.** Friedrichsdorf, Hardt & Wörner 1998, ISBN 3-930120-03-8, (= Medienmarketing in der Praxis 4), € 39,-
Buch und Buchhandel in Zahlen. Hrsg. vom Börsenverein des Deutschen Buchhandels, Frankfurt, MVB, erscheint jährlich. Ausgabe 2003: ISBN 3-7657-2661-3, € 36,80

Erfolgsfaktor ›Zufriedene Kunden‹. Hrsg. von der Abteilung Marktforschung des Börsenvereins des Deutschen Buchhandels. Frankfurt, Buchhändler-Vereinigung 1995, Schutzgebühr € 20,-

Formularbuch für den Sortimentsbuchhandel. 3. Auflage. Redaktion Karl-Heinz Möller, hrsg. vom Sortimenter-Ausschuss des Börsenvereins. Frankfurt, Buchhändler-Vereinigung (jetzt MVB) 1992, ISBN 3-7657-1668-5, € 53,-
Forum Management für Sortiment und Verlag. Hrsg. vom Sortimenter-Ausschuss des Börsenvereins. Frankfurt, Buchhandels-Service-Gesellschaft, erscheint jährlich zur Frankfurter Buchmesse, Schutzgebühr € 15,-
Franzen, Hans/Wallenfels, Dieter/ Russ, Christian: **Die Preisbindung im Buchhandel.** 4. Auflage, München, C. H. Beck 2002, ISBN 3-406-49588-5, € 19,-
Funke, Fritz: **Buchkunde.** Ein Überblick über die Geschichte des Buch- und Schriftwesens. 6. Auflage, München, K. G. Saur 1998, ISBN 3-598-11390-0, € 48,-

Gauditz, Sabine: **Schaufenster als Spiegel der Geschäfte.** Läden mit den Augen der Kunden sehen – Grundzüge der visuellen Kommunikation. Schaufenstergestaltung und CI – Kreativität und Ideenfindung – Farbe und Licht – Raumwirkung – Schaufensteranlage – Arbeitstechniken und Arbeitsplatz. Frankfurt, Bramann 2003, ISBN 3-934054-09-9 (= Edition Buchhandel Bd. 8), € 34,-

---

* Auf Wunsch des Autors sind die Ladenpreise der lieferbaren Titel (Stand März 2004) angegeben

Handbuch Lesen. Im Auftrag der Stiftung Lesen. Hrsg. von Bodo Franzmann u. a., Baltmannsweiler, Schneider Verlag Hohengehren 2001, ISBN 3-89676-495-0, € 46,-
Heinold, Ehrhardt: **Bücher und Buchhändler.** Buchhandlungen in der Informationsgesellschaft. 4. Auflage, Stuttgart, C. F. Müller 2001, ISBN 3-8252-2229-2, € 22,90
Hiller, Helmut/Füssel, Stephan: **Wörterbuch des Buches.** 6. Auflage, Frankfurt, Klostermann 2002, ISBN 3-465-03220-9, € 29,80
Hinze, Franz: **Beschaffung und Lagerhaltung im Sortimentsbuchhandel.** 2 Bde., Friedrichsdorf, Hardt & Wörner 2002, ISBN 3-930120-21-6, (= Edition BuchMarkt Bd. 2 und 3), € 67,-.
Die Bände sind auch separat zu beziehen:
Bd. 1 **Beschaffung**, ISBN 3-930120-22-4, € 49,-
Bd. 2 **Lagerhaltung**, ISBN 3-930120-23-2, € 28,-
Hinze, Franz: **Kauf und Verkauf einer Sortimentsbuchhandlung.** 2. Auflage, Frankfurt, Börsenblatt für den deutschen Buchhandel 1995. Vertrieb über: Bramann Verlag, ISBN 3-934054-97-8, € 30,-
Hinze, Franz: **Planung im Sortimentsbuchhandel.** 2. Auflage, Friedrichsdorf, Hardt & Wörner 1999, ISBN 3-930120-19-4, (= Edition BuchMarkt Bd. 1), € 14,50.

Krapp, Sylvia u.a.: **Rechnungswesen im Buchhandel.** Währungsrechen – Prozentrechnen – Zinsrechnen – BAG – Geld- und Zahlungsverkehr – Buchführung – Jahresabschluss – Kosten- und Leistungsrechnen – Controlling. 4. Auflage, Frankfurt, Bramann 2003, ISBN 3-934054-07-2 (= Edition Buchhandel Bd. 6), € 34,-
Kreft, Wilhelm: **Ladenplanung.** Merchandising-Architektur. Strategie für Verkaufsräume: Gestaltungs-Grundlagen, Erlebnis-Inszenierungen, Kundenleitweg-Planungen. 2. Auflage, Leinfelden-Echterdingen, Verlagsanstalt Alexander Koch 2002, ISBN 3-87422-639-5, € 229,-

Meid, Hanna: **Erfolgreiche Öffentlichkeitsarbeit im Buchhandel.** Mehr Power in den Laden. Würzburg, Lexika-Verlag/Krick Fachmedien 2003, ISBN 3-89694-406-3, € 19,80

Paulerberg, Herbert: **Die Kunst, Bücher in Szene zu setzen.** Schaufenster dekorieren, Themen visualisieren, Kunden interessieren. Würzburg, Lexika-Verlag/Krick Fachmedien 1999, ISBN 3-89694-264-6, € 25,-
Paulerberg, Herbert: **Die Kunst, Bücher zu verkaufen.** Wirkungsvoll präsentieren, kompetent beraten, Kunden gewinnen. Würzburg, Lexika-Verlag/Krick Fachmedien 1999, ISBN 3-89694-254-9, € 22,-
Pohl, Sigrid/Umlauf, Konrad: **Warenkunde Buch.** Strukturen, Inhalte und Tendenzen des deutschsprachigen Buchmarkts der Gegenwart. Wiesbaden, Harrassowitz 2003, ISBN 3-447-04703-8, € 29,80

Reclams Sachlexikon des Buches. Hrsg. von Ursula Rautenberg. 2. Auflage, Stuttgart, Reclam 2003, ISBN 3-15-010542-0, € 22,90
Reifsteck, Peter: **Handbuch Lesungen und Literaturveranstaltungen.** Konzeption – Organisation – Öffentlichkeitsarbeit. Reutlingen, Beratungsbüro für Literaturveranstaltungen (Selbstverlag) 2000, ISBN 3-922473-20-2, € 49,-

Strzyz, Wolfgang: **Comics im Buchhandel.** Geschichte – Genres – Verlage. Frankfurt, Bramann 1999, ISBN 3-934054-04-8 (= Edition Buchhandel Bd. 3), € 14,-

Verlagslexikon. 1511 Stichwörter – praxisnahe Definitionen – Literaturtipps. Hrsg. von Ralf Plenz und Klaus-W. Bramann. Input-Verlag und Bramann 2002, ISBN 3-934054-13-7, € 34,-

Wendt, Bernhard/Gruber, Gerhard: **Der Antiquariatsbuchhandel.** Eine Fachkunde für Antiquare und Büchersammler. 4. Auflage, Stuttgart, Hauswedell 2003, ISBN 3-7762-0503-2, € 49,-

Werle, Ingrid: **Warenwirtschaftssysteme im Sortiment.** Funktionsbeschreibung, Marktüberblick und Auswahl für kleine und mittlere Buchhandlungen. Friedrichsdorf, Hardt & Wörner 2002, ISBN 3-930120-24-0, € 24,–

Winter, Jörg: **Der Kunde ist Gast.** Engagiertes Verkaufen im kundenorientierten Buchhandel. Basisleistungen – Kundengespräche – Zusatzverkäufe – Umgang mir Reklamationen – Telefonkunden – Erfolgsfaktoren. Frankfurt, Bramann 2002, ISBN 3-934054-11-0 (= Edition Buchhandel Bd. 10), € 18,–

KREFT
40 Jahre Ideen für Buchhandlungen

- Beratung
- Design
- Planung
- Organisation
- Fertigung
- Montage
- Service

Kreativität und Individualität gehören zum Erfolgskonzept Ihrer Buchhandlung. Wir helfen Ihnen dabei und achten darauf, daß bei der Umsetzung großer und kleiner Ideen die Gleichung von Kosten und Nutzen aufgeht.

① Konrad Wittwer GmbH Breuningerland, Ludwigsburg; ② Athesia Buch & Medien, Bruneck; ③ Buchhandlung Decius GmbH, Celle.

www.kreft.de

Wilhem Kreft GmbH
Eitzer Föhre 7–9
D-30900 Wedemark
Tel. (05130) 5808-0
Fax (05130) 5808-30

Branchenwissen aus Seckbach:
Die Qualifikationsstrategie für Ihren beruflichen Alltag

Sie suchen ein umfassendes, praxisorientiertes Qualifizierungsprogramm?

Dann sind Sie bei uns richtig – wir bieten für jeden das Passende:
- Lehrgänge für Auszubildende
- Seminare für die Leitungsebene
- Angebote für Seiteneinsteiger
- Angebote zum Wiedereinstieg ins Berufsleben.

Unsere Strategie heißt:
Branchenwissen aus einer Hand und an einem Ort!

Unser Angebot umfasst alle Bereiche beruflicher Qualifikation:
- Ausbildung in der Deutschen Buchhändlerschule
- Fortbildung in der Fachschule des Deutschen Buchhandels
- Seminare am Seckbacher Kolleg

So begleiten wir als zentrale Aus- und Fortbildungsstätte des deutschen Buchhandels Ihre beruflichen Bildungsaktivitäten und verbinden für Sie Branchenpraxis mit Fachkompetenz.

Profitieren Sie von unserer Qualifikationsstrategie und genießen Sie das motivierende Ambiente an den Schulen des Deutschen Buchhandels.

Erfolgsfaktor | **Qualifikation**

**Schulen des
Deutschen Buchhandels**

Wilhelmshöher Straße 283
60389 Frankfurt am Main
Telefon: (0 69) 94 74 00-22
Telefax: (0 69) 94 74 00-50
www.buchhaendlerschule.de

 Eine Einrichtung der Buchhändler und Verleger im Börsenverein des Deutschen Buchhandels e.V.

Octopus
Software für Sortimente

schafft Raum für neue Ideen und effizientes Arbeiten. Octopus ist die Systemsoftware für jede Buchhandlung.

Octopus ist individuell einsetzbar, geeignet für Einsteiger und Umsteiger

Octopus ist lieferantenunabhängig und preiswert, eine Komplettlösung, die den Anforderungen des Sortiments gerecht wird.

Gehen auch Sie mit Octopus auf Erfolgskurs!

Engel.sys
Software für den Buchhandel

Otto-Hahn-Str. 4 | 48 301 Nottuln
T +49(25 02) 945 450 | F +49(25 02) 945 45 42
info@engelsys.de | www.engelsys.de

K·N·O K·V

Das Barsortiment bringt Ihnen...

...Zeit und Geld.

Senken Sie Ihre Prozesskosten:
Viele Bestellungen, 1 Lieferung,
1 Sammelrechnung und
1 Transporteur –
Ihr Barsortiment!

Kontrolle überflüssig:
Unsere Liefergenauigkeit
beschleunigt die Abläufe in
Ihrem Wareneingang und
garantiert die Zufriedenheit
Ihrer Kunden.

Verbessern Sie Ihre Liquidität!
Barsortimentsbezug erhöht
Ihren Lagerumschlag.

Koch, Neff & Oetinger
& Co. GmbH
Schockenriedstraße 37
70565 Stuttgart
Telefon: 07 11/78 60-0

Koehler & Volckmar GmbH
Edsel-Ford-Straße 26
50769 Köln
Telefon: 02 21/70 25-0

Wir haben mehr für Sie auf Lager!

Libri – Barsortimentlogistik auf dem neuesten Stand.

Als internationaler Buch- und Medien-Großhändler ist Libri das Bindeglied zwischen Buchhandlungen und Verlagen. Libri beschäftigt über 1.000 Mitarbeiter und hat 75 Jahre Erfahrung auf dem Buchmarkt.

Unsere Dienstleistungen:
- mehr als 300.000 Lagerartikel: Bücher, CDs, Software ...
- Just-in-time Anlieferung über Nacht
- Zentrallagerservice für Buchhandlungen
- EDV-Komplettlösungen für den Buchhandel
- Libri.de – Partnerbuchhandlungen im Internet
- BoD – Books on Demand
- Buchexport in alle Welt

Georg Lingenbrink GmbH & Co. KG
Friedensallee 273 • 22763 Hamburg • Tel. 0 40/8 53 98 - 0
Europaallee 1 • 36244 Bad Hersfeld • Tel. 0 66 21/89 - 0

Die Buchhandels-Service-GmbH informiert:

TOP-ANGEBOT FÜR SORTIMENTER IM BÖRSENVEREIN

DIE BUCHHANDELS-GENERAL-POLICE

Ihre Vorteile:
- Absicherung aller betriebsrelevanten Gefahren in einer Police
- Keine Unterversicherung mehr
- Optimales Preis-Leistungsverhältnis
- Kostenloser Abwicklungsservice
- Durchschnittlich mehr als 60 % Beitragsersparnis

Nutzen Sie darüber hinaus die kostengünstigen Gruppen- und Rahmenverträge des Börsenvereins für Ihren gesamten privaten und gewerblichen Versicherungsbedarf, z. B.:

- Kfz
- Gebäude
- Risiko-Leben
- Kapital-Leben
- Rechtsschutz
- Hausrat
- Unfall
- Rente

- Betriebliche Altersvorsorge
- Private Kranken-Voll- und Zusatzversicherung
- Privathaftpflicht
- Berufsunfähigkeit
- Fonds-Anlagen
- Direktversicherung

Sprechen Sie uns an:

BÜRO KÖLN
Wulff und Partner Versicherungsmakler
Langenbergstraße 20 · 50765 Köln
Tel.: 02 21/95 94 25-0 · Fax: 02 21/95 94 25-25
info@wulffundpartner.de · www.wulffundpartner.de

BÜRO FRANKFURT
BSG-Buchhandels-Service Gmbh
Großer Hirschgraben 17–21 · 60311 Frankfurt/Main
Tel.: 069/13 06-320 · Fax: 069/13 06-575
info@mehr-prozent.de · www.mehr-prozent.de

Sortimenter im Börsenverein sparen Geld!

Die **Edition Buchhandel** ist in der Reihe **Grundwissen Buchhandel – Verlage** auf Literatur für den Ausbildungsberuf Buchhändlerin/Buchhändler spezialisiert. In den Reihen **Praxiswissen Buchhandel** und **Praxiswissen Verlag** werden fachspezifische Themen aus der Medienbranche behandelt.

Hinweise zum Verlagsprogramm, zu einzelnen Titeln mit Inhaltsverzeichnissen, Leseproben und Informationen zu den Autoren sowie zu weiteren geplanten Büchern entnehme man bitte der Website `www.bramann.de`. Hier eine Titelübersicht in Kurzform (Stand 2004):

Klaus-W. Bramann, C. Daniel Hoffmann
  Wirtschaftsunternehmen Sortiment

Thomas Breyer-Mayländer u. a.,
  Wirtschaftsunternehmen Verlag
Thomas Breyer-Mayländer
  Online-Marketing für Buchprofis

Rainer Dorner, Norbert Abels u. a.,
  Literatur im Buchhandel

Franz Hinze,
  Gründung und Führung einer Buchhandlung
  Kauf und Verkauf einer Sortimentsbuchhandlung

Sabine Gauditz,
  Schaufenster als Spiegel der Geschäfte

Sylvia Krapp u. a.,
  Rechnungswesen im Buchhandel

Gregor Reichle,
  Produktmanagement für Fachmedien

Michael Schickerling, Birgit Menche u. a.,
  Bücher machen. Ein Handbuch für Lektoren und Redakteure

Wolfgang Strzyz,
  Comics im Buchhandel

Verlagslexikon. 1511 Stichwörter, praxisnahe Definitionen

Stephan Wantzen,
  Betriebswirtschaft für Verlagspraktiker

Jörg Winter,
  Der Kunde ist Gast

Bramann – BÜCHER FÜR MEDIENBERUFE
Alt Erlenbach 17a · 60437 Frankfurt
E-Mail: info@bramann.de · www.bramann.de

Edition Buchhandel

Band 4 — Klaus-W. Bramann, Roger Münch

Wirtschaftsunternehmen Sortiment

Aus- und Weiterbildung • Rechtliche Grundlagen • Informations- und Kommunikationssysteme • Marketing im Sortimentsbuchhandel • Einkauf und Verkauf • Daten- und Umweltschutz • Grundlagen des Verlagsrechts

Mit Beiträgen von C. Daniel Hoffmann und Sylvia Krapp

»Insgesamt macht das Buch sehr deutlich, dass nur der Sortimenter erfolgreich sein kann, der markt- und kundenorientiert denkt und den Buchhandel als ›Wirtschaftsunternehmen‹ versteht. Eine Fülle von Checklisten, Übersichten und Einzelbeispielen hilft bei der Umsetzung dieser Maxime. Das Buch beinhaltet nahezu alle in der Ausbildungsordnung festgeschriebenen Themengebiete und geht weit über das geforderte Wissen hinaus. Somit ist es nicht nur für Auszubildende, sondern ebenso für die Berufsschullehrer ein hilfreiches Grundlagenwerk – bis hin zu der im Anhang aufgeführten Liste mit deutsch-englischem Fachvokabular. Der Titel ist aber auch für alle anderen, die mit der Buchbranche zu tun haben, eine Fundgrube. Mehr kann buchhändlerische Fachliteratur eigentlich kaum leisten!«

Eva Martin in *Börsenblatt für den Deutschen Buchhandel 41/2001*

Die völlig neu bearbeitete *Sortiments- und Verlagskunde* für angehende ›Informationsbroker‹ schildert Situation und Aufgaben des Einzelhandels mit Büchern und Medien im 21. Jahrhundert. Ein Buch für alle, die sich dem Strukturwandel der Zeit stellen müssen.

Die Autoren sind ausnahmslos Fachdozenten an den Schulen des Deutschen Buchhandels. Als Experten in ihren Bereichen haben sie sich seit Jahren einen Namen in der Branche gemacht.

Lesegerechte Typographie
Hochwertige Ausstattung

416 Seiten, mit zahlreichen Abbildungen
ISBN 3-934054-05-6

:Bramann – BÜCHER FÜR MEDIENBERUFE
Alt Erlenbach 17a · 60437 Frankfurt
E-Mail: info@bramann.de · www.bramann.de